LA DIVISION

RÉDUITE

A UNE ADDITION

MEULAN. — IMPRIMERIE DE A. MASSON.

LA DIVISION
RÉDUITE A UNE ADDITION

OUVRAGE APPROUVÉ

PAR L'ACADÉMIE DES SCIENCES DE PARIS

INSTITUT DE FRANCE

AUGMENTÉ D'UNE

TABLE DE LOGARITHMES

DE NUMÉROS A NEUF DÉCIMALES EXACTES, RENFERMÉES

EN DEUX PAGES

ET D'UNE

NOUVELLE MÉTHODE

POUR CALCULER AVEC UNE GRANDE FACILITÉ LES TABLES DE LOGARITHMES, DE DIVISION ET PLUSIEURS AUTRES

PAR

R. Picarte

MEMBRE DE LA FACULTÉ DES SCIENCES PHYSIQUES ET MATHÉMATIQUES DE L'UNIVERSITÉ DU CHILI.

<hr>

PARIS

CHEZ MALLET-BACHELIER, LIBRAIRE

ÉDITEUR DES COMPTES-RENDUS HEBDOMADAIRES DES SÉANCES DE L'ACADÉMIE DES SCIENCES :
DES ANNALES DE L'OBSERVATOIRE IMPÉRIAL DE PARIS.

55, QUAI DES GRANDS-AUGUSTINS, 55.

L'AUTEUR.

Encouragé par les hautes sympathies qui l'ont accompagné jusque dans ses travaux (1), l'Auteur s'est fait un devoir d'apporter tous ses soins à l'exécution de l'ouvrage qu'il soumet à l'appréciation des hommes compétents.

Cet ouvrage est divisé en trois parties :

1° Une *Table de division* présentant à la vue avec dix et onze décimales la valeur de toutes les fractions dont le numérateur soit 1, 2, 3.....9 et dont le dénominateur soit moindre de 10 000.

2° Une *Table de logarithmes* en deux pages, qui permet de trouver avec neuf décimales exactes les logarithmes dé nombres.

3° Une *Méthode pour calculer les logarithmes* depuis 100 000 jusqu'à 101 000.

La *Table de division* est disposée de manière qu'elle puisse être utile même aux personnes qui n'ont pas l'habitude du calcul. Son explication donne le moyen de vérifier l'opération par la même Table ; de pouvoir la faire servir à la recherche de certains produits, etc., et de plus elle renferme un chapitre qui donne une idée de l'importance d'un zéro placé à la gauche de certaines quantités.

En donnant la *Méthode pour calculer les logarithmes* depuis 100 000 jusqu'à 101 000 nous présentons un spécimen de calcul général, applicable non-seulement à la recherche des séries de logarithmes, mais aussi à la construction de toutes sortes de Tables dont les séries permettent d'employer l'interpolation.

R. PICARTE.

---

(1) Le gouvernement du Chili, toujours disposé à encourager les travaux scientifiques, s'est empressé de souscrire à l'ouvrage pour trois cents exemplaires.

Une souscription publique s'est ouverte spontanément au Chili pour faciliter l'impression de l'ouvrage.

D'un autre côté, l'auteur s'estime heureux et reconnaissant d'avoir trouvé à Paris un accueil et une bienveillance auprès de MM. Bienavmé, membre de l'Institut, et Hubert, secrétaire à la direction du matériel au Ministère de la Marine, qui, par leurs encouragements, lui ont fait vaincre toutes les difficultés.

INSTITUT IMPÉRIAL DE FRANCE.

ACADÉMIE DES SCIENCES.

RAPPORT

DE

MM. MATHIEU, HERMITE ET BIENAYMÉ

(Extrait du Procès-verbal de la Séance du Lundi 14 février 1859).

L'Académie nous a chargés, MM. Mathieu, Hermite et moi, d'examiner une *Table de division* qui lui a été présentée par M. Ramon Picarte, et que l'auteur se propose de publier.

La composition de cette Table est fort simple. Elle offre sur une seule ligne les quotients des neuf premiers nombres ou des neuf chiffres, par l'un des nombres compris entre 1000 et 10 000 avec dix chiffres significatifs. Il y a donc 9000 lignes de cette espèce qui renferment les dix mille diviseurs de 1 à 10 000 et les quotients correspondants. Nous ne connaissons aucune Table de ce genre aussi étendue. Les Tables de Barlow, réimprimées plusieurs fois en Angleterre, contiennent une colonne qui donne, avec sept chiffres significatifs seulement, les fractions dont le numérateur est l'unité et dont le dénominateur est un des dix mille premiers nombres. Jusqu'ici, cette Table paraît être unique. On voit que celle de M. Picarte fournit, d'une part, trois décimales de plus, ce qui peut être intéressant dans certains calculs. autre part, elle place immédiatement sous les yeux les produits par les nombres d'un seul chiffre de chacune des fractions auxquelles se borne la Table de Barlow.

On pourrait croire que les Tables de logarithmes rendent inutile un recueil de quotients tel que celui de M. Picarte. Mais s'il est vrai que dans un très-grand nombre de cas la Table de logarithmes ne laisse rien à désirer, il faut aussi reconnaître qu'elle ne s'étend qu'avec peine au-delà de six chiffres significatifs exacts. Il serait temps qu'on imprimât des Tables de logarithmes à huit décimales, pour lesquelles l'interpolation par les parties proportionnelles pourrait s'exécuter aussi sûrement que sur les sept décimales des Tables actuelles (1). Mais il n'est possible d'employer des Tables ; à neuf et dix décimales qu'en se servant des différences des deux premiers ordres, ce qui conduit à une interpolation compliquée. *Or, une Table n'est vraiment commode que quand elle dispense le calculateur de la contention d'esprit qu'exige le calcul : et les meilleures Tables sont celles qui donnent immédiatement le plus grand nombre de résultats tout préparés.*

Celle que M. Picarte a calculée satisfait dans son genre à cette condition. **Elle réduit la division à une addition :** de plus elle peut s'étendre à l'aide de l'interpolation à des diviseurs plus grands que 10000. Dans l'état où elle a été communiquée à l'Académie, cette Table manque d'une introduction explicative. *L'emploi de la Table est si simple,* que l'auteur s'était contenté de la faire précéder de quelques exemples. Nous l'avons engagé à rédiger une explication plus étendue.

La publication des Tables qui facilitent les grands calculs et même les calculs usuels a toujours été considérée favorablement par l'Académie. Les recueils de fonctions transcendantes toutes préparées sont les seuls moyens d'abréger les opérations si rebutantes des longs calculs numériques. La fonction $\frac{1}{x}$ pour être très-simple, n'en est pas moins une de celles qui imposent le plus de travail aux calculateurs.

Nous proposons donc à l'Académie de *remercier M. Picarte de sa communication, et de l'encourager à publier sa Table de division.*

Signé à la minute : MATHIEU, HERMITE, BIENAYMÉ, rapporteur.

Les conclusions de ce Rapport sont adoptées.

Certifié conforme : *Le Secrétaire perpétuel pour les Sciences Mathématiques,*
L. ÉLIE DE BEAUMONT.

---

(1) Comme les Tables qui donnent les logarithmes à neuf et dix décimales deviennent de jour en jour plus rares, nous avons cru convenable de joindre à nos Tables de division deux tableaux qui, donnant les logarithmes à neuf décimales exactes, pourront servir à résoudre les équations d'ordre supérieur, et, en même temps suppléer en grande partie à la lacune des Tables de logarithmes à huit décimales pour certains calculs de Géodésie, Astronomie et l'intérêt composé où il faut élever les nombres aux puissances. (*Note de l'Auteur.*)

EXPLICATION
DES TABLES DE DIVISION

PRINCIPE SUR LEQUEL EST FONDÉ L'USAGE DES TABLES DANS LA DIVISION.

Supposons qu'il s'agisse de diviser 1450 par 25.

D'après le procédé ordinaire, on séparera dans le dividende autant de chiffres qu'il en faudra pour contenir le diviseur 25, et on verra combien de fois celui-ci est contenu dans la partie séparée 145; ayant trouvé qu'il y est contenu 5 fois et qu'il y a un reste de 20, on mettra à la droite de ce dernier nombre le 0 du dividende qui suit immédiatement la partie séparée; et l'on cherchera de nouveau combien de fois le diviseur 25 est contenu dans 200; comme il y est contenu exactement 8 fois, le quotient que l'on cherche sera 58.

Mais on peut arriver au même résultat en examinant d'abord, combien de fois 25 est contenu dans 1000; ensuite combien de fois dans 400; et finalement, combien de fois en 50. Comme il est contenu 40 fois dans 1000, 16 fois dans 400, et 2 fois dans 50, il s'ensuit que, dans 1450 il sera contenu 40+16+2 fois ce qui équivaut à 58.

Autre exemple. On demande le quotient de 4178824 par 2831.

Au lieu de suivre le procédé ordinaire, qu'on s'imagine le dividende décomposé en ses éléments naturels de 4000 000, 100 000, 70 000, 8000, 800, 20 et 4, et qu'ensuite chacune de ses parties soit divisée par le diviseur 2831. Il est évident que l'addition des divers quotients partiels donnera le quotient total, ou le nombre de fois que 2831 est contenu dans 4178824.

Sur la décomposition dont on vient de voir deux exemples est fondée la méthode qui réduit la division à une addition. On voit que cette méthode consiste à avoir les quotients partiels qu'on doit additionner.

DISPOSITION DES TABLES.

Les pages 15, 16, 17 et suivantes contiennent les quotients à dix et à onze chiffres qui résultent de la division de 1, 2, 3, 4, 5, 6, 7, 8 et 9 par une quantité quelconque inférieure à 10000.

Les diviseurs se trouvent à la gauche de chaque page; ils suivent l'ordre naturel depuis 1000 jusqu'à 9999.

Les neuf quotients correspondants à chaque diviseur sont placés à sa droite en ligne horizontale : dans la colonne 1 est écrit celui qui résulte de la division de l'unité suivie de zéros; la colonne 2 contient le quotient correspondant au dividende 2; dans la colonne 3 celui qui provient de la division du dividende 3; et ainsi de suite jusqu'au quotient de la colonne 9, résultant de la division de 9 suivi de zéros, par le diviseur placé à sa gauche.

Manière de se servir de la Table lorsque le diviseur est inférieur à 10000.

Exemple. Trouver au moyen d'une addition, le quotient de 4178824 divisé par 2831.

Il est évident que nous devons avoir présents les quotients de 4000 000, 100 000, 70 000, 8000, 800, 20 et 4 divisés par 2831. Ces quotients on les trouvera page 33, à la ligne horizontale qui correspond au diviseur 2831, colonnes verticales 4, 1, 7, 8, 8, 2 et 4.

Dans la colonne	4	on trouvera	14129 [1]
Dans la id.	1	id.	0353
Dans la id.	7	id.	247
Dans la id.	8	id.	28
Dans la id.	8	id.	3
		Total. . . .	14760

[1] Pour plus de facilité on se servira de la petite règle, jointe à chaque exemplaire de cet ouvrage que l'on placera horizontalement sur la ligne du diviseur.

L'addition de ces divers quotients partiels nous donne le nombre 1476, 0 qui est le quotient cherché.

Il faut remarquer : 1° Que le zéro placé à la gauche du 2° quotient partiel 0353, ainsi que tous ceux qui dans la Table se trouvent à la gauche de certains quotients, permettent d'appliquer cette règle générale, savoir : *qu'après avoir écrit le premier quotient partiel, on écrira les suivants au-dessous du premier, en avançant chaque fois d'un rang vers la droite* (1).

2° Comme la Table ne donne pas *directement* les restes (2), il sera bon de donner au moins aux quotients un chiffre décimal. Dans l'exemple qui précède, le dernier chiffre 0 représente les dixièmes. Si l'on avait voulu le quotient 1476 avec deux, trois ou plusieurs décimales, il aurait suffi d'écrire le premier quotient partiel avec deux, trois ou plusieurs chiffres; lesquels auraient indiqué combien en devaient contenir les autres quotients partiels; le 2° aurait un chiffre de moins que le 1er; puis, chaque quotient partiel aura un chiffre de moins que celui qui le précède. Tout cela nous fait voir la nécessité — pour éviter les additions inutiles — d'examiner avant tout, combien il faut donner de chiffres au premier quotient partiel; ces chiffres seront les mêmes que ceux du quotient demandé. On peut, avec un peu d'exercice, le reconnaître immédiatement.

Autre exemple. *Déterminer avec 10 décimales la valeur de la fraction $\frac{542}{2822}$.*

Il suffit d'additionner les quotients de $\frac{5}{2822}$, de $\frac{4}{2822}$ et de $\frac{2}{2822}$ que l'on trouvera page 33, ligne horizontale 2822, colonnes 5, 4, 2.

<pre>
Dans la colonne 5 on trouvera le nombre   17717930546
Dans la id.   4   id.   1417434444
Dans la id.   2   id.   070871722
                             Total. 19206236712
</pre>

Le total 19206 236712 nous donne onze décimales pour valeur de la fraction $\frac{542}{2822}$ = 0, 19206236712.

Note. Dans les deux exemples qui précèdent, le diviseur est composé de quatre chiffres; s'il en avait moins on suivrait le même procédé. Seulement, il faut savoir en quel endroit de la Table se trouvent les quotients partiels.

Les neuf quotients qui correspondent aux diviseurs à trois chiffres sont écrits sur la ligne horizontale du diviseur à quatre chiffres qui a pour unité un zéro, et dont les trois premiers sont les mêmes que ceux du diviseur proposé. *Exemple :* les neuf quotients qui correspondent au diviseur 284 sont ceux qui correspondent également au diviseur 2840.

Lorsque le diviseur ne contient que deux chiffres, ses neuf quotients se trouveront sur la ligne horizontale du diviseur à quatre chiffres, dont les deux premiers seront ceux du diviseur proposé, et dont les dizaines et les unités seront des zéros. *Exemple :* les neuf quotients correspondant au diviseur 28 sont les mêmes qui correspondent au diviseur 2800.

Enfin, les quantités à quatre chiffres renfermant trois zéros donneront aussi les quotients de celles d'un seul chiffre.

Manière de se servir des Tables, lorsque le diviseur contient plus de quatre chiffres.

1er Cas. *Lorsque les quatre premiers sont des chiffres significatifs, et que les autres placés à droite, sont des zéros.*

La connaissance la plus faible de la division arithmétique, suffira pour savoir que les zéros placés à la droite du diviseur peuvent être supprimés mentalement en faisant l'opération, et que ces zéros ne servent qu'à l'appréciation du nombre entier des chiffres que le quotient doit contenir. On voit par là, que la Table donne directement les quotients qui correspondent aux diviseurs du genre de 10010, 28420, 36540, 89430, etc., de même que ceux du genre de 100100, 284200, 365400, 2842000, 3654000, etc., etc., et que ceux-ci se trouvent sur la ligne horizontale des diviseurs 1001, 2842, 3654, etc., etc.

2me Cas. *Lorsque le diviseur contient cinq chiffres significatifs ou au-delà, et qu'on ne cherche que six à sept chiffres pour le quotient.*

Ier **MÉTHODE.**

On prendra un *diviseur auxiliaire*, le plus rapproché par défaut de celui qu'on propose, et aussi

---

(1) Les zéros placés à gauche des quotients à 10 chiffres, permettent de déduire cette règle; et c'est ainsi qu'on a rendu pratique le principe qui réduit la division à une addition, attendu que, sans les zéros placés à la gauche, il n'y aurait que l'alternative, ou d'augmenter la table d'un nombre de pages dix fois plus grand, ou de lui laisser sa forme actuelle, mais en rendant l'usage tellement embarrassant que personne ne voudrait s'en servir.

(2) On donne à la fin de la page XIII le moyen de déterminer les restes à l'aide de la Table.

d'une nature telle que l'on puisse trouver directement son quotient au moyen de la Table ; ce qui revient à dire que les 5e, 6e ou 7e chiffres soient des zéros. Après avoir trouvé le quotient a, qui correspond au diviseur auxiliaire, on le multipliera par la différence qui existe entre ce diviseur et le diviseur proposé ; le produit divisé par le diviseur auxiliaire, nous donnera une quantité qui devra se soustraire (1) du quotient a, et le résultat sera le quotient que l'on désire.

Exemple. Trouver le quotient de 7240 000000, divisé par 47723.

La Table nous donne directement, et par une simple addition, le quotient de 7240000000 divisé par le diviseur auxiliaire 47720, savoir : 1517183, comme l'indique l'opération qui se trouve en marge.

```
. Page 52, colonne 7, ligne horizontale de 4772 on lit   1466890
        id.        2,            id.           id.         041911
        id.        4,            id.           id.          08382
                                              Total =     1517183
```

Ce quotient, pour correspondre à un diviseur inférieur à celui qui est proposé, *sera plus fort d'une certaine quantité* que le quotient désiré. Pour trouver cette quantité, on multiplie le total 1517183 par 3 — différence entre le diviseur auxiliaire et le diviseur véritable — puis on divise le produit 4551549 par le diviseur auxiliaire 47720.

```
        083 8... quotient de 4 divisé par  47720
        10 5        id.      5..  id.      id.
         1 0        id.      5    id.      id.
           0        id.      1    id.      id.
        95,3...   quotient de 4551549 divisé par 47720
```

Cette quantité 95, soustraite du quotient 1517183, nous donne 1517088 qui est le quotient cherché.

Autre exemple. Diviser 7240 000000 par 477232.

On suivra un procédé analogue. On prendra pour diviseur auxiliaire 477200 ; on divisera le dividende proposé par ce diviseur, et on multipliera le quotient 151718 par 32, différence entre le diviseur auxiliaire et le diviseur véritable : — puis on divisera le produit 4854976 par 477200, et le quotient 10 sera la quantité à déduire du premier quotient 151718, pour obtenir le quotient demandé 151708.

On appliquera les mêmes procédés si le diviseur a 7 chiffres ou au-delà.

2me MÉTHODE.

On choisit *deux diviseurs auxiliaires* les plus rapprochés par défaut et par excès du diviseur proposé. Après avoir trouvé par ces deux diviseurs les quotients du dividende en question, on admet qu'il existe un rapport entre les différences des trois diviseurs et leurs quotients respectifs.

Exemple. Diviser 7240 000000 par 47723.

Qu'on divise le dividende proposé par les diviseurs 47720 et 47730, on obtiendra les quotients 1517183 et 1516865 ; leur différence — 318 — étant multipliée par 3, cinquième chiffre du diviseur, le produit 954 sera divisé par 10 — différence entre les diviseurs auxiliaires — et soustrait du quotient 1517183, correspondant au plus petit des deux diviseurs auxiliaires. On obtiendra ainsi 1517088.

```
1466890      1466583      1517183
041911       041902       1516865      10 : 318 : : 3 : x
 08382        08380       ───────
───────      ───────        318
1517183      1516865          3
    95                     ─────
───────                     95,4
1517088
```

Si le diviseur proposé était 477234, on prendrait pour diviseurs auxiliaires 477200 et 477300 ; ensuite on multiplierait la différence entre les quotients par 34, et on diviserait le produit par 100 avant de le soustraire du quotient qui correspond au moindre des deux diviseurs auxiliaires.

3me Cas. *Lorsque le diviseur contient plus de quatre chiffres et que le quotient en doit avoir plus de six.*

Nous allons d'abord déterminer la différence de deux fractions, qui, ayant le même numérateur, diffèrent quant à leurs dénominateurs de la quantité n.

Supposons les deux fractions $\frac{a}{b}$ et $\frac{a}{b+n}$. Que c soit le quotient de la première et x celui de la seconde, quotient inconnu.

(1) Si le diviseur auxiliaire était le plus rapproché par excès du diviseur proposé, en ce cas il faudrait faire l'addition au lieu de la soustraction.

Ces données, exprimées en forme d'équations, donneront $\frac{a}{b}=c$ et $\frac{a}{b+n}=x$, qui seront converties en $\frac{bc}{b+n}=x$ en substituant dans la seconde, la valeur de a. Maintenant si, à la place de bc on substitue son équivalant $(b+n)\,c-nc$, on obtiendra comme valeur de $x=c-\frac{nc}{b+n}\ldots\ldots(p).(1)$.

Cette formule nous montre que la différence entre les quotients de $\frac{a}{b}$ et de $\frac{a}{b+n}$ sera exprimée par la fraction $\frac{nc}{b+n}$ dans laquelle c est le quotient de $\frac{a}{b}$, et n la différence entre les deux diviseurs. Ainsi, chaque fois que l'on connaîtra le quotient c de $\frac{a}{b}$ on pourra facilement déterminer celui de $\frac{a}{b+n}$ en déduisant seulement de c la valeur de la fraction $\frac{nc}{b+n}$. Où, en d'autres termes, que toutes les fois que le diviseur sera augmenté ou diminué, le dividende demeurant invariable, l'*erreur* par défaut ou par excès dans le quotient, se trouvera exprimée par une fraction, dont le numérateur est le produit du quotient par la différence entre les deux diviseurs, et dont le dénominateur sera le diviseur primitif.

C'est ce principe déduit de la formule p, qui nous indique la marche suivie pour effectuer la division de 7240 000000 par 47723 suivant la première méthode, ou celle d'un diviseur auxiliaire. En effet, nous avons $a=7240$ 000000, le diviseur auxiliaire $b=47720$, $n=3$, $b+n=47723$. Le quotient de $\frac{a}{b}=1517183$; qui, dans la formule, est représenté par c; la différence entre ce quotient et celui qui correspond à $\frac{a}{b+n}$ sera $\frac{3\times1517183}{47723}=95$, qui est la quantité à soustraire du quotient 1517183 pour obtenir celui de $\frac{a}{b+n}$ qui se trouve être 1517088.

Pour appliquer rigoureusement la formule p, on suppose que le produit de 3×1517183 est divisé par le diviseur 47723, mais comme la Table ne permet pas d'effectuer directement cette opération, il faudra diviser simplement le produit nc par b, ou $\frac{3\times1517183}{47720}$. Quant à l'erreur que cela produira, on pourra aisément la négliger, vu qu'elle sera très-minime, *toutes les fois que le quotient ne contiendra pas plus de six chiffres ;* et il faut remarquer que l'*erreur sera d'autant moindre que le diviseur sera plus fort.*

Lorsque le quotient sera assez grand pour ne pas pouvoir mépriser cette erreur, il faudra la déterminer, et cela nous obligera de recourir à une nouvelle division auxiliaire. L'exemple suivant servira à éclaircir les idées là-dessus, tout en laissant voir l'exactitude mathématique de cette méthode.

Exemple. Déterminer avec 10 chiffres le quotient de $\frac{674}{513922}$

On cherchera d'abord le quotient de $\frac{674}{513900}$, qui est 13115 392100$=c$. Il faut ensuite trouver la différence entre ce quotient et celui qui est demandé ; à cet effet on multipliera c par 22 qui n'est rien autre que n, ou la différence entre les deux diviseurs ; le produit 288538 626200 devrait être divisé par le diviseur $513922=b+n$; mais on le divisera simplement par le diviseur auxiliaire 513900, ce qui donne pour quotient 561468 que l'on représentera par c'.

```
11675423234          13115 92100          0389181          561468
 1362132711                   22           155672              22
  077836155        ─────────────          15567        ─────────
──────────────       262307 84200           0973         1122936
c=13115392100       2623078 4200             058         1122936
       561444      ───────────────           16        ──────────
──────────────      2885386,26200=nc          1         12352296=nc'
 1311483065,6                                              
                                    nc    ─────────       049
                                   ──── =561468=c'         04
                                  513900     24            1
                                          ─────────     ──── =  nc'
                                            561444       24     ─────
                                                               513900
```

$513922=b+n$; mais on le divisera simplement par le diviseur auxiliaire 513900, ce qui donne pour quotient 561468 que l'on représentera par c'. En admettant cette quantité comme quotient exact de nc divisé par 513922, on commettrait une erreur assez grande et manifeste au premier coup-d'œil, puisque, en multipliant c' par 22 on obtient un produit qui contient le diviseur 513922. En sachant ou en prévoyant que cette quantité n'est pas exacte, il faudra la corriger en multipliant c' par 22 et en divisant le produit 12352296 par 513900, ce qui donne pour quotient 24 que l'on retranchera de 561468, et nous aurons ainsi 561444, quotient véritable de $\frac{nc}{b+n}$, qui constitue en même temps la différence entre le quotient $c=13115$ 392100 et celui que l'on demande. La soustraction effectuée on aura 1311483065,6 ; ou le quotient avec dix chiffres de $\frac{674}{513922}$.

---

(1) Si les deux fractions avaient été $\frac{a}{b}$ et $\frac{a}{b-n}$, la formule p se transformerait en $x=c+\frac{nc}{b-n}\ldots\ldots q$ puisqu'il suffirait de mettre dans l'équation $\frac{bc}{b-n}=x$ à la place de bc son équivalent $(b-n)c+nc$.

Le reste n'apparaît pas parce qu'il est supposé exprimé en décimales. S'il existait, les formules deviendraient $x=c-\frac{nc+r}{b+n}$ et $x=c+\frac{nc+r}{b-n}$.

La seconde méthode, expliquée page XI, ne doit pas être appliquée aux cas où le quotient doit contenir plus de sept chiffres, vu que le principe, sur lequel est fondée cette méthode, n'est qu'approximatif. En appliquant cette méthode à l'exemple que nous venons de donner, il y aurait une erreur de 8,5; résultat d'avoir supposé que pendant cent fois de suite il y ait la même différence entre 513900, 513901 513902, 513903.... 513998, 513999, 514000.

Manière de vérifier les opérations à l'aide de la même Table.

1o *Lorsque le diviseur contient plus de quatre chiffres.*

Pour effectuer l'opération lorsque le diviseur contient plus de quatre chiffres, on a appliqué la formule $x = c - \dfrac{nc}{b+n}$, et on se sert d'un diviseur auxiliaire le plus rapproché par défaut du diviseur proposé; mais on peut, avec la même facilité, appliquer la formule $x = c + \dfrac{nc}{b-n}$, et, à cet effet, il suffira d'employer le diviseur auxiliaire le plus rapproché par excès au diviseur proposé. Donc, s'il y a deux moyens pour arriver au même résultat en employant des quantités entièrement différentes, il est clair que la pratique des deux méthodes nous servira à vérifier l'opération.

2o *Lorsque le diviseur ne contient que quatre chiffres ou moins.*

Il s'agit de vérifier le quotient c de $\dfrac{a}{b}$. Soit par exemple $a = 24$ et $b = 5834$. A l'aide de la Table on pourra trouver *directement* le quotient de $\dfrac{a}{b+1}$ ou celui de $\dfrac{24}{5835}$; mais ce quotient on pourra aussi le trouver, en déterminant la différence qui existe entre lui et le quotient c de $\dfrac{a}{b}$, au moyen de la formule $x = c - \dfrac{nc}{b+n}$, qui deviendra $x = c - \dfrac{c}{b+1}$ puisque $n = 1$. Si, en employant ces deux moyens, on obtient le même résultat, il ne restera pas de doute que la valeur de c était exacte.

Ceci nous donne la règle suivante pour vérifier le quotient toutes les fois que le diviseur contiendra quatre chiffres ou au-dessous. *Diviser le dividende par un diviseur auxiliaire supérieur d'une unité au diviseur proposé; la différence entre ce quotient et celui que l'on veut vérifier, sera égal, s'il n'y a pas erreur, au quotient qui résulte de la division, du quotient que l'on veut vérifier par le diviseur axiliaire.*

Ce procédé nous fait connaître la différence qui *doit* exister entre deux quotients consécutifs de la Table et qui se trouvent dans la même colonne verticale, ce qui permettra de vérifier facilement n'importe lequel. Supposons que l'on veuille verifier le quotient de $\dfrac{5}{4772}$ qui est 10477787091 — on le trouvera page 52, colonne 5, alinéa 4772 —. Il suffira de le diviser par 4773; le quotient 2195220, exprimera la différence entre celui de $\dfrac{5}{4772}$ et celui de $\dfrac{5}{4773}$.

De même on aurait pu diviser 10477787091 par 4771; le quotient 2196144, exprimera la différence entre ceux de $\dfrac{5}{4772}$ et de $\dfrac{5}{4771}$.

Trouver à l'aide de la Table un quotient de plus de 10 et de 11 chiffres.

On pourrait, en certains cas rares, avoir besoin d'un quotient qui demande un plus grand nombre de chiffres que la Table n'en fournit directement. On surmonte facilement cette difficulté, en déterminant le reste qui correspond au 10e ou au 9e chiffre, et en se servant aussitôt de ce reste et des autres chiffres du dividende pour en déterminer dix autres, s'il les faut, au quotient.

On n'aurait qu'à déterminer un second reste si l'on voulait plus de 19 ou 20 chiffres.

Exemple. *Déterminer avec 20 chiffres le quotient de $\dfrac{675}{4772}$.*

On déterminera d'abord le quotient le plus grand que la Table donne directement; c'est 14145012574.

Ensuite on trouvera le reste 1596 qui correspond au chiffre 7 du quotient, enfin, on divisera 1596 par 4772, dont le quotient 3344 509639 sera placé à la droite de celui déjà trouvé en faisant occuper au premier 3 la place du 4. Le quotient avec 20 chiffres sera 14 145012 573344 509639.

$$
\begin{array}{r}
12573344510 \\
1466890193 \\
104777871 \\
\hline
14145012574
\end{array}
\qquad
\begin{array}{r}
01257 \\
4772 \\
\hline
02514 \\
8799 \\
799 \\
28 \\
\hline
\end{array}
$$

Produit de 01257 *par* 4772 $= 98404$
$1596 = reste.$

$$
\begin{array}{r}
02095557418 \\
1047778709 \\
188600168 \\
12573344 \\
\hline
\end{array}
$$

Quotient de $\dfrac{1596}{4772} = 3344509639$

Pour déterminer le reste, on séparera d'abord le dernier chiffre du quotient et si celui-ci est un zéro, on séparera les deux derniers ; ensuite on multipliera le diviseur par les cinq derniers chiffres et on retranchera le produit du dividende.

Avantage d'un zéro placé à la gauche de certaines quantités.

Dans la note 1, page x, nous avons dit que le zéro placé à la gauche des quotients à 10 chiffres, nous a permis de rendre pratique le principe qui réduit la division à une addition. Cette remarque suffit pour faire voir que son usage offre les mêmes avantages pour les Tables de toute espèce ayant pour objet de réduire les opérations compliquées en simples additions (1). Quoique ces deux mots soient plus que suffisants aux grands calculateurs, néanmoins, nous nous permettrons de faire quelques observations à ce sujet, qui pourraient intéresser beaucoup de monde.

On remarque dans plusieurs genres de calculs, que l'on est obligé de faire souvent usage tantôt d'un même diviseur, tantôt d'une même fraction. Si le diviseur est composé de plus de quatre chiffres, il convient de dresser une petite table spéciale qui permette de trouver le quotient au moyen d'une simple addition, quel que soit le dividende. Supposons que le diviseur soit 594327. On commencera par diviser l'unité suivie de zéros par ce diviseur, on donnera au quotient deux chiffres de plus qu'il n'en faut ordinairement ; ensuite on formera les neuf produits de ce quotient, on négligera les deux derniers chiffres, et si les neuf quotients ne contiennent pas un nombre égal de chiffres, on mettra un zéro à la gauche de ceux qui en ont moins.

Si l'on a souvent à multiplier par la même fraction, il sera également bon de dresser une petite table spéciale qui permette de trouver le produit au moyen d'une simple addition. Supposons que la fraction soit $\dfrac{345567}{5962634}$. Qu'on divise le numérateur 345567 suivi de zéros par le dénominateur 5962634, et qu'on ajoute au quotient deux chiffres de plus qu'il n'en faut ordinairement : on formera les neuf produits de ce quotient ; qu'on retranche ensuite les deux derniers chiffres, et si tous les quotients n'ont pas le même nombre de chiffres, qu'on ajoute un zéro à la gauche de ceux qui en ont moins.

Si c'est un facteur qu'on doit employer souvent, il sera aussi convenable de se faire une table spéciale contenant les neuf produits, en ayant soin de mettre un zéro à la gauche de ceux qui contiennent moins de chiffres (2).

Ayant bien compris ces trois cas différents, il sera facile de se former une idée de l'importance du zéro placé à la gauche, pour réduire en une simple addition presque toutes les opérations arithmétiques.

Méthode abrégée employée au calcul de la présente Table.

Nous avons employé la méthode de l'interpolation (3) pour calculer avec 13 chiffres, les quotients de l'unité par les diviseurs 9999, 9998, 9997... jusqu'à 5000. Ces quotients une fois connus, nous avons déterminé ceux de 1 divisé par 2500, 2501, 2502... à 4999, rien qu'en multipliant par 2 les quotients qui correspondaient à des diviseurs de nombre pair. Les quotients de 1 divisés par 1250, 1251... à 2499, ont été déterminés en multipliant par 2 les quotients qui correspondent aux diviseurs pairs, compris entre 2500 et 5000. Les quotients de 1 divisés par 1001, 1002... 1249 ont été déterminés en multipliant par 2 les quotients qui correspondent aux diviseurs pairs compris entre 2000 et 2500.

Chacun des neuf mille quotients provenant de la division de l'unité par 1000, 1001, 1002... jusqu'à 9999, a été additionné dix fois avec lui-même, ce qui a donné pour résultat ses neuf produits vérifiés.

---

(1) L'auteur a déjà publié une Table servant à réduire la multiplication en une addition, et une autre pour déterminer de la même manière les projections horizontales et verticales. Dans l'une et l'autre le zéro de gauche se trouve employé.

(2) Voir la note 1, page xvi, qui pourrait être utile aux personnes ayant beaucoup de calculs à faire, attendu que cela leur donnera le moyen pour réduire, à l'aide de cette Table, en simples additions un grand nombre de multiplications fatigantes.

(3) Voir les pages 2, 3 et 4.

TABLE DE LOGARITHMES

A NEUF ET A DIX DÉCIMALES.

La connaissance la plus faible de la théorie des logarithmes suffit pour savoir : *que le logarithme d'un produit s'obtient en additionnant les logarithmes de ses facteurs.* C'est ce principe fondamental qui donnera la méthode de trouver les logarithmes à l'aide des pages 10 et 11.

La page 10 contient avec dix décimales les logarithmes de toutes les quantités à trois chiffres, et naturellement aussi ceux des quantités à deux et à un chiffre. La page 11 donne avec dix décimales, les logarithmes depuis 100000, 100001, 100002... jusqu'à 100999, ainsi que leurs différences respectives.

Une quantité quelconque m, divisée par ses trois premiers chiffres, donnera un quotient dont les trois premiers chiffres seront 100. De cette manière, la quantité m restera décomposée en deux facteurs dont les logarithmes se trouvent, celui des trois chiffres à la page 10, et l'autre à la page 11.

Disposition de la page 10. Les chiffres 1, 2, 3, 4, 5, 6, 7, 8, 9 qui se trouvent en tête de chaque colonne, combinés avec les quantités des deux chiffres écrits dans les colonnes marquées de la lettre N, nous donnent les nombres naturels compris entre 100 et 1000. Pour plus de clarté, on a supprimé le caractérisque 2 de tous les logarithmes, et de plus, les deux premières décimales ne sont exprimées que de distance en distance. *Exemples* : La partie décimale du logarithme de 108 est 0334 237555 ; on la trouve dans la colonne 1, alinéa 08. La partie décimale du logarithme de 473 est 6748 611407 ; voir colonne 4, alinéa 73.

Disposition de la page 11. Les quantités 1000, 1001, 1002, 1003, 1004, 1005, 1006, 1007, 1008, 1009, mises en tête de chaque colonne, combinées avec les quantités à deux chiffres qui sont placées dans les colonnes verticales désignées par la lettre N, donnent les nombres naturels depuis 100000 jusqu'à 100999.

Le caractéristique 5 a été supprimé.

Les trois premières décimales de chaque logarithme, et dans certains cas les deux premières seulement, sont mises en tête de chaque colonne et à droite de l'initiale *log*.

Les différences des logarithmes se trouvent dans les colonnes verticales marquées de la lettre. D Ces différences composées de cinq chiffres, ont été décomposées en deux parties ; la première est la quantité 43, écrite au-dessous de la lettre D, et l'autre partie, composée de trois chiffres, se trouve à la droite de chaque logarithme. Pour donner plus de clarté à la page on n'a mis que le dernier chiffre et les deux autres sont placés de distance en distance.

Exemple. La partie décimale du logarithme de 100651 est 0028 180941. La partie finale 180941, se trouve dans la colonne verticale en tête de laquelle on voit le nombre 1006, représentant les quatre premiers chiffres du nombre donné, et à l'alinéa de 51. A la gauche de 180941 on suppose écrit le nombre 28, et enfin, les deux zéros par lesquels commence la quantité, se trouvent en tête de la colonne et au-dessous de 1006.

La partie décimale du logarithme de 100208 est 0009 023944. On la trouve dans la colonne commençant par 1002, alinéa 08.

Trouver avec neuf décimales le Logarithme d'une quantité quelconque comprise entre mille et cent millions.

Exemple. *Trouver avec neuf décimales le logarithme de* 473988.

Il faudra diviser cette quantité par ses trois premiers chiffres, c'est-à-dire par 473, et donner au quotient au moins dix chiffres. Ce quotient est 1002088794,9 (2). Son logarithme, additionné avec celui

(1) L'utilité d'une Table de logarithmes des nombres à neuf et dix décimales se fait principalement sentir lorsqu'il s'agit de résoudre des équations d'un degré supérieur. Qu'il suffise de savoir aux personnes qui ont peu de connaissances dans la matière que l'élévation au carré de la quantité 13042, l'élévation au cube de 635, l'élévation à la 5ᵉ puissance de 41, ne peuvent pas s'effectuer à l'aide des Tables de logarithmes qui ne donnent que sept décimales.

(2) Pour trouver le quotient 1002088794,9 il n'y avait qu'à effectuer l'addition en marge ci-contre, dans laquelle les quantités additionnées sont les quotients de 9000 000000, 800 000000, 80 000000 divisés par 473. On les trouve page 52, sur la ligne horizontale de 4730, colonnes 9 et 8. Ensuite on a écrit 100 à la gauche du total 20887949.

19027484
1691332
169133
————
20887949

de 473 qui est 2,6748611407, et abstraction faite des caractéristiques, nous donnera la partie décimale du logarithme cherché.

Pour avoir le logarithme de 1002088794,9, on détermine d'abord la partie décimale du logarithme de 100208 qui est 0009 023944, auquel on ajoute le produit 43339 — différence tabulaire — par 8794,9 après l'avoir divisé par 10000 (1). Ce produit est 38116 qui, additionné avec 0009 023944, nous donne 0009 062060, partie décimale du logarithme de 1002088794,9.

La quantité 0009 062060 additionnée avec 6748 611407 nous donne la partie décimale du logarithme que nous cherchons : comme sa caractéristique est 5, on aura le logarithme de 473988=5,6757 673467.

Cette même méthode pourra être employée en cas de nécessité pour trouver approximativement le logarithme d'une quantité de neuf chiffres. Pour les quantités plus grandes il faudra se servir des différences du second ordre ; elles sont dans les pages 6, 7 et 8.

Un Logarithme à neuf ou dix décimales étant donné, trouver le nombre auquel il appartient.

L'opération sera l'inverse de la précédente. Le logarithme donné sera regardé comme celui d'un produit, ou comme le total de l'addition de deux logarithmes dont les nombres seront les facteurs de la quantité cherchée.

Exemple. Trouver le nombre correspondant au logarithme de 5,6757 673467.

Il faut faire abstraction de la caractéristique 5 et voir page 10 le logarithme qui se rapproche le plus par défaut ; on trouvera que c'est 6748 611407, dont la différence à l'égard du logarithme proposé est 0009 062060, et qui correspond au nombre 473, lequel sera un des facteurs du produit désiré. Cette différence sera regardée comme la partie décimale d'un logarithme dont le nombre sera l'autre facteur dont on a besoin. Pour trouver cet autre facteur, on verra page 11 quel est le logarithme le plus rapproché par défaut de 0009 062060 ; c'est 0009 023944, qui, correspondant au nombre 100208, nous donnera les six premiers chiffres de l'autre facteur que nous cherchons ; ses autres chiffres seront ceux du quotient qui résulte de la division de 38116 — différence entre 0009 062060 et 0009 023944 — par 43339 qui est la différence tabulaire. Ce quotient, avec quatre chiffres, est 8795 : lequel, écrit à la droite de 100208, donne la quantité 1002088795. Ce facteur multiplié par 473 donne pour produit 473988000035, qui est le nombre désiré, mais après en avoir séparé six chiffres, ou 473988,000035.

Le quotient de la division de 38116 par 43339 sera déterminé avec plus ou moins de chiffres selon la caractéristique du logarithme proposé.

---

(1) Pour effectuer la multiplication de n'importe quelle différence, entre les logarithmes de la page 11, par une quantité quelconque à quatre chiffres et dont le produit doit être divisé par 10000, nous employons une méthode spéciale dont la connaissance pourrait avoir quelque utilité même pour ceux qui n'auraient pas besoin de cette Table de logarithmes, attendu que cette méthode leur permettrait de se servir de la Table de division pour trouver une certaine classe de produits au moyen d'une simple addition.

Faut-il, par exemple, multiplier 43339 par 8794,9 ? Cette opération ne présenterait aucune difficulté pour l'effectuer par une simple addition, si la quantité 87949 se trouvait dans la colonne 1 des Tables de division ; mais, comme ce cas-là serait très-extraordinaire, nous avons évité la difficulté au moyen de la petite table auxiliaire *A*, qui permet de *corriger* l'erreur résultant de la multiplication d'une différence tabulaire quelconque par une quantité à cinq chiffres, quoique celle-ci puisse différer de la véritable de cent unités.

A
10 — 04,3
20 — 08,6
30 — 13,0
40 — 17,3
50 — 21,6
60 — 25,9
70 — 30,2
80 — 34,6
90 — 38,9
1 — 0,4
2 — 0,9
3 — 1,3
4 — 1,7
5 — 2,2
6 — 2.6
7 — 3,0
8 — 3,5
9 — 3,9

Ainsi donc, comme dans la colonne 1 de la Table de division on ne trouve pas la quantité 87949, on multipliera la différence tabulaire 43339 par 87873 qui est la quantité la plus rapprochée par défaut, de 87949. On la trouve page 16, colonne 1, alinéa du diviseur 1138. Pour obtenir les six premiers chiffres de ce produit, qui est 380834, il suffit de faire le calcul en marge ci-contre, dans lequel les quantités additionnées représentent les produits partiels de 87873 par chacun des chiffres du multiplicande 43339.

351493
26362
2636
264
79
38083,4

Ces produits se trouvent page 16, colonnes 4, 3, 9, alinéa du diviseur 1138. Comme dans le produit il ne faut que cinq chiffres, on a retranché tous ceux qui auraient produit une *centième*. La quantité 380834 est le produit de 43339 par 87873, mais au moyen de la Table *A* on peut faire que ce produit serve à déterminer celui de 43339 par 8794,9. Il suffira d'additionner les quantités 30, 2 et 2,6 qui, dans la Table *A*, correspondent à 70 et à 6 qui forment la différence entre 87949 et 87873. On obtient ainsi 38116 qui est la valeur de la fraction $\frac{43339 \times 8794,9}{10000}$.

30.2
2,6
38116,2

Comme la petite table *A* ne doit servir que pour le cas où il y aurait un facteur variant de 43000 à 43429, il faudra faire d'autres tables analogues si l'on veut appliquer cette méthode à un autre genre de calculs qui exigent une autre classe de facteurs variables.

MÉTHODE

EMPLOYÉE POUR TROUVER LES LOGARITHMES DES NOMBRES

DE 100,000 A 101,000.

On sait que les pénibles méthodes employées par les premiers qui se sont occupés de faire des tables de logarithmes, ont été très-simplifiées depuis ; d'abord, par l'emploi du calcul infinitésimal et ensuite par l'application de la méthode de l'interpolation ; néanmoins, elles se présentent toujours à l'esprit de ceux qui ne possèdent pas de connaissances profondes en mathématiques, comme des mystères très-difficiles à comprendre.

La connaissance de la marche que nous avons suivie, doit faire voir que la seule idée d'appliquer la méthode de l'interpolation au calcul des logatithmes, aurait suffit pour démontrer, même à ceux qui ne possèdent que des connaissances élémentaires en arithmétique, la facilité extraordinaire apportée dans ce·calcul. On comprendra aussi la facilité de calculer une Table sur une matière quelconque, pourvu toutefois que l'on puisse employer la méthode de l'interpolation.

Idée générale de la Méthode d'interpolation.

Ceux qui ne connaissent point l'origine de cette méthode, pourront s'en former une idée en examinant le cadre A. Celui-ci fait voir : 1° une série de quantités dans la colonne *Log.* qui augmentent successivement ; 2° une autre série de quantités dans la colonne D^1 qui augmentent également, et dont chacune exprime la différence existant entre deux quantités consécutives de la colonne *Log.* ; 3° encore une série de quantités dans la colonne D^2, qui augmentent de deux en deux unités et qui expriment la différence existant entre deux quantités consécutives de la colonne D^1.

On voit qu'il serait très-simple de former ce cadre par de simples additions, si on connaissait les quantités 6336, 530, 36 et 2, qui se trouvent sur la première ligne horizontale, et si, en outre, on savait que les quantités de la colonne D^2 doivent augmenter constamment de deux en deux unités. Ainsi, si l'on suppose que la quantité 6336 soit le logarithme de a ; que les quantités 530, 36 et 2 soient des différences logarithmiques et que cette dernière différence soit toujours la même, on aura réussi à déterminer par de simples additions les logarithmes de $b, c, d, e\ldots\ldots q$.

<table>
<tr><td colspan="5" align="center">A</td></tr>
<tr><td>N</td><td>LOG.</td><td>D ¹</td><td>D ²</td><td>D ³</td></tr>
</table>

N	LOG.	D ^{1}	D ^{2}	D ^{3}
a	6336	530	36	2
b	6866	566	38	2
c	7432	604	40	2
d	8036	644	42	2
e	8680	686	44	2
f	9366	730	46	2
g	10096	776	48	2
h	10872	824	50	2
m	11696	874	52	2
n	12570	926	54	2
o	13496	980	56	2
p	14476	1036	58	2
q	15512			

N	LOG.	D ^{1}	D ^{2}	D ^{3}
a	6336	530	36	1
b	6866	566	37	2
c	7432	603	39	2
d	8035	642	41	2
e	8677	683	43	2
f	9360	726	45	2
g	10086	771	47	2
h	10857	818	49	2
m	11675	867	51	2
n	12542	918	53	2
o	13460	971	55	2
p	14431	1026	57	2
q	15457			

(cadre B)

Le cadre B est analogue au cadre A. Son objet est de donner une idée de l'influence exercée sur les résultats désirés, de l'erreur d'une unité dans la colonne D^3.

Examinant les différences entre les quantités analogues des deux cadres, on remarque :

1° Que les quantités de la colonne D^2 du cadre B sont moindres d'une unité que celles de la colonne D^2 du cadre A.

2° Que les différences existant entre les quantités de la colonne D^1, augmentent par unités à partir de la quantité 603. Ou, ce qui revient au même, que les erreurs qui résultent dans cette colonne forment une progression par différence dont le premier terme et la raison sont l'unité ou l'erreur supposée dans la colonne D^3.

3° Que les différences existant entre les quantités des colonnes *Log.* augmentent à partir de 8035 de 1, 3, 6, 10, 15, 21, 28, 36, 45 et 55 : chacune de ces quantités est le terme sommaire d'une progression par différence dans laquelle le premier terme et la raison sont l'unité; ainsi, dans la dernière quantité que l'on a trouvée 15457 de la colonne *Log.*, il aura été commis une erreur qui constituera la somme de toutes les erreurs qui affectent les quantités de la colonne D^1.

Cette connaissance à laissé entrevoir la nécessité indispensable de déterminer par des *moyens directs* et de distance en distance, certaines quantités qui servent à vérifier ou à corriger, dans les colonnes *Log.*, D^1, D^2, les erreurs qui peuvent résulter du manque d'exactitude des quantités de la colonne D^3, et qui servent également à pouvoir, de cette manière, poursuivre l'opération plus loin et avec sécurité.

Cela nous explique pourquoi on a cru nécessaire, en calculant d'après cette méthode les Tables de logarithmes, de déterminer *directement* certains logarithmes, de même que des différences d'ordres divers, qui corrigeant les erreurs servent en même temps de points de départ pour l'interpolation. La méthode employée au calcul des grandes Tables de logarithmes du cadastre de France, nous en fournit un exemple. Ces Tables ont exigé, d'une part, le calcul préalable des logarithmes de tous les nombres premiers, inférieurs à dix mille ; d'autre part, il a fallu qu'on calculât de 200 en 200 à partir de 10000 jusqu'à 200 000 les différences d'ordres divers qui correspondent à la variation d'une unité ; enfin on a été obligé de se servir 1900 fois, *pour chaque ordre de différences*, des formules un peu compliquées qui donnent directement ces quantités (1).

Manière de simplifier la Méthode de l'interpolation.

Nous nous proposons de prouver que bien que l'on ignore jusqu'où monte l'erreur qui a pu être commise dans la colonne D^3, *il ne sera pas nécessaire pour cela de déterminer directement les quantités qui servent à vérifier les différences de divers ordres ;* pour fournir le calcul déjà accompli des données suffisantes pour faire reconnaître à combien l'erreur peut être montée dans les colonnes des différences.

Supposons d'abord, qu'au moyen de méthodes directes, on a déterminé certaines quantités qui puissent nous faire connaître dans la *colonne principale*, la plus grande erreur qui affecte les autres quantités de la même colonne, déjà terminées par l'interpolation.

Pour fixer nos idées, nous supposerons que l'on a directement déterminé le logarithme de q que nous dirons être 15512. En effectuant l'interpolation dans le cadre B, nous arrivons à déterminer pour le logarithme q la quantité 15457, qui diffère de 55 de la quantité déterminée directement. Qu'est-ce que cette différence ? C'est comme on vient de le voir, la somme de toutes les erreurs qui affectent les quantités de la colonne D^1 du cadre B.

Que S soit la somme de ces erreurs qui, comme nous l'avons vu, forment une progression par différence, dont le premier terme et la raison sont l'erreur inconnue faite dans la colonne D^3. Ainsi, l'on connaîtra dans cette progression le terme sommaire S, et le nombre des termes que nous appellerons n : nous aurons inconnu le premier et le dernier terme.

Si l'on réussit à déterminer la valeur de ce dernier terme que, comme inconnu, nous le représenterons par y, on saura à combien monte l'erreur qui affecte la dernière différence du premier ordre qu'on a déterminée ; par conséquent, il sera facile de la corriger.

Que x soit le premier terme, ou l'erreur commise dans la colonne D^3.

La formule qui fait connaître le terme sommaire sera avec ces données $S = \dfrac{(x+y)n}{2}$, d'ou il résulte $y = \dfrac{2S - nx}{n}$.

La quantité x, ne peut jamais être supérieure à l'unité si on prend les précautions dont nous allons bientôt parler. Si on suppose $x = 1$, ou avec une valeur très-rapprochée, on aura comme valeur du dernier terme $y = \dfrac{2S - n}{n} \ldots\ldots (a)$.

Cette formule nous a donné très-approximativement la valeur du dernier terme de la progression par différence produite par les erreurs de la colonne D^1. Pour l'appliquer, il a fallu disposer le calcul

---

(1) Les Tables des logarithmes des nombres du cadastre de France donnent, avec 12 décimales, les logarithmes de 1 à 200000. On a calculé 14 décimales et quatre ordres de différences. Ces Tables remplissent huit volumes in-folio des 17 dont est composé le manuscrit original renfermant bon nombre d'autres Tables très-intéressantes. Ces données nous ont été fournies par une *note sur les grandes Tables du cadastre,* contenue dans le 4e volume des *Annales de l'Observatoire impérial de Paris,* année 1858. Son auteur, M. L. Lefort, ingénieur en chef des ponts et Chaussées.

de manière à rendre insensibles ou nulles les petites erreurs qui devaient résulter nécessairement de l'application d'une formule dérivée de suppositions qui ne sont pas exactes (1).

Pour déterminer l'erreur de la dernière quantité de la colonne D^2 il n'y a eu qu'à diviser par n la valeur de y.

Application.

Les pages 6, 7, 8 *contiennent* les logarithmes des nombres 101000, 100999, 100998, 100997..... jusqu'à 100000, ainsi que trois séries de différences.

Dans les colonnes verticales qui portent en tête la lettre N, se trouvent inscrits les nombres. Dans les colonnes désignées par « LOG. de 9 à 15 » sont inscrites les dernières décimales des logarithmes à partir de la 9e jusqu'à la 15e. Dans les colonnes D^1 se trouvent les sept derniers chiffres des différences de premier ordre ; dans les colonnes D^2, les différences de second ordre ; enfin, dans les colonne D^3, les différences de 3e ordre.

Pour calculer avec onze décimales exactes les logarithmes des nombres 100000 à 101000, on n'a besoin de connaître préalablement que :

1o Avec 15 décimales, les logarithmes de 1001, 1002, 1003, 1004, 1005, 1006, 1007, 1008 et 1009 qui nous ont servi de termes de vérification et qui sont écrits de cent lignes en cent lignes dans la colonne des logarithmes.

2o Avec 20 décimales, les logarithmes de 100996, 100997, 100998, 100999 et 101000, qui nous ont fourni les différences 9966652, 4257455 et 84, et qui doivent servir de point de départ pour l'interpolation ; en même temps qui nous ont fait connaître approximativement la loi régissant les quantités que nous avons dû écrire dans la colonne D^3.

Cette loi ou règle était celle-ci : la première différence de troisième ordre correspondant à 101000 est 8430; la deuxième augmente de 0,25 en la supposant également avec quatre chiffres ; la troisième augmente de 0,25; la quatrième de 0,25, etc. Nous avons supposé que cette augmentation serait constamment la même dans les mille logarithmes qu'on devait calculer. Cette supposition nous a fait voir que la différence de troisième ordre qui correspond au logarithme de 100900, sera (avec quatre chiffres) de 8430+25=8455; que celle qui correspond à 100800, sera de 8430+50=8480, qu'enfin, celle qui correspond au logarithme de 100000, sera de 8430+250=8680. Au lieu de prendre le moyen-terme entre 8680 et 8430 pour écrire une quantité toujours permanente dans la colonne D3, nous avons préféré suivre l'ordre naturel, en écrivant à peu près ce qui est dicté par le sens commun, étant certain, d'un autre côté, du peu d'influence que pourraient exercer les petites erreurs.

Une fois écrites les cent premières différences D^3, on a formé avec elles les cent différences D^2, pour cela, on a additionné successivement une différence D^2 avec la différence D^3 qui se trouve sur la même ligne. Il a seulement fallu connaître la première différence D^2 qui est 4257455.

Quand les cent différences D^2 ont été connues, on a déterminé cent différences D^1, également par l'addition successive d'une différence D^1 avec la différence D^2 placée sur la même ligne. Il fallait seulement connaître la première différence D^1 qui est 9966652. En effectuant l'addition des différences D^1 avec les différences D^2, on a retranché sur les D^2 les deux derniers chiffres.

Après avoir trouvé cent différences D^1 on a déterminé cent logarithmes (2) depuis 100901 jusqu'à 100999, toujours par l'addition successive d'un logarithme avec la différence D^1 qui se trouve une ligne plus haut. Il suffit de connaître le logarithme servant de point de départ : c'est pour les cent premières 6236911 qui correspond au nombre 100900 (3). Les additions successives une fois effectuées, on obtient

---

(1) En effet, nous avons dit d'abord que les erreurs qui se trouvent dans la colonne D^1 formaient une progression par différence, ce qui ferait présupposer que l'erreur n'a été commise que dans une seule des quantités de la colonne D^3, ce qui n'est pas admissible. On a supposé ensuite, que le nombre des termes était connu, ce qui n'est pas non plus admissible, vu que la progression par différence est elle-même hypothétique. Enfin, on a supposé que la quantité x était égale à l'unité, tandis qu'il serait plus exact, comme on va le voir bientôt, de la supposer petite au point de rendre nulle l'existence du terme nx. Nonobstant cela, ces suppositions pourront devenir véridiques si l'on dispose convenablement le calcul, ainsi qu'il sera démontré dans l'application de cette méthode.

(2) Pour abréger, nous disons *cent logarithmes*, car, en réalité, nous n'avons déterminé que quelques décimales, qui, suivant la disposition donnée au calcul, sont les sept dernières jusqu'à la 15e.

(3) On remarque dans la colonne des logarithmes deux chiffres isolés qui se retrouvent de dix en dix. Cela provient de ce qu'un calculateur déterminait les logarithmes de dix en dix, sans faire les additions successives, attendu qu'il suffisait d'additionner chaque fois dix différences D^1 et d'ajouter à ce total le dernier logarithme déjà déterminé. Ces logarithmes placés de dix en dix, servaient de vérification à un autre qui se chargeait de remplir les espaces intermédiaires mais en retranchant les deux derniers chiffres.

Un procédé semblable a été suivi pour déterminer les différences D^1.

Les quantités isolées que l'on voit dans les colonnes D^2 sont supposées écrites à la gauche des quantités qui suivent.

enfin pour 100999 le logarithme 3815912 ; cette quantité additionnée avec la différence 9966652 nous donne 3782564 qui diffère du logarithme correspondant à 101000, de 79.

La quantité 79 est la somme de toutes les erreurs qui affectent les cent quantités de la colonne D ^{1}. La plus grande de ces erreurs, ou le dernier terme de la progression par différence formée par eux, sera

$$= \frac{2 \times 79 - 100.x}{100}.$$

Bien que la quantité x ne puisse être en ce cas, $= 0{,}01$, néanmoins nous la supposerons égale à l'unité pour simplifier notre calcul. Ainsi, nous trouverons que la dernière erreur est $= 0{,}58$. Cette valeur nous indique que nous devons ajouter une unité à la différence D ^{1} qui correspond au nombre 100901, et naturellement une autre unité à la différence suivante qui est 4228284.

Pour suivre le calcul on se sert : 1° de la dernière différence D ^{2} qu'on a déterminée et qui est 4265896, que l'on n'a pas corrigée, vu que cette erreur est presque nulle ; 2° on se sert de la dernière différence D ^{1} qu'on a déterminée, mais après l'avoir corrigée ou augmentée d'une unité.

Après avoir déterminé cent autres différences D ^{1}, on détermine cent autres logarithmes par des additions successives en commençant par celui de 100800 qui est 2109506, et qu'on suppose déjà déterminé d'avance. Les additions terminées on obtient à la fin, pour 100900 le logarithme 6236632, qui diffère de 279 du logarithme véritable servant de point de comparaison. Cette quantité multipliée par 2 et le produit divisé par 100, après en avoir retranché 100, nous donne pour résultat 4,58 ; quantité qui représente la plus grande erreur, affectant la différence D ^{1} qui correspond à 100801. Comme c'est une erreur par défaut, nous avons augmenté de quatre unités la différence 8498369, et le résultat 8498373 nous a servi de point de départ pour suivre une autre nouvelle série. Nous avons augmenté de quatre centièmes la dernière différence D ^{2} qui est 42743,61 et ce qui en résulte nous a servi de point de départ pour la série nouvelle.

De la même manière on a suivi le calcul entier, en corrigeant de cent en cent quantités les différences de premier et de second ordre. Celles-ci ont été corrigées par l'addition ou la soustraction de la centième partie de la quantité dans laquelle on devait corriger la différence de premier ordre, selon que l'erreur était par *défaut* ou par *excès*.

Dans les corrections nous avons ordinairement commis de petites erreurs par défaut qui n'avaient aucune importance, attendu que le principe fondamental de cette méthode consiste à déterminer les logarithmes *avec un plus grand nombre de chiffres qu'il n'en faut réellement,* afin qu'on puisse user *d'une grande liberté* dans les différences de troisième ordre et dans les corrections de premier et second ordre, *pour être assuré que les erreurs seront tout-à-fait insensibles dans les résultats que l'on désire.*

Nous avions besoin de logarithmes avec 11 décimales et nous les avons déterminés avec 15, ce qui nous a donné beaucoup de liberté dans l'application de la formule a, pour corriger les erreurs dans les dernières différences de premier et de second ordre ; aussi aurions-nous pu répéter cent fois consécutives la même différence de troisième ordre avec la sécurité que les erreurs ne sauraient influer sensiblement sur les résultats que nous cherchions (1).

Nota. Les personnes qui voudraient employer cette méthode, et qui craindraient de n'avoir pas bien compris le principe sur lequel elle est fondée, pourront, par manière d'essai, commencer à calculer ces mêmes logarithmes affectés d'une erreur par excès de 84 dans les différences de second ordre. Le logarithme que l'on trouvera pour 101000 est 3778416 qui diffère du véritable de 4227. Ensuite, après avoir reconnu cette différence 4227, on pourra avec son secours corriger l'erreur qui existe dans les dernières différences de premier et de second ordre, déterminées déjà. Il suffit d'appliquer la formule a. On multiplie 4227 par 2, on déduit 100 de ce produit, et on divise ce qui en résulte par 100 ; on obtient ainsi 83,54, ce qui exprimera la quantité dont il faudra augmenter la différence de premier ordre correspondant à 100901. On doit augmenter de même, de 0,8354 ou simplement de 0,84, la différence de second ordre placée sur la même ligne. Ces corrections faites, on verra qu'on obtient les mêmes résultats que si l'on n'avait pas fait la première erreur de 84.

Méthode pour calculer avec douze décimales (2) les Logarithmes des nombres 1 à 200000.

La méthode que nous avons employée pour calculer les logarithmes des nombres 100000 à 101000,

(1) Les logarithmes des grandes Tables du cadastre ont été calculés à 14 chiffres pour pouvoir en apprécier 12, ce qui forcément exigeait une exactitude rigoureuse dans le calcul des différences des divers ordres, savoir de 1er, 2e, 3e et 4e.

(2) Nous nous arrêtons à ce nombre de décimales, puisque ce sont les mêmes que donnent les grandes Tables de logarithmes des nombres du cadastre de France, à la publication desquelles le gouvernement français a déjà plusieurs fois pensé. Si jamais ce vœu se réalise, il sera facile de les vérifier sans avoir à craindre la répétition d'un travail aussi pénible que celui qu'elles ont exigé ; car en employant la méthode que nous indiquons, le travail pourra se faire en moins de six mois par six calculateurs.

peut être suivie également pour calculer avec 12 décimales exactes une Table de logarithmes de 1 à 200000.

Il faudra seulement calculer par la méthode de l'interpolation les logarithmes des nombres 100000 à 200000, puisque la connaissance de ceux-ci donnera aussi ceux de 50000 à 100000 en déduisant le logarithme de 2 de tous les logarithmes des nombres pairs, depuis 100000 jusqu'à 200000. Les loga-rithmes à partir de 25000 à 50000 sont déterminés en déduisant le logarithme de 4 de tous les logarithmes des nombres divisibles par 4 depuis 100000 à 200000. Les logarithmes à partir de 20000 jusqu'à 25000 sont déterminés en déduisant le logarithme de 8 de tous les logarithmes des nombres divisibles par 8 depuis 160000 jusqu'à 200000. Enfin, les logarithmes de 1 à 20000 seront connus lorsqu'on aura sous les yeux ceux de 100000 à 200000.

Le calcul d'interpolation commencera par 200000 et finira à 100000 (1).

Les différences de 1er, de 2e et de 3e ordre qui servent de points de départ pour l'interpolation, sont les SEULES qu'il faudra déterminer directement, et pour cela il sera nécessaire de connaître les logarithmes des nombres 199996, 199997, 199998, 199999 et 200000. Ces logarithmes seront déterminés avec 21 décimales au moins, et il sera ainsi facile de connaître la loi approximative des différences de troisième ordre (2). Ces différences seront écrites avec trois chiffres, de sorte que deux étant rejetés dans les différences de 2e ordre, les logarithmes puissent être déterminés avec 16 décimales.

Lorsque les premières cent différences de 1er ordre seront calculées, on déterminera par leur moyen les décimales correspondant aux logarithmes de 199901, 199902, 199903... jusqu'à 199999, 200000, en faisant usage en premier lieu du logarithme de 199900 qu'on suppose directement déterminé.

Avant de calculer une autre centaine de logarithmes on corrigera la dernière différence de 1er ordre par la méthode dérivée de la formule $y = \dfrac{2 \times S - 100}{100}$.

La dernière différence de 2e ordre sera corrigée dans la centième partie de la valeur de y.

Comme la quantité 100 du numérateur fait supposer que le chiffre 1 est le premier terme de la progression formée par les erreurs, et que cette supposition pourrait de beaucoup dépasser la réalité, il sera convenable de dresser une petite table auxiliaire approximative pour indiquer d'après la valeur de S, ce que l'on doit déduire du produit $2 \times S$.

On voit qu'en suivant cette méthode, il suffit de connaître les mille logarithmes des nombres 1999, 1998, 1997, 1996, 1995, 1994... jusqu'à celui de 1001, qui serviront de points de départ et de preuves pour l'interpolation de cent logarithmes.

Comme ces logarithmes ont déjà été cherchés par divers auteurs, il ne faudra que les vérifier, en observant les différences entr'eux et la loi qui les régit.

S'il s'agit de les calculer, il n'y aura qu'à déterminer avec un peu plus d'exactitude les logarithmes à partir de 200000 jusqu'à 190000. La connaissance de ces logarithmes et de ceux de 105, 11, 115, 12, 125, 13, 135, 14, 145, 15, 155, 16, 165, 17, 175, 18, 185, 19, 195 nous donnera, au moyen de simples soustractions, les logarithmes depuis 1899 jusqu'à 1001.

S'il s'agit d'exprimer dans la Table les différences de premier et de second ordre, on les pourra déterminer avec une extrême facilité en s'aidant des logarithmes déja déterminés. Il est inutile de connaître les différences de troisième ordre lorsqu'on se sert de logarithmes à 12 décimales.

---

(1) Pour le calcul de la grande Table des logarithmes des nombres du cadastre, on a employée la méthode de l'interpolation non-seulement pour déterminer les logarithmes de 100000 à 200000, mais aussi pour déterminer ceux de 10000 à 100000 qui furent les premiers cherchés. On pensait, sans doute, suivre l'*ordre naturel* en calculant les logarithmes des nombres inférieurs pour procéder ensuite aux supérieurs.

(2) Lorsqu'on aura calculé mille ou deux mille logarithmes, on comprendra parfaitement qu'il n'est pas nécessaire de s'inquiéter à cause du défaut de sécurité dans les différences de troisième ordre. Nous croyons que toute règle là-dessus serait inutile, car s'il y a pratique, ces règles sont superflues, et s'il n'y a pas de pratique, il serait bien difficile de les comprendre.

N.	LOG. de 9 à 15	D¹	D²	D³
101000	37 826 43	99 666.52	425 74.55	84
100999	38 159 12	00 092.27	75.39	84
998	38 066 85	00 518.02	76.23	84
997	37 548 83	00 943.78	77.07	85
996	36 605 05	01 369.55	77.92	84
995	35 235 50	01 795.33	78.76	84
994	33 440 17	02 221.12	79.60	85
993	31 210 05	02 646.92	80.45	84
992	28 572 13	03 072.72	81.29	84
991	25 499 41	03 498.53	82.13	85
100990	22 000 88	03 924.35	425 82.98	84
989	18 076	04 350.18	83.82	84
988	13 796	04 776.02	84.66	85
987	08 950	05 201.87	85.51	84
986	03 748	05 627.73	86.35	84
985	98 190	06 053.59	87.19	85
984	92 006	06 479.46	88.04	84
983	85 587	06 905.34	88.88	84
982	78 682	07 331.23	89.72	85
981	71 351	07 757.13	90.57	84
100980	63 593 98	08 183.04	425 91.41	84
979	55 411	08 608.95	92.25	85
978	46 802	09 034.87	93.10	84
977	37 767	09 460.80	93.94	84
976	28 306	09 886.74	94.78	85
975	18 419	10 312.69	95.63	84
974	08 106	10 738.65	96.47	84
973	97 367	11 164.61	97.31	85
972	86 202	11 590.58	98.16	84
971	74 612	12 016.56	99.00	84
100970	62 596 40	12 442.55	42 599.84	85
969	50 154	12 868.55	600.69	84
968	37 286	13 294.56	601.53	84
967	23 992	13 720.58	602.37	84
966	10 272	14 146.60	603.22	84
965	96 125	14 572.63	604.06	84
964	81 552	14 998.67	604.90	85
963	66 553	15 424.72	605.75	84
962	51 128	15 850.78	606.59	84
961	35 277	16 276.85	607.43	85
100960	19 000 00	16 702.92	426 08.28	84
959	02 297	17 129.00	09.12	85
958	85 168	17 555.09	09.97	84
957	67 613	17 981.10	10.81	85
956	49 632	18 407.30	11.66	84
955	31 225	18 833.42	12.50	85
954	12 392	19 259.55	13.35	84
953	93 132	19 685.68	14.19	85
952	73 446	20 111.82	15.04	84
951	53 334	20 537.97	15.88	84
100950	32 796 06	20 964.13	426 16.72	85
949	11 832	21 390.30	17.57	84
948	90 442	21 816.48	18.41	85
947	68 625	22 242.66	19.26	84
946	46 382	22 668.85	20.10	85
945	23 713	23 095.05	20.95	84
944	00 618	23 521.26	21.79	85
943	77 097	23 947.48	22.64	84
942	53 150	24 373.71	23.48	85
941	28 776	24 799.94	24.33	84
100940	03 976 20	25 226.18	426 25.17	85
939	78 750	25 652.43	26.02	84
938	53 098	26 078.69	26.86	85
937	27 019	26 504.96	27.71	84
936	00 514	26 931.24	28.55	85
935	73 583	27 357.53	29.40	84
934	46 225	27 783.82	30.24	85
933	18 441	28 210.12	31.09	84
932	90 231	28 636.43	31.93	84
931	61 595	29 062.75	32.77	85
100930	32 532 05	29 489.08	426 33.62	84
929	03 043	29 915.42	34.46	84
928	73 138	30 341.76	35.31	84
927	42 786	30 768.11	36.15	85
926	12 018	31 194.47	37.00	84
925	80 823	31 620.84	37.84	84
924	49 202	32 047.22	38.69	85
923	17 155	32 473.61	39.53	85
922	84 681	32 900.01	40.38	85
921	51 781	33 326.41	41.22	85
100920	18 455 12	33 752.82	426 42.07	84
919	84 702	34 179.24	42.91	85
918	50 523	34 605.67	43.76	84
917	15 917	35 032.11	44.60	85
916	80 885	35 458.56	45.45	84
915	45 426	35 885.01	46.29	84
914	09 541	36 311.47	47.13	85
913	73 230	36 737.94	47.98	85
912	36 492	37 164.42	48.82	85
911	99 328	37 590.91	49.67	84
100910	61 736 97	38 017.41	426 50.51	85
909	23 719 56	38 443.92	51.36	84
908	85 275 64	38 870.43	52.20	85
907	46 405 21	39 296.95	53.05	84
906	07 108 26	39 723.48	53.89	85
905	67 384 78	40 150.02	54.74	85
904	27 234 76	40 576.57	55.58	85
903	86 658 19	41 003.13	56.43	84
902	45 655 06	41 429.69	57.27	85
901	04 225 37	41 856.26	58.12	85
900	62 369 11	42 282.84	426 58.96	85

N. 100	LOG. de 9 à 15	D¹	D²	D³
900	62 366 32	42 282.85	426 58.96	85
899	20 083	42 709.44	59.81	84
898	77 374	43 136.04	60.65	85
897	34 238	43 562.65	61.50	84
896	90 675	43 989.27	62.34	85
895	46 686	44 415.89	63.19	84
894	02 270	44 842.52	64.03	85
893	57 427	45 269.16	64.88	84
892	12 158	45 695.81	65.72	85
891	66 462	46 122.47	66.57	84
890	20 340 22	46 549.14	426 67.41	85
889	73 791	46 975.81	68.26	85
888	26 815	47 402.49	69.11	84
887	79 413	47 829.18	69.95	85
886	31 584	48 255.88	70.80	84
885	83 328	48 682.59	71.64	85
884	34 045	49 109.31	72.49	84
883	85 536	49 536.03	73.33	85
882	36 000	49 962.76	74.18	84
881	86 037	50 389.50	75.02	85
880	35 647 53	50 816.25	426 75.87	84
879	84 831	51 243.04	76.71	85
878	33 588	51 669.78	77.56	84
877	81 918	52 096.56	78.40	85
876	29 821	52 523.34	79.25	84
875	77 298	52 950.13	80.00	85
874	24 348	53 376.93	80.94	84
873	70 971	53 803.74	81.78	85
872	17 167	54 230.56	82.63	85
871	62 930	54 657.39	83.48	84
870	08 279 84	55 084.22	426 84.32	85
869	53 195	55 511.06	85.17	84
868	97 084	55 937.91	86.01	85
867	41 716	56 364.77	86.86	84
866	85 381	56 791.64	87.70	85
865	28 589	57 218.52	88.55	85
864	71 370	57 645.41	89.40	84
863	13 728	58 072.30	90.24	85
862	55 653	58 499.20	91.09	84
861	97 154	58 926.11	91.93	85
860	38 228 70	59 353.03	42 692.78	84
859	78 877	59 779.96	693.62	85
858	19 007	60 206.90	694.47	85
857	58 800	60 633.84	695.32	84
856	98 256	61 060.79	696.16	85
855	37 195	61 487.75	697.01	84
854	75 707	61 914.72	697.85	85
853	13 792	62 341.70	698.70	85
852	51 450	62 768.69	699.55	84
851	88 681	63 195.69	700.39	85
850	25 485 63	63 622.69	427 01.24	85
849	61 864	64 049.70	02.09	84
848	97 814	64 476.72	02.93	85
847	33 837	64 903.75	03.78	85
846	68 433	65 330.79	04.63	84
845	03 102	65 757.84	05.47	85
844	37 344	66 184.89	06.32	85
843	71 159	66 611.95	07.17	84
842	04 547	67 039.02	08.01	85
841	37 508 28	67 466.10	08.86	85
840	70 042 18	67 893.19	427 09.71	85
839	02 148	68 320.29	10.56	84
838	33 828	68 747.40	11.40	85
837	65 081	69 174.51	12.25	85
836	95 906	69 601.63	13.10	85
835	26 304	70 028.76	13.95	84
834	56 275	70 455.90	14.79	85
833	85 819	70 883.05	15.64	85
832	14 936	71 310.21	16.49	85
831	43 626	71 737.37	17.34	84
830	71 889 87	72 164.54	427 18.18	85
829	09 725	72 591.72	19.03	85
828	27 133	73 018.91	19.88	85
827	54 114	73 446.11	20.73	84
826	80 608	73 873.32	21.57	85
825	06 795	74 300.54	22.42	85
824	32 494	74 727.76	23.27	85
823	57 706	75 154.99	24.12	84
822	82 611	75 582.23	24.96	85
821	07 029	76 009.48	25.81	85
820	31 020 27	76 436.74	427 26.66	85
819	54 582	76 864.01	27.51	84
818	77 718	77 291.29	28.35	85
817	00 427	77 718.57	29.20	85
816	22 708	78 145.86	30.05	85
815	44 562	78 573.16	30.90	84
814	65 989	79 000.47	31.74	85
813	86 989	79 427.79	32.59	85
812	07 561	79 855.12	33.44	85
811	27 706	80 282.45	34.29	84
810	47 424 81	80 709.79	427 35.13	85
809	66 715	81 137.14	35.98	85
808	85 578	81 564.50	36.83	85
807	04 013	81 991.87	37.68	84
806	22 021	82 419.25	38.52	85
805	39 602	82 846.64	39.37	85
804	56 755	83 274.03	40.22	85
803	73 481	83 701.43	41.07	84
802	89 780	84 128.84	41.91	85
801	05 651	84 556.26	42.76	85
800	21 005 00	84 983.60	427 43.61	85

N. 100	LOG. de 9 à 15	D¹	D²	D³
800	21 092 41	84 983.73	427 43.65	85
799	36 108	85 411.17	44.50	85
798	50 697	85 838.62	45.35	84
797	64 858	86 266.07	46.19	85
796	78 592	86 693.53	47.04	85
795	91 808	87 121.00	47.89	85
794	04 777	87 548.48	48.74	85
793	17 220	87 975.97	49.59	84
792	29 253	88 403.47	50.43	85
791	40 850	88 830.97	51.28	85
790	52 019 40	89 258.48	427 52.13	85
789	62 761	89 686.00	52.98	85
788	73 075	90 113.53	53.83	84
787	82 964	90 541.07	54.67	85
786	92 420	90 968.62	55.52	85
785	01 451	91 396.18	56.37	85
784	10 055	91 823.74	57.22	85
783	18 231	92 251.31	58.07	84
782	25 980	92 678.89	58.91	85
781	33 301	93 106.48	59.76	85
780	40 195 10	93 534.08	427 60.61	85
779	46 662	93 961.69	61.46	85
778	52 700	94 389.30	62.31	85
777	58 311	94 816.92	63.16	85
776	63 494	95 244.55	64.01	84
775	68 249	95 672.19	64.85	85
774	72 577	96 099.84	65.70	85
773	76 477	96 527.50	66.55	85
772	79 949	96 955.17	67.40	85
771	82 994	97 382.84	68.25	85
770	85 611 02	97 810.52	427 69.10	85
769	87 800	98 238.21	69.95	85
768	89 502	98 665.91	70.80	84
767	90 896	99 093.62	71.64	85
766	91 802	99 521.34	72.49	85
765	92 281	99 949.06	73.34	85
764	92 332	00 376.79	74.19	85
763	91 955	00 804.53	75.04	85
762	91 150	01 232.28	75.89	85
761	89 918	01 660.04	76.74	85
760	88 258 72	02 087.81	427 77.59	85
759	86 170	02 515.59	78.44	85
758	83 054	02 943.38	79.29	85
757	80 711	03 371.16	80.14	84
756	77 340	03 798.96	80.98	85
755	73 541	04 226.77	81.83	85
754	69 314	04 654.59	82.68	85
753	64 659	05 082.42	83.53	85
752	59 577	05 510.26	84.38	85
751	54 007	05 938.10	85.23	85
750	48 129 69	06 365.95	427 86.08	85
749	41 763	06 793.81	86.93	85
748	34 909	07 221.68	87.78	84
747	27 747	07 649.56	88.62	85
746	20 097	08 077.45	89.47	85
745	12 020	08 505.34	90.32	85
744	03 515	08 933.24	91.17	85
743	94 582	09 361.15	92.02	85
742	85 221	09 789.07	92.87	85
741	75 432	10 217.00	93.72	85
740	65 215 44	10 644.94	42 794.57	85
739	54 572	11 072.89	795.42	85
738	43 400	11 500.84	796.27	85
737	31 998	11 928.80	797.12	85
736	20 060	12 356.77	797.97	85
735	07 712	12 784.75	798.82	85
734	94 927	13 212.74	799.67	85
733	81 714	13 640.74	800.52	85
732	68 073	14 068.75	801.37	85
731	54 001	14 496.76	802.22	85
730	39 507 46	14 924.78	428 03.07	85
729	24 582	15 352.81	03.92	85
728	09 220	15 780.85	04.77	85
727	93 418	16 208.90	05.62	85
726	77 239	16 636.96	06.47	85
725	60 002	17 065.02	07.32	85
724	43 537	17 493.09	08.17	85
723	26 044	17 921.17	09.02	85
722	08 123	18 349.26	09.87	85
721	89 774	18 777.36	10.72	85
720	70 997 26	19 205.47	428 11.57	85
719	51 702	19 633.59	12.42	85
718	32 158	20 061.71	13.27	85
717	12 096	20 489.84	14.12	85
716	91 606	20 917.98	14.97	85
715	70 688	21 346.13	15.82	85
714	49 342	21 774.29	16.67	85
713	27 508	22 202.46	17.52	85
712	05 366	22 630.64	18.37	85
711	82 735	23 058.82	19.22	85
710	59 676 33	23 487.01	428 20.07	85
709	36 188	23 915.21	20.92	85
708	12 273	24 343.42	21.77	85
707	87 930	24 771.64	22.62	85
706	63 158	25 199.87	23.47	85
705	37 959	25 628.10	24.32	85
704	12 331	26 056.34	25.17	85
703	86 275	26 484.59	26.02	85
702	59 790	26 912.85	26.87	85
701	32 877	27 341.12	27.72	85
700	05 536 48	27 769.40	428 28.57	85

N. /100.	LOG. de 9 à 15.	D 1	D 2	D 3
700	05 534 06	27 769.44	428 28.57	85
699	77 764	28 197.73	29.42	85
698	49 566	28 626.02	30.27	85
697	20 940	29 054.32	31.12	85
696	91 886	29 482.63	31.97	85
695	62 403	29 910.95	32.82	85
694	32 492	30 339.28	33.67	85
693	02 153	30 767.62	34.52	85
692	71 385	31 195.97	35.37	85
691	40 189	31 624.32	36.22	85
690	08 565 78	32 052.68	428 37.07	86
689	76 512	32 481.05	37.93	85
688	44 031	32 900.43	38.78	85
687	11 122	33 337.82	39.63	85
686	77 784	33 766.22	40.48	85
685	44 018	34 194.62	41.33	85
684	09 823	34 623.03	42.18	85
683	75 200	35 051.45	43.03	85
682	40 149	35 479.88	43.88	85
681	04 669	35 908.32	44.73	86
680	68 761 28	36 336.77	428 45.59	85
679	32 425	36 765.23	46.44	85
678	95 600	37 193.69	47.29	85
677	58 466	37 622.16	48.14	85
676	20 844	38 050.64	48.99	85
675	82 703	38 479.13	49.84	85
674	44 314	38 907.63	50.69	85
673	05 406	39 336.14	51.54	85
672	66 070	39 764.66	52.39	85
671	26 305	40 193.18	53.24	85
670	86 112 05	40 621.71	428 54.09	86
669	45 490	41 050.25	54.95	85
668	04 440	41 478.80	55.80	85
667	62 961	41 907.36	56.65	85
666	21 054	42 335.93	57.50	85
665	78 718	42 764.51	58.35	85
664	35 953	43 193.09	59.20	85
663	92 760	43 621.68	60.05	85
662	49 138	44 050.28	60.90	86
661	05 088	44 478.89	61.75	86
660	60 609 55	44 907.51	428 62.61	85
659	15 701	45 336.14	63.46	85
658	70 365	45 764.77	64.31	85
657	24 600	46 193.41	65.16	85
656	78 407	46 622.06	66.01	86
655	31 785	47 050.72	66.86	86
654	84 734	47 479.39	67.72	85
653	37 255	47 908.07	68.57	85
652	89 347	48 336.76	69.42	86
651	41 010	48 765.45	70.27	85
650	92 245 27	49 194.15	428 71.12	86
649	43 084	49 622.86	71.98	85
648	93 428	50 051.58	72.83	85
647	43 376	50 480.31	73.68	85
646	92 896	50 909.05	74.53	86
645	41 987	51 337.80	75.39	85
644	90 049	51 766.55	76.24	85
643	38 882	52 195.31	77.09	85
642	86 087	52 624.08	77.94	86
641	34 063	53 052.86	78.80	85
640	81 010 72	53 481.65	428 79.65	85
639	27 528	53 910.45	80.50	85
638	73 018	54 339.26	81.35	86
637	19 279	54 768.07	82.21	85
636	64 511	55 196.89	83.06	85
635	09 314	55 625.72	83.91	85
634	53 688	56 054.56	84.76	86
633	97 633	56 483.41	85.62	85
632	41 150	56 912.27	86.47	85
631	84 238	57 341.13	87.32	85
630	26 897 31	57 770.00	428 88.17	86
629	69 127	58 198.88	89.03	85
628	10 928	58 627.77	89.88	85
627	52 300	59 056.67	90.73	85
626	93 243	59 485.58	91.58	86
625	33 757	59 914.50	92.44	85
624	73 842	60 343.42	93.29	85
623	13 499	60 772.35	94.14	85
622	52 727	61 201.29	94.99	85
621	91 526	61 630.24	95.85	85
620	29 896 61	62 059.20	428 96.70	85
619	67 836	62 488.17	897.55	85
618	05 348	62 917.15	898.40	85
617	42 431	63 346.13	899.26	85
616	79 085	63 775.12	900.11	85
615	15 310	64 204.12	900.96	85
614	51 106	64 633.13	901.81	86
613	86 473	65 062.15	902.67	85
612	21 411	65 491.18	903.52	85
611	55 920	65 920.22	904.37	85
610	90 000 04	66 349.26	429 05.22	86
609	23 651	66 778.31	06.08	85
608	56 873	67 207.37	06.93	85
607	89 666	67 636.54	07.78	86
606	22 030	68 065.52	08.63	86
605	53 964	68 494.61	09.49	85
604	85 469	68 923.70	10.34	85
603	16 545	69 352.80	11.19	85
602	47 192	69 781.91	12.04	85
601	77 410	70 211.03	12.90	85
600	07 199 09	70 640.16	429 13.75	85

N. /100.	LOG. de 9 à 15.	D 1	D 2	D 3
600	07 196 59	70 640.19	429 13.78	85
599	36 555	71 069.33	14.63	86
598	65 486	71 498.48	15.49	85
597	93 988	71 927.63	16.34	85
596	22 060	72 356.79	17.19	86
595	49 703	72 785.96	18.05	85
594	76 917	73 215.14	18.90	85
593	03 702	73 644.33	19.75	85
592	30 058	74 073.53	20.61	85
591	55 984	74 502.74	21.46	85
590	81 482 47	74 931.95	429 22.31	86
589	06 549	75 361.17	23.17	85
588	31 188	75 790.40	24.02	85
587	55 398	76 219.64	24.87	85
586	79 178	76 648.89	25.73	85
585	02 529	77 078.15	26.58	85
584	25 451	77 507.42	27.43	85
583	47 944	77 936.69	28.29	85
582	70 007	78 365.97	29.14	85
581	91 641	78 795.26	29.99	86
580	12 846 93	79 224.56	429 30.85	85
579	33 622	79 653.87	31.70	85
578	53 968	80 083.19	32.55	85
577	73 885	80 512.52	33.41	85
576	93 372	80 941.85	34.26	85
575	12 430	81 371.19	35.11	85
574	31 050	81 800.54	35.97	85
573	49 259	82 229.90	36.82	85
572	67 029	82 659.27	37.67	85
571	84 370	83 088.65	38.53	85
570	01 281 39	83 518.04	429 39.38	86
569	17 763	83 947.43	40.23	85
568	33 816	84 376.83	41.09	85
567	49 439	84 806.24	41.94	85
566	64 633	85 235.66	42.79	85
565	79 397	85 665.09	43.65	85
564	93 732	86 094.53	44.50	85
563	07 637	86 523.98	45.35	85
562	21 113	86 953.43	46.21	85
561	34 100	87 382.89	47.06	86
560	46 777 27	87 812.36	429 47.91	85
559	58 964	88 241.84	48.77	85
558	70 722	88 671.33	49.62	85
557	82 051	89 100.83	50.48	85
556	92 950	89 530.33	51.33	85
555	03 420	89 959.84	52.18	86
554	13 460	90 389.36	53.04	85
553	23 071	90 818.89	53.89	85
552	32 252	91 248.43	54.75	85
551	44 004	91 677.98	55.60	85
550	49 326 08	92 107.54	429 56.46	86
549	57 218	92 537.10	57.31	85
548	64 681	92 966.67	58.13	85
547	71 714	93 396.25	59.02	85
546	78 318	93 825.84	59.88	86
545	84 492	94 255.44	60.73	85
544	90 237	94 685.05	61.50	85
543	95 552	95 114.67	62.44	85
542	00 437	95 544.29	63.30	86
541	04 893	95 973.92	64.15	85
540	08 919 31	96 403.56	429 65.01	85
539	12 516	96 833.21	65.86	85
538	15 683	97 262.87	66.72	86
537	18 420	97 692.54	67.57	85
536	20 727	98 122.22	68.43	85
535	22 605	98 551.90	69.28	85
534	24 053	98 981.59	70.14	86
533	25 071	99 411.29	70.99	85
532	25 660	99 841.00	71.85	85
531	25 819	00 270.72	72.70	85
530	25 548 41	00 700.45	429 73.56	86
529	24 847	01 130.19	74.41	85
528	23 717	01 559.93	75.27	85
527	22 157	01 989.68	76.12	85
526	20 167	02 419.44	76.98	86
525	17 748	02 849.21	77.83	85
524	14 899	03 278.99	78.68	85
523	11 620	03 708.78	79.54	85
522	07 911	04 138.58	80.39	86
521	03 772	04 568.38	81.25	85
520	99 204 78	04 998.19	429 82.10	85
519	94 206	05 428.01	82.96	85
518	88 778	05 857.84	83.81	86
517	82 920	06 287.68	84.67	85
516	76 632	06 717.53	85.52	85
515	69 914	07 147.39	86.38	85
514	62 767	07 577.25	87.23	86
513	55 190	08 007.12	88.09	85
512	47 183	08 437.00	88.94	85
511	38 746	08 866.89	89.80	85
510	29 879 88	09 296.79	429 90.65	86
509	20 582	09 726.70	91.51	85
508	10 855	10 156.62	92.36	85
507	00 698	10 586.54	93.22	85
506	90 111	11 016.47	94.07	86
505	79 095	11 446.41	94.93	85
504	67 649	11 876.36	95.78	85
503	55 773	12 306.32	96.64	85
502	43 467	12 736.29	97.49	86
501	30 731	13 166.26	98.35	85
500	17 565 08	13 596.24	429 99.20	85

N. /100.	LOG. de 9 à 15.	D 1	D 2	D 3
500	17 563 53	13 596.28	429 99.24	86
499	03 965	14 026.27	430 00.10	85
498	89 930	14 456.27	00.95	86
497	75 483	14 886.28	01.81	85
496	60 597	15 316.30	02.66	86
495	45 281	15 746.33	03.52	85
494	29 535	16 176.37	04.37	86
493	13 359	16 606.41	05.23	85
492	96 753	17 036.46	06.08	86
491	79 717	17 466.52	06.94	85
490	62 250 04	17 896.59	430 07.79	86
489	44 353	18 326.67	08.65	85
488	26 026	18 756.76	09.50	86
487	07 269	19 186.86	10.36	85
486	88 082	19 616.96	11.21	86
485	68 465	20 047.07	12.07	85
484	48 418	20 477.19	12.92	86
483	27 941	20 907.32	13.78	85
482	07 034	21 337.46	14.63	86
481	85 607	21 767.61	15.49	85
480	63 929 55	22 197.76	430 16.34	86
479	41 731	22 627.92	17.20	85
478	19 403	23 058.09	18.05	86
477	96 043	23 488.27	18.91	85
476	72 557	23 918.46	19.76	86
475	48 639	24 348.66	20.62	85
474	24 290	24 778.87	21.47	86
473	99 511	25 209.08	22.33	85
472	74 302	25 639.30	23.18	86
471	48 663	26 069.53	24.04	85
470	22 593 61	26 499.77	430 24.89	86
469	96 093	26 930.02	25.75	86
468	69 163	27 360.28	26.61	85
467	41 803	27 790.55	27.46	86
466	14 012	28 220.82	28.32	85
465	85 791	28 651.10	29.17	86
464	57 140	29 081.39	30.03	85
463	28 059	29 511.69	30.88	86
462	98 547	29 942.00	31.74	86
461	68 605	30 372.32	32.60	85
460	38 233 67	30 802.65	430 33.45	86
459	07 431	31 232.98	34.31	86
458	76 198	31 663.32	35.17	85
457	44 535	32 093.67	36.02	86
456	12 441	32 524.03	36.88	86
455	79 917	32 954.40	37.74	85
454	46 963	33 384.78	38.59	86
453	13 578	33 815.17	39.45	86
452	79 763	34 245.56	40.31	85
451	45 517	34 675.96	41.16	86
450	10 841 15	35 106.37	430 42.02	86
449	75 734	35 536.79	42.88	85
448	40 197	35 967.22	43.73	86
447	04 230	36 397.66	44.59	85
446	67 832	36 828.11	45.45	85
445	31 004	37 258.56	46.30	86
444	93 745	37 689.02	47.16	85
443	56 056	38 119.49	48.02	85
442	17 937	38 549.97	48.87	86
441	79 387	38 980.46	49.73	86
440	40 407 50	39 410.96	430 50.59	85
439	00 907	39 841.47	51.44	86
438	61 156	40 271.98	52.30	86
437	20 884	40 702.50	53.16	86
436	80 181	41 133.03	54.02	85
435	39 048	41 563.57	54.87	86
434	97 484	41 994.12	55.73	86
433	55 490	42 424.68	56.59	85
432	13 065	42 855.25	57.45	85
431	70 210	43 285.82	58.30	86
430	26 924 12	43 716.40	430 59.16	86
429	83 207	44 146.99	60.02	85
428	39 060	44 577.50	60.88	85
427	94 482	45 008.20	61.73	86
426	49 474	45 438.82	62.59	86
425	04 035	45 869.45	63.45	86
424	58 166	46 300.08	64.31	85
423	11 866	46 730.72	65.16	86
422	65 135	47 161.37	66.02	86
421	17 974	47 592.03	66.88	86
420	70 382 47	48 022.70	430 67.74	85
419	22 358	48 453.38	68.50	86
418	73 905	48 884.07	69.45	86
417	25 021	49 314.76	70.31	86
416	75 706	49 745.46	71.17	85
415	25 961	50 176.17	72.02	86
414	75 785	50 606.89	72.88	86
413	25 178	51 037.62	73.74	86
412	74 140	51 468.36	74.60	85
411	22 672	51 899.11	75.45	86
410	70 773 95	52 329.86	430 76.31	86
409	18 444	52 760.62	77.17	86
408	65 683	53 191.39	78.03	86
407	12 492	53 622.17	78.89	86
406	58 870	54 052.96	79.74	86
405	05 048	54 483.76	80.60	86
404	50 333	54 914.57	81.46	86
403	95 418	55 345.38	82.32	85
402	40 073	55 770.20	83.18	85
401	84 297	56 207.03	84.03	86
400	28 090 01	56 637.87	430 84.89	86

N. (÷100)	LOG. de 9 à 15	D^1	D^2	D^3
400	28085 26	56057.89	43084.91	86
399	71447	57068.74	85.77	85
398	14378	57499.60	86.62	86
397	56878	57930.47	87.48	86
396	98948	58361.34	88.34	86
395	40587	58792.22	89.20	86
394	81795	59223.11	90.05	86
393	22572	59654.01	90.91	86
392	62918	60084.92	91.77	86
391	02833	60515.84	92.63	86
390	42317 12	60946.77	43093.49	86
389	81371	61377.70	094.35	85
388	19993	61808.64	095.20	86
387	58184	62239.59	096.06	86
386	95944	62670.55	096.92	86
385	33273	63101.52	097.78	86
384	70171	63532.50	098.64	86
383	06638	63963.49	099.50	86
382	42675	64394.49	100.36	85
381	78281	64825.49	101.21	86
380	13456 58	65256.50	43102.07	86
379	48202	65687.52	02.93	86
378	82514	66118.55	03.79	86
377	16395	66549.59	04.65	86
376	49845	66980.64	05.51	86
375	82864	67411.70	06.37	85
374	15453	67842.76	07.23	85
373	47600	68273.83	08.08	86
372	79385	68704.91	08.94	86
371	10630	69136.00	09.80	86
370	41494 38	69567.10	43110.66	86
369	71926	69998.21	11.52	86
368	01928	70429.33	12.38	86
367	31490	70860.45	13.24	86
366	60639	71291.58	14.10	86
365	89347	71722.72	14.96	85
364	17624	72153.87	15.81	86
363	45470	72585.03	16.67	86
362	72885	73016.20	17.53	86
361	99869	73447.38	18.39	86
360	26422 51	73878.56	43119.25	86
359	51848	74309.75	20.11	86
358	78234	74740.95	20.97	85
357	03493	75172.16	21.82	86
356	28321	75603.38	22.68	86
355	52718	76034.61	23.54	86
354	76683	76465.85	24.40	86
353	00217	76897.09	25.26	86
352	23320	77328.34	26.12	86
351	45992	77759.60	26.98	86
350	68232 22	78190.87	43127.84	86
349	90040	78622.15	28.70	85
348	11418	79053.44	29.55	86
347	32365	79484.74	30.41	86
346	52880	79916.04	31.27	86
345	72964	80347.35	32.13	86
344	92617	80778.67	32.99	86
343	11838	81210.00	33.85	86
342	30628	81641.34	34.71	86
341	48987	82072.69	35.57	86
340	66914 93	82504.05	43136.43	86
339	84411	82935.41	37.29	86
338	01476	83366.78	38.15	86
337	18109	83798.16	39.01	86
336	34311	84229.55	39.87	86
335	50081	84660.95	40.73	86
334	65420	85092.36	41.59	86
333	80328	85523.78	42.45	86
332	94804	85955.20	43.31	86
331	08849	86386.63	44.17	86
330	22462 06	86818.07	43145.03	86
329	35643	87249.52	45.89	86
328	48393	87680.98	46.75	86
327	60712	88112.45	47.61	86
326	72600	88543.93	48.47	86
325	84056	88975.41	49.33	86
324	95081	89406.90	50.19	86
323	05674	89838.40	51.05	86
322	15836	90269.91	51.91	86
321	25566	90701.43	52.77	86
320	34865 06	91132.96	43153.63	86
319	43731	91564.50	54.49	86
318	52166	91996.04	55.35	86
317	60170	92427.59	56.21	86
316	67742	92859.15	57.07	86
315	74883	93290.72	57.93	86
314	81593	93722.30	58.79	86
313	87871	94153.89	59.65	86
312	93717	94585.49	60.51	86
311	99132	95017.10	61.37	86
310	04115 32	95448.71	43162.23	86
309	08667	95880.33	63.09	86
308	12787	96311.96	63.95	86
307	16475	96743.60	64.81	86
306	19731	97175.25	65.67	86
305	22556	97606.91	66.53	86
304	24949	98038.58	67.39	86
303	26910	98470.25	68.25	86
302	28440	98901.93	69.11	86
301	29538	99333.62	69.97	86
300	30204 18	99765.32	43170.83	86

N. (÷100)	LOG. de 9 à 15	D^1	D^2	D^3
300	30204 96	99765.41	43170.91	86
299	30439	00197.12	71.77	86
298	30242	00628.84	72.63	86
297	29613	01060.56	73.49	86
296	28552	01492.20	74.35	86
295	27060	01924.03	75.21	86
294	25136	02355.78	76.07	86
293	22780	02787.54	76.93	86
292	19992	03219.31	77.79	86
291	16773	03651.09	78.65	86
290	13122 99	04082.88	43179.51	87
289	09089	04514.68	80.38	86
288	04624	04946.48	81.24	86
287	99378	05378.29	82.10	86
286	94200	05810.11	82.96	86
285	88300	06241.94	83.82	86
284	82148	06673.78	84.68	86
283	75474	07105.63	85.54	86
282	68308	07537.49	86.40	86
281	60831	07969.35	87.26	87
280	52863 36	08401.22	43188.13	86
279	44402	08833.10	88.99	86
278	35629	09264.99	89.85	86
277	26304	09696.80	90.71	86
276	16667	10128.80	91.57	86
275	06538	10560.72	92.43	86
274	95977	10992.64	93.29	86
273	84984	11424.57	94.15	86
272	73559	11856.51	95.01	86
271	61702	12288.46	95.87	87
270	49414 46	12720.42	43196.74	86
269	36600	13152.39	97.60	86
268	23838	13584.37	98.46	86
267	09954	14016.35	99.32	86
266	95936	14448.34	200.18	86
265	81400	14880.34	201.04	86
264	66610	15312.35	201.90	86
263	51298	15744.37	202.76	86
262	35554	16176.40	203.62	87
261	19378	16608.44	204.49	86
260	02770 60	17040.48	43205.35	86
259	85731	17472.53	06.21	86
258	68258	17904.59	07.07	86
257	50353	18336.66	07.93	86
256	32016	18768.74	08.79	87
255	13247	19200.83	09.66	86
254	94046	19632.93	10.52	86
253	74413	20065.04	11.38	86
252	54348	20497.15	12.24	86
251	33851	20929.27	13.10	87
250	12922 47	21361.40	43213.97	86
249	91802	21793.54	14.83	86
248	69768	22225.60	15.69	86
247	47512	22657.85	16.55	86
246	24884	23090.02	17.41	87
245	01794	23522.19	18.28	86
244	78272	23954.37	19.14	86
243	54318	24386.56	20.00	86
242	29931	24818.76	20.86	86
241	05112	25250.97	21.72	87
240	79861 12	25683.19	43222.59	86
239	54178	26115.42	23.45	86
238	28063	26547.65	24.31	86
237	01515	26979.89	25.17	87
236	74535	27412.14	26.04	86
235	47123	27844.40	26.90	86
234	19279	28276.67	27.76	86
233	91002	28708.95	28.62	87
232	62293	29141.24	29.49	86
231	33152	29573.53	30.35	86
230	03578 04	30005.83	43231.21	86
229	73571	30438.14	32.07	87
228	43133	30870.46	32.94	86
227	12263	31302.79	33.80	86
226	80960	31735.13	34.66	86
225	49225	32167.48	35.52	87
224	17058	32599.84	36.39	86
223	84458	33032.20	37.25	86
222	51426	33464.57	38.11	86
221	17961	33896.95	38.97	87
220	84064 65	34329.34	43239.84	86
219	49735	34761.74	40.70	86
218	14973	35194.15	41.56	86
217	79779	35626.57	42.42	87
216	44152	36058.99	43.29	86
215	08093	36491.42	44.15	86
214	71602	36923.86	45.01	86
213	34678	37356.31	45.87	87
212	97322	37788.77	46.74	86
211	59533	38221.24	47.60	86
210	21312 26	38653.72	43248.46	86
209	82658	39086.20	49.32	87
208	43572	39518.69	50.19	86
207	04053	39951.10	51.05	86
206	64102	40383.70	51.91	86
205	23718	40816.22	52.77	87
204	82902	41248.75	53.64	86
203	41653	41681.29	54.50	86
202	99972	42113.84	55.36	86
201	57858	42546.39	56.22	87
200	15312 27	42978.95	43257.00	86

N. (÷100)	LOG. de 9 à 15	D^1	D^2	D^3
200	15309 52	42978.94	43257.09	86
199	72330	43411.51	57.95	86
198	28918	43844.00	58.81	87
197	85074	44276.68	59.68	86
196	40797	44709.28	60.54	86
195	96088	45141.89	61.40	86
194	50946	45574.50	62.26	87
193	05372	46007.12	63.13	86
192	59365	46439.75	63.99	86
191	12925	46872.39	64.85	87
190	66053 37	47305.04	43265.72	86
189	18748	47737.70	66.58	86
188	71010	48170.37	67.44	87
187	22840	48603.04	68.31	86
186	74237	49035.72	69.17	86
185	25201	49468.41	70.03	87
184	75732	49901.11	70.90	86
183	25832	50333.82	71.76	86
182	75498	50766.54	72.62	87
181	24731	51199.27	73.49	86
180	73532 35	51632.00	43274.35	86
179	21800	52064.74	75.21	87
178	69834	52497.49	76.08	86
177	17337	52930.25	76.94	86
176	64407	53363.02	77.80	87
175	11044	53795.80	78.67	86
174	57248	54228.59	79.53	86
173	03019	54661.39	80.39	87
172	48358	55094.19	81.26	86
171	93261	55527.00	82.12	86
170	37737 88	55959.82	43282.98	87
169	81778	56392.65	83.85	86
168	25385	56825.49	84.71	86
167	68560	57258.34	85.57	87
166	11302	57691.20	86.43	86
165	53614	58124.06	87.30	86
164	95487	58556.93	88.16	87
163	36930	58989.81	89.03	86
162	77040	59422.70	89.89	87
161	18317	59855.60	90.76	86
160	58661 28	60288.51	43291.62	86
159	98370	60721.43	92.48	87
158	37649	61154.35	93.35	86
157	76498	61587.28	94.21	86
156	14908	62020.22	95.07	-87
155	52888	62453.17	95.94	86
154	00435	62886.13	96.80	87
153	27549	63319.10	97.67	86
152	64230	63752.08	98.53	87
151	00478	64185.07	99.40	86
150	36293 94	64618.06	43300.26	87
149	71674	65051.06	01.13	86
148	06623	65484.07	01.99	87
147	41139	65917.09	02.86	86
146	75222	66350.12	03.72	87
145	08872	66783.16	04.59	86
144	42089	67216.21	05.45	87
143	74873	67649.26	06.32	86
142	07224	68082.32	07.18	87
141	39142	68515.39	08.05	86
140	70627 20	68948.47	43308.91	87
139	04679	69381.56	09.78	86
138	32297	69814.66	10.64	87
137	62482	70247.77	11.51	86
136	92234	70680.89	12.37	87
135	21553	71114.01	13.24	86
134	50430	71547.14	14.10	87
133	78892	71980.28	14.97	86
132	06912	72413.43	15.83	87
131	34499	72846.59	16.70	86
130	61652 40	73279.76	43317.56	87
129	88372	73712.94	18.43	86
128	14659	74146.12	19.29	87
127	40513	74579.31	20.16	86
126	65934	75012.51	21.02	87
125	90921	75445.72	21.89	86
124	15478	75878.94	22.75	87
123	39596	76312.17	23.62	86
122	63284	76745.41	24.48	87
121	86539	77178.65	25.35	86
120	09360 87	77611.90	43326.21	87
119	31749	78045.16	27.08	86
118	53704	78478.43	27.94	87
117	75226	78911.71	28.81	86
116	96314	79345.00	29.67	87
115	16969	79778.30	30.54	86
114	37191	80211.61	31.40	87
113	56979	80644.92	32.27	86
112	76334	81078.24	33.13	87
111	95256	81511.57	34.00	86
110	13744 03	81944.91	43334.86	87
109	31799	82378.26	35.73	86
108	49421	82811.62	36.59	87
107	66609	83244.99	37.46	86
106	83364	83678.36	38.32	87
105	99686	84111.74	39.19	86
104	15574	84545.13	40.05	87
103	31029	84978.53	40.92	86
102	46050	85411.94	41.78	87
101	60638	85845.36	42.65	86
100	74793 19	86278.79	43343.51	87

N. (÷100)	LOG. de 9 à 15	D^1	D^2	D^3
100	74790 16	86278.84	43343.56	87
099	88542	86712.28	44.43	87
098	01800	87145.72	45.29	87
097	14654	87579.17	46.16	87
096	27075	88012.63	47.02	87
095	39062	88446.10	47.89	86
094	50616	88879.58	48.75	87
093	61736	89313.07	49.62	86
092	72423	89746.57	50.48	87
091	82676	90180.07	51.35	86
090	92496 13	90613.58	43352.21	87
089	01882	91047.10	53.08	86
088	10835	91480.63	53.94	87
087	19354	91914.17	54.81	87
086	27440	92347.72	55.67	87
085	35092	92781.28	56.54	86
084	42311	93214.85	57.40	87
083	49096	93648.42	58.27	87
082	55448	94082.00	59.13	87
081	61366	94515.59	60.00	87
080	66850 79	94940.19	43360.87	87
079	71901	95382.80	61.73	87
078	76518	95816.42	62.60	87
077	80702	96250.05	63.47	86
076	84452	96683.68	64.33	87
075	87768	97117.39	65.20	87
074	90651	97550.97	66.07	86
073	93100	97984.63	66.93	87
072	95115	98418.30	67.80	87
071	96697	98851.98	68.67	86
070	97845 45	99285.67	43369.53	87
069	98559	99719.37	70.40	87
068	98840	00153.07	71.27	86
067	98687	00586.78	72.13	87
066	98100	01020.50	73.00	87
065	97079	01454.23	73.87	86
064	95625	01887.07	74.73	87
063	93737	02321.72	75.60	87
062	91418	02755.48	76.47	86
061	88600	03189.24	77.33	87
060	85471 42	03623.01	43378.20	87
059	81848	04056.79	79.07	86
058	77791	04490.58	79.93	87
057	73300	04924.38	80.80	87
056	68376	05358.19	81.67	86
055	63018	05792.01	82.53	87
054	57226	06225.84	83.40	87
053	51000	06659.67	84.27	86
052	44340	07093.51	85.13	87
051	37247	07527.36	86.00	87
050	29720 08	07961.22	43386.87	86
049	21759	08395.09	87.73	87
048	13364	08828.97	88.60	87
047	04535	09262.86	89.47	86
046	95272	09696.75	90.33	87
045	85575	10130.65	91.20	87
044	75444	10564.56	92.07	86
043	64870	10998.48	92.93	87
042	53881	11432.41	93.80	87
041	42449	11866.35	94.67	86
040	30582 74	12300.30	43395.53	87
039	18281	12734.26	396.40	87
038	05547	13168.22	397.27	86
037	92379	13602.19	398.13	87
036	78777	14036.17	399.00	87
035	64741	14470.16	399.87	86
034	50271	14904.16	400.73	87
033	35367	15338.17	401.60	87
032	20029	15772.19	402.47	87
031	04257	16206.21	403.34	86
030	88050 71	16640.24	43404.20	87
029	71410	17074.28	05.07	87
028	54336	17508.33	05.94	87
027	36828	17942.39	06.81	86
026	18886	18376.46	07.67	87
025	00510	18810.54	08.54	87
024	81699	19244.63	09.41	87
023	62454	19678.72	10.28	86
022	42775	20112.82	11.14	87
021	22662	20546.93	12.01	87
020	02115 87	20981.05	43412.88	87
019	81134	21415.18	13.75	86
018	59710	21849.32	14.61	87
017	37870	22283.47	15.48	87
016	15587	22717.62	16.35	87
015	92869	23151.78	17.22	86
014	69717	23585.95	18.08	87
013	46131	24020.13	18.95	87
012	22111	24454.32	19.82	87
011	97657	24888.52	20.69	86
010	72768 03	25322.73	43421.55	87
009	47445	25756.95	22.42	87
008	21688	26191.17	23.29	87
007	95497	26625.40	24.16	86
006	68872	27059.64	25.02	87
005	41812	27493.80	25.89	87
004	14318	27928.15	26.76	87
003	86390	28362.42	27.63	86
002	58028	28796.70	28.49	87
001	29231	29230.98	29.36	87
000	00000000	29665.27	43430.23	87

TABLE

DE

LOGARITHMES A NEUF ET DIX DÉCIMALES

N	1	2	3	N	4	5	6	N	7	8	9	N
00	00 0000 0000	30 1029 9957	47 7121 2547	00	60 2059 9913	69 8970 0043	77 8151 2504	00	84 5098 0400	90 3089 9870	95 4242 5004	00
01	4321 3738	3196 0574	8566 4956	01	3144 3726	9837 7259	8874 4720	01	5748 0180	3632 5164	4724 7949	01
02	8600 4718	5351 3694	48 0006 9430	02	4226 0531	70 0703 7171	9596 4913	02	6337 1121	4174 3683	5206 5375	02
03	01 2837 2247	7496 0379	1442 6985	03	5305 0461	1567 9851	78 0317 3121	03	6955 3250	4715 5453	5687 7503	03
04	7033 3393	9630 1074	2873 5830	04	6381 3651	2430 5364	1036 9386	04	7572 6591	5256 0487	6168 4305	04
05	02 1189 2991	31 1753 8611	4299 8393	05	7455 0238	3291 3781	1755 3747	05	8189 1170	5795 8804	6648 5792	05
06	5305 8653	3867 2204	5721 4265	06	8526 0936	4150 5168	2472 6242	06	8804 7011	6335 0418	7129 1977	06
07	9383 7777	5970 3455	7138 3755	07	9594 4002	5007 9593	3188 6911	07	9419 4138	6873 5347	7607 2871	07
08	03 3423 7565	8063 3350	8550 7165	08	61 0660 1631	5863 7123	3903 5793	08	85 0033 2577	7411 3608	8085 8485	08
09	7426 4979	32 0146 2861	9958 4794	09	1723 3080	6717 7823	4617 2920	09	0646 2352	7948 5216	8563 8832	09
10	04 1392 6852	32 2219 2947	49 1361 6938	10	61 2783 8367	70 7570 1761	78 5320 8380	10	85 1258 3487	90 8485 0189	95 9041 3023	10
11	5322 9788	4282 4553	2760 3890	11	3841 8219	8420 9001	6041 2102	11	1869 6007	9020 8542	9518 3770	11
12	9218 0227	6335 8609	4154 5040	12	4897 2160	9269 9610	6751 4221	12	2479 9936	9556 0292	9994 8383	12
13	05 3078 4435	8379 6034	5544 3375	13	5950 0517	71 0117 3651	7460 4745	13	3089 5299	91 0090 5456	96 0470 7775	13
14	6904 8513	33 0413 7733	6929 6481	14	7000 3411	0963 1190	8168 3711	14	3698 2118	0624 4049	0946 1957	14
15	06 0697 8404	2438 4599	8310 5538	15	8048 0967	1807 2200	8875 1158	15	4306 0418	1157 6087	1421 0044	15
16	4457 9892	4453 7512	9687 0826	16	9093 3306	2649 7016	9580 7122	16	4913 0223	1690 1588	1895 4737	16
17	8185 8617	6459 7338	50 1059 2022	17	62 0136 0550	3490 5431	79 0285 1640	17	5519 1357	2222 0565	2369 3357	17
18	07 1882 0073	8456 4936	2427 1200	18	1176 5431	4329 7597	0988 4751	18	6124 4442	2753 3037	2842 6812	18
19	5546 9614	34 0444 1148	3790 6834	19	2214 0930	5167 3378	1690 6490	19	6728 8904	3283 9018	3315 5114	19
20	07 9181 2460	34 2422 6808	50 5149 9783	20	62 3249 2904	71 6003 3436	79 2391 6895	20	85 7332 4964	91 3813 8524	96 3787 8273	20
21	08 2785 3703	4392 2737	6505 0394	21	4282 0058	6837 7233	3091 6002	21	7935 2647	4343 1571	4259 6302	21
22	6359 8307	6352 9745	7855 8717	22	5312 4510	7670 5030	3790 3847	22	8537 1976	4871 8175	4730 9211	22
23	9905 1114	8304 8630	9202 5223	23	6340 3674	8501 0889	4488 0467	23	9138 2073	5399 8352	5201 7010	23
24	09 3421 6852	35 0248 0183	51 0545 0102	24	7365 8566	9331 2870	5184 5897	24	9738 5062	5927 2117	5671 9712	24
25	6910 0130	2182 5181	1883 3610	25	8388 9301	72 0159 3034	5880 0173	25	86 0338 0066	6453 9485	6141 7327	25
26	10 0370 5451	4108 4391	3217 6001	26	9409 5091	0985 7442	6574 3332	26	0936 6207	6980 0473	6610 9867	26
27	3803 7210	6025 8572	4547 7527	27	63 0427 8750	1810 6152	7267 5508	27	1534 4109	7505 5006	7079 7341	27
28	7209 9696	7934 8470	5873 8437	28	1443 7690	2633 9225	7959 6437	28	2131 3793	8030 3368	7547 9762	28
29	11 0589 7103	9835 4823	7195 8979	29	2457 2922	3455 6720	8650 6454	29	2727 5283	8554 5306	8015 7140	29
30	11 3943 3523	36 1727 8360	51 8513 9399	30	63 3468 4556	72 4275 8696	79 9340 5495	30	86 3322 8601	91 9078 0924	96 8482 9486	30
31	7271 2957	3641 9799	9827 9938	31	4477 2702	5094 9211	80 0029 3592	31	3917 3770	9601 0238	8949 6840	31
32	12 0573 0312	5487 9849	52 1138 0837	32	5483 7468	5911 6323	0717 0783	32	4511 0811	92 0123 3263	9415 9124	32
33	3851 6410	7355 9210	2444 2335	33	6487 8964	6727 2090	1403 7100	33	5103 9746	0645 0014	9881 6437	33
34	7104 7984	9215 8574	3746 4068	34	7489 7205	7541 2570	2089 2579	34	5696 0599	1166 0506	97 0346 8762	34
35	13 0333 7685	37 1067 8023	5044 8070	35	8489 2570	8353 7820	2773 7253	35	6287 3391	1686 4755	0811 6109	35
36	3538 9084	2912 0030	6339 2774	36	9486 4893	9164 7897	3457 1156	36	6877 8143	2206 2771	1275 8487	36
37	6720 5672	4748 3460	7629 9009	37	64 0481 4370	9974 2857	4139 4323	37	7467 4879	2725 4580	1739 5909	37
38	9879 0864	6576 9571	8916 7003	38	1474 1105	73 0782 2757	4820 6787	38	8056 3618	3244 0186	2202 8384	38
39	14 3014 8003	8397 9009	53 0199 6982	39	2464 5202	1588 7652	5500 8582	39	8644 4384	3761 9608	2665 5923	39
40	14 6128 0357	38 0211 2417	53 1478 9170	40	64 3452 6765	73 2393 7598	80 6179 9740	40	86 9231 7197	92 4279 2861	97 3127 8536	40
41	9219 1127	2017 0426	2754 3790	41	4438 5895	3197 2651	6858 0295	41	9818 2080	4795 9958	3589 6234	41
42	15 2288 3454	3815 3660	4026 1061	42	5422 2693	3999 2865	7535 0284	42	87 0403 9053	5312 0015	4050 9028	42
43	5336 0375	5606 2736	5294 1200	43	6403 7262	4799 8296	8210 9729	43	0988 8138	5827 5746	4511 6027	43
44	8362 4921	7389 8263	6558 4426	44	7382 9701	5598 8997	8885 8674	44	1572 9355	6342 4406	4971 9943	44
45	16 1368 0022	9166 0844	7819 0051	45	8360 0110	6396 5023	9559 7146	45	2156 2727	6856 7089	5431 8085	45
46	4352 8558	39 0935 1071	9076 0988	46	9334 8587	7192 6427	81 0232 5180	46	2738 8275	7370 3630	5891 1364	46
47	7317 3347	2696 9533	54 0329 4748	47	65 0307 5231	7987 3263	0904 2807	47	3320 6018	7883 4103	6349 9790	47
48	17 0261 7154	4451 6808	1579 2439	48	1278 0140	8780 5585	1575 0050	48	3901 5979	8395 8523	6808 3373	48
49	3186 2684	6199 3471	2825 4270	49	2246 3410	9572 3445	2244 6968	49	4481 8177	8907 6902	7266 2124	49
50	17 6091 2591	39 7940 0087	54 4068 0444	50	65 3212 5138	74 0362 6895	81 2913 3566	50	87 5061 2634	92 9418 9257	97 7723 6053	50
51	8976 9473	9673 7215	5307 1165	51	4176 5419	1151 5989	3580 9886	51	5639 9370	9929 5601	8180 5169	51
52	18 1843 5879	40 1400 5408	6542 6635	52	5138 4348	1939 0777	4247 5957	52	6217 8406	93 0439 5948	8636 9484	52
53	4691 4308	3120 5212	7774 7054	53	6098 2020	2725 1313	4913 1813	53	6794 9762	0949 0312	9092 9006	53
54	7520 7208	4833 7166	9003 2020	54	7055 8529	3509 7647	5577 7483	54	7371 3459	1457 8707	9548 3747	54
55	19 0331 6982	6540 1804	55 0228 3531	55	8011 3967	4292 9831	6241 3000	55	7946 9516	1966 1147	98 0003 3716	55
56	3124 5984	8239 0653	1449 9980	56	8964 8427	5074 7916	6903 8394	56	8521 7955	2473 7647	0457 8923	56
57	5899 6524	9933 1233	2668 2161	57	9916 2001	5855 1952	7565 3696	57	9095 8795	2980 8219	0911 9378	57
58	8657 0870	41 1619 7060	3883 0266	58	66 0865 4780	6634 1989	8225 8936	58	9669 2056	3487 2878	1365 5091	58
59	20 1397 1243	3299 7641	5004 4486	59	1812 6855	7411 8079	8885 4146	59	88 0241 7759	3993 1638	1818 6072	59
60	20 4119 9827	41 4973 3480	55 6302 5008	60	66 2757 8317	74 8188 0270	81 9543 9355	60	88 0813 5923	93 4498 4512	98 2271 2330	60
61	6825 8760	6640 5073	7507 2019	61	3700 9254	8962 8613	82 0201 4595	61	1384 6568	5003 1515	2723 3877	61
62	9515 0145	8301 2913	8708 5705	62	4641 9756	9736 3156	0857 9894	62	1954 9713	5507 2658	3175 0720	62
63	21 2187 6044	9955 7485	9906 6250	63	5580 9910	75 0508 3949	1513 5284	63	2524 5380	6010 7957	3626 2871	63
64	4843 8480	42 1603 9269	56 1101 3836	64	6517 9806	1279 1040	2168 0794	64	3093 3586	6513 7425	4077 0339	64
65	7483 9442	3245 8739	2292 8645	65	7452 9529	2048 4478	2821 6453	65	3661 4352	7016 1075	4527 3133	65
66	22 0108 0880	4881 6366	3481 0854	66	8385 9167	2816 4312	3474 2202	66	4228 7696	7517 8020	4977 1264	66
67	2716 4711	6511 2614	4666 0643	67	9316 8806	3583 0589	4125 8339	67	4795 3039	8019 0075	5426 4744	67
68	5309 2817	8134 7940	5847 8187	68	67 0245 8531	4348 3357	4776 4625	68	5361 2200	8519 7252	5875 3573	68
69	7886 7046	9752 2800	7026 3662	69	1172 8427	5112 2664	5426 1178	69	5926 3398	9019 7764	6323 7771	69
70	23 0448 9214	43 1363 7642	56 8201 7244	70	67 2097 8579	75 5874 8557	82 6074 8027	70	88 6490 7252	93 9519 2526	98 6771 7343	70
71	2996 1104	2969 2909	9373 9096	71	3020 9071	6636 1082	6722 5202	71	7054 3781	94 0018 1550	7219 2290	71
72	5528 4469	4568 9040	57 0542 9399	72	3941 9986	7396 0288	7369 2731	72	7617 3003	0516 4849	7666 2649	72
73	8046 1031	6162 6470	1708 8318	73	4861 1407	8154 6220	8015 0642	73	8179 4939	1014 2437	8112 8103	73
74	24 0549 2483	7750 5628	2871 6022	74	5778 3447	8911 8924	8659 8965	74	8740 9007	1511 4326	8558 9560	74
75	3038 0487	9332 6938	4031 2577	75	6693 6096	9667 8447	9303 7728	75	9301 7025	2008 0530	9004 6157	75
76	5512 6678	44 0909 0821	5187 8449	76	7606 9527	76 0422 4834	9946 6959	76	9861 7213	2504 1002	9449 8177	76
77	7973 2064	2479 7694	6344 3502	77	8518 3790	1175 8132	83 0588 6687	77	89 0421 0188	2999 5984	9894 5637	77
78	25 0420 0023	4044 7959	7491 7998	78	9427 8966	1927 8384	1229 6939	78	0979 5970	3494 5159	99 0338 8548	78
79	2853 0310	5604 2033	8639 2100	79	68 0335 5134	2678 5637	1869 7743	79	1537 4577	3988 8751	0782 6918	79
80	25 5272 5051	44 7158 0313	57 9783 5066	80	68 1241 2374	76 3427 9936	83 2508 9127	80	89 2094 6027	94 4482 6722	99 1226 0757	80
81	7678 5740	8706 3199	58 0924 9757	81	2145 0764	4176 1324	3147 1119	81	2651 0339	4975 9084	1669 0074	81
82	26 0071 3880	45 0249 1083	2063 3629	82	3047 0382	4922 9846	3784 3747	82	3206 7531	5468 5854	2111 4878	82
83	2431 0897	1786 4355	3198 7740	83	3947 1308	5668 5548	4420 7037	83	3761 7021	5960 7036	2553 5178	83
84	4817 8230	3318 3400	4331 2204	84	4845 3616	6412 8471	5056 1017	84	[illegible]	6452 2650	2995 0984	84
85	7171 7284	4844 8600	5460 7295	85	5741 7386	7155 8661	5690 5713	85	[illegible]	6943 2707	3436 2305	85
86	9512 9442	6366 0334	6587 3047	86	6636 2693	7897 6160	6324 1157	86	5422 5460	7433 7219	3876 9149	86
87	27 1841 6065	7881 8967	7710 9650	87	7528 9612	8638 1012	6957 7371	87	5974 7324	7923 6198	4317 1527	87
88	4157 8493	9392 4878	8831 7256	88	8419 8220	9377 3261	7588 4382	88	6526 2175	8412 9658	4756 9446	88
89	6461 8042	46 0897 8428	9949 6013	89	9308 8591	77 0115 2948	8219 2219	89	7077 0032	8901 7610	5196 2916	89
90	27 8753 6010	46 2397 9979	59 1064 6070	90	69 0196 0800	77 0852 0116	83 8840 0907	90	89 7627 0013	94 9390 0066	99 5635 1946	90
91	28 1033 3672	3892 9890	2176 7574	91	1081 4921	1587 4809	9478 0474	91	8176 4835	9877 7040	6073 6545	91
92	3301 2287	5382 8514	3286 0670	92	1965 1028	2321 7067	84 0106 0945	92	8725 1816	95 0364 8544	6541 6722	92
93	5557 3090	6867 6204	4392 5504	93	2846 9193	3054 6934	0733 2346	93	9273 1873	0851 4589	6949 2485	93
94	7801 7290	8347 3301	5496 2218	94	3726 9489	3786 4450	1359 4705	94	9820 5024	1337 5188	7386 3844	94
95	29 0034 6114	9822 0160	6597 0056	95	4605 1989	4516 9657	1984 8046	95	90 0367 1287	1823 0353	7823 0807	95
96	2256 0714	47 1291 7111	7695 1859	96	5481 6765	5246 2597	2609 2396	96	0913 0677	2308 0097	8259 3384	96
97	4466 2262	2756 4493	8790 5068	97	6355 3887	5974 3311	3232 7781	97	1458 3214	2792 4430	8695 1583	97
98	6665 1903	4216 2644	9883 0721	98	7229 3428	6701 1840	3855 4226	98	2002 8914	3276 3367	9130 5413	98
99	8853 0764	5671 1883	60 0972 8957	99	8100 5456	7426 8224	4477 1757	99	2546 7793	3750 6917	9565 4882	99

N	1000	Diff	1001	D	1002	D	N	1003	D	1004	D	1005	D	N	1006	D	1007	D	1008	D	1009	D	N
	log.000	43	log.000	43	log.00	43		log.001	43	log.00	43	log.002	43		log.00	43	log.003	43	log.003	43	log.00	43	
00	000 0000	429	434 0775	386	0867 7215	343	00	300 9330	300	1733 7128	256	166 0618	213	00	2597 9807	170	029 4706	127	460 5321	085	3891 1662	042	00
01	04 3429	429	38 4161	385	72 0558	342	01	05 2630	298	38 0384	256	70 3834	212	01	2602 2977	170	33 7833	127	64 8406	084	95 4704	042	01
02	08 6858	428	42 7546	385	76 3900	342	02	09 5928	299	42 3640	255	74 7043	213	02	06 6147	170	38 0960	126	69 1490	083	99 7746	041	02
03	13 0286	428	47 0931	385	80 7242	341	03	13 9227	298	46 6895	255	79 0286	212	03	10 9317	168	42 4086	126	73 4573	084	3904 0787	040	03
04	17 3714	428	51 4316	384	85 0583	341	04	18 2525	298	51 0150	255	83 3468	211	04	15 2485	169	46 7212	126	77 7657	083	08 3827	040	04
05	21 7142	7	55 7700	3	89 3924	0	05	22 5823	7	55 3405	4	87 6679	1	05	19 5654	8	51 0338	5	82 0740	2	12 6867	040	05
06	26 0569	6	60 1083	4	93 7264	0	06	26 9120	6	59 6659	3	91 9890	1	06	23 8822	8	55 3463	5	86 3822	2	16 9907	039	06
07	30 3995	7	64 4467	2	98 0604	0	07	31 2416	7	63 9912	4	96 3101	0	07	28 1990	7	59 6588	4	90 6904	2	21 2946	9	07
08	34 7422	5	68 7849	3	0902 3944	339	08	35 5713	6	68 3166	2	200 6311	0	08	32 5157	7	63 9712	4	94 9986	1	25 5985	9	08
09	39 0847	6	73 1232	2	06 7283	8	09	39 9009	5	72 6418	3	04 9521	209	09	36 8324	6	68 2836	4	99 3067	0	29 9024	8	09
10	043 4273	425	477 4614	381	0911 0621	339	10	344 2304	295	1776 9671	252	209 2730	209	10	2641 1490	166	072 5960	123	503 6147	081	3934 2062	037	10
11	47 7698	4	81 7995	1	15 3960	7	11	48 5599	5	81 2923	1	13 5089	8	11	45 4656	5	76 9083	2	07 9228	080	38 5099	7	11
12	52 1122	4	86 1376	1	19 7297	8	12	52 8894	4	85 6174	1	17 9147	8	12	49 7821	5	81 2205	3	12 2308	079	42 8136	7	12
13	56 4546	4	90 4557	0	24 0635	7	13	57 2188	4	89 9425	1	22 2355	8	13	54 0986	5	85 5328	1	16 5387	9	47 1173	7	13
14	60 7970	3	94 8137	0	28 3972	6	14	61 5482	3	94 2676	0	26 5563	7	14	58 4151	4	89 8449	2	20 8466	9	51 4210	5	14
15	65 1393	3	99 1517	379	32 7308	6	15	65 8775	3	98 5926	0	30 8770	7	15	62 7315	4	94 1571	1	25 1545	8	55 7245	6	15
16	69 4816	2	503 4896	9	37 0644	6	16	70 2068	2	1802 9176	249	35 1977	6	16	67 0479	3	98 4692	0	29 4623	7	60 0281	5	16
17	73 8238	2	07 8275	9	41 3980	5	17	74 5360	2	07 2425	9	39 5183	6	17	71 3642	3	102 7812	0	33 7700	8	64 3316	5	17
18	78 1660	1	12 1654	8	45 7315	5	18	78 8652	2	11 5674	8	43 8389	5	18	75 6805	3	07 0932	0	38 0778	7	68 6351	4	18
19	82 5081	1	16 5032	7	50 0650	4	19	83 1944	1	15 8922	8	48 1594	5	19	79 9968	2	11 4052	119	42 3855	6	72 9385	3	19
20	086 8502	421	520 8409	378	0954 3984	334	20	387 5235	291	1820 2170	248	252 4799	205	20	2684 3180	162	115 7171	119	546 6031	076	3977 2418	034	20
21	91 1923	0	25 1787	6	58 7318	3	21	91 8526	0	24 5418	7	56 8004	4	21	88 6292	1	20 0290	8	51 0007	6	81 5452	3	21
22	95 5343	419	29 5163	7	63 0651	3	22	96 1816	0	28 8665	7	61 1208	4	22	92 9453	1	24 3408	8	55 3083	5	85 8485	2	22
23	99 8762	420	33 8540	6	67 3984	3	23	400 5106	289	33 1912	6	65 4412	3	23	97 2614	0	28 6526	8	59 6158	4	90 1517	2	23
24	104 2182	419	38 1915	6	71 7317	2	24	04 8395	9	37 5158	6	69 7615	3	24	2701 5774	0	32 9644	7	63 9232	5	94 4549	2	24
25	08 5601	8	42 5291	5	76 0649	2	25	09 1684	9	41 8404	5	74 0818	3	25	05 8934	159	37 2761	6	68 2307	4	98 7581	1	25
26	12 9019	8	46 8666	5	80 3981	1	26	13 4973	8	46 1649	5	78 4020	2	26	10 2093	9	41 5877	7	72 5381	3	4003 0612	1	26
27	17 2437	7	51 2040	5	84 7312	1	27	17 8261	7	50 4894	5	82 7222	2	27	14 5252	9	45 8993	6	76 8454	3	07 3643	0	27
28	21 5854	7	55 5415	4	89 0643	1	28	22 1548	8	54 8139	4	87 0424	1	28	18 8411	9	50 2109	6	81 1527	3	11 6673	0	28
29	25 9271	7	59 8788	4	93 3974	0	29	26 4836	6	59 1383	4	91 3625	1	29	23 1569	8	54 5225	5	85 4600	2	15 9703	0	29
30	130 2688	416	564 2162	372	0997 7304	320	30	430 8122	287	1863 4627	213	295 6826	200	30	2727 4727	157	158 8340	114	589 7672	072	4020 2334	029	30
31	34 6104	6	68 5534	3	1002 0633	9	31	35 1409	6	67 7870	3	300 0026	200	31	31 7884	7	63 1454	4	94 0744	1	24 5702	3	31
32	38 9520	5	72 8907	2	06 3962	9	32	39 4695	5	72 1113	3	04 3226	199	32	36 1041	7	67 4568	4	98 3815	1	28 8790	8	32
33	43 2935	5	77 2279	1	10 7291	8	33	43 7980	5	76 4356	1	08 6425	9	33	40 4198	6	71 7682	3	602 6886	0	33 1818	3	33
34	47 6350	5	81 5650	2	15 0619	8	34	48 1265	5	80 7597	2	12 9624	9	34	44 7354	5	76 0795	3	06 9956	0	37 4846	8	34
35	51 9765	4	85 9022	0	19 3947	8	35	52 4550	4	85 0839	1	17 2823	8	35	49 0509	6	80 3908	2	11 3026	0	41 7814	7	35
36	56 3179	4	90 2392	0	23 7275	7	36	56 7834	4	89 4080	1	21 6021	7	36	53 3665	4	84 7020	2	15 6096	069	46 0901	4	36
37	60 6592	4	94 5762	0	28 0602	6	37	61 1118	3	93 7321	0	25 9218	8	37	57 6819	5	89 0132	2	19 9165	9	50 3927	6	37
38	65 0006	3	98 9132	0	32 3928	6	38	65 4401	3	98 0561	0	30 2416	7	38	61 9974	4	93 3244	1	24 2234	8	54 6953	3	38
39	69 3418	3	603 2502	309	36 7254	6	39	69 7684	3	1902 3801	289	34 5613	6	39	66 3128	3	97 6355	0	28 5302	8	58 9979	5	39
40	173 6831	411	607 5871	364	1044 0580	325	40	474 0967	282	1906 7040	239	338 8809	196	40	2770 6281	153	201 9465	110	632 8370	068	4063 3004	025	40
41	78 0242	2	11 9239	4	48 3905	5	41	78 4249	2	11 0379	9	43 0005	5	41	74 9434	3	06 2575	0	37 1438	7	67 6209	4	41
42	82 3654	2	16 2607	3	52 7230	4	42	82 7531	1	15 3518	8	47 5200	6	42	79 2587	2	10 5685	0	41 4505	6	71 9053	4	42
43	86 7065	0	20 5975	7	57 0554	4	43	87 0812	1	19 6756	8	51 8396	4	43	83 5739	2	14 8795	109	45 7571	6	76 2077	4	43
44	91 0475	1	24 9342	7	61 3878	4	44	91 4093	0	23 9994	7	56 1590	4	44	87 8891	1	19 1904	2	50 0637	6	80 5101	3	44
45	95 3886	409	29 2709	0	65 7202	4	45	95 7373	0	28 3231	7	60 4784	4	45	92 2042	1	23 5012	1	54 3703	5	84 8124	2	45
46	99 7295	9	33 6075	0	70 0525	3	46	500 0653	279	32 6468	6	64 7978	4	46	96 5193	0	27 8120	8	58 6768	5	89 1146	3	46
47	204 0704	9	37 9441	0	74 3848	2	47	04 3932	9	36 9704	6	69 1172	3	47	2800 8343	0	32 1228	7	62 9833	5	93 4169	1	47
48	08 4113	9	42 2807	5	78 7170	2	48	08 7211	9	41 2940	6	73 4365	3	48	05 1493	0	36 4335	7	67 2898	4	97 7190	2	48
49	12 7522	8	46 6172	4	83 0492	1	49	13 0490	8	45 6176	5	77 7557	2	49	09 4643	149	40 7442	6	71 5962	3	4102 0212	1	49
50	217 0030	407	650 0536	361	1084 3813	321	50	517 3768	278	1949 9411	235	382 0749	192	50	2813 7792	149	245 0548	106	675 9025	064	4106 3233	020	50
51	21 4337	7	55 2900	4	88 7134	0	51	21 7040	277	54 2646	4	86 3941	1	51	18 0941	8	49 3654	6	80 2089	2	10 6253	20	51
52	25 7744	7	59 6264	4	93 0454	0	52	26 0323	7	58 5880	4	90 7132	1	52	22 4089	8	53 6760	5	84 5151	3	14 9273	20	52
53	30 1151	6	63 9628	2	97 3774	0	53	30 3600	7	62 9114	3	95 0323	0	53	26 7237	8	57 9865	4	88 8214	2	19 2293	019	53
54	34 4557	6	68 2990	3	1101 7094	319	54	34 6877	6	67 2347	3	99 3513	0	54	31 0385	7	62 2969	5	93 1276	1	23 5312	9	54
55	38 7963	5	72 6353	2	06 0413	9	55	39 0153	5	71 5580	2	03 6703	189	55	35 3532	6	66 6074	3	97 4337	1	27 8331	8	55
56	43 1368	5	76 9715	1	10 3732	8	56	43 3428	6	75 8812	3	07 9893	189	56	39 6678	6	70 9177	4	701 7398	1	32 1350	8	56
57	47 4773	5	81 3076	2	14 7050	8	57	47 6704	4	80 2045	1	12 3082	9	57	43 9825	5	75 2281	3	06 0459	0	36 4368	7	57
58	51 8178	4	85 6438	0	19 0368	8	58	51 9978	5	84 5276	1	16 6271	8	58	48 2970	6	79 5384	2	10 3519	0	40 7385	7	58
59	56 1582	3	89 9798	1	23 3686	7	59	56 3253	3	88 8507	1	20 9459	8	59	52 6116	5	83 8486	2	14 6579	089	45 0402	7	59
60	260 4985	404	694 3159	360	1127 7008	316	60	560 6526	274	1993 1738	231	425 2647	187	60	2856 9261	144	288 1588	102	718 9638	059	4149 3419	016	60
61	64 8389	2	98 6519	359	32 0319	7	61	64 9800	3	1997 4969	230	29 5834	7	61	61 2405	4	92 4690	1	23 2697	9	53 6435	6	61
62	69 1791	3	702 9878	9	36 3636	5	62	69 3073	2	2001 8199	229	33 9021	7	62	65 5549	4	96 7791	1	27 5756	8	57 9451	6	62
63	73 5194	2	07 3237	8	40 6951	6	63	73 6345	3	06 1428	9	38 2208	6	63	69 8693	3	301 0892	0	31 8814	7	62 2467	5	63
64	77 8596	1	11 6595	9	45 0267	5	64	77 9618	1	10 4657	9	42 5394	5	64	74 1836	3	05 3992	0	36 1871	8	66 5482	4	64
65	82 1997	1	15 9954	7	49 3582	4	65	82 2889	2	14 7886	8	46 8579	6	65	78 4979	2	09 7092	0	40 4929	6	70 8496	4	65
66	86 5398	1	20 3311	8	53 6896	4	66	86 6161	1	19 1114	8	51 1765	4	66	82 8121	2	14 0192	099	44 7985	7	75 1510	4	66
67	90 8799	0	24 6669	6	58 0210	4	67	90 9432	0	23 4342	7	55 4949	5	67	87 1263	1	18 3291	9	49 1042	6	79 4524	3	67
68	95 2190	0	29 0025	7	62 3524	3	68	95 2702	0	27 7569	7	59 8134	4	68	91 4404	1	22 6390	8	53 4098	5	83 7537	3	68
69	99 5599	399	33 3382	6	66 6837	2	69	99 5972	0	32 0796	7	64 1318	3	69	95 7545	1	26 9488	8	57 7153	6	88 0550	3	69
70	303 8998	399	737 6738	355	1171 0140	313	70	603 9242	269	2036 4023	226	468 4501	183	70	2900 0686	140	331 2586	097	762 0208	055	4192 3563	012	70
71	08 2397	8	42 0093	5	75 3452	2	71	08 2511	8	40 7249	5	72 7684	3	71	04 3826	140	35 5683	7	66 3263	4	96 6575	1	71
72	12 5795	8	46 3448	5	79 6774	1	72	12 5779	9	45 0474	6	77 0867	2	72	08 6966	139	39 8780	6	70 6317	4	4200 9586	1	72
73	16 9193	8	50 6803	4	84 0085	1	73	16 9048	7	49 3700	4	81 4049	2	73	13 0105	9	44 1876	7	74 9371	3	05 2597	1	73
74	21 2591	7	55 0157	4	88 3396	1	74	21 2315	8	53 6924	5	85 7231	1	74	17 3244	9	48 4973	5	79 2424	3	09 5608	0	74
75	25 5988	6	59 3511	3	92 6707	0	75	25 5583	7	58 0149	4	90 0412	1	75	21 6383	8	52 8068	6	83 5477	3	13 8618	0	75
76	29 9384	7	63 6864	3	97 0017	309	76	20 8850	6	62 3373	3	94 3593	1	76	25 9521	7	57 1164	4	87 8530	2	18 1628	0	76
77	34 2781	6	68 0217	3	1201 3326	310	77	34 2116	7	66 6596	3	98 6774	0	77	30 2658	8	61 4258	5	92 1582	2	22 4638	009	77
78	38 6177	5	72 3570	2	1205 6636	308	78	38 5383	5	70 9819	3	502 9954	0	78	34 5796	6	65 7353	4	96 4634	1	26 7647	8	78
79	42 9572	5	76 6922	2	1209 9944	309	79	42 8648	5	75 3042	2	07 3134	179	79	38 8932	7	70 0447	3	800 7685	1	31 0655	9	79
80	347 2967	394	781 0274	351	1214 3253	308	80	647 1913	265	2079 6264	222	511 6313	179	80	2943 2069	136	374 3540	003	805 0730	050	4235 3664	007	80
81	51 6361	4	85 3625	1	18 6561	7	81	51 5178	5	83 9486	1	15 9492	8	81	47 5205	5	78 6633	3	09 3786	0	39 6671	8	81
82	55 9755	4	89 6976	0	22 9868	7	82	55 8443	4	88 2707	1	20 2670	8	82	51 8340	5	82 9726	2	13 6836	0	43 9679	7	82
83	60 3149	3	94 0326	0	27 3175	7	83	60 1707	3	92 5928	0	24 5848	7	83	56 1475	5	87 2818	2	17 9886	049	48 2686	6	83
84	64 6542	3	98 3676	349	31 6482	6	84	64 4970	3	96 9148	1	28 9025	8	84	60 4610	4	91 5910	1	22 2935	8	52 5692	6	84
85	68 9935	2	802 7025	9	35 9788	6	85	68 8233	3	2101 2369	219	33 2203	6	85	64 7744	4	95 9001	1	26 5983	9	56 8698	6	85
86	73 3327	2	07 0374	9	40 3094	6	86	73 1496	2	05 5588	9	37 5379	6	86	69 0878	3	400 2092	1	30 9032	7	61 1704	5	86
87	77 0719	2	11 3723	8	44 6400	5	87	77 4758	2	09 8807	9	41 8555	6	87	73 4011	3	04 5183	0	35 2079	8	65 4709	5	87
88	82 0111	1	15 7071	8	48 9705	4	88	81 8020	1	14 2026	8	46 1731	6	88	77 7144	3	08 8273	0	39 5127	7	69 7714	4	88
89	86 3502	1	20 0419	7	53 3009	4	89	86 1281	1	18 5244	8	50 4907	4	89	82 0277	2	13 1363	089	43 8174	6	74 0718	4	89
90	390 6803	390	824 3766	347	1257 6313	304	90	690 4542	261	2122 8462	218	554 8081	175	90	2986 3409	131	417 4452	089	848 1220	046	4278 3722	003	90
91	95 0283	389	28 7113	6	61 9617	3	91	94 7803	0	27 1680	7	59 1256	4	91	90 6540	1	21 7541	8	52 4266	6	82 6725	4	91
92	99 3672	390	33 0459	6	66 2920	3	92	99 1063	0	31 4897	6	63 4430	4	92	94 9671	1	26 0629	8	56 7312	5	86 9729	2	92
93	403 7062	389	37 3805	6	70 6223	2	93	703 4323	259	35 8113	7	67 7604	3	93	99 2802	0	30 3717	8	61 0357	5	91 2731	2	93
94	08 0451	8	41 7151	5	74 9525	2	94	07 7582	9	40 1330	5	72 0777	3	94	3003 5932	0	34 6805	7	65 3402	5	95 5733	2	94
95	12 3839	8	46 0496	5	79 2827	2	95	12 0841	8	44 4545	6	76 3950	2	95	07 9062	0	38 9892	7	69 6447	2	4299 8735	1	95
96	16 7227	7	50 3841	5	83 6129	1	96	16 4099	8	48 7761	4	80 7122	2	96	12 2192	129	43 2979	6	73 9491	3	4304 1737	1	96
97	21 0615	7	54 7185	4	87 9430	0	97	20 7357	7	53 0975	5	85 0294	1	97	16 5321	9	47 6065	6	78 2534	2	08 4738	0	97
98	25 4002	7	59 0529	4	92 2730	0	98	25 0614	7	57 4190	4	89 3465	2	98	20 8450	8	51 9151	5	82 5577	2	12 7738	0	98
99	29 7389	6	63 3872	3	96 6030	0	99	29 3871	7	61 7404	4	93 6637	0	99	25 1578	8	56 2236	5	86 8620	2	17 0738	0	99

LA DIVISION

RÉDUITE

A UNE ADDITION

	1	2	3	4	5	6	7	8	9
1000	1000 0000 000	2000 0000 000	3000 0000 000	4000 0000 000	5000 0000 000	6000 0000 000	7000 0000 000	8000 0000 000	9000 0000 000
1001	0999 0009 990	1998 0019 980	2997 0029 970	3996 0039 960	4995 0049 950	5994 0059 940	6993 0069 930	7992 0079 920	8991 0089 910
1002	0998 0039 920	1996 0079 840	2994 0119 760	3992 0159 681	4990 0199 601	5988 0239 521	6986 0279 441	7984 0319 361	8982 0359 281
1003	0997 0089 731	1994 0179 462	2991 0269 192	3988 0358 923	4985 0448 654	5982 0538 385	6979 0628 116	7976 0717 846	8973 0807 577
1004	0996 0159 363	1992 0318 725	2988 0478 088	3984 0637 450	4980 0796 813	5976 0956 175	6972 1115 538	7968 1274 900	8964 1434 263
1005	0995 0248 756	1990 0497 512	2985 0746 269	3980 0995 025	4975 1243 781	5970 1492 537	6965 1741 294	7960 1990 050	8955 2238 806
1006	0994 0357 853	1988 0715 706	2982 1073 559	3976 1431 412	4970 1789 264	5964 2147 117	6958 2504 970	7952 2862 823	8946 3220 676
1007	0993 0486 594	1986 0973 188	2979 1459 782	3972 1946 375	4965 2432 969	5958 2919 563	6951 3406 157	7944 3892 751	8937 4379 345
1008	0992 0634 921	1984 1269 841	2976 1904 762	3968 2539 683	4960 3174 603	5952 3809 524	6944 4444 444	7936 5079 365	8928 5714 286
1009	0991 0802 775	1982 1605 550	2973 2408 325	3964 3211 100	4955 4013 875	5946 4816 650	6937 5619 425	7928 6422 200	8919 7224 975
1010	0990 0990 099	1980 1980 198	2970 2970 297	3960 3960 396	4950 4950 495	5940 5940 594	6930 6930 693	7920 7920 792	8910 8910 891
1011	0989 1196 835	1978 2393 670	2967 3590 504	3956 4787 339	4945 5984 174	5934 7181 009	6923 8377 844	7912 9574 679	8902 0771 513
1012	0988 1422 925	1976 2845 850	2964 4268 775	3952 5691 700	4940 7114 625	5928 8537 549	6916 9960 474	7905 1383 399	8893 2806 324
1013	0987 1668 312	1974 3336 624	2961 5004 936	3948 6673 248	4935 8341 560	5923 0009 872	6910 1678 184	7897 3346 496	8884 5014 807
1014	0986 1932 939	1972 3865 878	2958 5798 817	3944 7731 755	4930 9664 694	5917 1597 633	6903 3530 572	7889 5463 511	8875 7396 450
1015	0985 2216 749	1970 4433 498	2955 6650 246	3940 8866 995	4926 1083 744	5911 3300 493	6896 5517 241	7881 7733 990	8866 9950 739
1016	0984 2519 685	1968 5039 370	2952 7559 055	3937 0078 740	4921 2598 425	5905 5118 110	6889 7637 795	7874 0157 480	8858 2677 165
1017	0983 2841 691	1966 5683 382	2949 8525 074	3933 1366 765	4916 4208 456	5899 7050 147	6882 9891 839	7866 2733 530	8849 5575 221
1018	0982 3182 711	1964 6365 422	2946 9548 134	3929 2730 848	4911 5913 556	5893 9096 267	6876 2278 978	7858 5461 690	8840 8644 401
1019	0981 3542 689	1962 7085 378	2944 0628 067	3925 4170 756	4906 7713 445	5888 1256 134	6869 4798 822	7850 8341 511	8832 1884 200
1020	0980 3921 569	1960 7843 137	2941 1764 706	3921 5686 275	4901 9607 843	5882 3529 412	6862 7450 980	7843 1372 549	8823 5294 118
1021	0979 4319 295	1958 8638 590	2938 2957 884	3917 7277 179	4897 1596 474	5876 5915 769	6856 0235 064	7835 4554 358	8814 8873 653
1022	0978 4735 812	1956 9471 624	2935 4207 436	3913 8943 249	4892 3679 061	5870 8414 873	6849 3150 685	7827 7886 497	8806 2622 309
1023	0977 5171 066	1955 0342 131	2932 5513 196	3910 0684 262	4887 5855 327	5865 1026 393	6842 6197 458	7820 1368 524	8797 6539 589
1024	0976 5625 000	1953 1250 000	2929 6875 000	3906 2500 000	4882 8125 000	5859 3750 000	6835 9375 000	7812 5000 000	8789 0625 000
1025	0975 6097 561	1951 2195 122	2926 8292 683	3902 4390 244	4878 0487 805	5853 6585 366	6829 2682 927	7804 8780 488	8780 4878 049
1026	0974 6588 694	1949 3177 388	2923 9766 082	3898 6354 776	4873 2043 470	5847 9532 164	6822 6120 858	7797 2709 552	8771 9298 246
1027	0973 7098 345	1947 4196 689	2921 1295 034	3894 8393 379	4868 5491 724	5842 2590 068	6815 9688 413	7789 6786 758	8763 3885 102
1028	0972 7626 459	1945 5252 918	2918 2879 377	3891 0505 837	4863 8132 296	5836 5758 755	6809 3385 214	7782 1011 673	8754 8638 132
1029	0971 8172 983	1943 6345 967	2915 4518 950	3887 2691 934	4859 0864 917	5830 9037 901	6802 7210 884	7774 5383 868	8746 3556 851
1030	0970 8737 864	1941 7475 728	2912 6213 592	3883 4951 456	4854 3689 320	5825 2427 184	6796 1165 048	7766 9902 913	8737 8640 777
1031	0969 9321 048	1939 8642 095	2909 7963 143	3879 7284 190	4849 6605 238	5819 5926 285	6789 5247 333	7759 4568 380	8729 3889 428
1032	0968 9922 481	1937 9844 961	2906 9767 442	3875 9689 922	4844 9612 403	5813 9534 884	6782 9457 364	7751 9379 845	8720 9302 326
1033	0968 0542 110	1936 1084 221	2904 1626 331	3872 2168 441	4840 2710 552	5808 3252 662	6776 3794 773	7744 4336 883	8712 4878 993
1034	0967 1179 884	1934 2359 768	2901 3539 652	3868 4719 536	4835 5899 420	5802 7079 304	6769 8259 188	7736 9439 072	8704 0618 955
1035	0966 1835 749	1932 3671 498	2898 5507 246	3864 7342 995	4830 9178 744	5797 1014 493	6763 2850 242	7729 4685 990	8695 6521 739
1036	0965 2509 652	1930 5019 305	2895 7528 958	3861 0038 610	4826 2548 263	5791 5057 915	6756 7567 568	7722 0077 220	8687 2586 873
1037	0964 3201 543	1928 6403 086	2892 9604 629	3857 2806 172	4821 6007 715	5785 9209 257	6750 2410 800	7714 5612 343	8678 8813 886
1038	0963 3911 368	1926 7822 736	2890 1734 104	3853 5645 472	4816 9556 840	5780 3468 208	6743 7379 576	7707 1290 944	8670 5202 312
1039	0962 4639 076	1924 9278 152	2887 3917 228	3849 8556 304	4812 3195 380	5774 7834 456	6737 2473 532	7699 7112 608	8662 1751 684
1040	0961 5384 615	1923 0769 231	2884 6153 846	3846 1538 462	4807 6923 077	5769 2307 692	6730 7692 308	7692 3076 923	8653 8461 538
1041	0960 6147 935	1921 2295 869	2881 8443 804	3842 4591 739	4803 0739 673	5763 6887 608	6724 3035 543	7684 9183 477	8645 5331 412
1042	0959 6928 983	1919 3857 965	2879 0786 948	3838 7715 931	4798 4644 914	5758 1573 896	6717 8502 879	7677 5431 862	8637 2360 844
1043	0958 7727 709	1917 5455 417	2876 3183 126	3835 0910 834	4793 8638 543	5752 6366 251	6711 4093 960	7670 1821 668	8628 9549 377
1044	0957 8544 061	1915 7088 123	2873 5632 184	3831 4176 245	4789 2720 307	5747 1264 368	6704 9808 429	7662 8352 490	8620 6896 552
1045	0956 9377 990	1913 8755 981	2870 8133 971	3827 7511 962	4784 6889 952	5741 6267 943	6698 5645 933	7655 5023 923	8612 4401 914
1046	0956 0229 446	1912 0458 891	2868 0688 337	3824 0917 782	4780 1147 228	5736 1376 673	6692 1606 119	7648 1835 564	8604 2065 010
1047	0955 1098 376	1910 2196 753	2865 3295 129	3820 4393 505	4775 5491 882	5730 6590 258	6685 7688 634	7640 8787 011	8595 9885 387
1048	0954 1984 733	1908 3969 466	2862 5954 199	3816 7938 931	4770 9923 664	5725 1908 397	6679 3893 130	7633 5877 863	8587 7862 596
1049	0953 2888 465	1906 5776 930	2859 8665 396	3813 1553 861	4766 4442 326	5719 7330 791	6673 0219 256	7626 3107 722	8579 5996 187
1050	0952 3809 524	1904 7619 048	2857 1428 571	3809 5238 095	4761 9047 619	5714 2857 143	6666 6666 667	7619 0476 190	8571 4285 714
1051	0951 4747 859	1902 9495 718	2854 4243 577	3805 8991 437	4757 3739 296	5708 8487 155	6660 3235 014	7611 7982 873	8563 2730 733
1052	0950 5703 422	1901 1406 844	2851 7110 266	3802 2813 688	4752 8517 110	5703 4220 532	6653 9923 954	7604 5627 376	8555 1330 799
1053	0949 6676 163	1899 3352 327	2849 0028 490	3798 6704 653	4748 3380 817	5698 0056 980	6647 6733 143	7597 3409 307	8547 0085 470
1054	0948 7666 034	1897 5332 068	2846 2998 102	3795 0664 137	4743 8330 171	5692 5996 205	6641 3662 239	7592 1328 273	8538 9994 307
1055	0947 8672 986	1895 7345 972	2843 6018 957	3791 4691 943	4739 3364 929	5687 2037 915	6635 0710 900	7582 9383 886	8530 8056 872
1056	0946 9696 970	1893 9393 939	2840 9090 909	3787 8787 879	4734 8484 848	5681 8181 818	6628 7878 788	7575 7575 758	8522 7272 727
1057	0946 0737 938	1892 1475 875	2838 2213 813	3784 2951 750	4730 3689 688	5676 4427 625	6622 5165 563	7568 5903 500	8514 6641 438
1058	0945 1795 841	1890 3591 682	2835 5387 524	3780 7183 365	4725 8979 206	5671 0775 047	6616 2570 888	7561 4366 730	8506 6162 571
1059	0944 2870 633	1888 5741 266	2832 8611 898	3777 1482 531	4721 4353 164	5665 7223 796	6610 0094 429	7554 2965 062	8498 5835 694
1060	0943 3962 264	1886 7924 528	2830 1886 792	3773 5849 057	4716 9811 321	5660 3773 585	6603 7735 849	7547 1698 113	8490 5660 377
1061	0942 5070 688	1885 0141 376	2827 5212 064	3770 0282 752	4712 5353 440	5655 0424 128	6597 5494 816	7540 0565 504	8482 5636 192
1062	0941 6195 857	1883 2391 714	2824 8587 571	3766 4783 428	4708 0979 284	5649 7175 141	6591 3370 998	7533 9566 855	8474 5762 712
1063	0940 7337 723	1881 4675 447	2822 2013 170	3762 9350 894	4703 6688 617	5644 4026 341	6585 1364 064	7525 8701 787	8466 6039 511
1064	0939 8496 241	1879 6992 481	2819 5488 722	3759 3984 962	4699 2481 203	5639 0977 444	6578 9473 684	7518 7969 925	8458 6466 165
1065	0938 9671 362	1877 9342 723	2816 9014 085	3755 8685 446	4694 8356 808	5633 8028 169	6572 7699 531	7511 7370 892	8450 7042 254
1066	0938 0863 039	1876 1726 079	2814 2589 118	3752 3452 158	4690 4315 197	5628 5178 236	6566 6041 276	7504 6904 315	8442 7767 355
1067	0937 2071 228	1874 4142 455	2811 6213 683	3748 8284 911	4686 0356 139	5623 2427 366	6560 4498 594	7497 6569 822	8434 8641 050
1068	0936 3295 880	1872 6591 760	2808 9887 640	3745 3183 521	4681 6479 401	5617 9775 281	6554 3071 161	7490 6367 041	8426 9662 921
1069	0935 4536 950	1870 9073 901	2806 3610 851	3741 8147 802	4677 2684 752	5612 7221 702	6548 1758 653	7483 6295 603	8419 0832 554
1070	0934 5794 393	1869 1588 785	2803 7383 178	3738 3177 570	4672 8971 963	5607 4766 355	6542 0560 748	7476 6355 140	8411 2149 533
1071	0933 7068 161	1867 4136 321	2801 1204 482	3734 8272 642	4668 5340 803	5602 2408 964	6535 9477 124	7469 6545 285	8403 3613 445
1072	0932 8358 209	1865 6716 418	2798 5074 627	3731 3432 836	4664 1791 045	5597 0149 254	6529 8507 463	7462 6865 672	8395 5223 881
1073	0931 9664 492	1863 9328 984	2795 8993 476	3727 8657 968	4659 8322 460	5591 7986 952	6523 7651 444	7455 7315 937	8387 6980 429
1074	0931 0986 965	1862 1973 929	2793 2960 894	3724 3947 858	4655 4934 823	5586 5921 788	6517 6908 752	7448 7895 717	8379 8882 682
1075	0930 2325 581	1860 4651 163	2790 6976 744	3720 9302 326	4651 1627 907	5581 3953 488	6511 6279 070	7441 8604 651	8372 0930 232
1076	0929 3680 297	1858 7360 595	2788 1040 892	3717 4721 190	4646 8401 487	5576 2081 784	6505 5762 082	7434 9442 379	8364 3122 677
1077	0928 5051 068	1857 0102 136	2785 5153 203	3714 0204 271	4642 5255 339	5571 0306 407	6499 5357 474	7428 0408 542	8356 5459 610
1078	0927 6437 848	1855 2875 696	2782 9313 544	3710 7751 391	4638 2189 239	5565 8627 087	6493 5064 935	7421 1502 783	8348 7940 631
1079	0926 7840 593	1853 5681 186	2780 3521 779	3707 1362 373	4633 9202 966	5560 7043 559	6487 4884 152	7414 2724 745	8341 0565 338
1080	0925 9259 259	1851 8518 518	2777 7777 778	3703 7037 037	4629 6296 296	5555 5555 556	6481 4814 815	7407 4074 074	8333 3333 333
1081	0925 0693 802	1850 1387 604	2775 2081 406	3700 2775 208	4625 3469 010	5550 4162 812	6475 4856 614	7400 5550 416	8325 6244 218
1082	0924 2144 177	1848 4288 355	2772 6432 532	3696 8576 710	4621 0720 887	5545 2865 065	6469 5009 242	7393 7153 420	8317 9297 597
1083	0923 3610 342	1846 7220 683	2770 0831 025	3693 4441 367	4616 8051 708	5540 1662 050	6463 5272 392	7386 8882 733	8310 2493 075
1084	0922 5092 251	1845 0184 502	2767 5276 753	3690 0369 004	4612 5461 255	5535 0553 506	6457 5645 757	7380 0738 007	8302 5830 258
1085	0921 6589 862	1843 3179 724	2764 9769 585	3686 6359 447	4608 4949 309	5529 9539 171	6451 6129 032	7373 2718 894	8294 9308 756
1086	0920 8103 131	1841 6206 262	2762 4309 392	3683 2412 523	4604 0515 653	5524 8618 785	6445 6721 915	7366 4825 046	8287 2928 177
1087	0919 9632 015	1839 9264 029	2759 8896 044	3679 8528 059	4599 8160 074	5519 7792 088	6439 7424 103	7359 7056 118	8279 6688 132
1088	0919 1176 471	1838 2352 941	2757 3529 412	3676 4705 882	4595 5882 353	5514 7058 823	6433 8235 294	7352 9411 765	8272 0588 235
1089	0918 2736 455	1836 5472 910	2754 8209 366	3673 0945 822	4591 3682 277	5509 6418 733	6427 9155 188	7346 1891 644	8264 4628 099
1090	0917 4311 927	1834 8623 853	2752 2935 780	3669 7247 706	4587 1559 633	5504 5871 560	6422 0183 486	7339 4495 413	8256 8807 339
1091	0916 5902 841	1833 1805 683	2749 7708 524	3666 3611 366	4582 9514 207	5499 5417 049	6416 1319 890	7332 7222 731	8249 3125 573
1092	0915 7509 158	1831 5018 315	2747 2527 473	3663 0036 630	4578 7545 788	5494 5054 945	6410 2564 103	7326 0073 260	8241 7582 418
1093	0914 9130 833	1829 8261 665	2744 7392 498	3659 6523 330	4574 5654 163	5489 4784 995	6404 3915 828	7319 3046 661	8234 2177 493
1094	0914 0767 824	1828 1535 649	2742 2303 473	3656 3071 298	4570 3839 123	5484 4606 947	6398 5374 771	7312 6142 596	8226 6910 420
1095	0913 2420 091	1826 4840 183	2739 7260 274	3652 9680 365	4566 2100 457	5479 4520 548	6392 6940 639	7306 9360 731	8219 1780 822
1096	0912 4087 591	1824 8175 182	2737 2262 774	3649 6350 365	4562 0437 956	5474 4525 547	6386 8613 139	7299 2700 730	8211 6788 321
1097	0911 5770 283	1823 1540 565	2734 7310 848	3646 3081 130	4557 8851 413	5469 4621 696	6381 0391 978	7292 6162 261	8204 1932 543
1098	0910 7468 124	1821 4936 248	2732 2404 372	3643 9872 495	4553 7340 619	5464 4808 743	6375 2276 867	7286 9744 991	8196 7213 115
1099	0909 9181 074	1819 8362 147	2729 7543 221	3639 6724 295	4549 5905 369	5459 5086 442	6369 4267 516	7279 3448 590	8189 2629 663

	1	2	3	4	5	6	7	8	9
1100	0909 0909 091	1818 1818 182	2727 2727 273	3636 3636 364	4545 4545 455	5454 5454 545	6363 6363 636	7272 7272 727	8181 8181 818
1101	0908 2652 134	1816 5304 269	2724 7956 403	3633 0608 538	4541 3260 672	5449 5912 807	6357 8564 941	7266 1217 075	8174 3869 210
1102	0907 4410 163	1814 8820 327	2722 3230 490	3629 7640 653	4537 2050 817	5444 6460 980	6352 0871 143	7259 5281 307	8166 9691 470
1103	0906 6183 137	1813 2366 274	2719 8549 411	3626 4732 548	4533 0915 684	5439 7098 821	6346 3281 958	7252 9465 095	8159 5648 232
1104	0905 7971 014	1811 5942 029	2717 3913 043	3623 1884 058	4528 9855 072	5434 7826 087	6340 5797 101	7246 3768 116	8152 1739 130
1105	0904 9773 756	1809 9547 511	2714 9321 267	3619 9095 023	4524 8868 778	5429 8642 534	6334 8416 290	7239 8190 045	8144 7963 801
1106	0904 1591 320	1808 3182 640	2712 4773 960	3616 6365 280	4520 7956 600	5424 9547 920	6329 1139 241	7233 2730 561	8137 4321 881
1107	0903 3423 668	1806 6847 335	2710 0271 003	3613 3694 670	4516 7118 338	5420 0542 005	6323 3965 673	7226 7389 341	8130 0813 008
1108	0902 5270 758	1805 0541 516	2707 5812 274	3610 1083 032	4512 6353 791	5415 1624 549	6317 6895 307	7220 2166 065	8122 7436 823
1109	0901 7132 552	1803 4265 104	2705 1397 656	3606 8530 207	4508 5662 759	5410 2795 311	6311 9927 863	7213 7060 415	8115 4192 967
1110	0900 9009 009	1801 8018 018	2702 7027 027	3603 6036 036	4504 5045 045	5405 4054 054	6306 3063 063	7207 2072 072	8108 1081 081
1111	0900 0900 090	1800 1800 180	2700 2700 270	3600 3600 360	4500 4500 450	5400 5400 540	6300 6300 630	7200 7200 720	8100 8100 810
1112	0899 2805 755	1798 5611 511	2697 8417 266	3597 1223 022	4496 4028 777	5395 6834 532	6294 9640 288	7194 2446 043	8093 5251 799
1113	0898 4725 966	1796 9451 932	2695 4177 898	3593 8903 863	4492 3629 829	5390 8355 795	6289 3081 761	7187 7807 727	8086 2533 693
1114	0897 6660 682	1795 3321 364	2692 9982 047	3590 6642 729	4488 3303 411	5385 9964 093	6283 6624 776	7181 3285 458	8078 9946 140
1115	0896 8609 865	1793 7219 731	2690 5829 596	3587 4439 462	4484 3049 327	5381 1659 193	6278 0269 058	7174 8878 924	8071 7488 789
1116	0896 0573 477	1792 1146 953	2688 1720 430	3584 2293 907	4480 2867 384	5376 3440 860	6272 4014 337	7168 4587 814	8064 5161 290
1117	0895 2551 477	1790 5102 954	2685 7654 432	3581 0205 909	4476 2757 386	5371 5308 863	6266 7860 340	7162 0411 817	8057 2963 295
1118	0894 4543 828	1788 9087 657	2683 3631 485	3577 8175 313	4472 2719 141	5366 7262 970	6261 1806 798	7155 6350 626	8050 0894 454
1119	0893 6550 492	1787 3100 983	2680 9651 475	3574 6201 966	4468 2752 458	5361 9302 949	6255 5853 441	7149 2403 932	8042 8954 424
1120	0892 8571 429	1785 7142 857	2678 5714 286	3571 4285 714	4464 2857 143	5357 1428 571	6250 0000 000	7142 8571 429	8035 7142 857
1121	0892 0606 601	1784 1213 202	2676 1819 804	3568 2426 405	4460 3033 006	5352 3639 607	6244 4246 209	7136 4852 810	8028 5459 411
1122	0891 2655 971	1782 5311 943	2673 7967 914	3565 0623 886	4456 3279 857	5347 5935 829	6238 8591 800	7130 1247 772	8021 3903 743
1123	0890 4719 501	1780 9439 003	2671 4158 504	3561 8878 005	4452 3597 507	5342 8317 008	6233 3036 509	7123 7756 011	8014 2475 512
1124	0889 6797 153	1779 3594 306	2669 0391 459	3558 7188 612	4448 3985 765	5338 0782 918	6227 7580 071	7117 4377 224	8007 1174 377
1125	0888 8888 889	1777 7777 778	2666 6666 667	3555 5555 556	4444 4444 444	5333 3333 333	6222 2222 222	7111 1111 111	8000 0000 000
1126	0888 0994 671	1776 1989 343	2664 2984 014	3552 3978 686	4440 4973 357	5328 5968 028	6216 6962 700	7104 7957 371	7992 8952 043
1127	0887 3114 463	1774 6228 926	2661 9343 390	3549 2457 853	4436 5572 316	5323 8686 779	6211 1801 242	7098 4915 705	7985 8030 169
1128	0886 5248 227	1773 0496 454	2659 5744 681	3546 0992 908	4432 6241 135	5319 1489 362	6205 6737 589	7092 1985 816	7978 7234 043
1129	0885 7395 926	1771 4791 851	2657 2187 777	3542 9583 702	4428 6979 628	5314 4375 554	6200 1771 479	7085 9167 405	7971 6563 330
1130	0884 9557 522	1769 9115 044	2654 8672 566	3539 8230 088	4424 7787 611	5309 7345 133	6194 6902 655	7079 6460 177	7964 6017 699
1131	0884 1732 980	1768 3465 959	2652 5198 939	3536 6931 919	4420 8664 898	5305 0397 878	6189 2130 858	7073 3863 837	7957 5596 817
1132	0883 3922 261	1766 7844 523	2650 1766 784	3533 5689 046	4416 9611 307	5300 3533 569	6183 7455 830	7067 1378 092	7950 5300 353
1133	0882 6125 331	1765 2250 662	2647 8375 993	3530 4501 324	4413 0626 655	5295 6751 986	6178 2877 317	7060 9002 648	7943 5127 979
1134	0881 8342 152	1763 6684 303	2645 5026 455	3527 3368 607	4409 1710 758	5291 0052 910	6172 8395 062	7054 6737 213	7936 5079 365
1135	0881 0572 687	1762 1145 374	2643 1718 062	3524 2290 749	4405 2863 436	5286 3436 123	6167 4008 811	7048 4581 498	7929 5154 185
1136	0880 2816 901	1760 5633 803	2640 8450 704	3521 1267 606	4401 4084 507	5281 6901 408	6161 9718 310	7042 2535 211	7922 5352 113
1137	0879 5074 758	1759 0149 516	2638 5224 274	3518 0299 033	4397 5373 791	5277 0448 549	6156 5523 307	7036 0598 065	7915 5672 823
1138	0878 7346 221	1757 4692 443	2636 2038 664	3514 9384 886	4393 6731 107	5272 4077 329	6151 1423 550	7029 8769 772	7908 6115 993
1139	0877 9631 255	1755 9262 511	2633 8893 766	3511 8525 022	4389 8156 277	5267 7787 533	6145 7418 788	7023 7050 044	7901 6681 299
1140	0877 1929 825	1754 3859 649	2631 5789 474	3508 7819 298	4385 9649 123	5263 1578 947	6140 3508 772	7017 5438 596	7894 7368 421
1141	0876 4241 893	1752 8483 786	2629 2725 679	3505 6967 572	4382 1209 465	5258 5451 358	6134 9693 252	7011 3935 145	7887 8177 038
1142	0875 6567 426	1751 3134 851	2626 9702 277	3502 6269 702	4378 2837 128	5253 9404 553	6129 5971 979	7005 2539 405	7880 9106 830
1143	0874 8906 387	1749 7812 773	2624 6719 160	3499 5625 547	4374 4531 934	5249 3438 320	6124 2344 707	6999 1251 094	7874 0157 480
1144	0874 1258 741	1748 2517 483	2622 3776 224	3496 5034 965	4370 6293 706	5244 7552 448	6118 8811 189	6993 0070 930	7867 1329 671
1145	0873 3624 454	1746 7248 908	2620 0873 362	3493 4497 817	4366 8122 271	5240 1746 725	6113 5371 179	6986 8995 633	7860 2620 087
1146	0872 6003 490	1745 2006 981	2617 8010 471	3490 4013 962	4363 0017 452	5235 6020 942	6108 2024 433	6980 8027 923	7853 4031 414
1147	0871 8395 815	1743 6791 630	2615 5187 446	3487 3583 261	4359 1979 076	5231 0374 891	6102 8770 706	6974 7166 521	7846 5562 337
1148	0871 0801 394	1742 1602 787	2613 2404 181	3484 3205 575	4355 4006 969	5226 4808 362	6097 5609 756	6968 6411 150	7839 7212 544
1149	0870 3220 191	1740 6440 383	2610 9660 574	3481 2880 766	4351 6100 957	5221 9321 149	6092 2541 340	6962 5761 532	7832 8981 723
1150	0869 5652 174	1739 1304 348	2608 6956 522	3478 2608 696	4347 8260 870	5217 3913 043	6086 9565 217	6956 5217 391	7826 0869 565
1151	0868 8097 307	1737 6194 613	2606 4291 920	3475 2389 227	4344 0486 533	5212 8583 840	6081 6681 147	6950 4778 454	7819 2875 760
1152	0868 0555 556	1736 1111 111	2604 1666 667	3472 2222 222	4340 2777 778	5208 3333 333	6076 3888 889	6944 4444 444	7812 5000 000
1153	0867 3026 886	1734 6053 773	2601 9080 659	3469 2107 546	4336 5134 432	5203 8161 318	6071 1188 205	6938 4215 091	7805 7241 977
1154	0866 5511 265	1733 1022 530	2599 6533 795	3466 2045 061	4332 7556 326	5199 3067 591	6065 8578 856	6932 4090 121	7798 9601 386
1155	0865 8008 658	1731 6017 316	2597 4025 974	3463 2034 632	4329 0043 290	5194 8051 948	6060 6060 606	6926 4069 264	7792 2077 922
1156	0865 0519 031	1730 1038 062	2595 1557 093	3460 2076 125	4325 2595 156	5190 3114 187	6055 3633 218	6920 4152 249	7785 4671 280
1157	0864 3042 351	1728 6084 702	2592 9127 053	3457 2169 404	4321 5211 755	5185 8254 105	6050 1296 456	6914 4338 807	7778 7381 158
1158	0863 5578 584	1727 1157 168	2590 6735 751	3454 2314 335	4317 7892 919	5181 3471 503	6044 9050 086	6908 4628 670	7772 0207 254
1159	0862 8127 696	1725 6255 393	2588 4383 089	3451 2510 785	4314 0638 481	5176 8766 178	6039 6893 874	6902 5021 570	7765 3149 267
1160	0862 0689 655	1724 1379 310	2586 2068 966	3448 2758 621	4310 3448 276	5172 4137 931	6034 4827 586	6896 5517 241	7758 6206 897
1161	0861 3264 427	1722 6528 854	2583 9793 282	3445 3057 709	4306 6322 136	5167 9586 563	6029 2850 991	6890 6115 418	7751 9379 845
1162	0860 5851 979	1721 1703 959	2581 7555 938	3442 3407 917	4302 9259 897	5163 5111 876	6024 0963 855	6884 6815 835	7745 2667 814
1163	0859 8452 279	1719 6904 557	2579 5356 836	3439 3809 114	4299 2261 393	5159 0713 672	6018 9165 950	6878 7618 229	7738 6070 507
1164	0859 1065 292	1718 2130 584	2577 3195 876	3436 4261 168	4295 5326 460	5154 6391 753	6013 7457 045	6872 8522 337	7731 9587 629
1165	0858 3690 987	1716 7381 974	2575 1072 961	3433 4763 948	4291 8454 936	5150 2145 923	6008 5836 910	6866 9527 897	7725 3218 884
1166	0857 6329 331	1715 2658 662	2572 8987 993	3430 5317 324	4288 1646 655	5145 7975 986	6003 4305 317	6861 0634 648	7718 6963 979
1167	0856 8980 291	1713 7960 583	2570 6940 874	3427 5921 165	4284 4901 457	5141 3881 748	5998 2862 039	6855 1842 331	7712 0822 622
1168	0856 1643 836	1712 3287 671	2568 4931 507	3424 6575 342	4280 8219 178	5136 9863 014	5993 1506 849	6849 3150 685	7705 4794 521
1169	0855 4319 932	1710 8639 863	2566 2959 795	3421 7279 726	4277 1599 658	5132 5919 589	5988 0239 521	6843 4559 453	7698 8879 384
1170	0854 7008 547	1709 4017 094	2564 1025 641	3418 8034 188	4273 5042 735	5128 2051 282	5982 9059 829	6837 6068 376	7692 3076 923
1171	0853 9709 650	1707 9419 300	2561 9128 950	3415 8838 599	4269 8548 249	5123 8257 899	5977 7967 549	6831 7677 199	7685 7386 849
1172	0853 2423 208	1706 4846 416	2559 7269 625	3412 9692 833	4266 2116 041	5119 4539 249	5972 6962 457	6825 9385 666	7679 1808 874
1173	0852 5149 190	1705 0298 380	2557 5447 570	3410 0596 760	4262 5745 951	5115 0895 141	5967 6044 331	6820 1193 521	7672 6342 711
1174	0851 7887 564	1703 5775 128	2555 3662 692	3407 1550 256	4258 9437 819	5110 7325 383	5962 5212 947	6814 3100 511	7666 0988 075
1175	0851 0638 298	1702 1276 596	2553 1914 894	3404 2553 191	4255 3191 489	5106 3829 787	5957 4468 085	6808 5106 383	7659 5744 681
1176	0850 3401 361	1700 6802 721	2551 0204 082	3401 3605 442	4251 7006 803	5102 0408 163	5952 3809 524	6802 7210 884	7653 0612 245
1177	0849 6176 720	1699 2353 441	2548 8530 161	3398 4706 882	4248 0883 602	5097 7060 323	5947 3237 043	6796 9413 764	7646 5590 484
1178	0848 8964 346	1697 7928 693	2546 6893 039	3395 5857 385	4244 4821 732	5093 3786 078	5942 2750 424	6791 1714 771	7640 0679 117
1179	0848 1764 207	1696 3528 414	2544 5292 621	3392 7056 828	4240 8821 035	5089 0585 242	5937 2349 449	6785 4113 656	7633 5877 863
1180	0847 4576 271	1694 9152 542	2542 3728 814	3389 8305 085	4237 2881 356	5084 7457 627	5932 2033 898	6779 6610 169	7627 1186 441
1181	0846 7400 508	1693 4801 016	2540 2201 524	3386 9602 032	4233 7002 540	5080 4403 048	5927 1803 556	6773 9204 064	7620 6604 572
1182	0846 0236 887	1692 0473 773	2538 0710 660	3384 0947 547	4230 1184 433	5076 1421 320	5922 1658 206	6768 1895 093	7614 2131 980
1183	0845 3084 531	1690 6169 062	2535 9253 593	3381 2338 123	4226 5422 654	5071 8507 185	5917 1591 716	6762 4676 247	7607 7760 778
1184	0844 5945 946	1689 1891 892	2533 7837 838	3378 3783 784	4222 9729 730	5067 5675 676	5912 1621 622	6756 7567 568	7601 3513 514
1185	0843 8818 565	1687 7637 131	2531 6455 696	3375 5274 262	4219 4092 827	5063 2911 392	5907 1729 958	6751 0548 523	7594 9367 089
1186	0843 1703 204	1686 3406 408	2529 5109 612	3372 6812 816	4215 8516 020	5059 0219 224	5902 1922 428	6745 3625 632	7588 5328 836
1187	0842 4599 832	1684 9199 663	2527 3799 495	3369 8399 326	4212 2999 158	5054 7598 989	5897 2198 821	6739 6798 652	7582 1398 484
1188	0841 7508 418	1683 5016 835	2525 2525 253	3367 0033 670	4208 7542 088	5050 5050 505	5892 2558 923	6734 0067 340	7575 7575 758
1189	0841 0428 932	1682 0857 864	2523 1286 796	3364 1715 728	4205 2144 659	5046 2573 591	5887 3002 523	6728 3431 455	7569 3860 387
1190	0840 3361 345	1680 6722 689	2521 0084 034	3361 3445 378	4201 6806 723	5042 0168 067	5882 3529 412	6722 6890 756	7563 0252 101
1191	0839 6305 626	1679 2611 251	2518 8916 877	3358 5222 502	4198 1528 128	5037 7833 753	5877 4139 379	6717 0445 004	7556 6750 630
1192	0838 9261 745	1677 8523 490	2516 7785 235	3355 7046 980	4194 6308 725	5033 5570 470	5872 4832 215	6711 4093 960	7550 3355 705
1193	0838 2229 673	1676 4459 346	2514 6689 019	3352 8918 692	4191 1148 365	5029 3378 039	5867 5607 712	6705 7837 385	7544 0067 058
1194	0837 5209 380	1675 0418 760	2512 5628 141	3350 0837 521	4187 6046 901	5025 1256 281	5862 6465 662	6700 1675 042	7537 6884 422
1195	0836 8200 837	1673 6401 674	2510 4602 510	3347 2803 347	4184 1004 184	5020 9205 021	5857 7405 858	6694 5606 695	7531 3807 531
1196	0836 1204 013	1672 2408 027	2508 3612 040	3344 4816 054	4180 6020 067	5016 7224 080	5852 8428 094	6688 9632 107	7525 0836 120
1197	0835 4218 881	1670 8437 761	2506 2656 642	3341 6875 522	4177 1094 403	5012 5313 283	5847 9532 164	6683 3751 044	7518 7969 925
1198	0834 7245 409	1669 4490 818	2504 1736 227	3338 8981 636	4173 6227 045	5008 3472 454	5843 0717 863	6677 7963 272	7512 5208 681
1199	0834 0283 570	1668 0567 139	2502 0850 709	3336 1134 279	4170 1417 848	5004 1701 418	5838 1984 987	6672 2268 557	7506 2552 127

	1	2	3	4	5	6	7	8	9
1200	0833 3333 333	1666 6666 667	2500 0000 000	3333 3333 333	4166 6666 667	5000 0000 000	5833 3333 333	6666 6666 667	7500 0000 000
1201	0832 6394 671	1665 2789 342	2497 9184 013	3330 5578 684	4163 1973 356	4995 8368 027	5828 4762 698	6661 1157 369	7493 7552 040
1202	0831 9467 554	1663 8935 108	2495 8402 662	3327 7870 216	4159 7337 770	4991 6805 324	5823 6272 879	6655 5740 433	7487 5207 987
1203	0831 2551 953	1662 5103 907	2493 7655 860	3325 0207 814	4156 2759 767	4987 5311 721	5818 7863 674	6650 0415 628	7481 2967 581
1204	0830 5647 841	1661 1295 681	2491 6943 522	3322 2591 362	4152 8239 203	4983 3887 043	5813 9534 884	6644 5182 724	7475 0830 565
1205	0829 8755 187	1659 7510 373	2489 6265 560	3319 5020 747	4149 3775 934	4979 2531 120	5809 1286 307	6639 0041 494	7468 8796 680
1206	0829 1873 964	1658 3747 927	2487 5621 891	3316 7495 854	4145 9369 818	4975 1243 781	5804 3117 745	6633 4991 708	7462 6865 672
1207	0828 5004 142	1657 0008 285	2485 5012 427	3314 0016 570	4142 5020 712	4971 0024 855	5799 5028 997	6628 0033 140	7456 5037 282
1208	0827 8145 695	1655 6291 391	2483 4437 086	3311 2582 781	4139 0728 477	4966 8874 172	5794 7019 868	6622 5165 563	7450 5311 258
1209	0827 1298 594	1654 2597 188	2481 3805 782	3308 5194 375	4135 6492 969	4962 7791 563	5789 9090 157	6617 0388 751	7444 1687 345
1210	0826 4462 810	1652 8925 620	2479 3388 430	3305 7851 240	4132 2314 050	4958 6776 860	5785 1239 669	6611 5702 479	7438 0165 289
1211	0825 7638 315	1651 5276 631	2477 2914 946	3303 0553 262	4128 8191 577	4954 5829 893	5780 3468 208	6606 1106 524	7431 8744 839
1212	0825 0825 082	1650 1650 165	2475 2475 247	3300 3300 330	4125 4125 412	4950 4950 495	5775 5775 577	6600 6600 660	7425 7425 742
1213	0824 4023 083	1648 8046 167	2473 2069 250	3297 6092 333	4122 0115 416	4946 4138 500	5770 8161 583	6595 2184 666	7419 6207 749
1214	0823 7232 290	1647 4464 580	2471 1696 870	3294 8929 160	4118 6161 450	4942 3393 740	5766 0626 030	6590 7858 320	7413 5090 609
1215	0823 0452 675	1646 0905 350	2469 1358 025	3292 1810 700	4115 2263 374	4938 2716 049	5761 3168 724	6584 3621 399	7407 4074 074
1216	0822 3684 211	1644 7368 421	2467 1052 632	3289 4736 842	4111 8421 053	4934 2105 263	5756 5789 474	6578 9473 684	7401 3157 895
1217	0821 6926 869	1643 3853 739	2465 0780 608	3286 7707 477	4108 4634 347	4930 1561 216	5751 8488 085	6573 5414 955	7395 2341 824
1218	0821 0180 624	1642 0361 248	2463 0541 872	3284 0722 496	4105 0903 120	4926 1083 744	5747 1264 368	6568 1444 992	7389 1625 616
1219	0820 3445 447	1640 6890 894	2461 0336 341	3281 3781 788	4101 7227 235	4922 0672 683	5742 4118 130	6562 7563 577	7383 1009 024
1220	0819 6721 311	1639 3442 623	2459 0163 934	3278 6885 246	4098 3606 557	4918 0327 869	5737 7049 180	6557 3770 492	7377 0491 803
1221	0819 0008 190	1638 0016 380	2457 0024 570	3276 0032 760	4095 0040 950	4914 0049 140	5733 0057 330	6552 0065 520	7371 0073 710
1222	0818 3306 056	1636 6612 111	2454 9918 167	3273 3224 223	4091 6530 278	4909 9836 334	5728 3142 390	6546 6448 445	7364 9754 501
1223	0817 6614 881	1635 3229 763	2452 9844 644	3270 6459 526	4088 3074 407	4905 9689 289	5723 6304 170	6541 2919 051	7358 9533 933
1224	0816 9934 641	1633 9869 281	2450 9803 922	3267 9738 562	4084 9673 203	4901 9607 843	5718 9542 484	6535 9477 124	7352 9411 765
1225	0816 3265 306	1632 6530 612	2448 9795 918	3265 3061 224	4081 6326 531	4897 9591 837	5714 2857 143	6530 6122 449	7346 9387 755
1226	0815 6606 852	1631 3213 703	2446 9820 555	3262 6427 406	4078 3034 258	4893 9641 109	5709 6247 961	6525 2854 812	7340 9461 664
1227	0814 9959 250	1629 9918 500	2444 9877 751	3259 9837 001	4074 9796 251	4889 9755 501	5704 9714 752	6519 9674 002	7334 9633 252
1228	0814 3322 476	1628 6644 951	2442 9967 427	3257 3289 902	4071 6612 378	4885 9934 853	5700 3257 329	6514 6579 805	7328 9902 280
1229	0813 6696 501	1627 3393 002	2441 0089 504	3254 6786 005	4068 3482 506	4882 0179 007	5695 6875 509	6509 3572 010	7323 0268 511
1230	0813 0081 301	1626 0162 602	2439 0243 902	3252 0325 203	4065 0406 504	4878 0487 805	5691 0569 106	6504 0650 406	7317 0731 707
1231	0812 3476 848	1624 6953 696	2437 0430 544	3249 3907 392	4061 7384 240	4874 0861 089	5686 4337 937	6498 7814 785	7311 1291 633
1232	0811 6883 117	1623 3766 234	2435 0649 351	3246 7532 468	4058 4415 584	4870 1298 701	5681 8181 818	6493 5064 935	7305 1948 052
1233	0811 0300 081	1622 0600 162	2433 0900 243	3244 1200 325	4055 1500 406	4866 1800 487	5677 2100 568	6488 2400 649	7299 2700 730
1234	0810 3727 715	1620 7455 429	2431 1183 144	3241 4910 859	4051 8638 574	4862 2366 288	5672 6094 003	6482 9821 718	7293 3549 433
1235	0809 7165 992	1619 4331 984	2429 1497 976	3238 8663 968	4048 5829 960	4858 2995 951	5668 0161 943	6477 7327 935	7287 4493 927
1236	0809 0614 887	1618 1229 773	2427 1844 660	3236 2459 547	4045 3074 434	4854 3689 320	5663 4304 207	6472 4919 094	7281 5533 981
1237	0808 4074 374	1616 8148 747	2425 2223 121	3233 6297 494	4042 0371 867	4850 4446 241	5658 8520 614	6467 2594 988	7275 6669 361
1238	0807 7544 426	1615 5088 853	2423 2633 280	3231 0177 706	4038 7722 133	4846 5266 559	5654 2810 986	6462 0355 412	7269 7899 839
1239	0807 1025 020	1614 2050 040	2421 3075 061	3228 4100 081	4035 5125 101	4842 6150 121	5649 7175 141	6456 8200 161	7263 9225 182
1240	0806 4516 129	1612 9032 258	2419 3548 387	3225 8064 516	4032 2580 645	4838 7096 774	5645 1612 903	6451 6129 032	7258 0645 161
1241	0805 8017 728	1611 6035 455	2417 4053 183	3223 2070 911	4029 0088 638	4834 8106 366	5640 6124 093	6446 4141 821	7252 2159 549
1242	0805 1529 791	1610 3059 581	2415 4589 372	3220 6119 163	4025 7648 953	4830 9178 744	5636 0708 535	6441 2238 325	7246 3768 116
1243	0804 5052 293	1609 0104 586	2413 5156 878	3218 0209 171	4022 5261 464	4827 0313 757	5631 5366 050	6436 0418 343	7240 5470 636
1244	0803 8585 209	1607 7170 418	2411 5755 627	3215 4340 836	4019 2926 045	4823 1511 254	5627 0096 463	6430 8681 672	7234 7266 881
1245	0803 2128 514	1606 4257 028	2409 6385 542	3212 8514 056	4016 0642 570	4819 2771 084	5622 4899 598	6425 7028 112	7228 9156 627
1246	0802 5682 183	1605 1364 366	2407 7046 549	3210 2728 732	4012 8410 915	4815 4093 098	5617 9775 281	6420 5457 464	7223 1139 647
1247	0801 9246 191	1603 8492 382	2405 7738 573	3207 6984 763	4009 6230 954	4811 5477 145	5613 4723 336	6415 3969 527	7217 3215 717
1248	0801 2820 513	1602 5641 026	2403 8461 538	3205 1282 051	4006 4102 564	4807 6923 077	5608 9743 590	6410 2564 102	7211 3384 615
1249	0800 6405 124	1601 2810 248	2401 9215 372	3202 5620 496	4003 2025 620	4803 8430 745	5604 4835 869	6405 1240 993	7205 7646 117
1250	0800 0000 000	1600 0000 000	2400 0000 000	3200 0000 000	4000 0000 000	4800 0000 000	5600 0000 000	6400 0000 000	7200 0000 000
1251	0799 3605 116	1598 7210 232	2398 0815 348	3197 4420 464	3996 8025 580	4796 1630 695	5595 5235 811	6394 8840 927	7194 2446 043
1252	0798 7220 447	1597 4440 895	2396 1661 342	3194 8881 789	3993 6102 236	4792 3322 684	5591 0543 131	6389 7763 578	7188 4983 026
1253	0798 0845 970	1596 1691 939	2394 2537 909	3192 3383 879	3990 4229 848	4788 5075 818	5586 5921 788	6384 6767 757	7182 7613 727
1254	0797 4481 659	1594 8963 317	2392 3444 976	3189 7926 635	3987 2408 293	4784 6889 952	5582 1371 611	6379 5853 270	7177 0334 928
1255	0796 8127 490	1593 6254 980	2390 4382 470	3187 2509 960	3984 0637 450	4780 8764 940	5577 6892 430	6374 5019 920	7171 3147 410
1256	0796 1783 440	1592 3566 879	2388 5350 319	3184 7133 758	3980 8917 198	4777 0700 637	5573 2484 077	6369 4267 516	7165 6050 956
1257	0795 5449 483	1591 0898 966	2386 6348 449	3182 1797 932	3977 7247 414	4773 2696 897	5568 8146 380	6364 3595 863	7159 9045 346
1258	0794 9125 596	1589 8251 192	2384 7376 789	3179 6502 385	3974 5627 981	4769 4753 577	5564 3879 173	6359 3004 769	7154 2130 366
1259	0794 2811 755	1588 5623 511	2382 8435 266	3177 1247 021	3971 4058 777	4765 6870 532	5559 9682 287	6354 2494 043	7148 5305 798
1260	0793 6507 937	1587 3015 873	2380 9523 810	3174 6031 746	3968 2539 683	4761 9047 619	5555 5555 556	6349 2063 492	7142 8571 429
1261	0793 0214 116	1586 0428 232	2379 0642 347	3172 0856 463	3965 1070 579	4758 1284 695	5551 1498 810	6344 1712 926	7137 1927 042
1262	0792 3930 269	1584 7860 539	2377 1790 808	3169 5721 078	3961 9651 347	4754 3581 616	5546 7511 886	6339 1442 155	7131 5372 425
1263	0791 7656 374	1583 5312 747	2375 2969 121	3167 0625 495	3958 8281 869	4750 5938 242	5542 3594 616	6334 1250 990	7125 8907 363
1264	0791 1392 405	1582 2784 810	2373 4177 215	3164 5569 620	3955 6962 025	4746 8354 430	5537 9746 835	6329 1139 241	7120 2531 646
1265	0790 5138 340	1581 0276 680	2371 5415 020	3162 0553 360	3952 5691 700	4743 0830 040	5533 5968 379	6324 1106 719	7114 6245 059
1266	0789 8894 155	1579 7788 310	2369 6682 464	3159 5576 619	3949 4470 774	4739 3364 929	5529 2259 084	6319 1153 239	7109 0047 393
1267	0789 2659 826	1578 5319 653	2367 7979 479	3157 0639 305	3946 3299 132	4735 5958 958	5524 8618 785	6314 1278 611	7103 3938 437
1268	0788 6435 331	1577 2870 662	2365 9305 994	3154 5741 325	3943 2176 656	4731 8611 987	5520 5047 319	6309 1482 650	7097 7917 981
1269	0788 0220 646	1576 0441 292	2364 0661 939	3152 0882 585	3940 1103 231	4728 1323 877	5516 1544 523	6304 1765 169	7092 1985 816
1270	0787 4015 748	1574 8031 496	2362 2047 244	3149 6062 992	3937 0078 740	4724 4094 488	5511 8110 236	6299 2125 984	7086 6141 732
1271	0786 7820 614	1573 5641 227	2360 3461 841	3147 1282 455	3933 9103 068	4720 6923 682	5507 4744 296	6294 2564 909	7081 0385 523
1272	0786 1635 220	1572 3270 440	2358 4905 660	3144 6540 880	3930 8176 101	4716 9811 321	5503 1446 541	6289 3081 761	7075 4716 981
1273	0785 5459 544	1571 0919 089	2356 6378 633	3142 1838 178	3927 7297 722	4713 2757 266	5498 8216 811	6284 3676 355	7069 9135 899
1274	0784 9293 564	1569 8587 127	2354 7880 691	3139 7174 254	3924 6467 818	4709 5761 381	5494 5054 945	6279 4348 509	7064 3642 072
1275	0784 3137 255	1568 6274 510	2352 9411 765	3137 2549 020	3921 5686 275	4705 8823 529	5490 1960 784	6274 5098 039	7058 8235 294
1276	0783 6990 596	1567 3981 191	2351 0971 787	3134 7962 382	3918 4952 978	4702 1943 574	5485 8934 169	6269 5924 765	7053 2915 361
1277	0783 0853 563	1566 1707 126	2349 2560 689	3132 3414 252	3915 4267 815	4698 5121 378	5481 5974 941	6264 6828 504	7047 7682 067
1278	0782 4726 135	1564 9452 269	2347 4178 404	3129 8904 538	3912 3630 673	4694 8356 807	5477 3082 942	6259 7809 077	7042 2535 211
1279	0781 8608 288	1563 7216 575	2345 5824 863	3127 4433 151	3909 3041 439	4691 1649 726	5473 0258 014	6254 8866 302	7036 7474 590
1280	0781 2500 000	1562 5000 000	2343 7500 000	3125 0000 000	3906 2500 000	4687 5000 000	5468 7500 000	6250 0000 000	7031 2500 000
1281	0780 6401 249	1561 2802 498	2341 9203 747	3122 5604 996	3903 2006 245	4683 8407 494	5464 4808 743	6245 1209 992	7025 7611 241
1282	0780 0312 012	1560 0624 025	2340 0936 037	3120 1248 050	3900 1560 062	4680 1872 075	5460 2184 087	6240 2496 100	7020 2808 112
1283	0779 4232 268	1558 8464 536	2338 2696 804	3117 6929 073	3897 1161 341	4676 5393 609	5455 9625 877	6235 3858 145	7014 8090 413
1284	0778 8161 994	1557 6323 988	2336 4485 981	3115 2647 975	3894 0809 969	4672 8971 963	5451 7133 956	6230 5295 950	7009 3457 944
1285	0778 2101 167	1556 4202 335	2334 6303 502	3112 8404 669	3891 0505 837	4669 2607 004	5447 4708 171	6225 6809 339	7003 8910 506
1286	0777 6049 767	1555 2099 533	2332 8149 300	3110 4199 067	3888 0248 834	4665 6298 600	5443 2348 367	6220 8398 134	6998 4447 901
1287	0777 0007 770	1554 0015 540	2331 0023 310	3108 0031 080	3885 0038 850	4662 0046 620	5439 0054 390	6216 0062 160	6993 0069 930
1288	0776 3975 155	1552 7950 311	2329 1925 466	3105 5900 621	3881 9875 776	4658 3850 932	5434 7826 087	6211 1801 242	6987 5776 398
1289	0775 7951 901	1551 5903 801	2327 3855 702	3103 1807 603	3878 9759 503	4654 7711 404	5430 5663 305	6206 3615 206	6982 1567 106
1290	0775 1937 984	1550 3875 969	2325 5813 953	3100 7751 938	3875 9689 922	4651 1627 907	5426 3565 891	6201 5503 876	6976 7441 860
1291	0774 5933 385	1549 1866 770	2323 7800 155	3098 3733 540	3872 9666 925	4647 5600 310	5422 1533 695	6196 7467 080	6971 3400 465
1292	0773 9938 080	1547 9876 161	2321 9814 241	3095 9752 322	3869 9690 402	4643 9628 483	5417 9566 563	6191 9504 644	6965 9442 724
1293	0773 3952 050	1546 7904 099	2320 1856 149	3093 5808 198	3866 9760 248	4640 3712 297	5413 7664 347	6187 1616 396	6960 5568 446
1294	0772 7975 270	1545 5950 541	2318 3925 811	3091 1901 082	3863 9876 352	4636 7851 623	5409 5826 893	6182 3802 164	6955 1777 434
1295	0772 2007 722	1544 4015 444	2316 6023 166	3088 8030 888	3861 0038 610	4633 2046 332	5405 4054 054	6177 6061 776	6949 8069 498
1296	0771 6049 383	1543 2098 765	2314 8148 148	3086 4197 531	3858 0246 914	4629 6296 296	5401 2345 679	6172 8395 062	6944 4444 444
1297	0771 0100 231	1542 0200 463	2313 0300 694	3084 0400 925	3855 0501 157	4626 0601 388	5397 0701 619	6168 0801 850	6939 0902 082
1298	0770 4160 247	1540 8320 493	2311 2480 740	3081 6640 986	3852 0801 233	4622 4961 479	5392 9121 726	6163 3281 972	6933 7442 219
1299	0769 8229 407	1539 6458 814	2309 4688 222	3079 2917 029	3849 1147 036	4618 9376 443	5388 7605 851	6158 5835 258	6928 4064 665

	1	2	3	4	5	6	7	8	9
1300	0769 2307 692	1538 4615 385	2307 6923 077	3076 9230 769	3846 1538 462	4615 3846 154	5384 6153 846	6153 8461 538	6923 0769 231
1301	0768 6395 081	1537 2790 161	2305 9185 242	3074 5580 323	3843 1975 404	4611 8370 464	5380 4765 565	6149 1160 646	6917 7555 726
1302	0768 0491 551	1536 0983 103	2304 1474 654	3072 1966 206	3840 2457 757	4608 2949 309	5376 2440 860	6144 3932 412	6912 5423 963
1303	0767 4597 084	1534 9194 167	2302 3791 251	3069 8388 335	3837 2985 418	4604 7582 502	5372 2179 586	6139 6776 669	6907 1373 753
1304	0766 8711 656	1533 7423 313	2300 6134 969	3067 4846 626	3834 3558 282	4601 2269 939	5368 0981 595	6134 9693 252	6901 8404 908
1305	0766 2835 249	1532 5670 498	2298 8505 747	3065 1340 996	3831 4176 245	4597 7011 494	5363 9846 743	6130 2681 992	6896 5517 241
1306	0765 6967 841	1531 3935 681	2297 0903 522	3062 7871 363	3828 4839 204	4594 1807 044	5359 8774 885	6125 5742 726	6891 2710 567
1307	0765 1109 411	1530 2218 822	2295 3328 233	3060 4437 643	3825 5547 054	4590 6656 465	5355 7765 876	6120 8875 287	6885 9984 698
1308	0764 5259 939	1529 0519 878	2293 5779 817	3058 1039 755	3822 6299 694	4587 1559 633	5351 6819 572	6116 2079 511	6880 7339 450
1309	0763 9419 404	1527 8838 808	2291 8258 212	3055 7677 616	3819 7097 021	4583 6516 425	5347 5935 820	6111 5355 233	6875 4774 637
1310	0763 3587 786	1526 7175 573	2290 0763 359	3053 4351 145	3816 7938 931	4580 1526 718	5343 5114 504	6106 8702 290	6870 2290 076
1311	0762 7765 065	1525 5530 130	2288 3295 195	3051 1060 259	3813 8825 324	4576 6590 389	5339 4355 454	6102 2120 519	6864 9885 583
1312	0762 1951 220	1524 3902 439	2286 5853 659	3048 7804 878	3810 9756 098	4573 1707 317	5335 3658 537	6097 5609 756	6859 7560 976
1313	0761 6146 230	1523 2292 460	2284 8438 690	3046 4584 920	3808 0731 150	4569 6877 380	5331 3023 610	6092 9169 840	6854 5316 070
1314	0761 0350 076	1522 0700 152	2283 1050 228	3044 1400 304	3805 1750 381	4566 2100 457	5327 2450 533	6088 2800 609	6849 3150 685
1315	0760 4562 738	1520 9125 475	2281 3688 213	3041 8250 951	3802 2813 688	4562 7376 426	5323 1939 164	6083 6501 901	6844 1064 639
1316	0759 8784 195	1519 7568 389	2279 0352 584	3039 5436 778	3799 3920 973	4559 2705 167	5319 1489 362	6079 0273 556	6838 9057 751
1317	0759 3014 427	1518 6028 853	2277 9043 280	3037 2057 707	3796 5072 134	4555 8086 560	5315 1100 987	6074 4115 414	6833 7129 841
1318	0758 7253 414	1517 4506 829	2276 1760 243	3034 9013 657	3793 6267 071	4552 3520 486	5311 0773 900	6069 8027 314	6828 5280 728
1319	0758 1501 137	1516 3002 274	2274 4503 412	3032 6004 549	3790 7505 686	4548 9006 823	5307 0507 961	6065 2009 098	6823 5510 235
1320	0757 5757 576	1515 1515 152	2272 7272 727	3030 3030 303	3787 8787 879	4545 4545 455	5303 0303 030	6060 6060 606	6818 1818 182
1321	0757 0022 710	1514 0045 420	2271 0068 130	3028 0090 840	3785 0113 550	4542 0136 260	5299 0158 970	6056 0181 080	6813 0204 391
1322	0756 4296 520	1512 8593 041	2269 2889 561	3025 7186 082	3782 1482 602	4538 5779 123	5295 0075 643	6051 4372 163	6807 8668 684
1323	0755 8578 987	1511 7157 974	2267 5736 961	3023 4315 949	3779 2894 936	4535 1473 923	5291 0052 910	6046 8631 897	6802 7210 884
1324	0755 2870 091	1510 5740 181	2265 8610 272	3021 1480 362	3776 4350 453	4531 7220 544	5287 0090 634	6042 2960 725	6797 5830 816
1325	0754 7169 811	1509 4339 623	2264 1509 434	3018 8679 245	3773 5849 057	4528 3018 868	5283 0188 679	6037 7358 491	6792 4528 302
1326	0754 1478 130	1508 2956 259	2262 4434 389	3016 5912 519	3770 7390 649	4524 8868 778	5279 0346 908	6033 1825 038	6787 3303 167
1327	0753 5795 026	1507 1590 053	2260 7385 079	3014 3180 105	3767 8975 132	4521 4770 158	5275 0565 185	6028 6360 211	6782 2155 237
1328	0753 0120 482	1506 0240 964	2259 0361 446	3012 0481 928	3765 0602 410	4518 0722 892	5271 0843 374	6024 0963 855	6777 1084 337
1329	0752 4454 477	1504 8908 954	2257 3363 431	3009 7817 908	3762 2272 385	4514 6726 862	5267 1181 339	6019 5635 816	6772 0090 294
1330	0751 8796 992	1503 7593 985	2255 6390 977	3007 5187 970	3759 3984 962	4511 2781 955	5263 1578 947	6015 0375 940	6766 9172 932
1331	0751 3148 009	1502 6296 018	2253 9444 027	3005 2592 036	3756 5740 045	4507 8888 054	5259 2036 063	6010 5184 072	6761 8332 081
1332	0750 7507 508	1501 5015 015	2252 2522 523	3003 0030 030	3753 7537 538	4504 5045 045	5255 2552 553	6006 0060 060	6756 7567 568
1333	0750 1875 469	1500 3750 938	2250 5626 407	3000 7501 875	3750 9377 344	4501 1252 813	5251 3128 282	6001 5003 751	6751 6879 220
1334	0749 6251 874	1499 2503 748	2248 8755 622	2998 5007 496	3748 1259 370	4497 7511 244	5247 3763 118	5997 0014 992	6746 6266 867
1335	0749 0636 704	1498 1273 408	2247 1910 112	2996 2546 816	3745 3183 521	4494 3820 225	5243 4456 929	5992 5093 633	6741 5730 337
1336	0748 5029 940	1497 0059 880	2245 5089 820	2994 0119 761	3742 5149 701	4491 0179 641	5239 5209 581	5988 0239 521	6736 5269 461
1337	0747 9431 563	1495 8863 126	2243 8294 690	2991 7726 253	3739 7157 816	4487 6589 379	5235 6020 942	5983 5452 506	6731 4884 069
1338	0747 3841 555	1494 7683 109	2242 1524 664	2989 5366 218	3736 9207 773	4484 3049 327	5231 6890 882	5979 0732 437	6726 4573 901
1339	0746 8259 895	1493 6519 791	2240 4779 686	2987 3039 582	3734 1299 477	4480 9559 373	5227 7819 268	5974 6079 164	6721 4339 059
1340	0746 2686 567	1492 5373 134	2238 8059 701	2985 0746 269	3731 3432 836	4477 6119 403	5223 8805 970	5970 1492 537	6716 4179 104
1341	0745 7121 551	1491 4243 102	2237 1364 653	2982 8486 204	3728 5607 755	4474 2729 306	5219 9850 858	5965 6972 409	6711 4093 960
1342	0745 1564 829	1490 3129 657	2235 4694 486	2980 6259 314	3725 7824 143	4470 9388 972	5216 0953 800	5961 2518 629	6706 4083 458
1343	0744 6016 381	1489 2032 762	2233 8049 144	2978 4065 525	3723 0081 906	4467 6098 287	5212 2114 669	5956 8131 050	6701 4147 431
1344	0744 0476 190	1488 0952 381	2232 1428 571	2976 1904 762	3720 2380 952	4464 2857 143	5208 3333 333	5952 3809 524	6696 4285 714
1345	0743 4944 238	1486 9888 476	2230 4832 714	2973 9776 952	3717 4721 190	4460 9665 428	5204 4609 666	5947 9553 903	6691 4498 141
1346	0742 9420 505	1485 8841 010	2228 8261 516	2971 7682 021	3714 7102 526	4457 6523 031	5200 5943 536	5943 5364 042	6686 4784 547
1347	0742 3904 974	1484 7809 948	2227 1714 922	2969 5619 896	3711 9524 870	4454 3429 844	5196 7334 818	5939 1239 792	6681 5144 766
1348	0741 8397 626	1483 6795 252	2225 5192 878	2967 3590 504	3709 1988 131	4451 0385 757	5192 8783 383	5934 7181 009	6676 5578 635
1349	0741 2898 443	1482 5796 887	2223 8695 330	2965 1593 773	3706 4492 216	4447 7390 660	5189 0289 103	5930 3187 546	6671 6085 990
1350	0740 7407 407	1481 4814 815	2222 2222 222	2962 9629 630	3703 7037 037	4444 4444 444	5185 1851 852	5925 9259 259	6666 6666 667
1351	0740 1924 500	1480 3849 001	2220 5773 501	2960 7698 002	3700 9622 502	4441 1547 002	5181 3471 503	5921 5396 003	6661 7320 503
1352	0739 6449 704	1479 2899 408	2218 9349 112	2958 5798 817	3698 2248 521	4437 8698 225	5177 5147 929	5917 1597 633	6656 8047 337
1353	0739 0983 001	1478 1966 001	2217 2949 002	2956 3932 003	3695 4915 004	4434 5898 004	5173 6881 005	5912 7864 006	6651 8847 007
1354	0738 5524 372	1477 1048 744	2215 6573 117	2954 2097 489	3692 7621 861	4431 3146 233	5169 8670 605	5908 4194 978	6646 9719 350
1355	0738 0073 801	1476 0147 601	2214 0221 402	2952 0295 203	3690 0369 004	4428 0442 804	5166 0516 605	5904 0590 406	6642 0664 207
1356	0737 4631 268	1474 9262 537	2212 3893 805	2949 8525 074	3687 3156 342	4424 7787 611	5162 2418 879	5899 7050 147	6637 1681 416
1357	0736 9196 758	1473 8393 515	2210 7590 273	2947 6787 030	3684 5983 788	4421 5180 545	5158 4377 303	5895 3574 060	6632 2770 818
1358	0736 3770 250	1472 7540 501	2209 1310 751	2945 5081 001	3681 8851 252	4418 2621 502	5154 6391 753	5891 0162 003	6627 3932 253
1359	0735 8351 729	1471 6703 458	2207 5055 188	2943 3406 917	3679 1758 646	4415 0110 375	5150 8462 104	5886 6813 834	6622 5165 563
1360	0735 2941 176	1470 5882 353	2205 8823 529	2941 1764 706	3676 4705 882	4411 7647 059	5147 0588 235	5882 3529 412	6617 6470 588
1361	0734 7538 575	1469 5077 149	2204 2615 724	2939 0154 298	3673 7692 873	4408 5231 448	5143 2770 022	5878 0308 597	6612 7847 171
1362	0734 2143 906	1468 4287 812	2202 6431 718	2936 8575 624	3671 0719 530	4405 2863 436	5139 5007 342	5873 7151 248	6607 9295 154
1363	0733 6757 153	1467 3514 307	2201 0271 460	2934 7028 613	3668 3785 767	4402 0542 920	5135 7300 073	5869 4057 227	6603 0814 380
1364	0733 1378 299	1466 2756 598	2199 4134 897	2932 5513 196	3665 6891 496	4398 8269 795	5131 9648 094	5865 1026 393	6598 2404 692
1365	0732 6007 326	1465 2014 652	2197 8021 978	2930 4029 304	3663 0036 630	4395 6043 956	5128 2051 282	5860 8058 608	6593 4065 934
1366	0732 0644 217	1464 1288 433	2196 1932 650	2928 2576 867	3660 3221 083	4392 3865 300	5124 4509 517	5856 5153 734	6588 5797 950
1367	0731 5288 954	1463 0577 908	2194 5866 852	2926 1155 816	3657 6444 770	4389 1733 724	5120 7022 677	5852 2311 631	6583 7600 585
1368	0730 9941 520	1461 9883 041	2192 9824 561	2923 9766 082	3654 9707 602	4385 9649 123	5116 9590 643	5847 9532 164	6578 9473 684
1369	0730 4601 899	1460 9203 798	2191 3805 698	2921 8407 597	3652 3009 496	4382 7611 395	5113 2213 294	5843 6815 194	6574 1417 093
1370	0729 9270 073	1459 8540 146	2189 7810 219	2919 7080 292	3649 6350 365	4379 5620 438	5109 4890 511	5839 4160 584	6569 3430 657
1371	0729 3946 025	1458 7892 050	2188 1838 074	2917 5784 099	3646 9730 124	4376 3676 149	5105 7622 174	5835 1568 198	6564 5514 223
1372	0728 8629 738	1457 7259 475	2186 5889 213	2915 4518 950	3644 3148 688	4373 1778 426	5102 0408 163	5830 9037 901	6559 7667 639
1373	0728 3321 194	1456 6642 389	2184 9963 583	2913 3284 778	3641 6605 972	4369 9927 167	5098 3248 361	5826 6569 556	6554 9890 750
1374	0727 8020 378	1455 6040 757	2183 4061 135	2911 2081 514	3639 0101 892	4366 8122 271	5094 6142 649	5822 4163 028	6550 2183 406
1375	0727 2727 273	1454 5454 545	2181 8181 818	2909 0909 091	3636 3636 364	4363 6363 636	5090 9090 909	5818 1818 182	6545 4545 455
1376	0726 7441 860	1453 4883 721	2180 2325 581	2906 9767 442	3633 7209 302	4360 4651 163	5087 2093 023	5813 9534 884	6540 6976 744
1377	0726 2164 125	1452 4328 250	2178 6492 375	2904 8656 500	3631 0820 625	4357 2984 749	5083 5148 874	5809 7312 999	6535 9477 124
1378	0725 6894 049	1451 3788 099	2177 0682 148	2902 7576 197	3628 4470 247	4354 1364 296	5079 8258 345	5805 5152 395	6531 2046 444
1379	0725 1631 617	1450 3263 234	2175 4894 851	2900 6526 468	3625 8158 085	4351 1789 703	5076 5421 320	5801 3052 937	6526 4684 554
1380	0724 6376 812	1449 2753 623	2173 9130 435	2898 5507 246	3623 1884 058	4347 8260 870	5072 4637 681	5797 1014 493	6521 7391 304
1381	0724 1129 616	1448 2259 232	2172 3388 849	2896 4518 465	3620 5648 081	4344 6777 697	5068 7907 314	5792 9036 930	6517 0166 546
1382	0723 5890 014	1447 1780 029	2170 7670 043	2894 3560 058	3617 9450 072	4341 5340 087	5065 1230 101	5788 7120 116	6512 3010 130
1383	0723 0657 990	1446 1315 980	2169 1973 970	2892 2631 960	3615 3289 949	4338 3947 939	5061 4605 929	5784 5263 919	6507 5921 908
1384	0722 5433 526	1445 0867 052	2167 6300 578	2890 1734 104	3612 7167 630	4335 2601 156	5057 8034 682	5780 3468 208	6502 8901 734
1385	0722 0216 607	1444 0433 213	2166 0649 820	2888 0866 426	3610 1083 033	4332 1299 639	5054 1516 245	5776 1732 852	6498 1949 459
1386	0721 5007 215	1443 0014 430	2164 5021 645	2886 0028 860	3607 5036 075	4329 0043 290	5050 5050 505	5772 0057 720	6493 5064 935
1387	0720 9805 335	1441 9610 670	2162 9416 006	2883 9221 341	3604 9026 676	4325 8832 012	5046 8637 347	5767 8442 682	6488 8248 018
1388	0720 4610 951	1440 9221 902	2161 3832 853	2881 8443 804	3602 3054 755	4322 7665 706	5043 2276 657	5763 6887 608	6484 1498 559
1389	0719 9424 046	1439 8848 093	2159 8272 138	2879 7696 184	3599 7120 230	4319 6544 276	5039 5968 323	5759 5392 369	6479 4816 415
1390	0719 4244 604	1438 8489 209	2158 2733 813	2877 6978 417	3597 1223 022	4316 5467 626	5035 9712 230	5755 3956 835	6474 8201 439
1391	0718 9072 610	1437 8145 219	2156 7217 829	2875 6290 439	3594 5363 049	4313 4435 658	5032 3508 268	5751 2580 877	6470 1653 487
1392	0718 3908 046	1436 7816 092	2155 1724 138	2873 5632 184	3591 9540 230	4310 3448 276	5028 7356 322	5747 1264 368	6465 5172 414
1393	0717 8750 897	1435 7501 795	2153 6252 692	2871 5003 589	3589 3754 486	4307 2505 384	5025 1256 281	5743 0007 179	6460 8758 076
1394	0717 3601 148	1434 7202 296	2152 0803 443	2869 4404 591	3586 8005 739	4304 1606 887	5021 5208 035	5738 8809 182	6456 2410 330
1395	0716 8458 781	1433 6917 563	2150 5376 344	2867 3835 125	3584 2293 906	4301 0752 688	5017 9211 470	5734 7670 251	6451 6129 032
1396	0716 3323 782	1432 6647 564	2148 9971 347	2865 3295 129	3581 6618 911	4297 9942 693	5014 3266 476	5730 6590 258	6446 9914 040
1397	0715 8196 135	1431 6392 269	2147 4588 404	2863 2784 538	3579 0980 673	4294 9176 807	5010 7372 942	5726 5569 077	6442 3765 211
1398	0715 3075 823	1430 6151 645	2145 9227 468	2861 2303 290	3576 5379 113	4291 8454 936	5007 1530 758	5722 4606 581	6437 7682 403
1399	0714 7962 831	1429 5925 661	2144 3888 492	2859 1851 322	3573 9814 153	4288 7776 984	5003 5739 814	5718 3702 645	6433 1665 475

	1	2	3	4	5	6	7	8	9
1400	0714 2857 143	1428 5714 286	2142 8571 429	2857 1428 571	3571 4285 714	4285 7142 857	5000 0000 000	5714 2857 143	6428 5714 286
1401	0713 7758 744	1427 5517 488	2141 3276 231	2855 1034 975	3568 8793 719	4282 6552 463	4996 4311 206	5710 2069 950	6423 9828 694
1402	0713 2667 618	1426 5335 235	2139 8002 853	2853 0670 471	3566 3338 088	4279 6005 706	4992 8673 324	5706 1340 942	6419 4008 559
1403	0712 7583 749	1425 5167 498	2138 2751 247	2851 0334 996	3563 7918 746	4276 5502 495	4989 3086 244	5702 0669 993	6414 8253 742
1404	0712 2507 123	1424 5014 245	2136 7521 368	2849 0028 490	3561 2535 613	4273 5042 735	4985 7549 858	5698 0056 980	6410 2564 103
1405	0711 7437 722	1423 4875 445	2135 2313 167	2846 9750 890	3558 7188 612	4270 4626 335	4982 2064 057	5693 9501 779	6405 6939 502
1406	0711 2375 533	1422 4751 067	2133 7126 600	2844 9502 134	3556 1877 667	4267 4253 201	4978 6628 734	5689 9004 267	6401 1379 801
1407	0710 7320 540	1421 4641 080	2132 1961 620	2842 9282 161	3553 6602 701	4264 3923 241	4975 1243 781	5685 8564 321	6396 5884 861
1408	0710 2272 727	1420 4545 455	2130 6818 182	2840 9090 909	3551 1363 636	4261 3636 364	4971 5909 091	5681 8181 818	6392 0454 545
1409	0709 7232 079	1419 4464 159	2129 1696 238	2838 8928 318	3548 6160 397	4258 3392 477	4968 0624 556	5677 7856 636	6387 5088 715
1410	0709 2198 582	1418 4397 163	2127 6595 745	2836 8794 326	3546 0992 908	4255 3191 489	4964 5390 071	5673 7588 652	6382 9787 234
1411	0708 7172 218	1417 4344 437	2126 1516 655	2834 8688 873	3543 5861 091	4252 3033 310	4961 0205 528	5669 7377 746	6378 4549 965
1412	0708 2152 975	1416 4305 949	2124 6458 924	2832 8611 898	3541 0764 873	4249 2917 847	4957 5070 822	5665 7223 796	6373 9376 771
1413	0707 7140 835	1415 4281 670	2123 1422 505	2830 8563 340	3538 5704 176	4246 2845 011	4953 9985 846	5661 7126 681	6369 4267 516
1414	0707 2135 785	1414 4271 570	2121 6407 355	2828 8543 140	3536 0678 925	4243 2814 710	4950 4950 495	5657 7086 280	6364 9222 065
1415	0706 7137 809	1413 4275 618	2120 1413 428	2826 8551 237	3533 5689 046	4240 2826 855	4946 9964 664	5653 7102 473	6360 4240 283
1416	0706 2146 893	1412 4293 785	2118 6440 678	2824 8587 571	3531 0734 463	4237 2881 356	4943 5028 249	5649 7175 141	6355 9322 034
1417	0705 7163 020	1411 4326 041	2117 1489 061	2822 8652 082	3528 5815 102	4234 2978 123	4940 0141 143	5645 7304 164	6351 4467 184
1418	0705 2186 178	1410 4372 355	2115 6558 533	2820 8744 711	3526 0930 889	4231 3117 066	4936 5303 244	5641 7489 422	6346 9675 599
1419	0704 7216 350	1409 4432 699	2114 1649 049	2818 8865 398	3523 6081 748	4228 3298 097	4933 0514 447	5637 7730 796	6342 4947 146
1420	0704 2253 521	1408 4507 042	2112 6760 563	2816 9014 085	3521 1267 606	4225 3521 127	4929 5774 648	5633 8028 169	6338 0281 690
1421	0703 7297 678	1407 4595 355	2111 1893 033	2814 9190 711	3518 6488 388	4222 3786 066	4926 1083 744	5629 8381 422	6333 5679 099
1422	0703 2348 805	1406 4697 609	2109 7046 414	2812 9395 218	3516 1744 023	4219 4092 827	4922 6441 632	5625 8790 436	6329 1139 241
1423	0702 7406 887	1405 4813 774	2108 2220 661	2810 9627 547	3513 7034 434	4216 4441 321	4919 1848 208	5621 9255 095	6324 6661 982
1424	0702 2471 910	1404 4943 820	2106 7415 730	2808 9887 640	3511 2359 551	4213 4831 461	4915 7303 371	5617 9775 281	6320 2247 191
1425	0701 7543 860	1403 5087 719	2105 2631 579	2807 0175 439	3508 7719 298	4210 5263 158	4912 2807 018	5614 0350 877	6315 7894 737
1426	0701 2622 721	1402 5245 442	2103 7868 163	2805 0490 884	3506 3113 604	4207 5736 325	4908 8359 046	5610 0981 767	6311 3604 488
1427	0700 7708 479	1401 5416 959	2102 3125 438	2803 0833 917	3503 8542 397	4204 6250 876	4905 3959 355	5606 1667 835	6306 9376 314
1428	0700 2801 120	1400 5602 241	2100 8403 361	2801 1204 482	3501 4005 602	4201 6806 723	4901 9607 843	5602 2408 964	6302 5210 084
1429	0699 7900 630	1399 5801 260	2099 3701 889	2799 1602 519	3498 9503 149	4198 7403 779	4898 5304 409	5598 3205 038	6298 1105 668
1430	0699 3006 993	1398 6013 986	2097 9020 979	2797 2027 972	3496 5034 965	4195 8041 958	4895 1048 951	5594 4055 944	6293 7062 937
1431	0698 8120 196	1397 6240 391	2096 4360 587	2795 2480 783	3494 0600 978	4192 8721 174	4891 6841 370	5590 4961 565	6289 3081 761
1432	0698 3240 223	1396 6480 447	2094 9720 670	2793 2960 894	3491 6201 117	4189 9441 341	4888 2681 564	5586 5921 788	6284 9162 011
1433	0697 8367 062	1395 6734 124	2093 5101 186	2791 3468 248	3489 1835 311	4187 0202 373	4884 8569 435	5582 6936 497	6280 5303 559
1434	0697 3500 697	1394 7001 395	2092 0502 092	2789 4002 789	3486 7503 487	4184 1004 184	4881 4504 881	5578 8005 579	6276 1506 276
1435	0696 8641 115	1393 7282 230	2090 5923 345	2787 4564 460	3484 3205 575	4181 1846 690	4878 0487 805	5574 9128 920	6271 7770 035
1436	0696 3788 301	1392 7576 602	2089 1364 903	2785 5153 203	3481 8941 504	4178 2729 805	4874 6518 106	5571 0306 407	6267 4094 708
1437	0695 8942 241	1391 7884 482	2087 6826 722	2783 5768 963	3479 4711 204	4175 3653 445	4871 2595 685	5567 1537 926	6263 0480 167
1438	0695 4102 921	1390 8205 841	2086 2308 762	2781 6411 683	3477 0514 604	4172 4617 524	4867 8720 445	5563 2823 366	6258 6926 287
1439	0694 9270 327	1389 8540 653	2084 7810 980	2779 7081 306	3474 6351 633	4169 5621 960	4864 4892 286	5559 4162 613	6254 3432 940
1440	0694 4444 444	1388 8888 889	2083 3333 333	2777 7777 778	3472 2222 222	4166 6666 667	4861 1111 111	5555 5555 556	6250 0000 000
1441	0693 9625 260	1387 9250 520	2081 8875 781	2775 8501 041	3469 8126 301	4163 7751 561	4857 7376 822	5551 7002 082	6245 6627 342
1442	0693 4812 760	1386 9625 520	2080 4438 280	2773 9251 040	3467 4063 800	4160 8876 560	4854 3689 320	5547 8502 080	6241 3314 840
1443	0693 0006 930	1386 0013 860	2079 0020 790	2772 0027 720	3465 0034 650	4158 0041 580	4851 0048 510	5544 0055 440	6237 0062 370
1444	0692 5207 756	1385 0415 512	2077 5623 269	2770 0831 025	3462 6038 781	4155 1246 537	4847 6454 294	5540 1662 050	6232 6869 806
1445	0692 0415 225	1384 0830 450	2076 1245 675	2768 1660 900	3460 2076 125	4152 2491 349	4844 2906 574	5536 3321 799	6228 3737 024
1446	0691 5629 322	1383 1258 645	2074 6887 967	2766 2517 289	3457 8146 611	4149 3775 934	4840 9405 256	5532 5034 578	6224 0663 900
1447	0691 0850 035	1382 1700 069	2073 2550 104	2764 3400 138	3455 4250 173	4146 5100 207	4837 5950 242	5528 6800 276	6219 7650 311
1448	0690 6077 348	1381 2154 696	2071 8232 044	2762 4309 392	3453 0386 740	4143 6464 088	4834 2541 436	5524 8618 785	6215 4696 133
1449	0690 1311 249	1380 2622 498	2070 3933 747	2760 5244 997	3450 6556 246	4140 7867 495	4830 9178 744	5521 0489 993	6211 1801 242
1450	0689 6551 724	1379 3103 448	2068 9655 172	2758 6206 897	3448 2758 621	4137 9310 345	4827 5862 069	5517 2413 793	6206 8965 517
1451	0689 1798 759	1378 3597 519	2067 5396 278	2756 7195 038	3445 8993 797	4135 0792 557	4824 2591 316	5513 4390 076	6202 6188 835
1452	0688 7052 342	1377 4104 683	2066 1157 025	2754 8209 366	3443 5261 708	4132 2314 050	4820 9366 391	5509 6418 733	6198 3471 074
1453	0688 2312 457	1376 4624 914	2064 6937 371	2752 9249 828	3441 1562 285	4129 3874 742	4817 6187 199	5505 8499 656	6194 0812 113
1454	0687 7579 092	1375 5158 184	2063 2737 276	2751 0316 369	3438 7895 461	4126 5474 553	4814 3053 645	5502 0632 737	6189 8211 829
1455	0687 2852 234	1374 5704 467	2061 8556 701	2749 1408 935	3436 4261 168	4123 7113 402	4810 9965 636	5498 2817 869	6185 5670 103
1456	0686 8131 868	1373 6263 736	2060 4395 604	2747 2527 473	3434 0659 341	4120 8791 209	4807 6923 077	5494 5054 945	6181 3186 813
1457	0686 3417 981	1372 6835 963	2059 0253 944	2745 3671 926	3431 7089 907	4118 0507 889	4804 3925 870	5490 7343 852	6177 0761 833
1458	0685 8710 562	1371 7421 125	2057 6131 687	2743 4842 250	3429 3552 812	4115 2263 374	4801 0973 937	5486 9684 499	6172 8395 062
1459	0685 4009 596	1370 8019 191	2056 2028 787	2741 6038 382	3427 0047 978	4112 4057 574	4797 8067 169	5483 2076 765	6168 6086 361
1460	0684 9315 068	1369 8630 137	2054 7945 205	2739 7260 274	3424 6575 342	4109 5890 411	4794 5205 479	5479 4520 548	6164 3835 616
1461	0684 4626 968	1368 9253 936	2053 3880 903	2737 8507 871	3422 3134 839	4106 7761 807	4791 2388 775	5475 7015 743	6160 1642 710
1462	0683 9945 280	1367 9890 561	2051 9835 841	2735 9781 122	3419 9726 402	4103 9671 683	4787 9616 963	5471 9562 244	6155 9507 524
1463	0683 5269 993	1367 0539 986	2050 5809 979	2734 1079 973	3417 6349 966	4101 1619 959	4784 6889 952	5468 2159 945	6151 7429 938
1464	0683 0601 093	1366 1202 186	2049 1803 279	2732 2404 372	3415 3005 464	4098 3606 557	4781 4207 650	5464 4808 743	6147 5409 836
1465	0682 5938 567	1365 1877 133	2047 7815 700	2730 3754 266	3412 9692 833	4095 5631 399	4778 1569 966	5460 7508 532	6143 3447 099
1466	0682 1282 401	1364 2564 802	2046 3847 203	2728 5129 604	3410 6412 005	4092 7694 407	4774 8976 808	5457 0259 209	6139 1541 610
1467	0681 6632 584	1363 3265 167	2044 9897 751	2726 6530 334	3408 3162 918	4089 9795 501	4771 6428 085	5453 3060 668	6134 9693 252
1468	0681 1989 101	1362 3978 202	2043 5967 302	2724 7956 403	3405 9945 504	4087 1934 605	4768 3923 706	5449 5912 807	6130 7901 907
1469	0680 7351 940	1361 4703 880	2042 2055 820	2722 9407 760	3403 6759 700	4084 4111 641	4765 1463 581	5445 8815 521	6126 6167 461
1470	0680 2721 088	1360 5442 177	2040 8163 265	2721 0884 354	3401 3605 442	4081 6326 531	4761 9047 619	5442 1768 707	6122 4489 796
1471	0679 8096 533	1359 6193 066	2039 4289 599	2719 2386 132	3399 0482 665	4078 8579 198	4758 6675 731	5438 4772 264	6118 2868 797
1472	0679 3478 261	1358 6956 522	2038 0434 783	2717 3913 043	3396 7391 304	4076 0869 565	4755 4347 826	5434 7826 087	6114 1304 348
1473	0678 8866 259	1357 7732 519	2036 6598 778	2715 5465 037	3394 4331 297	4073 3197 556	4752 2063 815	5431 0930 075	6109 9796 334
1474	0678 4260 516	1356 8521 031	2035 2781 547	2713 7042 062	3392 1302 578	4070 5563 094	4748 9823 609	5427 4084 125	6105 8344 640
1475	0677 9661 017	1355 9322 034	2033 8983 051	2711 8644 068	3389 8305 085	4067 7966 102	4745 7627 119	5423 7288 136	6101 6949 153
1476	0677 5067 751	1355 0135 501	2032 5203 252	2710 0271 003	3387 5338 753	4065 0406 504	4742 5474 255	5420 0542 005	6097 5609 756
1477	0677 0480 704	1354 0961 408	2031 1442 112	2708 1922 817	3385 2403 521	4062 2884 225	4739 3364 929	5416 3845 633	6093 4326 337
1478	0676 5899 865	1353 1799 729	2029 7699 594	2706 3599 459	3382 9499 323	4059 5399 188	4736 1299 053	5412 7198 917	6089 3098 782
1479	0676 1325 220	1352 2650 439	2028 3975 659	2704 5300 879	3380 6626 099	4056 7951 318	4732 9276 538	5409 0601 758	6085 1926 978
1480	0675 6756 757	1351 3513 514	2027 0270 270	2702 7027 027	3378 3783 784	4054 0540 541	4729 7297 297	5405 4054 054	6081 0810 811
1481	0675 2194 463	1350 4388 926	2025 6583 390	2700 8777 853	3376 0972 316	4051 3166 779	4726 5361 242	5401 7555 706	6076 9750 169
1482	0674 7638 327	1349 5276 653	2024 2914 980	2699 0553 306	3373 8191 633	4048 5829 960	4723 3468 286	5398 1106 613	6072 8744 939
1483	0674 3088 334	1348 6176 669	2022 9265 003	2697 2353 338	3371 5441 672	4045 8530 007	4720 1618 341	5394 4706 676	6068 7795 010
1484	0673 8544 474	1347 7088 949	2021 5633 423	2695 4177 898	3369 2722 372	4043 1266 846	4716 9811 321	5390 8355 795	6064 6900 270
1485	0673 4006 734	1346 8013 468	2020 2020 202	2693 6026 936	3367 0033 670	4040 4040 404	4713 8047 138	5387 2053 872	6060 6060 606
1486	0672 9475 101	1345 8950 202	2018 8425 303	2691 7900 404	3364 7375 505	4037 6850 606	4710 6325 707	5383 5800 808	6056 5275 908
1487	0672 4949 563	1344 9899 126	2017 4848 689	2689 9798 252	3362 4747 814	4034 9697 377	4707 4646 940	5379 9596 503	6052 4546 066
1488	0672 0430 108	1344 0860 215	2016 1290 323	2688 1720 430	3360 2150 538	4032 2580 645	4704 3010 753	5376 3440 860	6048 3870 968
1489	0671 5916 723	1343 1833 445	2014 7750 168	2686 3666 891	3357 9583 613	4029 5500 336	4701 1417 058	5372 7333 781	6044 3250 504
1490	0671 1409 396	1342 2818 792	2013 4228 188	2684 5637 584	3355 7046 980	4026 8456 376	4697 9865 772	5369 1275 168	6040 2684 564
1491	0670 6908 115	1341 3816 231	2012 0724 346	2682 7632 461	3353 4540 577	4024 1448 692	4694 8356 808	5365 3264 923	6036 2173 038
1492	0670 2412 869	1340 4825 737	2010 7238 606	2680 9651 475	3351 2064 343	4021 4477 212	4691 6890 080	5361 9302 949	6032 1715 818
1493	0669 7923 644	1339 5847 287	2009 3770 931	2679 1694 575	3348 9618 218	4018 7541 862	4688 5465 506	5358 3389 149	6028 1312 793
1494	0669 3440 428	1338 6880 857	2008 0321 285	2677 3761 714	3346 7202 142	4016 0642 570	4685 4082 999	5354 7523 427	6024 0963 855
1495	0668 8963 211	1337 7926 421	2006 6889 632	2675 5852 843	3344 4816 054	4013 3779 264	4682 2742 475	5351 1705 686	6020 0668 896
1496	0668 4491 979	1336 8983 957	2005 3475 936	2673 7967 914	3342 2459 893	4010 6951 872	4679 1443 850	5347 5935 829	6016 0427 807
1497	0668 0026 720	1336 0053 440	2004 0080 160	2672 0106 880	3340 0133 601	4008 0160 321	4676 0187 041	5344 0213 761	6012 0240 481
1498	0667 5567 423	1335 1134 846	2002 6702 270	2670 2269 693	3337 7837 116	4005 3404 539	4672 8971 963	5340 4539 386	6008 0106 809
1499	0667 1114 076	1334 2228 152	2001 3342 228	2668 4456 304	3335 5570 380	4002 6684 456	4669 7798 532	5336 8912 608	6004 0026 684

	1	2	3	4	5	6	7	8	9
1500	0666 6666 667	1333 3333 333	2000 0000 000	2666 6666 667	3333 3333 333	4000 0000 000	4666 6666 667	5333 3333 333	6000 0000 000
1501	0666 2225 183	1332 4450 366	1998 6675 550	2664 8900 733	3331 1125 916	3997 3351 099	4663 5576 282	5329 7801 466	5996 0026 649
1502	0665 7789 614	1331 5579 228	1997 3368 842	2663 1158 455	3328 8948 069	3994 6737 683	4660 4527 297	5326 2316 911	5992 0106 525
1503	0665 3359 947	1330 6719 894	1996 0079 840	2661 3439 787	3326 6799 734	3992 0159 681	4657 3519 627	5322 6879 574	5988 0239 521
1504	0664 8936 170	1329 7872 340	1994 6808 511	2659 5744 681	3324 4680 851	3989 3617 021	4654 2553 191	5319 1489 362	5984 0425 532
1505	0664 4518 272	1328 9036 545	1993 3554 817	2657 8073 090	3322 2591 362	3986 7109 635	4651 1627 907	5315 6146 179	5980 0664 452
1506	0664 0106 242	1328 0212 483	1992 0318 725	2656 0424 967	3320 0531 208	3984 0637 450	4648 0743 692	5312 0849 934	5976 0956 175
1507	0663 5700 066	1327 1400 133	1990 7100 199	2654 2800 265	3317 8500 332	3981 4200 398	4644 9900 465	5308 5600 531	5972 1300 597
1508	0663 1299 735	1326 2599 470	1989 3899 204	2652 5198 939	3315 6498 674	3978 7798 408	4641 9098 143	5305 0397 878	5968 1697 613
1509	0662 6905 235	1325 3810 470	1988 0715 706	2650 7620 941	3313 4526 176	3976 1431 412	4638 8336 647	5301 5241 882	5964 2147 117
1510	0662 2516 556	1324 5033 113	1986 7549 669	2649 0066 225	3311 2582 781	3973 5099 338	4635 7615 894	5298 0132 450	5960 2649 007
1511	0661 8133 686	1323 6267 373	1985 4401 059	2647 2534 745	3309 0668 431	3970 8802 118	4632 6935 804	5294 5069 490	5956 3203 177
1512	0661 3756 614	1322 7513 228	1984 1269 841	2645 5026 455	3306 8783 069	3968 2539 683	4629 6296 296	5291 0052 910	5952 3809 524
1513	0660 9385 327	1321 8770 654	1982 8155 981	2643 7541 309	3304 6926 636	3965 6311 963	4626 5607 290	5287 5092 617	5948 4467 944
1514	0660 5019 815	1321 0039 630	1981 5059 445	2642 0079 260	3302 5099 075	3963 0118 890	4623 5138 705	5284 0158 521	5944 5178 336
1515	0660 0660 066	1320 1320 132	1980 1980 198	2640 2640 264	3300 3300 330	3960 3960 396	4620 4620 462	5280 5280 528	5940 5940 594
1516	0659 6306 069	1319 2612 137	1978 8918 206	2638 5224 274	3298 1830 343	3957 7836 412	4617 4142 480	5277 0448 549	5936 6754 617
1517	0659 1957 811	1318 3915 623	1977 5873 434	2636 7831 246	3295 9789 057	3955 1746 869	4614 3704 680	5273 5662 492	5932 7620 303
1518	0658 7615 283	1317 5230 567	1976 2845 850	2635 0461 133	3293 8076 416	3952 5691 700	4611 3306 983	5270 0922 266	5928 8537 549
1519	0658 3278 473	1316 6556 945	1974 9835 418	2633 3113 891	3291 6392 363	3949 9670 836	4608 2949 309	5266 6227 781	5924 9506 254
1520	0657 8947 368	1315 7894 737	1973 6842 105	2631 5789 474	3289 4736 842	3947 3684 211	4605 2631 579	5263 0578 947	5921 0526 316
1521	0657 4621 959	1314 9243 918	1972 3865 878	2629 8487 837	3287 3109 796	3944 7731 755	4602 2353 715	5259 6975 674	5917 1597 633
1522	0657 0302 234	1314 0604 468	1971 0906 702	2628 1208 936	3285 1511 170	3942 1813 403	4599 2115 637	5256 2417 871	5913 2720 105
1523	0656 5988 181	1313 1976 362	1969 7964 544	2626 3952 725	3282 9940 906	3939 5929 087	4596 1917 269	5252 7905 450	5909 3893 631
1524	0656 1679 790	1312 3359 580	1968 5039 370	2624 6719 160	3280 8398 950	3937 0078 740	4593 1758 530	5249 3438 320	5905 5118 110
1525	0655 7377 049	1311 4754 098	1967 2131 148	2622 9508 197	3278 6885 246	3934 4262 295	4590 1639 344	5245 9016 393	5901 6393 443
1526	0655 3079 948	1310 6159 895	1965 9239 843	2621 2319 790	3276 5399 738	3931 8479 685	4587 1559 633	5242 4639 581	5897 7719 528
1527	0654 8788 474	1309 7576 948	1964 6365 422	2619 5153 897	3274 3942 371	3929 2730 845	4584 1519 319	5239 0307 793	5893 9096 267
1528	0654 4502 618	1308 9005 236	1963 3507 853	2617 8010 471	3272 2513 089	3926 7015 707	4581 1518 325	5235 6020 942	5890 0523 560
1529	0654 0222 368	1308 0444 735	1962 0667 103	2616 0889 471	3270 1111 838	3924 1336 205	4578 1558 573	5232 1778 941	5886 2001 308
1530	0653 5947 712	1307 1895 425	1960 7843 137	2614 3790 850	3267 9738 562	3921 5686 275	4575 1633 987	5228 7581 699	5882 3529 412
1531	0653 1678 641	1306 3357 283	1959 5035 924	2612 6714 566	3265 8393 207	3919 0071 848	4572 1750 490	5225 3429 131	5878 5107 773
1532	0652 7415 144	1305 4830 287	1958 2245 431	2610 9660 574	3263 7075 718	3916 4490 862	4569 1906 005	5221 9321 149	5874 6736 292
1533	0652 3157 208	1304 6314 416	1956 9471 624	2609 2628 832	3261 5786 040	3913 8943 248	4566 2100 457	5218 5257 665	5870 8414 873
1534	0651 8904 824	1303 7809 648	1955 6714 472	2607 5619 296	3259 4524 120	3911 3428 944	4563 2333 768	5215 1238 592	5867 0143 416
1535	0651 4657 980	1302 9315 961	1954 3973 941	2605 8631 922	3257 3289 902	3908 7947 883	4560 2605 863	5211 7263 844	5863 1921 824
1536	0651 0416 667	1302 0833 333	1953 1250 000	2604 1666 667	3255 2083 333	3906 2500 000	4557 2916 667	5208 3333 333	5859 3750 000
1537	0650 6180 871	1301 2361 744	1951 8542 615	2602 4723 487	3253 0904 359	3903 7085 231	4554 3266 103	5204 0446 975	5855 5627 846
1538	0650 1950 585	1300 3901 170	1950 5851 756	2600 7802 341	3250 9752 926	3901 1703 511	4551 3654 096	5201 5604 681	5851 7555 267
1539	0649 7725 796	1299 5451 592	1949 3177 388	2599 0903 184	3248 8628 980	3898 6354 776	4548 4080 572	5198 1806 368	5847 9532 164
1540	0649 3506 494	1298 7012 987	1948 0519 481	2597 4025 974	3246 7532 468	3896 1038 961	4545 4545 455	5194 8051 948	5844 1558 442
1541	0648 9292 667	1297 8585 334	1946 7878 001	2595 7170 668	3244 6463 335	3893 5756 003	4542 5048 670	5191 4341 337	5840 3634 004
1542	0648 5084 306	1297 0168 612	1945 5252 918	2594 0337 224	3242 5421 531	3891 0505 837	4539 5590 143	5188 0674 449	5836 5758 755
1543	0648 0881 400	1296 1762 800	1944 2644 200	2592 3525 600	3240 4406 999	3888 5288 399	4536 6169 799	5184 7051 199	5832 7932 599
1544	0647 6683 938	1295 3367 876	1943 0051 813	2590 6735 751	3238 3419 689	3886 0103 627	4533 6787 565	5181 3471 503	5829 0155 440
1545	0647 2491 909	1294 4983 819	1941 7475 728	2588 9967 638	3236 2459 547	3883 4951 456	4530 7443 366	5177 9935 275	5825 2427 184
1546	0646 8305 304	1293 6610 608	1940 4915 912	2587 3221 216	3234 1526 520	3880 9831 824	4527 8137 128	5174 6442 432	5821 4747 736
1547	0646 4124 111	1292 8248 222	1939 2372 334	2585 6496 445	3232 0620 556	3878 4744 667	4524 8868 778	5171 2992 889	5817 7117 001
1548	0645 9948 320	1291 9896 641	1937 9844 961	2583 9793 282	3229 9741 602	3875 9689 922	4521 9638 243	5167 9586 563	5813 9534 884
1549	0645 5777 921	1291 1555 842	1936 7333 764	2582 3111 685	3227 8889 606	3873 4667 527	4519 0445 449	5164 0223 370	5809 8001 291
1550	0645 1612 903	1290 3225 806	1935 4838 710	2580 6451 613	3225 8064 516	3870 9677 419	4516 1290 323	5161 2903 226	5806 4516 129
1551	0644 7453 256	1289 4906 512	1934 2359 768	2578 9813 024	3223 7266 280	3868 4719 536	4513 2172 792	5157 9626 048	5802 7079 304
1552	0644 3298 969	1288 6597 938	1932 9896 907	2577 3195 876	3221 6494 845	3865 9793 814	4510 3092 783	5154 6391 752	5798 9690 722
1553	0643 9150 032	1287 8300 064	1931 7450 097	2575 6600 129	3219 5750 161	3863 4900 193	4507 4050 225	5151 3200 257	5795 2350 290
1554	0643 5006 435	1287 0012 870	1930 5019 305	2574 0025 740	3217 5032 175	3861 0038 610	4504 5045 045	5148 0051 480	5791 5057 915
1555	0643 0868 167	1286 1736 334	1929 2604 502	2572 3472 669	3215 4340 836	3858 5209 003	4501 6077 170	5144 6945 338	5787 7813 505
1556	0642 6735 219	1285 3470 437	1928 0205 656	2570 6940 874	3213 3676 093	3856 0411 311	4498 7146 530	5141 3881 748	5784 0616 967
1557	0642 2607 579	1284 5215 157	1926 7822 736	2569 0430 315	3211 3037 893	3853 5645 472	4495 8253 051	5138 0860 629	5780 3468 208
1558	0641 8485 237	1283 6970 475	1925 5455 712	2567 3940 950	3209 2426 187	3851 0911 425	4492 9396 662	5134 7881 900	5776 6367 137
1559	0641 4368 185	1282 8736 369	1924 3104 554	2565 7472 739	3207 1840 924	3848 6209 108	4490 0577 293	5131 4945 478	5772 9313 663
1560	0641 0256 410	1282 0512 820	1923 0769 231	2564 1025 641	3205 1282 051	3846 1538 462	4487 1794 872	5128 2051 282	5769 2307 692
1561	0640 6149 904	1281 2299 808	1921 8449 712	2562 4599 616	3203 0749 520	3843 6899 423	4484 3049 327	5124 9199 231	5765 5349 135
1562	0640 2048 656	1280 4097 311	1920 6145 967	2560 8194 622	3201 0243 278	3841 2291 933	4481 4340 589	5121 6389 245	5761 8437 900
1563	0639 7952 655	1279 5905 310	1919 3857 965	2559 1810 621	3198 9763 276	3838 7715 931	4478 5668 586	5118 3621 241	5758 1573 896
1564	0639 3861 893	1278 7723 785	1918 1585 678	2557 5447 570	3196 9309 463	3836 3171 355	4475 7033 248	5115 0895 141	5754 4757 033
1565	0638 9776 358	1277 9552 716	1916 9329 073	2555 9105 431	3194 8881 789	3833 8658 147	4472 8434 505	5111 8210 863	5750 7987 220
1566	0638 5696 041	1277 1392 082	1915 7088 123	2554 2784 163	3192 8480 204	3831 4176 245	4469 9872 286	5108 5568 327	5747 1264 368
1567	0638 1620 932	1276 3241 863	1914 4862 795	2552 6483 727	3190 8104 659	3828 9725 590	4467 1346 522	5105 2967 454	5743 4588 385
1568	0637 7551 020	1275 5102 041	1913 2653 061	2551 0204 082	3188 7755 102	3826 5306 122	4464 2857 143	5102 0408 163	5739 7959 184
1569	0637 3486 297	1274 6972 594	1912 0458 891	2549 3945 188	3186 7431 485	3824 0917 782	4461 4404 079	5098 7890 376	5736 4376 673
1570	0636 9426 752	1273 8853 503	1910 8280 255	2547 7707 006	3184 7133 758	3821 6560 509	4458 5987 261	5095 5414 013	5732 4840 764
1571	0636 5372 374	1273 0744 749	1909 6117 123	2546 1489 497	3182 6861 871	3819 2234 246	4455 7606 620	5092 2978 994	5728 8351 369
1572	0636 1323 155	1272 2646 310	1908 3969 466	2544 5292 621	3180 6615 776	3816 7938 931	4452 9262 087	5089 0585 242	5725 1908 397
1573	0635 7279 084	1271 4558 169	1907 1837 254	2542 9116 338	3178 6395 423	3814 3674 507	4450 0953 592	5085 8232 676	5721 5511 761
1574	0635 3240 152	1270 6480 305	1905 9720 457	2541 2960 610	3176 6200 762	3811 9440 915	4447 2681 067	5082 5921 220	5717 9161 372
1575	0634 9206 349	1269 8412 698	1904 7619 048	2539 6825 397	3174 6031 746	3809 5238 095	4444 4444 444	5079 3650 794	5714 2857 143
1576	0634 5177 665	1269 0355 330	1903 5532 995	2538 0710 660	3172 5888 325	3807 1065 990	4441 6243 655	5076 1421 320	5710 6598 985
1577	0634 1154 090	1268 2308 180	1902 3462 270	2536 4616 360	3170 5770 450	3804 6924 540	4438 8078 630	5072 9232 720	5707 0386 810
1578	0633 7135 615	1267 4271 229	1901 1406 844	2534 8542 459	3168 5678 074	3802 2813 688	4435 9949 303	5069 7084 918	5703 4220 532
1579	0633 3122 229	1266 6244 459	1899 9366 688	2533 2488 917	3166 5611 146	3799 8733 376	4433 1855 605	5066 4977 834	5699 8100 063
1580	0632 9113 924	1265 8227 848	1898 7341 772	2531 6455 696	3164 5569 620	3797 4683 544	4430 3797 468	5063 2911 392	5696 2025 316
1581	0632 5110 689	1265 0221 379	1897 5332 068	2530 0442 758	3162 5553 447	3795 0664 137	4427 5774 826	5060 0885 515	5692 5996 205
1582	0632 1112 516	1264 2225 032	1896 3337 547	2528 4450 063	3160 5562 579	3792 6675 095	4424 7787 611	5056 8900 126	5689 0012 642
1583	0631 7119 394	1263 4238 787	1895 1358 181	2526 8477 574	3158 5596 968	3790 2716 361	4421 9835 755	5053 6955 148	5685 4074 542
1584	0631 3131 313	1262 6262 626	1893 9393 939	2525 2525 253	3156 5656 566	3787 8787 879	4419 1919 192	5050 5050 505	5681 8181 818
1585	0630 9148 265	1261 8296 530	1892 7444 795	2523 6593 060	3154 5741 325	3785 4889 590	4416 4037 855	5047 3186 120	5678 2334 385
1586	0630 5170 240	1261 0340 479	1891 5510 719	2522 0680 958	3152 5851 198	3783 1021 438	4413 6191 677	5044 1361 917	5674 6532 156
1587	0630 1197 228	1260 2394 455	1890 3591 682	2520 4788 910	3150 5986 137	3780 7183 365	4410 8380 592	5040 9577 820	5671 0775 047
1588	0629 7229 219	1259 4458 438	1889 1687 657	2518 8916 877	3148 6146 096	3778 3375 315	4408 0604 534	5037 7833 753	5667 5062 972
1589	0629 3266 205	1258 6532 410	1887 9798 615	2517 3064 821	3146 6331 026	3775 9597 231	4405 2863 436	5034 6129 641	5663 9395 846
1590	0628 9308 176	1257 8616 352	1886 7924 528	2515 7232 704	3144 6540 881	3773 5849 057	4402 5157 233	5031 4465 409	5660 3773 585
1591	0628 5355 123	1257 0710 245	1885 6065 368	2514 1420 490	3142 6775 613	3771 2130 735	4399 7485 858	5028 2840 981	5656 8196 103
1592	0628 1407 035	1256 2814 070	1884 4221 106	2512 5628 141	3140 7035 176	3768 8442 211	4396 9849 246	5025 1256 281	5653 2663 317
1593	0627 7463 905	1255 4927 809	1883 2391 714	2510 9855 618	3138 7319 523	3766 4783 427	4394 2247 332	5021 9711 237	5649 7175 141
1594	0627 3525 721	1254 7051 443	1882 0577 164	2509 4102 886	3136 7628 607	3764 1154 329	4391 4680 050	5018 8205 772	5646 1731 493
1595	0626 9592 476	1253 9184 953	1880 8777 429	2507 8369 906	3134 7962 382	3761 7554 859	4388 7147 335	5015 6739 812	5642 6332 288
1596	0626 5664 160	1253 1328 321	1879 6992 481	2506 2656 642	3132 8320 802	3759 3984 962	4385 9649 123	5012 5313 283	5639 0977 444
1597	0626 1740 764	1252 3481 528	1878 5222 292	2504 6963 056	3130 8703 820	3757 0444 584	4383 2185 348	5009 3926 111	5635 5666 875
1598	0625 7822 278	1251 5644 556	1877 3466 834	2503 1289 111	3128 9111 389	3754 6933 667	4380 4755 945	5006 2578 223	5632 0100 501
1599	0625 3908 693	1250 7817 386	1876 1726 079	2501 5634 772	3126 9543 465	3752 3452 158	4377 7360 851	5003 1269 543	5628 5178 236

	1	2	3	4	5	6	7	8	9
1600	0625 0000 000	1250 0000 000	1875 0000 000	2500 0000 000	3125 0000 000	3750 0000 000	4375 0000 000	5000 0000 000	5625 0000 000
1601	0624 6096 190	1249 2192 380	1873 8288 570	2498 4384 760	3123 0480 949	3747 6577 139	4372 2673 329	4996 8769 519	5621 4865 709
1602	0624 2197 253	1248 4394 507	1872 6591 760	2496 8789 014	3121 0986 267	3745 3183 521	4369 5380 774	4993 7578 027	5617 9775 281
1603	0623 8303 182	1247 6606 363	1871 4909 545	2495 3212 726	3119 1515 908	3743 9819 089	4366 8122 271	4990 6425 452	5614 4728 634
1604	0623 4413 965	1246 8827 930	1870 3241 895	2493 7655 860	3117 2069 825	3740 6483 791	4364 0897 756	4987 5311 721	5610 9725 686
1605	0623 0529 593	1246 1059 190	1869 1588 785	2492 2118 380	3115 2647 975	3738 3177 570	4361 3707 165	4984 4236 760	5607 4766 355
1606	0622 6650 062	1245 3300 125	1867 9950 187	2490 6600 249	3113 3250 311	3735 9900 374	4358 6550 436	4981 3200 498	5603 9850 560
1607	0622 2775 358	1244 5550 716	1866 8326 073	2489 1101 431	3111 3876 789	3733 6652 147	4355 9427 505	4978 2202 862	5600 4978 220
1608	0621 8905 473	1243 7810 945	1865 6716 418	2487 5621 891	3109 4527 363	3731 3432 836	4353 2338 308	4975 1243 781	5597 0149 254
1609	0621 5040 398	1243 0080 796	1864 5121 193	2486 0161 591	3107 5201 989	3729 0242 387	4350 5282 784	4972 0323 182	5593 5363 580
1610	0621 1180 124	1242 2360 248	1863 3540 373	2484 4720 497	3105 5900 621	3726 7080 745	4347 8260 870	4968 9440 994	5590 0621 118
1611	0620 7324 643	1241 4649 286	1862 1973 929	2482 9298 572	3103 6623 215	3724 3947 858	4345 1272 502	4965 8597 145	5586 5921 788
1612	0620 3473 945	1240 6947 891	1861 0421 836	2481 3895 782	3101 7369 727	3722 0843 672	4342 4317 618	4962 7791 563	5583 1265 509
1613	0619 9628 022	1239 9256 045	1859 8884 067	2479 8512 089	3099 8140 112	3719 7768 134	4339 7396 156	4959 7024 179	5579 6652 201
1614	0619 5786 865	1239 1573 730	1858 7360 595	2478 3147 460	3097 8934 325	3717 4721 190	4337 0508 055	4956 6294 919	5576 2081 784
1615	0619 1950 464	1238 3900 929	1857 5851 393	2476 7801 858	3095 9752 322	3715 1702 786	4334 3653 251	4953 5603 715	5572 7554 180
1616	0618 8118 812	1237 6237 624	1856 4356 436	2475 2475 247	3094 0594 059	3712 8712 871	4331 6831 683	4950 4950 495	5569 3069 307
1617	0618 4291 899	1236 8583 797	1855 2875 696	2473 7167 594	3092 1459 493	3710 5751 302	4329 0043 290	4947 4335 189	5565 8627 087
1618	0618 0469 716	1236 0939 431	1854 1409 147	2472 1878 863	3090 2348 578	3708 2818 294	4326 3288 010	4944 3757 726	5562 4227 441
1619	0617 6652 254	1235 3304 509	1852 9956 763	2470 6609 018	3088 3261 272	3705 9913 527	4323 6565 781	4941 3218 036	5558 9870 290
1620	0617 2839 506	1234 5679 012	1851 8518 519	2469 1358 025	3086 4197 531	3703 7037 037	4320 9876 543	4938 2716 049	5555 5555 556
1621	0616 9031 462	1233 8062 924	1850 7094 386	2467 6125 848	3084 5157 310	3701 4188 772	4318 3220 234	4935 2251 697	5552 1283 159
1622	0616 5228 113	1233 0456 227	1849 5684 340	2466 0912 454	3082 6140 567	3699 1368 681	4315 6596 794	4932 1824 908	5548 7053 021
1623	0616 1429 462	1232 2858 903	1848 4298 355	2464 5717 807	3080 7147 258	3696 8576 710	4313 0006 161	4929 1435 613	5545 2865 065
1624	0615 7635 468	1231 5270 936	1847 2906 404	2463 0541 872	3078 8177 340	3694 5812 808	4310 3448 276	4926 1083 744	5541 8719 212
1625	0615 3846 154	1230 7692 308	1846 1538 462	2461 5384 615	3076 9230 769	3692 3076 923	4307 6923 077	4923 0769 231	5538 4615 385
1626	0615 0061 501	1230 0123 001	1845 0184 502	2460 0246 002	3075 0307 503	3690 0369 004	4305 0430 504	4920 0492 005	5535 0553 505
1627	0614 6281 500	1229 2562 999	1843 8844 499	2458 5125 999	3073 1407 498	3687 7688 998	4302 3970 498	4917 0251 998	5531 9533 497
1628	0614 2506 143	1228 5012 285	1842 7518 428	2457 0024 570	3071 2530 712	3685 5036 855	4299 7542 998	4914 0049 140	5528 2555 283
1629	0613 8735 421	1227 7470 841	1841 6206 262	2455 4941 682	3069 3677 103	3683 2412 523	4297 1147 944	4910 9883 364	5524 8618 785
1630	0613 4969 325	1226 9938 650	1840 4907 975	2453 9877 301	3067 4846 626	3680 9815 951	4294 4785 276	4907 9754 601	5521 4723 926
1631	0613 1207 848	1226 2415 696	1839 3623 544	2452 4831 392	3066 6039 240	3678 7247 088	4291 8454 936	4904 9662 784	5518 0870 632
1632	0612 7450 980	1225 4901 961	1838 2352 941	2450 9803 922	3063 7254 902	3676 4705 882	4289 2156 863	4901 9607 843	5514 7058 823
1633	0612 3698 714	1224 7397 428	1837 1096 142	2449 4794 856	3061 8493 570	3674 2192 284	4286 5890 998	4898 9589 712	5511 3288 426
1634	0611 9951 040	1224 1902 081	1835 9853 121	2447 9804 162	3059 9755 202	3671 9706 242	4283 9657 283	4895 9608 323	5507 9559 363
1635	0611 6207 951	1223 2415 902	1834 8623 853	2446 4831 804	3058 1039 755	3669 7247 706	4281 3455 657	4892 9663 609	5504 6871 560
1636	0611 2469 438	1222 4938 875	1833 7408 313	2444 9877 751	3056 2347 188	3667 4816 626	4278 7286 064	4889 9755 501	5501 2224 939
1637	0610 8735 492	1221 7470 984	1832 6206 475	2443 4941 967	3054 3677 459	3665 2412 951	4276 1148 442	4886 9883 934	5497 8619 426
1638	0610 5006 105	1221 0012 210	1831 5018 315	2442 0024 420	3052 5030 525	3663 0036 630	4273 5042 735	4884 0048 840	5494 5054 945
1639	0610 1281 269	1220 2562 538	1830 3843 807	2440 5125 076	3050 6406 345	3660 7687 614	4270 8968 883	4881 0250 153	5491 1531 422
1640	0609 7560 976	1219 5121 951	1829 2682 927	2439 0243 902	3048 7804 878	3658 5365 854	4268 2926 829	4878 0487 805	5487 8048 780
1641	0609 3845 216	1218 7690 433	1828 1535 649	2437 5380 865	3046 9226 082	3656 3071 298	4265 6916 514	4875 0761 731	5484 4606 947
1642	0609 0133 983	1218 0267 966	1827 0401 949	2436 0535 932	3045 0669 915	3654 0803 898	4263 0937 881	4872 1071 864	5481 1205 847
1643	0608 6427 267	1217 2854 534	1825 9281 802	2434 5709 069	3043 2136 336	3651 8563 603	4260 4990 870	4869 1418 138	5477 7845 405
1644	0608 2725 061	1216 5450 122	1824 8175 182	2433 0900 243	3041 3625 304	3649 6350 365	4257 9075 426	4866 1800 487	5474 4525 547
1645	0607 9027 356	1215 8054 711	1823 7082 067	2431 6109 422	3039 5136 778	3647 4164 134	4255 3191 489	4863 2218 845	5471 1246 201
1646	0607 5334 143	1215 0668 287	1822 6002 430	2430 1336 574	3037 6670 717	3645 2004 860	4252 7339 004	4860 2673 117	5467 8007 290
1647	0607 1645 416	1214 3290 832	1821 4936 248	2428 6581 664	3035 8227 080	3642 9872 495	4250 1517 911	4857 3163 327	5464 4808 743
1648	0606 7961 165	1213 5922 330	1820 3883 495	2427 1844 660	3033 9805 825	3640 7766 990	4247 5728 155	4854 3689 320	5461 1650 485
1649	0606 4281 383	1212 8562 765	1819 2844 148	2425 7125 531	3032 1406 913	3638 5688 296	4244 9969 679	4851 4251 061	5457 8532 444
1650	0606 0606 061	1212 1212 121	1818 1818 182	2424 2424 242	3030 3030 303	3636 3636 364	4242 4242 424	4848 4848 485	5454 5454 545
1651	0605 6935 191	1211 3870 382	1817 0805 572	2422 7740 763	3028 4675 954	3634 1611 145	4239 8546 326	4845 5481 526	5451 2416 717
1652	0605 3268 765	1210 6537 530	1815 9806 295	2421 3075 061	3026 6343 826	3631 9612 591	4237 2881 356	4842 6150 121	5447 9418 886
1653	0604 9606 776	1209 9213 551	1814 8820 327	2419 8427 102	3024 8033 878	3629 7640 653	4234 7247 429	4839 6854 204	5444 6460 980
1654	0604 5949 214	1209 1898 428	1813 7847 642	2418 3796 856	3022 9746 070	3627 5695 284	4232 1644 498	4836 7593 712	5441 3542 926
1655	0604 2296 073	1208 4592 145	1812 6888 218	2416 9184 290	3021 1480 363	3625 3776 435	4229 6072 508	4833 8368 580	5438 0664 653
1656	0603 8647 343	1207 7294 686	1811 5942 029	2415 3589 372	3019 2236 715	3623 1884 058	4227 0531 401	4830 9178 744	5434 7826 087
1657	0603 5003 017	1207 0006 035	1810 5009 052	2414 0012 070	3017 5015 087	3621 0018 105	4224 5021 122	4828 0024 140	5431 5027 157
1658	0603 1363 088	1206 2726 176	1809 4089 264	2412 5452 352	3015 6815 440	3618 8178 528	4222 9541 616	4825 0904 704	5428 2267 793
1659	0602 7727 547	1205 5455 093	1808 3182 640	2411 0910 187	3013 8637 734	3616 6365 280	4219 4092 827	4822 1820 374	5424 9547 920
1660	0602 4096 386	1204 8192 771	1807 2289 157	2409 6385 542	3012 0481 928	3614 4578 313	4216 8674 699	4819 2771 084	5421 6867 470
1661	0602 0469 597	1204 0939 193	1806 1408 790	2408 1878 387	3010 2347 983	3612 2817 580	4214 3287 176	4816 3756 773	5418 4226 370
1662	0601 6847 172	1203 3694 344	1805 0541 516	2406 7388 688	3008 4235 860	3610 1083 032	4211 7930 204	4813 4777 377	5415 1624 549
1663	0601 3229 104	1202 6458 208	1803 9687 312	2405 2916 416	3006 6145 520	3607 9374 624	4209 2603 728	4810 5832 832	5411 9061 936
1664	0600 9615 385	1201 9230 769	1802 8846 154	2403 8461 538	3004 8076 923	3605 7692 308	4206 7307 692	4807 6923 077	5408 6538 461
1665	0600 6006 006	1201 2012 012	1801 8018 018	2402 4024 024	3003 0030 030	3603 6036 036	4204 2042 042	4804 8048 048	5405 4054 054
1666	0600 2400 960	1200 4801 921	1800 7202 881	2400 9603 842	3001 2004 802	3601 4405 762	4201 6806 723	4801 9207 683	5402 1608 643
1667	0599 8800 240	1199 7600 480	1799 6400 720	2399 5200 960	2999 4001 200	3599 2801 440	4199 1601 680	4799 0401 920	5398 9202 160
1668	0599 5203 837	1199 0407 674	1798 5611 511	2398 0815 348	2997 6019 185	3597 1223 022	4196 6426 859	4796 1630 695	5395 6834 532
1669	0599 1611 744	1198 3223 487	1797 4835 231	2396 6446 974	2995 8058 718	3594 9670 461	4194 1282 205	4793 2893 948	5392 4505 692
1670	0598 8023 952	1197 6047 904	1796 4071 856	2395 2095 808	2994 0119 760	3592 8143 713	4191 6167 665	4790 4191 617	5389 2215 569
1671	0598 4440 455	1196 8880 910	1795 3321 364	2393 7761 819	2992 2202 274	3590 6642 729	4189 1083 184	4787 5523 639	5385 9964 093
1672	0598 0861 244	1196 1722 488	1794 2583 732	2392 3444 976	2990 4306 220	3588 5167 464	4186 6028 708	4784 6889 952	5382 7751 196
1673	0597 7286 312	1195 4572 624	1793 1858 936	2390 9145 248	2988 6431 560	3586 3717 872	4184 1004 184	4781 8290 496	5379 5576 808
1674	0597 3715 651	1194 7431 302	1792 1146 953	2389 4862 605	2986 8578 256	3584 2293 907	4181 6009 558	4778 9725 209	5376 3440 860
1675	0597 0149 254	1194 0298 507	1791 0447 761	2388 0597 015	2985 0746 269	3582 0895 522	4179 1044 776	4776 1194 030	5373 1343 284
1676	0596 6587 112	1193 3174 224	1789 9761 337	2386 6348 449	2983 2935 561	3579 9522 673	4176 6109 785	4773 2696 897	5369 9284 010
1677	0596 3029 219	1192 6058 438	1788 9087 657	2385 2116 875	2981 5146 094	3577 8175 313	4174 1204 532	4770 4233 751	5366 7262 970
1678	0595 9475 566	1191 8951 132	1787 8426 698	2383 7902 265	2979 7377 831	3575 6853 397	4171 6328 963	4767 5804 529	5363 5280 095
1679	0595 5926 147	1191 1852 293	1786 7778 440	2382 3704 586	2977 9630 733	3573 5556 879	4169 1483 026	4764 7409 172	5360 3335 319
1680	0595 2380 952	1190 4761 905	1785 7142 857	2380 9523 810	2976 1904 762	3571 4285 714	4166 6666 667	4761 9047 619	5357 1428 571
1681	0594 8839 976	1189 7679 952	1784 6519 929	2379 5359 905	2974 4199 881	3569 3039 857	4164 1879 833	4759 0719 810	5353 9559 786
1682	0594 5303 210	1189 0606 421	1783 5909 631	2378 1212 842	2972 6516 052	3567 1819 263	4161 7122 473	4756 2425 684	5350 7728 894
1683	0594 1770 648	1188 3541 295	1782 5311 943	2376 7082 591	2970 8853 238	3565 0623 886	4159 2394 534	4753 4165 181	5347 5935 829
1684	0593 8242 280	1187 6484 561	1781 4726 841	2375 2969 121	2969 1211 401	3562 9453 682	4156 7695 962	4750 5938 242	5344 4180 523
1685	0593 4718 101	1186 9436 202	1780 4154 303	2373 8872 404	2967 3590 504	3560 8308 605	4154 3026 706	4747 7744 807	5341 2462 908
1686	0593 1198 102	1186 2396 204	1779 3594 306	2372 4792 408	2965 5990 510	3558 7188 612	4151 8386 714	4744 9584 816	5338 0782 918
1687	0592 7682 276	1185 5364 552	1778 3046 829	2371 0729 105	2963 8411 381	3556 6093 657	4149 3775 934	4742 1458 210	5334 9140 486
1688	0592 4170 616	1184 8341 232	1777 2511 848	2369 6682 464	2962 0853 081	3554 5023 697	4146 9194 313	4739 3364 929	5331 7535 545
1689	0592 0663 114	1184 1326 229	1776 1989 343	2368 2652 457	2960 3315 571	3552 3978 686	4144 4641 800	4736 5304 914	5328 5968 028
1690	0591 7159 763	1183 4319 527	1775 1479 290	2366 8639 053	2958 5798 817	3550 2958 580	4142 0118 343	4733 7278 106	5325 4437 870
1691	0591 2600 556	1182 7321 112	1774 0681 668	2365 4642 224	2956 8302 779	3548 1963 335	4139 5623 891	4730 9284 447	5322 2945 003
1692	0591 0165 485	1182 0330 969	1773 0496 454	2364 0661 939	2955 0827 423	3546 0992 908	4137 1158 302	4728 1323 877	5319 1489 362
1693	0590 6674 542	1181 3349 084	1772 0023 627	2362 6698 169	2953 3372 711	3544 0047 253	4134 0721 796	4725 3396 338	5316 0070 880
1694	0590 3187 721	1180 6375 443	1770 9563 164	2361 2750 885	2951 5938 607	3541 9126 328	4132 2314 050	4722 5501 771	5312 8689 492
1695	0589 9705 015	1179 9410 030	1769 9115 044	2359 8820 059	2949 8525 074	3539 8230 088	4129 7935 103	4719 7640 118	5309 7345 133
1696	0589 6226 415	1179 2452 830	1768 8679 245	2358 4905 660	2948 1132 075	3537 7358 491	4127 3584 906	4716 9811 321	5306 6037 736
1697	0589 2751 915	1178 5503 830	1767 8255 745	2357 1007 661	2946 3759 576	3535 6511 491	4124 9263 406	4714 2015 321	5303 4767 236
1698	0588 9281 508	1177 8563 015	1766 7844 523	2355 7126 031	2944 6407 538	3533 5689 046	4122 4970 554	4711 4252 061	5300 3533 569
1699	0588 5815 185	1177 1630 371	1765 7445 556	2354 3260 742	2942 9075 927	3531 4891 112	4120 0706 298	4708 6521 483	5297 2336 669

	1	2	3	4	5	6	7	8	9
1700	0588 2352 941	1176 4705 882	1764 7058 824	2352 9411 765	2941 1764 706	3529 4117 647	4117 6470 588	4705 8823 529	5294 1176 471
1701	0587 8894 768	1175 7789 536	1763 6684 303	2351 5579 071	2939 4473 839	3527 3368 607	4115 2263 374	4703 1158 142	5291 0052 910
1702	0587 5440 658	1175 0881 316	1762 6321 974	2350 1762 632	2937 7203 290	3525 2643 948	4112 8084 606	4700 3525 264	5287 8965 922
1703	0587 1990 605	1174 3981 210	1761 5971 814	2348 7962 419	2935 9953 024	3523 1943 629	4110 3934 234	4697 5924 839	5284 7915 443
1704	0586 8544 601	1173 7089 202	1760 5633 803	2347 4178 404	2934 2723 005	3521 1267 606	4107 9812 207	4694 8356 808	5281 6901 408
1705	0586 5102 639	1173 0205 279	1759 5307 918	2346 0410 557	2932 5513 196	3519 0615 836	4105 5718 475	4692 0821 114	5278 5923 754
1706	0586 1664 713	1172 3329 426	1758 4994 138	2344 6658 851	2930 8323 564	3516 9988 277	4103 1652 989	4689 2317 702	5275 4982 415
1707	0585 8230 814	1171 6461 629	1757 4692 443	2343 2923 257	2929 1154 071	3514 9384 886	4100 7615 700	4686 5846 514	5272 4077 329
1708	0585 4800 937	1170 9601 874	1756 4402 810	2341 9203 747	2927 4004 684	3512 8805 021	4098 3606 557	4683 8407 494	5269 3208 431
1709	0585 1375 073	1170 2750 146	1755 4125 219	2340 5500 293	2925 6875 366	3510 8250 439	4095 9625 512	4681 1000 585	5266 2375 658
1710	0584 7953 216	1169 5906 433	1754 3859 649	2339 1812 866	2923 9766 082	3508 7719 298	4093 5672 515	4678 3625 731	5263 1578 947
1711	0584 4535 359	1168 9070 719	1753 3606 078	2337 8141 438	2922 2676 797	3506 7212 157	4091 1747 516	4675 6282 876	5260 0818 235
1712	0584 1121 495	1168 2242 991	1752 3364 486	2336 4485 981	2920 5607 477	3504 6728 972	4088 7850 467	4672 8071 963	5257 0033 458
1713	0583 7711 617	1167 5423 234	1751 3134 851	2335 0846 468	2918 8558 085	3502 6269 702	4086 3981 319	4670 1692 936	5253 9404 583
1714	0583 4305 718	1166 8611 435	1750 2917 153	2333 7222 870	2917 1528 588	3500 5834 306	4084 0140 023	4667 4445 741	5250 8751 459
1715	0583 0903 790	1166 1807 580	1749 2711 370	2332 3615 160	2915 4518 950	3499 5422 741	4081 6326 531	4665 7230 321	5247 8134 111
1716	0582 7505 828	1165 5011 655	1748 2517 483	2331 0023 310	2913 7529 138	3496 5034 965	4079 2540 796	4662 0046 620	5244 7552 448
1717	0582 4111 823	1164 8223 646	1747 2335 469	2329 6447 292	2912 0559 115	3494 4670 938	4076 8782 761	4659 2894 584	5241 7006 406
1718	0582 0721 769	1164 1443 539	1746 2165 308	2328 2887 078	2910 3608 847	3492 4330 617	4074 5052 386	4656 5774 156	5238 6495 925
1719	0581 7335 660	1163 4671 321	1745 2006 981	2326 9342 641	2908 6678 301	3490 4013 962	4072 1349 622	4653 8685 282	5235 6020 942
1720	0581 3963 488	1162 7906 977	1744 1860 465	2325 5813 954	2906 9767 442	3488 3720 930	4069 7674 419	4651 1627 907	5232 5581 395
1721	0581 0575 247	1162 1150 494	1743 1725 741	2324 2300 988	2905 2876 235	3486 3451 482	4067 4026 729	4648 4601 976	5229 5177 223
1722	0580 7200 929	1161 4401 858	1742 1602 787	2322 8803 717	2903 6004 646	3484 3205 575	4065 0406 504	4645 7607 433	5226 4808 362
1723	0580 3830 523	1160 7661 056	1741 1491 584	2321 5322 113	2901 9152 641	3482 2983 169	4062 6813 697	4643 0644 225	5223 4474 753
1724	0580 0464 037	1160 0928 074	1740 1392 111	2320 1856 148	2900 2320 186	3480 2784 223	4060 3248 260	4640 3712 297	5220 4176 334
1725	0579 7101 449	1159 4202 899	1739 1304 348	2318 8405 797	2898 5507 246	3478 2608 696	4057 9710 145	4637 6811 594	5217 3913 043
1726	0579 3742 758	1158 7485 516	1738 1228 273	2317 4071 031	2896 8713 789	3476 2456 547	4055 6199 305	4634 9942 063	5214 3684 820
1727	0579 0387 956	1158 0775 912	1737 1163 868	2316 1551 824	2895 1939 780	3474 2327 736	4053 2715 692	4632 3103 648	5211 3491 604
1728	0578 7037 037	1157 4074 074	1736 1111 111	2314 8148 148	2893 5185 185	3472 2222 222	4050 9259 259	4629 6296 296	5208 3333 333
1729	0578 3689 994	1156 7379 988	1735 1069 983	2313 4759 977	2891 8149 971	3470 2130 965	4048 5820 960	4626 9519 954	5205 3209 918
1730	0578 0346 821	1156 0693 642	1734 1040 462	2312 1387 283	2890 1734 104	3468 2080 925	4046 2427 746	4624 2774 566	5202 3121 387
1731	0577 7007 510	1155 4015 020	1733 1022 530	2310 8030 040	2888 5037 551	3466 2045 061	4043 9052 571	4621 6060 081	5199 3067 591
1732	0577 3672 055	1154 7344 111	1732 1016 166	2309 4688 222	2886 8360 277	3464 2032 333	4041 5704 388	4618 9376 443	5196 3048 499
1733	0577 0340 450	1154 0680 900	1731 1021 350	2308 1361 800	2885 1702 250	3462 2042 701	4039 2383 151	4616 2723 601	5193 3064 051
1734	0576 7012 687	1153 4025 375	1730 1038 062	2306 8050 750	2883 5063 437	3460 2076 125	4036 9088 812	4613 6101 499	5190 3114 187
1735	0576 3688 761	1152 7377 522	1729 1066 282	2305 4755 043	2881 8443 804	3458 2132 565	4034 5821 326	4610 9510 086	5187 3198 847
1736	0576 0368 664	1152 0737 327	1728 1105 991	2304 1474 654	2880 1843 318	3456 2211 982	4032 2580 645	4608 2949 309	5184 3317 972
1737	0575 7052 389	1151 4104 778	1727 1157 168	2302 8209 557	2878 5261 946	3454 2314 335	4029 9366 724	4605 6419 113	5181 3471 503
1738	0575 3739 931	1150 7479 862	1726 1219 793	2301 4959 724	2876 8699 655	3452 2439 586	4027 6179 517	4602 9919 448	5178 3659 379
1739	0575 0431 282	1150 0862 565	1725 1293 847	2300 1725 129	2875 2156 412	3450 2587 694	4025 3018 976	4600 3450 259	5175 3881 541
1740	0574 7126 437	1149 4252 874	1724 1379 310	2298 8505 747	2873 5632 184	3448 2758 621	4022 9885 057	4597 7011 494	5172 4137 931
1741	0574 3825 388	1148 7650 775	1723 1476 163	2297 5301 551	2871 9126 939	3446 2952 326	4020 6777 714	4595 0603 102	5169 4428 489
1742	0574 0528 129	1148 1056 257	1722 1584 386	2296 2112 514	2870 2640 643	3444 3168 771	4018 3696 900	4592 4225 029	5166 4753 157
1743	0573 7234 653	1147 4469 306	1721 1703 959	2294 8938 612	2868 6173 264	3442 3407 917	4016 0642 570	4589 7877 223	5163 5111 876
1744	0573 3944 954	1146 7889 908	1720 1834 862	2293 5779 817	2866 9724 771	3440 3669 725	4013 7614 679	4587 1559 633	5160 5504 587
1745	0573 0650 026	1146 1318 052	1719 1977 077	2292 2636 103	2865 3295 129	3438 3954 155	4011 4613 180	4584 5272 206	5157 5931 232
1746	0572 7376 861	1145 4753 723	1718 2130 584	2290 9507 446	2863 6884 307	3436 4261 168	4009 1638 030	4581 9014 891	5154 6391 753
1747	0572 4098 454	1144 8196 909	1717 2295 363	2289 6393 818	2862 0492 272	3434 4590 727	4006 8680 181	4579 2787 636	5151 6886 090
1748	0572 0823 709	1144 1647 597	1716 2471 396	2288 3295 194	2860 4118 993	3432 4942 792	4004 5766 590	4576 6590 389	5148 7414 188
1749	0571 7552 887	1143 5105 775	1715 2658 662	2287 0211 540	2858 7764 437	3430 6317 324	4002 2870 212	4574 0423 099	5145 7975 986
1750	0571 4285 714	1142 8571 429	1714 2857 143	2285 7142 857	2857 1428 571	3428 5714 286	4000 0000 000	4571 4285 714	5142 8571 429
1751	0571 1022 273	1142 2044 546	1713 3066 819	2284 4089 092	2855 5111 365	3426 6133 638	3997 7155 911	4568 8178 184	5139 9200 457
1752	0570 7762 557	1141 5525 114	1712 3287 671	2283 1050 228	2853 8812 785	3424 6575 342	3995 4337 900	4566 2100 457	5136 9863 014
1753	0570 4506 560	1140 9013 120	1711 3519 681	2281 8026 241	2852 2532 801	3422 7039 361	3993 1545 921	4563 6052 481	5134 0559 042
1754	0570 1254 276	1140 2508 552	1710 3762 828	2280 5017 104	2850 6271 380	3420 7525 656	3990 8779 932	4561 0034 208	5131 1288 483
1755	0569 8005 698	1139 6011 396	1709 4017 094	2279 2022 792	2849 0028 490	3418 8034 188	3988 6039 886	4558 4045 584	5128 2051 282
1756	0569 4760 820	1138 9521 640	1708 4282 460	2277 9043 280	2847 3804 100	3416 8564 920	3986 3325 740	4555 8086 560	5125 2847 380
1757	0569 1519 636	1138 3039 272	1707 4558 907	2276 6078 543	2845 7598 179	3414 9117 814	3984 0637 450	4553 2157 086	5122 3676 722
1758	0568 8282 139	1137 6564 278	1706 4846 416	2275 3128 555	2844 1410 694	3412 9692 833	3981 7974 972	4550 6257 110	5119 4539 249
1759	0568 5048 323	1137 0096 646	1705 5144 969	2274 0193 292	2842 5241 615	3411 0289 937	3979 5338 260	4548 0386 583	5116 5434 906
1760	0568 1818 182	1136 3636 364	1704 5454 545	2272 7272 727	2840 9090 909	3409 0909 091	3977 2727 273	4545 4545 455	5113 6363 636
1761	0567 8591 709	1135 7183 418	1703 5775 128	2271 4366 837	2839 2958 546	3407 1550 256	3975 0141 965	4542 8733 674	5110 7325 383
1762	0567 5368 899	1135 0737 798	1702 6106 697	2270 1475 596	2837 6844 495	3405 2213 394	3972 7582 293	4539 2951 192	5107 8320 091
1763	0567 2149 745	1134 4299 490	1701 6449 234	2268 8598 979	2836 0748 724	3403 2898 469	3970 5048 213	4537 7107 958	5104 9347 703
1764	0566 8934 240	1133 7868 481	1700 6802 721	2267 5736 961	2834 4671 202	3401 3605 442	3968 2539 683	4535 1473 923	5102 0408 163
1765	0566 5722 380	1133 1444 759	1699 7167 139	2266 2889 518	2832 8611 898	3399 4334 278	3966 0056 657	4532 5779 037	5099 1501 416
1766	0566 2514 156	1132 5028 313	1698 7542 469	2265 0056 625	2831 2570 781	3397 5084 938	3963 7599 094	4530 0113 250	5096 2627 407
1767	0565 9309 564	1131 8619 128	1697 7928 693	2263 7238 257	2829 6547 821	3395 5857 385	3961 5166 950	4527 4476 514	5093 3786 078
1768	0565 6108 597	1131 2217 195	1696 8325 792	2262 4434 389	2828 0542 986	3393 6651 584	3959 2760 181	4524 8868 778	5090 4977 376
1769	0565 2911 249	1130 5822 499	1695 8733 748	2261 1644 997	2826 4556 246	3391 7467 496	3956 9378 745	4522 3289 994	5087 6201 244
1770	0564 9717 514	1129 9435 028	1694 9152 542	2259 8870 056	2824 8587 571	3389 8305 085	3954 8022 599	4519 7740 113	5084 7457 627
1771	0564 6527 386	1129 3054 771	1693 9582 157	2258 6109 543	2823 2636 928	3387 9164 314	3952 5691 700	4517 2219 085	5081 8746 471
1772	0564 3340 858	1128 6681 716	1693 0022 573	2257 3363 431	2821 6704 289	3386 0045 147	3950 3386 005	4514 6726 862	5079 0067 720
1773	0564 0157 924	1128 0315 849	1692 0473 773	2256 0631 698	2820 0789 622	3384 0947 547	3948 1105 471	4512 1263 395	5076 1421 320
1774	0563 6978 579	1127 3957 159	1691 0935 738	2254 7914 318	2818 4892 897	3382 1871 477	3945 8850 056	4509 5828 636	5073 2807 215
1775	0563 3802 817	1126 7605 634	1690 1408 451	2253 5211 268	2816 9014 085	3380 2816 901	3943 6619 718	4507 0422 535	5070 4225 352
1776	0563 0630 631	1126 1261 261	1689 1891 892	2252 2522 523	2815 3153 153	3378 3783 784	3941 4414 414	4504 5045 045	5067 5675 676
1777	0562 7462 015	1125 4924 029	1688 2386 044	2250 9848 058	2813 7310 073	3376 4772 088	3939 2234 102	4501 9696 117	5064 7158 132
1778	0562 4296 963	1124 8593 926	1687 2890 889	2249 7187 852	2812 1484 814	3374 5781 777	3937 0078 740	4499 4375 703	5061 8672 666
1779	0562 1135 469	1124 2270 939	1686 3406 408	2248 4541 877	2810 5677 347	3372 6812 816	3934 7948 286	4496 9083 755	5059 0219 224
1780	0561 7977 528	1123 5955 056	1685 3932 584	2247 1910 112	2808 9887 640	3370 7865 169	3932 5842 697	4494 3820 225	5056 1797 753
1781	0561 4823 133	1122 9646 206	1684 4469 399	2245 9292 532	2807 4115 665	3368 8938 798	3930 3761 931	4491 8585 065	5053 3408 198
1782	0561 1672 278	1122 3344 557	1683 5016 835	2244 6689 113	2805 8361 392	3367 0033 670	3928 1705 948	4489 3378 227	5050 5050 505
1783	0560 8524 958	1121 7049 916	1682 5574 874	2243 4099 832	2804 2624 790	3365 1149 748	3925 9674 706	4486 8199 664	5047 6724 621
1784	0560 5381 166	1121 0762 332	1681 6143 498	2242 1524 664	2802 6905 830	3363 2286 996	3923 7668 161	4484 3049 327	5044 8430 493
1785	0560 2240 896	1120 4481 793	1680 6722 689	2240 8963 585	2801 1204 482	3361 3445 378	3921 5686 275	4481 7927 171	5042 0168 067
1786	0559 9104 143	1119 8208 287	1679 7312 430	2239 6416 573	2799 5520 717	3359 4624 860	3919 3729 003	4479 2833 147	5039 1937 290
1787	0559 5970 901	1119 1941 802	1678 7912 703	2238 3883 604	2797 9854 505	3357 5825 406	3917 1796 307	4476 7767 208	5036 3738 108
1788	0559 2841 163	1118 5682 327	1677 8523 490	2237 1364 653	2796 4205 817	3355 7046 980	3914 9888 143	4474 2729 306	5033 5570 470
1789	0558 9714 925	1117 9429 849	1676 9144 774	2235 8859 698	2794 8574 623	3353 8289 547	3912 8004 472	4471 7719 396	5030 7434 321
1790	0558 6592 179	1117 3184 358	1675 9776 536	2234 6368 715	2793 2960 894	3351 0553 073	3910 6145 251	4469 2737 430	5027 9329 609
1791	0558 3472 920	1116 6945 840	1675 0418 760	2233 3891 681	2791 7364 601	3350 0837 521	3908 4310 441	4466 7783 361	5025 1256 281
1792	0558 0357 143	1116 0714 286	1674 1071 429	2232 1428 571	2790 1785 714	3348 2142 857	3906 2500 000	4464 2857 143	5022 3214 286
1793	0557 7244 841	1115 4489 682	1673 1734 523	2230 8979 364	2788 6224 205	3346 3469 046	3904 0713 887	4461 7958 728	5019 5203 569
1794	0557 4136 009	1114 8272 018	1672 2408 027	2229 6544 036	2787 0680 045	3344 4816 054	3901 8952 062	4459 3088 071	5016 7224 080
1795	0557 1030 641	1114 2061 281	1671 3091 922	2228 4122 563	2785 5153 203	3342 6183 844	3899 7214 485	4456 8245 125	5013 9275 766
1796	0556 7928 731	1113 5857 461	1670 3786 192	2227 1714 922	2783 9643 653	3340 7572 383	3897 5501 114	4454 3429 844	5011 1358 575
1797	0556 4830 273	1112 9660 545	1669 4490 818	2225 9321 091	2782 4151 363	3338 8981 636	3895 3811 909	4451 8642 181	5008 3472 454
1798	0556 1735 261	1112 3470 523	1668 5205 784	2224 6941 046	2780 8676 307	3337 0411 568	3893 2146 830	4449 3882 091	5005 5617 353
1799	0555 8643 691	1111 7287 382	1667 5931 073	2223 4574 764	2779 3218 455	3335 1802 146	3891 0505 837	4446 9140 528	5002 7703 218

	1	2	3	4	5	6	7	8	9
1800	0555 5555 556	1111 1111 111	1666 6666 667	2222 2222 222	2777 7777 778	3333 3333 333	3888 8888 889	4444 4444 444	5000 0000 000
1801	0555 2470 350	1110 4941 099	1665 7412 549	2220 9883 398	2776 2354 248	3331 4825 097	3886 7295 947	4441 9766 796	4997 2237 646
1802	0554 9889 567	1109 8779 134	1664 8168 701	2219 7558 260	2774 6947 836	3329 6337 403	3884 5726 970	4439 5116 537	4994 4506 104
1803	0554 6311 703	1109 2623 405	1663 8935 108	2218 5246 811	2773 1558 514	3327 7870 216	3882 4181 919	4437 0493 622	4991 0805 324
1804	0554 3237 251	1108 6474 501	1662 9711 752	2217 2949 002	2771 6186 253	3325 9423 503	3880 2660 754	4434 5898 004	4988 9135 255
1805	0554 0166 205	1108 0332 410	1662 0498 615	2216 0664 820	2770 0831 025	3324 0997 230	3878 1163 435	4432 1329 640	4986 1495 845
1806	0553 7098 500	1107 4197 121	1661 1295 684	2214 8394 241	2768 5492 802	3322 2591 362	3875 9689 923	4429 6788 483	4983 3887 043
1807	0553 4034 311	1106 8068 622	1660 2102 933	2213 6137 244	2767 0171 555	3320 4205 866	3873 8240 177	4427 2274 488	4980 6308 799
1808	0553 0973 451	1106 1946 903	1659 2920 354	2212 3893 805	2765 4867 257	3318 5840 708	3871 6814 159	4424 7787 611	4977 8761 062
1809	0552 7915 976	1105 5831 951	1658 3747 927	2211 1663 903	2763 9579 878	3316 7495 854	3869 5411 830	4422 3327 805	4975 1243 781
1810	0552 4861 878	1104 9723 757	1657 4585 635	2209 9447 514	2762 4309 392	3314 9171 271	3867 4033 149	4419 8895 028	4972 3756 906
1811	0552 1811 154	1104 3622 308	1656 5433 462	2208 7244 616	2760 9055 770	3313 0866 924	3865 2678 078	4417 4489 232	4969 6300 387
1812	0551 8768 797	1103 7527 594	1655 6291 391	2207 5055 188	2759 3818 985	3311 2582 781	3863 1346 578	4415 0110 375	4966 8874 172
1813	0551 5719 801	1103 1439 603	1654 7159 404	2206 2879 206	2757 8599 007	3309 4318 809	3861 0038 610	4412 5758 411	4964 1478 213
1814	0551 2679 162	1102 5358 324	1653 8037 486	2205 0716 648	2756 3395 810	3307 6074 972	3858 8754 134	4410 1433 297	4961 4112 459
1815	0550 9644 873	1101 9283 747	1652 8925 620	2203 8567 493	2754 8209 366	3305 7851 240	3856 7493 113	4407 7134 986	4958 6776 860
1816	0550 6607 930	1101 3215 859	1651 9823 789	2202 6431 718	2753 3039 648	3303 9647 577	3854 6255 507	4405 2863 436	4955 9471 366
1817	0550 3577 325	1100 7154 651	1651 0731 976	2201 4309 301	2751 7886 626	3302 1463 952	3852 5041 277	4402 8618 602	4953 2195 927
1818	0550 0550 055	1100 1100 110	1650 1650 165	2200 2200 220	2750 2750 275	3300 3300 330	3850 3850 385	4400 4400 440	4950 4950 495
1819	0549 7526 113	1099 5052 227	1649 2578 340	2199 0104 453	2748 7630 566	3298 5156 680	3848 2682 793	4398 0208 906	4947 7735 019
1820	0549 4505 495	1098 9010 989	1648 3516 484	2197 8021 978	2747 2527 473	3296 7032 967	3846 1538 462	4395 6043 956	4945 0549 451
1821	0549 1488 193	1098 2976 387	1647 4464 580	2196 5952 773	2745 7440 966	3294 8929 160	3844 0417 353	4393 1905 546	4942 3393 740
1822	0548 8474 204	1097 6948 408	1646 5422 613	2195 3896 817	2744 2371 021	3293 0845 225	3841 9319 429	4390 7793 633	4939 6267 838
1823	0548 5463 522	1097 0927 043	1645 6390 565	2194 1854 087	2742 7317 608	3291 2781 130	3839 8244 652	4388 3708 173	4936 9171 695
1824	0548 2456 140	1096 4912 281	1644 7368 421	2192 9824 561	2741 9280 702	3289 4736 842	3837 7192 982	4385 9649 123	4934 2105 263
1825	0547 9452 055	1095 8904 110	1643 8356 164	2191 7808 219	2739 7260 274	3287 6712 329	3835 6164 384	4383 5616 438	4931 5068 493
1826	0547 6451 260	1095 2902 519	1642 9353 779	2190 5805 038	2738 2256 298	3285 8707 557	3833 5158 817	4381 1610 077	4928 8061 336
1827	0547 3453 749	1094 6907 499	1642 0361 248	2189 3814 997	2736 7268 747	3284 0722 496	3831 4176 245	4378 7629 905	4926 1083 744
1828	0547 0459 519	1094 0919 037	1641 1378 556	2188 1838 074	2735 2297 593	3282 2757 112	3829 3216 630	4376 3676 149	4923 4135 667
1829	0546 7408 562	1093 4937 124	1640 2405 686	2186 9874 248	2733 7342 810	3280 4811 372	3827 2279 934	4373 9748 406	4920 7217 059
1830	0546 4480 874	1092 8961 749	1639 3442 623	2185 7923 497	2732 2404 372	3278 6885 246	3825 1366 120	4371 5846 995	4918 0327 869
1831	0546 1496 450	1092 2992 900	1638 4489 350	2184 5985 800	2730 7482 250	3276 8978 700	3823 0475 150	4369 1971 600	4915 3468 050
1832	0545 8515 284	1091 7030 568	1637 5545 852	2183 4061 135	2729 2576 419	3275 1091 703	3820 9606 987	4366 8122 271	4912 6637 555
1833	0545 5537 370	1091 1074 741	1636 6612 111	2182 2149 482	2727 7686 852	3273 3224 223	3818 8761 593	4364 4298 963	4909 9836 334
1834	0545 2562 704	1090 5125 409	1635 7688 113	2181 0250 818	2726 2813 522	3271 5376 227	3816 7938 931	4362 0501 636	4907 3064 340
1835	0544 9591 281	1089 9182 561	1634 8773 842	2179 8365 123	2724 7956 403	3269 7547 684	3814 7138 964	4359 6730 245	4904 6321 526
1836	0544 6623 004	1089 3246 187	1633 9869 281	2178 6492 375	2723 3115 468	3267 9738 562	3812 6361 656	4357 2984 749	4901 9607 843
1837	0544 3658 138	1088 7316 277	1633 0974 415	2177 4632 553	2721 8290 691	3266 1948 830	3810 5606 968	4354 9265 106	4899 2923 244
1838	0544 0696 409	1088 1392 818	1632 2089 227	2176 2785 637	2720 3482 046	3264 4178 455	3808 4874 864	4352 5571 273	4896 6267 682
1839	0543 7737 901	1087 5475 802	1631 3213 703	2175 0951 604	2718 8689 505	3262 6427 406	3806 4165 307	4350 1903 208	4893 9641 109
1840	0543 4782 609	1086 9565 217	1630 4347 826	2173 9130 435	2717 3913 043	3260 8695 652	3804 3478 261	4347 8260 870	4891 3043 478
1841	0543 1830 597	1086 3661 054	1629 5491 581	2172 7322 108	2715 9152 634	3259 0983 161	3802 2813 688	4345 4644 215	4888 6474 742
1842	0542 8881 650	1085 7763 301	1628 6644 951	2171 5526 602	2714 4408 252	3257 3289 902	3800 2171 553	4343 1053 203	4885 9934 853
1843	0542 5935 974	1085 1871 948	1627 7807 922	2170 3743 896	2712 9679 870	3255 5615 844	3798 1551 818	4340 7487 792	4883 3423 766
1844	0542 2993 492	1084 5986 985	1626 8980 477	2169 1973 970	2711 4967 462	3253 7960 954	3796 0954 447	4338 3947 939	4880 6941 432
1845	0542 0054 201	1084 0108 401	1626 0162 602	2168 0216 802	2710 0271 003	3252 0325 203	3794 0379 404	4336 0433 604	4878 0487 805
1846	0541 7118 093	1083 4236 186	1625 1354 280	2166 8472 373	2708 5590 466	3250 2708 559	3792 9826 652	4333 6944 745	4875 4062 839
1847	0541 4185 165	1082 8370 330	1624 2555 495	2165 6740 661	2707 0925 826	3248 5110 991	3789 9296 156	4331 3481 321	4872 7666 486
1848	0541 1255 411	1082 2510 823	1623 3766 234	2164 5021 645	2705 6277 056	3246 7532 468	3787 8787 879	4329 0043 290	4870 1298 701
1849	0540 8328 826	1081 6657 653	1622 4986 479	2163 3315 306	2704 1644 132	3244 9972 958	3785 8301 785	4326 6630 611	4867 4959 438
1850	0540 5405 405	1081 0810 811	1621 6216 216	2162 1621 622	2702 7027 027	3243 2432 432	3783 7837 838	4324 3243 243	4864 8648 649
1851	0540 2485 143	1080 4970 286	1620 7455 429	2160 9940 573	2701 2425 716	3241 4910 859	3781 7396 002	4321 9881 145	4862 2366 288
1852	0539 9568 035	1079 9136 069	1619 8704 104	2159 8272 138	2699 7840 173	3239 7408 207	3779 6976 242	4319 6544 276	4859 6112 311
1853	0539 6654 074	1079 3308 149	1618 9962 223	2158 6616 298	2698 3270 372	3237 9924 447	3777 6578 521	4317 3232 596	4856 9886 670
1854	0539 3743 258	1078 7486 516	1618 1229 773	2157 4973 031	2696 8716 289	3236 2459 547	3775 6202 805	4314 9946 063	4854 3689 320
1855	0539 0835 580	1078 1671 159	1617 2506 739	2156 3342 318	2695 4177 898	3234 5013 477	3773 5849 057	4312 6684 636	4851 7520 216
1856	0538 7931 034	1077 5862 069	1616 3793 103	2155 1724 138	2693 9655 172	3232 7586 207	3771 5517 241	4310 8448 276	4849 1379 310
1857	0538 5029 618	1077 0059 235	1615 5088 853	2154 0118 471	2692 5148 088	3231 0177 706	3769 5207 324	4308 0236 941	4846 5266 559
1858	0538 2131 324	1076 4262 648	1614 6393 972	2152 8525 296	2691 0655 620	3229 2787 944	3767 4919 268	4305 7050 592	4843 9181 916
1859	0537 9236 148	1075 8472 297	1613 7708 445	2151 6944 594	2689 6180 742	3227 5416 891	3765 4653 039	4303 3889 188	4841 3125 336
1860	0537 6344 086	1075 2688 172	1612 9032 258	2150 5376 344	2688 1720 430	3225 8064 516	3763 4408 602	4301 0752 688	4838 7096 774
1861	0537 3455 132	1074 6910 263	1612 0365 395	2149 3820 527	2686 7275 658	3224 0730 790	3761 4185 922	4298 7641 058	4836 1096 185
1862	0537 0569 280	1074 1138 561	1611 1707 841	2148 2277 121	2685 2846 402	3222 3415 682	3759 3984 962	4296 4554 243	4833 5123 523
1863	0536 7686 527	1073 5373 054	1610 3059 581	2147 0746 108	2683 8432 636	3220 6119 163	3757 3805 690	4294 1492 217	4830 9178 744
1864	0536 4806 867	1072 9613 734	1609 4420 601	2145 9227 468	2682 4034 335	3218 8841 202	3755 3648 069	4291 8454 936	4828 3261 803
1865	0536 1930 295	1072 3860 590	1608 5790 885	2144 7721 180	2680 9651 475	3217 1581 769	3753 3512 064	4289 5442 359	4825 7372 654
1866	0535 9056 806	1071 8113 612	1607 7170 418	2143 6227 224	2679 5284 030	3215 4340 836	3751 3397 642	4287 2454 448	4823 1511 254
1867	0535 6186 395	1071 2372 791	1606 8559 186	2142 4745 581	2678 0931 976	3213 7118 372	3749 3304 767	4284 9491 162	4820 5677 558
1868	0535 3319 058	1070 6638 116	1605 9957 173	2141 3276 231	2676 6595 289	3211 9914 347	3747 3233 405	4282 6552 463	4817 9871 520
1869	0535 0454 789	1070 0909 577	1605 1364 366	2140 4819 155	2675 2273 943	3210 2728 732	3745 3183 521	4280 3638 309	4815 4093 098
1870	0534 7593 583	1069 5187 166	1604 2780 749	2139 0874 332	2673 7967 914	3208 5561 497	3743 3155 080	4278 0748 663	4812 8342 246
1871	0534 4735 436	1068 9470 871	1603 4206 307	2137 8941 742	2672 3677 178	3206 8442 614	3741 3148 049	4275 7883 485	4810 2618 920
1872	0534 1880 342	1068 3760 684	1602 5641 026	2136 7521 368	2670 9401 709	3205 1282 051	3739 3162 393	4273 5042 735	4807 6923 077
1873	0533 9028 297	1067 8056 594	1601 7084 891	2135 6113 187	2669 5141 484	3203 4169 781	3737 3198 078	4271 2226 375	4805 1254 672
1874	0533 6179 296	1067 2358 591	1600 8537 887	2134 4717 182	2668 0896 478	3201 7075 774	3735 3255 069	4268 9434 365	4802 5613 661
1875	0533 3333 333	1066 6666 667	1600 0000 000	2133 3333 333	2666 6666 667	3200 0000 000	3733 3333 333	4266 6666 667	4800 0000 000
1876	0533 0490 405	1066 0980 810	1599 1471 215	2132 1961 620	2665 2452 026	3198 2942 431	3731 3432 836	4264 3923 241	4797 4413 646
1877	0532 7650 506	1065 5301 012	1598 2951 518	2131 0602 024	2663 8252 531	3196 5903 037	3729 3553 543	4262 1204 049	4794 8854 555
1878	0532 4813 632	1064 9627 263	1597 4440 895	2129 9254 526	2662 4008 158	3194 8881 789	3727 3695 421	4259 8509 052	4792 3322 684
1879	0532 1979 776	1064 3959 553	1596 5939 329	2128 7919 106	2660 9898 882	3193 1878 659	3725 3858 435	4257 5838 212	4790 7817 988
1880	0531 9148 936	1063 8297 872	1595 7446 808	2127 6595 745	2659 5744 681	3191 4803 617	3723 4042 553	4255 3191 489	4787 2340 425
1881	0531 6321 106	1063 2642 212	1594 8963 317	2126 5284 423	2658 1605 529	3189 7926 635	3721 4247 741	4253 0568 846	4784 6889 952
1882	0531 3496 284	1062 6992 561	1594 0488 842	2125 3985 122	2656 7481 403	3188 0977 683	3719 4473 964	4250 7970 244	4782 1466 525
1883	0531 0674 456	1062 1348 911	1593 2023 367	2124 2697 823	2655 3372 278	3186 4046 734	3717 4721 190	4248 5395 645	4779 6070 101
1884	0530 7855 626	1061 5711 253	1592 3566 879	2123 1422 505	2653 9278 132	3184 7133 758	3715 4989 384	4246 2845 011	4777 0700 637
1885	0530 5039 788	1061 0079 576	1591 5119 363	2122 0159 151	2652 5198 939	3183 0238 727	3713 5278 515	4244 0318 302	4774 5358 090
1886	0530 2226 935	1060 4453 871	1590 6680 806	2120 8907 741	2651 1134 677	3181 3361 612	3711 5588 547	4241 7815 482	4772 0042 418
1887	0529 9417 064	1059 8834 128	1589 8251 192	2119 7668 256	2649 7085 321	3179 6502 385	3709 5919 449	4239 5336 513	4769 4753 577
1888	0529 6610 169	1059 3220 339	1588 9830 508	2118 6440 678	2648 3050 847	3177 9661 017	3707 6271 186	4237 2881 356	4766 9491 525
1889	0529 3806 247	1058 7612 493	1588 1418 740	2117 5224 987	2646 9031 233	3176 2837 480	3705 6643 727	4235 0449 974	4764 4256 220
1890	0529 1005 291	1058 2010 582	1587 3015 873	2116 4021 164	2645 5026 455	3174 6031 746	3703 7037 037	4232 8042 328	4761 9047 619
1891	0528 8207 298	1057 6414 595	1586 4621 893	2115 2829 191	2644 1036 489	3172 9243 786	3701 7451 084	4230 5658 382	4759 5865 680
1892	0528 5412 262	1057 0824 524	1585 6236 786	2114 1649 049	2642 7061 311	3171 2473 573	3699 7885 835	4228 3298 097	4756 8710 359
1893	0528 2620 180	1056 5240 359	1584 7860 539	2113 0480 718	2641 3100 898	3169 5721 078	3697 8341 257	4226 0961 437	4754 3581 616
1894	0527 9831 048	1055 9662 097	1583 9493 136	2111 9324 182	2639 9155 227	3167 8986 272	3695 8817 318	4223 8648 363	4751 8479 409
1895	0527 7044 855	1055 4089 710	1583 1134 565	2110 8179 419	2638 5224 274	3166 2269 129	3693 9313 984	4221 6358 880	4749 3403 694
1896	0527 4261 603	1054 8523 247	1582 2784 810	2109 7046 413	2637 5306 030	3164 5569 630	3691 9831 224	4219 4092 827	4746 8354 430
1897	0527 1481 286	1054 2962 572	1581 4443 859	2108 5925 145	2635 7406 431	3162 8887 717	3690 0369 004	4217 1850 290	4744 3331 576
1898	0526 8703 809	1053 7407 198	1580 6111 007	2107 4815 595	2634 3519 494	3161 2223 393	3688 0927 292	4214 9631 191	4741 8335 090
1899	0526 5929 437	1053 1858 873	1579 7788 310	2106 3717 746	2632 9647 183	3159 5576 619	3686 1506 056	4212 7433 492	4739 3364 929

	1	2	3	4	5	6	7	8	9
1900	0526 3157 805	1052 6315 789	1578 9473 684	2105 2631 579	2631 5780 474	3157 8947 368	3684 2105 263	4210 5263 158	4736 8421 053
1901	0526 0389 260	1052 0778 538	1578 1167 806	2104 1557 075	2630 4946 344	3156 2335 613	3682 2724 882	4208 3114 150	4734 3503 419
1902	0525 7623 554	1051 5247 108	1577 2870 662	2103 0494 217	2628 8117 771	3154 5741 325	3680 3364 879	4206 0988 433	4731 8611 987
1903	0525 4880 746	1050 9721 492	1576 4582 239	2101 9112 985	2627 4303 731	3152 9161 477	3678 4025 223	4203 8885 970	4729 3746 716
1904	0525 2100 810	1050 4201 681	1575 6302 521	2100 8403 361	2626 0504 202	3151 2605 042	3676 4705 882	4201 6806 723	4726 8907 563
1905	0524 9343 832	1049 8687 064	1574 8031 496	2099 7375 328	2624 6719 160	3149 6062 992	3674 5406 824	4199 4750 656	4724 4094 488
1906	0524 6589 717	1049 3179 433	1573 9769 150	2098 6358 867	2623 2948 583	3147 9538 300	3672 6128 017	4197 2717 733	4721 9307 450
1907	0524 3838 490	1048 7676 980	1573 1515 469	2097 5353 959	2621 9192 449	3146 3030 939	3670 6869 428	4195 0707 918	4719 4546 408
1908	0524 1090 147	1048 2180 293	1572 3270 440	2096 4360 587	2620 5450 734	3144 6540 880	3668 7631 027	4192 8721 174	4716 9811 321
1909	0523 8314 683	1047 6689 366	1571 5034 049	2095 3378 732	2619 1723 415	3143 0068 098	3666 8412 782	4190 6757 465	4714 5102 148
1910	0523 5602 094	1047 1204 188	1570 6806 283	2094 2408 377	2617 8010 471	3141 3612 565	3664 9214 660	4188 4816 754	4712 0418 848
1911	0523 2862 376	1046 5724 751	1569 8587 127	2093 1449 503	2616 4311 879	3139 7174 254	3663 0036 630	4186 2899 006	4709 5761 381
1912	0523 0125 523	1046 0251 046	1569 0376 569	2092 0502 092	2615 0627 615	3138 0753 138	3661 0878 661	4184 1004 184	4707 1129 707
1913	0522 7391 532	1045 4783 063	1568 2174 595	2090 9566 126	2613 6957 658	3136 4349 190	3659 1740 721	4181 9132 253	4704 6523 785
1914	0522 4660 397	1044 9320 794	1567 3981 191	2089 8641 588	2612 3301 985	3134 7962 382	3657 2622 779	4179 7283 177	4702 1943 574
1915	0522 1932 115	1044 3864 230	1566 5796 345	2088 7728 460	2610 9660 574	3133 1592 689	3655 3524 801	4177 5456 910	4699 7389 034
1916	0521 9206 681	1043 8413 361	1565 7620 042	2087 6826 722	2609 6033 403	3131 5240 083	3653 4446 764	4175 3653 445	4697 2860 125
1917	0521 6484 000	1043 2968 179	1564 9452 209	2086 5936 359	2608 2420 419	3129 8904 538	3651 5388 028	4173 1872 718	4694 8356 808
1918	0521 3764 338	1042 7528 676	1564 1293 014	2085 5057 351	2606 8821 689	3128 2586 027	3649 6350 365	4171 0114 703	4692 3879 041
1919	0521 1047 421	1042 2094 841	1563 3142 262	2084 4189 682	2605 5237 103	3126 6284 523	3647 7331 944	4168 8379 364	4689 9426 785
1920	0520 8333 333	1041 6666 667	1562 5000 000	2083 3333 333	2604 1666 667	3125 0000 000	3645 8333 333	4166 6666 667	4687 5000 000
1921	0520 5622 079	1041 1244 144	1561 6866 216	2082 2188 287	2602 8110 359	3123 3732 431	3643 9354 503	4164 4976 575	4685 0598 617
1922	0520 2913 632	1040 5827 263	1560 8740 895	2081 1654 527	2601 4568 158	3121 7481 790	3642 0395 421	4162 3309 053	4682 6222 685
1923	0520 0208 008	1040 0416 017	1560 0624 025	2080 0832 033	2600 1040 042	3120 1248 050	3640 1456 058	4160 1664 067	4680 1872 075
1924	0519 7505 198	1039 5010 395	1559 2515 593	2079 0020 790	2598 7525 988	3118 5031 185	3638 2536 383	4158 0041 580	4677 7546 778
1925	0519 4805 195	1038 9610 390	1558 4415 584	2077 9220 779	2597 4025 974	3116 8831 169	3636 3636 364	4155 8441 558	4675 3246 753
1926	0519 2107 996	1038 4215 992	1557 6323 988	2076 8431 983	2596 0539 979	3115 2647 975	3634 4755 971	4153 6863 967	4672 8971 963
1927	0518 9413 596	1037 8827 193	1556 8240 789	2075 7654 385	2594 7067 981	3113 6481 578	3632 5895 174	4151 5308 770	4670 4722 366
1928	0518 6721 902	1037 3413 983	1556 0165 976	2074 6887 967	2593 3609 959	3112 0331 950	3630 7053 942	4149 3775 934	4668 0497 925
1929	0518 4033 178	1036 8066 356	1555 2099 533	2073 6132 711	2592 0165 889	3110 4199 067	3628 8232 245	4147 2265 422	4665 6298 600
1930	0518 1347 150	1036 2694 300	1554 4041 451	2072 5388 601	2590 6735 751	3108 8082 901	3626 9430 052	4145 0777 202	4663 2124 352
1931	0517 8663 905	1035 7327 809	1553 5991 714	2071 4655 619	2589 3319 524	3107 1983 428	3625 0647 333	4142 9311 238	4660 7975 142
1932	0517 5983 437	1035 1966 874	1552 7950 311	2070 3933 747	2587 9917 184	3105 5900 621	3623 1884 058	4140 7867 495	4658 3850 932
1933	0517 3305 742	1034 6611 485	1551 9917 227	2069 3222 969	2586 6528 712	3103 9834 454	3621 3140 197	4138 6445 939	4655 9751 681
1934	0517 0630 817	1034 1261 634	1551 1892 451	2068 2523 268	2585 3154 085	3102 3784 902	3619 4415 719	4136 5046 536	4653 5677 353
1935	0516 7958 656	1033 5917 313	1550 3875 969	2067 1834 625	2583 9793 282	3100 7751 938	3617 5710 594	4134 3669 251	4651 1627 907
1936	0516 5289 256	1033 0578 512	1549 5867 769	2066 1157 025	2582 6446 281	3099 1735 537	3615 7024 793	4132 2314 050	4648 3603 306
1937	0516 2622 612	1032 5245 225	1548 7867 837	2065 0490 449	2581 3113 061	3097 5735 674	3613 8358 286	4130 0980 898	4646 3503 511
1938	0515 9958 720	1031 9917 441	1547 9876 161	2063 9834 881	2579 9793 602	3095 9752 322	3611 9711 042	4127 9669 763	4643 9628 483
1939	0515 7297 576	1031 4595 152	1547 1892 728	2062 9190 304	2578 6487 880	3094 3785 456	3610 1083 032	4125 8380 609	4641 5678 185
1940	0515 4639 175	1030 9278 351	1546 3917 526	2061 8556 706	2577 3195 876	3092 7835 052	3608 2174 227	4123 7113 402	4639 1789 577
1941	0515 1983 514	1030 3967 027	1545 5950 541	2060 7934 055	2575 9917 568	3091 1901 082	3606 3884 596	4121 5868 109	4636 7851 623
1942	0514 9330 587	1029 8661 174	1544 7991 761	2059 7322 348	2574 6652 935	3089 5983 522	3604 5314 109	4119 4644 696	4634 3975 283
1943	0514 6680 391	1029 3360 782	1544 0041 173	2058 6721 565	2573 3401 956	3088 0082 347	3602 6762 738	4117 3443 129	4632 0123 520
1944	0514 4032 922	1028 8065 844	1543 2098 765	2057 6131 687	2572 0164 609	3086 4197 531	3600 8230 453	4115 2263 374	4629 6296 296
1945	0514 1388 175	1028 2776 350	1542 4164 524	2056 5552 699	2570 6940 874	3084 8329 049	3598 9717 224	4113 1105 398	4627 2493 573
1946	0513 8746 146	1027 7492 292	1541 6238 438	2055 4984 584	2569 3730 730	3083 2476 876	3597 1923 022	4110 9909 167	4624 8715 313
1947	0513 6106 831	1027 2213 662	1540 8320 493	2054 4427 324	2568 0534 155	3081 0640 986	3595 2747 817	4108 8854 648	4622 4061 479
1948	0513 3470 226	1026 6940 452	1540 0410 678	2053 3880 903	2566 7351 129	3080 0821 355	3593 4291 581	4106 7761 807	4620 1232 033
1949	0513 0836 326	1026 1672 683	1539 2508 979	2052 3345 305	2565 4181 032	3078 5017 958	3591 5854 284	4104 6690 611	4617 7326 937
1950	0512 8205 128	1025 6410 256	1538 4615 385	2051 2820 513	2564 1025 641	3076 9230 769	3589 7435 897	4102 5641 026	4615 3846 154
1951	0512 5576 627	1025 1153 265	1537 6729 882	2050 2306 510	2562 7883 137	3075 3459 704	3587 9036 392	4100 4613 019	4613 0189 616
1952	0512 2950 820	1024 5901 639	1536 8852 459	2049 1803 279	2561 4754 098	3073 7704 918	3586 0655 738	4098 3606 557	4610 6587 377
1953	0512 0327 701	1024 0655 402	1536 0983 103	2048 1310 804	2560 1638 505	3072 1966 206	3584 2203 907	4096 2621 608	4608 2940 309
1954	0511 7707 267	1023 5414 534	1535 3121 801	2047 0829 069	2558 8536 336	3070 6243 003	3582 3950 870	4094 1658 137	4605 9365 404
1955	0511 5089 514	1023 0179 028	1534 5268 542	2046 0358 056	2557 5447 570	3069 0537 084	3580 5826 598	4092 0716 113	4603 5805 627
1956	0511 2474 438	1022 4948 875	1533 7423 313	2044 9897 751	2556 2372 188	3067 4846 626	3578 7321 063	4089 9795 501	4601 2269 939
1957	0510 9862 034	1021 9724 067	1532 9586 101	2043 9448 135	2554 9310 169	3065 9172 202	3576 9034 236	4087 8896 270	4598 8758 304
1958	0510 7252 298	1021 4504 597	1532 1756 895	2042 9009 193	2553 6261 491	3064 3513 790	3575 0766 088	4085 8018 386	4596 5270 084
1959	0510 4645 227	1020 9290 454	1531 3935 681	2041 8580 909	2552 3226 136	3062 7871 363	3573 2516 500	4083 7161 817	4594 1807 044
1960	0510 2040 816	1020 4081 633	1530 6122 449	2040 8163 265	2551 0204 082	3061 2214 893	3571 4285 714	4081 6326 534	4591 8367 347
1961	0509 9439 062	1019 8878 123	1529 8317 185	2039 7756 247	2549 7195 308	3059 6634 370	3569 6073 432	4079 5512 494	4589 4951 555
1962	0509 6839 959	1019 3679 918	1529 0519 878	2038 7359 837	2548 4199 706	3058 1039 755	3567 7879 715	4077 4719 674	4587 1559 633
1963	0509 4243 505	1018 8487 010	1528 2730 515	2037 6974 019	2547 1217 524	3056 5461 029	3565 9704 534	4075 3948 039	4584 8101 544
1964	0509 1649 608	1018 3299 389	1527 4949 084	2036 6598 778	2545 8248 473	3054 9898 167	3564 1547 802	4073 3197 556	4582 4847 251
1965	0508 9058 524	1017 8117 048	1526 7175 573	2035 6234 097	2544 5292 621	3053 4351 145	3562 3409 669	4071 2468 193	4580 1526 718
1966	0508 6469 900	1017 2939 980	1525 9409 960	2034 5879 939	2543 2349 919	3051 8819 939	3560 5289 929	4069 1759 919	4577 8229 908
1967	0508 3884 087	1016 7768 175	1525 1652 262	2033 5536 350	2541 9420 437	3050 3304 525	3558 7188 612	4067 1072 700	4575 4936 787
1968	0508 1300 813	1016 2601 626	1524 3902 439	2032 5203 252	2540 6504 065	3048 7804 878	3556 9105 691	4065 0406 504	4573 1707 317
1969	0507 8720 163	1015 7440 325	1523 6160 488	2031 4880 650	2539 3600 813	3047 2320 975	3555 1041 138	4062 9761 300	4570 8481 463
1970	0507 6142 132	1015 2284 264	1522 8426 306	2030 4568 528	2538 0710 660	3045 6852 792	3553 2994 924	4060 9137 056	4568 5279 188
1971	0507 3566 717	1014 7133 435	1522 0700 152	2029 4266 870	2536 7833 587	3044 1400 304	3551 4967 022	4058 8533 739	4566 2100 457
1972	0507 0093 915	1014 1987 830	1521 2981 744	2028 3975 659	2535 4969 574	3042 5983 489	3549 6957 404	4056 7951 318	4563 8945 233
1973	0506 8423 720	1013 6847 440	1520 5271 161	2027 3694 881	2534 2118 601	3041 0542 321	3547 8966 042	4054 7389 762	4561 5813 482
1974	0506 5856 130	1013 1712 259	1519 7568 389	2026 3424 519	2532 9280 648	3039 5136 778	3546 0992 908	4052 6849 038	4559 2705 167
1975	0506 3291 139	1012 6582 278	1518 9873 418	2025 3164 557	2531 6455 696	3037 9746 835	3544 3037 975	4050 6329 114	4556 9620 253
1976	0506 0728 745	1012 1457 490	1518 2186 235	2024 2914 980	2530 3643 725	3036 4372 470	3542 5101 215	4048 5829 960	4554 6558 704
1977	0505 8168 943	1011 6337 886	1517 4506 829	2023 2675 771	2529 0844 714	3034 9013 057	3540 7182 600	4046 5351 543	4552 3520 486
1978	0505 5611 729	1011 1223 458	1516 6835 187	2022 2446 916	2527 8058 643	3033 3670 374	3538 9282 103	4044 4893 832	4550 0505 561
1979	0505 3057 100	1010 6114 199	1515 9171 209	2021 2228 398	2526 5285 408	3031 8342 597	3537 1399 697	4042 4456 796	4547 7513 896
1980	0505 0505 051	1010 1010 101	1515 1515 152	2020 2020 202	2525 2525 253	3030 3030 303	3535 3535 354	4040 4040 404	4545 4545 455
1981	0504 7935 578	1009 5911 156	1514 3866 734	2019 1822 312	2523 9777 890	3028 7733 468	3533 5689 046	4038 3044 624	4543 1000 202
1982	0504 5408 678	1009 0817 356	1513 6226 034	2018 1634 712	2522 7043 391	3027 2452 069	3531 7860 747	4036 3269 425	4540 8078 103
1983	0504 2864 347	1008 5728 694	1512 8593 041	2017 1457 388	2521 4321 735	3025 7186 082	3530 0050 429	4034 2914 770	4538 5779 123
1984	0504 0322 581	1008 0645 161	1512 0967 742	2016 1290 323	2520 1612 903	3024 1935 484	3528 2258 064	4032 2580 645	4536 2903 226
1985	0503 7783 375	1007 5566 751	1511 3350 126	2015 1133 501	2518 8916 877	3022 6700 252	3526 4483 627	4030 2267 002	4534 0050 378
1986	0503 5246 727	1007 0493 454	1510 5740 181	2014 0986 908	2517 6233 635	3021 1480 363	3524 6727 000	4028 1973 817	4531 7220 544
1987	0503 2712 632	1006 5425 264	1509 8137 896	2013 0850 528	2516 3563 161	3019 6275 708	3522 8088 426	4026 1701 057	4529 4413 689
1988	0503 0181 087	1006 0362 173	1509 0543 260	2012 0724 346	2515 0905 433	3018 1086 519	3521 1267 606	4024 1448 692	4527 1629 779
1989	0502 7652 086	1005 5304 173	1508 2956 259	2011 0608 316	2513 8260 432	3016 5012 519	3519 3364 605	4022 1216 692	4524 8068 778
1990	0502 5125 628	1005 0251 256	1507 5376 884	2010 0503 018	2512 5628 141	3015 0753 769	3517 5879 397	4020 1005 026	4522 6130 653
1991	0502 2601 708	1004 5203 415	1506 7805 123	2009 0406 831	2511 3008 538	3013 5610 246	3515 8211 954	4018 0813 661	4520 3416 369
1992	0502 0080 321	1004 0160 643	1506 0240 964	2008 0321 285	2510 0401 606	3012 0481 928	3514 0562 249	4016 0642 570	4518 0722 892
1993	0501 7561 465	1003 5122 930	1505 2684 395	2007 0245 861	2508 7807 326	3010 5368 791	3512 2930 256	4014 0491 721	4515 8053 186
1994	0501 5045 135	1003 0090 271	1504 5135 406	2006 0180 542	2507 5225 677	3009 0270 812	3510 5315 948	4012 0361 083	4513 5406 219
1995	0501 2531 328	1002 5062 657	1503 7593 985	2005 0125 313	2506 2656 642	3007 5187 970	3508 7719 298	4010 0250 627	4511 2781 955
1996	0501 0020 040	1002 0040 080	1503 0060 120	2004 0080 160	2505 0100 200	3006 0120 240	3507 0140 281	4008 0160 321	4509 0180 361
1997	0500 7511 267	1001 5022 534	1502 2533 801	2003 0045 068	2503 7556 335	3004 5067 601	3505 2578 868	4006 0090 135	4506 7601 402
1998	0500 5005 005	1001 0010 010	1501 5015 015	2002 0020 020	2502 5025 025	3003 0030 030	3503 5035 035	4004 0040 040	4504 5045 045
1999	0500 2501 251	1000 5002 501	1500 7503 752	2001 0005 002	2501 2506 253	3001 5007 504	3501 7508 754	4002 0010 005	4502 2511 256

	1	2	3	4	5	6	7	8	9
2000	0500 0000 000	1000 0000 000	1500 0000 000	2000 0000 000	2500 0000 000	3000 0000 000	3500 0000 000	4000 0000 000	4500 0000 000
2001	0499 7501 249	0999 5002 499	1499 2503 748	1999 0004 998	2498 7506 247	2998 5007 496	3498 2508 746	3998 0009 995	4497 7511 244
2002	0499 5004 995	0999 0009 990	1498 5014 985	1998 0019 980	2497 5024 975	2997 0029 970	3496 5034 965	3996 0039 960	4495 5044 955
2003	0499 2541 233	0998 5022 406	1497 7533 699	1997 0044 933	2496 2556 166	2995 5067 399	3494 7578 632	3994 0089 865	4493 2601 098
2004	0499 0019 960	0998 0039 920	1497 0059 880	1996 0079 840	2495 0099 800	2994 0119 760	3493 0139 721	3992 0159 681	4491 0179 641
2005	0498 7531 172	0997 5062 344	1496 2593 516	1995 0124 688	2493 7655 860	2992 5187 032	3491 2718 204	3990 0249 377	4488 7780 549
2006	0498 5044 865	0997 0089 731	1495 5134 596	1994 0179 462	2492 5224 327	2991 0269 192	3489 5314 058	3988 0358 923	4486 5403 789
2007	0498 2561 036	0996 5122 073	1494 7683 109	1993 0244 145	2491 2805 182	2989 5366 218	3487 7927 255	3986 0488 291	4484 3049 327
2008	0498 0079 681	0996 0159 363	1494 0239 044	1992 0318 725	2490 0398 406	2988 0478 088	3486 0557 769	3984 0637 450	4482 0717 131
2009	0497 7600 796	0995 5201 593	1493 2802 389	1991 0403 186	2488 8003 982	2986 5604 779	3484 3205 575	3982 0806 371	4479 8407 168
2010	0497 5121 378	0995 0248 756	1492 5373 134	1990 0497 512	2487 5621 891	2985 0746 269	3482 5870 647	3980 0995 025	4477 6119 403
2011	0497 2650 423	0994 5300 845	1491 7951 268	1989 0601 691	2486 3252 113	2983 5902 536	3480 8552 959	3978 1203 381	4475 3853 804
2012	0497 0178 926	0994 0357 853	1491 0536 779	1988 0715 706	2485 0894 632	2982 1073 559	3479 1252 485	3976 1431 412	4473 1610 338
2013	0496 7709 886	0993 5419 772	1490 3129 657	1987 0839 543	2483 8549 429	2980 6259 314	3477 3969 200	3974 1679 086	4470 9388 972
2014	0496 5243 297	0993 0486 594	1489 5729 891	1986 0973 188	2482 6216 485	2979 1459 782	3475 6703 079	3972 1946 375	4468 7189 672
2015	0496 2776 186	0992 5558 313	1488 8337 409	1985 1116 625	2481 3895 782	2977 6674 938	3473 9454 094	3970 2233 251	4466 5012 407
2016	0496 0317 460	0992 0634 921	1488 0952 381	1984 1269 841	2480 1587 302	2976 1904 762	3472 2222 222	3968 2539 683	4464 2857 143
2017	0495 7858 205	0991 5716 411	1487 3574 616	1983 1432 821	2478 9291 026	2974 7149 232	3470 5007 437	3966 2865 642	4462 0723 847
2018	0495 5401 388	0991 0802 775	1486 6204 163	1982 1605 550	2477 7006 938	2973 2408 325	3468 7809 713	3964 3211 100	4459 8612 488
2019	0495 2947 003	0990 5894 007	1485 8841 010	1981 1788 014	2476 4735 017	2971 7682 021	3467 0629 024	3962 3576 028	4457 6523 031
2020	0495 0495 050	0990 0990 099	1485 1485 149	1980 1980 198	2475 2475 248	2970 2970 297	3465 3465 347	3960 3960 396	4455 4455 446
2021	0494 8045 522	0989 6091 044	1484 4136 566	1979 2182 088	2474 0227 610	2968 8273 132	3463 6318 654	3958 4364 176	4453 2409 698
2022	0494 5508 417	0989 1196 835	1483 6795 252	1978 2393 670	2472 7992 087	2967 3590 504	3461 9188 922	3956 4787 339	4451 0385 757
2023	0494 3153 732	0988 6307 461	1482 9461 196	1977 2614 928	2471 5768 660	2965 8922 392	3460 2076 125	3954 5229 857	4448 8383 589
2024	0494 0711 462	0988 1422 925	1482 2134 387	1976 2845 850	2470 3557 312	2964 4268 775	3458 4980 237	3952 5691 700	4446 6403 162
2025	0493 8271 605	0987 6543 210	1481 4814 815	1975 3086 420	2469 1358 025	2962 9629 630	3456 7901 235	3950 6172 840	4444 4444 444
2026	0493 5834 156	0987 1668 312	1480 7502 468	1974 3336 624	2467 9170 780	2961 5004 936	3455 0839 092	3948 6673 248	4442 2507 404
2027	0493 3399 112	0986 6798 224	1480 0197 336	1973 3596 448	2466 6995 560	2960 0394 672	3453 3793 784	3946 7192 896	4440 0592 008
2028	0493 0966 469	0986 1932 939	1479 2899 408	1972 3865 878	2465 4832 347	2958 5798 817	3451 6765 286	3944 7731 755	4437 8698 225
2029	0492 8536 225	0985 7072 450	1478 5608 674	1971 4144 899	2464 2681 124	2957 1217 348	3449 9753 573	3942 8289 798	4435 6826 023
2030	0492 6108 374	0985 2216 749	1477 8325 123	1970 4433 498	2463 0541 872	2955 6650 246	3448 2758 621	3940 8866 995	4433 4975 369
2031	0492 3682 915	0984 7365 830	1477 1048 744	1969 4731 659	2461 8414 574	2954 2097 489	3446 5780 404	3938 9463 319	4431 3146 233
2032	0492 1259 843	0984 2519 685	1476 3779 528	1968 5039 370	2460 6299 213	2952 7559 055	3444 8818 898	3937 0078 740	4429 1338 583
2033	0491 8839 154	0983 7678 308	1475 6517 462	1967 5356 616	2459 4195 770	2951 3034 924	3443 1874 078	3935 0713 232	4426 9552 386
2034	0491 6420 846	0983 2841 691	1474 9262 537	1966 5683 382	2458 2104 228	2949 8525 074	3441 4945 919	3933 1366 765	4424 7787 611
2035	0491 4004 914	0982 8009 828	1474 2014 742	1965 6019 656	2457 0024 570	2948 4029 484	3439 8034 398	3931 2039 312	4422 6044 226
2036	0491 1591 356	0982 3182 711	1473 4774 067	1964 6365 422	2455 7956 778	2946 9548 134	3438 1139 489	3929 2730 845	4420 4322 200
2037	0490 9180 167	0981 8360 334	1472 7540 501	1963 6720 668	2454 5900 835	2945 5081 001	3436 4261 168	3927 3441 335	4418 2621 502
2038	0490 6771 344	0981 3542 689	1472 0314 033	1962 7085 378	2453 3856 722	2944 0628 067	3434 7399 411	3925 4170 756	4416 0942 100
2039	0490 4364 885	0980 8729 770	1471 3094 654	1961 7459 539	2452 1824 421	2942 6189 308	3433 0554 193	3923 4919 078	4413 9283 963
2040	0490 1960 784	0980 3921 569	1470 5882 353	1960 7843 137	2450 9803 922	2941 1764 706	3431 3725 490	3921 5686 275	4411 7647 059
2041	0489 9559 040	0979 9118 079	1469 8677 119	1959 8236 159	2449 7795 198	2939 7354 238	3429 6913 278	3919 6472 317	4409 6031 357
2042	0489 7159 647	0979 4319 295	1469 1478 942	1958 8638 590	2448 5798 237	2938 2957 884	3428 0117 532	3917 7277 179	4407 4436 827
2043	0489 4762 604	0978 9525 208	1468 4287 812	1957 9050 416	2447 3813 020	2936 8575 624	3426 3338 228	3915 8100 832	4405 2863 436
2044	0489 2367 906	0978 4735 812	1467 7103 718	1956 9471 624	2446 1839 530	2935 4207 436	3424 6575 343	3913 8943 249	4403 1311 155
2045	0488 9975 550	0977 9951 100	1466 9926 650	1955 9902 201	2444 9877 751	2933 9853 301	3422 9828 851	3911 9804 401	4400 9779 951
2046	0488 7585 533	0977 5171 065	1466 2756 598	1955 0342 131	2443 7927 664	2932 5513 196	3421 3098 729	3910 0684 262	4398 8269 795
2047	0488 5197 851	0977 0395 701	1465 5593 552	1954 0791 402	2442 5989 253	2931 1187 103	3419 6384 954	3908 1582 804	4396 6780 655
2048	0488 2812 500	0976 5625 000	1464 8437 500	1953 1250 000	2441 4062 500	2929 6875 000	3417 9687 500	3906 2500 000	4394 5312 500
2049	0488 0429 478	0976 0858 956	1464 1288 433	1952 1717 911	2440 2147 389	2928 2576 867	3416 3006 345	3904 3435 822	4392 3865 300
2050	0487 8048 780	0975 6097 561	1463 4146 341	1951 2195 122	2439 0243 902	2926 8292 683	3414 6341 463	3902 4390 244	4390 2439 024
2051	0487 5670 405	0975 1340 809	1462 7011 214	1950 2681 619	2437 8352 023	2925 4022 428	3412 9692 833	3900 5363 237	4388 1033 642
2052	0487 3294 347	0974 6588 694	1461 9883 041	1949 3177 388	2436 6471 735	2923 9766 082	3411 3060 429	3898 6354 776	4385 9649 123
2053	0487 0920 604	0974 1841 208	1461 2761 812	1948 3682 416	2435 4603 020	2922 5523 624	3409 6444 228	3896 7364 832	4383 8285 436
2054	0486 8549 172	0973 7098 345	1460 5647 517	1947 4196 689	2434 2745 862	2921 1295 034	3407 9844 206	3894 8393 379	4381 6942 551
2055	0486 6180 049	0973 2360 097	1459 8540 146	1946 4720 195	2433 0900 243	2919 7080 292	3406 3260 341	3892 9440 389	4379 5620 438
2056	0486 3813 230	0972 7626 459	1459 1439 689	1945 5252 918	2431 9066 148	2918 2879 377	3404 6692 607	3891 0505 837	4377 4319 066
2057	0486 1448 712	0972 2897 423	1458 4346 135	1944 5794 847	2430 7243 559	2916 8692 270	3403 0140 982	3889 1589 694	4375 2038 405
2058	0485 9086 492	0971 8172 983	1457 7259 475	1943 6345 967	2429 5432 459	2915 4518 950	3401 3605 442	3887 2691 934	4373 1778 426
2059	0485 6726 566	0971 3453 133	1457 0179 699	1942 6906 265	2428 3632 831	2914 0359 398	3399 7085 964	3885 3812 530	4371 0539 097
2060	0485 4368 932	0970 8737 864	1456 3106 796	1941 7475 728	2427 1844 660	2912 6213 592	3398 0582 524	3883 4951 456	4368 9320 388
2061	0485 2013 586	0970 4027 171	1455 6040 757	1940 8054 343	2426 0067 928	2911 2081 514	3396 4095 099	3881 6108 685	4366 8122 271
2062	0484 9660 524	0969 9321 048	1454 8981 571	1939 8642 095	2424 8302 619	2909 7963 143	3394 7623 666	3879 7284 190	4364 6944 714
2063	0484 7309 743	0969 4619 486	1454 1929 229	1938 9238 972	2423 6548 715	2908 3858 459	3393 1168 202	3877 8477 945	4362 5787 688
2064	0484 4961 240	0968 9922 481	1453 4883 721	1937 9844 961	2422 4806 202	2906 9767 442	3391 4728 682	3875 9689 922	4360 4651 163
2065	0484 2615 012	0968 5230 024	1452 7845 036	1937 0460 048	2421 3075 061	2905 5690 073	3389 8305 085	3874 0920 097	4358 3535 109
2066	0484 0271 055	0968 0542 110	1452 0813 166	1936 1084 221	2420 1355 276	2904 1626 331	3388 1897 386	3872 2168 441	4356 2439 497
2067	0483 7929 366	0967 5858 732	1451 3788 099	1935 1717 465	2418 9646 831	2902 7576 197	3386 5505 564	3870 3434 930	4354 1364 296
2068	0483 5589 942	0967 1179 884	1450 6769 826	1934 2359 768	2417 7949 710	2901 3539 652	3384 9129 594	3868 4719 536	4352 0309 478
2069	0483 3252 779	0966 6505 558	1449 9758 337	1933 3011 116	2416 6263 896	2899 9516 675	3383 2769 454	3866 6022 233	4349 9275 012
2070	0483 0917 874	0966 1835 749	1449 2753 623	1932 3671 498	2415 4589 372	2898 5507 246	3381 6425 121	3864 7342 995	4347 8260 870
2071	0482 8585 225	0965 7170 449	1448 5755 674	1931 4340 898	2414 2926 123	2897 1511 347	3380 0096 572	3862 8681 796	4345 7267 021
2072	0482 6254 826	0965 2509 653	1447 8764 479	1930 5019 305	2413 1274 131	2895 7528 958	3378 3783 784	3861 0038 610	4343 6293 436
2073	0482 3926 676	0964 7853 353	1447 1780 029	1929 5706 705	2411 9633 382	2894 3560 058	3376 7486 734	3859 1413 411	4341 5340 087
2074	0482 1600 771	0964 3201 543	1446 4802 314	1928 6403 086	2410 8003 857	2892 9604 629	3375 1205 400	3857 2806 172	4339 4406 943
2075	0481 9277 108	0963 8554 217	1445 7831 325	1927 7108 434	2409 6385 542	2891 5662 651	3373 4939 759	3855 4216 867	4337 3493 976
2076	0481 6955 684	0963 3911 368	1445 0867 052	1926 7822 736	2408 4778 420	2890 1734 104	3371 8689 788	3853 5645 472	4335 2601 156
2077	0481 4636 495	0962 9272 990	1444 3909 485	1925 8545 980	2407 3182 475	2888 7818 970	3370 2455 465	3851 7091 960	4333 1728 454
2078	0481 2319 538	0962 4639 076	1443 6958 614	1924 9278 152	2406 1597 690	2887 3917 228	3368 6236 766	3849 8556 304	4331 0875 842
2079	0481 0004 810	0962 0009 620	1443 0014 430	1924 0019 240	2405 0024 050	2886 0028 860	3367 0033 670	3848 0038 480	4329 0043 290
2080	0480 7692 308	0961 5384 615	1442 3076 923	1923 0769 231	2403 8461 538	2884 6153 846	3365 3846 154	3846 1538 462	4326 9230 769
2081	0480 5382 028	0961 0764 056	1441 6146 084	1922 1528 111	2402 6910 139	2883 2292 167	3363 7674 195	3844 3056 223	4324 8438 251
2082	0480 3073 967	0960 6147 935	1440 9221 902	1921 2295 869	2401 5369 837	2881 8443 804	3362 1517 771	3842 4591 739	4322 7665 706
2083	0480 0768 123	0960 1536 246	1440 2304 369	1920 3072 492	2400 3840 614	2880 4608 737	3360 5376 860	3840 6144 983	4320 6913 106
2084	0479 8464 491	0959 6928 983	1439 5393 474	1919 3857 965	2399 2322 457	2879 0786 948	3358 9251 440	3838 7715 931	4318 6180 422
2085	0479 6163 070	0959 2326 139	1438 8489 209	1918 4652 278	2398 0815 348	2877 6978 417	3357 3141 487	3836 9304 556	4316 5467 626
2086	0479 3863 854	0958 7727 709	1438 1591 563	1917 5455 417	2396 9319 271	2876 3183 126	3355 7046 980	3835 0910 834	4314 4774 689
2087	0479 1566 842	0958 3133 685	1437 4700 527	1916 6267 369	2395 7834 212	2874 9401 054	3354 0967 897	3833 2534 739	4312 4101 581
2088	0478 9272 031	0957 8544 061	1436 7816 092	1915 7088 123	2394 6360 153	2873 5632 184	3352 4904 215	3831 4176 245	4310 3118 276
2089	0478 6979 416	0957 3958 832	1436 0938 248	1914 7017 664	2393 4897 080	2872 1876 496	3350 8855 912	3829 5835 328	4308 2814 711
2090	0478 4688 995	0956 9377 990	1435 4066 986	1913 8755 981	2392 3444 976	2870 8133 971	3349 2822 967	3827 7511 962	4306 2200 957
2091	0478 2400 765	0956 4801 530	1434 7202 296	1912 9603 061	2391 2003 826	2869 4404 591	3347 6805 356	3825 9206 121	4304 1606 887
2092	0478 0114 723	0956 0229 446	1434 0344 168	1912 0458 891	2390 0573 614	2868 0688 337	3346 0803 059	3824 0917 782	4302 1032 505
2093	0477 7830 865	0955 5661 730	1433 3492 594	1911 1323 459	2388 9154 324	2866 6985 189	3344 4816 054	3822 2646 918	4300 0477 783
2094	0477 5549 188	0955 1098 376	1432 6647 564	1910 2196 753	2387 7745 941	2865 3295 129	3342 8844 317	3820 4393 505	4297 9942 693
2095	0477 3269 690	0954 6539 379	1431 9809 069	1909 3078 759	2386 6348 449	2863 9618 138	3341 2887 828	3818 6157 518	4295 9427 208
2096	0477 0992 366	0954 1984 733	1431 2977 099	1908 3969 466	2385 4961 832	2862 5954 199	3339 6946 565	3816 7938 931	4293 8931 298
2097	0476 8717 215	0953 7434 430	1430 6151 645	1907 4868 860	2384 3586 075	2861 2303 290	3338 1020 505	3814 9737 720	4291 8454 936
2098	0476 6444 233	0953 2888 465	1429 9332 698	1906 5776 930	2383 2221 163	2859 8665 396	3336 5109 628	3813 1553 861	4289 7998 093
2099	0476 4173 416	0952 8346 832	1429 2520 248	1905 6693 664	2382 0867 080	2858 5040 495	3334 9213 918	3811 3387 327	4287 7560 743

	1	2	3	4	5	6	7	8	9
2100	0476 1904 762	0952 3809 524	1428 5714 286	1904 7619 048	2380 9523 810	2857 1428 571	3333 3333 333	3809 5238 095	4285 7142 857
2101	0475 9638 267	0951 9276 535	1427 8914 802	1903 8553 070	2379 8191 337	2855 7829 605	3331 7467 872	3807 7106 140	4283 6744 407
2102	0475 7373 930	0951 4747 859	1427 2121 789	1902 9495 718	2378 6869 648	2854 4243 578	3330 1617 507	3805 8091 437	4281 6565 366
2103	0475 5111 745	0951 0223 490	1426 5335 235	1902 0446 981	2377 5558 726	2853 0670 471	3328 5782 216	3804 0893 961	4279 6005 706
2104	0475 2851 711	0950 5703 422	1425 8555 133	1901 1406 844	2376 4258 555	2851 7110 266	3326 9061 977	3802 2813 688	4277 5665 399
2105	0475 0593 824	0950 1187 648	1425 1781 473	1900 2375 297	2375 2969 121	2850 3562 945	3325 4050 770	3800 4750 594	4275 5344 418
2106	0474 8338 082	0949 6676 163	1424 5014 245	1899 3352 327	2374 1690 408	2849 0028 490	3323 8366 572	3798 6704 653	4273 5042 735
2107	0474 6084 480	0949 2168 961	1423 8253 441	1898 4337 921	2373 0422 402	2847 6606 882	3322 0901 362	3796 8675 842	4271 4760 323
2108	0474 3833 017	0948 7666 034	1423 1499 051	1897 5332 068	2371 9165 085	2846 2998 102	3320 6831 419	3795 0064 137	4269 4497 154
2109	0474 1583 689	0948 3167 378	1422 4751 067	1896 6334 756	2370 7918 445	2844 9502 134	3319 1083 823	3793 2669 512	4267 4253 201
2110	0473 9336 493	0947 8672 986	1421 8009 479	1895 7345 972	2369 6682 464	2843 6018 957	3317 5355 450	3791 4691 943	4265 4028 436
2111	0473 7091 426	0947 4182 852	1421 1274 278	1894 8365 703	2368 5457 129	2842 6548 555	3315 9639 981	3789 6731 407	4263 3822 833
2112	0473 4848 485	0946 9696 970	1420 4545 455	1893 9393 939	2367 4242 424	2840 9090 909	3314 3939 394	3787 8787 879	4261 3636 364
2113	0473 2607 657	0946 5215 334	1419 7823 001	1893 0430 667	2366 3038 334	2839 5646 001	3312 8253 668	3786 0861 335	4259 3469 001
2114	0473 0368 069	0946 0737 938	1419 1106 906	1892 1475 875	2365 1844 844	2838 2213 813	3311 2582 781	3784 2951 750	4257 3320 719
2115	0472 8132 388	0945 6264 775	1418 4397 163	1891 2529 551	2364 0661 938	2836 8794 326	3309 6926 714	3782 5059 102	4255 3191 489
2116	0472 5897 921	0945 1795 841	1417 7693 762	1890 3591 682	2362 9489 603	2835 5387 524	3308 1285 444	3780 7183 365	4253 3081 285
2117	0472 3665 564	0944 7331 129	1417 0996 693	1889 4662 258	2361 8327 822	2834 1993 387	3306 5658 951	3778 9324 516	4251 2990 080
2118	0472 1435 316	0944 2870 633	1416 4305 949	1888 5741 205	2360 7176 582	2832 8611 898	3305 0047 214	3777 1482 531	4249 2917 847
2119	0471 9207 173	0943 8414 346	1415 7621 520	1887 6828 693	2359 6035 865	2831 5243 039	3303 4450 212	3775 3657 386	4247 2864 559
2120	0471 6981 132	0943 3962 264	1415 0943 396	1886 7924 528	2358 4903 660	2830 1886 792	3301 8867 924	3773 5840 057	4245 2830 189
2121	0471 4757 190	0942 9514 380	1414 4271 570	1885 9028 760	2357 3785 950	2828 8543 140	3300 3300 330	3771 8057 520	4243 2814 710
2122	0471 2535 344	0942 5070 688	1413 7606 032	1885 0141 376	2356 2676 720	2827 5212 064	3298 7747 408	3770 0282 752	4241 2818 096
2123	0471 0315 591	0942 0631 182	1413 0946 773	1884 1262 365	2355 1577 956	2826 1893 547	3297 2209 138	3768 2524 729	4239 2840 320
2124	0470 8097 928	0941 6195 857	1412 4293 785	1883 2391 714	2354 0489 642	2824 8587 571	3295 6685 499	3766 4783 428	4237 2881 356
2125	0470 5882 353	0941 1764 706	1411 7647 059	1882 3529 412	2352 9411 765	2823 5294 118	3294 1176 471	3764 7058 824	4235 2941 176
2126	0470 3668 862	0940 7337 723	1411 1006 585	1881 4675 447	2351 8344 300	2822 2013 170	3292 5682 032	3762 9350 894	4233 3019 755
2127	0470 1457 452	0940 2914 904	1410 4372 355	1880 5829 807	2350 7287 250	2820 8744 711	3291 0202 163	3761 1659 614	4231 3117 066
2128	0469 9248 120	0939 8496 241	1409 7744 361	1879 6992 481	2349 6240 602	2819 5488 722	3289 4736 842	3759 3984 962	4229 3233 083
2129	0469 7040 864	0939 4081 729	1409 1122 593	1878 8163 457	2348 5204 321	2818 2245 186	3287 9286 050	3757 6326 914	4227 3367 778
2130	0469 4835 681	0938 9671 362	1408 4507 042	1877 9342 723	2347 4178 404	2816 9014 085	3286 3849 765	3755 8085 446	4225 3521 127
2131	0469 2632 567	0938 5265 134	1407 7897 701	1877 0530 268	2346 3162 834	2815 5795 401	3284 8427 968	3754 1060 535	4223 3693 102
2132	0469 0431 526	0938 0863 039	1407 1294 559	1876 1726 079	2345 2157 599	2814 2580 118	3283 3020 638	3752 3452 158	4221 3883 677
2133	0468 8232 536	0937 6465 073	1406 4697 609	1875 2930 145	2344 1162 682	2812 9305 248	3281 7627 754	3750 5860 291	4219 4092 827
2134	0468 6035 614	0937 2071 228	1405 8106 842	1874 4142 456	2343 0178 069	2811 6213 083	3280 2240 297	3748 8284 911	4217 4320 525
2135	0468 3840 749	0936 7681 499	1405 1522 248	1873 5362 998	2341 9203 747	2810 3044 496	3278 6885 246	3747 0725 095	4215 4566 745
2136	0468 1647 940	0936 3295 880	1404 4943 820	1872 6591 760	2340 8239 700	2808 9887 640	3277 1535 580	3745 3183 521	4213 4831 461
2137	0467 9457 483	0935 8914 366	1403 8371 549	1871 7828 732	2339 7285 915	2807 6743 098	3275 6200 281	3743 5657 464	4211 5114 647
2138	0467 7268 475	0935 4536 950	1403 1805 426	1870 9073 901	2338 6342 376	2806 3610 851	3274 0879 326	3741 8147 802	4209 5416 277
2139	0467 5081 814	0935 0163 628	1402 5245 442	1870 0327 256	2337 5409 070	2805 0490 884	3272 5572 607	3740 0654 511	4207 5736 325
2140	0467 2897 196	0934 5794 393	1401 8691 589	1869 1588 785	2336 4485 981	2803 7383 178	3271 0280 374	3738 3177 570	4205 6074 766
2141	0467 0714 619	0934 1429 239	1401 2143 858	1868 2858 477	2335 3573 097	2802 4287 716	3269 5004 335	3736 5716 955	4203 6431 574
2142	0466 8534 080	0933 7068 161	1400 5602 241	1867 4136 321	2334 2670 402	2801 1204 482	3267 9738 562	3734 8272 642	4201 6806 723
2143	0466 6355 576	0933 2711 153	1399 9066 729	1866 5422 305	2333 1777 881	2799 8133 458	3266 4489 034	3733 0844 610	4199 7200 187
2144	0466 4179 104	0932 8358 209	1399 2537 313	1865 6716 418	2332 0895 522	2798 5074 627	3264 9253 731	3731 3432 836	4197 7611 940
2145	0466 2004 662	0932 4009 324	1398 6013 986	1864 8018 648	2331 0023 310	2797 2027 972	3263 4032 634	3729 6037 296	4195 8041 958
2146	0465 9832 246	0931 9664 492	1397 9496 738	1863 9328 984	2329 9161 230	2795 8993 476	3261 8825 722	3727 8657 968	4193 8490 214
2147	0465 7661 854	0931 5323 708	1397 2985 561	1863 0647 415	2328 8309 269	2794 5971 122	3260 3632 970	3726 1294 830	4191 8956 684
2148	0465 5493 482	0931 0986 965	1396 6480 447	1862 1973 929	2327 7467 412	2793 2960 894	3258 8454 376	3724 3947 858	4189 9441 341
2149	0465 3327 129	0930 6654 258	1395 9981 387	1861 3308 516	2326 6635 644	2791 9962 773	3257 3289 902	3722 6617 031	4187 9944 160
2150	0465 1162 791	0930 2325 581	1395 3488 372	1860 4651 163	2325 5813 953	2790 6976 744	3255 8139 535	3720 9302 326	4186 0465 116
2151	0464 9000 465	0929 8000 930	1394 7001 395	1859 6001 860	2324 5002 325	2789 4002 789	3254 3003 254	3719 2003 719	4184 1004 184
2152	0464 6840 149	0929 3680 297	1394 0520 446	1858 7360 595	2323 4200 744	2788 1040 892	3252 7881 041	3717 4721 190	4182 1561 338
2153	0464 4681 839	0928 9363 679	1393 4045 518	1857 8727 357	2322 3409 196	2786 8091 036	3251 2772 875	3715 7454 714	4180 2136 554
2154	0464 2525 534	0928 5051 068	1392 7576 602	1857 0102 136	2321 2627 669	2785 5153 203	3249 7678 737	3714 0204 271	4178 2729 805
2155	0464 0371 230	0928 0742 459	1392 1113 689	1856 1484 919	2320 1856 148	2784 2227 378	3248 2598 608	3712 2969 838	4176 3341 067
2156	0463 8218 924	0927 6437 848	1391 4656 772	1855 2875 696	2319 1094 620	2782 9313 544	3246 7532 468	3710 5751 391	4174 3970 315
2157	0463 6068 614	0927 2137 228	1390 8205 841	1854 4274 455	2318 0343 069	2781 6411 683	3245 2480 297	3708 8548 910	4172 4617 525
2158	0463 3920 297	0926 7840 593	1390 1760 890	1853 5681 186	2316 9601 483	2780 3521 779	3243 7442 076	3707 1362 373	4170 5282 669
2159	0463 1773 969	0926 3547 939	1389 5321 908	1852 7095 878	2315 8869 847	2779 0643 817	3242 2417 786	3705 4191 755	4168 5965 725
2160	0462 9629 630	0925 9259 259	1388 8888 889	1851 8518 518	2314 8148 148	2777 7777 778	3240 7407 407	3703 7037 037	4166 6666 667
2161	0462 7487 274	0925 4974 549	1388 2461 823	1850 9049 098	2313 7436 372	2776 4923 646	3239 2410 921	3701 9898 195	4164 7385 470
2162	0462 5346 901	0925 0693 802	1387 6040 703	1850 1387 604	2312 6734 505	2775 2081 406	3237 7428 307	3700 2775 208	4162 8122 109
2163	0462 3208 507	0924 6417 013	1386 9625 520	1849 2834 027	2311 6042 534	2773 9251 040	3236 2459 547	3698 5668 054	4160 8876 560
2164	0462 1072 080	0924 2144 177	1386 3216 266	1848 4288 355	2310 5360 444	2772 6432 532	3234 7504 621	3696 8576 710	4158 9648 799
2165	0461 8937 644	0923 7875 289	1385 6812 933	1847 5750 577	2309 4688 222	2771 3625 866	3233 2563 510	3695 1501 155	4157 0438 790
2166	0461 6805 171	0923 3610 342	1385 0415 512	1846 7220 683	2308 4025 854	2770 0831 025	3231 7636 196	3693 4441 367	4155 1246 537
2167	0461 4674 665	0922 9349 331	1384 4023 996	1845 8698 662	2307 3373 327	2768 8047 993	3230 2722 658	3691 7397 324	4153 2071 989
2168	0461 2546 125	0922 5092 251	1383 7638 376	1845 0184 502	2306 2730 627	2767 5276 753	3228 7822 878	3690 0369 004	4151 2915 129
2169	0461 0419 548	0922 0839 096	1383 1258 645	1844 1678 193	2305 2097 741	2766 2517 289	3227 2936 837	3688 3356 385	4149 3775 934
2170	0460 8294 931	0921 6589 862	1382 4884 793	1843 3179 724	2304 1474 654	2764 9769 585	3225 8064 516	3686 6359 447	4147 4654 378
2171	0460 6172 271	0921 2344 542	1381 8516 813	1842 4689 083	2303 0861 354	2763 7033 625	3224 3205 896	3684 9378 167	4145 5550 438
2172	0460 4051 565	0920 8103 131	1381 2154 696	1841 6206 262	2302 0257 827	2762 4309 392	3222 8360 958	3683 2412 523	4143 6464 088
2173	0460 1932 812	0920 3865 624	1380 5798 435	1840 7731 247	2300 9664 059	2761 1596 871	3221 3529 682	3681 5462 494	4141 7395 306
2174	0459 9816 007	0919 9632 015	1379 9448 022	1839 9264 029	2299 9080 037	2759 8896 044	3219 8712 051	3679 8528 059	4139 8344 066
2175	0459 7701 149	0919 5402 299	1379 3103 448	1839 0804 598	2298 8505 747	2758 6206 897	3218 3908 046	3678 1609 195	4137 9310 345
2176	0459 5588 235	0919 1176 471	1378 6764 706	1838 2352 941	2297 7941 176	2757 3529 412	3216 9117 647	3676 4705 882	4136 0294 118
2177	0459 3477 262	0918 6954 525	1378 0431 787	1837 3909 049	2296 7386 311	2756 0863 574	3215 4340 836	3674 7818 098	4134 1295 361
2178	0459 1368 228	0918 2736 455	1377 4104 683	1836 5472 911	2295 6841 139	2754 8209 366	3213 9577 594	3673 0945 822	4132 2314 050
2179	0458 9261 129	0917 8522 258	1376 7783 387	1835 7044 516	2294 6305 645	2753 5566 774	3212 4827 903	3671 4089 032	4130 3350 161
2180	0458 7155 963	0917 4311 927	1376 1467 890	1834 8623 853	2293 5779 816	2752 2935 780	3211 0091 743	3669 7247 706	4128 4403 670
2181	0458 5052 728	0917 0105 456	1375 5158 184	1834 0210 912	2292 5263 640	2751 0316 309	3209 5369 097	3668 0421 825	4126 5474 553
2182	0458 2951 422	0916 5902 841	1374 8854 262	1833 1805 683	2291 4757 104	2749 7708 524	3208 0660 925	3666 3611 366	4124 6562 786
2183	0458 0852 038	0916 1704 078	1374 2556 115	1832 3408 154	2290 4260 192	2748 5112 231	3206 5964 269	3664 0816 308	4122 7668 346
2184	0457 8754 579	0915 7509 158	1373 6263 736	1831 5018 315	2289 3772 894	2747 2527 473	3205 1282 051	3663 0030 630	4120 8791 209
2185	0457 6659 039	0915 3318 078	1372 9977 117	1830 6636 156	2288 3295 195	2745 9954 233	3203 6613 272	3661 3272 311	4118 9931 350
2186	0457 4565 416	0914 9130 833	1372 3696 249	1829 8261 665	2287 2827 081	2744 7392 498	3202 1957 914	3659 6523 330	4117 1088 757
2187	0457 2473 708	0914 4947 417	1371 7421 125	1828 9894 833	2286 2368 541	2743 4842 249	3200 7315 958	3657 9789 666	4115 2263 375
2188	0457 0383 912	0914 0767 824	1371 1151 737	1828 1535 649	2285 1919 561	2742 2303 473	3199 2687 386	3656 3071 298	4113 3455 210
2189	0456 8296 026	0913 6592 051	1370 4888 077	1827 3184 102	2284 1480 128	2740 9776 153	3197 8072 179	3654 6368 205	4111 4064 230
2190	0456 6210 046	0913 2420 091	1369 8630 137	1826 4840 183	2283 1050 228	2739 7260 274	3196 3470 320	3652 9680 365	4109 5890 411
2191	0456 4125 970	0912 8251 940	1369 2377 910	1825 6503 880	2282 0629 849	2738 4755 819	3194 8881 789	3651 3007 759	4107 7133 729
2192	0456 2043 796	0912 4087 591	1368 6131 387	1824 8175 182	2281 0218 978	2737 2262 774	3193 4306 569	3649 6350 365	4105 8394 161
2193	0455 9963 520	0911 9927 041	1367 9890 561	1823 9854 081	2279 9817 601	2735 9781 122	3191 9744 642	3647 9708 162	4103 9671 683
2194	0455 7885 141	0911 5770 283	1367 3655 424	1823 1540 565	2278 9425 706	2734 7310 848	3190 5195 989	3646 3081 130	4102 0966 272
2195	0455 5808 656	0911 1617 312	1366 7425 968	1822 3234 624	2277 9043 280	2733 4851 936	3189 0660 592	3644 6469 248	4100 2277 904
2196	0455 3734 062	0910 7468 124	1366 1202 186	1821 4936 248	2276 8670 310	2732 2404 372	3187 6138 433	3642 9872 495	4098 3606 557
2197	0455 1661 356	0910 3322 713	1365 4984 069	1820 6645 426	2275 8306 782	2730 9968 138	3186 1629 495	3641 3200 851	4096 4952 208
2198	0454 9590 537	0909 9181 074	1364 8771 611	1819 8362 147	2274 7952 084	2729 7543 221	3184 7133 758	3639 6724 295	4094 6314 832
2199	0454 7521 601	0909 5043 201	1364 2564 802	1819 0086 403	2273 7608 004	2728 5129 604	3183 2651 205	3638 0172 806	4092 7004 407

	1	2	3	4	5	6	7	8	9
2200	0454 5454 545	0909 0909 091	1363 6363 636	1818 1818 182	2272 7272 727	2727 2727 273	3181 8181 818	3636 3636 364	4090 9090 909
2201	0454 3389 368	0908 6778 737	1363 0168 105	1817 3557 474	2271 6046 842	2726 0336 211	3180 3725 570	3634 7111 018	4089 0304 316
2202	0454 1326 067	0908 2682 134	1362 3978 202	1816 5304 269	2270 6630 336	2724 7956 403	3178 9282 470	3633 0608 538	4087 1934 603
2203	0453 9264 639	0907 8529 278	1361 7793 917	1815 7058 557	2269 6323 196	2723 5587 835	3177 4852 474	3631 4117 113	4085 3581 752
2204	0453 7205 082	0907 4410 163	1361 1615 245	1814 8820 327	2268 6025 408	2722 3230 490	3176 0435 572	3629 7640 653	4083 4845 735
2205	0453 5147 392	0907 0294 785	1360 5442 177	1814 0589 569	2267 5736 961	2721 0884 354	3174 6034 746	3628 1170 138	4081 6326 531
2206	0453 3091 508	0906 6183 137	1359 9274 705	1813 2366 274	2266 5457 842	2719 8549 411	3173 1640 979	3626 4732 548	4079 7824 116
2207	0453 1037 608	0906 2075 215	1359 3112 823	1812 4150 430	2265 5188 038	2718 6225 646	3171 7263 253	3624 8300 861	4077 9338 168
2208	0452 8985 507	0905 7971 014	1358 6956 522	1811 5942 029	2264 4927 536	2717 3913 043	3170 2898 551	3623 1884 058	4076 0869 563
2209	0452 6935 265	0905 3870 530	1358 0805 794	1810 7741 059	2263 4676 324	2716 1611 580	3168 8546 854	3621 5482 119	4074 2417 583
2210	0452 4886 878	0904 9773 756	1357 4660 633	1809 9547 511	2262 4434 389	2714 9321 267	3167 4208 145	3619 9095 023	4072 3981 900
2211	0452 2840 344	0904 5680 687	1356 8521 031	1809 1361 375	2261 4201 719	2713 7042 062	3165 9882 406	3618 2722 750	4070 5563 094
2212	0452 0795 660	0904 1591 320	1356 2386 980	1808 3182 640	2260 3978 300	2712 4773 960	3164 5569 620	3616 6365 280	4068 7160 940
2213	0451 8752 824	0903 7505 648	1355 6258 473	1807 5011 297	2259 3764 121	2711 2516 945	3163 1269 770	3615 0022 594	4066 8773 418
2214	0451 6711 834	0903 3423 668	1355 0135 501	1806 6847 335	2258 3550 160	2710 0271 008	3161 6982 836	3613 3694 670	4065 0406 504
2215	0451 4672 686	0902 9345 372	1354 4018 059	1805 8690 743	2257 3363 431	2708 8036 117	3160 2708 804	3611 7381 490	4063 2054 176
2216	0451 2635 379	0902 5270 758	1353 7906 137	1805 0541 516	2256 3176 895	2707 5812 274	3158 8447 653	3610 1083 032	4061 3718 412
2217	0451 0599 910	0902 1199 820	1353 1799 729	1804 2399 639	2255 2999 549	2706 3599 459	3157 4190 368	3608 4799 278	4059 5399 188
2218	0450 8566 276	0901 7132 552	1352 5698 828	1803 4265 104	2254 2831 380	2705 1397 636	3155 9963 931	3606 8530 207	4057 7096 483
2219	0450 6534 475	0901 3068 950	1351 9603 425	1802 6137 000	2253 2672 375	2703 9206 850	3154 5741 325	3605 2275 800	4055 8810 275
2220	0450 4504 505	0900 9009 009	1351 3513 514	1801 8018 018	2252 2522 523	2702 7027 027	3153 1531 532	3603 6036 036	4054 0540 541
2221	0450 2476 362	0900 4952 724	1350 7429 086	1800 9905 448	2251 2381 810	2701 4858 172	3151 7334 534	3601 9810 896	4052 2287 258
2222	0450 0450 045	0900 0900 090	1350 1350 135	1800 1800 180	2250 2250 225	2700 2700 270	3150 3150 315	3600 3600 360	4050 4050 405
2223	0449 8425 551	0899 6851 102	1349 5276 653	1799 3702 204	2249 2127 755	2699 0553 306	3148 8078 857	3598 7404 408	4048 5820 960
2224	0449 6402 878	0899 2805 755	1348 9208 633	1798 5611 511	2248 2014 388	2697 8417 206	3147 4820 144	3597 1223 022	4046 7025 899
2225	0449 4382 022	0898 8764 045	1348 3146 067	1797 7528 090	2247 1910 112	2696 6292 135	3146 0674 157	3595 5056 180	4044 9435 202
2226	0449 2362 983	0898 4725 906	1347 7088 940	1796 9451 032	2246 1814 915	2695 4177 898	3144 6540 881	3593 8903 863	4043 1206 846
2227	0449 0345 757	0898 0691 513	1347 1037 270	1796 1383 026	2245 1728 783	2694 2074 540	3143 2420 296	3592 2766 053	4041 3111 810
2228	0448 8330 341	0897 6660 682	1346 4991 023	1795 3321 364	2244 1651 706	2692 9982 047	3141 8312 388	3590 6642 729	4039 4973 070
2229	0448 6316 734	0897 2633 468	1345 8950 202	1794 5266 936	2243 1583 670	2691 7900 404	3140 4217 138	3589 0533 872	4037 6850 606
2230	0448 4304 933	0896 8609 865	1345 2914 798	1793 7219 731	2242 1524 604	2690 5829 596	3139 0134 529	3587 4439 462	4035 8744 395
2231	0448 2294 935	0896 4589 870	1344 6884 805	1792 9179 740	2241 1474 675	2689 3769 610	3137 6064 545	3585 8359 480	4034 0651 415
2232	0448 0286 738	0896 0573 477	1344 0860 215	1792 1146 063	2240 1433 692	2688 1720 430	3136 2007 168	3584 2293 907	4032 2580 615
2233	0447 8280 340	0895 6560 684	1343 4841 021	1791 3121 361	2239 1401 702	2686 9682 042	3134 7962 382	3582 6242 723	4030 4523 063
2234	0447 6275 739	0895 2551 477	1342 8827 216	1790 5102 954	2238 1378 693	2685 7654 432	3133 3930 170	3581 0205 909	4028 6481 047
2235	0447 4272 931	0894 8545 864	1342 2818 792	1789 7091 723	2237 1364 683	2684 5637 584	3131 9910 515	3579 4183 445	4026 8456 376
2236	0447 2271 914	0894 4543 828	1341 6815 742	1788 9087 656	2236 1359 571	2683 3631 485	3130 5903 399	3577 8175 313	4025 0447 227
2237	0447 0272 687	0894 0545 373	1341 0818 060	1788 1090 747	2235 1363 433	2682 1636 120	3129 1908 806	3576 2181 493	4023 2454 480
2238	0446 8275 246	0893 6550 492	1340 4825 737	1787 3100 983	2234 1376 229	2680 9651 475	3127 7926 720	3574 6201 066	4021 4477 212
2239	0446 6279 589	0893 2559 178	1339 8838 767	1786 5118 356	2233 1397 940	2679 7677 535	3126 3957 124	3573 0236 713	4019 6516 302
2240	0446 4285 714	0892 8571 429	1339 2857 143	1785 7142 857	2232 1428 571	2678 5714 286	3125 0000 000	3571 4285 714	4017 8571 429
2241	0446 2293 619	0892 4587 238	1338 6880 857	1784 9174 476	2231 1468 095	2677 3761 714	3123 6055 332	3569 8348 051	4016 0642 570
2242	0446 0303 304	0892 0606 601	1338 0909 902	1784 1213 202	2230 1516 503	2676 1819 804	3122 2123 104	3568 2426 405	4014 2729 706
2243	0445 8314 757	0891 6629 514	1337 4944 271	1783 3259 028	2229 1573 785	2674 9888 542	3120 8203 299	3566 6518 056	4012 4832 813
2244	0445 6327 986	0891 2655 971	1336 8983 957	1782 5311 943	2228 1639 920	2673 7967 914	3119 4295 900	3565 0623 886	4010 6951 872
2245	0445 4312 981	0890 8625 969	1336 3028 953	1781 7371 938	2227 1714 922	2672 6057 906	3118 0400 891	3563 4743 875	4008 9086 860
2246	0445 2350 751	0890 4719 501	1335 7079 252	1780 9439 003	2226 1798 783	2671 4158 504	3116 6518 255	3561 8878 005	4007 1237 785
2247	0445 0378 282	0890 0756 564	1335 1134 846	1780 1513 129	2225 1891 411	2670 2269 693	3115 2647 975	3560 3026 257	4005 3401 530
2248	0444 8398 577	0889 6797 153	1334 5196 730	1779 3594 306	2224 1992 883	2669 0391 439	3113 8790 036	3558 7188 012	4003 5587 189
2249	0444 6420 631	0889 2841 263	1333 9261 894	1778 5682 526	2223 2103 157	2667 8523 788	3112 4944 420	3557 1363 051	4001 7785 082
2250	0444 4444 444	0888 8888 889	1333 3333 333	1777 7777 778	2222 2222 222	2666 6666 667	3111 1111 111	3555 5555 556	4000 0000 000
2251	0444 2470 013	0888 4940 027	1332 7410 040	1776 9880 053	2221 2350 067	2665 4820 080	3109 7290 093	3553 9760 107	3998 2230 190
2252	0444 0497 336	0888 0994 671	1332 1492 007	1776 1989 343	2220 2486 679	2664 2984 014	3108 3481 350	3552 3978 086	3996 4476 021
2253	0443 8526 405	0887 7052 848	1331 5579 228	1775 4105 637	2219 2632 046	2663 1158 455	3106 9684 865	3550 8211 274	3994 6737 683
2254	0443 6557 232	0887 3111 403	1330 9671 605	1774 6228 926	2218 2786 158	2661 9343 390	3105 5900 621	3549 2457 853	3992 9015 084
2255	0443 4589 800	0886 9179 604	1330 3769 401	1773 8359 202	2217 2949 002	2660 7538 803	3104 2128 603	3547 6718 404	3991 1308 204
2256	0443 2624 113	0886 5248 227	1329 7872 340	1773 0496 454	2216 3120 567	2659 5744 681	3102 8368 794	3546 0992 908	3989 3617 021
2257	0443 0660 168	0886 1320 337	1329 1980 505	1772 2640 673	2215 3300 842	2658 3961 010	3101 4621 179	3544 5281 347	3987 5941 515
2258	0442 8697 963	0885 7395 926	1328 6093 888	1771 4791 851	2214 3489 814	2657 2187 777	3100 0885 740	3542 9583 702	3985 8281 063
2259	0442 6737 494	0885 3474 989	1328 0212 483	1770 6949 978	2213 3687 472	2656 0424 967	3098 7162 461	3541 3899 956	3984 0637 450
2260	0442 4778 761	0884 9557 522	1327 4336 283	1769 9115 044	2212 3893 805	2654 8672 566	3097 3451 327	3539 8230 088	3982 3008 850
2261	0442 2821 760	0884 5643 521	1326 8465 281	1769 1287 041	2211 4108 801	2653 6930 562	3095 9752 322	3538 2574 082	3980 5395 843
2262	0442 0866 190	0884 1732 980	1326 2599 470	1768 3465 959	2210 4332 449	2652 5198 939	3094 6065 429	3536 6931 919	3978 7798 408
2263	0441 8912 947	0883 7825 895	1325 6738 842	1767 5651 790	2209 4564 737	2651 3477 684	3093 2390 632	3535 1303 579	3977 0216 527
2264	0441 6961 131	0883 3922 261	1325 0883 392	1766 7844 523	2208 4805 654	2650 1766 784	3091 8727 915	3533 5689 046	3975 2650 177
2265	0441 5011 038	0883 0022 075	1324 5033 113	1766 0044 150	2207 5055 188	2649 0066 225	3090 5077 263	3532 0088 300	3973 5099 338
2266	0441 3062 665	0882 6125 331	1323 9187 990	1765 2250 662	2206 5313 327	2647 8375 993	3089 1438 658	3530 4501 324	3971 7563 089
2267	0441 1116 012	0882 2232 025	1323 3348 037	1764 4464 049	2205 5580 062	2646 6696 074	3087 7812 086	3528 8928 099	3970 0044 111
2268	0440 9171 076	0881 8342 152	1322 7513 228	1763 6684 303	2204 5855 379	2645 5026 455	3086 4197 531	3527 3368 607	3968 2539 683
2269	0440 7227 851	0881 4455 707	1322 1683 561	1762 8911 415	2203 6139 268	2644 3367 122	3085 0594 976	3525 7822 829	3966 5050 683
2270	0440 5286 344	0881 0572 687	1321 5859 034	1762 1145 374	2202 6431 718	2643 1718 062	3083 7004 405	3524 2290 749	3964 7577 002
2271	0440 3346 543	0880 6693 087	1321 0039 630	1761 3386 174	2201 6732 717	2642 0079 260	3082 3425 804	3522 6772 347	3963 0118 800
2272	0440 1408 451	0880 2816 901	1320 4225 352	1760 5633 803	2200 7042 254	2640 8450 704	3080 9859 155	3521 1267 606	3961 2676 056
2273	0439 9472 063	0879 8944 127	1319 8416 190	1759 7888 253	2199 7360 317	2639 6832 380	3079 6304 443	3519 5776 507	3959 5248 570
2274	0439 7537 379	0879 5074 758	1319 2612 137	1759 0149 516	2198 7686 895	2638 5224 274	3078 2761 653	3518 0299 033	3957 7836 112
2275	0439 5604 396	0879 1208 791	1318 6813 187	1758 2417 582	2197 8021 978	2637 3626 374	3076 9230 769	3516 4835 165	3956 0439 560
2276	0439 3673 111	0878 7346 221	1318 1019 332	1757 4692 443	2196 8365 554	2636 2038 664	3075 5711 775	3514 9384 886	3954 3057 996
2277	0439 1743 522	0878 3487 045	1317 5230 567	1756 6974 089	2195 8717 611	2635 0461 133	3074 2204 655	3513 3948 177	3952 5691 700
2278	0438 9815 628	0877 9631 255	1316 9446 883	1755 9262 511	2194 9078 139	2633 8893 766	3072 8709 394	3511 8525 022	3950 8340 650
2279	0438 7889 425	0877 5778 850	1316 3668 276	1755 1557 701	2193 9447 126	2632 7336 551	3071 5225 976	3510 3115 402	3949 1004 827
2280	0438 5964 912	0877 1929 825	1315 7894 737	1754 3859 649	2192 9824 561	2631 5789 474	3070 1754 386	3508 7719 298	3947 3684 211
2281	0438 4042 087	0876 9084 174	1315 2126 260	1753 6168 347	2192 0210 434	2630 4252 521	3068 8294 608	3507 2336 694	3945 6378 781
2282	0438 2120 337	0876 4241 805	1314 6362 840	1752 8483 786	2191 0604 733	2629 2725 679	3067 4846 026	3505 6967 572	3943 9088 510
2283	0438 0201 489	0876 0402 370	1314 0604 468	1752 0805 957	2190 1007 446	2628 1208 936	3066 1410 425	3504 1611 914	3942 1813 408
2284	0437 8283 713	0875 6567 426	1313 4851 138	1751 3134 851	2189 1418 564	2626 9702 277	3064 7985 989	3502 6269 702	3940 4553 415
2285	0437 6367 615	0875 2735 230	1312 9102 845	1750 5470 460	2188 1838 074	2625 8205 689	3063 4573 304	3501 0940 919	3938 7308 534
2286	0437 4453 193	0874 8906 387	1312 3359 580	1749 7812 773	2187 2265 967	2624 6719 160	3062 1172 353	3499 5625 547	3937 0078 710
2287	0437 2540 446	0874 5080 892	1311 7621 338	1749 0161 784	2186 2702 230	2623 5242 076	3060 7783 122	3498 0323 568	3935 2864 015
2288	0437 0629 371	0874 1258 741	1311 1888 112	1748 2517 483	2185 3146 853	2622 3776 224	3059 4405 594	3496 5034 965	3933 5664 336
2289	0436 8719 965	0873 7439 930	1310 6159 895	1747 4870 860	2184 3599 825	2621 2319 790	3058 1039 755	3494 9750 720	3931 8479 686
2290	0436 6812 227	0873 3624 454	1310 0436 681	1746 7248 908	2183 4061 135	2620 0873 362	3056 7685 590	3493 4497 817	3930 1310 011
2291	0436 4906 155	0872 9812 309	1309 4718 464	1745 9624 618	2182 4530 773	2618 9436 927	3055 4343 082	3491 9240 236	3928 4155 391
2292	0436 3001 745	0872 6003 490	1308 9005 236	1745 2006 981	2181 5008 726	2617 8010 471	3054 1012 216	3490 4013 962	3926 7013 797
2293	0436 1098 997	0872 2197 994	1308 3296 991	1744 4395 988	2180 5494 985	2616 6593 982	3052 7692 979	3488 8791 576	3924 9890 972
2294	0435 9197 908	0871 8395 815	1307 7593 723	1743 6791 630	2179 5989 538	2615 5187 445	3051 4385 353	3487 3583 261	3923 2781 104
2295	0435 7298 475	0871 4596 950	1307 1895 425	1742 9193 900	2178 6492 375	2614 3790 830	3050 1089 325	3485 8387 800	3921 5686 274
2296	0435 5400 697	0871 0801 394	1306 6202 091	1742 1602 787	2177 7003 484	2613 2404 181	3048 7804 878	3484 3205 575	3919 8606 272
2297	0435 3504 571	0870 7009 142	1306 0513 714	1741 4018 285	2176 7522 856	2612 1027 427	3047 4531 998	3482 8036 569	3918 1541 451
2298	0435 1610 096	0870 3220 191	1305 4830 287	1740 6440 383	2175 8050 479	2610 9660 574	3046 1270 670	3481 2880 766	3916 4490 802
2299	0434 9717 268	0869 9434 537	1304 9151 805	1739 8860 074	2174 8586 342	2609 8303 610	3044 8020 870	3479 7738 147	3914 7455 415

	1	2	3	4	5	6	7	8	9
2300	0434 7826 087	0869 5652 174	1304 3478 261	1739 1304 348	2173 9130 435	2608 6956 522	3043 4782 609	3478 2608 696	3913 0434 783
2301	0434 5936 549	0869 1873 099	1303 7809 648	1738 3746 197	2172 9682 747	2607 5619 296	3042 4555 845	3476 7492 395	3911 3428 944
2302	0434 4048 053	0868 8097 307	1303 2145 960	1737 6194 613	2172 0243 267	2606 4291 920	3040 8340 573	3475 2389 227	3909 6437 880
2303	0434 2162 307	0868 4324 794	1302 6487 191	1736 8649 588	2171 0811 984	2605 2974 381	3039 5136 778	3473 7299 175	3907 9461 572
2304	0434 0277 778	0868 0555 556	1302 0833 333	1736 1111 111	2170 1388 889	2604 1666 667	3038 1944 444	3472 2222 222	3906 2500 000
2305	0433 8394 791	0867 6789 588	1301 5184 382	1735 3579 176	2169 1973 970	2603 0368 764	3036 8763 557	3470 7158 351	3904 5553 145
2306	0433 6513 448	0867 3026 886	1300 9540 336	1734 6053 773	2168 2567 216	2601 9080 659	3035 5594 102	3469 2107 546	3902 8620 989
2307	0433 4633 723	0866 9267 447	1300 3901 170	1733 8534 894	2167 3168 617	2600 7802 341	3034 2436 064	3467 7069 788	3901 1703 511
2308	0433 2755 693	0866 5511 265	1299 8266 898	1733 1022 530	2166 3778 163	2599 6533 795	3032 9289 428	3466 2045 061	3899 4800 603
2309	0433 0879 108	0866 1758 837	1299 2637 503	1732 3516 674	2165 4395 842	2598 5275 011	3031 6154 179	3464 7033 346	3897 7912 516
2310	0432 9004 329	0865 8008 658	1298 7012 987	1731 6017 316	2164 5021 645	2597 4025 974	3030 3030 303	3463 2034 632	3896 1038 961
2311	0432 7131 112	0865 4262 224	1298 1393 336	1730 8524 448	2163 5655 560	2596 2786 672	3028 9917 785	3461 7048 897	3894 4180 009
2312	0432 5259 516	0865 0519 031	1297 5778 547	1730 1038 062	2162 6297 578	2595 1557 093	3027 6816 609	3460 2076 125	3892 7335 640
2313	0432 3389 537	0864 6779 075	1297 0168 612	1729 3558 150	2161 6947 687	2594 0337 224	3026 3726 762	3458 7116 299	3891 0505 837
2314	0432 1521 175	0864 3042 351	1296 4563 526	1728 6084 702	2160 7605 877	2592 9127 053	3025 0648 228	3457 2169 404	3889 3690 579
2315	0431 9654 428	0863 9308 855	1295 8963 283	1727 8617 711	2159 8272 138	2591 7926 566	3023 7580 993	3455 7235 421	3887 6889 849
2316	0431 7789 292	0863 5578 584	1295 3367 876	1727 1157 168	2158 8946 459	2590 6735 751	3022 4525 043	3454 2314 335	3886 0103 627
2317	0431 5925 766	0863 1851 532	1294 7777 298	1726 3703 064	2157 9628 820	2589 5554 506	3021 1480 363	3452 7406 129	3884 3331 895
2318	0431 4063 848	0862 8127 696	1294 2191 544	1725 6255 393	2157 0319 241	2588 4383 089	3019 8446 037	3451 2510 785	3882 6574 633
2319	0431 2203 536	0862 4407 072	1293 6610 608	1724 8814 144	2156 1017 680	2587 3221 216	3018 5424 752	3449 7628 288	3880 9831 824
2320	0431 0344 828	0862 0089 655	1293 1034 483	1724 1379 310	2155 1724 138	2586 2068 965	3017 2413 793	3448 2758 621	3879 3103 448
2321	0430 8487 721	0861 6975 442	1292 5463 162	1723 3950 883	2154 2438 604	2585 0926 325	3015 9414 046	3446 7901 766	3877 6389 487
2322	0430 6632 214	0861 3264 427	1291 9806 641	1722 6528 854	2153 3161 068	2583 9793 282	3014 6425 495	3445 3057 709	3875 9689 922
2323	0430 4778 304	0860 9556 608	1291 4334 912	1721 9113 216	2152 3891 520	2582 8669 824	3013 3448 127	3443 8226 431	3874 3004 735
2324	0430 2925 090	0860 5851 979	1290 8777 969	1721 1703 959	2151 4629 948	2581 7555 938	3012 0481 928	3442 3407 917	3872 6333 907
2325	0430 1075 269	0860 2150 538	1290 3225 806	1720 4301 075	2150 5376 344	2580 6451 613	3010 7526 882	3440 8602 151	3870 9677 419
2326	0429 9226 139	0859 8452 279	1289 7678 418	1719 6904 557	2149 6130 696	2579 5356 836	3009 4582 975	3439 3809 114	3869 3035 254
2327	0429 7378 509	0859 4757 198	1289 2135 797	1718 9514 396	2148 6892 995	2578 4271 594	3008 1650 194	3437 9028 792	3867 6407 391
2328	0429 5532 646	0859 1065 292	1288 6597 938	1718 2130 584	2147 7063 230	2577 3195 876	3006 8728 522	3436 4261 168	3865 9793 815
2329	0429 3688 278	0858 7376 556	1288 1064 835	1717 4753 113	2146 8441 391	2576 2129 669	3005 5817 948	3434 9506 226	3864 3194 504
2330	0429 1845 494	0858 3690 987	1287 5536 481	1716 7381 974	2145 9227 468	2575 1072 961	3004 2918 455	3433 4763 948	3862 6609 442
2331	0429 0004 290	0858 0008 580	1287 0012 870	1716 0017 160	2145 0021 450	2574 0025 740	3003 0030 030	3432 0034 320	3861 0038 610
2332	0428 8164 666	0857 6329 331	1286 4493 997	1715 2658 662	2144 0823 328	2572 8987 993	3001 7152 659	3430 5317 324	3859 3481 990
2333	0428 6326 618	0857 2653 236	1285 8979 854	1714 5306 472	2143 1633 090	2571 7959 709	3000 4286 327	3429 0612 945	3857 6939 563
2334	0428 4490 146	0856 8980 291	1285 3470 437	1713 7960 583	2142 2450 728	2570 6940 874	2999 1431 020	3427 5921 165	3856 0411 311
2335	0428 2655 246	0856 5310 492	1284 7965 769	1713 0620 985	2141 3276 231	2569 5931 478	2997 8586 724	3426 1241 970	3854 3897 216
2336	0428 0821 918	0856 1643 836	1284 2465 753	1712 3287 671	2140 4109 589	2568 4931 507	2996 5753 425	3424 6575 342	3852 7397 260
2337	0427 8990 158	0855 7980 317	1283 6970 475	1711 5960 633	2139 4950 792	2567 3940 950	2995 2931 108	3423 1921 267	3851 0911 425
2338	0427 7159 966	0855 4319 932	1283 1479 897	1710 8639 863	2138 5799 829	2566 2959 795	2994 0119 760	3421 7279 726	3849 4439 692
2339	0427 5331 338	0855 0662 676	1282 5994 015	1710 1325 353	2137 6656 691	2565 1988 020	2992 7319 367	3420 2650 705	3847 7982 044
2340	0427 3504 274	0854 7008 547	1282 0512 821	1709 4017 094	2136 7521 368	2564 1025 641	2991 4529 915	3418 8034 188	3846 1538 462
2341	0427 1678 770	0854 3357 540	1281 5036 309	1708 6715 079	2135 8393 849	2563 0072 619	2990 1751 388	3417 3430 158	3844 5108 928
2342	0426 9854 825	0853 9709 650	1280 9564 475	1707 9419 300	2134 9274 125	2561 9128 950	2988 8983 775	3415 8838 600	3842 8693 424
2343	0426 8032 437	0853 6064 874	1280 4097 311	1707 2129 748	2134 0162 185	2560 8194 622	2987 6227 059	3414 4259 496	3841 2291 933
2344	0426 6211 604	0853 2423 208	1279 8634 812	1706 4846 416	2133 1058 020	2559 7269 624	2986 3481 229	3412 9692 833	3839 5904 437
2345	0426 4392 324	0852 8784 648	1279 3176 972	1705 7569 296	2132 1961 620	2558 6353 945	2985 0746 269	3411 5138 593	3837 9530 917
2346	0426 2574 595	0852 5149 190	1278 7723 785	1705 0298 380	2131 2872 975	2557 5447 570	2983 8022 165	3410 0596 761	3836 3171 356
2347	0426 0758 415	0852 1516 830	1278 2275 245	1704 3033 660	2130 3792 075	2556 4550 490	2982 5308 905	3408 6067 320	3834 6825 735
2348	0425 8948 782	0851 7887 564	1277 6884 346	1703 5775 128	2129 4718 910	2555 3662 092	2981 2606 474	3407 1550 256	3833 0494 037
2349	0425 7130 694	0851 4261 388	1277 1392 082	1702 8522 776	2128 5653 470	2554 2784 163	2979 9914 857	3405 7045 551	3831 4176 245
2350	0425 5319 149	0851 0638 298	1276 5957 447	1702 1276 596	2127 6595 745	2553 1914 894	2978 7234 043	3404 2553 191	3829 7872 340
2351	0425 3509 145	0850 7018 290	1276 0527 435	1701 4036 580	2126 7545 725	2552 1054 870	2977 4564 015	3402 8073 160	3828 1582 305
2352	0425 1700 680	0850 3401 361	1275 5102 041	1700 6802 721	2125 8503 401	2551 0204 082	2976 1904 762	3401 3605 442	3826 5306 122
2353	0424 9893 753	0849 9787 505	1274 9681 258	1699 9575 011	2124 9468 763	2549 9362 516	2974 9256 269	3399 9150 021	3824 9043 774
2354	0424 8088 360	0849 6176 720	1274 4265 081	1699 2353 441	2124 0441 801	2548 8530 161	2973 6618 522	3398 4706 882	3823 2795 242
2355	0424 6284 501	0849 2569 002	1273 8853 503	1698 5138 004	2123 1422 505	2547 7707 006	2972 3991 507	3397 0276 008	3821 6560 510
2356	0424 4482 173	0848 8964 346	1273 3446 520	1697 7928 693	2122 2410 866	2546 6893 039	2971 1375 212	3395 5857 385	3820 0339 559
2357	0424 2681 375	0848 5362 749	1272 8014 124	1697 0725 498	2121 3406 873	2545 6088 248	2969 8769 622	3394 1450 997	3818 4132 372
2358	0424 0882 103	0848 1764 207	1272 2646 310	1696 3528 414	2120 4410 517	2544 5292 621	2968 6174 724	3392 7056 828	3816 7938 931
2359	0423 9084 358	0847 8168 716	1271 7253 073	1695 6337 431	2119 5421 789	2543 4506 147	2967 3590 504	3391 2674 862	3815 1759 220
2360	0423 7288 136	0847 4576 271	1271 1864 407	1694 9152 542	2118 6440 678	2542 3728 814	2966 1016 949	3389 8305 085	3813 5593 220
2361	0423 5493 435	0847 0986 870	1270 6480 305	1694 1973 740	2117 7467 175	2541 2960 610	2964 8454 045	3388 3947 480	3811 9440 915
2362	0423 3700 254	0846 7400 508	1270 1100 762	1693 4801 016	2116 8501 270	2540 2201 524	2963 5901 778	3386 9602 032	3810 3302 286
2363	0423 1908 591	0846 3817 182	1269 5725 772	1692 7634 363	2115 9542 954	2539 1451 545	2962 3360 135	3385 5268 726	3808 7177 317
2364	0423 0118 443	0846 0236 887	1269 0355 330	1692 0473 773	2115 0592 217	2538 0710 660	2961 0829 103	3384 0947 547	3807 1065 990
2365	0422 8329 810	0845 6659 619	1268 4989 429	1691 3319 239	2114 1649 049	2536 9978 858	2959 8308 668	3382 6638 478	3805 4968 288
2366	0422 6542 688	0845 3085 376	1267 9628 064	1690 6170 752	2113 2713 440	2535 9256 128	2958 5798 817	3381 2341 505	3803 8884 193
2367	0422 4757 076	0844 9514 153	1267 4271 229	1689 9028 306	2112 3785 382	2534 8542 459	2957 3299 535	3379 8036 612	3802 2813 688
2368	0422 2972 973	0844 5945 946	1266 8948 919	1689 1891 892	2111 4864 865	2533 7837 838	2956 0810 811	3378 3783 784	3800 6756 757
2369	0422 1190 376	0844 2380 751	1266 3571 127	1688 4761 503	2110 5951 878	2532 7142 254	2954 8332 630	3376 9523 006	3799 0713 381
2370	0421 9409 283	0843 8818 565	1265 8227 848	1687 7637 131	2109 7046 414	2531 6455 696	2953 5864 979	3375 5274 262	3797 4683 544
2371	0421 7629 692	0843 5259 384	1265 2889 076	1687 0518 768	2108 8148 461	2530 5778 153	2952 3407 845	3374 1037 537	3795 8667 229
2372	0421 5851 602	0843 1703 204	1264 7554 806	1686 3406 408	2107 9258 010	2529 5109 612	2951 0961 214	3372 6812 816	3794 2664 418
2373	0421 4075 011	0842 8150 021	1264 2225 032	1685 6300 042	2107 0375 053	2528 4450 063	2949 8525 074	3371 2600 084	3792 6675 095
2374	0421 2299 916	0842 4599 832	1263 6899 747	1684 9199 663	2106 1499 579	2527 3799 495	2948 6099 410	3369 8399 326	3791 0699 242
2375	0421 0526 316	0842 1052 632	1263 1578 947	1684 2105 263	2105 2631 579	2526 3157 895	2947 3684 211	3368 4210 526	3789 4736 842
2376	0420 8754 209	0841 7508 418	1262 6262 626	1683 5016 835	2104 3771 044	2525 2525 253	2946 1279 461	3367 0033 670	3787 8787 879
2377	0420 6983 593	0841 3967 186	1262 0950 778	1682 7934 371	2103 4917 964	2524 1901 557	2944 8885 149	3365 5868 742	3786 2852 335
2378	0420 5214 406	0841 0428 932	1261 5643 398	1682 0857 864	2102 6072 330	2523 1286 796	2943 6501 262	3364 1715 728	3784 6930 193
2379	0420 3446 826	0840 6893 653	1261 0340 479	1681 3787 306	2101 7234 132	2522 0680 958	2942 4127 785	3362 7574 611	3783 1021 438
2380	0420 1680 672	0840 3361 345	1260 5042 017	1680 6722 689	2100 8403 361	2521 0084 034	2941 1764 706	3361 3445 378	3781 5126 050
2381	0419 9916 002	0839 9832 003	1259 9748 005	1679 9664 007	2099 9580 008	2519 9496 010	2939 9412 012	3359 9328 013	3779 9244 015
2382	0419 8152 813	0839 6305 626	1259 4458 438	1679 2611 251	2099 0764 064	2518 8916 877	2938 7069 080	3358 5222 502	3778 3375 315
2383	0419 6391 104	0839 2782 207	1258 9173 311	1678 5564 415	2098 1955 518	2517 8346 622	2937 4737 726	3357 1128 829	3776 7519 933
2384	0419 4630 872	0838 9261 745	1258 3892 617	1677 8523 490	2097 3154 362	2516 7785 235	2936 2416 107	3355 7046 980	3775 1677 852
2385	0419 2872 117	0838 5744 235	1257 8616 352	1677 1488 470	2096 4360 587	2515 7232 704	2935 0104 822	3354 2976 939	3773 5849 057
2386	0419 1114 837	0838 2229 673	1257 3344 510	1676 4459 346	2095 5574 183	2514 6689 019	2933 7803 856	3352 8918 692	3772 0033 529
2387	0418 9359 028	0837 8718 056	1256 8077 084	1675 7436 112	2094 6795 140	2513 6154 168	2932 5513 196	3351 4872 225	3770 4231 253
2388	0418 7604 690	0837 5209 380	1256 2814 070	1675 0418 760	2093 8023 451	2512 5628 141	2931 3232 831	3350 0837 521	3768 8442 211
2389	0418 5851 821	0837 1703 642	1255 7555 463	1674 3407 283	2092 9259 104	2511 5110 925	2930 0962 746	3348 6814 567	3767 2666 388
2390	0418 4100 418	0836 8200 837	1255 2301 255	1673 6401 674	2092 0502 092	2510 4602 510	2928 8702 929	3347 2803 347	3765 6903 766
2391	0418 2350 481	0836 4700 962	1254 7051 443	1672 9401 924	2091 1752 405	2509 4102 886	2927 6453 367	3345 8803 848	3764 1154 330
2392	0418 0602 007	0836 1204 013	1254 1806 020	1672 2408 027	2090 3010 033	2508 3612 040	2926 4214 047	3344 4816 054	3762 5418 060
2393	0417 8854 994	0835 7709 987	1253 6564 981	1671 5419 975	2089 4274 969	2507 3129 962	2925 1984 956	3343 0839 950	3760 9694 944
2394	0417 7109 440	0835 4218 881	1253 1328 321	1670 8437 761	2088 5547 201	2506 2656 642	2923 9766 082	3341 6875 522	3759 3984 962
2395	0417 5365 344	0835 0730 689	1252 6096 033	1670 1461 378	2087 6826 722	2505 2192 067	2922 7557 411	3340 2922 756	3757 8288 100
2396	0417 3622 705	0834 7245 409	1252 0868 114	1669 4490 818	2086 8113 523	2504 1736 227	2921 5358 932	3338 8981 636	3756 2604 341
2397	0417 1881 519	0834 3763 037	1251 5644 556	1668 7526 075	2085 9407 593	2503 1289 111	2920 3170 630	3337 5052 149	3754 6933 667
2398	0417 0141 785	0834 0283 570	1251 0425 354	1668 0567 139	2085 0708 924	2502 0850 709	2919 0992 494	3336 1134 279	3753 1276 063
2399	0416 8403 501	0833 6807 003	1250 5210 504	1667 3614 006	2084 2017 507	2501 0421 009	2917 8824 510	3334 7228 012	3751 5631 513

	1	2	3	4	5	6	7	8	9
2400	0416 6666 667	0833 3333 333	1250 0000 000	1666 6666 667	2083 3333 333	2500 0000 000	2916 6666 667	3333 3333 333	3750 0000 000
2401	0416 4931 279	0832 9862 557	1249 4793 836	1665 9725 115	2082 4656 393	2498 9587 672	2915 4518 950	3331 9450 229	3748 4381 508
2402	0416 3197 336	0832 6394 671	1248 9592 007	1665 2789 342	2081 5986 678	2497 9184 013	2914 2381 349	3330 5878 684	3746 8776 020
2403	0416 1464 836	0832 2929 671	1248 4394 507	1664 5859 342	2080 7324 178	2496 8789 014	2913 0253 849	3329 1718 685	3745 3183 521
2404	0415 9733 777	0831 9467 554	1247 9201 331	1663 8935 108	2079 8668 885	2495 8402 662	2911 8136 439	3327 7870 216	3743 7603 993
2405	0415 8004 158	0831 6008 316	1247 4012 474	1663 2016 632	2079 0020 790	2494 8024 948	2910 6029 106	3326 4033 264	3742 2037 422
2406	0415 6276 977	0831 2553 953	1246 8827 930	1662 5103 907	2078 1379 884	2493 7655 860	2909 3931 837	3325 0207 814	3740 6483 790
2407	0415 4549 231	0830 9098 463	1246 3647 694	1661 8196 926	2077 2746 157	2492 7295 388	2908 1844 020	3323 6393 851	3739 0943 083
2408	0415 2823 920	0830 5647 841	1245 8471 761	1661 1295 681	2076 4119 601	2491 6943 522	2906 9767 442	3322 2591 362	3737 5415 282
2409	0415 1100 042	0830 2200 083	1245 3300 125	1660 4400 166	2075 5500 208	2490 6600 249	2905 7700 291	3320 8800 332	3735 9900 374
2410	0414 9377 593	0829 8755 187	1244 8132 780	1659 7510 373	2074 6887 967	2489 6265 560	2904 5643 154	3319 5020 747	3734 4398 340
2411	0414 7656 574	0829 5313 148	1244 2969 722	1659 0626 296	2073 8282 870	2488 5939 444	2903 3596 018	3318 1252 592	3732 8909 166
2412	0414 5936 082	0829 1873 964	1243 7810 945	1658 3747 927	2072 9684 909	2487 5621 891	2902 1558 872	3316 7495 854	3731 3432 836
2413	0414 4218 815	0828 8437 630	1243 2656 444	1657 6875 259	2072 1094 074	2486 5312 889	2900 9531 703	3315 3750 518	3729 7969 333
2414	0414 2502 071	0828 5004 142	1242 7506 214	1657 0008 285	2071 2510 356	2485 5012 427	2899 7514 499	3314 0016 570	3728 2518 641
2415	0414 0786 749	0828 1573 499	1242 2360 248	1656 3146 998	2070 3933 747	2484 4720 497	2898 5507 246	3312 6293 996	3726 7080 746
2416	0413 9072 848	0827 8145 695	1241 7218 543	1655 6291 391	2069 5364 238	2483 4437 086	2897 3509 934	3311 2582 781	3725 1655 629
2417	0413 7360 364	0827 4720 728	1241 2081 092	1654 9441 456	2068 6801 820	2482 4162 184	2896 1522 549	3309 8882 913	3723 6243 277
2418	0413 5649 297	0827 1298 594	1240 6947 891	1654 2597 188	2067 8246 485	2481 3895 782	2894 9545 079	3308 5194 375	3722 0843 672
2419	0413 3939 644	0826 7879 289	1240 1818 933	1653 5758 578	2066 9698 222	2480 3637 867	2893 7577 511	3307 1517 156	3720 5456 800
2420	0413 2231 405	0826 4462 810	1239 6694 215	1652 8925 620	2066 1157 025	2479 3388 430	2892 5619 835	3305 7851 240	3719 0082 645
2421	0413 0524 577	0826 1049 153	1239 1573 730	1652 2098 306	2065 2622 883	2478 3147 460	2891 3672 036	3304 4196 613	3717 4721 190
2422	0412 8819 158	0825 7638 315	1238 6457 473	1651 5276 631	2064 4095 789	2477 2914 946	2890 1734 104	3303 0553 262	3715 9372 420
2423	0412 7115 147	0825 4230 293	1238 1345 440	1650 8460 586	2063 5575 733	2476 2690 879	2888 9806 026	3301 6921 172	3714 4036 319
2424	0412 5412 541	0825 0825 082	1237 6237 624	1650 1650 165	2062 7062 706	2475 2475 248	2887 7887 789	3300 3300 330	3712 8712 871
2425	0412 3711 340	0824 7422 680	1237 1134 021	1649 4845 361	2061 8556 701	2474 2268 041	2886 5979 381	3298 9690 722	3711 3402 062
2426	0412 2011 542	0824 4023 083	1236 6034 625	1648 8046 167	2061 0057 708	2473 2069 250	2885 4080 791	3297 6092 333	3709 8103 875
2427	0412 0313 144	0824 0626 288	1236 0939 431	1648 1252 575	2060 1565 719	2472 1878 863	2884 2192 007	3296 2505 130	3708 2818 294
2428	0411 8616 145	0823 7232 290	1235 5848 435	1647 4464 580	2059 3080 725	2471 1696 870	2883 0313 015	3294 8929 160	3706 7545 305
2429	0411 6920 543	0823 3841 087	1235 0761 630	1646 7682 174	2058 4602 717	2470 1523 261	2881 8443 801	3293 5364 347	3705 2284 891
2430	0411 5226 337	0823 0452 675	1234 5679 012	1646 0905 350	2057 6131 687	2469 1358 025	2880 6584 362	3292 1810 700	3703 7037 037
2431	0411 3533 525	0822 7067 051	1234 0600 576	1645 4134 101	2056 7667 626	2468 1201 152	2879 4734 677	3290 8268 202	3702 1801 728
2432	0411 1842 105	0822 3684 211	1233 5526 316	1644 7368 421	2055 9210 526	2467 1052 632	2878 2894 737	3289 4736 842	3700 6578 947
2433	0411 0152 076	0822 0304 151	1233 0456 227	1644 0608 302	2055 0760 378	2466 0912 454	2877 1064 520	3288 1216 608	3699 1368 681
2434	0410 8463 435	0821 6926 869	1232 5390 304	1643 3853 739	2054 2317 173	2465 0780 608	2875 9244 043	3286 7707 477	3697 6170 942
2435	0410 6776 181	0821 3552 361	1232 0328 542	1642 7104 723	2053 3880 904	2464 0657 084	2874 7433 265	3285 4209 446	3696 0985 626
2436	0410 5090 312	0821 0180 624	1231 5270 936	1642 0361 248	2052 5451 560	2463 0541 872	2873 5632 184	3284 0722 496	3694 5812 808
2437	0410 3405 827	0820 6811 654	1231 0217 481	1641 3623 307	2051 7029 134	2462 0434 961	2872 3840 788	3282 7246 615	3693 0652 442
2438	0410 1722 724	0820 3445 447	1230 5168 171	1640 6890 894	2050 8613 618	2461 0336 341	2871 2059 065	3281 3781 788	3691 5504 512
2439	0410 0041 000	0820 0082 001	1230 0123 001	1640 0164 002	2050 0205 002	2460 0246 002	2870 0287 003	3280 0328 003	3690 0369 004
2440	0409 8360 656	0819 6721 311	1229 5081 967	1639 3442 623	2049 1803 279	2459 0163 934	2868 8524 590	3278 6885 246	3688 5245 902
2441	0409 6681 688	0819 3363 376	1229 0045 063	1638 6726 751	2048 3408 439	2458 0090 127	2867 6771 815	3277 3453 503	3687 0135 190
2442	0409 5004 095	0819 0008 190	1228 5012 285	1638 0016 380	2047 5020 475	2457 0024 570	2866 5028 665	3276 0032 760	3685 5036 855
2443	0409 3327 876	0818 6655 751	1227 9983 627	1637 3311 502	2046 6639 378	2455 9967 253	2865 3295 129	3274 6623 004	3683 9950 880
2444	0409 1653 028	0818 3306 056	1227 4959 083	1636 6612 111	2045 8265 139	2454 9918 167	2864 1571 195	3273 3224 223	3682 4877 250
2445	0408 9979 550	0817 9959 100	1226 9938 650	1635 9918 200	2044 9897 751	2453 9877 301	2862 9856 851	3271 9836 401	3680 9815 951
2446	0408 8307 441	0817 6614 881	1226 4922 322	1635 3229 763	2044 1537 204	2452 9844 644	2861 8152 086	3270 6459 526	3679 4766 966
2447	0408 6636 698	0817 3273 396	1225 9910 094	1634 6546 792	2043 3183 490	2451 9820 188	2860 6456 880	3269 3093 584	3677 9730 282
2448	0408 4967 320	0816 9934 641	1225 4901 961	1633 9869 281	2042 4836 601	2450 9803 922	2859 4771 242	3267 9738 562	3676 4705 882
2449	0408 3299 306	0816 6598 612	1224 9897 918	1633 3197 223	2041 6496 529	2449 9795 835	2858 3095 141	3266 6394 447	3674 9693 753
2450	0408 1632 653	0816 3265 306	1224 4897 959	1632 6530 612	2040 8163 265	2448 9795 918	2857 1428 571	3265 3061 224	3673 4693 878
2451	0407 9967 360	0815 9934 721	1223 9902 081	1631 9869 441	2039 9836 801	2447 9804 162	2855 9771 522	3263 9738 882	3671 9706 242
2452	0407 8303 426	0815 6606 852	1223 4910 277	1631 3213 703	2039 1517 129	2446 9820 554	2854 8123 980	3262 6427 406	3670 4730 832
2453	0407 6640 848	0815 3281 696	1222 9922 544	1630 6563 392	2038 3204 240	2445 9845 088	2853 6485 936	3261 3126 784	3668 9767 032
2454	0407 4979 625	0814 9959 250	1222 4938 875	1629 9918 500	2037 4898 126	2444 9877 751	2852 4857 376	3259 9837 001	3667 4816 626
2455	0407 3319 756	0814 6639 511	1221 9959 267	1629 3279 022	2036 6598 778	2443 9918 534	2851 3238 289	3258 6558 045	3665 9877 800
2456	0407 1661 238	0814 3322 476	1221 4983 713	1628 6644 951	2035 8306 189	2442 9967 427	2850 1628 664	3257 3289 902	3664 4951 140
2457	0407 0004 070	0814 0008 140	1221 0012 210	1628 0016 280	2035 0020 350	2442 0024 420	2849 0028 490	3256 0032 560	3663 0036 630
2458	0406 8348 251	0813 6696 501	1220 5044 752	1627 3393 002	2034 1741 253	2441 0089 504	2847 8437 754	3254 6786 005	3661 5134 256
2459	0406 6693 778	0813 3387 556	1220 0081 334	1626 6775 112	2033 3468 890	2440 0162 668	2846 6856 446	3253 3550 224	3660 0244 002
2460	0406 5040 650	0813 0081 301	1219 5121 951	1626 0162 602	2032 5203 252	2439 0243 902	2845 5284 553	3252 0325 203	3658 5365 854
2461	0406 3388 866	0812 6777 733	1219 0166 599	1625 3555 465	2031 6944 332	2438 0333 198	2844 3722 064	3250 7110 931	3657 0499 797
2462	0406 1738 424	0812 3476 848	1218 5215 272	1624 6953 696	2030 8692 120	2437 0430 544	2843 2168 968	3249 3907 392	3655 5645 816
2463	0406 0089 322	0812 0178 644	1218 0267 966	1624 0357 288	2030 0446 610	2436 0535 932	2842 0625 254	3248 0714 376	3654 0803 898
2464	0405 8441 558	0811 6883 117	1217 5324 675	1623 3766 234	2029 2207 792	2435 0649 351	2840 9090 909	3246 7532 468	3652 5974 026
2465	0405 6795 132	0811 3590 264	1217 0385 396	1622 7180 527	2028 3975 659	2434 0770 791	2839 7565 923	3245 4361 055	3651 1156 187
2466	0405 5150 041	0811 0300 081	1216 5450 122	1622 0600 162	2027 5750 203	2433 0900 243	2838 6050 284	3244 1200 325	3649 6350 365
2467	0405 3506 283	0810 7012 566	1216 0518 849	1621 4025 131	2026 7531 415	2432 1037 698	2837 4543 981	3242 8050 264	3648 1556 546
2468	0405 1863 857	0810 3727 715	1215 5591 572	1620 7455 429	2025 9319 287	2431 1183 145	2836 3047 002	3241 4910 859	3646 6774 716
2469	0405 0222 762	0810 0445 524	1215 0668 287	1620 0891 049	2025 1113 811	2430 1336 573	2835 1559 336	3240 1782 098	3645 2004 860
2470	0404 8582 996	0809 7165 992	1214 5748 988	1619 4331 984	2024 2914 980	2429 1497 976	2834 0080 972	3238 8663 968	3643 7246 964
2471	0404 6944 557	0809 3889 114	1214 0833 671	1618 7778 227	2023 4722 784	2428 1667 341	2832 8611 898	3237 5556 455	3642 2501 012
2472	0404 5307 443	0809 0614 887	1213 5922 330	1618 1229 773	2022 6537 217	2427 1844 660	2831 7152 104	3236 2459 547	3640 7766 990
2473	0404 3671 654	0808 7343 308	1213 1014 962	1617 4686 615	2021 8358 269	2426 2029 923	2830 5701 577	3234 9373 231	3639 3044 885
2474	0404 2037 187	0808 4074 374	1212 6111 560	1616 8148 747	2021 0185 934	2425 2223 120	2829 4260 307	3233 6297 494	3637 8334 681
2475	0404 0404 040	0808 0808 081	1212 1212 121	1616 1616 162	2020 2020 202	2424 2424 242	2828 2828 283	3232 3232 323	3636 3636 364
2476	0403 8772 213	0807 7544 426	1211 6316 640	1615 5088 853	2019 3861 066	2423 2633 280	2827 1405 493	3231 0177 706	3634 8940 919
2477	0403 7141 704	0807 4283 407	1211 1425 111	1614 8566 815	2018 5708 518	2422 2850 222	2825 9991 926	3229 7133 629	3633 4275 333
2478	0403 5512 510	0807 1025 020	1210 6537 530	1614 2050 040	2017 7562 550	2421 3075 061	2824 8587 571	3228 4100 081	3631 9612 591
2479	0403 3884 631	0806 7769 262	1210 1653 893	1613 5538 524	2016 9423 155	2420 3307 785	2823 7192 414	3227 1077 047	3630 4961 678
2480	0403 2258 065	0806 4516 129	1209 6774 194	1612 9032 258	2016 1290 323	2419 3548 387	2822 5806 452	3225 8064 516	3629 0322 581
2481	0403 0632 809	0806 1265 619	1209 1898 428	1612 2531 237	2015 3164 047	2418 3796 856	2821 4429 666	3224 5062 475	3627 5695 284
2482	0403 0008 863	0805 8017 728	1208 7026 591	1611 6035 455	2014 5044 319	2417 4053 183	2820 3062 047	3223 2070 911	3626 1079 774
2483	0402 7386 226	0805 4772 453	1208 2158 679	1610 9544 905	2013 6931 132	2416 4317 358	2819 1703 584	3221 9089 811	3624 6476 035
2484	0402 5764 895	0805 1529 791	1207 7294 686	1610 3059 582	2012 8824 477	2415 4589 372	2818 0354 267	3220 6119 163	3623 1884 058
2485	0402 4144 869	0804 8289 738	1207 2434 608	1609 6579 477	2012 0724 346	2414 4869 215	2816 9014 085	3219 3158 954	3621 7303 823
2486	0402 2526 146	0804 5052 293	1206 7578 439	1609 0104 586	2011 2630 732	2413 5156 879	2815 7683 025	3218 0209 171	3620 2735 358
2487	0402 0908 725	0804 1817 451	1206 2726 176	1608 3634 902	2010 4543 627	2412 5452 352	2814 6361 078	3216 7269 803	3618 8178 528
2488	0401 9292 604	0803 8585 209	1205 7877 814	1607 7170 418	2009 6463 022	2411 5755 627	2813 5048 231	3215 4340 836	3617 3633 441
2489	0401 7677 782	0803 5355 564	1205 3033 347	1607 0711 129	2008 8388 911	2410 6066 693	2812 3744 476	3214 1422 258	3615 9100 040
2490	0401 6064 257	0803 2128 514	1204 8192 771	1606 4257 028	2008 0321 285	2409 6385 542	2811 2449 799	3212 8514 056	3614 4578 313
2491	0401 4452 027	0802 8904 055	1204 3356 082	1605 7808 109	2007 2260 136	2408 6712 164	2810 1164 191	3211 5616 218	3613 0068 246
2492	0401 2841 091	0802 5682 183	1203 8523 274	1605 1364 366	2006 4205 457	2407 7046 549	2808 9887 640	3210 2728 732	3611 5569 823
2493	0401 1231 448	0802 2462 896	1203 3694 344	1604 4925 792	2005 6157 240	2406 7388 688	2807 8620 136	3208 9851 584	3610 1083 032
2494	0400 9623 095	0801 9246 191	1202 8869 286	1603 8492 382	2004 8115 477	2405 7738 573	2806 7361 668	3207 6984 763	3608 6607 859
2495	0400 8016 032	0801 6032 064	1202 4048 096	1603 2064 128	2004 0080 160	2404 8096 192	2805 6112 224	3206 4128 257	3607 2144 289
2496	0400 6410 256	0801 2820 513	1201 9230 769	1602 5641 026	2003 2051 282	2403 8461 795	2804 4871 795	3205 1282 051	3605 7692 308
2497	0400 4805 767	0800 9611 534	1201 4417 301	1601 9223 068	2002 4028 835	2402 8834 602	2803 3640 368	3203 8446 135	3604 3251 902
2498	0400 3202 562	0800 6405 124	1200 9607 686	1601 2810 248	2001 6013 810	2401 9215 372	2802 2417 934	3202 5620 496	3602 8823 058
2499	0400 1600 640	0800 3201 280	1200 4801 921	1600 6402 561	2000 8003 201	2400 9603 842	2801 1204 482	3201 2805 122	3601 4405 762

	1	2	3	4	5	6	7	8	9
2500	0400 0000 000	0800 0000 000	1200 0000 000	1600 0000 000	2000 0000 000	2400 0000 000	2800 0000 000	3200 0000 000	3600 0000 000
2501	0399 8400 640	0799 6801 279	1199 5201 919	1599 3602 559	1999 2003 199	2399 0403 838	2798 8804 478	3198 7205 118	3598 5605 758
2502	0399 6802 558	0799 3605 116	1199 0407 674	1598 7210 232	1998 4012 790	2398 0815 348	2797 7617 906	3197 4420 464	3597 1223 022
2503	0399 5205 753	0799 0411 506	1198 5617 259	1598 0823 012	1997 6028 765	2397 1234 519	2796 6440 272	3196 1646 025	3595 6851 778
2504	0399 3610 224	0798 7220 447	1198 0830 671	1597 4440 895	1996 8051 118	2396 1661 342	2795 5271 565	3194 8881 789	3594 2492 013
2505	0399 2015 968	0798 4031 936	1197 6047 904	1596 8063 872	1996 0079 840	2395 2095 808	2794 4111 776	3193 6127 744	3592 8143 713
2506	0399 0422 985	0798 0845 970	1197 1268 955	1596 1691 939	1995 2114 924	2394 2537 909	2793 2960 894	3192 3383 879	3591 3806 864
2507	0398 8831 272	0797 7662 545	1196 6493 817	1595 5325 090	1994 4156 362	2393 2987 635	2792 1818 907	3191 0650 180	3589 9481 452
2508	0398 7240 829	0797 4481 659	1196 1722 488	1594 8963 317	1993 6204 147	2392 3444 976	2791 0685 805	3189 7926 635	3588 5167 464
2509	0398 5651 654	0797 1303 308	1195 6954 962	1594 2606 616	1992 8258 270	2391 3909 924	2789 9561 578	3188 5213 232	3587 0864 886
2510	0398 4063 745	0796 8127 490	1195 2191 235	1593 6254 980	1992 0318 725	2390 4382 470	2788 8446 215	3187 2509 960	3585 6573 705
2511	0398 2477 101	0796 4954 202	1194 7431 302	1592 9908 403	1991 2385 504	2389 4862 605	2787 7339 705	3185 9816 806	3584 2293 907
2512	0398 0891 720	0796 1783 439	1194 2675 159	1592 3566 879	1990 4458 599	2388 5350 319	2786 6242 038	3184 7133 758	3582 8025 478
2513	0397 9307 600	0795 8615 201	1193 7922 801	1591 7230 402	1989 6538 002	2387 5846 603	2785 5153 203	3183 4460 804	3581 3768 404
2514	0397 7724 741	0795 5449 483	1193 3174 224	1591 0898 960	1988 8623 707	2386 6348 449	2784 4073 190	3182 1797 932	3579 9522 673
2515	0397 6143 141	0795 2286 282	1192 8429 423	1590 4572 565	1988 0715 706	2385 6858 847	2783 3001 988	3180 9145 129	3578 5288 270
2516	0397 4562 798	0794 9125 596	1192 3688 394	1589 8251 192	1987 2813 990	2384 7376 789	2782 1939 587	3179 6502 385	3577 1065 183
2517	0397 2983 711	0794 5967 422	1191 8951 132	1589 1934 843	1986 4918 554	2383 7902 265	2781 0885 975	3178 3869 686	3575 6853 397
2518	0397 1405 878	0794 2811 755	1191 4217 633	1588 5623 511	1985 7029 388	2382 8435 266	2779 9841 144	3177 1247 021	3574 2652 899
2519	0396 9829 297	0793 9658 595	1190 9487 892	1587 9317 189	1984 9146 487	2381 8975 784	2778 8805 081	3175 8634 379	3572 8463 676
2520	0396 8253 968	0793 6507 937	1190 4761 905	1587 3015 873	1984 1269 841	2380 9523 810	2777 7777 778	3174 6031 746	3571 4285 714
2521	0396 6679 880	0793 3359 778	1190 0039 667	1586 6719 556	1983 3399 445	2380 0079 334	2776 6759 223	3173 3439 111	3570 0119 000
2522	0396 5107 058	0793 0214 116	1189 5321 174	1586 0428 232	1982 5535 289	2379 0642 347	2775 5749 405	3172 0856 463	3568 5963 521
2523	0396 3535 474	0792 7070 947	1189 0606 421	1585 4141 895	1981 7677 368	2378 1212 842	2774 4748 315	3170 8283 789	3567 1819 263
2524	0396 1965 135	0792 3930 269	1188 5895 404	1584 7860 539	1980 9825 674	2377 1790 808	2773 3755 943	3169 5721 078	3565 7686 212
2525	0396 0396 040	0792 0792 079	1188 1188 119	1584 1584 158	1980 1980 198	2376 2376 238	2772 2772 277	3168 3168 317	3564 3564 356
2526	0395 8828 187	0791 7656 374	1187 6484 561	1583 5312 747	1979 4140 934	2375 2969 121	2771 1797 308	3167 0625 495	3562 9453 682
2527	0395 7261 575	0791 4523 150	1187 1784 725	1582 9046 300	1978 6307 875	2374 3569 450	2770 0831 025	3165 8092 600	3561 5354 175
2528	0395 5696 203	0791 1392 405	1186 7088 608	1582 2784 810	1977 8481 013	2373 4177 215	2768 9873 418	3164 5569 620	3560 1265 823
2529	0395 4132 068	0790 8264 136	1186 2396 204	1581 6528 272	1977 0660 340	2372 4792 408	2767 8924 476	3163 3056 544	3558 7188 612
2530	0395 2569 170	0790 5138 340	1185 7707 510	1581 0276 080	1976 2845 850	2371 5415 020	2766 7984 190	3162 0553 360	3557 3122 530
2531	0395 1007 507	0790 2015 014	1185 3022 521	1580 4030 028	1975 5037 535	2370 6045 041	2765 7052 548	3160 8060 055	3555 9067 562
2532	0394 9447 077	0789 8894 155	1184 8341 232	1579 7788 310	1974 7235 387	2369 6682 464	2764 6129 542	3159 5576 619	3554 5023 697
2533	0394 7887 880	0789 5775 760	1184 3663 640	1579 1551 520	1973 9439 400	2368 7327 280	2763 5215 160	3158 3103 040	3553 0990 920
2534	0394 6329 013	0789 2659 826	1183 8989 740	1578 5319 653	1973 1649 566	2367 7979 479	2762 4309 392	3157 0639 305	3551 6969 219
2535	0394 4773 176	0788 9546 351	1183 4319 527	1577 9092 702	1972 3865 878	2366 8639 053	2761 3412 229	3155 8185 404	3550 2958 580
2536	0394 3217 666	0788 6435 331	1182 9652 997	1577 2870 662	1971 6088 328	2365 9305 994	2760 2523 659	3154 5741 325	3548 8958 991
2537	0394 1663 382	0788 3326 764	1182 4990 146	1576 6653 528	1970 8316 910	2364 9980 292	2759 1643 674	3153 3307 056	3547 4970 438
2538	0394 0110 323	0788 0220 646	1182 0330 969	1576 0441 202	1970 0551 615	2364 0661 939	2758 0772 262	3152 0882 585	3546 0992 908
2539	0393 8558 488	0787 7116 975	1181 5675 463	1575 4233 950	1969 2792 438	2363 1350 926	2756 9909 413	3150 8467 901	3544 7026 388
2540	0393 7007 874	0787 4015 748	1181 1023 022	1574 8031 406	1968 5039 370	2362 2047 244	2755 9055 118	3149 6062 992	3543 3070 866
2541	0393 5458 481	0787 0916 962	1180 6375 443	1574 1833 924	1967 7292 405	2361 2750 885	2754 8209 366	3148 3667 847	3541 9126 328
2542	0393 3910 307	0786 7820 614	1180 1730 921	1573 5641 227	1966 9551 534	2360 3461 841	2753 7372 148	3147 1282 455	3540 5192 762
2543	0393 2363 350	0786 4726 701	1179 7090 051	1572 9453 401	1966 1816 752	2359 4180 102	2752 6543 453	3145 8906 803	3539 1270 153
2544	0393 0817 610	0786 1635 220	1179 2452 830	1572 3270 440	1965 4088 050	2358 4905 660	2751 5723 270	3144 6540 880	3537 7358 491
2545	0392 9273 084	0785 8546 169	1178 7819 253	1571 7092 338	1964 6365 422	2357 5638 507	2750 4911 591	3143 4184 676	3536 3457 760
2546	0392 7729 772	0785 5459 544	1178 3189 317	1571 0919 089	1963 8648 861	2356 6378 633	2749 4108 405	3142 1838 178	3534 9567 950
2547	0392 6187 672	0785 2375 344	1177 8563 015	1570 4750 687	1963 0938 359	2355 7126 031	2748 3313 702	3140 9501 374	3533 5688 046
2548	0392 4646 782	0784 9293 564	1177 3940 345	1569 8587 127	1962 3233 909	2354 7880 691	2747 2527 473	3139 7174 254	3532 1821 036
2549	0392 3107 101	0784 6214 202	1176 9321 302	1569 2428 403	1961 5535 504	2353 8642 605	2746 1749 706	3138 4856 807	3530 7963 907
2550	0392 1568 627	0784 3137 255	1176 4705 882	1568 6274 510	1960 7843 137	2352 9411 765	2745 0980 392	3137 2549 020	3529 4117 647
2551	0392 0031 360	0784 0062 721	1176 0094 081	1568 0125 441	1960 0156 801	2352 0188 162	2744 0219 522	3136 0250 882	3528 0282 242
2552	0391 8495 298	0783 6990 596	1175 5485 893	1567 3981 191	1959 2476 489	2351 0971 787	2742 9467 085	3134 7962 382	3526 6457 680
2553	0391 6960 439	0783 3920 877	1175 0881 316	1566 7841 755	1958 4802 194	2350 1762 632	2741 8723 071	3133 5683 510	3525 2643 948
2554	0391 5426 782	0783 0853 563	1174 6280 345	1566 1707 126	1957 7133 908	2349 2560 689	2740 7987 471	3132 3414 252	3523 8841 034
2555	0391 3894 325	0782 7788 650	1174 1682 975	1565 5577 299	1956 9471 624	2348 3365 949	2739 7260 274	3131 1154 599	3522 5048 924
2556	0391 2363 067	0782 4726 135	1173 7089 202	1564 9452 269	1956 1815 336	2347 4178 404	2738 6541 471	3129 8904 534	3521 1267 606
2557	0391 0833 007	0782 1666 015	1173 2499 022	1564 3332 030	1955 4165 037	2346 4998 045	2737 5831 052	3128 6664 060	3519 7497 067
2558	0390 9304 144	0781 8608 288	1172 7912 432	1563 7216 575	1954 6520 719	2345 5824 863	2736 5129 007	3127 4433 151	3518 3737 295
2559	0390 7776 475	0781 5552 950	1172 3329 426	1563 1105 901	1953 8882 376	2344 6658 851	2735 4435 326	3126 2211 801	3516 9988 277
2560	0390 6250 000	0781 2500 000	1171 8750 000	1562 5000 000	1953 1250 000	2343 7500 000	2734 3750 000	3125 0000 000	3515 6250 000
2561	0390 4724 717	0780 9449 434	1171 4174 151	1561 8898 868	1952 3623 585	2342 8348 301	2733 3073 018	3123 7797 735	3514 2522 452
2562	0390 3200 625	0780 6401 249	1170 9601 874	1561 2802 498	1951 6003 123	2341 9203 747	2732 2404 372	3122 5604 996	3512 8805 621
2563	0390 1677 721	0780 3355 443	1170 5033 164	1560 6710 886	1950 8388 607	2341 0066 329	2731 1744 050	3121 3421 771	3511 5099 493
2564	0390 0156 006	0780 0312 012	1170 0468 019	1560 0624 025	1950 0780 031	2340 0936 037	2730 1092 044	3120 1248 050	3510 1404 056
2565	0389 8635 478	0779 7270 955	1169 5906 433	1559 4541 910	1949 3177 388	2339 1812 865	2729 0448 343	3118 9083 821	3508 7719 298
2566	0389 7116 134	0779 4232 268	1169 1348 402	1558 8464 536	1948 5580 670	2338 2696 804	2727 9812 938	3117 6929 073	3507 4045 207
2567	0389 5597 974	0779 1195 949	1168 6793 923	1558 2391 897	1947 7989 871	2337 3587 846	2726 9185 820	3116 4783 794	3506 0381 769
2568	0389 4080 997	0778 8161 994	1168 2242 991	1557 6323 988	1947 0404 984	2336 4485 981	2725 8566 978	3115 2647 975	3504 6728 972
2569	0389 2565 200	0778 5130 401	1167 7695 601	1557 0260 802	1946 2826 002	2335 5391 203	2724 7956 403	3114 0521 604	3503 3086 804
2570	0389 1050 584	0778 2101 167	1167 3151 751	1556 4202 383	1945 5252 918	2334 6303 502	2723 7354 086	3112 8404 669	3501 9455 253
2571	0388 9537 145	0777 9074 290	1166 8611 435	1555 8148 580	1944 7685 725	2333 7222 870	2722 6760 016	3111 6297 161	3500 5834 306
2572	0388 8024 883	0777 6049 767	1166 4074 650	1555 2099 533	1944 0124 417	2332 8149 300	2721 6174 184	3110 4199 067	3499 2223 950
2573	0388 6513 797	0777 3027 594	1165 9541 391	1554 6055 188	1943 2568 986	2331 9082 783	2720 5596 580	3109 2110 377	3497 8624 174
2574	0388 5003 885	0777 0007 770	1165 5011 655	1554 0015 540	1942 5019 425	2331 0023 310	2719 5027 195	3108 0031 080	3496 5034 965
2575	0388 3495 146	0776 6990 291	1165 0485 437	1553 3980 583	1941 7475 728	2330 0970 874	2718 4466 019	3106 7961 165	3495 1456 311
2576	0388 1987 578	0776 3975 155	1164 5962 733	1552 7950 311	1940 9937 888	2329 1925 466	2717 3913 043	3105 5900 621	3493 7888 199
2577	0388 0481 180	0776 0962 359	1164 1443 539	1552 1924 719	1940 2405 898	2328 2887 078	2716 3368 258	3104 3849 437	3492 4330 617
2578	0387 8975 950	0775 7951 904	1163 6927 851	1551 5903 801	1939 4879 752	2327 3855 702	2715 2831 652	3103 1807 603	3491 0783 553
2579	0387 7471 888	0775 4943 777	1163 2415 665	1550 9887 553	1938 7359 442	2326 4831 330	2714 2303 218	3101 9775 107	3489 7246 995
2580	0387 5968 992	0775 1937 984	1162 7906 977	1550 3875 969	1937 9844 961	2325 5813 953	2713 1782 946	3100 7751 938	3488 3720 930
2581	0387 4467 261	0774 8934 522	1162 3401 782	1549 7869 043	1937 2336 304	2324 6803 565	2712 1270 825	3099 5738 086	3487 0205 347
2582	0387 2966 692	0774 5933 385	1161 8900 077	1549 1866 770	1936 4833 462	2323 7800 155	2711 0766 847	3098 3733 540	3485 6700 232
2583	0387 1467 286	0774 2934 572	1161 4401 858	1548 5869 144	1935 7336 431	2322 8803 717	2710 0271 003	3097 1738 289	3484 3205 575
2584	0386 9969 040	0773 9938 080	1160 9907 121	1547 9876 161	1934 9845 201	2321 9814 241	2708 9783 282	3095 9752 322	3482 9721 362
2585	0386 8471 954	0773 6943 907	1160 5415 861	1547 3887 814	1934 2359 768	2321 0831 721	2707 9303 675	3094 7775 629	3481 6247 582
2586	0386 6976 025	0773 3952 050	1160 0928 074	1546 7904 099	1933 4880 124	2320 1856 149	2706 8832 173	3093 5808 198	3480 2784 223
2587	0386 5481 252	0773 0962 505	1159 6443 757	1546 1925 010	1932 7406 262	2319 2887 515	2705 8368 767	3092 3850 019	3478 9331 272
2588	0386 3987 635	0772 7975 270	1159 1962 906	1545 5950 844	1931 9938 176	2318 3925 811	2704 7913 447	3091 1901 082	3477 5888 717
2589	0386 2495 172	0772 4990 344	1158 7485 516	1544 9980 688	1931 2475 859	2317 4971 031	2703 7466 203	3089 9961 375	3476 2456 547
2590	0386 1003 861	0772 2007 722	1158 3011 583	1544 4015 444	1930 5019 305	2316 6023 166	2702 7027 027	3088 8030 888	3474 9034 749
2591	0385 9513 701	0771 9027 403	1157 8541 104	1543 8054 805	1929 7568 506	2315 7082 208	2701 6595 909	3087 6109 610	3473 5623 311
2592	0385 8024 691	0771 6049 383	1157 4074 074	1543 2098 765	1929 0123 457	2314 8148 148	2700 6172 840	3086 4197 531	3472 2222 222
2593	0385 6536 830	0771 3073 660	1156 9610 490	1542 6147 320	1928 2684 150	2313 9220 980	2699 5757 809	3085 2294 639	3470 8831 469
2594	0385 5050 116	0771 0100 231	1156 5150 347	1542 0200 463	1927 5250 578	2313 0300 694	2698 5350 810	3084 0400 925	3469 5451 041
2595	0385 3564 547	0770 7129 094	1156 0693 642	1541 4258 189	1926 7822 736	2312 1387 283	2697 4951 830	3082 8516 378	3468 2080 925
2596	0385 2080 123	0770 4160 247	1155 6240 370	1540 8320 493	1926 0400 616	2311 2480 740	2696 4560 863	3081 6640 986	3466 8721 109
2597	0385 0596 843	0770 1193 685	1155 1790 528	1540 2387 370	1925 2984 213	2310 3581 055	2695 4177 898	3080 4774 740	3465 5371 583
2598	0384 9114 704	0769 8229 407	1154 7344 111	1539 6458 814	1924 5573 518	2309 4688 222	2694 3802 925	3079 2917 629	3464 2032 333
2599	0384 7633 708	0769 5267 411	1154 2901 116	1539 0534 821	1923 8168 526	2308 5802 232	2693 3435 937	3078 1069 642	3462 8703 347

	1	2	3	4	5	6	7	8	9
2600	0384 6153 846	0769 2307 692	1153 8461 538	1538 4615 385	1923 0769 231	2307 6923 077	2692 3076 923	3076 9230 769	3461 5384 615
2601	0384 4675 125	0768 9350 250	1153 4025 375	1537 8700 500	1922 3375 625	2306 8050 750	2691 2725 875	3075 7401 000	3460 2076 125
2602	0384 3197 540	0768 6395 081	1152 9592 621	1537 2790 161	1921 5987 702	2305 9185 242	2690 2382 782	3074 5580 323	3458 8777 863
2603	0384 1721 091	0768 3442 182	1152 5163 273	1536 6884 364	1920 8605 455	2305 0926 546	2689 2047 637	3073 3768 728	3457 5489 819
2604	0384 0245 776	0768 0491 551	1152 0737 327	1536 0983 103	1920 1228 879	2304 1474 654	2688 1720 430	3072 1966 206	3456 2211 982
2605	0383 8771 593	0767 7543 186	1151 6314 779	1535 5086 372	1919 3857 965	2303 2029 559	2687 1401 152	3071 0172 745	3454 8944 338
2606	0383 7298 542	0767 4597 084	1151 4895 625	1534 9104 167	1918 6402 709	2302 3791 251	2686 1089 793	3069 8388 335	3453 5686 876
2607	0383 5826 621	0767 1653 241	1150 7479 862	1534 3306 483	1917 9133 103	2301 4959 724	2685 0786 344	3068 6612 965	3452 2439 586
2608	0383 4355 828	0766 8711 656	1150 3067 485	1533 7423 313	1917 1779 141	2300 6134 969	2684 0490 708	3067 4846 626	3450 9202 454
2609	0383 2886 163	0766 5772 327	1149 8658 490	1533 1544 653	1916 4430 816	2299 7316 980	2683 0203 143	3066 3089 306	3449 5975 470
2610	0383 1417 625	0766 2835 249	1149 4252 874	1532 5670 498	1915 7088 123	2298 8505 747	2681 9923 372	3065 1340 996	3448 2758 621
2611	0382 9950 211	0765 9900 421	1148 9850 632	1531 9800 843	1914 9751 053	2297 9701 264	2680 9651 475	3063 9601 685	3446 9551 896
2612	0382 8483 920	0765 6967 841	1148 5451 761	1531 3935 681	1914 2419 602	2297 0903 522	2679 9387 443	3062 7871 363	3445 6355 283
2613	0382 7018 752	0765 4037 505	1148 1056 257	1530 8075 010	1913 5093 762	2296 2112 514	2678 9131 267	3061 6150 019	3444 3168 772
2614	0382 5554 705	0765 1109 411	1147 6664 116	1530 2218 822	1912 7773 527	2295 3328 233	2677 8882 938	3060 4437 643	3442 9992 349
2615	0382 4091 778	0764 8183 556	1147 2275 335	1529 6367 113	1912 0458 891	2294 4550 669	2676 8642 447	3059 2734 226	3441 6826 004
2616	0382 2629 969	0764 5259 939	1146 7889 908	1529 0519 878	1911 3149 847	2293 5779 817	2675 8409 786	3058 1039 755	3440 3669 725
2617	0382 1169 278	0764 2338 556	1146 3507 832	1528 4677 111	1910 5846 389	2292 7015 667	2674 8184 945	3056 9354 222	3439 0523 500
2618	0381 9709 702	0763 9419 404	1145 9129 106	1527 8838 808	1909 8548 510	2291 8258 212	2673 7967 914	3055 7677 616	3437 7387 310
2619	0381 8251 241	0763 6502 482	1145 4753 723	1527 3004 964	1909 1256 205	2290 9507 446	2672 7758 687	3054 6009 927	3436 4261 168
2620	0381 6793 893	0763 3587 786	1145 0381 670	1526 7175 573	1908 3969 466	2290 0763 359	2671 7557 252	3053 4851 145	3435 1145 038
2621	0381 5337 657	0763 0675 315	1144 6012 972	1526 1350 630	1907 6688 287	2289 2025 944	2670 7363 602	3052 2701 259	3433 8038 916
2622	0381 3882 532	0762 7765 065	1144 1647 597	1525 5530 130	1906 9412 662	2288 3295 195	2669 7177 727	3051 1000 259	3432 4942 792
2623	0381 2428 517	0762 4857 034	1143 7285 551	1524 9714 068	1906 2142 585	2287 4571 102	2668 6999 619	3049 9428 136	3431 1856 653
2624	0381 0975 610	0762 1951 220	1143 2926 820	1524 3902 439	1905 4878 049	2286 5853 659	2667 6829 268	3048 7804 878	3429 8780 488
2625	0380 9523 810	0761 9047 619	1142 8571 429	1523 8095 238	1904 7619 048	2285 7142 857	2666 6666 667	3047 6190 476	3428 5714 286
2626	0380 8073 115	0761 6146 230	1142 4219 345	1523 2292 460	1904 0365 575	2284 8438 690	2665 6511 805	3046 4584 920	3427 2658 035
2627	0380 6623 525	0761 3247 050	1141 9870 575	1522 6494 100	1903 3117 625	2283 9741 150	2664 6364 675	3045 2988 199	3425 9611 724
2628	0380 5175 038	0761 0350 076	1141 5525 114	1522 0700 152	1902 5875 190	2283 1050 228	2663 6225 266	3044 1400 304	3424 6575 342
2629	0380 3727 653	0760 7455 306	1141 1182 959	1521 4910 612	1901 8638 266	2282 2365 919	2662 6093 572	3042 9821 225	3423 3548 878
2630	0380 2281 369	0760 4562 738	1140 6844 106	1520 9125 475	1901 1406 844	2281 3688 213	2661 5969 582	3041 8250 951	3422 0532 319
2631	0380 0836 184	0760 1672 368	1140 2508 552	1520 3344 736	1900 4180 920	2280 5017 104	2660 5853 288	3040 6689 472	3420 7525 656
2632	0379 9392 097	0759 8784 195	1139 8176 292	1519 7568 389	1899 6960 486	2279 6352 584	2659 5744 681	3039 5136 778	3419 4528 875
2633	0379 7949 107	0759 5898 215	1139 3847 322	1519 1796 430	1898 9745 537	2278 7694 645	2658 5643 752	3038 3592 860	3418 1541 967
2634	0379 6507 213	0759 3014 427	1138 9521 640	1518 6028 853	1898 2536 067	2277 9043 280	2657 5550 494	3037 2057 707	3416 8564 920
2635	0379 5066 414	0759 0132 827	1138 5199 241	1518 0265 655	1897 5332 068	2277 0398 482	2656 5464 896	3036 0531 309	3415 5597 723
2636	0379 3626 707	0758 7253 414	1138 0880 121	1517 4506 829	1896 8133 536	2276 1760 243	2655 5386 950	3034 9013 657	3414 2640 364
2637	0379 2188 093	0758 4376 185	1137 6564 278	1516 8752 370	1896 0940 463	2275 3128 555	2654 5316 648	3033 7504 740	3412 9692 833
2638	0379 0750 569	0758 1501 137	1137 2251 706	1516 3002 274	1895 3752 843	2274 4503 412	2653 5253 980	3032 6004 549	3411 6755 117
2639	0378 9314 134	0757 8628 268	1136 7942 402	1515 7256 537	1894 6570 671	2273 5884 805	2652 5198 939	3031 4513 073	3410 3827 207
2640	0378 7878 788	0757 5757 576	1136 3636 364	1515 1515 152	1893 9393 939	2272 7272 727	2651 5151 515	3030 3030 303	3409 0909 091
2641	0378 6444 529	0757 2889 057	1135 9333 586	1514 5778 114	1893 2222 643	2271 8667 172	2650 5111 700	3029 1556 229	3407 8000 757
2642	0378 5011 355	0757 0022 710	1135 5034 065	1514 0045 420	1892 5056 775	2271 0068 130	2649 5079 485	3028 0090 840	3406 5102 195
2643	0378 3579 266	0756 7158 532	1135 0737 798	1513 4317 064	1891 7896 330	2270 1475 596	2648 5054 862	3026 8634 128	3405 2213 394
2644	0378 2148 260	0756 4296 520	1134 6444 781	1512 8593 041	1891 0741 301	2269 2889 561	2647 5037 821	3025 7186 082	3403 9334 342
2645	0378 0718 336	0756 1436 673	1134 2155 009	1512 2873 346	1890 3591 682	2268 4310 019	2646 5028 355	3024 5746 692	3402 6465 028
2646	0377 9289 494	0755 8578 987	1133 7868 481	1511 7157 974	1889 6447 468	2267 5736 961	2645 5026 455	3023 4315 949	3401 3605 442
2647	0377 7861 730	0755 5723 461	1133 3585 191	1511 1446 921	1888 9308 651	2266 7170 382	2644 5032 112	3022 2893 842	3400 0755 572
2648	0377 6435 045	0755 2870 091	1132 9305 136	1510 5740 181	1888 2175 227	2265 8610 272	2643 5045 317	3021 1480 363	3398 7915 408
2649	0377 5009 438	0755 0018 875	1132 5028 313	1510 0037 750	1887 5047 188	2265 0056 625	2642 5066 063	3020 0075 500	3397 5084 938
2650	0377 3584 906	0754 7169 811	1132 0754 717	1509 4339 623	1886 7924 528	2264 1509 434	2641 5094 340	3018 8679 245	3396 2264 151
2651	0377 2161 449	0754 4322 897	1131 6484 346	1508 8645 794	1886 0807 243	2263 2968 691	2640 5130 140	3017 7291 588	3394 9453 037
2652	0377 0739 065	0754 1478 130	1131 2217 195	1508 2956 259	1885 3695 324	2262 4434 389	2639 5173 454	3016 5912 519	3393 6651 584
2653	0376 9317 753	0753 8635 507	1130 7953 261	1507 7271 014	1884 6588 767	2261 5906 521	2638 5224 274	3015 4542 028	3392 3859 781
2654	0376 7897 513	0753 5795 026	1130 3692 540	1507 1590 053	1883 9487 566	2260 7385 079	2637 5282 592	3014 3180 106	3391 1077 619
2655	0376 6478 343	0753 2956 686	1129 9435 028	1506 5913 371	1883 2391 714	2259 8870 057	2636 5348 399	3013 1826 742	3389 8305 085
2656	0376 5060 241	0753 0120 482	1129 5180 723	1506 0240 964	1882 5301 205	2259 0361 446	2635 5421 687	3012 0481 928	3388 5542 169
2657	0376 3643 207	0752 7286 413	1129 0929 620	1505 4572 826	1881 8216 033	2258 1859 240	2634 5502 446	3010 9145 653	3387 2788 860
2658	0376 2227 239	0752 4454 477	1128 6681 716	1504 8908 954	1881 1136 193	2257 3363 431	2633 5590 670	3009 7817 908	3386 0045 147
2659	0376 0812 335	0752 1624 671	1128 2437 006	1504 3249 342	1880 4061 677	2256 4874 013	2632 5686 348	3008 6498 684	3384 7311 019
2660	0375 9398 496	0751 8796 992	1127 8195 489	1503 7593 985	1879 6992 481	2255 6390 977	2631 5789 474	3007 5187 970	3383 4586 466
2661	0375 7985 720	0751 5971 439	1127 3957 159	1503 1942 879	1878 9928 598	2254 7914 318	2630 5900 038	3006 3885 757	3382 1871 477
2662	0375 6574 005	0751 3148 009	1126 9722 014	1502 6296 018	1878 2870 023	2253 9444 027	2629 6018 032	3005 2592 036	3380 9166 041
2663	0375 5163 350	0751 0326 699	1126 5490 049	1502 0653 398	1877 5816 748	2253 0980 098	2628 6143 447	3004 1306 797	3379 6470 146
2664	0375 3753 754	0750 7507 508	1126 1261 261	1501 5015 015	1876 8768 769	2252 2522 523	2627 6276 276	3003 0030 030	3378 3783 784
2665	0375 2345 216	0750 4690 432	1125 7035 647	1500 9380 863	1876 1726 079	2251 4071 295	2626 6416 510	3001 8761 726	3377 1106 942
2666	0375 0937 734	0750 1875 469	1125 2813 203	1500 3750 938	1875 4688 672	2250 5626 407	2625 6564 141	3000 7501 875	3375 8439 610
2667	0374 9531 309	0749 9062 617	1124 8593 926	1499 8125 234	1874 7656 543	2249 7187 852	2624 6719 160	2999 6250 469	3374 5781 777
2668	0374 8125 937	0749 6251 874	1124 4377 811	1499 2503 748	1874 0629 685	2248 8755 622	2623 6881 559	2998 5007 496	3373 3133 433
2669	0374 6721 619	0749 3443 237	1124 0164 856	1498 6886 474	1873 3608 093	2248 0329 711	2622 7051 330	2997 3772 949	3372 0494 567
2670	0374 5318 352	0749 0636 704	1123 5955 056	1498 1273 408	1872 6591 760	2247 1910 112	2621 7228 464	2996 2546 816	3370 7865 169
2671	0374 3916 136	0748 7832 273	1123 1748 409	1497 5664 545	1871 9580 681	2246 3496 818	2620 7412 954	2995 1329 090	3369 5245 227
2672	0374 2514 970	0748 5029 940	1122 7544 910	1497 0059 880	1871 2574 850	2245 5089 820	2619 7604 790	2994 0119 761	3368 2634 731
2673	0374 1114 852	0748 2229 704	1122 3344 557	1496 4459 409	1870 5574 261	2244 6689 413	2618 7803 966	2992 8918 818	3367 0033 670
2674	0373 9715 782	0747 9431 563	1121 9147 345	1495 8863 126	1869 8578 908	2243 8294 690	2617 8010 471	2991 7726 253	3365 7442 034
2675	0373 8317 757	0747 6635 514	1121 4953 271	1495 3271 028	1869 1588 785	2242 9906 542	2616 8224 299	2990 6542 056	3364 4859 813
2676	0373 6920 777	0747 3841 555	1121 0762 332	1494 7683 109	1868 4603 886	2242 1524 664	2615 8445 411	2989 5366 218	3363 2286 996
2677	0373 5524 841	0747 1049 082	1120 6574 224	1494 2099 305	1867 7624 206	2241 3149 047	2614 8673 889	2988 4198 730	3361 9723 571
2678	0373 4129 948	0746 8259 895	1120 2389 843	1493 6519 791	1867 0649 739	2240 4779 686	2613 8909 634	2987 3039 582	3360 7169 530
2679	0373 2736 096	0746 5472 191	1119 8208 287	1493 0944 382	1866 3680 478	2239 6416 573	2612 9152 669	2986 1888 764	3359 4624 860
2680	0373 1343 284	0746 2686 567	1119 4029 851	1492 5373 134	1865 6716 418	2238 8059 701	2611 9402 985	2985 0746 269	3358 2089 552
2681	0372 9951 511	0745 9903 021	1118 9854 532	1491 9806 043	1864 9757 553	2237 9709 054	2610 9660 574	2983 9612 085	3356 9563 596
2682	0372 8560 776	0745 7121 551	1118 5682 327	1491 4243 102	1864 2803 878	2237 1364 653	2609 9925 429	2982 8486 204	3355 7046 980
2683	0372 7171 077	0745 4342 154	1118 1513 231	1490 8684 309	1863 5855 386	2236 3026 463	2609 0197 540	2981 7368 617	3354 4539 694
2684	0372 5782 414	0745 1564 829	1117 7347 243	1490 3129 657	1862 8912 072	2235 4694 486	2608 0476 900	2980 6259 314	3353 2041 729
2685	0372 4394 786	0744 8789 572	1117 3184 358	1489 7579 143	1862 1973 929	2234 6368 715	2607 0763 501	2979 5158 287	3351 9553 073
2686	0372 3008 191	0744 6016 381	1116 9024 572	1489 2032 702	1861 5040 953	2233 8049 144	2606 1057 334	2978 4065 525	3350 7073 716
2687	0372 1622 627	0744 3245 255	1116 4867 882	1488 6490 510	1860 8113 137	2233 0735 765	2605 1358 392	2977 2981 020	3349 4603 647
2688	0372 0238 095	0744 0476 190	1116 0714 286	1488 0952 381	1860 1190 476	2232 1428 571	2604 1666 667	2976 1904 762	3348 2142 857
2689	0371 8854 593	0743 7709 186	1115 6563 778	1487 5418 371	1859 4272 964	2231 3127 557	2603 1982 149	2975 0836 742	3346 9691 335
2690	0371 7472 119	0743 4944 238	1115 2416 357	1486 9888 476	1858 7360 595	2230 4832 714	2602 2304 833	2973 9776 952	3345 7249 071
2691	0371 6090 673	0743 2181 345	1114 8272 018	1486 4362 690	1858 0453 363	2229 6544 036	2601 2634 708	2972 8725 381	3344 4816 053
2692	0371 4710 253	0742 9420 505	1114 4130 758	1485 8841 010	1857 3551 263	2228 8261 516	2600 2971 768	2971 7682 021	3343 2392 273
2693	0371 3330 858	0742 6661 716	1113 9992 573	1485 3323 431	1856 6654 289	2227 9985 147	2599 3316 004	2970 6646 862	3341 9977 720
2694	0371 1952 487	0742 3904 974	1113 5857 461	1484 7809 948	1855 9762 435	2227 1714 922	2598 3667 409	2969 5619 896	3340 7572 383
2695	0371 0575 139	0742 1150 278	1113 1725 417	1484 2300 557	1855 2875 696	2226 3450 835	2597 4025 974	2968 4601 113	3339 5176 252
2696	0370 9198 813	0741 8397 626	1112 7596 439	1483 6795 252	1854 5994 065	2225 5192 878	2596 4391 691	2967 3590 504	3338 2789 317
2697	0370 7823 508	0741 5647 015	1112 3470 523	1483 1294 030	1853 9117 538	2224 6941 046	2595 4764 553	2966 2588 061	3337 0411 568
2698	0370 6449 222	0741 2898 443	1111 9347 665	1482 5796 887	1853 2246 108	2223 8695 330	2594 5144 551	2965 1593 773	3335 8042 995
2699	0370 5075 954	0741 0151 908	1111 5227 862	1482 0303 816	1852 5379 770	2223 0455 724	2593 5531 678	2964 0607 632	3334 5683 587

	1	2	3	4	5	6	7	8	9
2700	0370 3703 704	0740 7407 407	1111 1111 111	1481 4814 815	1851 8518 519	2222 2222 222	2592 5925 926	2962 9629 630	3333 3333 333
2701	0370 2332 469	0740 4664 939	1110 6997 408	1480 9329 878	1851 1662 347	2221 3994 817	2591 6327 286	2961 8659 756	3332 0992 225
2702	0370 0962 250	0740 1924 500	1110 2886 751	1480 3849 001	1850 4811 251	2220 5773 501	2590 6735 751	2960 7698 002	3330 8660 252
2703	0369 9593 045	0739 9186 090	1109 8779 134	1479 8372 179	1849 7965 224	2219 7558 269	2589 7151 313	2959 6744 358	3329 6337 403
2704	0369 8224 852	0739 6449 704	1109 4674 556	1479 2899 408	1849 1124 260	2218 9349 112	2588 7573 964	2958 5798 817	3328 4023 669
2705	0369 6857 671	0739 3715 342	1109 0573 013	1478 7430 684	1848 4288 355	2218 1146 026	2587 8003 697	2957 4861 368	3327 1719 039
2706	0369 5491 500	0739 0983 001	1108 6474 501	1478 1966 001	1847 7457 502	2217 2949 002	2586 8440 503	2956 3932 003	3325 9423 503
2707	0369 4126 339	0738 8252 078	1108 2379 017	1477 6505 356	1847 0631 696	2216 4758 035	2585 8884 374	2955 3010 713	3324 7137 052
2708	0369 2762 186	0738 5524 372	1107 8286 558	1477 1048 744	1846 3810 931	2215 6573 117	2584 9335 303	2954 2097 489	3323 4859 675
2709	0369 1399 040	0738 2798 080	1107 4197 121	1476 5596 161	1845 6995 201	2214 8394 241	2583 9793 282	2953 1192 322	3322 2591 362
2710	0369 0036 900	0738 0073 801	1107 0110 701	1476 0147 601	1845 0184 502	2214 0221 402	2583 0258 303	2952 0295 203	3321 0332 103
2711	0368 8675 765	0737 7351 531	1106 6027 296	1475 4703 062	1844 3378 827	2213 2054 592	2582 0730 358	2950 9406 123	3319 8081 889
2712	0368 7315 634	0737 4631 268	1106 1946 903	1474 9262 537	1843 6578 171	2212 3893 805	2581 1209 430	2949 8525 074	3318 5840 708
2713	0368 5956 506	0737 1913 011	1105 7869 517	1474 3826 023	1842 9782 529	2211 5739 034	2580 1695 540	2948 7652 046	3317 3608 551
2714	0368 4598 379	0736 9196 758	1105 3795 136	1473 8393 515	1842 2991 894	2210 7590 273	2579 2188 651	2947 6787 030	3316 1385 409
2715	0368 3241 252	0736 6482 505	1104 9723 757	1473 2965 009	1841 6206 262	2209 9447 514	2578 2688 766	2946 5930 018	3314 9171 271
2716	0368 1885 125	0736 3770 250	1104 5655 376	1472 7540 501	1840 9425 626	2209 1310 751	2577 3195 876	2945 5081 001	3313 6966 127
2717	0368 0529 996	0736 1059 993	1104 1589 989	1472 2119 985	1840 2649 982	2208 3179 978	2576 3709 974	2944 4239 971	3312 4769 967
2718	0367 9175 865	0735 8351 729	1103 7527 594	1471 6703 458	1839 5879 323	2207 5055 188	2575 4231 052	2943 3406 017	3311 2582 781
2719	0367 7822 729	0735 5645 458	1103 3468 187	1471 1290 916	1838 9113 645	2206 6936 374	2574 4759 103	2942 2581 832	3310 0404 560
2720	0367 6470 588	0735 2941 176	1102 9411 765	1470 5882 353	1838 2352 941	2205 8823 529	2573 5294 118	2941 1764 706	3308 8235 294
2721	0367 5119 444	0735 0238 883	1102 5358 324	1470 0477 766	1837 5597 207	2205 0716 648	2572 5836 090	2940 0955 531	3307 6074 972
2722	0367 3769 287	0734 7538 575	1102 1307 862	1469 6077 149	1836 8846 436	2204 2615 724	2571 6385 011	2939 0154 298	3306 3923 586
2723	0367 2420 125	0734 4840 250	1101 7260 375	1468 9680 499	1836 2100 624	2203 4520 749	2570 6940 874	2937 9360 999	3305 1781 124
2724	0367 1071 953	0734 2143 906	1101 3215 859	1468 4287 812	1835 5359 765	2202 6431 718	2569 7503 671	2936 8575 624	3303 9647 577
2725	0366 9724 771	0733 9449 541	1100 9171 312	1467 8899 083	1834 8623 853	2201 8348 624	2568 8073 304	2935 7798 165	3302 7522 936
2726	0366 8378 577	0733 6757 153	1100 5135 730	1467 3514 307	1834 1892 883	2201 0271 460	2567 8650 037	2934 7028 613	3301 5407 190
2727	0366 7033 370	0733 4066 740	1100 1100 110	1466 8133 480	1833 5166 850	2200 2200 220	2566 9233 590	2933 6266 960	3300 3300 330
2728	0366 5689 150	0733 1378 299	1099 7067 449	1466 2756 598	1832 8445 748	2199 4134 897	2565 9824 047	2932 5513 196	3299 1202 346
2729	0366 4345 914	0732 8691 829	1099 3037 743	1465 7383 657	1832 1729 571	2198 6075 486	2565 0421 400	2931 4767 314	3297 9113 228
2730	0366 3003 663	0732 6007 326	1098 9010 989	1465 2014 652	1831 5018 315	2197 8021 978	2564 1025 641	2930 4029 304	3296 7032 967
2731	0366 1662 395	0732 3324 789	1098 4987 184	1464 6649 579	1830 8311 974	2196 9974 368	2563 1636 763	2929 3299 158	3295 4961 558
2732	0366 0322 108	0732 0644 217	1098 0966 325	1464 1288 433	1830 1610 542	2196 1932 650	2562 2254 758	2928 2570 867	3294 2898 975
2733	0365 8982 803	0731 7965 606	1097 6918 408	1463 5931 211	1829 4914 014	2195 3896 817	2561 2879 619	2927 1862 422	3293 0845 225
2734	0365 7644 477	0731 5288 954	1097 2933 431	1463 0577 908	1828 8222 385	2194 5866 862	2560 3511 339	2926 1155 816	3291 8800 203
2735	0365 6307 130	0731 2614 260	1096 8921 389	1462 5228 519	1828 1535 649	2193 7842 779	2559 4149 909	2925 0457 038	3290 6764 168
2736	0365 4970 760	0730 9941 520	1096 4912 281	1461 9883 041	1827 4853 801	2192 9824 564	2558 4795 322	2923 9766 082	3289 4736 842
2737	0365 3635 367	0730 7270 734	1096 0906 102	1461 4541 469	1826 8176 836	2192 1812 203	2557 5447 570	2922 9082 938	3288 2718 305
2738	0365 2300 950	0730 4601 899	1095 6902 849	1460 9203 798	1826 1504 748	2191 3805 698	2556 6106 647	2921 8407 507	3287 0708 546
2739	0365 0967 506	0730 1935 013	1095 2902 519	1460 3870 026	1825 4837 532	2190 5805 038	2555 6772 545	2920 7740 051	3285 8707 558
2740	0364 9635 036	0729 9270 073	1094 8905 110	1459 8540 146	1824 8175 182	2189 7810 219	2554 7445 257	2919 7080 292	3284 6715 328
2741	0364 8303 539	0729 6607 078	1094 4910 617	1459 3214 155	1824 1517 694	2188 9821 233	2553 8124 772	2918 6428 311	3283 4731 850
2742	0364 6973 012	0729 3946 025	1094 0919 087	1458 7892 050	1823 4865 062	2188 1838 074	2552 8811 087	2917 5784 099	3282 2757 112
2743	0364 5643 456	0729 1286 912	1093 6930 368	1458 2573 824	1822 8217 280	2187 3860 736	2551 9504 192	2916 5147 649	3281 0791 105
2744	0364 4314 869	0728 8629 798	1093 2944 606	1457 7259 475	1822 1574 344	2186 5880 213	2551 0204 082	2915 4518 950	3279 8863 810
2745	0364 2987 250	0728 5974 499	1092 8961 719	1457 1948 998	1821 4936 248	2185 7923 497	2550 0910 747	2914 3897 906	3278 6885 246
2746	0364 1660 597	0728 3321 194	1092 4981 792	1456 6642 389	1820 8302 986	2184 9963 583	2549 1624 181	2913 3284 778	3277 4945 375
2747	0364 0334 911	0728 0669 822	1092 1004 732	1456 1339 643	1820 1674 554	2184 2009 465	2548 2344 376	2912 2679 286	3276 3014 197
2748	0363 9010 189	0727 8020 378	1091 7030 568	1455 6040 757	1819 5050 946	2183 4061 135	2547 3071 325	2911 2081 514	3275 1091 703
2749	0363 7686 431	0727 5372 863	1091 3059 294	1455 0745 726	1818 8432 157	2182 6118 789	2546 3805 020	2910 1491 451	3273 9177 883
2750	0363 6363 636	0727 2727 273	1090 9090 909	1454 5454 545	1818 1818 182	2181 8181 818	2545 4545 455	2909 0909 091	3272 7272 727
2751	0363 5041 803	0727 0083 606	1090 5125 409	1454 0167 212	1817 5209 015	2181 0230 818	2544 5292 621	2908 0334 424	3271 5376 227
2752	0363 3720 930	0726 7441 860	1090 1162 791	1453 4883 721	1816 8604 651	2180 2325 581	2543 6046 512	2906 9767 442	3270 3488 372
2753	0363 2401 017	0726 4802 034	1089 7203 051	1452 9604 068	1816 2005 086	2179 4406 102	2542 6807 119	2905 9208 137	3269 1609 154
2754	0363 1082 062	0726 2164 125	1089 3246 187	1452 4328 250	1815 5410 312	2178 6492 375	2541 7574 437	2904 8656 500	3267 9738 592
2755	0362 9764 065	0725 9528 131	1088 9292 196	1451 9056 261	1814 8820 327	2177 8584 392	2540 8348 457	2903 8112 523	3266 7876 588
2756	0362 8447 025	0725 6894 049	1088 5341 074	1451 3788 099	1814 2435 123	2177 0682 148	2539 9129 173	2902 7576 197	3265 6023 222
2757	0362 7130 939	0725 4261 879	1088 1392 818	1450 8523 758	1813 5654 697	2176 2785 637	2538 9916 576	2901 7047 515	3264 4178 455
2758	0362 5815 809	0725 1631 617	1087 7447 425	1450 3263 234	1812 9079 043	2175 4894 851	2538 0710 660	2900 6526 468	3263 2342 277
2759	0362 4501 634	0724 9003 262	1087 3504 893	1449 8006 524	1812 2508 155	2174 7009 786	2537 1511 417	2899 6013 048	3262 0514 679
2760	0362 3188 406	0724 6376 812	1086 9565 217	1449 2753 623	1811 5942 029	2173 9130 435	2536 2318 841	2898 5507 246	3260 8695 652
2761	0362 1876 132	0724 3752 264	1086 5628 396	1448 7504 527	1810 9380 659	2173 1256 791	2535 3132 923	2897 5009 055	3259 6885 187
2762	0362 0564 808	0724 1129 616	1086 1694 424	1448 2259 232	1810 2824 041	2172 3388 849	2534 3953 657	2896 4518 465	3258 5083 273
2763	0361 9254 434	0723 8508 867	1085 7763 301	1447 7017 734	1809 6272 168	2171 5526 601	2533 4781 035	2895 4035 469	3257 3289 902
2764	0361 7945 007	0723 5890 014	1085 3835 022	1447 1780 020	1808 9725 036	2170 7670 043	2532 5615 051	2894 3560 058	3256 1505 065
2765	0361 6636 528	0723 3273 056	1084 9909 584	1446 6546 112	1808 3182 640	2169 9819 168	2531 6455 696	2893 3092 224	3254 9728 752
2766	0361 5328 995	0723 0657 990	1084 5986 985	1446 1315 980	1807 6644 975	2169 1973 970	2530 7302 965	2892 2631 960	3253 7960 954
2767	0361 4022 407	0722 8044 814	1084 2067 221	1445 6089 628	1807 0112 035	2168 4134 442	2529 8156 849	2891 2179 256	3252 6201 662
2768	0361 2716 763	0722 5433 526	1083 8150 289	1445 0867 052	1806 3583 815	2167 6300 578	2528 9017 341	2890 1734 104	3251 4450 867
2769	0361 1412 062	0722 2824 124	1083 4236 180	1444 5648 248	1805 7060 311	2166 8472 373	2527 9884 435	2889 1296 497	3250 2708 550
2770	0361 0108 303	0722 0216 607	1083 0324 910	1444 0433 213	1805 0541 516	2166 0650 820	2527 0758 123	2888 0866 426	3249 0974 729
2771	0360 8805 485	0721 7610 971	1082 6416 456	1443 5221 942	1804 4027 427	2165 2832 912	2526 1638 398	2887 0443 883	3247 9249 368
2772	0360 7503 608	0721 5007 215	1082 2510 823	1443 0014 430	1803 7518 038	2164 5021 645	2525 2525 253	2886 0028 860	3246 7532 468
2773	0360 6202 669	0721 2405 337	1081 8608 006	1442 4810 674	1803 1013 343	2163 7216 012	2524 3418 680	2884 9621 340	3245 5824 017
2774	0360 4902 668	0720 9805 335	1081 4708 003	1441 9610 670	1802 4513 338	2162 9416 006	2523 4318 673	2883 9221 341	3244 4124 009
2775	0360 3603 604	0720 7207 207	1081 0810 811	1441 4414 414	1801 8018 018	2162 1621 622	2522 5225 225	2882 8828 829	3243 2432 432
2776	0360 2305 475	0720 4610 951	1080 6916 427	1440 9221 902	1801 1527 378	2161 3832 853	2521 6138 329	2881 8443 804	3242 0749 280
2777	0360 1008 282	0720 2016 565	1080 3024 847	1440 4033 129	1800 5041 412	2160 6049 694	2520 7057 976	2880 8066 259	3240 9074 541
2778	0359 9712 023	0719 9424 046	1079 9136 069	1439 8848 092	1799 8560 115	2159 8272 138	2519 7984 161	2879 7696 184	3239 7408 207
2779	0359 8416 697	0719 6833 393	1079 5250 090	1439 3606 787	1799 2083 483	2159 0500 180	2518 8916 877	2878 7333 573	3238 5750 270
2780	0359 7122 302	0719 4244 604	1079 1366 906	1438 8489 209	1798 5611 511	2158 2733 813	2517 9856 115	2877 6978 417	3237 4100 719
2781	0359 5828 830	0719 1657 677	1078 7486 516	1438 3315 354	1797 9144 193	2157 4973 031	2517 0801 870	2876 6630 708	3236 2459 547
2782	0359 4536 305	0718 9072 610	1078 3608 914	1437 8145 219	1797 2681 524	2156 7217 829	2516 1754 134	2875 6290 439	3235 0826 743
2783	0359 3244 700	0718 6489 400	1077 9734 100	1437 2978 800	1796 6223 500	2155 9468 200	2515 2712 900	2874 5957 600	3233 9202 300
2784	0359 1954 051	0718 3908 102	1077 5862 153	1436 7816 204	1795 9770 255	2155 1724 306	2514 3678 357	2873 5632 408	3232 7586 459
2785	0359 0664 273	0718 1328 546	1077 1992 819	1436 2657 092	1795 3321 364	2154 3985 637	2513 4649 910	2872 5314 183	3231 5978 456
2786	0358 9375 449	0717 8750 899	1076 8126 348	1435 7501 797	1794 6877 247	2153 6252 692	2512 5628 141	2871 5003 590	3230 4379 058
2787	0358 8087 549	0717 6175 099	1076 4262 648	1435 2350 197	1794 0437 747	2152 8525 296	2511 6612 845	2870 4700 395	3229 2787 944
2788	0358 6800 574	0717 3601 148	1076 0401 722	1434 7202 296	1793 4002 869	2152 0803 443	2510 7604 017	2869 4404 591	3228 1205 165
2789	0358 5514 521	0717 1029 043	1075 6543 564	1434 2058 085	1792 7572 607	2151 3087 128	2509 8601 649	2868 4116 171	3226 9630 692
2790	0358 4229 391	0716 8458 781	1075 2688 172	1433 6917 563	1792 1146 953	2150 5376 344	2508 9605 735	2867 3835 125	3225 8064 516
2791	0358 2945 181	0716 5890 362	1074 8835 543	1433 1780 724	1791 4725 905	2149 7671 086	2508 0616 267	2866 3561 448	3224 6506 629
2792	0358 1661 891	0716 3323 782	1074 4985 673	1432 6647 564	1790 8309 456	2148 9971 347	2507 1633 238	2865 3295 129	3223 4957 020
2793	0358 0379 520	0716 0759 040	1074 1138 561	1432 1518 081	1790 1897 601	2148 2277 121	2506 2656 642	2864 3036 162	3222 3415 682
2794	0357 9098 067	0715 8196 135	1073 7294 202	1431 6392 269	1789 5490 336	2147 4588 404	2505 3686 471	2863 2784 538	3221 1882 605
2795	0357 7817 531	0715 5635 063	1073 3452 594	1431 1270 125	1788 9087 657	2146 6905 188	2504 4722 719	2862 2540 250	3220 0357 782
2796	0357 6537 911	0715 3075 823	1072 9613 734	1430 6151 645	1788 2689 557	2145 9227 469	2503 5765 379	2861 2303 290	3218 8841 202
2797	0357 5259 206	0715 0518 413	1072 5777 619	1430 1036 825	1787 6296 031	2145 1555 238	2502 6814 444	2860 2073 650	3217 7832 857
2798	0357 3981 415	0714 7962 831	1072 1944 246	1429 5925 661	1786 9907 077	2144 3888 492	2501 7869 907	2859 1851 322	3216 5832 738
2799	0357 2704 537	0714 5409 075	1071 8113 612	1429 0818 149	1786 3522 687	2143 6227 224	2500 8931 761	2858 1636 299	3215 4340 836

	1	2	3	4	5	6	7	8	9
2800	0357 1428 571	0714 2857 143	1071 4285 714	1428 5714 286	1785 7142 857	2142 8571 429	2500 0000 000	2857 1428 571	3214 2857 143
2801	0357 0153 517	0714 0307 033	1071 0460 550	1428 0614 066	1785 0767 583	2142 0921 100	2499 1074 616	2856 1228 133	3213 1381 649
2802	0356 8879 372	0713 7758 744	1070 6638 116	1427 5517 488	1784 4396 859	2141 3276 231	2498 2155 603	2855 1034 975	3211 9914 347
2803	0356 7606 136	0713 5212 273	1070 2818 409	1427 0424 545	1783 8030 681	2140 5636 818	2497 3242 954	2854 0849 060	3210 8455 227
2804	0356 6333 809	0713 2667 618	1069 9001 427	1426 5335 235	1783 1669 044	2139 8002 853	2496 4336 662	2853 0670 471	3209 7004 280
2805	0356 5062 389	0713 0124 777	1069 5187 166	1426 0249 554	1782 5311 943	2139 0374 332	2495 5436 720	2852 0499 109	3208 5561 497
2806	0356 3791 875	0712 7583 749	1069 1375 624	1425 5167 498	1781 8959 373	2138 2751 247	2494 6543 122	2851 0334 996	3207 4126 871
2807	0356 2522 266	0712 5044 532	1068 7566 797	1425 0089 063	1781 2611 329	2137 5133 595	2493 7655 860	2850 0178 126	3206 2700 392
2808	0356 1253 561	0712 2507 123	1068 3760 684	1424 5014 245	1780 6267 806	2136 7521 368	2492 8774 929	2849 0028 490	3205 1282 051
2809	0355 9985 760	0711 9971 520	1067 9957 280	1423 9943 040	1779 9928 800	2135 9914 560	2491 9900 320	2847 9886 080	3203 9871 841
2810	0355 8718 861	0711 7437 722	1067 6156 584	1423 4875 445	1779 3594 306	2135 2313 167	2491 1032 028	2846 9750 800	3202 8469 751
2811	0355 7452 864	0711 4905 727	1067 2358 591	1422 9811 455	1778 7264 319	2134 4717 182	2490 2170 046	2845 9622 910	3201 7075 774
2812	0355 6187 767	0711 2375 533	1066 8563 300	1422 4751 067	1778 0938 834	2133 7126 600	2489 3314 367	2844 9502 134	3200 5689 900
2813	0355 4923 569	0710 9847 138	1066 4770 707	1421 9694 277	1777 4617 846	2132 9541 415	2488 4464 984	2843 9388 553	3199 4312 122
2814	0355 3660 270	0710 7320 540	1066 0980 810	1421 4641 080	1776 8301 350	2132 1961 620	2487 5621 891	2842 9282 161	3198 2942 431
2815	0355 2397 869	0710 4795 737	1065 7193 606	1420 9591 474	1776 1989 343	2131 4387 211	2486 6785 080	2841 9182 948	3197 1580 817
2816	0355 1136 364	0710 2272 727	1065 3409 091	1420 4545 455	1775 5681 818	2130 6818 182	2485 7954 545	2840 9090 909	3196 0227 273
2817	0354 9875 754	0709 9751 509	1064 9627 263	1419 9503 017	1774 9378 772	2129 9254 526	2484 9130 280	2839 9006 035	3194 8881 789
2818	0354 8616 040	0709 7232 079	1064 5848 119	1419 4464 159	1774 3080 190	2129 1696 238	2484 0312 278	2838 8928 318	3193 7544 358
2819	0354 7357 219	0709 4714 438	1064 2071 657	1418 9428 876	1773 6786 094	2128 4143 313	2483 1500 532	2837 8857 751	3192 6214 970
2820	0354 6099 291	0709 2198 582	1063 8297 872	1418 4397 163	1773 0496 454	2127 6595 745	2482 2695 035	2836 8794 326	3191 4893 617
2821	0354 4842 255	0708 9684 509	1063 4526 764	1417 9369 018	1772 4211 273	2126 9058 527	2481 3895 782	2835 8738 036	3190 3380 291
2822	0354 3586 109	0708 7172 218	1063 0758 327	1417 4344 437	1771 7930 546	2126 1546 065	2480 5102 764	2834 8688 873	3189 2274 982
2823	0354 2330 854	0708 4661 707	1062 6992 561	1416 9323 415	1771 1654 269	2125 3985 122	2479 6315 976	2833 8646 830	3188 0977 683
2824	0354 1076 487	0708 2152 975	1062 3229 462	1416 4305 949	1770 5382 436	2124 6458 924	2478 7535 411	2832 8611 898	3186 9688 385
2825	0353 9823 009	0707 9646 018	1061 9469 027	1415 9292 035	1769 9115 044	2123 8038 053	2477 8761 062	2831 8584 074	3185 8407 080
2826	0353 8570 418	0707 7140 835	1061 5711 253	1415 4281 670	1769 2852 088	2123 1422 505	2476 9992 923	2830 8563 340	3184 7133 758
2827	0353 7318 712	0707 4637 425	1061 1956 137	1414 9274 850	1768 6593 562	2122 3912 274	2476 1230 987	2829 8549 609	3183 5868 412
2828	0353 6067 893	0707 2135 785	1060 8203 678	1414 4271 570	1768 0339 463	2121 6407 355	2475 2475 218	2828 8543 140	3182 4611 033
2829	0353 4817 957	0706 9635 914	1060 4453 871	1413 9271 828	1767 4089 784	2120 8907 741	2474 3725 608	2827 8543 655	3181 3361 612
2830	0353 3568 905	0706 7137 809	1060 0706 714	1413 4275 618	1766 7844 523	2120 1413 428	2473 4982 332	2826 8551 237	3180 2120 141
2831	0353 2320 735	0706 4641 469	1059 6962 204	1412 9282 939	1766 1603 674	2119 3924 408	2472 6245 143	2825 8565 878	3179 0886 612
2832	0353 1073 446	0706 2146 893	1059 3220 339	1412 4293 785	1765 5367 232	2118 6440 678	2471 7514 124	2824 8587 571	3177 9661 017
2833	0352 9827 038	0705 9654 077	1058 9481 115	1411 9308 154	1764 9135 192	2117 8962 231	2470 8789 269	2823 8616 308	3176 8443 346
2834	0352 8581 510	0705 7163 020	1058 5744 531	1411 4326 041	1764 2907 551	2117 1489 064	2470 0070 572	2822 8652 082	3175 7233 592
2835	0352 7336 861	0705 4673 721	1058 2010 582	1410 9347 443	1763 6684 303	2116 4021 164	2469 1358 025	2821 8694 885	3174 6031 746
2836	0352 6093 089	0705 2186 178	1057 8279 267	1410 4372 355	1763 0465 444	2115 6558 533	2468 2651 622	2820 8744 711	3173 4837 800
2837	0352 4850 194	0704 9700 388	1057 4550 582	1409 9400 775	1762 4250 969	2114 9401 163	2467 3951 357	2819 8801 551	3172 3651 745
2838	0352 3608 175	0704 7216 350	1057 0824 521	1409 4432 099	1761 8040 874	2114 1049 049	2466 5257 223	2818 8865 398	3171 2473 573
2839	0352 2367 031	0704 4734 061	1056 7101 092	1408 9468 123	1761 1835 153	2113 4202 184	2465 6569 215	2817 8936 245	3170 1303 276
2840	0352 1126 761	0704 2253 521	1056 3380 282	1408 4507 042	1760 5633 803	2112 6760 563	2464 7887 324	2816 9014 085	3169 0140 845
2841	0351 9887 364	0703 9774 727	1055 9662 091	1407 9549 454	1759 9436 818	2111 9324 182	2463 9211 545	2815 9098 909	3167 8986 273
2842	0351 8648 839	0703 7297 678	1055 5946 517	1407 4595 355	1759 3244 194	2111 1898 033	2463 0544 872	2814 9190 711	3166 7839 550
2843	0351 7411 185	0703 4822 371	1055 2233 556	1406 9644 742	1758 7055 927	2110 4467 112	2462 1878 298	2813 9289 483	3165 6700 668
2844	0351 6174 402	0703 2348 804	1054 8523 207	1406 4697 609	1758 0872 011	2109 7046 414	2461 3220 816	2812 9395 218	3164 5569 620
2845	0351 4938 489	0702 9876 977	1054 4815 466	1405 9753 954	1757 4692 443	2108 9630 931	2460 4569 420	2811 9507 909	3163 4446 397
2846	0351 3703 443	0702 7406 887	1054 1110 330	1405 4813 774	1756 8517 217	2108 2220 661	2459 5924 104	2810 9627 547	3162 3330 991
2847	0351 2469 266	0702 4938 532	1053 7407 798	1404 9877 064	1756 2346 329	2107 4815 595	2458 7284 861	2809 9754 127	3161 2223 398
2848	0351 1235 955	0702 2471 910	1053 3707 865	1404 4943 820	1755 6179 775	2106 7415 730	2457 8651 685	2808 9887 640	3160 1123 596
2849	0351 0003 510	0702 0007 020	1053 0010 530	1404 0014 040	1755 0017 550	2106 0021 060	2457 0024 570	2808 0028 080	3159 0031 590
2850	0350 8771 930	0701 7543 860	1052 6315 789	1403 5087 719	1754 3859 649	2105 2631 579	2456 1403 509	2807 0175 439	3157 8947 368
2851	0350 7541 214	0701 5082 427	1052 2623 641	1403 0164 854	1753 7706 068	2104 5247 282	2455 2788 495	2806 0329 709	3156 7870 922
2852	0350 6311 360	0701 2622 721	1051 8934 081	1402 5245 442	1753 1556 802	2103 7868 463	2454 4179 523	2805 0490 884	3155 6802 244
2853	0350 5082 369	0701 0164 739	1051 5247 108	1402 0329 478	1752 5411 847	2103 0494 217	2453 5576 586	2804 0658 955	3154 5741 325
2854	0350 3854 240	0700 7708 479	1051 1562 719	1401 5416 959	1751 9271 198	2102 3125 438	2452 6979 678	2803 0833 917	3153 4688 157
2855	0350 2626 970	0700 5253 940	1050 7880 911	1401 0507 881	1751 3134 851	2101 5761 821	2451 8388 702	2802 1015 702	3152 3642 732
2856	0350 1400 560	0700 2801 120	1050 4201 681	1400 5602 241	1750 7002 801	2100 8403 361	2450 9803 922	2801 1204 482	3151 2603 042
2857	0350 0175 009	0700 0350 018	1050 0525 026	1400 0700 035	1750 0875 044	2100 1050 053	2450 1225 061	2800 1400 070	3150 1575 079
2858	0349 8950 315	0699 7900 630	1049 6850 945	1399 5801 260	1749 4751 575	2099 3701 889	2449 2652 204	2799 1602 519	3149 0552 831
2859	0349 7726 478	0699 5452 956	1049 3179 433	1399 0905 911	1748 8032 389	2098 6358 867	2448 4085 345	2798 1811 822	3147 9538 300
2860	0349 6503 497	0699 3006 993	1048 9510 490	1398 6013 986	1748 2517 483	2097 9020 979	2447 5524 476	2797 2027 972	3146 8531 469
2861	0349 5281 370	0699 0562 740	1048 5844 110	1398 1125 481	1747 6406 851	2097 1688 221	2446 6969 591	2796 2250 961	3145 7532 331
2862	0349 4060 098	0698 8120 196	1048 2180 294	1397 6240 392	1747 0300 489	2096 4360 587	2445 8420 685	2795 2480 783	3144 6540 881
2863	0349 2839 679	0698 5679 357	1047 8519 036	1397 1358 715	1746 4198 393	2095 7038 072	2444 9877 751	2794 2717 429	3143 5557 108
2864	0349 1620 112	0698 3240 223	1047 4860 335	1396 6480 447	1745 8100 559	2094 9720 670	2444 1340 782	2793 2960 894	3142 4581 006
2865	0349 0401 396	0698 0802 792	1047 1204 188	1396 1605 585	1745 2006 981	2094 2408 377	2443 2809 773	2792 3211 169	3141 3612 565
2866	0348 9183 531	0697 8367 062	1046 7550 593	1395 6734 124	1744 5917 655	2093 5101 186	2442 4284 717	2791 3468 248	3140 2651 779
2867	0348 7966 516	0697 5933 031	1046 3899 547	1395 1866 062	1743 9832 578	2092 7799 093	2441 5765 609	2790 3732 124	3139 1608 640
2868	0348 6750 349	0697 3500 697	1046 0251 046	1394 7001 395	1743 3751 743	2092 0502 092	2440 7252 441	2789 4002 789	3138 0753 138
2869	0348 5535 030	0697 1070 059	1045 6605 089	1394 2140 118	1742 7675 148	2091 3210 178	2439 8745 207	2788 4280 237	3136 9815 267
2870	0348 4320 557	0696 8641 115	1045 2961 673	1393 7282 230	1742 1602 787	2090 5923 345	2439 0243 902	2787 4364 460	3135 8885 017
2871	0348 3106 931	0696 6213 863	1044 9320 794	1393 2427 726	1741 5534 657	2089 8644 588	2438 1748 520	2786 4855 451	3134 7962 382
2872	0348 1894 150	0696 3788 301	1044 5682 451	1392 7576 602	1740 9470 752	2089 1364 903	2437 3259 053	2785 5153 203	3133 7047 354
2873	0348 0682 214	0696 1364 427	1044 2046 641	1392 2728 855	1740 3411 069	2088 4093 282	2436 4775 496	2784 5457 710	3132 6139 923
2874	0347 9471 120	0695 8942 241	1043 8413 361	1391 7884 481	1739 7355 602	2087 6826 722	2435 6297 843	2783 5768 963	3131 5240 084
2875	0347 8260 870	0695 6521 739	1043 4782 609	1391 3043 478	1739 1304 348	2086 9565 217	2434 7826 087	2782 6086 957	3130 4347 826
2876	0347 7051 460	0695 4102 921	1043 1154 381	1390 8205 841	1738 5257 302	2086 2308 762	2433 9360 223	2781 6411 683	3129 3463 143
2877	0347 5842 802	0695 1685 784	1042 7528 676	1390 3371 568	1737 9214 460	2085 5057 351	2433 0900 243	2780 6743 135	3128 2586 027
2878	0347 4635 163	0694 9270 327	1042 3905 490	1389 8540 653	1737 3175 817	2084 7810 980	2432 2446 143	2779 7081 306	3127 1716 470
2879	0347 3428 274	0694 6856 547	1042 0284 821	1389 3713 095	1736 7141 369	2084 0569 642	2431 3997 916	2778 7426 190	3126 0854 463
2880	0347 2222 222	0694 4444 444	1041 6666 667	1388 8888 889	1736 1111 111	2083 3333 333	2430 5555 556	2777 7777 778	3125 0000 000
2881	0347 1017 008	0694 2034 016	1041 3051 024	1388 4068 032	1735 5085 040	2082 6102 048	2429 7119 056	2776 8136 064	3123 9153 072
2882	0346 9812 630	0693 9625 260	1040 9437 890	1387 9250 520	1734 9063 151	2081 8875 781	2428 8688 411	2775 8501 041	3122 8313 671
2883	0346 8609 088	0693 7218 176	1040 5827 263	1387 4436 351	1734 3045 439	2081 1654 527	2428 0263 614	2774 8872 702	3121 7481 790
2884	0346 7406 380	0693 4812 760	1040 2219 140	1386 9625 520	1733 7031 900	2080 4438 280	2427 1844 660	2773 9251 040	3120 6657 420
2885	0346 6204 506	0693 2409 012	1039 8613 518	1386 4818 024	1733 1022 530	2079 7227 036	2426 3431 542	2772 9636 049	3119 5840 555
2886	0346 5003 465	0693 0006 930	1039 5010 395	1386 0013 860	1732 5017 325	2079 0020 790	2425 5024 255	2772 0027 720	3118 5031 185
2887	0346 3803 256	0692 7606 512	1039 1409 768	1385 5213 024	1731 9016 280	2078 2819 536	2424 6622 792	2771 0426 048	3117 4229 304
2888	0346 2603 878	0692 5207 756	1038 7811 634	1385 0415 512	1731 3019 391	2077 5623 260	2423 8227 147	2770 0831 025	3116 3434 903
2889	0346 1405 331	0692 2810 661	1038 4215 992	1384 5621 322	1730 7026 053	2076 8431 983	2422 9837 314	2769 1242 645	3115 2647 975
2890	0346 0207 612	0692 0415 225	1038 0622 837	1384 0830 450	1730 1038 062	2076 1245 675	2422 1453 287	2768 1660 900	3114 1868 512
2891	0345 9010 723	0691 8021 446	1037 7032 169	1383 6042 892	1729 5053 615	2075 4064 338	2421 3075 061	2767 2085 783	3113 1006 506
2892	0345 7814 661	0691 5629 322	1037 3443 983	1383 1258 645	1728 9073 306	2074 6887 967	2420 4702 628	2766 2517 289	3112 0331 960
2893	0345 6619 426	0691 3238 852	1036 9858 279	1382 6477 705	1728 3097 131	2073 9716 557	2419 6335 983	2765 2955 410	3110 9574 836
2894	0345 5425 017	0691 0850 035	1036 6275 052	1382 1700 069	1727 7125 086	2073 2550 104	2418 7975 121	2764 3400 138	3109 8825 155
2895	0345 4231 434	0690 8462 867	1036 2694 301	1381 6925 734	1727 1157 168	2072 5388 601	2417 9620 035	2763 3851 468	3108 8082 902
2896	0345 3038 674	0690 6077 348	1035 9116 022	1381 2151 696	1726 5193 370	2071 8232 044	2417 1270 718	2762 4309 392	3107 7348 066
2897	0345 1846 738	0690 3693 476	1035 5540 214	1380 7386 952	1725 9233 690	2071 1080 428	2416 2927 166	2761 4773 904	3106 6620 642
2898	0345 0655 625	0690 1311 249	1035 1966 874	1380 2622 498	1725 3278 123	2070 3933 747	2415 4589 372	2760 5244 997	3105 5900 621
2899	0344 9465 333	0689 8930 666	1034 8395 999	1379 7861 332	1724 7326 664	2069 6791 997	2414 6257 330	2759 5722 663	3104 5187 996

	1	2	3	4	5	6	7	8	9
2900	0344 8275 862	0689 6551 724	1034 4827 586	1379 3103 448	1724 1379 310	2068 9655 172	2413 7931 034	2758 6206 897	3103 4482 759
2901	0344 7087 211	0689 4174 423	1034 1261 634	1378 8348 845	1723 5436 067	2068 2523 268	2412 9610 479	2757 6697 690	3102 3784 902
2902	0344 5890 380	0689 1798 759	1033 7698 139	1378 3597 519	1722 9496 899	2067 5396 278	2412 1295 658	2756 7195 038	3101 3094 418
2903	0344 4712 367	0688 9424 733	1033 4137 100	1377 8849 466	1722 3561 833	2066 8274 199	2411 2986 566	2755 7698 932	3100 2411 299
2904	0344 3526 171	0688 7052 342	1033 0578 512	1377 4104 683	1721 7630 854	2066 1157 025	2410 4683 196	2754 8209 366	3099 1735 537
2905	0344 2340 792	0688 4681 583	1032 7022 375	1376 9363 167	1721 1703 959	2065 4044 750	2409 6385 542	2753 8726 334	3098 1067 126
2906	0344 1156 228	0688 2312 457	1032 3468 686	1376 4624 914	1720 5781 142	2064 6937 371	2408 8093 599	2752 9249 828	3097 0406 056
2907	0343 9972 480	0687 9944 960	1031 9917 441	1375 9889 921	1719 9862 401	2063 9834 881	2407 9807 362	2751 9779 842	3095 9752 322
2908	0343 8789 546	0687 7579 092	1031 6368 638	1375 5158 184	1719 3947 730	2063 2737 276	2407 1526 823	2751 0316 369	3094 9105 915
2909	0343 7607 425	0687 5214 850	1031 2822 276	1375 0429 701	1718 8037 126	2062 5644 551	2406 3251 977	2750 0859 402	3093 8466 827
2910	0343 6426 117	0687 2852 234	1030 9278 351	1374 5704 467	1718 2130 584	2061 8556 701	2405 4982 818	2749 1408 935	3092 7835 052
2911	0343 5245 620	0687 0491 240	1030 5736 860	1374 0982 480	1717 6228 100	2061 1473 720	2404 6719 340	2748 1964 960	3091 7210 584
2912	0343 4065 934	0686 8131 868	1030 2197 802	1373 6263 736	1717 0329 670	2060 4395 604	2403 8461 538	2747 2527 473	3090 6593 407
2913	0343 2887 058	0686 5774 116	1029 8661 174	1373 1548 232	1716 4435 290	2059 7322 348	2403 0209 406	2746 3096 464	3089 5983 522
2914	0343 1708 991	0686 3417 982	1029 5126 973	1372 6835 964	1715 8544 955	2059 0253 946	2402 1962 938	2745 3671 929	3088 5380 920
2915	0343 0531 732	0686 1063 465	1029 1595 197	1372 2126 930	1715 2658 662	2058 3190 395	2401 3722 127	2744 4253 850	3087 4785 592
2916	0342 9355 281	0685 8710 562	1028 8065 844	1371 7421 125	1714 6776 406	2057 6131 687	2400 5486 968	2743 4842 250	3086 4197 534
2917	0342 8179 637	0685 6359 273	1028 4538 910	1371 2718 546	1714 0898 183	2056 9077 820	2399 7257 456	2742 5437 093	3085 3616 730
2918	0342 7004 798	0685 4009 596	1028 1014 393	1370 8019 191	1713 5023 989	2056 2028 787	2398 9033 585	2741 6038 382	3084 3043 180
2919	0342 5830 764	0685 1661 528	1027 7492 292	1370 3323 056	1712 9153 820	2055 4984 584	2398 0815 348	2740 6646 112	3083 2476 876
2920	0342 4657 534	0684 9315 068	1027 3972 603	1369 8630 137	1712 3287 671	2054 7945 205	2397 2602 740	2739 7260 274	3082 1917 808
2921	0342 3485 108	0684 6970 216	1027 0455 324	1369 3940 431	1711 7425 539	2054 0910 647	2396 4395 755	2738 7880 863	3081 1365 971
2922	0342 2313 484	0684 4626 968	1026 6940 452	1368 9253 936	1711 1567 420	2053 3880 904	2395 6194 387	2737 8507 871	3080 0821 355
2923	0342 1142 662	0684 2285 323	1026 3427 985	1368 4570 647	1710 5713 308	2052 6855 970	2394 7998 632	2736 9141 293	3079 0283 955
2924	0341 9972 640	0683 9945 280	1025 9917 921	1367 9890 561	1709 9863 201	2051 9835 844	2393 9808 482	2735 9781 122	3077 9753 762
2925	0341 8803 419	0683 7606 838	1025 6410 256	1367 5213 675	1709 4017 094	2051 2820 513	2393 1623 932	2735 0427 350	3076 9230 769
2926	0341 7634 997	0683 5269 993	1025 2904 990	1367 0539 986	1708 8174 983	2050 5809 980	2392 3444 976	2734 1079 973	3075 8714 969
2927	0341 6467 373	0683 2934 745	1024 9402 118	1366 5869 491	1708 2336 864	2049 8804 236	2391 5271 609	2733 1738 982	3074 8206 355
2928	0341 5300 546	0683 0601 093	1024 5901 639	1366 1202 186	1707 6502 732	2049 1803 279	2390 7103 825	2732 2404 372	3073 7704 918
2929	0341 4134 517	0682 8269 034	1024 2403 551	1365 6538 068	1707 0672 585	2048 4807 101	2389 8941 618	2731 3076 135	3072 7210 652
2930	0341 2969 283	0682 5938 567	1023 8907 850	1365 1877 133	1706 4846 416	2047 7815 700	2389 0784 983	2730 3754 266	3071 6723 549
2931	0341 1804 845	0682 3609 690	1023 5414 534	1364 7219 379	1705 9024 224	2047 0820 069	2388 2633 913	2729 4438 758	3070 6243 603
2932	0341 0641 201	0682 1282 401	1023 1923 602	1364 2564 802	1705 3206 003	2046 3847 203	2387 4488 404	2728 5129 604	3069 5770 805
2933	0340 9478 350	0681 8956 700	1022 8435 049	1363 7913 399	1704 7391 749	2045 6870 099	2386 6348 449	2727 5826 799	3068 5305 148
2934	0340 8316 292	0681 6632 584	1022 4948 875	1363 3265 167	1704 1581 459	2044 9897 751	2385 8214 042	2726 6530 334	3067 4846 626
2935	0340 7155 026	0681 4310 051	1022 1465 077	1362 8620 102	1703 5775 128	2044 2930 153	2385 0085 179	2725 7240 204	3066 4395 230
2936	0340 5994 550	0681 1989 101	1021 7983 651	1362 3978 202	1702 9972 752	2043 5967 302	2384 1961 853	2724 7956 403	3065 3950 954
2937	0340 4834 866	0680 9669 731	1021 3904 597	1361 9339 462	1702 4174 328	2042 9009 193	2383 3844 059	2723 8678 924	3064 3513 790
2938	0340 3675 970	0680 7351 940	1021 1027 910	1361 4703 880	1701 8379 850	2042 2055 820	2382 5731 790	2722 9407 760	3063 3083 730
2939	0340 2517 863	0680 5035 726	1020 7553 590	1361 0071 453	1701 2589 316	2041 5107 179	2381 7625 043	2722 0142 906	3062 2660 769
2940	0340 1360 544	0680 2721 088	1020 4081 633	1360 5442 177	1700 6802 721	2040 8163 265	2380 9523 810	2721 0884 354	3061 2244 898
2941	0340 0204 012	0680 0408 024	1020 0612 037	1360 0816 049	1700 1020 061	2040 1224 073	2380 1428 086	2720 1632 098	3060 1836 110
2942	0339 9048 266	0679 8096 533	1019 7144 790	1359 6193 066	1699 5241 332	2039 4289 599	2379 3337 865	2719 2386 132	3059 1434 398
2943	0339 7893 306	0679 5786 612	1019 3679 918	1359 1573 225	1698 9466 531	2038 7359 837	2378 5253 143	2718 3146 449	3058 1039 755
2944	0339 6739 130	0679 3478 261	1019 0217 391	1358 6956 522	1698 3695 652	2038 0434 783	2377 7173 913	2717 3913 043	3057 0652 174
2945	0339 5585 739	0679 1171 477	1018 6757 216	1358 2342 954	1697 7928 693	2037 3514 431	2376 9100 170	2716 4685 908	3056 0271 647
2946	0339 4433 130	0678 8866 259	1018 3299 389	1357 7732 519	1697 2165 648	2036 6598 778	2376 1031 908	2715 5465 037	3054 9898 167
2947	0339 3281 303	0678 6562 606	1017 9843 909	1357 3125 212	1696 6406 515	2035 9687 818	2375 2969 121	2714 6250 424	3053 9531 727
2948	0339 2130 258	0678 4260 516	1017 6390 773	1356 8521 031	1696 0651 289	2035 2781 547	2374 4911 805	2713 7042 062	3052 9172 320
2949	0339 0979 993	0678 1959 986	1017 2939 980	1356 3919 973	1695 4899 966	2034 5879 959	2373 6859 953	2712 7839 946	3051 8819 939
2950	0338 9830 508	0677 9661 017	1016 9491 525	1355 9322 034	1694 9152 542	2033 8983 051	2372 8813 559	2711 8644 068	3050 8474 576
2951	0338 8681 803	0677 7363 606	1016 6045 408	1355 4727 211	1694 3409 014	2033 2090 817	2372 0772 619	2710 9454 422	3049 8136 225
2952	0338 7533 875	0677 5067 751	1016 2601 626	1355 0135 501	1693 7669 377	2032 5203 252	2371 2737 127	2710 0271 003	3048 7804 778
2953	0338 6386 725	0677 2773 451	1015 9160 176	1354 5546 901	1693 1933 627	2031 8320 352	2370 4707 078	2709 1093 803	3047 7480 528
2954	0338 5240 352	0677 0480 704	1015 5721 056	1354 0961 408	1692 6201 760	2031 1442 112	2369 6682 464	2708 1922 817	3046 7163 160
2955	0338 4094 753	0676 8189 509	1015 2284 264	1353 6379 019	1692 0473 773	2030 4568 528	2368 8663 283	2707 2758 037	3045 6852 792
2956	0338 2949 922	0676 5899 845	1014 8849 797	1353 1799 729	1691 4749 662	2029 7699 594	2368 0649 526	2706 3599 459	3044 6549 391
2957	0338 1805 884	0676 3611 769	1014 5417 653	1352 7223 537	1690 9029 422	2029 0835 306	2367 2641 190	2705 4447 075	3043 6252 959
2958	0338 0662 610	0676 1325 220	1014 1987 830	1352 2650 440	1690 3313 049	2028 3975 659	2366 4638 269	2704 5300 879	3042 5963 489
2959	0337 9520 108	0675 9040 216	1013 8560 324	1351 8080 433	1689 7600 541	2027 7120 649	2365 6640 757	2703 6160 865	3041 5680 973
2960	0337 8378 378	0675 6756 757	1013 5135 135	1351 3513 514	1689 1891 892	2027 0270 270	2364 8648 649	2702 7027 027	3040 5405 405
2961	0337 7237 420	0675 4474 840	1013 1712 259	1350 8949 679	1688 6187 099	2026 3424 519	2364 0661 939	2701 7899 358	3039 5136 778
2962	0337 6097 231	0675 2194 463	1012 8291 695	1350 4388 926	1688 0486 158	2025 6583 390	2363 2680 621	2700 8777 853	3038 4875 084
2963	0337 4957 813	0674 9915 626	1012 4873 439	1349 9831 252	1687 4789 065	2024 9746 878	2362 4704 691	2699 9662 504	3037 4620 317
2964	0337 3819 163	0674 7638 327	1012 1457 490	1349 5276 653	1686 9095 816	2024 2914 980	2361 6734 143	2699 0553 306	3036 4372 470
2965	0337 2681 282	0674 5362 563	1011 8043 845	1349 0725 126	1686 3406 408	2023 6087 690	2360 8768 971	2698 1450 253	3035 4131 535
2966	0337 1544 167	0674 3088 334	1011 4632 502	1348 6176 669	1685 7720 836	2022 9265 003	2360 0809 171	2697 2353 338	3034 3897 505
2967	0337 0407 819	0674 0815 639	1011 1223 458	1348 1631 277	1685 2039 097	2022 2446 916	2359 2854 735	2696 3262 555	3033 3670 374
2968	0336 9272 237	0673 8544 474	1010 7816 712	1347 7088 949	1684 6361 186	2021 5633 423	2358 4905 660	2695 4177 898	3032 3450 135
2969	0336 8137 420	0673 6274 840	1010 4412 260	1347 2549 680	1684 0687 100	2020 8894 520	2357 6961 940	2694 5099 360	3031 3236 780
2970	0336 7003 367	0673 4006 734	1010 1010 101	1346 8013 468	1683 5016 835	2020 2020 202	2356 9023 569	2693 6026 936	3030 3030 303
2971	0336 5870 077	0673 1740 155	1009 7610 232	1346 3480 310	1682 9350 387	2019 5220 465	2356 1090 542	2692 6960 619	3029 2830 697
2972	0336 4737 550	0672 9475 101	1009 4212 651	1345 8950 202	1682 3687 752	2018 8425 303	2355 3162 853	2691 7900 404	3028 2637 954
2973	0336 3605 785	0672 7211 571	1009 0817 356	1345 4423 142	1681 8028 927	2018 1634 712	2354 5240 498	2690 8846 283	3027 2452 069
2974	0336 2474 781	0672 4949 563	1008 7424 344	1344 9899 126	1681 2373 907	2017 4848 089	2353 7323 470	2689 9798 252	3026 2273 033
2975	0336 1344 538	0672 2689 076	1008 4033 613	1344 5378 151	1680 6722 689	2016 8067 227	2352 9411 765	2689 0756 303	3025 2100 840
2976	0336 0215 054	0672 0430 108	1008 0645 161	1344 0860 215	1680 1075 269	2016 1290 323	2352 1505 376	2688 1720 430	3024 1935 484
2977	0335 9086 329	0671 8172 657	1007 7258 986	1343 6345 314	1679 5431 643	2015 4517 971	2351 3604 300	2687 2690 628	3023 1776 957
2978	0335 7958 361	0671 5916 723	1007 3875 084	1343 1833 445	1678 9791 807	2014 7750 168	2350 5708 529	2686 3666 801	3022 1625 252
2979	0335 6831 154	0671 3662 303	1007 0493 454	1342 7324 606	1678 4155 757	2014 0986 908	2349 7818 060	2685 4649 211	3021 1480 303
2980	0335 5704 698	0671 1409 396	1006 7114 094	1342 2818 792	1677 8523 490	2013 4228 188	2348 9932 886	2684 5637 584	3020 1342 282
2981	0335 4579 000	0670 9158 001	1006 3737 001	1341 8316 001	1677 2895 002	2012 7474 002	2348 2053 002	2683 6632 003	3019 1211 003
2982	0335 3454 058	0670 6908 115	1006 0362 173	1341 3816 231	1676 7270 288	2012 0724 346	2347 4178 404	2682 7632 461	3018 1086 519
2983	0335 2329 869	0670 4659 739	1005 6989 608	1340 9319 477	1676 1649 346	2011 3979 216	2346 6309 085	2681 8638 954	3017 0968 823
2984	0335 1206 434	0670 2412 869	1005 3619 303	1340 4825 737	1675 6032 172	2010 7238 606	2345 8445 040	2680 9651 475	3016 0857 909
2985	0335 0083 752	0670 0167 504	1005 0251 256	1340 0335 008	1675 0418 760	2010 0502 513	2345 0586 265	2680 0670 017	3015 0753 769
2986	0334 8961 822	0669 7923 644	1004 6885 465	1339 5847 287	1674 4809 109	2009 3770 931	2344 2732 753	2679 1094 575	3014 0656 396
2987	0334 7840 643	0669 5681 286	1004 3521 928	1339 1362 571	1673 9203 214	2008 7043 857	2343 4884 500	2678 2725 142	3013 0565 785
2988	0334 6720 214	0669 3440 428	1004 0160 643	1338 6880 857	1673 3601 071	2008 0321 285	2342 7041 499	2677 3761 714	3012 0481 928
2989	0334 5600 535	0669 1201 071	1003 6801 606	1338 2402 141	1672 8002 677	2007 3603 212	2341 9203 747	2676 4804 282	3011 0404 818
2990	0334 4481 605	0668 8963 211	1003 3444 816	1337 7926 421	1672 2408 027	2006 6889 632	2341 1371 237	2675 5852 843	3010 0334 448
2991	0334 3363 424	0668 6726 847	1003 0090 271	1337 3453 694	1671 6817 118	2006 0180 542	2340 3543 965	2674 6907 389	3009 0270 812
2992	0334 2245 989	0668 4491 979	1002 6737 968	1336 8983 957	1671 1229 947	2005 3475 936	2339 5721 925	2673 7967 014	3008 0213 901
2993	0334 1129 302	0668 2258 603	1002 3387 905	1336 4517 207	1670 5646 509	2004 6775 810	2338 7905 112	2672 9034 414	3007 0163 715
2994	0334 0013 360	0668 0026 720	1002 0040 080	1336 0053 440	1670 0066 800	2004 0080 100	2338 0093 520	2672 0106 880	3006 0120 240
2995	0333 8898 164	0667 7796 327	1001 6694 491	1335 5592 654	1669 4490 818	2003 3388 982	2337 2287 145	2671 1185 309	3005 0083 472
2996	0333 7783 712	0667 5567 423	1001 3351 135	1335 1134 846	1668 8918 558	2002 6702 270	2336 4185 981	2670 2269 693	3004 0053 405
2997	0333 6670 003	0667 3340 007	1001 0010 010	1334 6680 013	1668 3350 017	2002 0020 020	2335 6690 023	2669 3360 027	3003 0030 030
2998	0333 5557 038	0667 1114 076	1000 6671 114	1334 2228 152	1667 7785 190	2001 3342 228	2334 8899 266	2668 4456 304	3002 0013 312
2999	0333 4444 815	0666 8889 630	1000 3334 445	1333 7779 260	1667 2224 075	2000 6668 890	2334 1113 705	2667 5558 519	3001 0003 334

	1	2	3	4	5	6	7	8	9
3000	0333 3333 333	0666 6666 667	1000 0000 000	1333 3333 333	1666 6666 667	2000 0000 000	2333 3333 333	2666 6666 667	3000 0000 000
3001	0333 2222 592	0666 4445 185	0999 6667 777	1332 8890 370	1666 1112 962	1999 3335 555	2332 5558 147	2665 7780 740	2999 0003 332
3002	0333 1112 592	0666 2223 183	0999 3337 775	1332 4450 366	1665 5562 058	1998 6675 550	2331 7788 141	2664 8900 733	2998 0013 324
3003	0333 0003 330	0666 0006 660	0999 0009 990	1332 0013 320	1665 0016 650	1998 0019 980	2331 0023 310	2664 0026 640	2997 0029 970
3004	0332 8894 807	0665 7789 614	0998 6684 421	1331 5579 228	1664 4474 035	1997 3368 842	2330 2263 648	2663 1158 455	2996 0053 262
3005	0332 7787 022	0665 5574 043	0998 3361 065	1331 1148 087	1663 8935 108	1996 6722 130	2329 4509 151	2662 2296 173	2995 0083 195
3006	0332 6679 973	0665 3359 947	0998 0039 920	1330 6719 894	1663 3399 867	1996 0079 840	2328 6759 814	2661 3439 787	2994 0119 760
3007	0332 5573 661	0665 1147 323	0997 6720 984	1330 2294 646	1662 7868 307	1995 3441 969	2327 9015 630	2660 4589 292	2993 0162 953
3008	0332 4468 085	0664 8936 170	0997 3404 255	1329 7872 340	1662 2340 426	1994 6808 511	2327 1276 596	2659 5744 681	2992 0212 766
3009	0332 3363 244	0664 6726 487	0997 0089 731	1329 3452 974	1661 6816 218	1994 0179 462	2326 3542 705	2658 6905 949	2991 0269 192
3010	0332 2259 136	0664 4518 272	0996 6777 409	1328 9036 545	1661 1295 081	1993 3554 817	2325 5813 953	2657 8073 090	2990 0332 226
3011	0332 1155 762	0664 2311 524	0996 3467 287	1328 4623 049	1660 5778 811	1992 6934 573	2324 8090 335	2656 9246 098	2989 0401 860
3012	0332 0053 121	0664 0106 242	0996 0159 363	1328 0212 483	1660 0265 604	1992 0318 725	2324 0371 846	2656 0424 967	2988 0478 088
3013	0331 8951 211	0663 7902 423	0995 6853 634	1327 5804 846	1659 4756 057	1991 3707 269	2323 2658 480	2655 1609 691	2987 0560 903
3014	0331 7850 033	0663 5700 066	0995 3550 100	1327 1400 133	1658 9250 166	1990 7100 199	2322 4950 232	2654 2800 265	2986 0650 299
3015	0331 6749 585	0663 3499 171	0995 0248 756	1326 6998 342	1658 3747 927	1990 0497 512	2321 7247 098	2653 3996 683	2985 0746 269
3016	0331 5649 867	0663 1299 735	0994 6949 602	1326 2599 470	1657 8249 337	1989 3899 204	2320 9549 072	2652 5198 939	2984 0848 806
3017	0331 4550 878	0662 9101 757	0994 3652 635	1325 8203 513	1657 2754 392	1988 7305 270	2320 1856 148	2651 6407 027	2983 0957 905
3018	0331 3452 618	0662 6905 235	0994 0357 853	1325 3810 470	1656 7263 088	1988 0715 706	2319 4168 323	2650 7620 941	2982 1073 559
3019	0331 2355 084	0662 4710 169	0993 7065 253	1324 9420 338	1656 1775 422	1987 4130 507	2318 6485 591	2649 8840 676	2981 1195 760
3020	0331 1258 278	0662 2516 556	0993 3774 834	1324 5033 113	1655 6291 391	1986 7549 669	2317 8807 947	2649 0066 225	2980 1324 503
3021	0331 0162 198	0662 0324 396	0993 0486 594	1324 0648 792	1655 0810 990	1986 0973 188	2317 1135 386	2648 1297 584	2979 1459 781
3022	0330 9066 843	0661 8133 686	0992 7200 529	1323 6267 373	1654 5334 216	1985 4401 059	2316 3467 902	2647 2534 745	2978 1601 588
3023	0330 7972 213	0661 5944 426	0992 3916 639	1323 1888 852	1653 9861 065	1984 7833 278	2315 5805 491	2646 3777 704	2977 1749 917
3024	0330 6878 307	0661 3756 614	0992 0634 921	1322 7513 228	1653 4391 534	1984 1269 841	2314 8148 148	2645 5026 455	2976 1904 762
3025	0330 5785 124	0661 1570 248	0991 7355 372	1322 3140 496	1652 8925 620	1983 4710 744	2314 0495 868	2644 6280 992	2975 2066 116
3026	0330 4692 664	0660 9385 327	0991 4077 991	1321 8770 654	1652 3463 318	1982 8155 981	2313 2848 645	2643 7541 309	2974 2233 972
3027	0330 3600 925	0660 7201 850	0991 0802 775	1321 4403 700	1651 8004 625	1982 1605 550	2312 5206 475	2642 8807 400	2973 2408 325
3028	0330 2509 908	0660 5019 815	0990 7529 723	1321 0039 630	1651 2549 538	1981 5059 445	2311 7569 353	2642 0079 260	2972 2589 168
3029	0330 1419 610	0660 2839 221	0990 4258 831	1320 5678 442	1650 7098 052	1980 8517 663	2310 9937 273	2641 1356 883	2971 2776 494
3030	0330 0330 033	0660 0660 066	0990 0990 099	1320 1320 132	1650 1650 165	1980 1980 198	2310 2310 231	2640 2640 264	2970 2970 297
3031	0329 9241 175	0659 8482 349	0989 7723 524	1319 6964 698	1649 6205 873	1979 5447 047	2309 4688 222	2639 3929 396	2969 3170 571
3032	0329 8153 034	0659 6306 069	0989 4459 103	1319 2612 137	1649 0765 172	1978 8918 206	2308 7071 240	2638 5224 274	2968 3377 309
3033	0329 7065 612	0659 4131 223	0989 1196 835	1318 8262 446	1648 5328 058	1978 2393 670	2307 9459 281	2637 6524 893	2967 3590 504
3034	0329 5978 906	0659 1957 811	0988 7936 717	1318 3915 623	1647 9894 529	1977 5873 434	2307 1852 340	2636 7831 246	2966 3810 152
3035	0329 4892 916	0658 9785 832	0988 4678 748	1317 9571 664	1647 4464 580	1976 9357 496	2306 4250 412	2635 9143 328	2965 4036 244
3036	0329 3807 642	0658 7615 283	0988 1422 925	1317 5230 567	1646 9038 208	1976 2845 850	2305 6653 491	2635 0461 133	2964 4268 775
3037	0329 2723 082	0658 5446 164	0987 8169 246	1317 0892 328	1646 3615 410	1975 6338 492	2304 9061 574	2634 1784 656	2963 4507 738
3038	0329 1639 236	0658 3278 473	0987 4917 709	1316 6556 945	1645 8196 182	1974 9835 418	2304 1474 654	2633 3113 891	2962 4753 127
3039	0329 0556 104	0658 1112 208	0987 1668 312	1316 2224 416	1645 2780 520	1974 3336 624	2303 3892 728	2632 4448 832	2961 5004 936
3040	0328 9473 684	0657 8947 368	0986 8421 053	1315 7894 737	1644 7368 421	1973 6842 105	2302 6315 789	2631 5789 474	2960 5263 158
3041	0328 8391 976	0657 6783 953	0986 5175 929	1315 3567 905	1644 1959 882	1973 0351 858	2301 8743 834	2630 7135 811	2959 5527 787
3042	0328 7310 980	0657 4621 959	0986 1932 939	1314 9243 918	1643 6554 898	1972 3865 878	2301 1176 857	2629 8487 837	2958 5798 817
3043	0328 6230 693	0657 2461 387	0985 8692 080	1314 4922 774	1643 1153 467	1971 7384 160	2300 3614 854	2628 9845 547	2957 6076 241
3044	0328 5151 117	0657 0302 234	0985 5453 351	1314 0604 468	1642 5755 585	1971 0906 702	2299 6057 819	2628 1208 936	2956 6360 053
3045	0328 4072 250	0656 8144 499	0985 2216 749	1313 6288 998	1642 0361 248	1970 4433 498	2298 8505 747	2627 2577 997	2955 6650 246
3046	0328 2994 091	0656 5988 181	0984 8982 272	1313 1976 362	1641 4970 453	1969 7964 544	2298 0958 634	2626 3952 725	2954 6946 815
3047	0328 1916 639	0656 3833 279	0984 5749 918	1312 7666 557	1640 9583 197	1969 1499 836	2297 3416 475	2625 5333 115	2953 7249 754
3048	0328 0839 895	0656 1679 790	0984 2519 685	1312 3359 580	1640 4199 475	1968 5039 370	2296 5879 265	2624 6719 160	2952 7559 055
3049	0327 9763 857	0655 9527 714	0983 9291 571	1311 9055 428	1639 8819 285	1967 8583 142	2295 8346 999	2623 8110 856	2951 7874 713
3050	0327 8688 524	0655 7377 049	0983 6065 574	1311 4754 098	1639 3442 623	1967 2131 148	2295 0819 672	2622 9508 197	2950 8196 721
3051	0327 7613 897	0655 5227 794	0983 2841 691	1311 0455 588	1638 8069 485	1966 5683 382	2294 3297 280	2622 0911 177	2949 8525 074
3052	0327 6539 974	0655 3079 948	0982 9619 921	1310 6159 895	1638 2699 869	1965 9239 843	2293 5779 817	2621 2319 790	2948 8859 764
3053	0327 5466 754	0655 0933 508	0982 6400 262	1310 1867 016	1637 7333 770	1965 2800 524	2292 8267 278	2620 3734 032	2947 9200 786
3054	0327 4394 237	0654 8788 474	0982 3182 711	1309 7576 948	1637 1971 185	1964 6365 422	2292 0759 659	2619 5153 897	2946 9548 134
3055	0327 3322 422	0654 6644 845	0981 9967 267	1309 3289 689	1636 6612 111	1963 9934 534	2291 3256 956	2618 6579 378	2945 9901 800
3056	0327 2251 309	0654 4502 618	0981 6753 927	1308 9005 236	1636 1256 544	1963 3507 853	2290 5759 162	2617 8010 471	2945 0261 780
3057	0327 1180 896	0654 2361 793	0981 3542 689	1308 4723 585	1635 5904 482	1962 7085 378	2289 8266 274	2616 9447 170	2944 0628 067
3058	0327 0111 184	0654 0222 368	0981 0333 551	1308 0444 735	1635 0555 919	1962 0667 103	2289 0778 287	2616 0889 470	2943 1000 654
3059	0326 9042 171	0653 8084 341	0980 7126 512	1307 6168 682	1634 5210 853	1961 4253 024	2288 3295 194	2615 2337 365	2942 1379 535
3060	0326 7973 856	0653 5947 712	0980 3921 569	1307 1895 425	1633 9869 281	1960 7843 137	2287 5816 993	2614 3790 850	2941 1764 706
3061	0326 6906 240	0653 3812 480	0980 0718 719	1306 7624 959	1633 4531 199	1960 1437 439	2286 8343 679	2613 5249 918	2940 2156 158
3062	0326 5839 321	0653 1678 641	0979 7517 962	1306 3357 283	1632 9196 604	1959 5035 924	2286 0875 245	2612 6714 566	2939 2553 886
3063	0326 4773 098	0652 9546 197	0979 4319 295	1305 9092 393	1632 3865 491	1958 8638 590	2285 3411 688	2611 8184 786	2938 2957 884
3064	0326 3707 572	0652 7415 144	0979 1122 715	1305 4830 287	1631 8537 859	1958 2245 431	2284 5953 003	2610 9660 574	2937 3368 146
3065	0326 2642 741	0652 5285 481	0978 7928 222	1305 0570 962	1631 3213 703	1957 5856 444	2283 8499 184	2610 1141 925	2936 3784 665
3066	0326 1578 604	0652 3157 208	0978 4735 812	1304 6314 416	1630 7893 020	1956 9471 624	2283 1050 228	2609 2628 832	2935 4207 436
3067	0326 0515 161	0652 1030 323	0978 1545 484	1304 2060 646	1630 2575 807	1956 3090 968	2282 3606 130	2608 4121 291	2934 4636 453
3068	0325 9452 412	0651 8904 824	0977 8357 236	1303 7809 648	1629 7262 060	1955 6714 472	2281 6166 884	2607 5619 296	2933 5071 708
3069	0325 8390 355	0651 6780 710	0977 5171 065	1303 3561 421	1629 1951 776	1955 0342 131	2280 8732 486	2606 7122 841	2932 5513 196
3070	0325 7328 990	0651 4657 980	0977 1986 971	1302 9315 961	1628 6644 951	1954 3973 941	2280 1302 932	2605 8631 922	2931 5960 912
3071	0325 6268 317	0651 2536 633	0976 8804 950	1302 5073 266	1628 1341 583	1953 7609 899	2279 3878 216	2605 0146 532	2930 6414 849
3072	0325 5208 333	0651 0416 667	0976 5625 000	1302 0833 333	1627 6041 667	1953 1250 000	2278 6458 333	2604 1666 667	2929 6875 000
3073	0325 4149 040	0650 8298 080	0976 2447 120	1301 6596 160	1627 0745 200	1952 4894 240	2277 9043 280	2603 3192 320	2928 7341 360
3074	0325 3090 436	0650 6180 872	0975 9271 308	1301 2361 744	1626 5452 180	1951 8542 615	2277 1632 991	2602 4723 487	2927 7813 923
3075	0325 2032 520	0650 4065 041	0975 6097 561	1300 8130 081	1626 0162 602	1951 2195 122	2276 4227 642	2601 6260 163	2926 8292 683
3076	0325 0975 293	0650 1950 585	0975 2925 878	1300 3901 170	1625 4876 463	1950 5851 756	2276 0827 048	2600 7802 341	2925 8777 633
3077	0324 9918 752	0649 9837 504	0974 9756 256	1299 9675 008	1624 9593 760	1949 9512 512	2274 9431 264	2599 9350 016	2924 9268 768
3078	0324 8862 898	0649 7725 796	0974 6588 694	1299 5451 592	1624 4314 490	1949 3177 388	2274 2040 286	2599 0903 184	2923 9766 082
3079	0324 7807 730	0649 5615 460	0974 3423 189	1299 1230 919	1623 9038 649	1948 6846 379	2273 4654 108	2598 2461 838	2923 0269 568
3080	0324 6753 247	0649 3506 494	0974 0259 740	1298 7012 987	1623 3766 234	1948 0519 481	2272 7272 727	2597 4025 974	2922 0779 221
3081	0324 5699 448	0649 1398 896	0973 7098 345	1298 2797 793	1622 8497 241	1947 4196 689	2271 9896 138	2596 5595 586	2921 1295 034
3082	0324 4646 334	0648 9292 667	0973 3939 001	1297 8585 334	1622 3231 668	1946 7878 001	2271 2524 335	2595 7170 668	2920 1817 002
3083	0324 3593 902	0648 7187 804	0973 0781 706	1297 4375 608	1621 7969 510	1946 1563 412	2270 5157 314	2594 8751 216	2919 2345 118
3084	0324 2542 153	0648 5084 306	0972 7626 459	1297 0168 612	1621 2710 765	1945 5252 918	2269 7795 071	2594 0337 224	2918 2879 377
3085	0324 1491 086	0648 2982 172	0972 4473 258	1296 5964 344	1620 7455 430	1944 8946 515	2269 0437 601	2593 1928 687	2917 3419 773
3086	0324 0440 700	0648 0881 400	0972 1322 100	1296 1762 800	1620 2203 500	1944 2644 200	2268 3084 899	2592 3525 599	2916 3966 299
3087	0323 9390 994	0647 8781 989	0971 8172 984	1295 7563 978	1619 6954 972	1943 6345 967	2267 5736 961	2591 5127 956	2915 4518 950
3088	0323 8341 969	0647 6683 938	0971 5025 907	1295 3367 876	1619 1709 845	1943 0051 813	2266 8393 782	2590 6735 751	2914 5077 720
3089	0323 7293 623	0647 4587 245	0971 1880 868	1294 9174 490	1618 6468 113	1942 3761 735	2266 1055 358	2589 8348 980	2913 5642 603
3090	0323 6245 955	0647 2491 909	0970 8737 864	1294 4983 819	1618 1229 773	1941 7475 728	2265 3721 683	2588 9967 638	2912 6213 592
3091	0323 5198 965	0647 0397 929	0970 5596 894	1294 0795 859	1617 5994 824	1941 1193 788	2264 6392 753	2588 1591 718	2911 6790 683
3092	0323 4152 652	0646 8305 304	0970 2457 956	1293 6610 608	1617 0763 260	1940 4915 912	2263 9068 564	2587 3221 216	2910 7373 868
3093	0323 3107 016	0646 6214 032	0969 9321 047	1293 2428 063	1616 5535 079	1939 8642 095	2263 1749 111	2586 4856 127	2909 7963 143
3094	0323 2062 056	0646 4124 111	0969 6186 167	1292 8248 222	1616 0310 278	1939 2372 334	2262 4434 389	2585 6496 445	2908 8558 500
3095	0323 1017 771	0646 2035 541	0969 3053 312	1292 4071 082	1615 5088 853	1938 6106 624	2261 7124 394	2584 8142 165	2907 9159 935
3096	0322 9974 160	0645 9948 320	0968 9922 481	1291 9896 641	1614 9870 801	1937 9844 961	2260 9819 121	2583 9793 282	2906 9767 442
3097	0322 8931 224	0645 7862 448	0968 6793 671	1291 5724 895	1614 4656 119	1937 3587 343	2260 2518 566	2583 1449 790	2906 0381 014
3098	0322 7888 961	0645 5777 921	0968 3666 882	1291 1555 842	1613 9444 803	1936 7333 764	2259 5222 724	2582 3111 685	2905 1000 645
3099	0322 6847 370	0645 3694 740	0968 0542 110	1290 7389 480	1613 4236 851	1936 1084 221	2258 7931 591	2581 4778 961	2904 1626 331

	1	2	3	4	5	6	7	8	9
3100	0322 5806 452	0645 1612 903	0967 7419 355	1290 3225 806	1612 9032 258	1935 4838 710	2258 0645 161	2580 6451 613	2903 2258 065
3101	0322 4766 204	0644 9532 409	0967 4298 613	1289 9064 818	1612 3831 022	1934 8597 227	2257 3363 431	2579 8129 636	2902 2895 840
3102	0322 3726 628	0644 7453 256	0967 1179 884	1289 4906 512	1611 8633 140	1934 2359 768	2256 6086 396	2578 9813 024	2901 3539 652
3103	0322 2687 722	0644 5375 443	0966 8063 165	1289 0750 886	1611 3438 608	1933 6126 329	2255 8814 051	2578 1501 772	2900 4189 494
3104	0322 1649 485	0644 3298 969	0966 4948 454	1288 6597 938	1610 8247 423	1932 9896 907	2255 1546 392	2577 3195 876	2899 4848 361
3105	0322 0611 916	0644 1223 833	0966 1835 749	1288 2447 665	1610 3059 581	1932 3671 498	2254 4283 414	2576 4893 330	2898 5507 246
3106	0321 9575 016	0643 9150 032	0965 8725 048	1287 8300 064	1609 7875 080	1931 7450 097	2253 7025 113	2575 6600 129	2897 6175 145
3107	0321 8538 783	0643 7077 567	0965 5616 350	1287 4155 134	1609 2693 917	1931 1232 700	2252 9771 484	2574 8310 207	2896 6849 050
3108	0321 7503 218	0643 5006 435	0965 2509 653	1287 0012 870	1608 7516 088	1930 5019 305	2252 2522 523	2574 0025 740	2895 7528 958
3109	0321 6468 318	0643 2936 636	0964 9404 953	1286 5873 271	1608 2341 589	1929 8809 907	2251 5278 225	2573 1746 542	2894 8214 860
3110	0321 5434 084	0643 0868 167	0964 6302 251	1286 1736 334	1607 7170 418	1929 2604 502	2250 8038 585	2572 3472 669	2893 8906 752
3111	0321 4400 514	0642 8801 029	0964 3201 543	1285 7602 057	1607 2002 572	1928 6403 086	2250 0803 600	2571 5204 114	2892 9601 629
3112	0321 3367 609	0642 6735 219	0964 0102 828	1285 3470 437	1606 6838 046	1928 0205 086	2249 3573 205	2570 6940 874	2892 0308 483
3113	0321 2335 368	0642 4670 736	0963 7006 103	1284 9341 471	1606 1676 839	1927 4012 207	2248 6347 575	2569 8682 942	2891 1018 340
3114	0321 1303 789	0642 2607 579	0963 3911 368	1284 5215 157	1605 6518 947	1926 7822 736	2247 9126 525	2569 0430 315	2890 1734 104
3115	0321 0272 873	0642 0545 746	0963 0818 620	1284 1091 493	1605 1364 366	1926 1637 239	2247 1910 112	2568 2182 986	2889 2455 859
3116	0320 9242 619	0641 8485 237	0962 7727 856	1283 6970 475	1604 6213 004	1925 5455 712	2246 4698 331	2567 3940 950	2888 3183 569
3117	0320 8213 025	0641 6426 051	0962 4639 076	1283 2852 101	1604 1065 127	1924 9278 152	2245 7491 177	2566 5704 203	2887 3917 228
3118	0320 7184 092	0641 4368 185	0962 1552 277	1282 8736 369	1603 5920 462	1924 3104 554	2245 0288 647	2565 7472 730	2886 4656 831
3119	0320 6155 819	0641 2311 638	0961 8467 458	1282 4623 277	1603 0770 096	1923 6934 915	2244 3090 734	2564 9246 553	2885 5402 373
3120	0320 5128 205	0641 0256 410	0961 5384 615	1282 0512 820	1602 5641 026	1923 0769 231	2243 5897 436	2564 1025 641	2884 6153 846
3121	0320 4101 250	0640 8202 499	0961 2303 749	1281 6404 998	1602 0506 248	1922 4607 408	2242 8708 747	2563 2809 997	2883 6911 246
3122	0320 3074 952	0640 6149 904	0960 9224 856	1281 2290 808	1601 5374 760	1921 8440 712	2242 1524 664	2562 4800 616	2882 7674 568
3123	0320 2049 312	0640 4098 623	0960 6147 935	1280 8197 246	1601 0216 558	1921 2203 869	2241 4345 181	2561 6394 402	2881 8443 804
3124	0320 1024 328	0640 2048 636	0960 3072 983	1280 4097 311	1600 5121 039	1920 6145 907	2240 7170 294	2560 8194 622	2880 9218 950
3125	0320 0000 000	0640 0000 000	0960 0000 000	1280 0000 000	1600 0000 000	1920 0000 000	2240 0000 000	2560 0000 000	2880 0000 000
3126	0319 8976 328	0639 7952 655	0959 6928 983	1279 5905 310	1599 4881 638	1919 3857 965	2239 2834 293	2559 1810 621	2879 0786 948
3127	0319 7953 310	0639 5906 620	0959 3859 930	1279 1813 240	1598 9766 549	1918 7719 859	2238 5673 169	2558 3626 479	2878 1579 789
3128	0319 6930 946	0639 3861 893	0959 0792 839	1278 7723 785	1598 4654 731	1918 1585 678	2237 8516 624	2557 5447 570	2877 2378 517
3129	0319 5909 236	0639 1818 472	0958 7727 709	1278 3636 945	1597 9546 181	1917 5455 417	2237 1364 653	2556 7273 869	2876 3183 126
3130	0319 4888 179	0638 9776 358	0958 4664 537	1277 9552 716	1597 4440 895	1916 9329 073	2236 4217 252	2555 9105 431	2875 3993 610
3131	0319 3867 774	0638 7735 548	0958 1603 322	1277 5471 096	1596 9338 869	1916 3206 643	2235 7074 417	2555 0942 191	2874 4809 965
3132	0319 2848 020	0638 5696 041	0957 8544 061	1277 1392 082	1596 4240 102	1915 7088 123	2234 9936 143	2554 2784 163	2873 5632 184
3133	0319 1828 918	0638 3657 836	0957 5486 754	1276 7315 672	1595 9144 590	1915 0973 508	2234 2802 426	2553 4631 344	2872 6460 262
3134	0319 0810 466	0638 1620 932	0957 2431 398	1276 3241 863	1595 4052 329	1914 4862 795	2233 5673 261	2552 6483 727	2871 7294 193
3135	0318 9792 663	0637 9585 327	0956 9377 990	1275 9170 654	1594 8963 317	1913 8755 981	2232 8548 614	2551 8341 308	2870 8133 971
3136	0318 8775 510	0637 7551 020	0956 6326 531	1275 5102 041	1594 3877 551	1913 2653 061	2232 1428 571	2551 0204 082	2869 8979 592
3137	0318 7759 005	0637 5518 011	0956 3277 016	1275 1036 022	1593 8705 027	1912 6554 032	2231 4313 038	2550 2072 043	2868 9831 049
3138	0318 6743 148	0637 3486 297	0956 0229 445	1274 6972 594	1593 3715 742	1912 0458 891	2230 7202 039	2549 3945 188	2868 0688 336
3139	0318 5727 939	0637 1455 878	0955 7183 816	1274 2911 755	1592 8639 694	1911 4367 633	2230 0005 572	2548 5823 511	2867 1551 440
3140	0318 4713 376	0636 9426 752	0955 4140 127	1273 8853 508	1592 3566 879	1910 8280 255	2229 2993 631	2547 7707 006	2866 2420 382
3141	0318 3699 489	0636 7398 918	0955 1098 376	1273 4797 835	1591 8497 294	1910 2196 753	2228 5806 211	2546 9598 670	2865 3205 129
3142	0318 2686 187	0636 5372 374	0954 8058 564	1273 0744 749	1591 3430 936	1909 6117 423	2227 8803 310	2546 1489 407	2864 4175 684
3143	0318 1673 560	0636 3347 121	0954 5020 681	1272 6694 241	1590 8367 801	1909 0041 362	2227 1714 022	2545 3388 482	2863 5002 043
3144	0318 0661 578	0636 1323 155	0954 1984 733	1272 2646 310	1590 3307 888	1908 3969 466	2226 4631 043	2544 5292 621	2862 5954 198
3145	0317 9650 238	0635 9300 477	0953 8950 715	1271 8600 954	1589 8251 192	1907 7901 431	2225 7551 669	2543 7201 908	2861 6852 146
3146	0317 8639 542	0635 7279 085	0953 5918 627	1271 4558 169	1589 3197 711	1907 1837 254	2225 0476 796	2542 9116 338	2860 7755 880
3147	0317 7629 425	0635 5258 850	0953 2888 275	1271 0517 700	1588 8147 124	1906 5776 549	2224 3405 974	2542 1035 399	2859 8664 824
3148	0317 6620 076	0635 3240 153	0952 9860 229	1270 6480 305	1588 3100 381	1905 9720 457	2223 6340 534	2541 2960 610	2858 9580 686
3149	0317 5611 305	0635 1222 610	0952 6833 916	1270 2445 221	1587 8056 526	1905 3667 831	2222 9279 136	2540 4890 441	2858 0501 747
3150	0317 4603 175	0634 9206 349	0952 3809 524	1269 8412 698	1587 3015 873	1904 7619 048	2222 2222 222	2539 6825 397	2857 1428 571
3151	0317 3595 684	0634 7191 368	0952 0787 052	1269 4382 736	1586 7978 420	1904 1574 104	2221 5169 787	2538 8765 471	2856 2361 155
3152	0317 2588 832	0634 5177 665	0951 7766 497	1269 0355 330	1586 2944 162	1903 5532 995	2220 8121 827	2538 0710 660	2855 3299 492
3153	0317 1582 620	0634 3165 239	0951 4747 859	1268 6330 479	1585 7913 099	1902 9495 718	2220 1078 338	2537 2660 958	2854 4243 578
3154	0317 0577 045	0634 1152 885	0951 1731 135	1268 2308 180	1585 2885 225	1902 3462 270	2219 4039 315	2536 4616 360	2853 5193 405
3155	0316 9572 108	0633 9144 216	0950 8716 323	1267 8288 431	1584 7860 539	1901 7432 647	2218 7004 754	2535 6576 862	2852 6148 970
3156	0316 8567 807	0633 7135 615	0950 5703 422	1267 4271 229	1584 2839 037	1901 1406 844	2217 9974 651	2534 8542 459	2851 7110 266
3157	0316 7564 143	0633 5128 286	0950 2692 429	1267 0256 573	1583 7820 716	1900 5384 859	2217 2949 002	2534 0513 145	2850 8077 289
3158	0316 6561 115	0633 3122 229	0949 9683 344	1266 6244 459	1583 2805 573	1899 9366 688	2216 5927 802	2533 2488 917	2849 9050 032
3159	0316 5558 721	0633 1117 442	0949 6676 163	1266 2234 884	1582 7793 606	1899 3352 327	2215 8911 048	2532 4469 769	2849 0028 490
3160	0316 4556 962	0632 9113 924	0949 3670 886	1265 8227 848	1582 2784 810	1898 7341 772	2215 1898 734	2531 6455 696	2848 1012 658
3161	0316 3555 837	0632 7111 673	0949 0667 510	1265 4223 347	1581 7779 184	1898 1335 021	2214 4890 857	2530 8446 694	2847 2002 531
3162	0316 2555 345	0632 5110 689	0948 7666 034	1265 0221 379	1581 2776 724	1897 5332 068	2213 7887 413	2530 0442 758	2846 2998 103
3163	0316 1555 485	0632 3110 971	0948 4666 456	1264 6221 941	1580 7777 426	1896 9332 912	2213 0888 397	2529 2443 882	2845 3999 368
3164	0316 0556 258	0632 1112 516	0948 1668 774	1264 2225 032	1580 2781 290	1896 3337 547	2212 3893 805	2528 4450 063	2844 5006 321
3165	0315 9557 602	0631 9115 324	0947 8672 986	1263 8230 648	1579 7788 310	1895 7345 972	2211 6903 633	2527 6461 295	2843 6018 957
3166	0315 8559 607	0631 7119 394	0947 5679 030	1263 4238 787	1579 2798 484	1895 1358 181	2210 9917 877	2526 8477 574	2842 7037 271
3167	0315 7562 362	0631 5124 724	0947 2687 086	1263 0249 447	1578 7811 809	1894 5374 171	2210 2936 533	2526 0498 895	2841 8061 257
3168	0315 6565 657	0631 3131 313	0946 9696 970	1262 6262 626	1578 2828 283	1893 9393 939	2209 5959 596	2525 2525 253	2840 9090 909
3169	0315 5569 580	0631 1139 161	0946 6703 741	1262 2278 321	1577 7847 902	1893 3417 482	2208 8987 062	2524 4556 642	2840 0126 223
3170	0315 4574 132	0630 9148 265	0946 3722 397	1261 8296 530	1577 2870 662	1892 7444 795	2208 2018 927	2523 6593 060	2839 1167 192
3171	0315 3579 313	0630 7158 625	0946 0737 938	1261 4317 250	1576 7896 563	1892 1475 875	2207 5055 188	2522 8634 500	2838 2213 813
3172	0315 2585 120	0630 5170 240	0945 7755 359	1261 0340 479	1576 2925 599	1891 5510 719	2206 8095 839	2522 0080 958	2837 3266 078
3173	0315 1591 554	0630 3183 107	0945 4774 661	1260 6366 215	1575 7957 769	1890 9549 322	2206 1140 876	2521 2732 430	2836 4323 984
3174	0315 0598 614	0630 1197 227	0945 1795 841	1260 2394 455	1575 2993 069	1890 3591 682	2205 4190 296	2520 4788 910	2835 5387 524
3175	0314 9606 299	0629 9212 598	0944 8818 898	1259 8425 197	1574 8031 496	1889 7637 795	2204 7244 094	2519 6850 394	2834 6456 693
3176	0314 8614 610	0629 7229 219	0944 5843 829	1259 4458 438	1574 3073 048	1889 1687 657	2204 0302 267	2518 8916 877	2833 7531 486
3177	0314 7623 544	0629 5247 088	0944 2870 633	1259 0494 177	1573 8117 721	1888 5741 265	2203 3364 810	2518 0988 354	2832 8611 898
3178	0314 6633 103	0629 3266 205	0943 9899 308	1258 6532 410	1573 3165 513	1887 9798 615	2202 6431 718	2517 3064 821	2831 9697 923
3179	0314 5643 284	0629 1286 568	0943 6929 852	1258 2573 136	1572 8216 420	1887 3859 704	2201 9502 988	2516 5146 272	2831 0789 556
3180	0314 4654 088	0628 9308 176	0943 3962 264	1257 8616 352	1572 3270 440	1886 7924 528	2201 2578 616	2515 7232 704	2830 1886 792
3181	0314 3665 514	0628 7331 028	0943 0996 542	1257 4662 056	1571 8327 570	1886 1993 084	2200 5658 598	2514 9324 112	2829 2989 626
3182	0314 2677 561	0628 5355 123	0942 8032 684	1257 0710 245	1571 3387 806	1885 6065 368	2199 8742 929	2514 1420 490	2828 4098 052
3183	0314 1690 229	0628 3380 459	0942 5070 688	1256 6760 917	1570 8451 147	1885 0141 376	2199 1831 605	2513 3521 835	2827 5212 064
3184	0314 0703 518	0628 1407 035	0942 2110 553	1256 2814 070	1570 3517 588	1884 4221 106	2198 4924 623	2512 5028 141	2826 6331 658
3185	0313 9717 425	0627 9434 851	0941 9152 276	1255 8869 702	1569 8587 127	1883 8304 553	2197 8021 978	2511 7739 403	2825 7456 829
3186	0313 8731 952	0627 7463 905	0941 6195 857	1255 4927 809	1569 3659 761	1883 2391 714	2197 1123 666	2510 9855 618	2824 8587 571
3187	0313 7747 098	0627 5494 195	0941 3241 293	1255 0988 390	1568 8735 488	1882 6482 586	2196 4229 683	2510 1976 781	2823 9723 878
3188	0313 6762 861	0627 3525 721	0941 0288 582	1254 7051 443	1568 3814 304	1882 0577 164	2195 7340 025	2509 4102 886	2823 0865 747
3189	0313 5779 241	0627 1558 482	0940 7337 723	1254 3116 965	1567 8896 206	1881 4675 447	2195 0454 688	2508 6233 929	2822 2013 170
3190	0313 4796 238	0626 9592 476	0940 4388 715	1253 9184 953	1567 3081 191	1880 8777 428	2194 3573 668	2507 8369 906	2821 3166 145
3191	0313 3813 851	0626 7627 703	0940 1441 554	1253 5257 406	1566 9069 257	1880 2883 109	2193 6696 960	2507 0510 812	2820 4324 663
3192	0313 2832 080	0626 5664 160	0939 8496 241	1253 1328 321	1566 4160 401	1879 6992 481	2192 9824 561	2506 2656 642	2819 5488 722
3193	0313 1850 924	0626 3701 848	0939 5552 772	1252 7403 696	1565 9254 619	1879 1105 543	2192 2956 467	2505 4807 391	2818 6658 315
3194	0313 0870 382	0626 1740 764	0939 2611 146	1252 3481 528	1565 4351 910	1878 5222 292	2191 6092 674	2504 6963 056	2817 7833 438
3195	0312 9890 451	0625 9780 908	0938 9671 362	1251 9561 815	1564 9452 269	1877 9342 723	2190 9233 177	2503 9123 631	2816 9014 085
3196	0312 8911 130	0625 7822 278	0938 6733 417	1251 5644 556	1564 4555 695	1877 3466 834	2190 2377 972	2503 1289 111	2816 0200 250
3197	0312 7932 437	0625 5864 873	0938 3797 310	1251 1729 747	1563 9662 183	1876 7594 620	2189 5527 057	2502 3459 403	2815 1391 930
3198	0312 6954 316	0625 3908 693	0938 0863 039	1250 7817 386	1563 4771 732	1876 1726 079	2188 8680 425	2501 5634 772	2814 2589 118
3199	0312 5976 808	0625 1953 730	0937 7930 603	1250 3907 471	1562 9884 339	1875 5861 207	2188 1838 071	2500 7814 942	2813 3791 810

	1	2	3	4	5	6	7	8	9
3200	0312 5000 000	0625 0000 000	0937 5000 000	1250 0000 000	1562 5000 000	1875 0000 000	2187 5000 000	2500 0000 000	2812 5000 000
3201	0312 4023 743	0624 8047 485	0937 2071 228	1249 6094 970	1562 0118 713	1874 4142 455	2186 8166 198	2499 2189 941	2811 6213 683
3202	0312 3048 095	0624 6096 190	0936 9144 285	1249 2192 380	1561 5240 475	1873 8288 570	2186 1336 665	2498 4384 760	2810 7432 854
3203	0312 2073 057	0624 4146 113	0936 6219 170	1248 8292 226	1561 0365 283	1873 2438 339	2185 4511 396	2497 6584 452	2809 8657 509
3204	0312 1098 627	0624 2197 253	0936 3295 880	1248 4394 507	1560 5493 134	1872 6591 760	2184 7690 387	2496 8789 014	2808 9887 640
3205	0312 0124 805	0624 0249 610	0936 0374 415	1248 0499 220	1560 0624 025	1872 0748 830	2184 0873 635	2496 0998 440	2808 1123 245
3206	0311 9151 591	0623 8303 182	0935 7454 772	1247 6606 363	1559 5757 954	1871 4909 545	2183 4061 135	2495 3212 726	2807 2364 317
3207	0311 8178 983	0623 6357 967	0935 4536 950	1247 2715 934	1559 0894 917	1870 9073 901	2182 7252 884	2494 5431 868	2806 3610 851
3208	0311 7206 983	0623 4413 965	0935 1620 948	1246 8827 930	1558 6034 913	1870 3241 896	2182 0448 878	2493 7655 860	2805 4862 843
3209	0311 6235 587	0623 2471 175	0934 8706 762	1246 4942 350	1558 1177 937	1869 7413 524	2181 3649 112	2492 9884 699	2804 6120 287
3210	0311 5264 798	0623 0529 595	0934 5794 393	1246 1059 190	1557 6323 988	1869 1588 785	2180 6853 583	2492 2118 380	2803 7383 178
3211	0311 4294 612	0622 8580 225	0934 2883 837	1245 7178 440	1557 1473 004	1868 5767 674	2180 0062 286	2491 4356 898	2802 8651 510
3212	0311 3325 031	0622 6650 062	0933 9975 093	1245 3300 125	1556 6625 156	1867 9950 187	2179 3275 218	2490 6600 249	2801 9925 280
3213	0311 2356 054	0622 4712 107	0933 7068 161	1244 9424 214	1556 1780 268	1867 4136 321	2178 6492 375	2489 8848 428	2801 1204 482
3214	0311 1387 670	0622 2775 358	0933 4163 037	1244 5550 716	1555 6938 395	1866 8326 073	2177 9713 752	2489 1101 431	2800 2489 110
3215	0311 0419 907	0622 0839 813	0933 1259 720	1244 1679 627	1555 2099 533	1866 2519 440	2177 2939 347	2488 3359 254	2799 3779 160
3216	0310 9452 736	0621 8905 473	0932 8358 209	1243 7810 945	1554 7263 682	1865 6716 418	2176 6169 154	2487 5621 891	2798 5074 627
3217	0310 8486 167	0621 6972 334	0932 5458 502	1243 3944 669	1554 2430 836	1865 0917 003	2175 9403 171	2486 7889 338	2797 6375 505
3218	0310 7520 199	0621 5040 398	0932 2560 597	1243 0080 796	1553 7600 994	1864 5121 193	2175 2641 392	2486 0161 591	2796 7681 790
3219	0310 6554 831	0621 3109 661	0931 9664 492	1242 6219 323	1553 2774 153	1863 9328 984	2174 5883 815	2485 2438 646	2795 8993 476
3220	0310 5590 062	0621 1180 124	0931 6770 186	1242 2360 248	1552 7950 311	1863 3540 373	2173 9130 435	2484 4720 497	2795 0310 559
3221	0310 4625 893	0620 9251 785	0931 3877 678	1241 8503 570	1552 3129 463	1862 7755 355	2173 2381 248	2483 7007 141	2794 1633 033
3222	0310 3662 322	0620 7324 643	0931 0986 965	1241 4649 286	1551 8311 608	1862 1973 929	2172 5636 251	2482 9298 572	2793 2960 801
3223	0310 2699 348	0620 5398 697	0930 8098 045	1241 0797 394	1551 3496 742	1861 6196 001	2171 8895 439	2482 1594 787	2792 4294 136
3224	0310 1736 973	0620 3473 945	0930 5210 918	1240 6947 891	1550 8684 864	1861 0421 836	2171 2158 800	2481 3895 782	2791 5632 751
3225	0310 0775 194	0620 1550 388	0930 2325 581	1240 3100 775	1550 3875 969	1860 4651 163	2170 5426 357	2480 6201 550	2790 6976 741
3226	0309 9814 011	0619 9623 022	0929 9442 033	1239 9256 045	1549 9070 056	1859 8884 067	2169 8698 078	2479 8512 089	2789 8326 100
3227	0309 8853 424	0619 7706 848	0929 6560 273	1239 5413 697	1549 4267 121	1859 3120 545	2169 1973 970	2479 0827 304	2788 9680 818
3228	0309 7893 432	0619 5786 865	0929 3680 297	1239 1573 730	1548 9467 162	1858 7360 595	2168 5254 027	2478 3147 460	2788 1040 892
3229	0309 6934 035	0619 3868 071	0929 0802 106	1238 7736 141	1548 4670 177	1858 1604 212	2167 8538 247	2477 5472 282	2787 2406 318
3230	0309 5975 232	0619 1950 464	0928 7925 697	1238 3900 929	1547 9876 161	1857 5851 393	2167 1826 625	2476 7801 858	2786 3777 090
3231	0309 5017 023	0619 0034 045	0928 5051 068	1238 0068 090	1547 5085 113	1857 0102 136	2166 5119 158	2476 0136 481	2785 5153 203
3232	0309 4059 406	0618 8118 812	0928 2178 218	1237 6237 624	1547 0297 030	1856 4356 436	2165 8415 812	2475 2475 247	2784 6534 653
3233	0309 3102 382	0618 6204 763	0927 9307 145	1237 2409 527	1546 5511 908	1855 8614 290	2165 1716 672	2474 4819 054	2783 7921 435
3234	0309 2145 949	0618 4291 899	0927 6437 848	1236 8583 797	1546 0729 746	1855 2875 606	2164 5021 645	2473 7167 594	2782 9313 544
3235	0309 1190 108	0618 2380 216	0927 3570 325	1236 4760 433	1545 5950 541	1854 7140 649	2163 8330 757	2472 9520 806	2782 0710 974
3236	0309 0234 858	0618 0469 716	0927 0704 574	1236 0939 431	1545 1174 289	1854 1400 147	2163 1644 005	2472 1878 863	2781 2113 721
3237	0308 9280 198	0617 8560 395	0926 7840 593	1235 7120 791	1544 6400 989	1853 5684 186	2162 4961 384	2471 4211 382	2780 3521 770
3238	0308 8326 127	0617 6652 254	0926 4978 382	1235 3304 509	1544 1630 636	1852 9956 763	2161 8282 891	2470 6609 018	2779 4935 145
3239	0308 7372 646	0617 4745 292	0926 2117 938	1234 9490 584	1543 6863 229	1852 4235 875	2161 1608 521	2469 8981 167	2778 6353 813
3240	0308 6419 763	0617 2839 506	0925 9259 259	1234 5679 012	1543 2098 765	1851 8518 519	2160 4938 272	2469 1358 025	2777 7777 778
3241	0308 5467 448	0617 0934 807	0925 6402 345	1234 1869 793	1542 7337 242	1851 2804 690	2159 8272 138	2468 3739 587	2776 9207 035
3242	0308 4515 731	0616 9031 462	0925 3547 193	1233 8062 924	1542 2578 655	1850 7094 386	2159 1610 117	2467 6125 848	2776 0644 570
3243	0308 3564 601	0616 7129 201	0925 0693 802	1233 4258 403	1541 7823 003	1850 1387 004	2158 4952 205	2466 8516 805	2775 2081 406
3244	0308 2614 057	0616 5228 113	0924 7842 170	1233 0456 227	1541 3070 284	1849 5684 330	2157 8298 397	2466 0912 454	2774 3526 510
3245	0308 1664 099	0616 3328 197	0924 4992 296	1232 6656 394	1540 8320 493	1848 9984 502	2157 1648 600	2465 3312 789	2773 4076 487
3246	0308 0714 726	0616 1429 452	0924 2144 177	1232 2858 903	1540 3573 629	1848 4288 355	2156 5003 081	2464 5717 807	2772 6432 532
3247	0307 9765 938	0615 9531 876	0923 9297 813	1231 9063 751	1539 8829 689	1847 8595 627	2155 8361 565	2463 8127 502	2771 7893 440
3248	0307 8817 734	0615 7635 468	0923 6453 202	1231 5270 936	1539 4088 670	1847 2906 404	2155 1721 138	2463 0541 872	2770 9359 606
3249	0307 7870 114	0615 5740 228	0923 3610 342	1231 1480 456	1538 9350 569	1846 7220 683	2154 5090 707	2462 2960 911	2770 0831 025
3250	0307 6923 077	0615 3846 154	0923 0769 231	1230 7692 308	1538 4615 385	1846 1538 462	2153 8461 538	2461 5384 615	2769 2307 692
3251	0307 5976 623	0615 1953 245	0922 7929 868	1230 3906 490	1537 9883 113	1845 5850 735	2153 1836 358	2460 7812 981	2768 3789 603
3252	0307 5030 750	0615 0061 501	0922 5092 251	1230 0123 001	1537 5153 752	1845 0184 502	2152 5215 252	2460 0246 002	2767 5276 753
3253	0307 4085 460	0614 8170 919	0922 2256 379	1229 6341 838	1537 0427 298	1844 4512 757	2151 8508 217	2459 2683 677	2766 6769 136
3254	0307 3140 750	0614 6281 500	0921 9422 250	1229 2562 999	1536 5703 749	1843 8844 499	2151 1983 249	2458 5125 009	2765 8266 749
3255	0307 2196 621	0614 4393 241	0921 6589 862	1228 8786 482	1536 0983 103	1843 3179 723	2150 5376 344	2457 7572 965	2764 9769 585
3256	0307 1253 071	0614 2506 143	0921 3759 214	1228 5012 285	1535 6265 356	1842 7518 428	2149 8774 490	2457 0024 570	2764 1277 641
3257	0307 0310 101	0614 0620 203	0921 0930 304	1228 1240 406	1535 1550 507	1842 1860 608	2149 2170 700	2456 2480 811	2763 2790 912
3258	0306 9367 710	0613 8735 421	0920 8103 131	1227 7470 841	1534 6838 551	1841 6206 262	2148 5573 972	2455 4941 682	2762 4309 392
3259	0306 8425 808	0613 6851 795	0920 5277 693	1227 3703 590	1534 2129 488	1841 0555 385	2147 8981 283	2454 7407 180	2761 5833 078
3260	0306 7484 663	0613 4969 325	0920 2453 988	1226 9938 650	1533 7423 313	1840 4907 975	2147 2392 638	2453 9877 301	2760 7361 963
3261	0306 6544 005	0613 3088 010	0919 9632 015	1226 6176 020	1533 2720 025	1839 9264 029	2146 5808 034	2453 2352 039	2759 8896 044
3262	0306 5602 624	0613 1207 848	0919 6811 772	1226 2415 696	1532 8019 620	1839 3623 544	2145 9227 468	2452 4831 392	2759 0435 316
3263	0306 4661 419	0612 9328 838	0919 3993 258	1225 8657 677	1532 3322 096	1838 7986 515	2145 2650 935	2451 7315 354	2758 1979 773
3264	0306 3725 490	0612 7450 980	0919 1176 471	1225 4901 961	1531 8627 451	1838 2352 941	2144 6078 431	2450 9803 922	2757 3529 412
3265	0306 2787 136	0612 5574 273	0918 8361 409	1225 1148 545	1531 3935 681	1837 6722 818	2143 9500 954	2450 2297 090	2756 5084 227
3266	0306 1849 357	0612 3698 714	0918 5548 071	1224 7397 428	1530 9246 785	1837 1096 142	2143 2945 490	2449 4794 856	2755 6644 213
3267	0306 0912 152	0612 1824 304	0918 2736 455	1224 3648 607	1530 4560 759	1836 5472 911	2142 6385 063	2448 7297 215	2754 8209 306
3268	0305 9975 520	0611 9951 040	0917 9926 561	1223 9902 081	1529 9877 601	1835 9853 121	2141 9828 641	2447 9804 162	2753 9779 682
3269	0305 9039 462	0611 8078 923	0917 7118 385	1223 6157 846	1529 5197 208	1835 4236 770	2141 3276 231	2447 2315 693	2753 1355 154
3270	0305 8103 976	0611 6207 951	0917 4311 927	1223 2415 902	1529 0519 878	1834 8623 853	2140 6727 820	2446 4831 804	2752 2935 780
3271	0305 7169 061	0611 4338 123	0917 1507 184	1222 8676 246	1528 5845 307	1834 3014 369	2140 0183 430	2445 7352 492	2751 4521 553
3272	0305 6234 719	0611 2469 438	0916 8704 156	1222 4938 875	1528 1173 594	1833 7408 313	2139 3643 032	2444 9877 751	2750 6112 469
3273	0305 5300 947	0611 0601 894	0916 5902 841	1222 1203 789	1527 6504 730	1833 1805 683	2138 7106 630	2444 2407 577	2749 7708 524
3274	0305 4367 746	0610 8735 492	0916 3103 238	1221 7470 984	1527 1838 729	1832 6206 473	2138 0574 221	2443 4941 967	2748 9309 713
3275	0305 3435 114	0610 6870 229	0916 0305 344	1221 3740 458	1526 7175 578	1832 0610 687	2137 4045 802	2442 7480 916	2748 0916 031
3276	0305 2503 053	0610 5006 105	0915 7509 158	1221 0012 210	1526 2515 263	1831 5018 315	2136 7521 368	2442 0024 420	2747 2527 473
3277	0305 1571 559	0610 3143 119	0915 4714 678	1220 6286 237	1525 7857 797	1830 9429 356	2136 1000 915	2441 2572 475	2746 4144 034
3278	0305 0640 635	0610 1281 269	0915 1921 904	1220 2562 538	1525 3203 173	1830 3843 807	2135 4484 442	2440 5125 076	2745 5765 711
3279	0304 9710 278	0609 9420 555	0914 9130 833	1219 8841 110	1524 8551 388	1829 8261 665	2134 7971 943	2439 7682 220	2744 7392 498
3280	0304 8780 488	0609 7560 976	0914 6341 463	1219 5121 951	1524 3902 439	1829 2682 927	2134 1463 415	2439 0243 902	2743 9024 390
3281	0304 7851 265	0609 5702 530	0914 3553 795	1219 1405 059	1523 9256 321	1828 7107 589	2133 4958 851	2438 2810 119	2743 0661 384
3282	0304 6922 608	0609 3845 216	0914 0767 824	1218 7690 433	1523 4613 041	1828 1536 649	2132 8458 257	2437 5380 865	2742 2303 473
3283	0304 5994 517	0609 1989 034	0913 7983 552	1218 3978 069	1522 9972 586	1827 5967 103	2132 1961 620	2436 7956 138	2741 3950 655
3284	0304 5066 991	0609 0133 983	0913 5200 974	1218 0267 966	1522 5334 957	1827 0401 949	2131 5468 940	2436 0535 032	2740 5602 923
3285	0304 4140 030	0608 8280 061	0913 2420 091	1217 6560 122	1522 0700 152	1826 4840 183	2130 8980 213	2435 3120 244	2739 7260 274
3286	0304 3213 634	0608 6427 267	0912 9640 901	1217 2854 534	1521 6068 168	1825 9281 802	2130 2495 435	2434 5709 069	2738 8922 702
3287	0304 2287 800	0608 4575 601	0912 6863 401	1216 9151 202	1521 1439 002	1825 3726 803	2129 6014 603	2433 8302 403	2738 0590 204
3288	0304 1362 530	0608 2725 061	0912 4087 591	1216 5450 122	1520 6812 652	1824 8175 182	2128 9537 713	2433 0900 243	2737 2263 774
3289	0304 0437 823	0608 0875 646	0912 1313 469	1216 1751 292	1520 2189 115	1824 2626 938	2128 3064 761	2432 3502 584	2736 3940 407
3290	0303 9513 678	0607 9027 356	0911 8541 033	1215 8054 711	1519 7568 389	1823 7082 067	2127 6595 745	2431 6109 422	2735 5623 100
3291	0303 8590 094	0607 7180 188	0911 5770 283	1215 4360 377	1519 2950 471	1823 1540 565	2127 0130 650	2430 8720 754	2734 7310 848
3292	0303 7667 072	0607 5334 143	0911 3001 215	1215 0668 287	1518 8335 358	1822 6002 430	2126 3669 502	2430 1336 574	2733 9003 645
3293	0303 6744 610	0607 3489 220	0911 0233 829	1214 6978 439	1518 3723 049	1822 0467 659	2125 7212 208	2429 3956 878	2733 0701 488
3294	0303 5822 708	0607 1645 416	0910 7468 124	1214 3290 832	1517 9113 540	1821 4936 248	2125 0758 956	2428 6581 664	2732 2404 372
3295	0303 4901 366	0606 9802 731	0910 4704 097	1213 9605 463	1517 4506 829	1820 9408 194	2124 4309 560	2427 9210 926	2731 4112 291
3296	0303 3980 583	0606 7961 165	0910 1941 748	1213 5922 330	1516 9902 913	1820 3883 495	2123 7864 078	2427 1844 660	2730 6825 243
3297	0303 3060 358	0606 6120 716	0909 9181 074	1213 2241 432	1516 5301 789	1819 8362 157	2123 1422 507	2426 4482 863	2729 7543 221
3298	0303 2140 691	0606 4281 383	0909 6422 074	1212 8562 765	1516 0703 457	1819 2844 118	2122 4984 839	2425 7125 531	2728 9266 222
3299	0303 1221 582	0606 2443 165	0909 3664 747	1212 4886 329	1515 6107 911	1818 7329 494	2121 8551 076	2424 9772 658	2728 0994 241

	1	2	3	4	5	6	7	8	9
3300	0303 0303 030	0606 0606 061	0909 0909 091	1212 1212 121	1515 1515 152	1818 1818 182	2121 2121 212	2424 2424 242	2727 2727 273
3301	0302 9385 035	0605 8770 070	0908 8155 105	1211 7540 139	1514 6925 174	1817 6310 209	2120 5695 244	2423 5080 279	2726 4465 314
3302	0302 8467 595	0605 6935 191	0908 5402 786	1211 3870 382	1514 2337 977	1817 0805 572	2119 9273 168	2422 7740 763	2725 6208 359
3303	0302 7550 711	0605 5101 423	0908 2652 134	1211 0202 846	1513 7753 557	1816 5304 269	2119 2854 980	2422 0405 692	2724 7956 403
3304	0302 6634 383	0605 3268 765	0907 9903 148	1210 6537 530	1513 3171 913	1815 9806 295	2118 6440 678	2421 3075 061	2723 9709 443
3305	0302 5718 608	0605 1437 216	0907 7155 825	1210 2874 433	1512 8593 041	1815 4311 649	2118 0030 257	2420 5748 865	2723 1467 474
3306	0302 4803 388	0604 9606 776	0907 4410 163	1209 9213 551	1512 4016 939	1814 8820 327	2117 3623 714	2419 8127 102	2722 3230 490
3307	0302 3888 721	0604 7777 442	0907 1666 163	1209 5554 884	1511 9443 604	1814 3332 325	2116 7221 046	2419 1109 767	2721 4998 488
3308	0302 2974 607	0604 5949 214	0906 8923 821	1209 1898 428	1511 4873 035	1813 7847 642	2116 0822 240	2418 3796 856	2720 6771 463
3309	0302 2061 046	0604 4122 091	0906 6183 137	1208 8244 183	1511 0305 228	1813 2366 274	2115 4427 319	2417 6488 365	2719 8549 411
3310	0302 1148 036	0604 2296 073	0906 3444 109	1208 4592 145	1510 5740 181	1812 6888 218	2114 8036 254	2416 9184 290	2719 0332 326
3311	0302 0235 578	0604 0471 157	0906 0706 735	1208 0942 314	1510 1177 892	1812 1413 470	2114 1649 049	2416 1884 627	2718 2120 205
3312	0301 9323 671	0603 8647 343	0905 7971 015	1207 7294 686	1509 6618 357	1811 5942 029	2113 5265 700	2415 4589 372	2717 3913 043
3313	0301 8412 315	0603 6824 630	0905 5236 945	1207 3649 260	1509 2061 576	1811 0473 891	2112 8886 206	2414 7298 521	2716 5710 836
3314	0301 7501 509	0603 5003 017	0905 2504 526	1207 0006 035	1508 7507 544	1810 5009 052	2112 2510 561	2414 0012 070	2715 7513 579
3315	0301 6591 252	0603 3182 504	0904 9773 756	1206 6365 008	1508 2956 259	1809 9547 511	2111 6138 763	2413 2730 015	2714 9321 267
3316	0301 5681 544	0603 1363 088	0904 7044 632	1206 2726 178	1507 8407 720	1809 4089 264	2110 9770 808	2412 5452 352	2714 1133 896
3317	0301 4772 385	0602 9544 769	0904 4317 154	1205 9089 539	1507 3861 923	1808 8634 308	2110 3406 693	2411 8179 077	2713 2951 462
3318	0301 3863 773	0602 7727 547	0904 1591 320	1205 5455 093	1506 9318 867	1808 3182 640	2109 7046 414	2411 0910 187	2712 4773 960
3319	0301 2955 710	0602 5911 419	0903 8867 129	1205 1822 838	1506 4778 548	1807 7734 257	2109 0689 967	2410 3645 676	2711 6601 386
3320	0301 2048 193	0602 4096 386	0903 6144 578	1204 8192 771	1506 0240 964	1807 2289 157	2108 4337 349	2409 6385 542	2710 8433 735
3321	0301 1141 223	0602 2282 445	0903 3423 668	1204 4564 890	1505 5706 113	1806 6847 335	2107 7988 558	2408 9129 780	2710 0271 003
3322	0301 0234 798	0602 0469 597	0903 0704 395	1204 0939 193	1505 1173 992	1806 1408 790	2107 1643 588	2408 1878 387	2709 2113 185
3323	0300 9328 920	0601 8657 839	0902 7986 759	1203 7315 079	1504 6644 598	1805 5973 518	2106 5302 438	2407 4631 357	2708 3960 277
3324	0300 8423 586	0601 6847 172	0902 5270 758	1203 3694 344	1504 2117 930	1805 0541 516	2105 8965 102	2406 7388 688	2707 5812 274
3325	0300 7518 797	0601 5037 594	0902 2556 391	1203 0075 188	1503 7593 985	1804 5112 782	2105 2631 579	2406 0150 376	2706 7669 173
3326	0300 6614 552	0601 3229 104	0901 9843 656	1202 6458 208	1503 3072 760	1803 9687 312	2104 6301 864	2405 2916 416	2705 9530 968
3327	0300 5710 851	0601 1421 701	0901 7132 552	1202 2843 402	1502 8554 253	1803 4265 104	2103 9975 954	2404 5686 805	2705 1397 655
3328	0300 4807 692	0600 9615 385	0901 4423 077	1201 9230 769	1502 4038 462	1802 8846 154	2103 3653 846	2403 8461 538	2704 3269 231
3329	0300 3905 077	0600 7810 153	0901 1715 230	1201 5620 306	1501 9525 383	1802 3430 460	2102 7335 536	2403 1240 613	2703 5145 689
3330	0300 3003 003	0600 6006 006	0900 9009 009	1201 2012 012	1501 5015 015	1801 8018 018	2102 1021 021	2402 4024 024	2702 7027 027
3331	0300 2101 471	0600 4202 942	0900 6304 413	1200 8405 884	1501 0507 355	1801 2608 826	2101 4710 297	2401 6811 768	2701 8913 239
3332	0300 1200 480	0600 2400 960	0900 3601 441	1200 4801 921	1500 6002 401	1800 7202 881	2100 8403 361	2400 9603 842	2701 0804 322
3333	0300 0300 030	0600 0600 060	0900 0900 090	1200 1200 120	1500 1500 150	1800 1800 180	2100 2100 210	2400 2400 240	2700 2700 270
3334	0299 9400 120	0599 8800 240	0899 8200 360	1199 7600 480	1499 7000 600	1799 6400 720	2099 5800 840	2399 5200 960	2699 4601 080
3335	0299 8500 750	0599 7001 499	0899 5502 249	1199 4002 998	1499 2503 748	1799 1004 498	2098 9505 247	2398 8005 997	2698 6506 747
3336	0299 7601 918	0599 5203 837	0899 2805 755	1199 0407 674	1498 8009 592	1798 5611 511	2098 3213 429	2398 0815 348	2697 8417 266
3337	0299 6703 626	0599 3407 252	0899 0110 878	1198 6814 504	1498 3518 130	1798 0221 756	2097 6925 382	2397 3629 008	2697 0332 634
3338	0299 5805 872	0599 1611 744	0898 7417 615	1198 3223 487	1497 9029 359	1797 4835 231	2097 0641 102	2396 6446 974	2696 2252 846
3339	0299 4908 655	0598 9817 311	0898 4725 966	1197 9634 621	1497 4543 276	1796 9451 932	2096 4360 587	2395 9269 242	2695 4177 898
3340	0299 4011 976	0598 8023 952	0898 2035 928	1197 6047 904	1497 0059 880	1796 4071 856	2095 8083 832	2395 2095 808	2694 6107 784
3341	0299 3115 834	0598 6231 667	0897 9347 501	1197 2463 334	1496 5579 168	1795 8695 001	2095 1810 835	2394 4926 669	2693 8042 502
3342	0299 2220 227	0598 4440 455	0897 6660 682	1196 8880 910	1496 1101 137	1795 3321 364	2094 5541 592	2393 7761 819	2692 9982 047
3343	0299 1325 157	0598 2650 314	0897 3975 471	1196 5300 628	1495 6625 785	1794 7950 942	2093 9276 099	2393 0601 256	2692 1926 413
3344	0299 0430 622	0598 0861 244	0897 1291 866	1196 1722 488	1495 2153 110	1794 2583 732	2093 3014 354	2392 3444 976	2691 3875 598
3345	0298 9536 622	0597 9073 244	0896 8609 865	1195 8146 487	1494 7683 109	1793 7219 731	2092 6756 353	2391 6292 975	2690 5829 596
3346	0298 8643 156	0597 7286 312	0896 5929 468	1195 4572 624	1494 3215 780	1793 1858 936	2092 0502 092	2390 9145 248	2689 7788 404
3347	0298 7750 224	0597 5500 448	0896 3250 672	1195 1000 896	1493 8751 120	1792 6501 344	2091 4251 569	2390 2001 793	2688 9752 017
3348	0298 6857 826	0597 3715 651	0896 0573 477	1194 7431 302	1493 4289 128	1792 1146 953	2090 8004 770	2389 4862 605	2688 1720 430
3349	0298 5965 960	0597 1931 920	0895 7897 880	1194 3863 840	1492 9829 800	1791 5795 760	2090 1761 720	2388 7727 680	2687 3693 640
3350	0298 5074 627	0597 0149 254	0895 5223 881	1194 0298 507	1492 5373 134	1791 0447 761	2089 5522 388	2388 0597 015	2686 5671 642
3351	0298 4183 826	0596 8367 651	0895 2551 477	1193 6735 303	1492 0919 120	1790 5102 954	2088 9286 780	2387 3470 606	2685 7654 432
3352	0298 3293 556	0596 6587 112	0894 9880 668	1193 3174 224	1491 6467 780	1789 9761 337	2088 3054 893	2386 6348 449	2684 9642 005
3353	0298 2403 817	0596 4807 635	0894 7211 452	1192 9615 270	1491 2019 087	1789 4422 905	2087 6826 722	2385 9230 540	2684 1634 357
3354	0298 1514 609	0596 3029 219	0894 4543 828	1192 6058 438	1490 7573 047	1788 9087 657	2087 0602 266	2385 2116 875	2683 3631 483
3355	0298 0625 931	0596 1251 863	0894 1877 794	1192 2503 726	1490 3129 657	1788 3755 589	2086 4381 520	2384 5007 452	2682 5633 383
3356	0297 9737 783	0595 9475 566	0893 9213 349	1191 8951 132	1489 8688 915	1787 8426 698	2085 8164 482	2383 7902 205	2681 7640 018
3357	0297 8850 164	0595 7700 328	0893 6550 492	1191 5400 655	1489 4250 819	1787 3100 983	2085 1951 147	2383 0801 311	2680 9651 475
3358	0297 7963 073	0595 5926 147	0893 3889 220	1191 1852 293	1488 9815 366	1786 7778 440	2084 5741 513	2382 3704 586	2680 1667 639
3359	0297 7076 511	0595 4153 022	0893 1229 533	1190 8306 043	1488 5382 554	1786 2459 065	2083 9535 576	2381 6612 087	2679 3688 598
3360	0297 6190 476	0595 2380 952	0892 8571 429	1190 4761 905	1488 0952 381	1785 7142 857	2083 3333 333	2380 9523 810	2678 5714 286
3361	0297 5304 969	0595 0609 938	0892 5914 906	1190 1219 875	1487 6524 844	1785 1829 813	2082 7134 781	2380 2439 750	2677 7744 719
3362	0297 4419 988	0594 8839 976	0892 3259 964	1189 7679 952	1487 2099 941	1784 6519 929	2082 0939 917	2379 5350 905	2676 9779 893
3363	0297 3535 534	0594 7071 068	0892 0606 601	1189 4142 135	1486 7677 669	1784 1213 203	2081 4748 736	2378 8284 270	2676 1819 804
3364	0297 2651 605	0594 5303 210	0891 7954 816	1189 0606 421	1486 3258 026	1783 5909 631	2080 8561 237	2378 1212 842	2675 3854 447
3365	0297 1768 202	0594 3536 404	0891 5304 606	1188 7072 808	1485 8841 010	1783 0609 212	2080 2377 415	2377 4145 617	2674 5913 819
3366	0297 0885 324	0594 1770 648	0891 2655 971	1188 3541 295	1485 4426 619	1782 5311 913	2079 6197 267	2376 7082 591	2673 7967 014
3367	0297 0002 970	0594 0005 940	0891 0008 910	1188 0011 880	1485 0014 850	1782 0017 820	2079 0020 790	2376 0023 760	2673 0026 730
3368	0296 9121 140	0593 8242 280	0890 7363 420	1187 6484 561	1484 5605 701	1781 4726 841	2078 3847 981	2375 2969 121	2672 2090 261
3369	0296 8239 834	0593 6479 668	0890 4719 501	1187 2959 335	1484 1199 169	1780 9439 003	2077 7678 836	2374 5918 670	2671 4158 504
3370	0296 7359 050	0593 4718 101	0890 2077 151	1186 9436 202	1483 6795 252	1780 4154 303	2077 1513 353	2373 8872 401	2670 6231 454
3371	0296 6478 790	0593 2957 579	0889 9436 369	1186 5915 159	1483 2393 948	1779 8872 738	2076 5351 528	2373 1830 317	2669 8309 107
3372	0296 5599 051	0593 1198 102	0889 6797 153	1186 2396 204	1482 7995 255	1779 3594 306	2075 9193 357	2372 4792 408	2669 0391 459
3373	0296 4719 834	0592 9439 668	0889 4159 502	1185 8879 336	1482 3599 170	1778 8319 004	2075 3038 838	2371 7758 672	2668 2478 506
3374	0296 3841 138	0592 7682 276	0889 1523 414	1185 5364 552	1481 9205 691	1778 3046 829	2074 6887 967	2371 0729 105	2667 4570 243
3375	0296 2962 963	0592 5925 926	0888 8888 889	1185 1851 852	1481 4814 815	1777 7777 778	2074 0740 741	2370 3703 704	2666 6666 667
3376	0296 2085 308	0592 4170 616	0888 6255 924	1184 8341 232	1481 0426 540	1777 2511 848	2073 4597 156	2369 6682 464	2665 8767 773
3377	0296 1208 173	0592 2416 346	0888 3624 519	1184 4832 692	1480 6040 865	1776 7249 038	2072 8457 211	2368 9665 384	2665 0873 556
3378	0296 0331 557	0592 0663 114	0888 0994 671	1184 1326 229	1480 1657 786	1776 1989 343	2072 2320 900	2368 2652 457	2664 2984 014
3379	0295 9455 460	0591 8910 920	0887 8366 381	1183 7821 841	1479 7277 301	1775 6732 761	2071 6188 221	2367 5643 682	2663 5099 142
3380	0295 8579 882	0591 7159 763	0887 5739 645	1183 4319 527	1479 2899 408	1775 1479 290	2071 0059 172	2366 8639 053	2662 7218 935
3381	0295 7704 821	0591 5409 642	0887 3114 463	1183 0819 284	1478 8524 105	1774 6228 926	2070 3933 747	2366 1638 568	2661 9343 390
3382	0295 6830 278	0591 3660 556	0887 0490 834	1182 7321 112	1478 4151 390	1774 0981 668	2069 7811 946	2365 4642 224	2661 1472 501
3383	0295 5956 252	0591 1912 504	0886 7868 756	1182 3825 007	1477 9781 259	1773 5737 511	2069 1693 763	2364 7650 015	2660 3606 267
3384	0295 5082 742	0591 0165 485	0886 5248 227	1182 0330 969	1477 5413 712	1773 0496 454	2068 5579 196	2364 0661 939	2659 5744 681
3385	0295 4209 749	0590 8419 498	0886 2629 247	1181 6838 996	1477 1048 744	1772 5258 493	2067 9468 242	2363 3677 991	2658 7887 740
3386	0295 3337 271	0590 6674 542	0886 0011 813	1181 3349 084	1476 6686 356	1772 0023 627	2067 3360 898	2362 6698 169	2658 0035 440
3387	0295 2465 300	0590 4930 617	0885 7395 926	1180 9861 234	1476 2326 543	1771 4791 851	2066 7257 160	2361 9722 468	2657 2187 777
3388	0295 1593 861	0590 3187 721	0885 4781 582	1180 6375 443	1475 7969 303	1770 9563 164	2066 1157 025	2361 2750 885	2656 4344 746
3389	0295 0722 927	0590 1445 854	0885 2168 781	1180 2891 708	1475 3614 636	1770 4337 563	2065 5060 400	2360 5783 417	2655 6506 344
3390	0294 9852 507	0589 9705 015	0884 9557 522	1179 9410 030	1474 9262 537	1769 9115 044	2064 8007 552	2359 8820 059	2654 8672 566
3391	0294 8982 601	0589 7965 202	0884 6947 803	1179 5930 404	1474 4913 005	1769 3895 606	2064 2878 207	2359 1860 808	2654 0843 409
3392	0294 8113 208	0589 6226 415	0884 4339 623	1179 2452 830	1474 0566 038	1768 8679 245	2063 6792 453	2358 4905 660	2653 3018 808
3393	0294 7244 327	0589 4488 653	0884 1732 980	1178 8977 306	1473 6221 633	1768 3465 959	2063 0710 286	2357 7954 612	2652 5198 939
3394	0294 6375 958	0589 2751 915	0883 9127 873	1178 5503 830	1473 1879 788	1767 8255 745	2062 4631 703	2357 1007 661	2651 7383 618
3395	0294 5508 100	0589 1016 200	0883 6524 300	1178 2032 401	1472 7540 501	1767 3048 601	2061 8556 701	2356 4064 801	2650 9572 901
3396	0294 4640 754	0588 9281 508	0883 3922 261	1177 8563 015	1472 3203 769	1766 7844 523	2061 2485 277	2355 7126 031	2650 1766 781
3397	0294 3773 918	0588 7547 836	0883 1321 754	1177 5095 673	1471 8869 591	1766 2643 509	2060 6417 427	2355 0191 345	2649 3965 263
3398	0294 2907 593	0588 5815 185	0882 8722 778	1177 1630 371	1471 4537 964	1765 7445 556	2060 0353 149	2354 3260 742	2648 6168 331
3399	0294 2041 777	0588 4083 551	0882 6125 331	1176 8167 108	1471 0208 885	1765 2250 662	2059 4292 439	2353 6334 216	2647 8375 993

	1	2	3	4	5	6	7	8	9
3400	0294 1176 471	0588 2352 941	0882 3529 412	1176 4705 882	1470 5882 353	1764 7058 824	2058 8235 204	2352 9411 765	2647 0588 235
3401	0294 0311 673	0588 0023 346	0882 0035 019	1176 1246 692	1470 1558 365	1764 1870 038	2058 2181 711	2352 2493 384	2646 2805 057
3402	0293 9447 384	0587 8894 768	0881 8342 152	1175 7789 536	1469 7236 919	1763 6684 303	2057 6131 687	2351 5579 071	2645 5026 455
3403	0293 8583 603	0587 7167 205	0881 5750 808	1175 4334 411	1469 2918 014	1763 1501 616	2057 0082 219	2350 8668 822	2644 7252 424
3404	0293 7720 329	0587 5440 658	0881 3160 987	1175 0881 316	1468 8601 645	1762 6321 974	2056 4042 303	2350 1762 632	2643 9482 961
3405	0293 6857 562	0587 3715 125	0881 0572 687	1174 7430 250	1468 4287 812	1762 1145 374	2055 8002 937	2349 4860 499	2643 1718 062
3406	0293 5995 302	0587 1990 605	0880 7985 907	1174 3981 210	1467 9976 512	1761 5971 814	2055 1967 117	2348 7962 419	2642 3957 722
3407	0293 5133 549	0587 0267 097	0880 5400 646	1174 0534 194	1467 5667 743	1761 0801 291	2054 5934 840	2348 1068 389	2641 6201 937
3408	0293 4272 300	0586 8544 601	0880 2816 901	1173 7089 202	1467 1361 502	1760 5633 808	2053 9906 103	2347 4178 404	2640 8450 704
3409	0293 3411 558	0586 6823 115	0880 0234 673	1173 3646 231	1466 7057 788	1760 0469 346	2053 3880 903	2346 7292 461	2640 0704 019
3410	0293 2551 320	0586 5102 639	0879 7653 959	1173 0205 279	1466 2756 598	1759 5307 918	2052 7859 238	2346 0410 557	2639 2961 877
3411	0293 1691 586	0586 3383 172	0879 5074 758	1172 6766 344	1465 8457 930	1759 0149 516	2052 1841 102	2345 3532 688	2638 5224 274
3412	0293 0832 356	0586 1664 743	0879 2497 069	1172 3329 426	1465 4161 782	1758 4994 138	2051 5826 495	2344 6658 851	2637 7491 207
3413	0292 9973 630	0585 9947 260	0878 9920 891	1171 9804 521	1464 9868 151	1757 9841 781	2050 9815 412	2343 9789 042	2636 9762 672
3414	0292 9115 407	0585 8230 814	0878 7346 221	1171 6461 629	1464 5577 036	1757 4692 443	2050 3807 850	2343 2923 257	2636 2038 664
3415	0292 8257 687	0585 6515 373	0878 4773 060	1171 3030 747	1464 1288 433	1756 9546 120	2049 7803 807	2342 6061 493	2635 4319 180
3416	0292 7400 468	0585 4800 937	0878 2201 405	1170 9601 874	1463 7002 342	1756 4402 810	2049 1803 279	2341 9203 747	2634 6604 215
3417	0292 6543 752	0585 3087 504	0877 9631 255	1170 6173 007	1463 2718 760	1755 9262 811	2048 5806 263	2341 2350 015	2633 8893 766
3418	0292 5687 537	0585 1375 073	0877 7062 610	1170 2750 146	1462 8437 683	1755 4125 219	2047 9812 756	2340 5500 293	2633 1187 829
3419	0292 4831 822	0584 9663 644	0877 4495 467	1169 9327 289	1462 4159 111	1754 8990 933	2047 3822 755	2339 8654 577	2632 3486 400
3420	0292 3976 308	0584 7953 216	0877 1929 825	1169 5906 433	1461 9883 041	1754 3859 649	2046 7836 257	2339 1812 866	2631 5789 474
3421	0292 3121 894	0584 6243 788	0876 9365 683	1169 2487 577	1461 5609 471	1753 8731 365	2046 1853 289	2338 4975 153	2630 8097 018
3422	0292 2267 680	0584 4535 359	0876 6803 039	1168 9070 719	1461 1338 390	1753 3606 078	2045 5873 738	2337 8141 438	2630 0409 117
3423	0292 1413 964	0584 2827 929	0876 4241 893	1168 5655 857	1460 7069 822	1752 8483 786	2044 9897 751	2337 1311 715	2629 2725 679
3424	0292 0560 748	0584 1121 405	0876 1682 243	1168 2242 991	1460 2803 738	1752 3364 486	2044 3925 234	2336 4485 981	2628 5046 729
3425	0291 9708 029	0583 9416 058	0875 9124 088	1167 8832 117	1459 8540 146	1751 8248 175	2043 7956 204	2335 7664 234	2627 7372 263
3426	0291 8855 809	0583 7711 617	0875 6567 426	1167 5423 234	1459 4279 013	1751 3134 851	2043 1990 600	2335 0846 468	2626 9702 277
3427	0291 8004 085	0583 6008 170	0875 4012 256	1167 2016 341	1459 0020 426	1750 8024 511	2042 6028 596	2334 4032 682	2626 2036 767
3428	0291 7152 859	0583 4305 718	0875 1458 576	1166 8611 435	1458 5764 294	1750 2917 153	2042 0070 042	2333 7222 870	2625 4375 729
3429	0291 6302 129	0583 2604 258	0874 8906 387	1166 5208 516	1458 1510 645	1749 7812 773	2041 4114 902	2333 0417 031	2624 6719 160
3430	0291 5451 895	0583 0903 790	0874 6355 685	1166 1807 580	1457 7259 475	1749 2711 370	2040 8163 265	2332 3615 160	2623 9067 055
3431	0291 4602 157	0582 9204 314	0874 3806 470	1165 8408 627	1457 3010 784	1748 7612 941	2040 2215 098	2331 6817 251	2623 1419 411
3432	0291 3752 914	0582 7505 828	0874 1258 741	1165 5011 655	1456 8764 509	1748 2517 483	2039 6270 306	2331 0023 310	2622 3776 224
3433	0291 2904 165	0582 5808 331	0873 8712 496	1165 1616 602	1456 4520 827	1747 7424 903	2039 0329 158	2330 3233 324	2621 6137 489
3434	0291 2055 911	0582 4111 823	0873 6167 734	1164 8223 646	1456 0279 557	1747 2335 460	2038 4391 380	2329 6447 292	2620 8503 203
3435	0291 1208 151	0582 2416 303	0873 3624 454	1164 4832 606	1455 6040 757	1746 7248 008	2037 8457 060	2328 9565 211	2620 0873 362
3436	0291 0360 885	0582 0721 769	0873 1082 654	1164 1443 539	1455 1804 424	1746 2165 308	2037 2526 193	2328 2887 078	2619 3247 963
3437	0290 9514 111	0581 9028 222	0872 8542 333	1163 8056 445	1454 7570 556	1745 7084 667	2036 6598 778	2327 6112 880	2618 5627 000
3438	0290 8667 830	0581 7335 660	0872 6003 490	1163 4671 321	1454 3339 151	1745 2006 981	2036 0674 811	2326 9342 641	2617 8010 471
3439	0290 7822 041	0581 5644 083	0872 3466 124	1163 1288 165	1453 9110 206	1744 6932 248	2035 4754 289	2326 2576 330	2617 0398 372
3440	0290 6976 744	0581 3953 488	0872 0930 233	1162 7906 977	1453 4883 721	1744 1860 465	2034 8837 209	2325 5813 954	2616 2790 698
3441	0290 6131 938	0581 2263 877	0871 8395 815	1162 4527 754	1453 0659 692	1743 6791 030	2034 2923 560	2324 9053 507	2615 5187 446
3442	0290 5287 623	0581 0575 247	0871 5862 870	1162 1150 494	1452 6438 117	1743 1725 741	2033 7013 364	2324 2300 988	2614 7588 011
3443	0290 4443 799	0580 8887 608	0871 3331 397	1161 7775 196	1452 2218 995	1742 6662 794	2033 1106 593	2323 5550 392	2613 9994 191
3444	0290 3600 465	0580 7200 929	0871 0801 394	1161 4401 858	1451 8002 323	1742 1602 787	2032 5203 252	2322 8803 717	2613 2404 181
3445	0290 2757 620	0580 5515 239	0870 8272 859	1161 1030 479	1451 3788 099	1741 6545 718	2031 9303 338	2322 2060 958	2612 4818 578
3446	0290 1915 261	0580 3830 528	0870 5745 793	1160 7661 056	1450 9576 320	1741 1491 584	2031 3406 849	2321 5322 113	2611 7237 377
3447	0290 1073 397	0580 2146 794	0870 3220 191	1160 4293 589	1450 5306 986	1740 6440 383	2030 7513 780	2320 8587 177	2610 9660 574
3448	0290 0232 019	0580 0464 037	0870 0696 056	1160 0928 074	1450 1160 093	1740 1392 111	2030 1624 130	2320 1856 148	2610 2088 167
3449	0289 9391 128	0579 8782 256	0869 8173 384	1159 7564 511	1449 6955 639	1739 6346 767	2029 5737 805	2319 5129 023	2609 4520 151
3450	0289 8550 725	0579 7101 449	0869 5652 174	1159 4202 899	1449 2753 623	1739 1304 348	2028 9855 072	2318 8405 797	2608 6950 522
3451	0289 7710 808	0579 5421 617	0869 3132 425	1159 0843 234	1448 8554 042	1738 6264 851	2028 3975 659	2318 1686 468	2607 9307 276
3452	0289 6871 379	0579 3742 758	0869 0614 137	1158 7485 516	1448 4356 895	1738 1228 273	2027 8099 652	2317 4971 031	2607 1812 410
3453	0289 6032 436	0579 2064 871	0868 8097 307	1158 4129 742	1448 0162 178	1737 6194 613	2027 2227 049	2316 8259 485	2606 4291 920
3454	0289 5193 978	0579 0387 956	0868 5581 934	1158 0775 942	1447 5969 890	1737 1163 868	2026 6357 846	2316 1551 824	2605 6745 802
3455	0289 4356 006	0578 8712 012	0868 3068 017	1157 7424 023	1447 1780 020	1736 6136 035	2026 0492 041	2315 4848 046	2604 9204 052
3456	0289 3518 519	0578 7037 037	0868 0555 556	1157 4074 074	1446 7592 593	1736 1111 111	2025 4629 630	2314 8148 148	2604 1666 667
3457	0289 2681 516	0578 5363 032	0867 8044 547	1157 0726 063	1446 3407 579	1735 6089 095	2024 8770 610	2314 1452 126	2603 4133 642
3458	0289 1844 997	0578 3689 994	0867 5534 991	1156 7379 988	1445 9224 986	1735 1069 983	2024 2914 980	2313 4739 977	2602 6604 974
3459	0289 1008 962	0578 2017 924	0867 3026 886	1156 4035 840	1445 5044 811	1734 6053 773	2023 7062 735	2312 8071 697	2601 9080 659
3460	0289 0173 410	0578 0346 821	0867 0520 231	1156 0693 642	1445 0867 052	1734 1040 462	2023 1213 873	2312 1387 283	2601 1560 694
3461	0288 9338 342	0577 8676 683	0866 8015 025	1155 7353 366	1444 6691 708	1733 6030 049	2022 5368 391	2311 4706 732	2600 4045 074
3462	0288 8503 755	0577 7007 510	0866 5511 265	1155 4015 020	1444 2518 775	1733 1022 530	2021 9526 285	2310 8030 040	2599 6533 755
3463	0288 7669 651	0577 5339 301	0866 3008 952	1155 0678 602	1443 8348 253	1732 6017 904	2021 3687 554	2310 1357 205	2598 9026 855
3464	0288 6836 028	0577 3672 055	0866 0508 083	1154 7344 111	1443 4180 130	1732 1016 166	2020 7852 194	2309 4688 222	2598 1524 249
3465	0288 6002 886	0577 2005 772	0865 8008 658	1154 4011 544	1443 0014 430	1731 6017 316	2020 2020 202	2308 8023 088	2597 4025 974
3466	0288 5170 225	0577 0340 450	0865 5510 675	1154 0680 900	1442 5851 125	1731 1021 350	2019 6191 575	2308 1361 800	2596 6532 025
3467	0288 4338 044	0576 8676 089	0865 3014 133	1153 7352 178	1442 1690 222	1730 6028 267	2019 0366 311	2307 4704 355	2595 9042 400
3468	0288 3506 344	0576 7012 687	0865 0519 031	1153 4025 375	1441 7531 719	1730 1038 062	2018 4544 406	2306 8050 750	2595 1557 003
3469	0288 2675 123	0576 5350 245	0864 8025 368	1153 0700 490	1441 3375 613	1729 6050 735	2017 8725 858	2306 1400 980	2594 4076 103
3470	0288 1844 380	0576 3688 761	0864 5533 141	1152 7377 522	1440 9221 902	1729 1066 282	2017 2910 663	2305 4755 043	2593 6509 424
3471	0288 1014 117	0576 2028 234	0864 3042 351	1152 4056 468	1440 5070 585	1728 6084 702	2016 7098 810	2304 8112 936	2592 9127 053
3472	0288 0184 332	0576 0368 664	0864 0552 995	1152 0737 327	1440 0921 659	1728 1105 991	2016 1290 323	2304 1474 654	2592 1658 986
3473	0287 9355 024	0575 8710 049	0863 8065 073	1151 7420 098	1439 6775 122	1727 6130 147	2015 5485 171	2303 4840 196	2591 4195 220
3474	0287 8526 195	0575 7052 389	0863 5578 584	1151 4104 778	1439 2630 973	1727 1157 168	2014 9683 362	2302 8209 557	2590 6735 751
3475	0287 7697 842	0575 5395 683	0863 3093 525	1151 0791 367	1438 8489 209	1726 6187 050	2014 3884 892	2302 1582 734	2589 9280 576
3476	0287 6869 965	0575 3739 931	0863 0609 896	1150 7479 862	1438 4349 828	1726 1219 793	2013 8089 758	2301 4959 724	2589 1829 689
3477	0287 6042 565	0575 2085 131	0862 8127 696	1150 4170 262	1438 0212 827	1725 6255 393	2013 2297 958	2300 8340 523	2588 4383 089
3478	0287 5215 641	0575 0431 282	0862 5646 924	1150 0862 565	1437 6078 206	1725 1293 847	2012 6509 488	2300 1725 129	2587 6940 771
3479	0287 4389 192	0574 8778 385	0862 3167 577	1149 7556 769	1437 1945 961	1724 6335 154	2012 0724 346	2299 5113 538	2586 9502 731
3480	0287 3563 218	0574 7126 437	0862 0689 655	1149 4252 874	1436 7816 092	1724 1379 310	2011 4942 520	2298 8505 747	2586 2008 966
3481	0287 2737 719	0574 5475 438	0861 8213 157	1149 0950 876	1436 3688 595	1723 6426 314	2010 9164 033	2298 1901 752	2585 4639 471
3482	0287 1912 694	0574 3825 388	0861 5738 082	1148 7650 775	1435 9563 469	1723 1476 163	2010 3388 857	2297 5301 551	2584 7214 245
3483	0287 1088 142	0574 2176 285	0861 3264 427	1148 4352 570	1435 5440 712	1722 6528 854	2009 7616 997	2296 8705 139	2583 9793 282
3484	0287 0264 064	0574 0528 129	0861 0792 193	1148 1056 257	1435 1320 321	1722 1584 386	2009 1848 460	2296 2112 514	2583 2376 570
3485	0286 9440 459	0573 8880 918	0860 8321 377	1147 7761 836	1434 7202 296	1721 6642 755	2008 6083 214	2295 5523 673	2582 4964 132
3486	0286 8617 326	0573 7234 653	0860 5851 979	1147 4469 306	1434 3086 632	1721 1703 959	2008 0321 285	2294 8938 611	2581 7555 938
3487	0286 7794 666	0573 5589 332	0860 3383 008	1147 1178 664	1433 8973 330	1720 6767 995	2007 4562 661	2294 2357 327	2581 0151 993
3488	0286 6972 477	0573 3944 954	0860 0917 431	1146 7889 908	1433 4862 385	1720 1834 863	2006 8807 340	2293 5779 817	2580 2752 294
3489	0286 6150 760	0573 2301 519	0859 8452 279	1146 4603 038	1433 0753 798	1719 6904 557	2006 3055 317	2292 9206 076	2579 5356 836
3490	0286 5329 513	0573 0659 026	0859 5988 539	1146 1318 052	1432 6647 564	1719 1977 077	2005 7306 590	2292 2636 103	2578 7965 616
3491	0286 4508 737	0572 9017 474	0859 3526 210	1145 8034 947	1432 2543 684	1718 7052 420	2005 1561 157	2291 6069 894	2578 0578 630
3492	0286 3688 431	0572 7376 864	0859 1065 292	1145 4755 723	1431 8442 153	1718 2130 586	2004 5819 017	2290 9507 448	2577 3195 879
3493	0286 2868 594	0572 5737 189	0858 8605 783	1145 1474 377	1431 4342 972	1717 7211 566	2004 0080 161	2290 2948 755	2576 5817 349
3494	0286 2049 227	0572 4098 454	0858 6147 682	1144 8196 909	1431 0246 136	1717 2295 363	2003 4344 590	2289 6393 818	2575 8443 045
3495	0286 1230 329	0572 2460 658	0858 3690 987	1144 4921 316	1430 6151 645	1716 7381 974	2002 8612 303	2288 9842 632	2575 1072 961
3496	0286 0411 899	0572 0823 799	0858 1235 698	1144 1647 597	1430 2059 497	1716 2471 396	2002 2883 295	2288 3295 195	2574 3707 094
3497	0285 9593 938	0571 9187 875	0857 8781 813	1143 8375 751	1429 7969 688	1715 7563 626	2001 7157 564	2287 6751 502	2573 6345 439
3498	0285 8776 444	0571 7552 887	0857 6329 331	1143 5105 775	1429 3882 218	1715 2658 662	2001 1435 106	2287 0211 549	2572 8987 993
3499	0285 7959 417	0571 5918 834	0857 3878 251	1143 1837 668	1428 9797 085	1714 7756 502	2000 5715 919	2286 3675 336	2572 1634 753

	1	2	3	4	5	6	7	8	9
3500	0285 7142 857	0571 4285 714	0857 1428 571	1142 8571 429	1428 5714 286	1714 2857 143	2000 0000 000	2285 7142 857	2571 4285 714
3501	0285 6326 764	0571 2653 528	0856 8080 291	1142 5307 055	1428 1633 819	1713 7960 583	1999 4287 346	2285 0614 110	2570 6940 874
3502	0285 5511 136	0571 1022 273	0856 6533 410	1142 2044 546	1427 7555 682	1713 3066 819	1998 8577 955	2284 4089 092	2569 9600 228
3503	0285 4695 975	0570 9391 950	0856 4087 925	1141 8783 900	1427 3479 874	1712 8175 849	1998 2871 824	2283 7567 799	2569 2263 774
3504	0285 3881 279	0570 7762 557	0856 1643 836	1141 5525 114	1426 9406 393	1712 3287 671	1997 7168 950	2283 1050 228	2568 4931 507
3505	0285 3067 047	0570 6134 094	0855 9201 141	1141 2268 188	1426 5335 235	1711 8402 282	1997 1469 330	2282 4536 377	2567 7603 424
3506	0285 2253 280	0570 4506 560	0855 6759 840	1140 9013 120	1426 1266 400	1711 3519 681	1996 5772 961	2281 8026 244	2567 0279 521
3507	0285 1439 977	0570 2879 954	0855 4319 932	1140 5759 909	1425 7199 886	1710 8680 863	1996 0079 840	2281 1519 818	2566 2959 795
3508	0285 0627 138	0570 1254 276	0855 1881 414	1140 2508 552	1425 3135 690	1710 3762 828	1995 4389 966	2280 5017 104	2565 5644 242
3509	0284 9814 762	0569 9629 524	0854 9444 286	1139 9259 048	1424 9073 810	1709 8888 572	1994 8703 334	2279 8518 096	2564 8332 858
3510	0284 9002 849	0569 8005 698	0854 7008 547	1139 6011 396	1424 5014 245	1709 4017 094	1994 3019 943	2279 2022 792	2564 1025 641
3511	0284 8191 398	0569 6382 797	0854 4574 195	1139 2765 594	1424 0956 992	1708 9148 391	1993 7339 789	2278 5531 188	2563 3722 586
3512	0284 7380 440	0569 4760 820	0854 2141 230	1138 9521 640	1423 6902 050	1708 4282 460	1993 1662 870	2277 9043 280	2562 6423 690
3513	0284 6569 883	0569 3139 767	0853 9709 650	1138 6279 533	1423 2849 416	1707 9419 300	1992 5989 183	2277 2559 066	2561 9128 950
3514	0284 5759 818	0569 1519 636	0853 7279 454	1138 3039 272	1422 8799 089	1707 4558 907	1992 0318 725	2276 6078 543	2561 1838 361
3515	0284 4950 213	0568 9900 427	0853 4850 640	1137 9800 854	1422 4751 067	1706 9701 280	1991 4651 494	2275 9601 707	2560 4551 920
3516	0284 4141 019	0568 8282 139	0853 2423 208	1137 6564 278	1422 0705 347	1706 4846 416	1990 8987 486	2275 3128 555	2559 7269 625
3517	0284 3332 286	0568 6664 771	0852 9997 157	1137 3329 542	1421 6661 928	1705 9994 313	1990 3326 699	2274 6659 084	2558 9991 470
3518	0284 2524 164	0568 5048 323	0852 7572 484	1137 0096 646	1421 2620 807	1705 5144 969	1989 7669 130	2274 0193 282	2558 2717 453
3519	0284 1716 397	0568 3432 793	0852 5149 190	1136 6865 587	1420 8581 984	1705 0298 380	1989 2014 777	2273 3731 174	2557 5447 570
3520	0284 0909 091	0568 1818 182	0852 2727 273	1136 3636 364	1420 4545 455	1704 5454 545	1988 6363 636	2272 7272 727	2556 8181 818
3521	0284 0102 244	0568 0204 487	0852 0306 731	1136 0408 975	1420 0511 218	1704 0613 462	1988 0715 706	2272 0817 949	2556 0920 193
3522	0283 9295 855	0567 8591 709	0851 7887 564	1135 7183 448	1419 6479 273	1703 5775 128	1987 5070 982	2271 4366 837	2555 3662 692
3523	0283 8489 923	0567 6979 847	0851 5469 770	1135 3959 693	1419 2449 617	1703 0939 540	1986 9429 464	2270 7919 387	2554 6409 310
3524	0283 7684 440	0567 5368 899	0851 3053 348	1135 0737 798	1418 8422 247	1702 6106 697	1986 3791 146	2270 1475 596	2553 9160 045
3525	0283 6879 433	0567 3758 865	0851 0638 298	1134 7517 730	1418 4397 163	1702 1276 596	1985 8156 028	2269 5035 461	2553 1914 894
3526	0283 6074 872	0567 2149 745	0850 8224 617	1134 4299 400	1418 0374 362	1701 6449 234	1985 2524 107	2268 8598 979	2552 4673 851
3527	0283 5270 768	0567 0541 537	0850 5812 305	1134 1083 073	1417 6353 842	1701 1624 610	1984 6895 378	2268 2166 147	2551 7436 915
3528	0283 4467 120	0566 8934 240	0850 3401 361	1133 7868 481	1417 2335 601	1700 6802 721	1984 1269 841	2267 5736 961	2551 0204 082
3529	0283 3663 927	0566 7327 855	0850 0991 782	1133 4655 710	1416 8319 637	1700 1983 565	1983 5647 492	2266 9311 420	2550 2975 347
3530	0283 2861 100	0566 5722 380	0849 8583 569	1133 1444 750	1416 4305 949	1699 7167 139	1983 0028 390	2266 2889 518	2549 5750 708
3531	0283 2058 907	0566 4117 814	0849 6176 720	1132 8235 627	1416 0294 534	1699 2353 441	1982 4412 348	2265 6471 255	2548 8530 161
3532	0283 1257 078	0566 2514 156	0849 3771 234	1132 5028 313	1415 6285 391	1698 7542 469	1981 8799 547	2265 0056 625	2548 1313 703
3533	0283 0455 703	0566 0911 407	0849 1367 110	1132 1822 813	1415 2278 517	1698 2734 250	1981 3189 024	2264 3645 627	2547 4101 330
3534	0282 9654 782	0565 9309 564	0848 8964 346	1131 8619 128	1414 8273 911	1697 7928 093	1980 7583 475	2263 7238 257	2546 6893 039
3535	0282 8854 314	0565 7708 028	0848 6562 942	1131 5417 256	1414 4271 570	1697 3125 884	1980 1980 198	2263 0834 512	2545 9688 826
3536	0282 8054 209	0565 6108 597	0848 4162 896	1131 2217 195	1414 0271 493	1696 8325 792	1979 6380 090	2262 4434 389	2545 2488 688
3537	0282 7254 736	0565 4509 471	0848 1764 207	1130 9018 943	1413 6273 678	1696 3528 414	1979 0783 150	2261 8037 885	2544 5292 621
3538	0282 6455 695	0565 2911 249	0847 9366 874	1130 5822 469	1413 2278 123	1695 8733 748	1978 5189 373	2261 1644 997	2543 8100 622
3539	0282 5656 465	0565 1313 930	0847 6970 896	1130 2627 861	1412 8284 826	1695 3941 791	1977 9598 757	2260 5255 722	2543 0912 687
3540	0282 4858 757	0564 9717 514	0847 4576 271	1129 9435 028	1412 4293 785	1694 9152 542	1977 4011 299	2259 8870 056	2542 3728 814
3541	0282 4061 600	0564 8121 999	0847 2182 999	1129 6243 999	1412 0304 999	1694 4365 908	1976 8426 908	2259 2487 998	2541 6548 997
3542	0282 3265 603	0564 6527 386	0846 9791 078	1129 3054 771	1411 6318 464	1693 9582 157	1976 2845 850	2258 6109 543	2540 9373 235
3543	0282 2466 836	0564 4933 672	0846 7400 508	1128 9867 353	1411 2334 180	1693 4801 016	1975 7267 852	2257 9734 688	2540 2201 524
3544	0282 1670 429	0564 3340 858	0846 5011 287	1128 6681 716	1410 8352 144	1693 0022 573	1975 1693 002	2257 3363 431	2539 5033 800
3545	0282 0874 471	0564 1748 942	0846 2623 413	1128 3497 884	1410 4372 355	1692 5246 827	1974 6121 298	2256 6995 769	2538 7870 240
3546	0282 0078 162	0564 0157 924	0846 0236 887	1128 0315 849	1410 0394 811	1692 0473 773	1974 0552 735	2256 0631 698	2538 0710 600
3547	0281 9283 902	0563 8567 804	0845 7851 706	1127 7135 608	1409 6419 509	1691 5703 411	1973 4987 313	2255 4271 215	2537 3585 117
3548	0281 8489 570	0563 6978 579	0845 5467 809	1127 3957 159	1409 2446 449	1691 0935 738	1972 9425 028	2254 7914 318	2536 6403 608
3549	0281 7695 125	0563 5390 251	0845 3085 376	1127 0780 502	1408 8475 627	1690 6170 752	1972 3865 878	2254 1561 003	2535 9256 128
3550	0281 6901 408	0563 3802 817	0845 0704 225	1126 7605 634	1408 4507 042	1690 1408 451	1971 8309 859	2253 5211 268	2535 2112 676
3551	0281 6108 139	0563 2216 277	0844 8324 416	1126 4432 554	1408 0540 693	1689 6648 831	1971 2756 970	2252 8865 108	2534 4973 247
3552	0281 5315 315	0563 0630 631	0844 5945 946	1126 1261 261	1407 6576 577	1689 1891 892	1970 7207 207	2252 2522 523	2533 7837 838
3553	0281 4522 938	0562 9045 877	0844 3568 815	1125 8091 753	1407 2614 692	1688 7137 030	1970 1660 569	2251 6183 507	2533 0706 445
3554	0281 3731 007	0562 7462 015	0844 1193 022	1125 4924 029	1406 8655 037	1688 2386 044	1969 6117 051	2250 9848 058	2532 3579 066
3555	0281 2939 522	0562 5879 044	0843 8818 565	1125 1758 087	1406 4697 609	1687 7637 131	1969 0576 653	2250 3516 174	2531 6455 696
3556	0281 2148 481	0562 4296 963	0843 6445 444	1124 8593 926	1406 0742 407	1687 2890 889	1968 5039 370	2249 7187 852	2530 9336 333
3557	0281 1357 886	0562 2715 772	0843 4073 658	1124 5431 543	1405 6780 429	1686 8147 315	1967 9505 201	2249 0863 087	2530 2220 973
3558	0281 0567 735	0562 1135 469	0843 1703 204	1124 2270 939	1405 2838 673	1686 3406 408	1967 3974 143	2248 4541 877	2529 5109 612
3559	0280 9778 028	0561 9556 053	0842 9334 083	1123 9112 110	1404 8890 138	1685 8668 165	1966 8446 193	2247 8224 220	2528 8002 248
3560	0280 8988 764	0561 7977 528	0842 6966 292	1123 5955 056	1404 4943 820	1685 3932 584	1966 2921 348	2247 1910 112	2528 0808 876
3561	0280 8199 944	0561 6399 888	0842 4599 832	1123 2799 775	1404 0999 719	1684 9199 663	1965 7399 607	2246 5599 551	2527 3799 495
3562	0280 7411 567	0561 4823 133	0842 2234 700	1122 9646 266	1403 7057 833	1684 4469 399	1965 1880 966	2245 9292 532	2526 6704 099
3563	0280 6623 632	0561 3247 264	0841 9870 895	1122 6494 527	1403 3118 159	1683 9741 791	1964 6365 422	2245 2989 054	2525 9612 686
3564	0280 5836 430	0561 1672 278	0841 7508 418	1122 3344 557	1402 9180 096	1683 5016 835	1964 0852 974	2244 6689 113	2525 2525 253
3565	0280 5049 088	0561 0098 177	0841 5147 265	1122 0196 353	1402 5245 442	1683 0294 530	1963 5343 619	2244 0392 707	2524 5441 795
3566	0280 4262 479	0560 8524 958	0841 2787 437	1121 7049 916	1402 1312 395	1682 5574 874	1962 9837 353	2243 4099 832	2523 8362 311
3567	0280 3476 511	0560 6952 621	0841 0428 932	1121 3905 244	1401 7381 553	1682 0857 864	1962 4334 174	2242 7810 485	2523 1286 796
3568	0280 2690 583	0560 5381 166	0840 8071 749	1121 0762 332	1401 3452 015	1681 6143 498	1961 8834 081	2242 1524 664	2522 4215 247
3569	0280 1905 296	0560 3810 591	0840 5715 887	1120 7621 182	1400 9526 478	1681 1431 774	1961 3337 069	2241 5242 365	2521 7147 660
3570	0280 1120 448	0560 2240 896	0840 3361 345	1120 4481 793	1400 5602 241	1680 6722 689	1960 7843 137	2240 8963 585	2521 0084 034
3571	0280 0336 040	0560 0672 081	0840 1008 121	1120 1344 161	1400 1680 202	1680 2016 242	1960 2352 282	2240 2688 323	2520 3024 303
3572	0279 9552 072	0559 9104 143	0839 8656 213	1119 8208 287	1399 7760 358	1679 7312 430	1959 6864 502	2239 6416 573	2519 5968 646
3573	0279 8768 542	0559 7537 084	0839 6305 626	1119 5074 167	1399 3842 709	1679 2611 251	1959 1379 703	2239 0148 335	2518 8916 877
3574	0279 7985 450	0559 5970 901	0839 3956 351	1119 1941 802	1398 9927 252	1678 7912 703	1958 5898 153	2238 3883 604	2518 1869 054
3575	0279 7202 797	0559 4405 594	0839 1608 392	1118 8811 189	1398 6013 986	1678 3216 783	1958 0419 580	2237 7622 378	2517 4825 175
3576	0279 6420 582	0559 2841 163	0838 9261 745	1118 5682 327	1398 2102 908	1677 8523 490	1957 4944 072	2237 1364 653	2516 7785 235
3577	0279 5638 803	0559 1277 607	0838 6916 410	1118 2555 214	1397 8194 017	1677 3832 821	1956 9471 024	2236 5110 428	2516 0749 231
3578	0279 4857 462	0558 9714 925	0838 4572 387	1117 9429 849	1397 4287 311	1676 9144 774	1956 4002 236	2235 8859 698	2515 3717 160
3579	0279 4076 558	0558 8153 115	0838 2229 673	1117 6306 231	1397 0382 789	1676 4459 346	1955 8535 904	2235 2612 462	2514 6689 019
3580	0279 3296 089	0558 6592 170	0837 9888 268	1117 3184 358	1396 6480 447	1675 9776 536	1955 3072 626	2234 6368 715	2513 9664 804
3581	0279 2516 057	0558 5032 114	0837 7548 171	1117 0064 228	1396 2580 285	1675 5096 342	1954 7612 309	2234 0128 456	2513 2644 513
3582	0279 1736 460	0558 3472 920	0837 5209 380	1116 6945 840	1395 8682 300	1675 0418 760	1954 2155 221	2233 3891 081	2512 5628 141
3583	0279 0957 298	0558 1914 597	0837 2871 895	1116 3829 193	1395 4786 492	1674 5743 790	1953 6701 088	2232 7658 387	2511 8615 085
3584	0279 0178 571	0558 0357 143	0837 0535 714	1116 0714 286	1395 0892 857	1674 1071 429	1953 1250 000	2232 1428 571	2511 1607 143
3585	0278 9400 279	0557 8800 558	0836 8200 837	1115 7601 116	1394 7001 395	1673 6401 674	1952 5801 953	2231 5202 232	2510 4602 510
3586	0278 8622 421	0557 7244 841	0836 5867 262	1115 4489 682	1394 3112 103	1673 1734 523	1952 0356 944	2230 8979 364	2509 7601 785
3587	0278 7844 996	0557 5689 992	0836 3534 987	1115 1379 983	1393 9224 979	1672 7069 975	1951 4914 971	2230 2759 967	2509 0604 982
3588	0278 7068 004	0557 4136 009	0836 1204 013	1114 8272 018	1393 5340 022	1672 2408 027	1950 9476 031	2229 6544 036	2508 3612 040
3589	0278 6291 446	0557 2582 892	0835 8874 338	1114 5165 784	1393 1457 230	1671 7748 676	1950 4040 123	2229 0331 560	2507 6623 015
3590	0278 5515 320	0557 1030 641	0835 6545 961	1114 2061 281	1392 7576 602	1671 3091 922	1949 8607 242	2228 4122 563	2506 9637 883
3591	0278 4739 627	0556 9479 254	0835 4218 881	1113 8958 507	1392 3698 134	1670 8437 761	1949 3177 388	2227 7917 015	2506 2656 642
3592	0278 3964 365	0556 7928 731	0835 1893 096	1113 5857 461	1391 9821 826	1670 3786 192	1948 7750 557	2227 1714 922	2505 5679 287
3593	0278 3189 535	0556 6379 070	0834 9568 606	1113 2758 141	1391 5947 676	1669 9137 211	1948 2326 746	2226 5516 282	2504 8705 817
3594	0278 2415 136	0556 4830 273	0834 7245 409	1112 9660 545	1391 2075 682	1669 4490 818	1947 6905 954	2225 9321 091	2504 1736 227
3595	0278 1641 168	0556 3282 336	0834 4923 505	1112 6564 673	1390 8205 841	1668 9847 010	1947 1488 178	2225 3129 346	2503 4770 515
3596	0278 0867 631	0556 1735 261	0834 2602 892	1112 3470 523	1390 4338 154	1668 5205 784	1946 6073 415	2224 6941 046	2502 7808 676
3597	0278 0094 523	0556 0189 046	0834 0283 570	1112 0378 094	1390 0472 616	1668 0567 139	1946 0661 662	2224 0756 186	2502 0850 709
3598	0277 9321 845	0555 8643 691	0833 7965 536	1111 7287 382	1389 6609 227	1667 5931 073	1945 5252 918	2223 4574 764	2501 3896 600
3599	0277 8549 597	0555 7099 194	0833 5648 791	1111 4198 388	1389 2747 986	1667 1297 583	1944 9847 180	2222 8396 777	2500 6946 374

	1	2	3	4	5	6	7	8	9
3600	0277 7777 778	0555 5555 556	0833 3333 333	1111 1111 111	1388 8888 889	1666 6666 667	1944 4444 444	2222 2222 222	2500 0000 000
3601	0277 7006 387	0555 4012 774	0833 1019 161	1110 8025 548	1388 5031 936	1666 2038 323	1943 9044 710	2221 6051 097	2499 3057 484
3602	0277 6235 425	0555 2470 850	0832 8706 274	1110 4941 699	1388 1177 124	1665 7412 549	1943 3647 973	2220 9883 398	2498 6118 823
3603	0277 5464 890	0555 0929 781	0832 6394 671	1110 1859 561	1387 7324 452	1665 2789 342	1942 8254 233	2220 3719 123	2497 9184 013
3604	0277 4694 784	0554 9389 567	0832 4084 351	1109 8779 134	1387 3473 918	1664 8168 701	1942 2863 485	2219 7558 269	2497 2253 052
3605	0277 3925 104	0554 7850 208	0832 1775 312	1109 5700 416	1386 9625 520	1664 3550 624	1941 7475 728	2219 1400 832	2496 5325 036
3606	0277 3155 851	0554 6311 703	0831 9467 554	1109 2623 405	1386 5779 257	1663 8035 108	1941 2090 960	2218 5246 811	2495 8402 662
3607	0277 2387 025	0554 4774 050	0831 7161 076	1108 9548 101	1386 1935 126	1663 4322 151	1940 6709 177	2217 9096 202	2495 1483 227
3608	0277 1618 625	0554 3237 251	0831 4855 876	1108 6474 501	1385 8093 126	1662 9711 752	1940 1330 377	2217 2949 002	2494 4567 628
3609	0277 0850 651	0554 1701 302	0831 2551 953	1108 3402 605	1385 4253 256	1662 5103 907	1939 5954 558	2216 6805 209	2493 7655 860
3610	0277 0083 102	0554 0166 205	0831 0249 307	1108 0332 410	1385 0415 512	1662 0498 615	1939 0581 717	2216 0664 820	2493 0747 922
3611	0276 9316 079	0553 8631 958	0830 7947 937	1107 7263 916	1384 6579 895	1661 5895 874	1938 5211 853	2215 4527 832	2492 3843 811
3612	0276 8549 280	0553 7098 560	0830 5647 841	1107 4197 121	1384 2746 401	1661 1295 681	1937 9844 961	2214 8394 241	2491 6943 522
3613	0276 7783 006	0553 5566 012	0830 3349 017	1107 1132 023	1383 8915 029	1660 6698 035	1937 4481 041	2214 2264 047	2491 0047 052
3614	0276 7017 156	0553 4034 311	0830 1051 467	1106 8068 622	1383 5085 778	1660 2102 933	1936 9120 089	2213 6137 244	2490 3154 400
3615	0276 6251 729	0553 2503 458	0829 8755 187	1106 5006 416	1383 1258 645	1659 7510 373	1936 3762 102	2213 0013 831	2489 9265 560
3616	0276 5486 726	0553 0973 451	0829 6460 177	1106 1946 903	1382 7433 628	1659 2920 354	1935 8407 080	2212 3893 805	2488 9380 531
3617	0276 4722 145	0552 9444 291	0829 4166 436	1105 8888 582	1382 3610 727	1658 8332 873	1935 3055 018	2211 7777 163	2488 2499 309
3618	0276 3957 988	0552 7915 976	0829 1873 964	1105 5831 951	1381 9780 939	1658 3747 927	1934 7705 915	2211 1663 903	2487 5621 891
3619	0276 3194 253	0552 6388 505	0828 9582 758	1105 2777 010	1381 5971 263	1657 9165 515	1934 2359 768	2210 5554 020	2486 8748 273
3620	0276 2430 939	0552 4861 878	0828 7292 818	1104 9723 757	1381 2154 696	1657 4585 635	1933 7016 575	2209 9447 514	2486 1878 453
3621	0276 1668 048	0552 3336 095	0828 5004 143	1104 6672 190	1380 8340 238	1657 0008 285	1933 1676 333	2209 3344 380	2485 5012 428
3622	0276 0905 577	0552 1811 154	0828 2716 731	1104 3622 308	1380 4527 885	1656 5433 462	1932 6339 030	2208 7244 616	2484 8150 193
3623	0276 0143 527	0552 0287 055	0828 0430 582	1104 0574 110	1380 0717 637	1656 0861 165	1932 1004 692	2208 1148 220	2484 1291 747
3624	0275 9381 898	0551 8763 797	0827 8145 695	1103 7527 594	1379 6909 492	1655 6291 391	1931 5673 289	2207 5055 188	2483 4437 086
3625	0275 8620 690	0551 7241 379	0827 5862 069	1103 4483 759	1379 3103 448	1655 1724 138	1931 0344 828	2206 8965 517	2482 7586 207
3626	0275 7859 901	0551 5719 801	0827 3579 702	1103 1439 603	1378 9299 504	1654 7159 404	1930 5019 305	2206 2879 206	2482 0739 106
3627	0275 7099 531	0551 4199 063	0827 1298 594	1102 8308 125	1378 5407 656	1654 2597 188	1929 9696 719	2205 6796 250	2481 3895 782
3628	0275 6339 581	0551 2679 162	0826 9018 743	1102 5358 324	1378 1097 905	1653 8037 486	1929 4377 067	2205 0716 648	2480 7056 229
3629	0275 5580 050	0551 1160 099	0826 6740 149	1102 2320 198	1377 7900 248	1653 3480 298	1928 9060 347	2204 4640 307	2480 0220 446
3630	0275 4820 937	0550 9641 873	0826 4462 810	1101 9283 747	1377 4104 683	1652 8925 620	1928 3746 556	2203 8367 403	2479 3388 430
3631	0275 4062 242	0550 8124 484	0826 2186 725	1101 6248 967	1377 0311 209	1652 4373 451	1927 8435 693	2203 2197 934	2478 6560 176
3632	0275 3303 965	0550 6607 930	0825 9911 894	1101 3215 859	1376 6519 824	1651 9823 789	1927 3127 753	2202 6431 718	2477 9735 683
3633	0275 2546 105	0550 5092 210	0825 7638 315	1101 0184 421	1376 2730 526	1651 5276 631	1926 7822 736	2202 0368 841	2477 2914 946
3634	0275 1788 663	0550 3577 325	0825 5365 988	1100 7154 651	1375 8943 313	1651 0731 976	1926 2520 638	2201 4309 301	2476 6097 964
3635	0275 1031 637	0550 2063 274	0825 3094 911	1100 4126 547	1375 5158 184	1650 6189 821	1925 7221 458	2200 8253 095	2475 9284 732
3636	0275 0275 028	0550 0550 055	0825 0825 083	1100 1100 110	1375 1375 138	1650 1650 165	1925 1925 193	2200 2200 220	2475 2475 248
3637	0274 9518 834	0549 9037 668	0824 8556 503	1099 8075 337	1374 7594 171	1649 7113 005	1924 6631 839	2199 6150 674	2474 5669 508
3638	0274 8763 057	0549 7526 113	0824 6289 170	1099 5052 227	1374 3815 283	1649 2578 340	1924 1341 396	2199 0104 453	2473 8867 510
3639	0274 8007 694	0549 6015 389	0824 4023 083	1099 2030 778	1374 0038 472	1648 8046 167	1923 6053 861	2198 4061 555	2473 2069 250
3640	0274 7252 747	0549 4505 495	0824 1758 242	1098 9010 089	1373 6263 736	1648 3516 484	1923 0769 231	2197 8021 978	2472 5274 725
3641	0274 6498 215	0549 2996 430	0823 9494 644	1098 5992 859	1373 2491 074	1647 8990 289	1922 5487 503	2197 1985 718	2471 8483 933
3642	0274 5744 007	0549 1488 193	0823 7232 290	1098 2976 387	1372 8720 483	1647 4464 580	1922 0208 677	2196 5952 773	2471 1606 870
3643	0274 4990 393	0548 9980 785	0823 4971 178	1097 9961 570	1372 4951 963	1646 9942 355	1921 4932 330	2195 9923 140	2470 4013 533
3644	0274 4237 102	0548 8474 204	0823 2711 306	1097 6948 408	1372 1185 510	1646 5422 613	1920 9659 715	2195 3896 817	2469 8133 019
3645	0274 3484 226	0548 6968 450	0823 0452 675	1097 3936 900	1371 7421 125	1646 0905 350	1920 4389 575	2194 7873 800	2469 1368 026
3646	0274 2731 761	0548 5463 522	0822 8195 283	1097 0927 043	1371 3658 804	1645 6390 565	1919 9122 326	2194 1854 087	2468 4585 848
3647	0274 1979 709	0548 3959 419	0822 5939 128	1096 7918 837	1370 9898 547	1645 1878 256	1919 3857 675	2193 5837 673	2467 7817 384
3648	0274 1228 070	0548 2456 140	0822 3684 211	1096 4912 281	1370 6140 351	1644 7368 421	1918 8596 491	2192 9824 561	2467 1052 632
3649	0274 0476 843	0548 0953 686	0822 1430 529	1096 1907 372	1370 2384 215	1644 2861 058	1918 3337 901	2192 3814 744	2466 4291 587
3650	0273 9726 027	0547 9452 055	0821 9178 082	1095 8904 110	1369 8630 137	1643 8356 164	1917 8082 192	2191 7808 219	2465 7534 247
3651	0273 8975 623	0547 7951 246	0821 6926 870	1095 5902 493	1369 4878 116	1643 3853 739	1917 2829 362	2191 1804 985	2465 0780 608
3652	0273 8225 630	0547 6451 260	0821 4676 889	1095 2902 519	1369 1128 149	1642 9353 779	1916 7579 409	2190 5805 038	2464 4030 668
3653	0273 7476 047	0547 4952 094	0821 2428 141	1094 9904 188	1368 7380 235	1642 4856 283	1916 2332 330	2189 9808 377	2463 7284 424
3654	0273 6726 875	0547 3453 749	0821 0180 624	1094 6907 499	1368 3634 373	1642 0361 248	1915 7088 123	2189 3814 997	2463 0541 872
3655	0273 5978 112	0547 1956 224	0820 7934 337	1094 3912 449	1367 9890 561	1641 5868 673	1915 1846 785	2188 7824 897	2462 3803 010
3656	0273 5229 759	0547 0459 519	0820 5689 278	1094 0919 037	1367 6148 797	1641 1378 556	1914 6608 315	2188 1838 074	2461 7067 834
3657	0273 4481 816	0546 8963 631	0820 3445 447	1093 7927 263	1367 2409 078	1640 6890 894	1914 1372 710	2187 5854 526	2461 0336 341
3658	0273 3734 281	0546 7468 562	0820 1202 843	1093 4937 124	1366 8671 405	1640 2405 686	1913 6139 967	2186 9874 248	2460 3608 529
3659	0273 2987 155	0546 5974 310	0819 8961 465	1093 1948 620	1366 4935 775	1639 7922 930	1913 0910 085	2186 3897 240	2459 6884 395
3660	0273 2240 437	0546 4480 874	0819 6721 311	1092 8961 749	1366 1202 186	1639 3442 623	1912 5683 060	2185 7923 497	2459 0163 934
3661	0273 1494 127	0546 2988 255	0819 4482 382	1092 5976 509	1365 7470 636	1638 8964 764	1912 0458 891	2185 1953 018	2458 3447 146
3662	0273 0748 225	0546 1496 450	0819 2244 675	1092 2992 900	1365 3741 125	1638 4489 350	1911 5237 575	2184 5985 800	2457 6734 025
3663	0273 0002 730	0546 0005 460	0819 0008 190	1092 0010 920	1365 0013 650	1638 0016 380	1911 0019 110	2184 0021 840	2457 0024 570
3664	0272 9257 642	0545 8515 284	0818 7772 926	1091 7030 568	1364 6288 210	1637 5545 852	1910 4803 493	2183 4061 135	2456 3318 777
3665	0272 8512 960	0545 7025 921	0818 5538 881	1091 4051 842	1364 2564 802	1637 1077 763	1909 9590 723	2182 8103 683	2455 6616 644
3666	0272 7768 685	0545 5537 370	0818 3306 056	1091 1074 741	1363 8843 426	1636 6612 111	1909 4380 797	2182 2149 482	2454 9918 167
3667	0272 7024 816	0545 4049 632	0818 1074 448	1090 8099 264	1363 5124 080	1636 2148 896	1908 9173 711	2181 6198 527	2454 3223 343
3668	0272 6281 352	0545 2562 704	0817 8844 057	1090 5125 409	1363 1406 761	1635 7688 113	1908 3969 466	2181 0250 818	2453 6532 170
3669	0272 5538 294	0545 1076 588	0817 6614 881	1090 2153 175	1362 7691 469	1635 3229 763	1907 8768 057	2180 4306 350	2452 9844 644
3670	0272 4795 640	0544 9591 281	0817 4386 921	1089 9182 561	1362 3978 202	1634 8773 842	1907 3569 482	2179 8365 123	2452 3160 763
3671	0272 4053 391	0544 8106 783	0817 2160 174	1089 6213 566	1362 0266 957	1634 4320 349	1906 8373 740	2179 2427 132	2451 6480 523
3672	0272 3311 547	0544 6623 094	0816 9934 641	1089 3246 187	1361 6557 734	1633 9869 281	1906 3180 828	2178 6492 375	2450 9803 922
3673	0272 2570 106	0544 5140 212	0816 7710 319	1089 0280 425	1361 2850 531	1633 5420 637	1905 7990 743	2178 0560 849	2450 3130 956
3674	0272 1829 069	0544 3658 138	0816 5487 207	1088 7316 277	1360 9145 346	1633 0974 415	1905 2803 484	2177 4632 553	2449 6461 622
3675	0272 1088 435	0544 2176 871	0816 3265 306	1088 4353 741	1360 5442 177	1632 6530 612	1904 7619 048	2176 8707 483	2448 9795 918
3676	0272 0348 205	0544 0696 409	0816 1044 614	1088 1392 818	1360 1741 023	1632 2089 227	1904 2437 432	2176 2785 637	2448 3133 841
3677	0271 9608 376	0543 9216 753	0815 8825 129	1087 8433 506	1359 8041 882	1631 7650 258	1903 7258 635	2175 6867 011	2447 6475 388
3678	0271 8868 951	0543 7737 901	0815 6606 852	1087 5475 802	1359 4344 753	1631 3213 703	1903 2082 654	2175 0951 604	2446 9820 555
3679	0271 8129 927	0543 6259 853	0815 4389 780	1087 2519 706	1359 0649 633	1630 8779 560	1902 6909 486	2174 5039 413	2446 3169 339
3680	0271 7391 304	0543 4782 609	0815 2173 913	1086 9565 217	1358 6956 522	1630 4347 826	1902 1739 130	2173 9130 435	2445 6521 739
3681	0271 6653 083	0543 3306 167	0814 9959 250	1086 6612 334	1358 3265 417	1629 9918 500	1901 6571 584	2173 3224 667	2444 9877 751
3682	0271 5915 263	0543 1830 527	0814 7745 790	1086 3661 054	1357 9576 317	1629 5491 581	1901 1406 844	2172 7322 108	2444 3237 371
3683	0271 5177 844	0543 0355 688	0814 5533 532	1086 0711 377	1357 5889 221	1629 1067 065	1900 6244 909	2172 1422 753	2443 6600 597
3684	0271 4440 825	0542 8881 650	0814 3322 476	1085 7763 301	1357 2204 126	1628 6644 951	1900 1085 776	2171 5526 602	2442 9967 427
3685	0271 3704 206	0542 7408 412	0814 1112 619	1085 4816 825	1356 8521 031	1628 2225 237	1899 5929 444	2170 9633 650	2442 3337 856
3686	0271 2967 987	0542 5935 974	0813 8903 961	1085 1871 948	1356 4839 935	1627 7807 922	1899 0775 909	2170 3743 896	2441 6711 883
3687	0271 2232 167	0542 4464 334	0813 6696 501	1084 8928 668	1356 1160 835	1627 3393 002	1898 5625 170	2169 7857 337	2441 0089 504
3688	0271 1496 746	0542 2993 492	0813 4490 239	1084 5986 985	1355 7483 731	1626 8980 477	1898 0477 223	2169 1973 970	2440 3470 716
3689	0271 0761 724	0542 1523 448	0813 2285 172	1084 3046 896	1355 3808 620	1626 4570 344	1897 5332 068	2168 6093 792	2439 6855 516
3690	0271 0027 100	0542 0054 201	0813 0081 301	1084 0108 401	1355 0135 501	1626 0162 602	1897 0189 702	2168 0216 802	2439 0243 902
3691	0270 9292 875	0541 8585 749	0812 7878 624	1083 7171 498	1354 6464 373	1625 5757 247	1896 5050 122	2167 4342 996	2438 3635 871
3692	0270 8559 047	0541 7118 093	0812 5677 140	1083 4236 186	1354 2795 233	1625 1354 280	1895 9913 326	2166 8472 373	2437 7031 419
3693	0270 7825 616	0541 5651 232	0812 3476 848	1083 1302 464	1353 9128 000	1624 6953 616	1895 4779 310	2166 2604 932	2437 0430 544
3694	0270 7092 583	0541 4185 165	0812 1277 748	1082 8370 330	1353 5462 913	1624 2555 495	1894 9648 078	2165 6740 661	2436 3832 243
3695	0270 6359 946	0541 2719 892	0811 9079 838	1082 5439 784	1353 1799 729	1623 8159 675	1894 4519 621	2165 0879 567	2435 7239 513
3696	0270 5627 706	0541 1255 411	0811 6883 117	1082 2510 823	1352 8138 528	1623 3766 234	1893 9393 939	2164 5021 645	2435 0649 351
3697	0270 4895 862	0541 0791 723	0811 4687 585	1081 9583 446	1352 4479 308	1622 9375 169	1893 4271 031	2163 9166 892	2434 4062 754
3698	0270 4164 413	0540 8328 826	0811 2493 240	1081 6657 653	1352 0822 066	1622 4986 479	1892 9150 892	2163 3315 306	2433 7479 719
3699	0270 3433 360	0540 6866 731	0811 0300 081	1081 3733 441	1351 7166 802	1622 0600 162	1892 4033 523	2162 7466 883	2433 0900 243

	1	2	3	4	5	6	7	8	9
3700	0270 2702 703	0540 5405 405	0810 8108 108	1081 0810 811	1351 3513 514	1621 6216 216	1891 8918 919	2162 1621 622	2432 4324 324
3701	0270 1972 440	0540 3944 880	0810 5917 320	1080 7889 760	1350 9862 199	1621 1834 639	1891 3807 079	2161 5779 519	2431 7751 959
3702	0270 1242 572	0540 2485 143	0810 3727 715	1080 4970 286	1350 6212 858	1620 7455 429	1890 8008 001	2160 9940 573	2431 1183 144
3703	0270 0513 098	0540 1026 195	0810 1539 292	1080 2052 390	1350 2565 487	1620 3078 585	1890 3591 682	2160 4104 780	2430 4617 877
3704	0269 9784 017	0539 9568 035	0809 9352 052	1079 9136 069	1349 8920 086	1619 8704 104	1889 8488 121	2159 8272 138	2429 8056 156
3705	0269 9055 331	0539 8110 661	0809 7165 992	1079 6221 323	1349 5276 653	1619 4331 984	1889 3387 314	2159 2442 645	2429 1497 976
3706	0269 8327 037	0539 6654 074	0809 4981 112	1079 3308 149	1349 1635 186	1618 9962 223	1888 8289 261	2158 6616 298	2428 4943 335
3707	0269 7599 137	0539 5198 274	0809 2797 410	1079 0396 547	1348 7995 684	1618 5594 821	1888 3193 957	2158 0793 094	2427 8392 231
3708	0269 6871 629	0539 3743 258	0809 0614 887	1078 7486 516	1348 4358 145	1618 1229 773	1887 8101 402	2157 4073 031	2427 1844 660
3709	0269 6144 513	0539 2289 027	0808 8433 540	1078 4578 053	1348 0722 567	1617 6867 080	1887 3011 593	2156 9156 107	2426 5300 620
3710	0269 5417 790	0539 0835 580	0808 6253 369	1078 1671 159	1347 7088 949	1617 2506 739	1886 7924 528	2156 3342 318	2425 8760 108
3711	0269 4691 458	0538 9382 916	0808 4074 373	1077 8765 831	1347 3457 289	1616 8148 747	1886 2840 205	2155 7531 663	2425 2223 120
3712	0269 3965 517	0538 7931 034	0808 1896 552	1077 5862 069	1346 9827 586	1616 3793 103	1885 7758 621	2155 1724 138	2424 5680 655
3713	0269 3239 968	0538 6479 935	0807 9719 903	1077 2959 871	1346 6199 838	1615 9430 806	1885 2679 774	2154 5919 741	2423 9159 709
3714	0269 2514 809	0538 5029 618	0807 7544 426	1077 0059 235	1346 2574 044	1615 5088 853	1884 7603 662	2154 0118 471	2423 2633 279
3715	0269 1790 040	0538 3580 081	0807 5370 121	1076 7160 161	1345 8950 202	1615 0740 242	1884 2530 283	2153 4320 323	2422 6110 363
3716	0269 1065 662	0538 2131 324	0807 3196 986	1076 4262 648	1345 5328 310	1614 6393 972	1883 7459 634	2152 8525 296	2421 9590 958
3717	0269 0341 673	0538 0683 347	0807 1025 020	1076 1366 694	1345 1708 367	1614 2050 040	1883 2391 714	2152 2733 387	2421 3075 061
3718	0268 9618 071	0537 9236 143	0806 8854 214	1075 8472 285	1344 8090 371	1613 7708 445	1882 7326 520	2151 0944 594	2420 6502 668
3719	0268 8894 864	0537 7789 728	0806 6684 593	1075 5579 457	1344 4474 321	1613 3369 185	1882 2264 049	2151 1158 914	2420 0053 778
3720	0268 8172 043	0537 6344 086	0806 4516 129	1075 2688 172	1344 0860 215	1612 9032 258	1881 7204 301	2150 5376 344	2419 3548 387
3721	0268 7449 610	0537 4899 221	0806 2348 831	1074 9798 441	1343 7248 052	1612 4697 662	1881 2147 272	2149 9596 883	2418 7046 493
3722	0268 6727 566	0537 3455 132	0806 0182 697	1074 6910 263	1343 3637 829	1612 0365 395	1880 7092 961	2149 3820 527	2418 0548 092
3723	0268 6005 909	0537 2011 818	0805 8017 728	1074 4023 637	1343 0029 546	1611 6035 455	1880 2041 365	2148 8047 274	2417 4053 183
3724	0268 5284 640	0537 0569 280	0805 5853 921	1074 1138 561	1342 6423 201	1611 1707 841	1879 6992 481	2148 2277 121	2416 7561 762
3725	0268 4563 758	0536 9127 517	0805 3691 275	1073 8255 034	1342 2818 792	1610 7382 550	1879 1946 309	2147 6510 067	2416 1073 826
3726	0268 3843 264	0536 7686 527	0805 1529 791	1073 5373 054	1341 9216 318	1610 3059 581	1878 6902 845	2147 0746 108	2415 4589 372
3727	0268 3123 155	0536 6246 311	0804 9369 466	1073 2492 621	1341 5615 777	1609 8738 932	1878 1862 087	2146 4985 243	2414 8108 398
3728	0268 2403 433	0536 4806 867	0804 7210 300	1072 9613 734	1341 2017 167	1609 4420 601	1877 6824 034	2145 9227 468	2414 1630 901
3729	0268 1684 098	0536 3368 195	0804 5052 293	1072 6736 390	1340 8420 488	1609 0104 586	1877 1788 683	2145 3472 781	2413 5156 879
3730	0268 0965 147	0536 1930 295	0804 2895 442	1072 3860 590	1340 4825 737	1608 5790 885	1876 6756 032	2144 7721 180	2412 8686 327
3731	0268 0246 583	0536 0493 165	0804 0739 748	1072 0986 331	1340 1232 913	1608 1479 496	1876 1726 079	2144 1972 662	2412 2219 244
3732	0267 9528 403	0535 9056 806	0803 8585 209	1071 8113 612	1339 7642 015	1607 7170 418	1875 6698 821	2143 6227 224	2411 5755 627
3733	0267 8810 608	0535 7621 216	0803 6431 824	1071 5242 432	1339 4053 040	1607 2863 649	1875 1674 257	2143 0484 865	2410 9295 473
3734	0267 8093 198	0535 6186 395	0803 4279 593	1071 2372 791	1339 0465 988	1606 8559 186	1874 6652 384	2142 4745 581	2410 2838 779
3735	0267 7376 171	0535 4752 343	0803 2128 514	1070 9504 685	1338 6880 857	1606 4257 028	1874 1633 200	2141 9009 371	2409 6385 542
3736	0267 6659 529	0535 3319 058	0802 9978 587	1070 6638 116	1338 3297 645	1605 9957 173	1873 6616 702	2141 3276 231	2409 0035 760
3737	0267 5943 270	0535 1886 540	0802 7829 810	1070 3773 080	1337 9716 350	1605 5659 620	1873 1602 890	2140 7546 160	2408 3489 430
3738	0267 5227 394	0535 0454 789	0802 5682 183	1070 0909 577	1337 6136 972	1605 1364 366	1872 6591 760	2140 1819 155	2407 7046 549
3739	0267 4511 902	0534 9023 803	0802 3535 705	1069 8047 606	1337 2559 508	1604 7071 409	1872 1583 311	2139 6095 213	2407 0607 114
3740	0267 3796 791	0534 7593 583	0802 1390 374	1069 5187 166	1336 8983 957	1604 2780 749	1871 6577 540	2139 0374 332	2406 4171 123
3741	0267 3082 064	0534 6164 127	0801 9246 191	1069 2328 254	1336 5410 318	1603 8492 382	1871 1574 445	2138 4656 509	2405 7738 573
3742	0267 2367 718	0534 4735 436	0801 7103 153	1068 9470 871	1336 1838 589	1603 4206 307	1870 6574 025	2137 8941 742	2405 1309 460
3743	0267 1653 754	0534 3307 507	0801 4961 261	1068 6615 015	1335 8968 768	1603 0922 522	1870 1576 276	2137 3230 029	2404 4883 783
3744	0267 0940 171	0534 1880 342	0801 2820 513	1068 3760 684	1335 4700 855	1602 5641 026	1869 6581 197	2136 7521 368	2403 8461 538
3745	0267 0226 969	0534 0453 939	0801 0680 908	1068 0907 877	1335 1134 846	1602 1361 816	1869 1588 785	2136 1815 754	2403 2042 724
3746	0266 9514 148	0533 9028 297	0800 8542 445	1067 8056 594	1334 7570 742	1601 7084 891	1868 6599 039	2135 6113 187	2402 5627 336
3747	0266 8801 708	0533 7603 416	0800 6405 124	1067 5206 832	1334 4008 540	1601 2810 248	1868 1611 956	2135 0413 664	2401 9215 372
3748	0266 8089 648	0533 6179 296	0800 4268 943	1067 2358 591	1334 0448 239	1600 8537 887	1867 6627 535	2134 4717 182	2401 2806 830
3749	0266 7377 967	0533 4755 935	0800 2133 902	1066 9511 870	1333 6889 837	1600 4267 805	1867 1645 772	2133 9023 740	2400 6401 707
3750	0266 6666 667	0533 3333 333	0800 0000 000	1066 6666 667	1333 3333 333	1600 0000 000	1866 6666 667	2133 3333 333	2400 0000 000
3751	0266 5955 745	0533 1911 490	0799 7867 235	1066 3822 981	1332 9778 726	1599 5734 471	1866 1690 216	2132 7645 961	2399 3601 706
3752	0266 5245 203	0533 0490 405	0799 5735 608	1066 0980 810	1332 6226 013	1599 1471 215	1865 6716 418	2132 1961 620	2398 7206 823
3753	0266 4535 039	0532 9070 077	0799 3605 116	1065 8140 155	1332 2675 193	1598 7210 232	1865 1745 270	2131 6280 309	2398 0815 348
3754	0266 3825 253	0532 7650 506	0799 1475 759	1065 5301 012	1331 9126 265	1598 2951 518	1864 6776 771	2131 0602 024	2397 4427 278
3755	0266 3115 846	0532 6231 691	0798 9347 537	1065 2463 382	1331 5579 228	1597 8695 073	1864 1810 919	2130 4926 764	2396 8042 610
3756	0266 2406 816	0532 4813 632	0798 7220 447	1064 9627 263	1331 2034 079	1597 4440 895	1863 6847 710	2129 9254 526	2396 1661 342
3757	0266 1698 163	0532 3396 327	0798 5094 490	1064 6792 654	1330 8490 817	1597 0188 981	1863 1887 144	2129 3585 307	2395 5283 471
3758	0266 0989 888	0532 1979 776	0798 2969 665	1064 3959 553	1330 4949 441	1596 5939 329	1862 6929 218	2128 7919 106	2394 8908 994
3759	0266 0281 990	0532 0563 980	0798 0845 970	1064 1127 960	1330 1409 949	1596 1691 939	1862 1973 929	2128 2255 919	2394 2537 909
3760	0265 9574 468	0531 9148 936	0797 8723 404	1063 8297 872	1329 7872 340	1595 7446 808	1861 7021 277	2127 6595 745	2393 6170 213
3761	0265 8867 323	0531 7734 645	0797 6601 968	1063 5469 290	1329 4336 613	1595 3203 935	1861 2071 258	2127 0938 580	2392 9805 903
3762	0265 8160 553	0531 6321 106	0797 4481 659	1063 2642 212	1329 0802 764	1594 8963 317	1860 7123 870	2126 5284 423	2392 3444 976
3763	0265 7454 159	0531 4908 318	0797 2362 477	1062 9816 636	1328 7270 795	1594 4724 953	1860 2179 112	2125 9633 271	2391 7087 430
3764	0265 6748 140	0531 3496 281	0797 0244 421	1062 6992 561	1328 3740 701	1594 0488 842	1859 7236 982	2125 3985 122	2391 0733 262
3765	0265 6042 497	0531 2084 993	0796 8127 490	1062 4169 987	1328 0212 483	1593 6254 980	1859 2297 477	2124 8339 973	2390 4382 470
3766	0265 5337 228	0531 0674 456	0796 6011 683	1062 1348 911	1327 6686 139	1593 2023 367	1858 7360 595	2124 2697 823	2389 8035 050
3767	0265 4632 333	0530 9264 667	0796 3897 000	1061 8529 334	1327 3161 667	1592 7794 001	1858 2426 334	2123 7058 667	2389 1691 001
3768	0265 3927 813	0530 7855 626	0796 1783 439	1061 5711 253	1326 9639 066	1592 3566 879	1857 7494 692	2123 1422 505	2388 5350 318
3769	0265 3223 667	0530 6447 334	0795 9671 000	1061 2894 667	1326 6118 334	1591 9342 001	1857 2565 667	2122 5789 334	2387 9013 001
3770	0265 2519 894	0530 5039 788	0795 7559 682	1061 0079 576	1326 2599 470	1591 5119 363	1856 7639 257	2122 0159 151	2387 2679 045
3771	0265 1816 494	0530 3632 989	0795 5449 483	1060 7265 977	1325 9082 471	1591 0898 966	1856 2715 460	2121 4531 954	2386 6348 449
3772	0265 1113 468	0530 2226 935	0795 3340 403	1060 4453 871	1325 5567 338	1590 6680 806	1855 7794 274	2120 8907 741	2386 0021 209
3773	0265 0410 814	0530 0821 627	0795 1232 441	1060 1643 255	1325 2054 068	1590 2464 882	1855 2875 696	2120 3286 509	2385 3697 323
3774	0264 9708 532	0529 9417 064	0794 9125 596	1059 8834 128	1324 8542 660	1589 8251 192	1854 7959 724	2119 7668 256	2384 7376 789
3775	0264 9006 623	0529 8013 245	0794 7019 868	1059 6026 490	1324 5033 113	1589 4039 735	1854 3046 358	2119 2052 980	2384 1059 603
3776	0264 8305 085	0529 6610 169	0794 4915 254	1059 3220 339	1324 1525 424	1588 9830 508	1853 8135 593	2118 6440 678	2383 4745 763
3777	0264 7603 918	0529 5207 837	0794 2811 755	1059 0415 674	1323 8019 592	1588 5623 511	1853 3227 420	2118 0831 348	2382 8435 266
3778	0264 6903 123	0529 3806 247	0794 0709 370	1058 7612 493	1323 4515 617	1588 1418 740	1852 8321 863	2117 5224 987	2382 2128 110
3779	0264 6202 699	0529 2405 398	0793 8608 097	1058 4810 797	1323 1013 496	1587 7216 195	1852 3418 894	2116 9621 593	2381 5824 292
3780	0264 5502 646	0529 1005 291	0793 6507 937	1058 2010 582	1322 7513 228	1587 3015 873	1851 8518 519	2116 4021 164	2380 9523 810
3781	0264 4802 962	0528 9605 924	0793 4408 887	1057 9211 849	1322 4014 811	1586 8817 773	1851 3620 735	2115 8423 697	2380 3226 660
3782	0264 4103 649	0528 8207 298	0793 2310 947	1057 6414 595	1322 0518 244	1586 4621 893	1850 8725 542	2115 2829 191	2379 6932 840
3783	0264 3404 705	0528 6809 411	0793 0214 116	1057 3618 821	1321 7023 526	1586 0428 232	1850 3832 937	2114 7237 642	2379 0642 347
3784	0264 2706 131	0528 5412 262	0792 8118 393	1057 0824 524	1321 3530 655	1585 6236 786	1849 8942 918	2114 1649 049	2378 4355 180
3785	0264 2007 926	0528 4015 852	0792 6023 778	1056 8031 704	1321 0039 630	1585 2047 556	1849 4055 482	2113 6063 408	2377 8071 334
3786	0264 1310 090	0528 2620 180	0792 3930 269	1056 5240 359	1320 6550 449	1584 7860 539	1848 9170 629	2113 0480 718	2377 1790 808
3787	0264 0612 622	0528 1225 244	0792 1837 866	1056 2450 489	1320 3063 111	1584 3675 733	1848 4288 355	2112 4900 977	2376 5513 599
3788	0263 9915 523	0527 9831 045	0791 9746 568	1055 9662 091	1319 9577 614	1583 9493 136	1847 9408 659	2111 9324 182	2375 9239 704
3789	0263 9218 791	0527 8437 582	0791 7656 374	1055 6875 165	1319 6093 956	1583 5312 747	1847 4531 539	2111 3750 330	2375 2969 121
3790	0263 8522 427	0527 7044 855	0791 5567 282	1055 4089 710	1319 2612 137	1583 1134 565	1846 9656 992	2110 8179 419	2374 6701 847
3791	0263 7826 431	0527 5652 862	0791 3479 293	1055 1305 724	1318 9132 155	1582 6958 586	1846 4785 017	2110 2611 448	2374 0437 879
3792	0263 7130 802	0527 4261 603	0791 1392 405	1054 8523 207	1318 5654 008	1582 2784 810	1845 9915 612	2109 7046 413	2373 4177 215
3793	0263 6435 539	0527 2871 078	0790 9306 617	1054 5742 157	1318 2177 696	1581 8613 235	1845 5048 774	2109 1484 313	2372 7019 852
3794	0263 5740 643	0527 1481 286	0790 7221 929	1054 2962 572	1317 8703 216	1581 4443 859	1845 0184 502	2108 5925 145	2372 4665 788
3795	0263 5046 113	0527 0092 227	0790 5138 340	1054 0184 453	1317 5230 567	1581 0276 680	1844 5322 793	2108 0368 906	2371 5415 020
3796	0263 4351 949	0526 8703 899	0790 3055 848	1053 7407 798	1317 1759 747	1580 6111 697	1844 0463 646	2107 4815 595	2370 9167 545
3797	0263 3658 154	0526 7316 308	0790 0974 454	1053 4632 605	1316 8290 756	1580 1948 907	1843 5607 058	2106 9265 209	2370 2923 361
3798	0263 2964 718	0526 5929 437	0789 8894 155	1053 1858 873	1316 4823 591	1579 7788 310	1843 0753 028	2106 3717 746	2369 6682 464
3799	0263 2271 650	0526 4543 301	0789 6814 951	1052 9086 602	1316 1358 252	1579 3629 903	1842 5901 553	2105 8173 203	2369 0444 854

	1	2	3	4	5	6	7	8	9
3800	0263 1578 947	0526 3157 895	0789 4736 842	1052 6315 789	1315 7894 737	1578 9473 684	1842 1052 632	2105 2631 579	2368 4210 526
3801	0263 0886 609	0526 1773 218	0789 2659 826	1052 3546 435	1315 4433 044	1578 5319 653	1841 6206 262	2104 7092 870	2367 7979 479
3802	0263 0194 634	0526 0389 269	0789 0583 903	1052 0778 538	1315 0973 172	1578 1167 806	1841 1362 441	2104 1557 075	2367 1751 710
3803	0262 9503 024	0525 9006 048	0788 8509 072	1051 8012 096	1314 7515 120	1577 7018 144	1840 6521 167	2103 6024 191	2366 5527 215
3804	0262 8811 777	0525 7623 554	0788 6435 331	1051 5247 108	1314 4058 885	1577 2870 662	1840 1682 440	2103 0494 217	2365 9305 994
3805	0262 8120 804	0525 6241 787	0788 4362 681	1051 2483 574	1314 0604 468	1576 8725 361	1839 6846 255	2102 4967 148	2365 3088 042
3806	0262 7430 373	0525 4860 746	0788 2291 119	1050 9721 492	1313 7151 865	1576 4582 239	1839 2012 612	2101 9442 985	2364 6873 358
3807	0262 6740 215	0525 3480 431	0788 0220 646	1050 6960 862	1313 3701 077	1576 0441 292	1838 7181 508	2101 3921 723	2364 0661 939
3808	0262 6050 420	0525 2100 840	0787 8151 261	1050 4201 081	1313 0252 101	1575 6302 521	1838 2352 941	2100 8403 361	2363 4453 782
3809	0262 5360 987	0525 0721 974	0787 6082 961	1050 1443 949	1312 6804 936	1575 2165 923	1837 7526 910	2100 2887 897	2362 8248 884
3810	0262 4671 916	0524 9343 832	0787 4015 748	1049 8687 664	1312 3359 580	1574 8031 496	1837 2703 412	2099 7375 328	2362 2047 244
3811	0262 3983 207	0524 7966 413	0787 1949 620	1049 5932 826	1311 9916 033	1574 3899 239	1836 7882 446	2099 1865 652	2361 5848 850
3812	0262 3294 858	0524 6589 717	0786 9884 575	1049 3179 433	1311 6474 292	1573 9769 150	1836 3064 008	2098 6358 867	2360 9653 725
3813	0262 2606 871	0524 5213 742	0786 7820 614	1049 0427 485	1311 3034 356	1573 5641 227	1835 8248 099	2098 0854 970	2360 3461 841
3814	0262 1919 245	0524 3838 490	0786 5757 735	1048 7676 980	1310 9596 224	1573 1515 469	1835 3434 714	2097 5353 959	2359 7273 204
3815	0262 1231 979	0524 2463 958	0786 3695 937	1048 4927 916	1310 6159 895	1572 7391 874	1834 8623 853	2096 9855 832	2359 1087 811
3816	0262 0545 073	0524 1090 147	0786 1635 220	1048 2180 293	1310 2725 367	1572 3270 440	1834 3815 514	2096 4360 587	2358 4905 660
3817	0261 9858 528	0523 9717 055	0785 9575 583	1047 9434 111	1309 9292 638	1571 9151 166	1833 9009 693	2095 8868 221	2357 8726 749
3818	0261 9172 342	0523 8344 683	0785 7517 025	1047 6689 366	1309 5861 708	1571 5034 049	1833 4206 301	2095 3378 732	2357 2551 074
3819	0261 8486 515	0523 6973 030	0785 5459 544	1047 3946 059	1309 2432 574	1571 0919 089	1832 9405 604	2094 7892 118	2356 6378 633
3820	0261 7801 047	0523 5602 094	0785 3403 141	1047 1204 188	1308 9005 236	1570 6806 283	1832 4607 330	2094 2408 377	2356 0209 424
3821	0261 7115 938	0523 4231 876	0785 1347 815	1046 8463 753	1308 5579 691	1570 2695 629	1831 9811 568	2093 6927 506	2355 4043 444
3822	0261 6431 188	0523 2862 376	0784 9293 564	1046 5724 751	1308 2155 939	1569 8587 127	1831 5018 315	2093 1449 503	2354 7880 691
3823	0261 5746 796	0523 1493 591	0784 7240 387	1046 2987 183	1307 8733 979	1569 4480 774	1831 0227 570	2092 5974 366	2354 1721 161
3824	0261 5062 762	0523 0125 523	0784 5188 285	1046 0251 046	1307 5313 808	1569 0376 569	1830 5439 331	2092 0502 092	2353 5564 854
3825	0261 4379 085	0522 8758 170	0784 3137 255	1045 7516 340	1307 1895 425	1568 6274 510	1830 0653 595	2091 5032 680	2352 9411 765
3826	0261 3695 766	0522 7391 532	0784 1087 297	1045 4783 063	1306 8478 829	1568 2174 595	1829 5870 361	2090 9566 126	2352 3261 892
3827	0261 3012 804	0522 6025 608	0783 9038 411	1045 2051 215	1306 5064 019	1567 8076 823	1829 1089 626	2090 4102 430	2351 7115 234
3828	0261 2330 199	0522 4660 397	0783 6990 596	1044 9320 794	1306 1650 491	1567 3981 191	1828 6311 300	2089 8641 588	2351 0971 787
3829	0261 1647 950	0522 3295 900	0783 4943 850	1044 6591 790	1305 8230 749	1566 9887 699	1828 1535 649	2089 3183 599	2350 4831 549
3830	0261 0966 057	0522 1932 115	0783 2898 172	1044 3864 230	1305 4830 287	1566 5796 345	1827 6762 402	2088 7728 460	2349 8694 517
3831	0261 0284 521	0522 0569 042	0783 0853 563	1044 1138 084	1305 1422 605	1566 1707 126	1827 1991 647	2088 2276 168	2349 2560 689
3832	0260 9603 340	0521 9206 681	0782 8810 021	1043 8413 361	1304 8016 701	1565 7620 042	1826 7223 382	2087 6826 722	2348 6430 063
3833	0260 8922 515	0521 7845 030	0782 6767 545	1043 5690 060	1304 4612 575	1565 3535 090	1826 2457 605	2087 1380 120	2348 0302 635
3834	0260 8242 045	0521 6484 090	0782 4726 135	1043 2968 179	1304 1210 224	1564 9452 269	1825 7694 314	2086 5936 350	2347 4178 404
3835	0260 7561 930	0521 5123 859	0782 2685 780	1043 0247 718	1303 7809 648	1564 5371 578	1825 2933 507	2086 0405 437	2346 8057 366
3836	0260 6882 169	0521 3764 338	0782 0646 507	1042 7528 676	1303 4410 845	1564 1293 014	1824 8175 182	2085 5057 351	2346 1939 520
3837	0260 6202 763	0521 2405 525	0781 8608 288	1042 4811 050	1303 1013 813	1563 7216 575	1824 3419 338	2084 9622 101	2345 5824 863
3838	0260 5523 710	0521 1047 421	0781 6571 131	1042 2094 841	1302 7618 551	1563 3142 262	1823 8665 972	2084 4189 682	2344 9713 392
3839	0260 4845 012	0520 9690 023	0781 4535 035	1041 9380 047	1302 4225 059	1562 9070 070	1823 3915 082	2083 8760 094	2344 3605 105
3840	0260 4166 667	0520 8333 333	0781 2500 000	1041 6666 667	1302 0833 333	1562 5000 000	1822 9166 667	2083 3333 333	2343 7500 000
3841	0260 3488 675	0520 6977 350	0781 0466 024	1041 3954 699	1301 7443 374	1562 0932 049	1822 4420 724	2082 7909 399	2343 1398 073
3842	0260 2811 036	0520 5622 072	0780 8433 108	1041 1244 144	1301 4055 180	1561 6866 216	1821 9677 251	2082 2488 287	2342 5299 323
3843	0260 2133 750	0520 4267 499	0780 6401 249	1040 8534 999	1301 0668 748	1561 2802 498	1821 4936 248	2081 7069 997	2341 9203 747
3844	0260 1456 816	0520 2913 632	0780 4370 447	1040 5827 263	1300 7284 079	1560 8740 895	1821 0197 711	2081 1654 527	2341 3111 342
3845	0260 0780 234	0520 1560 468	0780 2340 702	1040 3120 936	1300 3901 170	1560 4681 404	1820 5461 638	2080 6241 873	2340 7022 107
3846	0260 0104 004	0520 0208 008	0780 0312 012	1040 0416 017	1300 0520 021	1560 0624 025	1820 0728 029	2080 0832 033	2340 0936 037
3847	0259 9428 126	0519 8856 252	0779 8284 377	1039 7712 503	1299 7140 629	1559 6568 755	1819 5996 881	2079 5425 006	2339 4853 132
3848	0259 8752 599	0519 7505 198	0779 6257 796	1039 5010 395	1299 3762 994	1559 2515 593	1819 1268 191	2079 0020 790	2338 8773 389
3849	0259 8077 423	0519 6154 845	0779 4232 268	1039 2309 691	1299 0387 114	1558 8464 536	1818 6541 959	2078 4619 382	2338 2696 804
3850	0259 7402 597	0519 4805 195	0779 2207 792	1038 9610 390	1298 7012 987	1558 4415 584	1818 1818 182	2077 9220 779	2337 6623 377
3851	0259 6728 123	0519 3456 245	0779 0184 368	1038 6912 490	1298 3640 613	1558 0308 735	1817 7096 858	2077 3824 981	2337 0553 403
3852	0259 6053 908	0519 2107 996	0778 8161 994	1038 4215 992	1298 0269 900	1557 6323 988	1817 2377 985	2076 8431 983	2336 4485 981
3853	0259 5380 223	0519 0760 446	0778 6140 670	1038 1520 893	1297 6901 116	1557 2281 239	1816 7661 562	2076 3041 786	2335 8422 009
3854	0259 4706 708	0518 9413 596	0778 4120 304	1037 8827 193	1297 3533 991	1556 8240 789	1816 2947 587	2075 7654 385	2335 2361 183
3855	0259 4033 732	0518 8067 445	0778 2101 107	1037 6134 890	1297 0168 612	1556 4209 335	1815 8236 057	2075 2269 780	2334 6303 502
3856	0259 3360 996	0518 6721 992	0778 0082 988	1037 3443 983	1296 6804 079	1556 0165 975	1815 3526 971	2074 6887 967	2334 0248 963
3857	0259 2688 618	0518 5377 236	0777 8065 854	1037 0754 472	1296 3443 090	1555 6131 700	1814 8820 327	2074 1508 948	2333 4197 563
3858	0259 2016 589	0518 4033 178	0777 6049 767	1036 8066 356	1296 0082 045	1555 2099 533	1814 4116 122	2073 6132 711	2332 8149 300
3859	0259 1344 908	0518 2689 816	0777 4034 724	1036 5379 632	1295 6724 540	1554 8069 448	1813 9414 356	2073 0759 264	2332 2104 172
3860	0259 0673 575	0518 1347 150	0777 2020 725	1036 2694 300	1295 3367 876	1554 4041 454	1813 4715 026	2072 5388 601	2331 6062 176
3861	0259 0002 590	0518 0005 180	0777 0007 770	1036 0010 360	1295 0012 950	1554 0015 540	1813 0018 130	2072 0020 720	2331 0023 310
3862	0258 9331 952	0517 8663 905	0776 7995 857	1035 7327 809	1294 6659 762	1553 5991 714	1812 5323 666	2071 4655 619	2330 3987 571
3863	0258 8661 662	0517 7323 324	0776 5984 986	1035 4646 648	1294 3308 310	1553 1969 972	1812 0631 633	2070 9293 205	2329 7954 957
3864	0258 7991 718	0517 5983 437	0776 3975 155	1035 1966 874	1293 9958 592	1552 7950 311	1811 5942 029	2070 3933 747	2329 1925 460
3865	0258 7322 122	0517 4644 243	0776 1966 365	1034 9288 486	1293 6610 608	1552 3932 730	1811 1254 851	2069 8576 973	2328 5899 094
3866	0258 6652 871	0517 3305 742	0775 9958 614	1034 6611 485	1293 3264 356	1551 9917 227	1810 6570 008	2069 3242 969	2327 9875 841
3867	0258 5983 967	0517 1967 934	0775 7951 901	1034 3935 808	1292 9919 835	1551 5903 801	1810 1887 768	2068 7871 735	2327 3855 702
3868	0258 5315 408	0517 0630 817	0775 5946 225	1034 1261 634	1292 6577 042	1551 1892 451	1809 7207 859	2068 2523 268	2326 7838 676
3869	0258 4647 196	0516 9294 391	0775 3941 587	1033 8588 783	1292 3235 978	1550 7883 174	1809 2530 370	2067 7177 565	2326 1824 761
3870	0258 3970 328	0516 7938 656	0775 1937 984	1033 5017 313	1291 9896 611	1550 3875 969	1808 7855 297	2067 1834 625	2325 5813 953
3871	0258 3311 806	0516 6623 611	0774 9935 417	1033 3247 223	1291 6559 029	1549 9870 834	1808 3182 640	2066 6404 446	2324 9806 252
3872	0258 2644 628	0516 5289 256	0774 7933 884	1033 0578 512	1291 3223 140	1549 5867 769	1807 8512 397	2066 1157 025	2324 3801 653
3873	0258 1977 795	0516 3955 590	0774 5933 385	1032 7911 180	1290 9888 975	1549 1866 770	1807 3844 565	2065 5822 360	2323 7800 155
3874	0258 1311 306	0516 2622 612	0774 3933 918	1032 5245 225	1290 6556 531	1548 7867 837	1806 9179 143	2065 0490 419	2323 1801 755
3875	0258 0645 161	0516 1290 323	0774 1935 484	1032 2580 645	1290 3225 806	1548 3870 968	1806 4516 129	2064 5164 290	2322 5806 452
3876	0257 9979 360	0515 9958 720	0773 9038 080	1031 9917 444	1289 9896 801	1547 9876 161	1805 9855 524	2063 9834 881	2321 9814 241
3877	0257 9313 903	0515 8627 805	0773 7941 708	1031 7255 610	1289 6569 513	1547 5883 415	1805 5197 318	2063 4511 220	2321 3825 123
3878	0257 8648 788	0515 7297 576	0773 5946 364	1031 4595 152	1289 3243 940	1547 1892 728	1805 0541 516	2062 9190 304	2320 7839 092
3879	0257 7984 017	0515 5968 033	0773 3952 050	1031 1936 066	1288 9920 083	1546 7904 099	1804 5888 115	2062 3872 132	2320 1856 148
3880	0257 7319 588	0515 4639 175	0773 1958 763	1030 9278 351	1288 6597 938	1546 3917 526	1804 1237 113	2061 8556 701	2319 5876 289
3881	0257 6655 501	0515 3311 002	0772 9966 503	1030 6622 005	1288 3277 506	1545 9932 007	1803 6588 508	2061 3244 009	2318 9899 510
3882	0257 5991 757	0515 1983 514	0772 7975 270	1030 3967 027	1287 9958 784	1545 5950 541	1803 1942 298	2060 7934 055	2318 3925 811
3883	0257 5328 354	0515 0656 709	0772 5985 063	1030 1313 417	1287 6641 772	1545 1970 126	1802 7298 481	2060 2626 835	2317 7955 189
3884	0257 4665 294	0514 9330 587	0772 3995 881	1029 8661 174	1287 3326 468	1544 7991 761	1802 2657 055	2059 7322 348	2317 1987 642
3885	0257 4002 574	0514 8005 148	0772 2007 722	1029 6010 296	1287 0012 870	1544 4015 444	1801 8018 018	2059 2020 592	2316 6023 166
3886	0257 3340 196	0514 6680 391	0772 0020 587	1029 3360 782	1286 6700 978	1544 0041 173	1801 3381 369	2058 6721 565	2316 0061 760
3887	0257 2678 158	0514 5356 316	0771 8034 474	1029 0712 632	1286 3390 790	1543 6068 948	1800 8747 106	2058 1425 264	2315 4103 422
3888	0257 2016 461	0514 4032 922	0771 6049 383	1028 8065 844	1286 0082 305	1543 2098 765	1800 4115 226	2057 6131 687	2314 8148 148
3889	0257 1355 104	0514 2710 208	0771 4065 312	1028 5420 417	1285 6775 521	1542 8130 625	1799 9485 729	2057 0840 833	2314 2195 937
3890	0257 0694 087	0514 1388 175	0771 2082 262	1028 2776 350	1285 3470 437	1542 4164 524	1799 4858 612	2056 5552 699	2313 6246 787
3891	0257 0033 410	0514 0066 821	0771 0100 231	1028 0133 642	1285 0167 052	1542 0200 463	1799 0233 873	2056 0267 283	2313 0300 694
3892	0256 9373 073	0513 8746 146	0770 8119 219	1027 7492 292	1284 6865 365	1541 6238 438	1798 5611 511	2055 4984 584	2312 4357 657
3893	0256 8713 075	0513 7426 149	0770 6139 224	1027 4852 299	1284 3565 374	1541 2278 448	1798 0991 523	2054 9704 598	2311 8417 673
3894	0256 8053 416	0513 6106 831	0770 4160 247	1027 2213 663	1284 0267 078	1540 8320 493	1797 6373 909	2054 4427 324	2311 2480 740
3895	0256 7394 095	0513 4788 190	0770 2182 285	1026 9576 380	1283 6970 475	1540 4364 570	1797 1758 665	2053 9152 760	2310 6546 855
3896	0256 6735 113	0513 3470 226	0770 0205 339	1026 6940 452	1283 3675 565	1540 0410 678	1796 7145 791	2053 3880 903	2310 0616 016
3897	0256 6076 469	0513 2152 938	0769 8229 407	1026 4305 876	1283 0382 345	1539 6458 814	1796 2535 284	2052 8611 753	2309 4688 222
3898	0256 5418 163	0513 0836 326	0769 6254 489	1026 1672 653	1282 7090 816	1539 2508 979	1795 7927 142	2052 3345 305	2308 8763 468
3899	0256 4760 195	0512 9520 390	0769 4280 585	1025 9010 780	1282 3800 975	1538 8561 170	1795 3321 364	2051 8081 550	2308 2841 754

	1	2	3	4	5	6	7	8	9
3900	0256 4102 564	0512 8205 128	0769 2307 692	1025 6410 256	1282 0512 821	1538 4615 385	1794 8717 949	2051 2820 513	2307 6923 077
3901	0256 3445 270	0512 6890 541	0769 0335 811	1025 3781 082	1281 7226 352	1538 0671 623	1794 4116 893	2050 7562 164	2307 1007 434
3902	0256 2788 314	0512 5576 627	0768 8364 941	1025 1153 255	1281 3941 568	1537 6729 882	1793 9518 196	2050 2306 510	2306 5094 823
3903	0256 2131 694	0512 4263 387	0768 6395 081	1024 8526 774	1281 0658 468	1537 2790 161	1793 4921 855	2049 7053 549	2305 9185 242
3904	0256 1475 410	0512 2950 820	0768 4426 230	1024 5901 639	1280 7377 049	1536 8852 459	1793 0327 809	2049 1803 279	2305 3278 689
3905	0256 0819 462	0512 1638 924	0768 2458 387	1024 3277 849	1280 4097 311	1536 4916 773	1792 5736 236	2048 6555 698	2304 7375 160
3906	0256 0163 850	0512 0327 701	0768 0491 551	1024 0655 402	1280 0819 252	1536 0983 103	1792 1146 953	2048 1310 804	2304 1474 654
3907	0255 9508 574	0511 9017 149	0767 8525 723	1023 8034 297	1279 7542 872	1535 7051 446	1791 6560 020	2047 6068 595	2303 5577 169
3908	0255 8853 634	0511 7707 267	0767 6560 901	1023 5414 534	1279 4268 168	1535 3121 801	1791 1975 435	2047 0829 069	2302 9682 702
3909	0255 8199 028	0511 6398 056	0767 4597 084	1023 2796 112	1279 0995 139	1534 9194 167	1790 7393 195	2046 5592 223	2302 3791 251
3910	0255 7544 757	0511 5089 514	0767 2634 271	1023 0179 028	1278 7723 785	1534 5268 542	1790 2813 299	2046 0358 056	2301 7902 813
3911	0255 6890 821	0511 3781 642	0767 0672 462	1022 7563 283	1278 4454 104	1534 1344 925	1789 8235 745	2045 5126 566	2301 2017 387
3912	0255 6237 219	0511 2474 438	0766 8711 656	1022 4948 875	1278 1186 094	1533 7423 313	1789 3660 532	2044 9897 751	2300 6134 969
3913	0255 5583 951	0511 1167 902	0766 6751 853	1022 2335 804	1277 7919 755	1533 3503 706	1788 9087 657	2044 4671 607	2300 0255 558
3914	0255 4931 017	0510 9862 034	0766 4793 051	1021 9724 067	1277 4655 084	1532 9586 101	1788 4517 118	2043 9448 135	2299 4379 152
3915	0255 4278 416	0510 8556 833	0766 2835 249	1021 7113 665	1277 1392 082	1532 5670 498	1787 9948 914	2043 4227 331	2298 8505 747
3916	0255 3626 149	0510 7252 298	0766 0878 447	1021 4504 597	1276 8130 746	1532 1756 895	1787 5383 044	2042 9009 193	2298 2635 342
3917	0255 2974 215	0510 5948 430	0765 8922 645	1021 1806 860	1276 4871 075	1531 7845 290	1787 0819 505	2042 3793 720	2297 6767 935
3918	0255 2322 614	0510 4645 227	0765 6967 841	1020 9290 454	1276 1613 068	1531 3935 681	1786 6258 295	2041 8580 909	2297 0003 522
3919	0255 1671 345	0510 3342 689	0765 5014 034	1020 6685 379	1275 8356 724	1531 0028 068	1786 1699 413	2041 3370 758	2296 5042 103
3920	0255 1020 408	0510 2040 816	0765 3061 224	1020 4081 633	1275 5102 041	1530 6122 449	1785 7142 857	2040 8163 265	2295 9183 673
3921	0255 0369 804	0510 0739 607	0765 1109 411	1020 1479 214	1275 1849 018	1530 2218 822	1785 2588 625	2040 2958 429	2295 3328 233
3922	0254 9719 531	0509 9439 062	0764 9158 593	1019 8878 123	1274 8597 654	1529 8317 185	1784 8036 716	2039 7756 247	2294 7475 778
3923	0254 9069 590	0509 8139 179	0764 7208 769	1019 6278 358	1274 5347 948	1529 4417 538	1784 3487 127	2039 2556 717	2294 1626 306
3924	0254 8419 980	0509 6839 959	0764 5259 939	1019 3679 918	1274 2099 808	1529 0519 878	1783 8939 857	2038 7359 837	2293 5779 817
3925	0254 7770 701	0509 5541 401	0764 3312 102	1019 1082 803	1273 8853 503	1528 6624 204	1783 4394 904	2038 2165 605	2292 9936 306
3926	0254 7121 752	0509 4243 505	0764 1365 257	1018 8487 010	1273 5608 762	1528 2730 515	1782 9852 267	2037 6974 019	2292 4095 772
3927	0254 6473 135	0509 2946 269	0763 9419 404	1018 5892 530	1273 2365 674	1527 8838 808	1782 5311 943	2037 1785 078	2291 8258 212
3928	0254 5824 847	0509 1649 695	0763 7474 542	1018 3299 389	1272 9124 236	1527 4940 084	1782 0773 931	2036 6598 778	2291 2423 025
3929	0254 5176 890	0509 0353 780	0763 5530 669	1018 0707 559	1272 5884 440	1527 1061 339	1781 6238 229	2036 1415 118	2290 6592 008
3930	0254 4529 262	0508 9058 524	0763 3587 786	1017 8117 048	1272 2646 310	1526 7175 573	1781 1704 835	2035 6234 097	2290 0763 359
3931	0254 3881 904	0508 7763 928	0763 1645 892	1017 5627 856	1271 9409 819	1526 3291 783	1780 7173 747	2035 1055 711	2289 4937 675
3932	0254 3234 995	0508 6469 990	0762 9704 985	1017 2939 980	1271 6174 975	1525 9409 969	1780 2644 964	2034 5879 959	2288 9114 954
3933	0254 2588 355	0508 5176 710	0762 7765 065	1017 0353 420	1271 2941 775	1525 5530 130	1779 8118 485	2034 0706 840	2288 3295 195
3934	0254 1942 044	0508 3884 087	0762 5826 131	1016 7768 175	1270 9710 219	1525 1652 262	1779 3594 306	2033 5536 350	2287 7478 393
3935	0254 1296 061	0508 2592 122	0762 3888 183	1016 5184 244	1270 6480 305	1524 7776 366	1778 9072 427	2033 0368 488	2287 1664 549
3936	0254 0650 407	0508 1300 813	0762 1951 220	1016 2601 626	1270 3252 033	1524 3902 439	1778 4552 846	2032 5203 252	2286 5853 659
3937	0254 0005 080	0508 0010 160	0762 0015 240	1016 0020 320	1270 0025 400	1524 0030 480	1778 0035 560	2032 0040 640	2286 0045 720
3938	0253 9360 084	0507 8720 163	0761 8080 244	1015 7440 325	1269 6800 406	1523 6160 488	1777 5520 569	2031 4880 650	2285 4240 731
3939	0253 8715 410	0507 7430 820	0761 6146 230	1015 4861 640	1269 3577 050	1523 2292 460	1777 1007 870	2030 9723 280	2284 8438 690
3940	0253 8071 066	0507 6142 132	0761 4213 198	1015 2284 264	1269 0355 330	1522 8426 396	1776 6497 462	2030 4568 528	2284 2639 594
3941	0253 7427 049	0507 4854 098	0761 2281 147	1014 9708 196	1268 7135 245	1522 4562 294	1776 1989 343	2029 9416 392	2283 6843 441
3942	0253 6783 359	0507 3566 717	0761 0350 076	1014 7133 435	1268 3916 793	1522 0700 152	1775 7483 511	2029 4266 870	2283 1050 228
3943	0253 6139 995	0507 2279 990	0760 8419 985	1014 4559 980	1268 0690 975	1521 6839 970	1775 2979 964	2028 9119 959	2282 5259 954
3944	0253 5496 957	0507 0993 915	0760 6490 872	1014 1987 830	1267 7484 787	1521 2981 744	1774 8478 702	2028 3975 659	2281 9472 617
3945	0253 4854 246	0506 9708 492	0760 4562 738	1013 9416 984	1267 4271 229	1520 9125 475	1774 3979 721	2027 8833 967	2281 3688 213
3946	0253 4211 860	0506 8423 720	0760 2635 580	1013 6847 440	1267 1059 301	1520 5271 161	1773 9483 021	2027 3694 881	2280 7906 741
3947	0253 3569 800	0506 7139 600	0760 0709 400	1013 4279 199	1266 7848 999	1520 1418 799	1773 4988 599	2026 8558 399	2280 2128 199
3948	0253 2928 065	0506 5856 130	0759 8784 195	1013 1712 259	1266 4640 324	1519 7568 389	1773 0496 454	2026 3424 519	2279 6352 584
3949	0253 2286 655	0506 4573 310	0759 6859 965	1012 9146 619	1266 1433 274	1519 3719 929	1772 6006 584	2025 8293 239	2279 0579 894
3950	0253 1645 570	0506 3291 139	0759 4936 709	1012 6582 278	1265 8227 848	1518 9873 418	1772 1518 987	2025 3164 557	2278 4810 127
3951	0253 1004 809	0506 2009 618	0759 3014 427	1012 4019 236	1265 5034 045	1518 6028 853	1771 7038 662	2024 8038 471	2277 9043 280
3952	0253 0364 372	0506 0728 745	0759 1093 117	1012 1457 490	1265 1821 862	1518 2186 235	1771 2550 607	2024 2914 980	2277 3279 352
3953	0252 9724 260	0505 9448 520	0758 9172 780	1011 8897 040	1264 8621 300	1517 8345 560	1770 8069 820	2023 7794 080	2276 7518 341
3954	0252 9084 471	0505 8168 943	0758 7253 414	1011 6337 886	1264 5422 357	1517 4506 829	1770 3591 300	2023 2675 771	2276 1760 243
3955	0252 8445 006	0505 6890 013	0758 5335 019	1011 3780 025	1264 2225 032	1517 0670 038	1769 9115 044	2022 7560 051	2275 6005 057
3956	0252 7805 865	0505 5611 729	0758 3417 594	1011 1223 458	1263 9029 323	1516 6835 187	1769 4641 052	2022 2446 916	2275 0252 781
3957	0252 7167 046	0505 4334 091	0758 1501 137	1010 8668 183	1263 5835 229	1516 3002 274	1769 0169 320	2021 7336 366	2274 4503 412
3958	0252 6528 550	0505 3057 100	0757 9585 649	1010 6114 199	1263 2642 749	1515 9171 299	1768 5699 848	2021 2228 398	2273 8756 948
3959	0252 5890 376	0505 1780 753	0757 7671 129	1010 3561 505	1262 9451 882	1515 5342 258	1768 1232 634	2020 7123 011	2273 3013 387
3960	0252 5252 525	0505 0505 051	0757 5757 576	1010 1010 101	1262 6262 626	1515 1515 152	1767 6767 677	2020 2020 202	2272 7272 727
3961	0252 4614 996	0504 9229 992	0757 3844 989	1009 8459 985	1262 3074 981	1514 7689 977	1767 2304 973	2019 6919 970	2272 1534 966
3962	0252 3977 789	0504 7955 578	0757 1933 367	1009 5911 156	1261 9888 945	1514 3806 734	1766 7844 523	2019 1822 312	2271 5800 101
3963	0252 3340 903	0504 6681 807	0757 0022 710	1009 3363 613	1261 6704 517	1514 0045 420	1766 3386 324	2018 6727 227	2271 0068 130
3964	0252 2704 339	0504 5408 678	0756 8113 017	1009 0817 356	1261 3521 695	1513 6226 034	1765 8930 373	2018 1634 712	2270 4339 051
3965	0252 2068 096	0504 4136 192	0756 6204 288	1008 8272 383	1261 0340 479	1513 2408 575	1765 4476 671	2017 6544 767	2269 8612 863
3966	0252 1432 173	0504 2864 347	0756 4296 520	1008 5728 694	1260 7160 867	1512 8593 041	1765 0025 214	2017 1457 388	2269 2889 561
3967	0252 0796 572	0504 1593 143	0756 2389 715	1008 3186 287	1260 3982 859	1512 4779 430	1764 5576 002	2016 6372 574	2268 7169 145
3968	0252 0161 290	0504 0322 581	0756 0483 871	1008 0645 161	1260 0806 452	1512 0967 742	1764 1129 032	2016 1290 323	2268 1451 613
3969	0251 9526 329	0503 9052 658	0755 8578 987	1007 8105 316	1259 7631 645	1511 7157 974	1763 6684 303	2015 6210 632	2267 5736 961
3970	0251 8891 688	0503 7783 375	0755 6675 063	1007 5566 751	1259 4458 438	1511 3350 126	1763 2241 814	2015 1133 501	2267 0025 189
3971	0251 8257 366	0503 6514 732	0755 4772 098	1007 3029 464	1259 1286 829	1510 9544 195	1762 7801 561	2014 6058 927	2266 4316 293
3972	0251 7623 364	0503 5246 727	0755 2870 091	1007 0493 454	1258 8116 818	1510 5740 181	1762 3363 545	2014 0986 908	2265 8610 272
3973	0251 6989 680	0503 3979 361	0755 0969 041	1006 7958 721	1258 4948 402	1510 1938 082	1761 8927 762	2013 5917 443	2265 2907 123
3974	0251 6356 346	0503 2712 632	0754 9068 948	1006 5425 264	1258 1781 580	1509 8137 896	1761 4494 212	2013 0850 528	2264 7206 844
3975	0251 5723 270	0503 1446 541	0754 7169 811	1006 2893 082	1257 8616 352	1509 4339 623	1761 0062 893	2012 5786 164	2264 1509 434
3976	0251 5090 543	0503 0181 087	0754 5271 630	1006 0362 173	1257 5452 716	1509 0543 260	1760 5633 803	2012 0724 346	2263 5814 889
3977	0251 4458 134	0502 8916 269	0754 3374 403	1005 7832 537	1257 2290 671	1508 6748 806	1760 1206 940	2011 5665 074	2263 0123 208
3978	0251 3826 043	0502 7652 086	0754 1478 130	1005 5304 173	1256 9130 216	1508 2956 259	1759 6782 303	2011 0608 346	2262 4434 389
3979	0251 3194 270	0502 6388 540	0753 9582 810	1005 2777 080	1256 5971 350	1507 9165 620	1759 2389 890	2010 5554 159	2261 8748 429
3980	0251 2562 814	0502 5125 628	0753 7688 442	1005 0251 256	1256 2814 070	1507 5376 884	1758 7939 698	2010 0502 513	2261 3065 327
3981	0251 1931 675	0502 3863 351	0753 5795 026	1004 7726 702	1255 9658 377	1507 1590 053	1758 3521 728	2009 5453 404	2260 7385 079
3982	0251 1300 854	0502 2601 708	0753 3902 562	1004 5203 415	1255 6504 269	1506 7805 123	1757 9105 977	2009 0406 831	2260 1707 685
3983	0251 0670 349	0502 1340 698	0753 2011 047	1004 2681 396	1255 3351 745	1506 4022 094	1757 4692 443	2008 5362 792	2259 6033 141
3984	0251 0040 161	0502 0080 321	0753 0120 482	1004 0160 643	1255 0200 803	1506 0240 964	1757 0281 124	2008 0321 285	2259 0361 446
3985	0250 9410 289	0501 8820 577	0752 8230 866	1003 7641 154	1254 7051 443	1505 6461 731	1756 5872 020	2007 5282 309	2258 4692 597
3986	0250 8780 733	0501 7561 465	0752 6342 198	1003 5122 930	1254 3903 663	1505 2684 395	1756 1465 128	2007 0245 861	2257 9026 593
3987	0250 8151 492	0501 6302 985	0752 4454 477	1003 2605 969	1254 0757 462	1504 8908 954	1755 7060 446	2006 5211 939	2257 3363 431
3988	0250 7522 568	0501 5045 135	0752 2567 703	1003 0090 271	1253 7612 839	1504 5135 406	1755 2657 974	2006 0180 542	2256 7703 109
3989	0250 6893 958	0501 3787 917	0752 0681 875	1002 7575 834	1253 4469 792	1504 1363 750	1754 8257 709	2005 5151 667	2256 2045 625
3990	0250 6265 664	0501 2531 328	0751 8796 992	1002 5062 657	1253 1328 321	1503 7593 985	1754 3859 649	2005 0125 313	2255 6390 977
3991	0250 5637 685	0501 1275 370	0751 6913 054	1002 2550 739	1252 8188 424	1503 3826 109	1753 9463 794	2004 5101 478	2255 0739 163
3992	0250 5010 020	0501 0020 040	0751 5030 060	1002 0040 080	1252 5050 100	1503 0060 120	1753 5070 140	2004 0080 160	2254 5090 180
3993	0250 4382 670	0500 8765 339	0751 3148 009	1001 7530 679	1252 1913 348	1502 6296 018	1753 0678 688	2003 5061 357	2253 9444 027
3994	0250 3755 633	0500 7511 267	0751 1266 900	1001 5022 534	1251 8778 167	1502 2533 801	1752 6289 434	2003 0045 068	2253 3800 701
3995	0250 3128 911	0500 6257 822	0750 9386 733	1001 2515 645	1251 5644 556	1501 8773 467	1752 1902 378	2002 5031 289	2252 8160 200
3996	0250 2502 503	0500 5005 005	0750 7507 508	1001 0010 010	1251 2512 513	1501 5015 015	1751 7517 518	2002 0020 020	2252 2522 523
3997	0250 1876 407	0500 3752 815	0750 5629 222	1000 7505 629	1250 9382 037	1501 1258 444	1751 3134 851	2001 5011 258	2251 6887 666
3998	0250 1250 625	0500 2501 251	0750 3751 876	1000 5002 501	1250 6253 127	1500 7503 752	1750 8754 377	2001 0005 002	2251 1255 628
3999	0250 0625 156	0500 1250 313	0750 1875 469	1000 2500 625	1250 3125 781	1500 3750 938	1750 4376 094	2000 5001 250	2250 5626 407

	1	2	3	4	5	6	7	8	9
4000	0250 0000 000	0500 0000 000	0750 0000 000	1000 0000 000	1250 0000 000	1500 0000 000	1750 0000 000	2000 0000 000	2250 0000 000
4001	0249 9375 156	0499 8750 312	0749 8125 469	0999 7500 625	1249 6875 781	1499 6250 937	1749 5626 093	1999 5001 250	2249 4376 406
4002	0249 8750 625	0499 7501 249	0749 6251 874	0999 5002 499	1249 3753 123	1499 2503 748	1749 1254 373	1999 0004 998	2248 8755 622
4003	0249 8126 405	0499 6252 810	0749 4379 216	0999 2505 621	1249 0632 026	1498 8758 431	1748 6884 836	1998 5011 242	2248 3137 647
4004	0249 7502 498	0499 5004 995	0749 2507 493	0999 0009 990	1248 7512 488	1498 5014 985	1748 2517 483	1998 0019 980	2247 7522 478
4005	0249 6878 901	0499 3757 803	0749 0636 704	0998 7515 605	1248 4394 507	1498 1273 408	1747 8152 310	1997 5031 211	2247 1910 112
4006	0249 6255 617	0499 2511 233	0748 8766 850	0998 5022 466	1248 1278 083	1497 7533 699	1747 3789 316	1997 0044 933	2246 6300 549
4007	0249 5632 643	0499 1265 286	0748 6897 929	0998 2530 572	1247 8163 214	1497 3795 857	1746 9428 500	1996 5061 143	2246 0693 786
4008	0249 5009 980	0499 0019 960	0748 5029 940	0998 0039 920	1247 5049 900	1497 0059 880	1746 5069 860	1996 0079 840	2245 5089 820
4009	0249 4387 628	0498 8775 256	0748 3162 884	0997 7550 512	1247 1938 139	1496 6325 767	1746 0713 395	1995 5101 023	2244 9488 651
4010	0249 3765 586	0498 7531 172	0748 1296 758	0997 5062 344	1246 8827 930	1496 2593 516	1745 6359 102	1995 0124 688	2244 3890 274
4011	0249 3143 854	0498 6287 709	0747 9431 563	0997 2575 378	1246 5719 272	1495 8863 126	1745 2000 981	1994 5150 835	2243 8294 690
4012	0249 2522 433	0498 5044 865	0747 7567 298	0997 0089 731	1246 2612 163	1495 5134 596	1744 7657 020	1994 0179 462	2243 2701 894
4013	0249 1901 321	0498 3802 641	0747 5703 962	0996 7605 283	1245 9506 603	1495 1407 924	1744 3309 245	1993 5210 566	2242 7111 886
4014	0249 1280 518	0498 2561 036	0747 3841 555	0996 5122 073	1245 6402 591	1494 7683 109	1743 8963 627	1993 0244 145	2242 1524 664
4015	0249 0660 025	0498 1320 050	0747 1980 075	0996 2640 100	1245 3300 124	1494 3960 149	1743 4620 174	1992 5280 190	2241 5940 224
4016	0249 0039 841	0498 0079 681	0747 0119 522	0996 0159 363	1245 0199 203	1494 0239 044	1743 0278 884	1992 0318 725	2241 0358 566
4017	0248 9419 965	0497 8839 930	0746 8259 895	0995 7679 860	1244 7099 826	1493 6519 791	1742 5939 756	1991 5359 721	2240 4779 686
4018	0248 8800 398	0497 7600 796	0746 6401 195	0995 5201 593	1244 4001 991	1493 2802 389	1742 1602 787	1991 0403 186	2239 9203 584
4019	0248 8181 140	0497 6362 279	0746 4543 419	0995 2724 558	1244 0905 698	1492 9086 838	1741 7267 977	1990 5449 117	2239 3630 256
4020	0248 7562 189	0497 5124 378	0746 2686 567	0995 0248 756	1243 7810 946	1492 5373 134	1741 2935 323	1990 0497 512	2238 8059 702
4021	0248 6943 546	0497 3887 093	0746 0830 639	0994 7774 185	1243 4717 732	1492 1661 278	1740 8604 825	1989 5548 371	2238 2491 917
4022	0248 6325 211	0497 2650 423	0745 8975 634	0994 5300 845	1243 1626 057	1491 7951 268	1740 4276 479	1989 0601 691	2237 6926 902
4023	0248 5707 184	0497 1414 367	0745 7121 551	0994 2828 735	1242 8535 918	1491 4243 102	1739 9950 286	1988 5657 470	2237 1364 653
4024	0248 5089 463	0497 0178 926	0745 5268 390	0994 0357 853	1242 5447 316	1491 0536 779	1739 5626 243	1988 0715 706	2236 5805 169
4025	0248 4472 050	0496 8944 099	0745 3416 149	0993 7888 199	1242 2360 248	1490 6832 298	1739 1304 348	1987 5776 308	2236 0248 447
4026	0248 3854 943	0496 7709 886	0745 1564 829	0993 5419 772	1241 9274 714	1490 3129 657	1738 6984 600	1987 0839 543	2235 4694 486
4027	0248 3238 143	0496 6476 285	0744 9714 428	0993 2952 570	1241 6190 713	1489 9428 855	1738 2666 998	1986 5905 140	2234 9143 283
4028	0248 2621 648	0496 5243 297	0744 7864 945	0993 0486 594	1241 3108 242	1489 5729 891	1737 8351 539	1986 0973 188	2234 3594 836
4029	0248 2005 460	0496 4010 921	0744 6016 381	0992 8021 842	1241 0027 302	1489 2032 762	1737 4038 223	1985 6043 683	2233 8049 144
4030	0248 1389 578	0496 2779 156	0744 4168 734	0992 5558 312	1240 6947 891	1488 8337 469	1736 9727 047	1985 1116 625	2233 2506 203
4031	0248 0774 001	0496 1548 003	0744 2322 004	0992 3096 006	1240 3870 007	1488 4644 009	1736 5418 010	1984 6192 012	2232 6966 013
4032	0248 0158 730	0496 0317 460	0744 0476 190	0992 0634 920	1240 0793 651	1488 0952 381	1736 1111 111	1984 1269 841	2232 1428 571
4033	0247 9543 764	0495 9087 528	0743 8631 292	0991 8175 056	1239 7718 820	1487 7262 584	1735 6806 348	1983 6350 112	2231 5893 876
4034	0247 8929 103	0495 7858 205	0743 6787 308	0991 5716 411	1239 4645 513	1487 3574 616	1735 2503 718	1983 1432 821	2231 0361 924
4035	0247 8314 746	0495 6629 492	0743 4944 238	0991 3258 984	1239 1573 730	1486 9888 476	1734 8203 222	1982 6517 908	2230 4832 714
4036	0247 7700 693	0495 5401 387	0743 3102 080	0991 0802 774	1238 8503 467	1486 6204 163	1734 3904 856	1982 1605 550	2229 9306 241
4037	0247 7086 946	0495 4173 892	0743 1260 837	0990 8347 783	1238 5434 729	1486 2521 675	1733 9608 620	1981 6695 566	2229 3782 512
4038	0247 6473 502	0495 2947 004	0742 9420 505	0990 5894 007	1238 2367 509	1485 8844 010	1733 5314 512	1981 1788 014	2228 8261 516
4039	0247 5860 361	0495 1720 723	0742 7581 084	0990 3441 446	1237 9301 807	1485 5162 169	1733 1022 530	1980 6882 892	2228 2743 253
4040	0247 5247 525	0495 0495 050	0742 5742 574	0990 0990 099	1237 6237 624	1485 1485 149	1732 6732 673	1980 1980 198	2227 7227 723
4041	0247 4634 991	0494 9269 983	0742 3904 974	0989 8539 965	1237 3174 957	1484 7809 948	1732 2444 939	1979 7079 931	2227 1714 922
4042	0247 4022 761	0494 8045 522	0742 2068 283	0989 6091 044	1237 0113 805	1484 4136 566	1731 8159 327	1979 2182 088	2226 6204 849
4043	0247 3410 834	0494 6821 667	0742 0232 501	0989 3643 334	1236 7054 168	1484 0465 001	1731 3875 835	1978 7286 668	2226 0697 502
4044	0247 2799 209	0494 5598 417	0741 8397 626	0989 1196 835	1236 3996 043	1483 6795 252	1730 9594 461	1978 2393 670	2225 5192 878
4045	0247 2187 886	0494 4375 773	0741 6563 659	0988 8751 545	1236 0939 432	1483 3127 318	1730 5315 204	1977 7503 090	2224 9690 977
4046	0247 1576 866	0494 3153 732	0741 4730 598	0988 6307 464	1235 7884 330	1482 9461 196	1730 1038 062	1977 2614 928	2224 4191 794
4047	0247 0966 148	0494 1932 296	0741 2898 443	0988 3864 591	1235 4830 739	1482 5796 887	1729 6763 034	1976 7729 182	2223 8695 330
4048	0247 0355 731	0494 0711 462	0741 1067 194	0988 1422 925	1235 1778 656	1482 2134 387	1729 2490 119	1976 2845 850	2223 3201 581
4049	0246 9745 616	0493 9491 232	0740 9236 849	0987 8982 465	1234 8728 081	1481 8473 697	1728 8210 313	1975 7964 930	2222 7710 546
4050	0246 9135 802	0493 8271 605	0740 7407 407	0987 6543 210	1234 5679 012	1481 4814 815	1728 3950 617	1975 3086 420	2222 2222 222
4051	0246 8526 290	0493 7052 580	0740 5578 869	0987 4105 159	1234 2631 449	1481 1157 730	1727 9684 029	1974 8210 318	2221 6736 608
4052	0246 7917 078	0493 5834 156	0740 3751 234	0987 1668 312	1233 9585 390	1480 7502 468	1727 5410 516	1974 3336 624	2221 1253 702
4053	0246 7308 167	0493 4616 334	0740 1924 500	0986 9232 667	1233 6540 834	1480 3849 001	1727 1157 168	1973 8465 334	2220 5773 501
4054	0246 6699 556	0493 3399 112	0740 0098 668	0986 6798 224	1233 3497 780	1480 0197 336	1726 6806 892	1973 3596 448	2220 0296 004
4055	0246 6091 245	0493 2182 491	0739 8273 736	0986 4364 981	1233 0456 227	1479 6547 472	1726 2638 718	1972 8729 963	2219 4821 208
4056	0246 5483 235	0493 0966 469	0739 6449 704	0986 1932 939	1232 7416 173	1479 2899 408	1725 8382 643	1972 3865 878	2218 9349 112
4057	0246 4875 524	0492 9751 048	0739 4626 571	0985 9502 095	1232 4377 619	1478 9253 143	1725 4128 666	1971 9004 190	2218 3879 714
4058	0246 4268 112	0492 8536 225	0739 2804 337	0985 7072 449	1232 1340 562	1478 5608 674	1724 9876 787	1971 4144 899	2217 8413 011
4059	0246 3661 000	0492 7322 000	0739 0983 001	0985 4644 001	1231 8305 001	1478 1966 001	1724 5627 002	1970 9288 002	2217 2949 002
4060	0246 3054 187	0492 6108 374	0738 9162 562	0985 2216 749	1231 5270 936	1477 8325 123	1724 1379 310	1970 4433 498	2216 7487 685
4061	0246 2447 673	0492 4895 346	0738 7343 019	0984 9790 692	1231 2238 365	1477 4686 038	1723 7133 711	1969 9581 384	2216 2029 057
4062	0246 1841 457	0492 3682 915	0738 5524 372	0984 7365 830	1230 9207 287	1477 1048 744	1723 2890 202	1969 4731 659	2215 6573 117
4063	0246 1235 540	0492 2471 080	0738 3706 621	0984 4942 161	1230 6177 701	1476 7413 241	1722 8648 782	1968 9884 322	2215 1119 862
4064	0246 0629 921	0492 1259 842	0738 1889 764	0984 2519 685	1230 3149 606	1476 3779 528	1722 4409 449	1968 5039 370	2214 5669 291
4065	0246 0024 600	0492 0049 200	0738 0073 801	0984 0098 401	1230 0123 001	1476 0147 601	1722 0172 202	1968 0196 802	2214 0221 402
4066	0245 9419 577	0491 8839 154	0737 8258 731	0983 7678 308	1229 7097 885	1475 6517 462	1721 5937 039	1967 5356 616	2213 4776 193
4067	0245 8814 851	0491 7629 702	0737 6444 554	0983 5259 405	1229 4074 256	1475 2889 107	1721 1703 959	1967 0518 810	2212 9333 661
4068	0245 8210 423	0491 6420 846	0737 4631 268	0983 2841 691	1229 1052 114	1474 9262 537	1720 7472 960	1966 5683 382	2212 3893 805
4069	0245 7606 291	0491 5212 583	0737 2818 874	0983 0425 166	1228 8031 457	1474 5637 749	1720 3244 040	1966 0850 332	2211 8456 623
4070	0245 7002 457	0491 4004 914	0737 1007 371	0982 8009 828	1228 5012 285	1474 2014 742	1719 9017 199	1965 6019 656	2211 3022 113
4071	0245 6398 919	0491 2797 838	0736 9196 758	0982 5595 677	1228 1994 596	1473 8393 515	1719 4792 434	1965 1191 354	2210 7590 273
4072	0245 5795 678	0491 1591 356	0736 7387 033	0982 3182 711	1227 8978 389	1473 4774 067	1719 0569 745	1964 6365 422	2210 2161 100
4073	0245 5192 733	0491 0385 465	0736 5578 198	0982 0770 931	1227 5963 663	1473 1156 396	1718 6349 128	1964 1541 861	2209 6734 594
4074	0245 4590 083	0490 9180 167	0736 3770 250	0981 8360 334	1227 2950 417	1472 7540 501	1718 2130 584	1963 6720 668	2209 1310 751
4075	0245 3987 730	0490 7975 460	0736 1963 190	0981 5950 920	1226 9938 651	1472 3926 380	1717 7914 110	1963 1901 840	2208 5889 571
4076	0245 3385 672	0490 6771 344	0736 0157 017	0981 3542 689	1226 6928 361	1472 0314 033	1717 3699 706	1962 7085 378	2208 0471 050
4077	0245 2783 910	0490 5567 820	0735 8351 729	0981 1135 639	1226 3919 549	1471 6703 458	1716 9487 368	1962 2271 278	2207 5055 188
4078	0245 2182 442	0490 4364 885	0735 6547 327	0980 8729 769	1226 0912 212	1471 3094 651	1716 5277 097	1961 7459 530	2206 9641 981
4079	0245 1581 270	0490 3162 540	0735 4743 810	0980 6325 080	1225 7906 349	1470 9487 620	1716 1068 889	1961 2650 150	2206 4231 429
4080	0245 0980 392	0490 1960 784	0735 2941 176	0980 3921 568	1225 4901 961	1470 5882 353	1715 6862 745	1960 7843 137	2205 8823 529
4081	0245 0379 809	0490 0759 618	0735 1139 427	0980 1519 236	1225 1899 044	1470 2278 853	1715 2658 662	1960 3038 471	2205 3418 280
4082	0244 9779 520	0489 9559 040	0734 9338 560	0979 9118 080	1224 8897 599	1469 8677 119	1714 8456 639	1959 8236 159	2204 8015 679
4083	0244 9179 525	0489 8359 050	0734 7538 575	0979 6718 100	1224 5897 624	1469 5077 149	1714 4256 674	1959 3436 199	2204 2615 724
4084	0244 8579 824	0489 7159 647	0734 5739 471	0979 4319 295	1224 2899 118	1469 1478 942	1714 0058 766	1958 8638 590	2203 7218 413
4085	0244 7980 416	0489 5960 832	0734 3941 248	0979 1921 664	1223 9902 081	1468 7882 497	1713 5862 913	1958 3843 329	2203 1823 745
4086	0244 7381 302	0489 4762 604	0734 2143 906	0978 9525 208	1223 6906 510	1468 4287 812	1713 1669 114	1957 9050 416	2202 6431 718
4087	0244 6782 481	0489 3564 962	0734 0347 443	0978 7129 924	1223 3912 405	1468 0694 886	1712 7477 367	1957 4259 848	2202 1042 329
4088	0244 6183 953	0489 2367 906	0733 8551 859	0978 4735 812	1223 0919 765	1467 7103 718	1712 3287 671	1956 9471 624	2201 5655 577
4089	0244 5585 718	0489 1171 436	0733 6757 153	0978 2342 871	1222 7928 589	1467 3514 307	1711 9100 024	1956 4685 742	2201 0271 460
4090	0244 4987 775	0488 9975 550	0733 4963 325	0977 9951 100	1222 4938 876	1466 9926 650	1711 4914 425	1955 9902 201	2200 4889 976
4091	0244 4390 125	0488 8780 249	0733 3170 374	0977 7560 499	1222 1950 623	1466 6340 748	1711 0730 873	1955 5120 907	2199 9511 122
4092	0244 3792 766	0488 7585 533	0733 1378 299	0977 5171 065	1221 8963 832	1466 2756 598	1710 6549 365	1955 0342 131	2199 4134 897
4093	0244 3195 700	0488 6391 400	0732 9587 100	0977 2782 800	1221 5978 500	1465 9174 200	1710 2369 900	1954 5565 600	2198 8761 300
4094	0244 2598 925	0488 5197 850	0732 7796 776	0977 0395 701	1221 2994 626	1465 5593 552	1709 8192 477	1954 0791 402	2198 3390 327
4095	0244 2002 442	0488 4004 884	0732 6007 326	0976 8009 768	1221 0012 210	1465 2014 652	1709 4017 094	1953 6019 536	2197 8021 978
4096	0244 1406 250	0488 2812 500	0732 4218 750	0976 5625 000	1220 7031 250	1464 8437 500	1708 9843 750	1953 1250 000	2197 2656 250
4097	0244 0810 349	0488 1620 698	0732 2431 047	0976 3241 396	1220 4051 745	1464 4862 094	1708 5672 443	1952 6482 792	2196 7293 141
4098	0244 0214 739	0488 0429 478	0732 0644 217	0976 0858 956	1220 1073 694	1464 1288 433	1708 1503 172	1952 1717 911	2196 1932 650
4099	0243 9619 419	0487 9238 839	0731 8858 258	0975 8477 677	1219 8096 097	1463 7716 516	1707 7335 936	1951 6955 355	2195 6574 774

	1	2	3	4	5	6	7	8	9
4100	0243 9024 390	0487 8048 780	0731 7073 171	0975 6097 561	1219 5121 951	1463 4146 341	1707 3170 732	1951 2195 122	2195 1219 512
4101	0243 8429 651	0487 6859 303	0731 5288 954	0975 3718 605	1219 2148 257	1463 0577 908	1706 9007 559	1950 7437 210	2194 5866 862
4102	0243 7835 202	0487 5670 405	0731 3505 607	0975 1340 809	1218 9176 012	1462 7011 214	1706 4846 416	1950 2681 619	2194 0516 821
4103	0243 7241 043	0487 4482 086	0731 1723 129	0974 8964 173	1218 6205 216	1462 3446 259	1706 0687 302	1949 7928 345	2193 5169 388
4104	0243 6647 173	0487 3294 347	0730 9941 520	0974 6588 694	1218 3235 867	1461 9883 041	1705 6530 214	1949 3177 388	2192 9834 564
4105	0243 6053 593	0487 2107 186	0730 8160 780	0974 4214 373	1218 0267 966	1461 6321 559	1705 2375 152	1948 8428 745	2192 4482 339
4106	0243 5460 302	0487 0920 604	0730 6380 906	0974 1841 208	1217 7301 510	1461 2761 812	1704 8222 114	1948 3682 416	2191 9142 718
4107	0243 4867 300	0486 9734 599	0730 4601 899	0973 9469 199	1217 4336 409	1460 9203 798	1704 4071 098	1947 8938 398	2191 3805 698
4108	0243 4274 586	0486 8549 172	0730 2823 759	0973 7098 345	1217 1372 931	1460 5647 517	1703 9922 103	1947 4196 689	2190 8471 276
4109	0243 3682 161	0486 7364 322	0730 1046 483	0973 4728 644	1216 8410 806	1460 2092 967	1703 5775 128	1946 9457 289	2190 3139 450
4110	0243 3090 024	0486 6180 049	0729 9270 073	0973 2360 097	1216 5450 122	1459 8540 146	1703 1630 170	1946 4720 195	2189 7810 219
4111	0243 2498 176	0486 4996 351	0729 7494 527	0972 9992 703	1216 2490 878	1459 4989 054	1702 7487 229	1945 9985 405	2189 2483 581
4112	0243 1906 615	0486 3813 230	0729 5719 844	0972 7626 459	1215 9533 074	1459 1439 689	1702 3346 304	1945 5252 918	2188 7159 533
4113	0243 1315 342	0486 2630 683	0729 3946 025	0972 5261 366	1215 6576 708	1458 7892 050	1701 9207 391	1945 0522 733	2188 1838 074
4114	0243 0724 356	0486 1448 712	0729 2173 068	0972 2897 423	1215 3621 770	1458 4346 135	1701 5070 491	1944 5794 847	2187 6519 203
4115	0243 0133 657	0486 0267 315	0729 0400 972	0972 0534 620	1215 0668 287	1458 0801 944	1701 0935 601	1944 1069 259	2187 1202 916
4116	0242 9543 246	0485 9086 492	0728 8629 738	0971 8172 983	1214 7716 229	1457 7259 475	1700 6802 721	1943 6345 967	2186 5889 213
4117	0242 8953 121	0485 7906 242	0728 6859 364	0971 5812 485	1214 4765 606	1457 3718 727	1700 2071 848	1943 1624 970	2186 0578 001
4118	0242 8363 283	0485 6726 566	0728 5089 840	0971 3453 133	1214 1816 416	1457 0179 699	1699 8542 982	1942 6906 265	2185 5269 548
4119	0242 7773 731	0485 5547 463	0728 3321 194	0971 1094 926	1213 8868 657	1456 6642 380	1699 4416 120	1942 2189 852	2184 9963 583
4120	0242 7184 466	0485 4368 932	0728 1553 398	0970 8737 864	1213 5922 330	1456 3106 796	1699 0291 262	1941 7475 728	2184 4660 194
4121	0242 6595 487	0485 3190 973	0727 9786 460	0970 6381 946	1213 2977 433	1455 9572 919	1698 6168 406	1941 2763 892	2183 9359 379
4122	0242 6006 793	0485 2013 586	0727 8020 378	0970 4027 171	1213 0033 964	1455 6040 757	1698 2047 550	1940 8054 343	2183 4061 135
4123	0242 5418 385	0485 0836 769	0727 6255 154	0970 1673 539	1212 7091 923	1455 2510 308	1697 7928 693	1940 3347 077	2182 8765 462
4124	0242 4830 262	0484 9660 524	0727 4490 786	0969 9321 048	1212 4151 309	1454 8981 571	1697 3811 833	1939 8642 095	2182 3472 357
4125	0242 4242 424	0484 8484 848	0727 2727 273	0969 6969 697	1212 1212 121	1454 5454 545	1696 9696 970	1939 3939 394	2181 8181 818
4126	0242 3654 872	0484 7309 743	0727 0964 615	0969 4619 486	1211 8274 358	1454 1929 229	1696 5584 101	1938 9238 972	2181 2893 844
4127	0242 3067 604	0484 6135 207	0726 9202 811	0969 2270 414	1211 5338 018	1453 8405 622	1696 1473 225	1938 4540 829	2180 7608 432
4128	0242 2480 620	0484 4961 240	0726 7441 860	0968 9922 481	1211 2403 101	1453 4883 721	1695 7364 341	1937 9845 961	2180 2325 581
4129	0242 1893 921	0484 3787 842	0726 5681 763	0968 7575 684	1210 9469 605	1453 1363 526	1695 3257 447	1937 5151 368	2179 7045 289
4130	0242 1307 506	0484 2615 012	0726 3922 518	0968 5230 024	1210 6537 530	1452 7845 036	1694 9152 542	1937 0460 048	2179 1767 554
4131	0242 0721 375	0484 1442 750	0726 2164 125	0968 2885 500	1210 3606 875	1452 4328 250	1694 5049 625	1936 5771 000	2178 6492 375
4132	0242 0135 528	0484 0271 055	0726 0406 583	0968 0542 110	1210 0677 638	1452 0813 166	1694 0948 693	1936 1084 221	2178 1219 748
4133	0241 9549 964	0483 9099 927	0725 8649 891	0967 8199 855	1209 7749 819	1451 7299 782	1693 6849 746	1935 6399 710	2177 5949 673
4134	0241 8964 683	0483 7929 366	0725 6894 049	0967 5858 732	1209 4823 416	1451 3788 090	1693 2752 782	1935 1717 465	2177 0682 148
4135	0241 8379 686	0483 6759 371	0725 5139 057	0967 3518 742	1209 1898 428	1451 0278 114	1692 8657 799	1934 7037 485	2176 5417 170
4136	0241 7794 971	0483 5589 942	0725 3384 913	0967 1179 884	1208 8074 855	1450 6769 826	1692 4564 797	1934 2359 768	2176 0154 739
4137	0241 7210 539	0483 4421 078	0725 1631 617	0966 8842 156	1208 6052 695	1450 3263 234	1692 0473 773	1933 7684 312	2175 4894 851
4138	0241 6626 390	0483 3252 779	0724 9879 169	0966 6505 558	1208 3131 948	1449 9758 337	1691 6384 727	1933 3011 116	2174 9637 506
4139	0241 6042 522	0483 2085 045	0724 8127 567	0966 4170 089	1208 0212 612	1449 6255 134	1691 2297 656	1932 8340 179	2174 4382 701
4140	0241 5458 937	0483 0917 874	0724 6376 812	0966 1835 749	1207 7294 686	1449 2753 623	1690 8212 560	1932 3671 498	2173 9130 435
4141	0241 4875 634	0482 9751 268	0724 4626 902	0965 9502 536	1207 4378 170	1448 9253 803	1690 4129 437	1931 9005 071	2173 3880 705
4142	0241 4292 612	0482 8585 225	0724 2877 837	0965 7170 449	1207 1463 061	1448 5755 674	1690 0048 286	1931 4340 898	2172 8633 510
4143	0241 3709 872	0482 7419 744	0724 1129 616	0965 4839 488	1206 8549 360	1448 2259 232	1689 5969 105	1930 9678 977	2172 3388 849
4144	0241 3127 413	0482 6254 826	0723 9382 239	0965 2509 652	1206 5637 066	1447 8764 479	1689 1891 892	1930 5019 305	2171 8146 718
4145	0241 2545 235	0482 5090 470	0723 7635 706	0965 0180 941	1206 2726 176	1447 5271 411	1688 7816 647	1930 0361 882	2171 2907 117
4146	0241 1963 338	0482 3926 676	0723 5890 014	0964 7853 353	1205 9816 691	1447 1780 029	1688 3743 367	1929 5706 705	2170 7670 043
4147	0241 1381 722	0482 2763 443	0723 4145 165	0964 5526 887	1205 6908 609	1446 8290 330	1687 9672 052	1929 1053 774	2170 2435 406
4148	0241 0800 386	0482 1600 771	0723 2401 157	0964 3201 543	1205 4001 929	1446 4802 314	1687 5602 700	1928 6403 096	2169 7203 472
4149	0241 0219 330	0482 0438 660	0723 0657 990	0964 0877 320	1205 1096 650	1446 1315 980	1687 1535 310	1928 1754 640	2169 1973 970
4150	0240 9638 554	0481 9277 108	0722 8915 663	0963 8554 217	1204 8192 771	1445 7831 325	1686 7469 880	1927 7108 434	2168 6746 988
4151	0240 9058 058	0481 8116 117	0722 7174 175	0963 6232 233	1204 5290 291	1445 4348 350	1686 3406 408	1927 2464 466	2168 1522 525
4152	0240 8477 842	0481 6955 684	0722 5433 526	0963 3911 368	1204 2389 210	1445 0867 052	1685 9344 894	1926 7822 736	2167 6300 578
4153	0240 7897 905	0481 5795 810	0722 3693 715	0963 1591 620	1203 9489 526	1444 7387 431	1685 5285 336	1926 3183 241	2167 1081 146
4154	0240 7318 247	0481 4636 495	0722 1954 742	0962 9272 990	1203 6591 237	1444 3909 485	1685 1227 732	1925 8545 980	2166 5864 227
4155	0240 6738 869	0481 3477 738	0722 0216 607	0962 6955 475	1203 3694 344	1444 0433 213	1684 7172 082	1925 3910 951	2166 0649 819
4156	0240 6159 769	0481 2319 538	0721 8479 307	0962 4639 075	1203 0798 845	1443 6958 614	1684 3118 383	1924 9278 152	2165 5437 921
4157	0240 5580 948	0481 1161 896	0721 6742 843	0962 2323 791	1202 7904 739	1443 3485 687	1683 9066 635	1924 4647 582	2165 0228 530
4158	0240 5002 405	0481 0004 810	0721 5007 215	0962 0009 620	1202 5012 025	1443 0014 430	1683 5016 835	1924 0019 240	2164 5021 645
4159	0240 4424 140	0480 8848 281	0721 3272 421	0961 7696 562	1202 2120 702	1442 6544 843	1683 0968 983	1923 5393 123	2163 9817 264
4160	0240 3846 154	0480 7692 308	0721 1538 462	0961 5384 615	1201 9230 769	1442 3076 923	1682 6923 077	1923 0769 231	2163 4615 385
4161	0240 3268 445	0480 6536 890	0720 9805 335	0961 3073 780	1201 6342 225	1441 9610 671	1682 2879 116	1922 6147 561	2162 9416 006
4162	0240 2691 014	0480 5382 028	0720 8073 042	0961 0764 056	1201 3455 070	1441 6146 084	1681 8837 098	1922 1528 112	2162 4219 125
4163	0240 2113 860	0480 4227 720	0720 6341 581	0960 8455 441	1201 0569 301	1441 2683 161	1681 4797 021	1921 6910 882	2161 9024 742
4164	0240 1536 984	0480 3073 967	0720 4610 951	0960 6147 935	1200 7684 918	1440 9221 902	1681 0758 886	1921 2295 869	2161 3832 853
4165	0240 0960 384	0480 1920 768	0720 2881 152	0960 3841 537	1200 4801 921	1440 5762 305	1680 6722 689	1920 7683 073	2160 8643 457
4166	0240 0384 061	0480 0768 123	0720 1152 184	0960 1536 246	1200 1920 307	1440 2304 369	1680 2688 430	1920 3072 492	2160 3456 553
4167	0239 9808 015	0479 9616 031	0719 9424 046	0959 9232 061	1199 9040 077	1439 8848 092	1679 8656 108	1919 8464 123	2159 8272 138
4168	0239 9232 246	0479 8464 491	0719 7696 737	0959 6928 983	1199 6161 229	1439 5393 474	1679 4625 720	1919 3857 965	2159 3090 211
4169	0239 8656 752	0479 7313 504	0719 5970 257	0959 4627 009	1199 3283 761	1439 1940 513	1679 0597 266	1918 9254 018	2158 7910 770
4170	0239 8081 535	0479 6163 070	0719 4244 604	0959 2326 139	1199 0407 674	1438 8489 209	1678 6570 743	1918 4652 278	2158 2733 813
4171	0239 7506 593	0479 5013 186	0719 2519 779	0959 0026 373	1198 7532 966	1438 5039 559	1678 2546 152	1918 0052 745	2157 7559 338
4172	0239 6931 927	0479 3863 854	0719 0795 781	0958 7727 709	1198 4659 636	1438 1591 563	1677 8523 490	1917 5455 417	2157 2387 344
4173	0239 6357 537	0479 2715 073	0718 9072 610	0958 5430 146	1198 1787 683	1437 8145 219	1677 4502 756	1917 0860 292	2156 7217 829
4174	0239 5783 421	0479 1566 842	0718 7350 264	0958 3133 685	1197 8917 106	1437 4700 527	1677 0483 948	1916 6267 369	2156 2050 791
4175	0239 5209 581	0479 0419 162	0718 5628 743	0957 8838 323	1197 6047 904	1437 1257 485	1676 6467 066	1916 1676 647	2155 6886 228
4176	0239 4636 015	0478 9272 031	0718 3908 046	0957 6544 061	1197 3180 077	1436 7816 092	1676 2452 107	1915 7088 123	2155 1724 135
4177	0239 4062 724	0478 8125 449	0718 2188 173	0957 4251 897	1197 0315 621	1436 4376 347	1675 8439 071	1915 2502 796	2154 6564 820
4178	0239 3489 708	0478 6979 416	0718 0469 124	0957 1958 832	1196 7448 540	1436 0938 248	1675 4427 956	1914 7917 664	2154 1407 372
4179	0239 2916 966	0478 5833 932	0718 8750 897	0956 9667 863	1196 4584 829	1435 7501 795	1675 0418 760	1914 3335 726	2153 6252 692
4180	0239 2344 498	0478 4688 995	0717 7033 493	0956 9377 990	1196 1722 488	1435 4066 986	1674 6411 483	1913 8755 981	2153 1100 478
4181	0239 1772 303	0478 3544 607	0717 5316 910	0956 7089 213	1195 8861 516	1435 0633 820	1674 2406 123	1913 4178 426	2152 5950 729
4182	0239 1200 383	0478 2400 765	0717 3601 148	0956 4801 530	1195 6001 913	1434 7202 296	1673 8402 678	1912 9603 061	2152 0803 443
4183	0239 0628 735	0478 1257 471	0717 1886 206	0956 2514 941	1195 3143 677	1434 3772 412	1673 4401 148	1912 5029 883	2151 5658 618
4184	0239 0057 361	0478 0114 722	0717 0172 084	0956 0229 446	1195 0286 807	1434 0344 168	1673 0401 530	1912 0458 891	2151 0516 252
4185	0238 9486 260	0477 8972 521	0716 8458 781	0955 7945 042	1194 7431 302	1433 6917 563	1672 6403 823	1911 5890 084	2150 5376 344
4186	0238 8915 432	0477 7830 865	0716 6746 297	0955 5661 730	1194 4577 162	1433 3492 594	1672 2408 027	1911 1323 459	2150 0238 892
4187	0238 8344 877	0477 6689 754	0716 5034 631	0955 3379 508	1194 1724 385	1433 0069 262	1671 8414 139	1910 6759 016	2149 5103 893
4188	0238 7774 594	0477 5549 188	0716 3323 782	0955 1098 376	1193 8872 970	1432 6647 564	1671 4422 159	1910 2196 753	2148 9971 347
4189	0238 7204 583	0477 4409 167	0716 1613 750	0954 8818 334	1193 6022 917	1432 3227 501	1671 0432 084	1909 7636 667	2148 4841 251
4190	0238 6634 845	0477 3269 690	0715 9904 535	0954 6539 379	1193 3174 224	1431 9809 069	1670 6443 914	1909 3078 759	2147 9713 604
4191	0238 6065 378	0477 2130 756	0715 8196 135	0954 4261 513	1193 0326 891	1431 6392 269	1670 2457 647	1908 8523 025	2147 4588 404
4192	0238 5496 183	0477 0992 366	0715 6488 550	0954 1984 733	1192 7480 916	1431 2977 099	1669 8473 282	1908 3969 464	2146 9465 649
4193	0238 4927 260	0476 9854 519	0715 4781 779	0953 9709 038	1192 4636 298	1430 9563 558	1669 4490 818	1907 9418 078	2146 4345 340
4194	0238 4358 608	0476 8717 215	0715 3075 823	0953 7434 430	1192 1793 038	1430 6151 645	1669 0510 256	1907 4868 860	2145 9227 468
4195	0238 3790 226	0476 7580 453	0715 1370 679	0953 5160 906	1191 8951 132	1430 2741 359	1668 6531 585	1907 0321 812	2145 4112 038
4196	0238 3222 116	0476 6444 233	0714 9666 349	0953 2888 465	1191 6110 582	1429 9332 698	1668 2554 814	1906 5776 930	2144 8999 047
4197	0238 2654 277	0476 5308 554	0714 7962 831	0953 0617 107	1191 3271 384	1429 5925 661	1667 8579 938	1906 1234 215	2144 3888 492
4198	0238 2086 708	0476 4173 416	0714 6260 124	0952 8346 832	1191 0433 540	1429 2520 248	1667 4606 956	1905 6693 664	2143 8780 372
4199	0238 1519 409	0476 3038 819	0714 4558 228	0952 6077 638	1190 7597 047	1428 9116 456	1667 0635 866	1905 2155 275	2143 3674 684

	1	2	3	4	5	6	7	8	9
4200	0238 0052 381	0476 1904 762	0714 2857 143	0952 3809 524	1190 4761 905	1428 5714 286	1666 6666 667	1904 7619 048	2142 8571 429
4201	0238 0385 622	0476 0771 245	0714 1156 867	0952 1542 490	1190 1928 112	1428 2313 735	1666 2699 357	1904 3084 980	2142 3470 602
4202	0237 9819 134	0475 9638 267	0713 9457 401	0951 9276 535	1189 9095 669	1427 8914 802	1665 8733 936	1903 8553 070	2141 8372 204
4203	0237 9252 915	0475 8505 829	0713 7758 744	0951 7011 658	1189 6264 573	1427 5517 488	1665 4770 402	1903 4023 317	2141 3276 231
4204	0237 8686 965	0475 7373 930	0713 6060 894	0951 4747 859	1189 3434 824	1427 2121 789	1665 0808 754	1902 9495 718	2140 8182 683
4205	0237 8121 284	0475 6242 568	0713 4363 853	0951 2485 137	1189 0606 421	1426 8727 705	1664 6848 989	1902 4970 274	2140 3091 558
4206	0237 7555 873	0475 5111 745	0713 2667 618	0951 0223 490	1188 7779 363	1426 5335 235	1664 2891 108	1902 0446 981	2139 8002 853
4207	0237 6990 730	0475 3981 459	0713 0972 189	0950 7962 919	1188 4953 649	1426 4944 378	1663 8935 108	1901 5925 838	2139 2916 568
4208	0237 6425 856	0475 2851 711	0712 9277 567	0950 5703 422	1188 2129 278	1425 8555 133	1663 4980 989	1901 1406 844	2138 7832 700
4209	0237 5861 250	0475 1722 499	0712 7583 749	0950 3444 999	1188 0306 249	1425 5167 498	1663 1028 748	1900 6889 998	2138 2751 247
4210	0237 5296 912	0475 0593 824	0712 5890 736	0950 1187 648	1187 6484 561	1425 1781 473	1662 7078 385	1900 2375 297	2137 7672 209
4211	0237 4732 843	0474 9465 685	0712 4198 528	0949 8031 370	1187 3664 213	1424 8397 055	1662 3129 898	1899 7862 740	2137 2595 383
4212	0237 4169 041	0474 8338 082	0712 2507 123	0949 6676 163	1187 0845 204	1424 5014 245	1661 9183 286	1899 3352 327	2136 7521 368
4213	0237 3605 507	0474 7211 014	0712 0816 520	0949 4422 027	1186 8027 534	1424 1633 041	1661 5238 547	1898 8844 054	2136 2449 561
4214	0237 3042 240	0474 6084 480	0711 9126 720	0949 2168 961	1186 5211 201	1423 8253 441	1661 1295 681	1898 4337 921	2135 7380 161
4215	0237 2479 241	0474 4958 482	0711 7437 722	0948 9916 963	1186 2396 204	1423 4875 445	1660 7354 686	1897 9833 926	2135 2313 167
4216	0237 1916 500	0474 3833 017	0711 5749 526	0948 7666 034	1185 9582 543	1423 1499 051	1660 3415 560	1897 5332 068	2134 7248 577
4217	0237 1354 043	0474 2708 086	0711 4062 129	0948 5416 173	1185 6770 216	1422 8124 259	1659 9477 302	1897 0832 345	2134 2186 388
4218	0237 0791 844	0474 1583 680	0711 2375 533	0948 3167 378	1185 3959 222	1422 4751 067	1659 5542 911	1896 6334 756	2133 7126 600
4219	0237 0229 912	0474 0459 825	0711 0689 737	0948 0919 649	1185 1149 562	1422 1379 474	1659 1609 386	1896 1839 298	2133 2069 211
4220	0236 9668 246	0473 9336 493	0710 9004 739	0947 8672 986	1184 8341 232	1421 8009 479	1658 7677 725	1895 7345 972	2132 7014 218
4221	0236 9106 847	0473 8213 693	0710 7320 540	0947 6427 387	1184 5534 234	1421 4641 080	1658 3747 927	1895 2854 774	2132 1961 620
4222	0236 8545 713	0473 7091 426	0710 5637 139	0947 4182 852	1184 2728 565	1421 1274 278	1657 9819 991	1894 8365 703	2131 6911 416
4223	0236 7984 845	0473 5969 690	0710 3954 535	0947 1939 380	1183 9924 224	1420 7909 069	1657 5893 914	1894 3878 759	2131 1863 604
4224	0236 7424 242	0473 4848 485	0710 2272 727	0946 9696 970	1183 7121 212	1420 4545 455	1657 1969 697	1893 9393 939	2130 6818 182
4225	0236 6863 905	0473 3727 811	0710 0591 716	0946 7455 621	1183 4319 527	1420 1183 432	1656 8047 337	1893 4911 243	2130 1775 148
4226	0236 6303 833	0473 2607 667	0709 8911 500	0946 5215 334	1183 1519 167	1419 7823 001	1656 4126 834	1893 0430 667	2129 6734 501
4227	0236 5744 027	0473 1488 053	0709 7232 080	0946 2976 106	1182 8720 133	1419 4464 159	1656 0208 186	1892 5952 212	2129 1696 239
4228	0236 5184 484	0473 0368 969	0709 5553 453	0946 0737 938	1182 5922 422	1419 1106 906	1655 6291 391	1892 1475 875	2128 6660 359
4229	0236 4625 207	0472 9250 414	0709 3875 621	0945 8500 828	1182 3126 034	1418 7751 241	1655 2376 448	1891 7001 655	2128 1626 862
4230	0236 4066 194	0472 8132 388	0709 2198 582	0945 6264 775	1182 0330 969	1418 4397 163	1654 8463 357	1891 2529 551	2127 6595 745
4231	0236 3507 445	0472 7014 890	0709 0522 335	0945 4029 780	1181 7537 225	1418 1044 670	1654 4552 115	1890 8059 560	2127 1567 005
4232	0236 2948 960	0472 5897 921	0708 8846 881	0945 1795 841	1181 4744 802	1417 7693 762	1654 0642 722	1890 3591 682	2126 6540 643
4233	0236 2390 739	0472 4781 479	0708 7172 218	0944 9562 958	1181 1953 697	1417 4344 437	1653 6735 176	1889 9125 915	2126 1516 655
4234	0236 1832 782	0472 3665 564	0708 5498 347	0944 7331 129	1180 9163 911	1417 0996 693	1653 2829 476	1889 4662 258	2125 6495 040
4235	0236 1275 089	0472 2550 177	0708 3825 266	0944 5100 354	1180 6375 443	1416 7650 531	1652 8925 620	1889 0200 708	2125 1475 797
4236	0236 0717 658	0472 1435 316	0708 2152 975	0944 2870 633	1180 3588 291	1416 4305 949	1652 5023 607	1888 5741 265	2124 6458 924
4237	0236 0160 491	0472 0320 982	0708 0481 473	0944 0641 964	1180 0802 455	1416 0962 946	1652 1123 436	1888 1283 927	2124 1444 418
4238	0235 9603 587	0471 9207 173	0707 8810 760	0943 8414 346	1179 8017 933	1415 7621 520	1651 7225 106	1887 6828 693	2123 6432 279
4239	0235 9046 945	0471 8093 890	0707 7140 835	0943 6187 780	1179 5234 725	1415 4281 670	1651 3328 615	1887 2375 560	2123 1422 505
4240	0235 8490 566	0471 6981 132	0707 5471 698	0943 3962 264	1179 2452 830	1415 0943 396	1650 9433 962	1886 7924 528	2122 6415 094
4241	0235 7934 449	0471 5868 899	0707 3803 348	0943 1737 798	1178 9672 247	1414 7606 697	1650 5541 146	1886 3475 595	2122 1410 045
4242	0235 7378 595	0471 4757 190	0707 2135 785	0942 9514 380	1178 6892 975	1414 4271 570	1650 1650 165	1885 9028 760	2121 6407 355
4243	0235 6823 003	0471 3646 005	0707 0469 008	0942 7292 010	1178 4115 013	1414 0938 016	1649 7761 018	1885 4584 021	2121 1407 023
4244	0235 6267 672	0471 2535 344	0706 8803 016	0942 5070 688	1178 1338 360	1413 7606 032	1649 3873 704	1885 0141 376	2120 6409 048
4245	0235 5712 603	0471 1425 206	0706 7137 809	0942 2850 412	1177 8563 015	1413 4275 618	1648 9988 221	1884 5700 824	2120 1413 428
4246	0235 5157 796	0471 0315 591	0706 5473 387	0942 0631 182	1177 5788 978	1413 0946 773	1648 6104 569	1884 1262 365	2119 6420 160
4247	0235 4603 249	0470 9206 499	0706 3809 748	0941 8412 997	1177 3016 247	1412 7619 496	1648 2222 745	1883 6825 995	2119 1429 244
4248	0235 4048 964	0470 8097 928	0706 2146 893	0941 6195 857	1177 0244 821	1412 4293 785	1647 8342 750	1883 2391 714	2118 6440 678
4249	0235 3494 940	0470 6989 880	0706 0484 820	0941 3979 760	1176 7474 700	1412 0969 640	1647 4464 580	1882 7959 520	2118 1454 460
4250	0235 2941 176	0470 5882 353	0705 8823 529	0941 1764 706	1176 4705 882	1411 7647 059	1647 0588 235	1882 3529 412	2117 6470 588
4251	0235 2387 673	0470 4775 347	0705 7163 020	0940 9550 694	1176 1938 367	1411 4326 041	1646 6713 714	1881 9101 387	2117 1489 061
4252	0235 1834 431	0470 3668 862	0705 5503 293	0940 7337 723	1175 9172 154	1411 1006 585	1646 2841 016	1881 4675 447	2116 6509 878
4253	0235 1281 448	0470 2562 897	0705 3844 345	0940 5125 794	1175 6407 242	1410 7688 690	1645 8970 139	1881 0251 587	2116 1533 036
4254	0235 0728 726	0470 1457 452	0705 2186 178	0940 2914 904	1175 3643 630	1410 4372 355	1645 5101 081	1880 5829 807	2115 6558 533
4255	0235 0176 263	0470 0352 526	0705 0528 790	0940 0705 053	1175 0881 310	1410 1057 579	1645 1233 843	1880 1410 106	2115 1586 369
4256	0234 9624 060	0469 9248 120	0704 8872 180	0939 8496 241	1174 8120 301	1409 7744 361	1644 7368 421	1879 6992 481	2114 6616 541
4257	0234 9072 117	0469 8144 233	0704 7216 350	0939 6288 466	1174 5360 583	1409 4432 699	1644 3504 816	1879 2576 932	2114 1649 049
4258	0234 8520 432	0469 7040 864	0704 5561 296	0939 4081 729	1174 2602 161	1409 1122 593	1643 9643 025	1878 8163 457	2113 6683 889
4259	0234 7969 007	0469 5938 014	0704 3907 020	0939 1876 027	1173 9845 034	1408 7814 041	1643 5783 048	1878 3752 054	2113 1721 061
4260	0234 7417 840	0469 4835 681	0704 2253 521	0938 9671 362	1173 7089 202	1408 4507 042	1643 1924 883	1877 9342 723	2112 6760 563
4261	0234 6866 933	0469 3733 865	0704 0600 798	0938 7467 731	1173 4334 663	1408 1201 596	1642 8068 529	1877 4935 461	2112 1802 394
4262	0234 6316 283	0469 2632 567	0703 8948 850	0938 5265 134	1173 1581 417	1407 7897 701	1642 4213 984	1877 0530 268	2111 6846 551
4263	0234 5765 893	0469 1531 785	0703 7297 678	0938 3063 570	1172 8829 463	1407 4595 358	1642 0361 248	1876 6127 140	2111 1893 033
4264	0234 5215 760	0469 0431 520	0703 5647 280	0938 0863 039	1172 6078 799	1407 1294 589	1641 6510 319	1876 1726 079	2110 6941 839
4265	0234 4665 885	0468 9331 770	0703 3997 655	0937 8663 540	1172 3329 426	1406 7995 341	1641 2661 196	1875 7327 081	2110 1992 966
4266	0234 4116 268	0468 8232 536	0703 2348 804	0937 6465 073	1172 0581 341	1406 4697 609	1640 8813 877	1875 2930 145	2109 7046 414
4267	0234 3566 909	0468 7133 818	0703 0700 727	0937 4267 635	1171 7834 544	1406 1401 483	1640 4968 362	1874 8535 271	2109 2102 179
4268	0234 3017 807	0468 6035 614	0702 9053 421	0937 2071 228	1171 5089 035	1405 8106 842	1640 1124 649	1874 4142 455	2108 7160 262
4269	0234 2468 962	0468 4937 925	0702 7406 887	0936 9875 849	1171 2344 811	1405 4813 774	1639 7282 736	1873 9751 698	2108 2220 661
4270	0234 1920 375	0468 3840 749	0702 5761 124	0936 7681 499	1170 9601 874	1405 1522 248	1639 3442 623	1873 5362 998	2107 7283 372
4271	0234 1372 044	0468 2744 088	0702 4116 132	0936 5488 176	1170 6860 220	1404 8232 264	1638 9604 308	1873 0976 352	2107 2348 306
4272	0234 0823 970	0468 1647 940	0702 2471 910	0936 3295 880	1170 4119 850	1404 4943 820	1638 5767 790	1872 6591 760	2106 7415 730
4273	0234 0276 153	0468 0552 305	0702 0828 458	0936 1104 610	1170 1380 763	1404 1656 915	1638 1933 068	1872 2209 221	2106 2485 373
4274	0233 9728 591	0467 9457 183	0701 9185 774	0935 8914 366	1169 8642 957	1403 8371 549	1637 8100 140	1871 7828 732	2105 7557 323
4275	0233 9181 287	0467 8362 573	0701 7543 860	0935 6725 146	1169 5906 433	1403 5087 719	1637 4269 006	1871 3450 292	2105 2631 579
4276	0233 8634 238	0467 7268 475	0701 5902 713	0935 4536 950	1169 3171 188	1403 1805 426	1637 0439 663	1870 9073 901	2104 7708 138
4277	0233 8087 444	0467 6174 889	0701 4262 333	0935 2349 778	1169 0437 222	1402 8524 667	1636 6612 111	1870 4699 556	2104 2787 000
4278	0233 7540 907	0467 5081 814	0701 2622 721	0935 0163 628	1168 7704 535	1402 5245 442	1636 2786 349	1870 0327 256	2103 7868 163
4279	0233 6994 625	0467 3989 250	0701 0983 875	0934 7978 500	1168 4973 125	1402 1967 749	1635 8962 374	1869 5956 999	2103 2951 624
4280	0233 6448 598	0467 2897 196	0700 9345 794	0934 5794 393	1168 2242 991	1401 8691 589	1635 5140 187	1869 1588 785	2102 8037 383
4281	0233 5902 826	0467 1805 653	0700 7708 479	0934 3611 306	1167 9514 132	1401 5416 959	1635 1319 785	1868 7222 612	2102 3125 438
4282	0233 5357 310	0467 0714 619	0700 6071 929	0934 1429 239	1167 6786 548	1401 2143 858	1634 7501 168	1868 2858 477	2101 8215 787
4283	0233 4812 048	0466 9624 095	0700 4436 143	0933 9248 191	1167 4060 238	1400 8872 286	1634 3684 333	1867 8496 381	2101 3308 429
4284	0233 4267 040	0466 8534 080	0700 2801 120	0933 7068 161	1167 1335 201	1400 5602 241	1633 9869 281	1867 4136 321	2100 8403 361
4285	0233 3722 287	0466 7444 574	0700 1166 861	0933 4889 148	1166 8611 435	1400 2333 722	1633 6056 009	1866 9778 296	2100 3500 583
4286	0233 3177 788	0466 6355 576	0699 9533 364	0933 2711 153	1166 5888 941	1399 9066 729	1633 2244 517	1866 5422 305	2099 8600 093
4287	0233 2633 543	0466 5267 087	0699 7900 630	0933 0534 173	1166 3167 716	1399 5801 260	1632 8434 803	1866 1068 346	2099 3701 889
4288	0233 2089 552	0466 4179 104	0699 6268 657	0932 8358 200	1166 0447 761	1399 2537 313	1632 4626 866	1865 6716 418	2098 8805 970
4289	0233 1545 815	0466 3091 630	0699 4637 445	0932 6183 260	1165 7729 074	1398 9274 889	1632 0820 704	1865 2366 519	2098 3912 334
4290	0233 1002 331	0466 2004 662	0699 3006 993	0932 4009 324	1165 5011 655	1398 6013 986	1631 7016 317	1864 8018 648	2097 9020 979
4291	0233 0459 100	0466 0918 201	0699 1377 301	0932 1836 402	1165 2295 502	1398 2754 603	1631 3213 703	1864 3672 804	2097 4131 904
4292	0232 9916 123	0465 9832 246	0698 9748 369	0931 9664 492	1164 9580 613	1397 9496 738	1630 9412 861	1863 9328 984	2096 9245 107
4293	0232 9373 399	0465 8746 797	0698 8120 196	0931 7493 594	1164 6866 993	1397 6240 391	1630 5613 790	1863 4987 188	2096 4360 587
4294	0232 8830 927	0465 7661 854	0698 6492 781	0931 5323 708	1164 4154 634	1397 2985 561	1630 1816 488	1863 0647 415	2095 9478 342
4295	0232 8288 708	0465 6577 416	0698 4866 123	0931 3154 831	1164 1443 539	1396 9732 247	1629 8020 955	1862 6309 662	2095 4598 370
4296	0232 7746 741	0465 5493 482	0698 3240 223	0931 0986 965	1163 8733 706	1396 6480 447	1629 4227 188	1862 1973 929	2094 9720 670
4297	0232 7205 027	0465 4410 054	0698 1615 080	0930 8820 107	1163 6025 134	1396 3230 161	1629 0435 187	1861 7640 214	2094 4845 241
4298	0232 6663 564	0465 3327 129	0697 9990 693	0930 6654 258	1163 3317 822	1395 9981 387	1628 6644 951	1861 3308 516	2093 9972 080
4299	0232 6122 354	0465 2244 708	0697 8367 062	0930 4489 416	1163 0611 770	1395 6734 124	1628 2856 478	1860 8978 832	2093 5101 187

	1	2	3	4	5	6	7	8	9
4300	0232 5581 395	0465 1162 791	0697 6744 186	0930 2325 581	1162 7906 977	1395 3488 372	1627 9069 767	1860 4651 163	2093 0232 558
4301	0232 5040 688	0465 0081 376	0697 5122 065	0930 0162 753	1162 5203 441	1395 0244 129	1627 5284 817	1860 0325 506	2092 5366 194
4302	0232 4500 232	0464 9000 465	0697 3500 697	0929 8000 930	1162 2501 162	1394 7001 395	1627 1501 627	1859 6001 860	2092 0502 092
4303	0232 3960 028	0464 7920 056	0697 1880 084	0929 5840 112	1161 9800 139	1394 3760 167	1626 7720 195	1859 1680 223	2091 5640 251
4304	0232 3420 074	0464 6840 149	0697 0260 223	0929 3680 297	1161 7100 372	1394 0520 446	1626 3940 520	1858 7360 595	2091 0780 669
4305	0232 2880 372	0464 5760 743	0696 8641 115	0929 1521 487	1161 4401 858	1393 7282 230	1626 0162 602	1858 3042 973	2090 5923 345
4306	0232 2340 920	0464 4681 839	0696 7022 759	0928 9363 679	1161 1704 598	1393 4045 518	1625 6386 438	1857 8727 357	2090 1068 277
4307	0232 1801 718	0464 3603 436	0696 5405 154	0928 7206 873	1160 9008 591	1393 0810 309	1625 2612 027	1857 4413 745	2089 6215 463
4308	0232 1262 767	0464 2525 534	0696 3788 301	0928 5051 068	1160 6313 835	1392 7576 602	1624 8839 369	1857 0102 136	2089 1364 903
4309	0232 0724 066	0464 1448 132	0696 2172 198	0928 2896 264	1160 3620 330	1392 4344 395	1624 5068 461	1856 5792 527	2088 6516 593
4310	0232 0185 615	0464 0371 230	0696 0556 845	0928 0742 459	1160 0928 074	1392 1113 689	1624 1299 304	1856 1484 919	2088 1670 534
4311	0231 9647 414	0463 9294 827	0695 8942 241	0927 8589 654	1159 8237 068	1391 7884 482	1623 7531 895	1855 7179 309	2087 6826 722
4312	0231 9109 462	0463 8218 924	0695 7328 386	0927 6437 848	1159 5547 310	1391 4656 772	1623 3766 234	1855 2875 696	2087 1985 158
4313	0231 8571 760	0463 7143 520	0695 5715 279	0927 4287 039	1159 2858 799	1391 1430 559	1623 0002 319	1854 8574 078	2086 7148 838
4314	0231 8034 307	0463 6068 614	0695 4102 921	0927 2137 228	1159 0171 535	1390 8205 841	1622 6240 148	1854 4274 455	2086 2308 762
4315	0231 7497 103	0463 4994 206	0695 2491 309	0926 9988 412	1158 7485 515	1390 4982 619	1622 2479 722	1853 9976 825	2085 7473 928
4316	0231 6960 148	0463 3920 297	0695 0880 445	0926 7840 593	1158 4800 741	1390 1760 890	1621 8721 038	1853 5681 186	2085 2641 335
4317	0231 6423 442	0463 2846 884	0694 9270 327	0926 5693 769	1158 2117 211	1389 8540 653	1621 4964 095	1853 1387 538	2084 7810 980
4318	0231 5886 985	0463 1773 969	0694 7660 954	0926 3547 939	1157 9434 924	1389 5321 908	1621 1208 893	1852 7095 878	2084 2982 862
4319	0231 5350 776	0463 0701 551	0694 6052 327	0926 1403 103	1157 6753 878	1389 2104 654	1620 7455 429	1852 2806 205	2083 8156 981
4320	0231 4814 815	0462 9629 630	0694 4444 444	0925 9259 259	1157 4074 074	1388 8888 889	1620 3703 704	1851 8518 518	2083 3333 333
4321	0231 4279 102	0462 8558 204	0694 2837 306	0925 7116 408	1157 1395 510	1388 5674 612	1619 9953 714	1851 4232 816	2082 8511 919
4322	0231 3743 637	0462 7487 274	0694 1230 912	0925 4974 549	1156 8718 186	1388 2461 823	1619 6205 400	1850 9049 098	2082 3692 735
4323	0231 3208 420	0462 6416 840	0693 9625 260	0925 2833 680	1156 6042 100	1387 9250 520	1619 2458 941	1850 5667 361	2081 8875 781
4324	0231 2673 451	0462 5346 901	0693 8020 352	0925 0693 802	1156 3367 253	1387 6040 703	1618 8714 154	1850 1387 604	2081 4061 055
4325	0231 2138 728	0462 4277 457	0693 6416 185	0924 8554 913	1156 0693 642	1387 2832 370	1618 4971 098	1849 7109 827	2080 9248 585
4326	0231 1604 253	0462 3208 507	0693 4812 760	0924 6417 013	1155 8021 267	1386 9625 520	1618 1229 773	1849 2834 027	2080 4438 280
4327	0231 1070 025	0462 2140 051	0693 3210 076	0924 4280 102	1155 5350 127	1386 6420 153	1617 7490 178	1848 8560 203	2079 9630 229
4328	0231 0536 044	0462 1072 089	0693 1608 133	0924 2141 177	1155 2680 222	1386 3216 266	1617 3752 311	1848 4288 355	2079 4824 399
4329	0231 0002 310	0462 0004 620	0693 0006 930	0924 0009 240	1155 0011 550	1386 0013 860	1617 0016 170	1848 0018 480	2079 0020 790
4330	0230 9468 822	0461 8937 644	0692 8406 467	0923 7875 289	1154 7344 111	1385 6812 933	1616 6281 755	1847 5750 577	2078 5219 400
4331	0230 8935 581	0461 7871 161	0692 6806 742	0923 5742 323	1154 4677 904	1385 3613 484	1616 2549 065	1847 1484 646	2078 0420 226
4332	0230 8402 586	0461 6805 171	0692 5207 756	0923 3610 342	1154 2012 927	1385 0415 512	1615 8818 098	1846 7220 683	2077 5623 209
4333	0230 7869 836	0461 5739 672	0692 3609 508	0923 1479 345	1153 9349 181	1384 7219 017	1615 5088 853	1846 2958 689	2077 0828 525
4334	0230 7337 333	0461 4674 665	0692 2011 998	0922 9349 331	1153 6686 664	1384 4023 996	1615 1361 329	1845 8698 662	2076 6035 994
4335	0230 6805 075	0461 3610 150	0692 0415 225	0922 7220 300	1153 4025 375	1384 0830 450	1614 7635 525	1845 4440 600	2076 1245 675
4336	0230 6273 063	0461 2546 125	0691 8819 188	0922 5092 251	1153 1365 314	1383 7638 376	1614 3911 439	1845 0184 502	2075 6457 565
4337	0230 5741 296	0461 1482 592	0691 7223 887	0922 2965 183	1152 8706 479	1383 4447 775	1614 0189 074	1844 5930 367	2075 1671 662
4338	0230 5209 774	0461 0419 548	0691 5629 322	0922 0839 096	1152 6048 870	1383 1258 645	1613 6468 419	1844 1678 193	2074 6887 967
4339	0230 4678 497	0460 9356 995	0691 4035 492	0921 8713 989	1152 3392 487	1382 8070 984	1613 2749 481	1843 7427 979	2074 2106 476
4340	0230 4147 465	0460 8294 931	0691 2442 396	0921 6589 862	1152 0737 327	1382 4884 793	1612 9032 258	1843 3179 724	2073 7327 189
4341	0230 3616 678	0460 7233 356	0691 0850 035	0921 4466 713	1151 8083 391	1382 1700 069	1612 5316 747	1842 8933 425	2073 2580 104
4342	0230 3086 135	0460 6172 271	0690 9258 406	0921 2344 542	1151 5430 677	1381 8516 813	1612 1602 948	1842 4689 083	2072 7775 219
4343	0230 2555 837	0460 5111 674	0690 7667 511	0921 0223 348	1151 2779 185	1381 5335 022	1611 7890 859	1842 0446 696	2072 3002 533
4344	0230 2025 783	0460 4051 565	0690 6077 348	0920 8103 131	1151 0128 913	1381 2154 696	1611 4180 479	1841 6206 262	2071 8232 044
4345	0230 1495 972	0460 2991 945	0690 4487 917	0920 5983 890	1150 7479 862	1380 8975 834	1611 0471 807	1841 1967 779	2071 3463 751
4346	0230 0966 406	0460 1932 812	0690 2899 218	0920 3865 624	1150 4832 029	1380 5798 435	1610 6764 841	1840 7731 247	2070 8697 653
4347	0230 0437 083	0460 0874 166	0690 1311 249	0920 1748 332	1150 2185 415	1380 2622 498	1610 3059 581	1840 3496 664	2070 3933 747
4348	0229 9908 004	0459 9816 007	0689 9724 011	0919 9632 015	1149 9540 018	1379 9448 022	1609 9356 026	1839 9264 029	2069 9172 033
4349	0229 9379 168	0459 8758 335	0689 8137 503	0919 7516 670	1149 6895 838	1379 6275 006	1609 5654 173	1839 5033 341	2069 4412 509
4350	0229 8850 575	0459 7701 149	0689 6551 724	0919 5402 299	1149 4252 874	1379 3103 448	1609 1954 023	1839 0804 598	2068 9655 172
4351	0229 8322 225	0459 6644 450	0689 4966 674	0919 3288 899	1149 1611 124	1378 9933 349	1608 8255 573	1838 6577 798	2068 4900 023
4352	0229 7794 118	0459 5588 235	0689 3382 353	0919 1176 471	1148 8970 588	1378 6764 706	1608 4558 824	1838 2352 944	2068 0147 059
4353	0229 7266 253	0459 4532 506	0689 1798 759	0918 9065 013	1148 6331 266	1378 3597 519	1608 0863 772	1837 8130 025	2067 5396 278
4354	0229 6738 631	0459 3477 262	0689 0215 893	0918 6954 525	1148 3693 156	1378 0431 787	1607 7170 418	1837 3909 049	2067 0647 680
4355	0229 6211 251	0459 2422 503	0688 8633 754	0918 4845 006	1148 1056 257	1377 7267 509	1607 3478 760	1836 9690 011	2066 5901 263
4356	0229 5684 114	0459 1368 228	0688 7052 342	0918 2736 455	1147 8420 569	1377 4404 683	1606 9788 797	1836 5472 911	2066 1157 025
4357	0229 5157 218	0459 0314 437	0688 5471 655	0918 0628 873	1147 5786 091	1377 0943 310	1606 6100 528	1836 1257 746	2065 6414 964
4358	0229 4630 564	0458 9261 129	0688 3891 693	0917 8522 258	1147 3152 822	1376 7783 387	1606 2413 951	1835 7044 516	2065 1675 080
4359	0229 4104 152	0458 8208 305	0688 2312 457	0917 6416 609	1147 0520 702	1376 4024 914	1605 8729 066	1835 2833 219	2064 6937 371
4360	0229 3577 982	0458 7155 963	0688 0733 945	0917 4311 927	1146 7889 908	1376 1467 800	1605 5045 872	1834 8623 853	2064 2201 835
4361	0229 3052 052	0458 6104 105	0687 9156 157	0917 2208 209	1146 5260 261	1375 8312 314	1605 1364 366	1834 4416 418	2063 7468 471
4362	0229 2526 364	0458 5052 728	0687 7579 092	0917 0105 456	1146 2631 820	1375 5158 184	1604 7684 548	1834 0210 912	2063 2737 276
4363	0229 2000 917	0458 4001 834	0687 6002 750	0916 8003 667	1146 0004 584	1375 2005 501	1604 4006 418	1833 6007 334	2062 8008 251
4364	0229 1475 710	0458 2951 421	0687 4427 131	0916 5902 841	1145 7378 552	1374 8854 262	1604 0329 972	1833 1805 683	2062 3281 393
4365	0229 0950 745	0458 1901 489	0687 2852 234	0916 3802 978	1145 4753 723	1374 5704 467	1603 6655 212	1832 7605 956	2061 8556 701
4366	0229 0426 019	0458 0852 038	0687 1278 058	0916 1704 077	1145 2130 096	1374 2556 115	1603 2982 135	1832 3408 154	2061 3834 173
4367	0228 9901 534	0457 9803 068	0686 9704 603	0915 9606 137	1144 9507 671	1373 9409 205	1602 9310 740	1831 9212 274	2060 9113 808
4368	0228 9377 289	0457 8754 579	0686 8131 868	0915 7500 158	1144 6886 447	1373 6263 736	1602 5641 026	1831 5018 315	2060 4395 604
4369	0228 8853 285	0457 7706 569	0686 6559 854	0915 5412 438	1144 4266 423	1373 3119 707	1602 1972 992	1831 0826 276	2059 9679 561
4370	0228 8329 519	0457 6659 039	0686 4988 558	0915 3318 078	1144 1647 597	1372 9977 117	1601 8306 636	1830 6636 156	2059 4965 675
4371	0228 7805 994	0457 5611 988	0686 3417 982	0915 1223 976	1143 9029 970	1372 6835 964	1601 4641 958	1830 2447 952	2059 0253 946
4372	0228 7282 708	0457 4565 416	0686 1848 124	0914 9130 833	1143 6413 541	1372 3696 249	1601 0978 957	1829 8261 665	2058 5544 373
4373	0228 6759 662	0457 3519 323	0686 0278 985	0914 7038 647	1143 3798 308	1372 0557 970	1600 7317 631	1829 4077 292	2058 0836 954
4374	0228 6236 854	0457 2473 708	0685 8710 562	0914 4947 417	1143 1184 271	1371 7421 125	1600 3657 979	1828 9804 833	2057 6131 687
4375	0228 5714 286	0457 1428 571	0685 7142 857	0914 2857 143	1142 8571 429	1371 4285 714	1600 0000 000	1828 5714 286	2057 1428 572
4376	0228 5191 956	0457 0383 912	0685 5575 868	0914 0767 824	1142 5959 781	1371 1151 737	1599 6343 693	1828 1535 649	2056 6727 605
4377	0228 4669 865	0456 9339 730	0685 4009 596	0913 8679 461	1142 3349 326	1370 8019 191	1599 2689 056	1827 7358 922	2056 2028 787
4378	0228 4148 013	0456 8296 026	0685 2444 039	0913 6592 051	1142 0740 064	1370 4888 077	1598 9036 090	1827 3184 102	2055 7332 115
4379	0228 3626 399	0456 7252 797	0685 0879 196	0913 4505 595	1141 8131 994	1370 1758 392	1598 5384 791	1826 9011 190	2055 2637 588
4380	0228 3105 023	0456 6210 046	0684 9315 068	0913 2420 091	1141 5525 114	1369 8630 137	1598 1735 160	1826 4840 183	2054 7945 205
4381	0228 2583 885	0456 5167 770	0684 7751 655	0913 0335 540	1141 2919 425	1369 5503 310	1597 8087 195	1826 0671 080	2054 3254 965
4382	0228 2062 985	0456 4125 970	0684 6188 955	0912 8251 940	1141 0314 925	1369 2377 910	1597 4440 895	1825 6503 880	2053 8566 864
4383	0228 1542 323	0456 3084 645	0684 4626 968	0912 6169 290	1140 7711 613	1368 9253 936	1597 0796 258	1825 2338 581	2053 3880 903
4384	0228 1021 898	0456 2043 796	0684 3065 693	0912 4087 591	1140 5109 489	1368 6131 387	1596 7153 285	1824 8175 182	2052 9197 080
4385	0228 0501 710	0456 1003 421	0684 1505 131	0912 2006 842	1140 2508 552	1368 3010 262	1596 3511 973	1824 4013 683	2052 4515 393
4386	0227 9981 760	0455 9963 520	0683 9945 280	0911 9927 041	1139 9908 801	1367 9890 561	1595 9872 321	1823 9854 081	2051 9835 841
4387	0227 9462 047	0455 8924 094	0683 8386 141	0911 7848 188	1139 7310 235	1367 6772 282	1595 6234 329	1823 5696 376	2051 5158 423
4388	0227 8942 571	0455 7885 141	0683 6827 712	0911 5770 283	1139 4712 853	1367 3655 424	1595 2597 995	1823 1540 565	2051 0483 136
4389	0227 8423 331	0455 6846 602	0683 5269 993	0911 3693 324	1139 2116 655	1367 0539 986	1594 8963 317	1822 7386 648	2050 5809 979
4390	0227 7904 328	0455 5808 656	0683 3712 984	0911 1617 312	1138 9521 640	1366 7425 968	1594 5330 296	1822 3234 624	2050 1138 952
4391	0227 7385 561	0455 4771 123	0683 2156 684	0910 9542 245	1138 6927 807	1366 4313 368	1594 1698 930	1821 9084 491	2049 6470 052
4392	0227 6867 031	0455 3734 062	0683 0601 093	0910 7468 124	1138 4335 155	1366 1202 186	1593 8069 217	1821 4936 248	2049 1803 279
4393	0227 6348 737	0455 2697 473	0682 9046 210	0910 5394 946	1138 1743 683	1365 8092 420	1593 4441 156	1821 0789 893	2048 7138 630
4394	0227 5830 678	0455 1661 356	0682 7492 035	0910 3322 713	1137 9153 391	1365 4984 069	1593 0814 747	1820 6645 426	2048 2476 104
4395	0227 5312 856	0455 0625 711	0682 5938 567	0910 1251 422	1137 6564 278	1365 1877 133	1592 7189 989	1820 2502 844	2047 7815 700
4396	0227 4795 268	0454 9590 537	0682 4385 805	0909 9181 074	1137 3976 342	1364 8771 611	1592 3566 879	1819 8362 147	2047 3157 416
4397	0227 4277 917	0454 8555 834	0682 2833 750	0909 7111 667	1137 1389 584	1364 5667 501	1591 9945 417	1819 4223 334	2046 8501 251
4398	0227 3760 800	0454 7521 601	0682 1282 401	0909 5043 201	1136 8804 002	1364 2564 802	1591 6325 603	1819 0086 403	2046 3847 203
4399	0227 3243 919	0454 6487 838	0681 9731 757	0909 2975 676	1136 6219 595	1363 9463 514	1591 2707 433	1818 5951 353	2045 9195 272

	1	2	3	4	5	6	7	8	9
4400	0227 2727 273	0454 5454 545	0681 8181 818	0909 0909 091	1136 3636 364	1363 6363 636	1590 9090 909	1818 1818 182	2045 4545 455
4401	0227 2210 861	0454 4421 722	0681 6632 583	0908 8843 445	1136 1054 306	1363 3265 167	1590 5476 028	1817 7686 889	2044 9897 751
4402	0227 1694 684	0454 3389 368	0681 5084 053	0908 6778 737	1135 8473 421	1363 0168 105	1590 1862 790	1817 3557 474	2044 5252 158
4403	0227 1178 742	0454 2357 484	0681 3536 225	0908 4714 967	1135 5893 709	1362 7072 451	1589 8251 192	1816 9429 934	2044 0608 676
4404	0227 0663 034	0454 1326 067	0681 1989 101	0908 2652 134	1135 3315 168	1362 3978 202	1589 4641 235	1816 5304 269	2043 5967 302
4405	0227 0147 560	0454 0295 119	0681 0442 679	0908 0590 238	1135 0737 798	1362 0885 358	1589 1032 917	1816 1180 477	2043 1328 036
4406	0226 9632 320	0453 9264 639	0680 8896 959	0907 8529 278	1134 8161 598	1361 7793 917	1588 7426 237	1815 7058 556	2042 6690 876
4407	0226 9117 313	0453 8234 627	0680 7351 940	0907 6469 253	1134 5586 567	1361 4703 880	1588 3821 194	1815 2938 507	2042 2055 820
4408	0226 8602 544	0453 7205 082	0680 5807 623	0907 4410 163	1134 3012 704	1361 1615 245	1588 0217 786	1814 8820 327	2041 7422 868
4409	0226 8088 002	0453 6176 004	0680 4264 005	0907 2352 007	1134 0440 009	1360 8528 011	1587 6616 013	1814 4704 015	2041 2792 016
4410	0226 7573 696	0453 5147 392	0680 2721 088	0907 0294 785	1133 7868 481	1360 5442 177	1587 3015 873	1814 0589 560	2040 8163 265
4411	0226 7059 624	0453 4119 247	0680 1178 871	0906 8238 405	1133 5298 118	1360 2357 742	1586 9417 366	1813 6476 989	2040 3536 613
4412	0226 6545 784	0453 3091 568	0679 9637 353	0906 6183 137	1133 2728 921	1359 9274 705	1586 5820 490	1813 2366 274	2039 8912 058
4413	0226 6032 178	0453 2064 356	0679 8096 533	0906 4128 711	1133 0160 888	1359 6193 066	1586 2225 244	1812 8257 421	2039 4289 599
4414	0226 5518 804	0453 1037 608	0679 6556 411	0906 2075 215	1132 7594 019	1359 3112 823	1585 8631 627	1812 4150 430	2038 9669 234
4415	0226 5005 663	0453 0011 325	0679 5016 988	0906 0022 650	1132 5028 313	1359 0033 975	1585 5039 638	1812 0045 300	2038 5050 963
4416	0226 4492 754	0452 8985 507	0679 3478 261	0905 7971 014	1132 2463 768	1358 6956 522	1585 1440 275	1811 5942 029	2038 0434 783
4417	0226 3980 077	0452 7960 154	0679 1940 231	0905 5920 308	1131 9900 385	1358 3880 462	1584 7860 539	1811 1840 616	2037 5820 693
4418	0226 3467 632	0452 6935 265	0679 0402 897	0905 3870 530	1131 7338 162	1358 0805 794	1584 4273 427	1810 7741 059	2037 1208 692
4419	0226 2955 420	0452 5910 840	0678 8866 259	0905 1821 679	1131 4777 099	1357 7732 519	1584 0687 938	1810 3643 358	2036 6598 778
4420	0226 2443 439	0452 4886 878	0678 7330 317	0904 9773 756	1131 2217 195	1357 4660 633	1583 7104 072	1809 9547 511	2036 1990 950
4421	0226 1931 690	0452 3863 379	0678 5795 069	0904 7726 759	1130 9658 448	1357 1590 138	1583 3521 828	1809 5453 517	2035 7385 207
4422	0226 1420 172	0452 2840 344	0678 4260 516	0904 5680 687	1130 7100 859	1356 8521 031	1582 9941 203	1809 1361 375	2035 2781 547
4423	0226 0908 885	0452 1817 771	0678 2726 656	0904 3635 542	1130 4544 427	1356 5453 312	1582 6362 198	1808 7271 083	2034 8179 968
4424	0226 0397 830	0452 0795 660	0678 1193 490	0904 1591 320	1130 1989 150	1356 2386 980	1582 2784 810	1808 3182 640	2034 3580 470
4425	0225 9887 006	0451 9774 011	0677 9661 017	0903 9548 023	1129 9435 028	1355 9322 034	1581 9209 040	1807 9096 045	2033 8983 051
4426	0225 9376 412	0451 8752 824	0677 8129 236	0903 7505 648	1129 6882 061	1355 6258 473	1581 5634 885	1807 5011 207	2033 4387 709
4427	0225 8866 049	0451 7732 098	0677 6598 148	0903 5464 197	1129 4330 246	1355 3196 298	1581 2062 345	1807 0928 394	2032 9794 443
4428	0225 8355 917	0451 6711 834	0677 5067 751	0903 3423 668	1129 1779 584	1355 0135 501	1580 8491 418	1806 6847 335	2032 5203 252
4429	0225 7846 045	0451 5692 030	0677 3538 045	0903 1384 060	1128 9230 075	1354 7076 089	1580 4922 104	1806 2768 119	2032 0614 134
4430	0225 7336 343	0451 4672 686	0677 2009 029	0902 9345 372	1128 6681 716	1354 4018 059	1580 1354 402	1805 8690 745	2031 6027 088
4431	0225 6826 901	0451 3653 803	0677 0480 704	0902 7307 606	1128 4134 507	1354 0961 408	1579 7788 310	1805 4615 211	2031 1442 112
4432	0225 6317 690	0451 2635 379	0676 8953 069	0902 5270 758	1128 1588 448	1353 7906 137	1579 4223 827	1805 0541 516	2030 6859 206
4433	0225 5808 707	0451 1617 415	0676 7426 122	0902 3234 830	1127 9043 537	1353 4852 245	1579 0660 952	1804 6469 659	2030 2278 367
4434	0225 5299 955	0451 0599 910	0676 5899 865	0902 1199 820	1127 6499 774	1353 1799 729	1578 7099 684	1804 2399 639	2029 7699 594
4435	0225 4791 432	0450 9582 864	0676 4374 295	0901 9165 727	1127 3957 159	1352 8748 591	1578 3540 023	1803 8331 454	2029 3122 886
4436	0225 4283 138	0450 8566 276	0676 2849 414	0901 7132 552	1127 1415 690	1352 5698 828	1577 9981 966	1803 4265 104	2028 8548 242
4437	0225 3775 073	0450 7550 146	0676 1325 220	0901 5100 293	1126 8875 366	1352 2650 439	1577 6425 513	1803 0200 586	2028 3975 659
4438	0225 3267 238	0450 6534 475	0675 9801 713	0901 3068 950	1126 6336 187	1351 9603 425	1577 2870 662	1802 6137 900	2027 9405 137
4439	0225 2759 631	0450 5519 261	0675 8278 892	0901 1038 522	1126 3798 153	1351 6557 783	1576 9317 414	1802 2077 044	2027 4836 675
4440	0225 2252 252	0450 4504 505	0675 6756 757	0900 9009 009	1126 1261 261	1351 3513 514	1576 5765 766	1801 8018 018	2027 0270 270
4441	0225 1745 102	0450 3490 205	0675 5235 307	0900 6980 410	1125 8725 512	1351 0470 615	1576 2215 717	1801 3960 820	2026 5705 922
4442	0225 1238 181	0450 2476 362	0675 3714 543	0900 4952 724	1125 6190 905	1350 7429 086	1575 8667 267	1800 9905 448	2026 1143 629
4443	0225 0731 488	0450 1462 975	0675 2194 463	0900 2925 951	1125 3657 439	1350 4388 926	1575 5120 414	1800 5851 902	2025 6583 390
4444	0225 0225 023	0450 0450 045	0675 0675 068	0900 0900 090	1125 1125 113	1350 1350 135	1575 1575 158	1800 1800 180	2025 2025 203
4445	0224 9718 785	0449 9437 570	0674 9156 355	0899 8875 141	1124 8593 926	1349 8312 711	1574 8031 496	1799 7750 281	2024 7469 066
4446	0224 9212 776	0449 8425 551	0674 7638 327	0899 6851 102	1124 6063 878	1349 5276 653	1574 4489 429	1799 3702 204	2024 2914 980
4447	0224 8706 993	0449 7413 987	0674 6120 980	0899 4827 974	1124 3534 967	1349 2241 961	1574 0948 954	1798 9655 948	2023 8362 941
4448	0224 8201 439	0449 6402 878	0674 4604 317	0899 2805 755	1124 1007 194	1348 9208 633	1573 7410 072	1798 5611 511	2023 3812 050
4449	0224 7696 111	0449 5392 223	0674 3088 334	0899 0784 446	1123 8480 557	1348 6176 669	1573 3872 780	1798 1568 892	2022 9265 003
4450	0224 7191 011	0449 4382 022	0674 1573 034	0898 8764 045	1123 5955 056	1348 3146 067	1573 0337 079	1797 7528 090	2022 4719 101
4451	0224 6686 138	0449 3372 276	0674 0058 414	0898 6744 552	1123 3430 690	1348 0116 828	1572 6802 966	1797 3489 104	2022 0175 242
4452	0224 6181 491	0449 2362 983	0673 8544 474	0898 4725 966	1123 0907 457	1347 7088 940	1572 3270 440	1796 9451 932	2021 5633 423
4453	0224 5677 072	0449 1354 143	0673 7031 215	0898 2708 287	1122 8385 358	1347 4062 430	1571 9739 501	1796 5416 573	2021 1093 645
4454	0224 5172 878	0449 0345 757	0673 5518 635	0898 0691 513	1122 5864 392	1347 1037 270	1571 6210 148	1796 1383 026	2020 6555 905
4455	0224 4668 911	0448 9337 823	0673 4006 734	0897 8675 645	1122 3344 557	1346 8013 468	1571 2682 379	1795 7351 201	2020 2020 202
4456	0224 4165 171	0448 8330 341	0673 2495 512	0897 6660 682	1122 0825 853	1346 4991 023	1570 9156 194	1795 3321 364	2019 7486 535
4457	0224 3661 656	0448 7323 312	0673 0984 967	0897 4646 623	1121 8308 279	1346 1969 935	1570 5631 591	1794 9293 247	2019 2954 902
4458	0224 3158 367	0448 6316 734	0672 9475 101	0897 2633 468	1121 5791 835	1345 8950 202	1570 2108 569	1794 5266 936	2018 8425 303
4459	0224 2655 304	0448 5310 608	0672 7965 912	0897 0621 216	1121 3276 519	1345 5931 823	1569 8587 127	1794 1242 431	2018 3897 735
4460	0224 2152 406	0448 4304 933	0672 6457 399	0896 8609 865	1121 0762 332	1345 2914 798	1569 5067 265	1793 7219 731	2017 9372 197
4461	0224 1649 854	0448 3299 709	0672 4949 563	0896 6599 417	1120 8249 271	1344 9899 126	1569 1548 980	1793 3198 834	2017 4848 689
4462	0224 1147 468	0448 2294 935	0672 3442 403	0896 4589 870	1120 5737 338	1344 6884 805	1568 8032 273	1792 9179 740	2017 0327 208
4463	0224 0645 306	0448 1290 612	0672 1935 918	0896 2581 223	1120 3226 529	1344 3871 835	1568 4517 141	1792 5162 447	2016 5807 753
4464	0224 0143 369	0448 0286 738	0672 0430 108	0896 0573 477	1120 0716 846	1344 0860 215	1568 1003 584	1792 1146 053	2016 1290 323
4465	0223 9641 687	0447 9283 315	0671 8924 972	0895 8566 629	1119 8208 287	1343 7840 944	1567 7491 601	1791 7133 259	2015 6774 016
4466	0223 9140 170	0447 8280 340	0671 7420 511	0895 6560 681	1119 5700 851	1343 4841 021	1567 3981 191	1791 3121 361	2015 2261 532
4467	0223 8638 908	0447 7277 815	0671 5916 723	0895 4555 630	1119 3194 538	1343 1833 445	1567 0472 353	1790 9111 260	2014 7750 168
4468	0223 8137 869	0447 6275 739	0671 4413 608	0895 2551 477	1119 0689 346	1342 8827 216	1566 6965 085	1790 5102 954	2014 3240 824
4469	0223 7637 055	0447 5274 111	0671 2911 166	0895 0548 221	1118 8185 276	1342 5822 332	1566 3459 387	1790 1096 442	2013 8733 497
4470	0223 7136 465	0447 4272 931	0671 1409 396	0894 8545 861	1118 5682 327	1342 2818 792	1565 9955 257	1789 7091 723	2013 4228 188
4471	0223 6636 099	0447 3272 199	0670 9908 298	0894 6544 397	1118 3180 497	1341 9816 596	1565 6452 695	1789 3088 704	2012 9724 894
4472	0223 6135 967	0447 2271 914	0670 8407 871	0894 4543 828	1118 0679 785	1341 6815 742	1565 2951 699	1788 9087 656	2012 5223 614
4473	0223 5636 038	0447 1272 077	0670 6908 115	0894 2544 154	1117 8180 192	1341 3816 231	1564 9452 269	1788 5088 308	2012 0724 346
4474	0223 5136 343	0447 0272 687	0670 5409 030	0894 0545 373	1117 5681 717	1341 0818 060	1564 5954 403	1788 1090 747	2011 6227 090
4475	0223 4636 872	0446 9273 743	0670 3910 615	0893 8547 487	1117 3184 358	1340 7821 229	1564 2458 101	1787 7094 972	2011 1731 844
4476	0223 4137 623	0446 8275 246	0670 2412 869	0893 6550 492	1117 0688 114	1340 4825 737	1563 8963 360	1787 3100 983	2010 7238 606
4477	0223 3638 597	0446 7277 195	0670 0915 792	0893 4554 389	1116 8192 986	1340 1831 584	1563 5470 181	1786 9108 778	2010 2747 375
4478	0223 3139 795	0446 6279 589	0669 9419 384	0893 2559 178	1116 5698 973	1339 8838 767	1563 1978 562	1786 5118 356	2009 8258 151
4479	0223 2641 215	0446 5282 429	0669 7923 644	0893 0564 858	1116 3206 073	1339 5847 287	1562 8488 502	1786 1129 716	2009 3770 931
4480	0223 2142 857	0446 4285 714	0669 6428 571	0892 8571 429	1116 0714 286	1339 2857 143	1562 5000 000	1785 7142 857	2008 9285 714
4481	0223 1644 722	0446 3289 444	0669 4934 166	0892 6578 889	1115 8223 611	1338 9868 333	1562 1513 055	1785 3157 777	2008 4802 499
4482	0223 1146 809	0446 2293 619	0669 3440 428	0892 4587 238	1115 5734 047	1338 6880 857	1561 8027 606	1784 9174 476	2008 0321 285
4483	0223 0649 119	0446 1298 238	0669 1947 357	0892 2596 476	1115 3245 594	1338 3894 713	1561 4543 832	1784 5192 951	2007 5842 070
4484	0223 0151 650	0446 0303 301	0669 0454 951	0892 0606 601	1115 0758 252	1338 0909 902	1561 1061 552	1784 1213 202	2007 1364 853
4485	0222 9654 404	0445 9308 807	0668 8963 211	0891 8617 614	1114 8272 018	1337 7926 421	1560 7580 825	1783 7235 229	2006 6889 632
4486	0222 9157 379	0445 8314 757	0668 7472 136	0891 6629 514	1114 5786 893	1337 4944 271	1560 4101 650	1783 3259 028	2006 2416 407
4487	0222 8660 575	0445 7321 150	0668 5981 725	0891 4642 300	1114 3302 875	1337 1963 450	1560 0624 025	1782 9284 600	2005 7945 175
4488	0222 8163 993	0445 6327 986	0668 4491 979	0891 2655 071	1114 0819 964	1336 8983 957	1559 7147 950	1782 5311 943	2005 3475 936
4489	0222 7667 632	0445 5335 264	0668 3002 896	0891 0670 528	1113 8338 160	1336 6005 792	1559 3673 424	1782 1341 056	2004 9008 688
4490	0222 7171 492	0445 4342 984	0668 1514 477	0890 8685 969	1113 5857 461	1336 3028 953	1559 0200 445	1781 7371 938	2004 4543 430
4491	0222 6675 573	0445 3351 147	0668 0026 720	0890 6702 293	1113 3377 867	1336 0053 440	1558 6729 014	1781 3404 587	2004 0080 160
4492	0222 6179 875	0445 2359 751	0667 8539 626	0890 4719 501	1113 0899 377	1335 7079 252	1558 3259 127	1780 9439 003	2003 5618 878
4493	0222 5684 398	0445 1368 796	0667 7053 194	0890 2737 592	1112 8421 990	1335 4106 388	1557 9790 786	1780 5475 184	2003 1159 582
4494	0222 5189 141	0445 0378 282	0667 5567 423	0890 0756 564	1112 5945 705	1335 1134 846	1557 6323 988	1780 1513 129	2002 6702 270
4495	0222 4694 105	0444 9388 209	0667 4082 314	0889 8776 418	1112 3470 523	1334 8164 627	1557 2858 732	1779 7552 836	2002 2246 941
4496	0222 4199 288	0444 8398 577	0667 2597 865	0889 6797 153	1112 0996 441	1334 5195 730	1556 9395 018	1779 3594 306	2001 7793 594
4497	0222 3704 692	0444 7409 384	0667 1114 076	0889 4818 768	1111 8523 460	1334 2228 152	1556 5932 844	1778 9637 536	2001 3342 228
4498	0222 3210 316	0444 6420 631	0666 9630 947	0889 2841 263	1111 6051 578	1333 9261 894	1556 2472 210	1778 5682 526	2000 8892 841
4499	0222 2716 159	0444 5432 318	0666 8148 477	0889 0864 637	1111 3580 796	1333 6296 955	1555 9013 114	1778 1729 273	2000 4445 432

	1	2	3	4	5	6	7	8	9
4500	0222 2222 222	0444 4444 444	0666 6666 667	0888 8888 889	1111 1111 111	1333 3333 333	1555 5555 556	1777 7777 778	2000 0000 000
4501	0222 1728 505	0444 3457 010	0666 5185 514	0888 6914 019	1110 8642 524	1333 0371 020	1555 2099 533	1777 3828 038	1999 5556 543
4502	0222 1235 007	0444 2470 013	0666 3705 020	0888 4940 027	1110 6175 033	1332 7410 040	1554 8645 047	1776 9880 053	1999 1115 060
4503	0222 0741 728	0444 1483 455	0666 2225 183	0888 2966 911	1110 3708 639	1332 4450 366	1554 5192 094	1776 5933 822	1998 6675 550
4504	0222 0248 668	0444 0497 356	0666 0746 004	0888 0994 671	1110 1243 330	1332 1492 007	1554 1740 675	1776 1989 343	1998 2238 011
4505	0221 9755 827	0443 9511 654	0665 9267 481	0887 9023 307	1109 8779 134	1331 8534 961	1553 8290 788	1775 8046 615	1997 7802 442
4506	0221 9263 205	0443 8526 409	0665 7789 614	0887 7052 818	1109 6316 023	1331 5579 228	1553 4842 432	1775 4105 637	1997 3368 842
4507	0221 8770 801	0443 7541 602	0665 6312 403	0887 5083 204	1109 3854 005	1331 2624 806	1553 1395 607	1775 0166 408	1996 8937 209
4508	0221 8278 616	0443 6557 232	0665 4835 847	0887 3114 463	1109 1393 079	1330 9671 695	1552 7950 311	1774 6228 926	1996 4507 542
4509	0221 7786 649	0443 5573 298	0665 3359 947	0887 1146 596	1108 8933 245	1330 6719 894	1552 4506 542	1774 2293 191	1996 0079 840
4510	0221 7294 900	0443 4589 800	0665 1884 701	0886 9179 601	1108 6474 501	1330 3769 401	1552 1064 302	1773 8359 202	1995 5654 102
4511	0221 6803 370	0443 3606 730	0665 0410 100	0886 7213 478	1108 4016 848	1330 0820 217	1551 7623 587	1773 4426 956	1995 1230 326
4512	0221 6312 057	0443 2624 113	0664 8936 170	0886 5248 227	1108 1560 284	1329 7872 340	1551 4184 397	1773 0496 454	1994 6808 511
4513	0221 5820 962	0443 1641 923	0664 7462 885	0886 3283 847	1107 9104 808	1329 4925 770	1551 0746 732	1772 6567 693	1994 2388 655
4514	0221 5330 084	0443 0660 168	0664 5990 253	0886 1320 337	1107 6650 421	1329 1980 505	1550 7310 589	1772 2640 673	1993 7970 758
4515	0221 4839 424	0442 9678 848	0664 4518 272	0885 9357 696	1107 4197 121	1328 9036 545	1550 3875 969	1771 8715 393	1993 3554 817
4516	0221 4348 981	0442 8697 963	0664 3046 944	0885 7395 926	1107 1744 907	1328 6093 888	1550 0442 870	1771 4791 851	1992 9140 833
4517	0221 3858 756	0442 7717 512	0664 1576 267	0885 5435 023	1106 9293 779	1328 3152 535	1549 7011 291	1771 0870 046	1992 4728 802
4518	0221 3368 747	0442 6737 494	0664 0106 242	0885 3474 989	1106 6843 736	1328 0212 483	1549 3581 231	1770 6949 978	1992 0318 725
4519	0221 2878 956	0442 5757 911	0663 8636 867	0885 1515 822	1106 4394 778	1327 7273 733	1549 0152 689	1770 3031 644	1991 5910 600
4520	0221 2389 381	0442 4778 761	0663 7168 142	0884 9557 522	1106 1946 903	1327 4336 283	1548 6725 664	1769 9115 044	1991 1504 425
4521	0221 1900 022	0442 3800 044	0663 5700 066	0884 7600 088	1105 9500 111	1327 1400 133	1548 3300 155	1769 5200 177	1990 7100 199
4522	0221 1410 880	0442 2821 760	0663 4232 640	0884 5643 521	1105 7054 401	1326 8465 281	1547 9876 161	1769 1287 041	1990 2697 921
4523	0221 0921 954	0442 1843 909	0663 2765 863	0884 3687 818	1105 4609 772	1326 5531 727	1547 6453 681	1768 7375 636	1989 8297 590
4524	0221 0433 245	0442 0866 490	0663 1299 735	0884 1732 980	1105 2166 225	1326 2599 470	1547 3032 715	1768 3465 969	1989 3899 204
4525	0220 9944 751	0441 9889 503	0662 9834 254	0883 9779 006	1104 9723 757	1325 9668 508	1546 9613 260	1767 9558 011	1988 9502 762
4526	0220 9456 474	0441 8912 947	0662 8369 421	0883 7825 895	1104 7282 369	1325 6738 842	1546 6195 316	1767 5651 790	1988 5108 263
4527	0220 8968 412	0441 7936 824	0662 6905 235	0883 5873 647	1104 4842 059	1325 3810 471	1546 2778 882	1767 1747 294	1988 0715 706
4528	0220 8480 565	0441 6961 131	0662 5441 696	0883 3922 262	1104 2402 827	1325 0883 392	1545 9363 958	1766 7844 523	1987 6325 088
4529	0220 7992 934	0441 5985 869	0662 3978 803	0883 1971 738	1103 9964 672	1324 7957 607	1545 5950 541	1766 3943 475	1987 1936 410
4530	0220 7505 519	0441 5011 038	0662 2516 556	0883 0022 075	1103 7527 595	1324 5033 113	1545 2538 631	1766 0044 150	1986 7549 660
4531	0220 7018 319	0441 4036 637	0662 1054 955	0882 8073 273	1103 5091 591	1324 2109 910	1544 9128 228	1765 6146 546	1986 3164 864
4532	0220 6531 333	0441 3062 665	0661 9593 998	0882 6125 331	1103 2656 664	1323 9187 996	1544 5719 329	1765 2250 662	1985 8781 995
4533	0220 6044 502	0441 2089 124	0661 8133 687	0882 4178 249	1103 0222 810	1323 6267 373	1544 2311 935	1764 8356 497	1985 4401 059
4534	0220 5558 006	0441 1116 012	0661 6674 019	0882 2232 025	1102 7790 031	1323 3348 037	1543 8906 043	1764 4464 049	1985 0022 056
4535	0220 5071 665	0441 0143 330	0661 5214 994	0882 0286 659	1102 5358 324	1323 0429 989	1543 5501 654	1764 0573 319	1984 5644 983
4536	0220 4585 538	0440 9171 076	0661 3756 614	0881 8342 152	1102 2927 690	1322 7513 228	1543 2098 765	1763 6684 303	1984 1269 841
4537	0220 4099 625	0440 8199 251	0661 2298 876	0881 6398 501	1102 0498 127	1322 4597 752	1542 8697 377	1763 2797 002	1983 6896 628
4538	0220 3613 927	0440 7227 854	0661 0841 781	0881 4455 707	1101 8069 634	1322 1683 561	1542 5297 488	1762 8911 415	1983 2525 342
4539	0220 3128 442	0440 6256 885	0660 9385 327	0881 2513 770	1101 5642 212	1321 8770 654	1542 1899 097	1762 5027 539	1982 8155 982
4540	0220 2643 172	0440 5286 344	0660 7929 515	0881 0572 687	1101 3215 850	1321 5859 031	1541 8502 203	1762 1145 374	1982 3788 546
4541	0220 2158 115	0440 4316 230	0660 6474 345	0880 8632 460	1101 0790 575	1321 2948 690	1541 5106 805	1761 7264 920	1981 9423 035
4542	0220 1673 272	0440 3346 543	0660 5019 815	0880 6693 087	1100 8366 358	1321 0039 631	1541 1712 904	1761 3386 174	1981 5050 445
4543	0220 1188 642	0440 2377 284	0660 3565 926	0880 4754 567	1100 5943 209	1320 7131 851	1540 8320 493	1760 9509 135	1981 0697 777
4544	0220 0704 225	0440 1408 451	0660 2112 676	0880 2816 901	1100 3521 127	1320 4225 382	1540 4929 577	1760 5633 803	1980 6338 028
4545	0220 0220 022	0440 0440 044	0660 0660 066	0880 0880 088	1100 1100 110	1320 1320 132	1540 1540 154	1760 1760 176	1980 1980 198
4546	0219 9736 032	0439 9472 063	0659 9208 095	0879 8944 127	1099 8680 158	1319 8416 190	1539 8152 222	1759 7888 253	1979 7624 285
4547	0219 9252 254	0439 8504 508	0659 7756 763	0879 7009 017	1099 6261 274	1319 5513 525	1539 4765 780	1759 4018 034	1979 3270 288
4548	0219 8768 690	0439 7537 379	0659 6306 069	0879 5074 758	1099 3843 448	1319 2612 137	1539 1380 827	1759 0149 516	1978 8918 206
4549	0219 8285 337	0439 6570 675	0659 4856 012	0879 3141 350	1099 1426 687	1318 9712 025	1538 7997 362	1758 6282 700	1978 4568 037
4550	0219 7802 198	0439 5604 396	0659 3406 593	0879 1208 791	1098 9010 989	1318 6813 187	1538 4615 385	1758 2447 582	1978 0219 780
4551	0219 7319 270	0439 4638 541	0659 1957 811	0878 9277 082	1098 6596 352	1318 3915 623	1538 1234 893	1757 8554 164	1977 5873 434
4552	0219 6836 555	0439 3673 111	0659 0509 666	0878 7346 221	1098 4182 777	1318 1019 332	1537 7855 888	1757 4692 443	1977 1528 998
4553	0219 6354 052	0439 2708 105	0658 9062 157	0878 5416 209	1098 1770 261	1317 8124 314	1537 4478 366	1757 0832 418	1976 7186 470
4554	0219 5871 761	0439 1743 522	0658 7615 283	0878 3487 044	1097 9358 805	1317 5230 567	1537 1102 328	1756 6974 089	1976 2845 850
4555	0219 5389 682	0439 0779 363	0658 6169 045	0878 1558 727	1097 6948 408	1317 2338 090	1536 7727 772	1756 3117 453	1975 8507 135
4556	0219 4907 814	0438 9815 628	0658 4723 442	0877 9631 255	1097 4539 069	1316 9446 883	1536 4354 607	1755 9262 511	1975 4170 325
4557	0219 4426 158	0438 8852 315	0658 3278 473	0877 7704 030	1097 2130 788	1316 6556 945	1536 0983 103	1755 5409 260	1974 9835 418
4558	0219 3944 713	0438 7889 425	0658 1834 138	0877 5778 850	1096 9723 563	1316 3668 276	1535 7612 988	1755 1557 701	1974 5502 413
4559	0219 3463 479	0438 6926 958	0658 0390 437	0877 3853 915	1096 7317 394	1316 0780 873	1535 4244 352	1754 7707 831	1974 1171 309
4560	0219 2982 456	0438 5964 912	0657 8947 368	0877 1929 825	1096 4912 281	1315 7894 737	1535 0877 193	1754 3859 649	1973 6842 105
4561	0219 2501 644	0438 5003 289	0657 7504 933	0877 0006 578	1096 2508 222	1315 5009 866	1534 7511 511	1754 0013 155	1973 2514 799
4562	0219 2021 043	0438 4042 087	0657 6063 130	0876 8084 174	1096 0105 217	1315 2126 260	1534 4147 304	1753 6168 347	1972 8189 391
4563	0219 1540 653	0438 3081 306	0657 4621 959	0876 6162 612	1095 7703 265	1314 9243 918	1534 0784 572	1753 2325 225	1972 3865 878
4564	0219 1060 473	0438 2120 947	0657 3181 420	0876 4241 893	1095 5302 366	1314 6362 840	1533 7423 313	1752 8483 786	1971 9544 259
4565	0219 0580 504	0438 1161 008	0657 1741 512	0876 2322 015	1095 2902 519	1314 3483 023	1533 4063 527	1752 4644 031	1971 5224 534
4566	0219 0100 745	0438 0201 480	0657 0302 234	0876 0402 979	1095 0503 723	1314 0604 468	1533 0705 212	1752 0805 957	1971 0906 702
4567	0218 9621 196	0437 9242 391	0656 8863 587	0875 8484 782	1094 8105 978	1313 7727 173	1532 7348 360	1751 6969 564	1970 6590 760
4568	0218 9141 856	0437 8283 713	0656 7425 569	0875 6567 426	1094 5709 282	1313 4851 138	1532 3992 995	1751 3134 851	1970 2276 708
4569	0218 8662 727	0437 7325 454	0656 5988 181	0875 4650 908	1094 3313 635	1313 1976 362	1532 0639 089	1750 9301 817	1969 7964 544
4570	0218 8183 807	0437 6367 615	0656 4551 422	0875 2735 230	1094 0919 037	1312 9102 845	1531 7286 652	1750 5470 460	1969 3654 267
4571	0218 7705 097	0437 5410 195	0656 3115 292	0875 0820 389	1093 8525 487	1312 6230 584	1531 3935 681	1750 1640 779	1968 9345 876
4572	0218 7226 597	0437 4453 193	0656 1679 790	0874 8906 387	1093 6132 983	1312 3359 580	1531 0586 177	1749 7812 773	1968 5039 370
4573	0218 6748 305	0437 3496 611	0656 0244 916	0874 6993 221	1093 3741 526	1312 0489 832	1530 7238 137	1749 3986 442	1968 0734 747
4574	0218 6270 223	0437 2540 446	0655 8810 669	0874 5080 892	1093 1351 115	1311 7621 338	1530 3891 561	1749 0161 784	1967 6432 007
4575	0218 5792 350	0437 1584 699	0655 7377 049	0874 3169 399	1092 8961 749	1311 4754 098	1530 0546 448	1748 6338 798	1967 2131 148
4576	0218 5314 685	0437 0629 371	0655 5944 056	0874 1258 741	1092 6573 427	1311 1888 112	1529 7202 797	1748 2517 483	1966 7832 168
4577	0218 4837 230	0436 9674 459	0655 4511 689	0873 9348 919	1092 4186 148	1310 9023 378	1529 3860 607	1747 8697 837	1966 3535 067
4578	0218 4359 983	0436 8719 965	0655 3079 948	0873 7439 930	1092 1799 913	1310 6159 895	1529 0519 878	1747 4879 860	1965 9239 843
4579	0218 3882 944	0436 7765 888	0655 1648 832	0873 5531 776	1091 9414 719	1310 3297 663	1528 7180 607	1747 1063 551	1965 4946 495
4580	0218 3406 114	0436 6812 227	0655 0218 341	0873 3621 454	1091 7030 508	1310 0436 681	1528 3842 795	1746 7248 908	1965 0655 022
4581	0218 2929 491	0436 5858 983	0654 8788 474	0873 1717 966	1091 4647 457	1309 7576 948	1528 0506 440	1746 3435 931	1964 6365 422
4582	0218 2453 077	0436 4906 155	0654 7359 232	0872 9812 309	1091 2265 386	1309 4718 464	1527 7171 541	1745 9624 618	1964 2077 605
4583	0218 1976 871	0436 3953 742	0654 5930 613	0872 7907 484	1090 9884 355	1309 1861 226	1527 3838 097	1745 5814 968	1963 7791 839
4584	0218 1500 873	0436 3001 745	0654 4502 618	0872 6003 490	1090 7504 363	1308 9005 236	1527 0506 108	1745 2006 081	1963 3507 853
4585	0218 1025 082	0436 2050 164	0654 3075 245	0872 4100 327	1090 5125 400	1308 6150 491	1526 7175 573	1744 8200 654	1962 9225 736
4586	0218 0549 498	0436 1098 997	0654 1648 495	0872 2197 994	1090 2747 492	1308 3296 991	1526 3846 489	1744 4395 988	1962 4945 486
4587	0218 0074 123	0436 0148 245	0654 0222 368	0872 0296 490	1090 0370 613	1308 0444 735	1526 0518 858	1744 0592 980	1962 0667 103
4588	0217 9598 954	0435 9197 908	0653 8796 861	0871 8395 815	1089 7994 769	1307 7593 723	1525 7192 677	1743 6791 630	1961 6390 584
4589	0217 9123 992	0435 8247 984	0653 7371 976	0871 6495 969	1089 5619 961	1307 4743 953	1525 3867 945	1743 2991 937	1961 2115 929
4590	0217 8649 237	0435 7298 475	0653 5947 712	0871 4596 950	1089 3246 187	1307 1895 425	1525 0544 662	1742 9193 000	1960 7843 137
4591	0217 8174 690	0435 6349 379	0653 4524 069	0871 2698 758	1089 0873 448	1306 9048 138	1524 7222 827	1742 5397 517	1960 3572 206
4592	0217 7700 348	0435 5400 697	0653 3101 045	0871 0801 394	1088 8501 742	1306 6202 001	1524 3902 439	1742 1602 787	1959 9303 136
4593	0217 7226 214	0435 4452 428	0653 1678 641	0870 8904 855	1088 6131 069	1306 3357 283	1524 0583 497	1741 7809 710	1959 5035 924
4594	0217 6752 286	0435 3504 571	0653 0256 857	0870 7009 142	1088 3761 428	1306 0513 714	1523 7265 099	1741 4018 285	1959 0770 570
4595	0217 6278 564	0435 2557 127	0652 8835 691	0870 5114 255	1088 1392 818	1305 7671 382	1523 3949 046	1741 0228 509	1958 6507 073
4596	0217 5805 048	0435 1610 096	0652 7415 144	0870 3220 191	1087 9025 239	1305 4830 287	1523 0635 338	1740 6440 383	1958 2245 431
4597	0217 5331 738	0435 0663 476	0652 5995 214	0870 1326 952	1087 6658 690	1305 1990 429	1522 7322 167	1740 2653 905	1957 7985 643
4598	0217 4858 634	0434 9717 268	0652 4575 003	0869 9434 537	1087 4293 171	1304 9154 805	1522 4010 439	1739 8869 074	1957 3727 708
4599	0217 4385 736	0434 8771 472	0652 3157 208	0869 7542 941	1087 1928 680	1304 6314 416	1522 0700 152	1739 5085 888	1956 9471 624

	1	2	3	4	5	6	7	8	9
4600	0217 3913 043	0434 7826 087	0652 1739 130	0869 5652 174	1086 9565 217	1304 3478 261	1521 7391 304	1739 1304 348	1956 5217 391
4601	0217 3440 556	0434 6881 113	0652 0321 669	0869 3762 226	1086 7202 782	1304 0643 338	1521 4083 895	1738 7524 451	1956 0965 008
4602	0217 2968 275	0434 5936 549	0651 8904 824	0869 1873 099	1086 4841 373	1303 7809 648	1521 0777 923	1738 3746 197	1955 6714 472
4603	0217 2496 198	0434 4992 396	0651 7488 594	0868 9984 793	1086 2480 991	1303 4977 189	1520 7473 387	1737 9969 585	1955 2465 783
4604	0217 2024 327	0434 4048 653	0651 6072 980	0868 8097 307	1086 0121 633	1303 2145 960	1520 4170 287	1737 6194 613	1954 8218 940
4605	0217 1552 660	0434 3105 320	0651 4657 980	0868 6210 641	1085 7763 301	1302 9315 961	1520 0868 621	1737 2421 281	1954 3973 941
4606	0217 1081 198	0434 2162 397	0651 3243 595	0868 4324 794	1085 5405 992	1302 6487 191	1519 7568 389	1736 8649 588	1953 9730 786
4607	0217 0609 941	0434 1219 883	0651 1829 824	0868 2439 766	1085 3049 707	1302 3659 648	1519 4269 590	1736 4879 531	1953 5489 473
4608	0217 0138 889	0434 0277 778	0651 0416 667	0868 0555 556	1085 0694 444	1302 0833 333	1519 0972 222	1736 1111 111	1953 1250 000
4609	0216 9668 041	0433 9336 082	0650 9004 122	0867 8672 163	1084 8340 204	1301 8008 245	1518 7676 286	1735 7344 326	1952 7012 367
4610	0216 9197 397	0433 8394 794	0650 7592 191	0867 6789 588	1084 5986 985	1301 5184 382	1518 4381 779	1735 3579 176	1952 2776 573
4611	0216 8726 957	0433 7453 915	0650 6180 872	0867 4907 829	1084 3634 786	1301 2361 744	1518 1088 701	1734 9815 658	1951 8542 615
4612	0216 8256 722	0433 6513 443	0650 4770 165	0867 3026 886	1084 1283 608	1300 9540 330	1517 7797 051	1734 6053 773	1951 4310 494
4613	0216 7786 690	0433 5573 380	0650 3360 069	0867 1146 759	1083 8933 449	1300 6720 139	1517 4506 829	1734 2293 518	1951 0080 208
4614	0216 7316 862	0433 4633 723	0650 1950 585	0866 9267 447	1083 6584 309	1300 3901 170	1517 1218 032	1733 8534 894	1950 5851 756
4615	0216 6847 237	0433 3694 475	0650 0541 712	0866 7388 949	1083 4236 186	1300 1083 424	1516 7930 661	1733 4777 898	1950 1625 138
4616	0216 6377 816	0433 2755 633	0649 9133 449	0866 5511 265	1083 1889 081	1299 8266 898	1516 4644 714	1733 1022 530	1949 7400 347
4617	0216 5908 599	0433 1817 197	0649 7725 796	0866 3634 395	1082 9542 993	1299 5451 592	1516 1360 191	1732 7268 789	1949 3177 388
4618	0216 5439 584	0433 0879 168	0649 6318 753	0866 1758 337	1082 7197 921	1299 2637 505	1515 8077 090	1732 3516 674	1948 8956 258
4619	0216 4970 773	0432 9941 546	0649 4912 319	0865 9883 092	1082 4853 864	1298 9824 637	1515 4795 410	1731 9766 183	1948 4736 956
4620	0216 4502 165	0432 9004 320	0649 3506 494	0865 8008 658	1082 2510 823	1298 7012 987	1515 1515 152	1731 6017 316	1948 0519 481
4621	0216 4033 759	0432 8067 518	0649 2101 277	0865 6135 036	1082 0168 795	1298 4202 554	1514 8236 313	1731 2270 071	1947 6303 830
4622	0216 3565 556	0432 7131 112	0649 0696 668	0865 4262 224	1081 7827 780	1298 1393 336	1514 4958 892	1730 8524 448	1947 2090 004
4623	0216 3097 556	0432 6195 141	0648 9292 667	0865 2390 223	1081 5487 779	1297 8585 334	1514 1682 890	1730 4780 446	1946 7878 001
4624	0216 2629 758	0432 5259 516	0648 7889 273	0865 0519 031	1081 3148 789	1297 5778 547	1513 8408 305	1730 1038 062	1946 3667 820
4625	0216 2162 162	0432 4324 324	0648 6486 486	0864 8648 649	1081 0810 811	1297 2972 973	1513 5135 135	1729 7297 297	1945 9459 459
4626	0216 1694 769	0432 3389 537	0648 5084 306	0864 6779 075	1080 8473 844	1297 0168 612	1513 1863 381	1729 3558 150	1945 5252 918
4627	0216 1227 577	0432 2455 155	0648 3682 732	0864 4910 309	1080 6137 886	1296 7365 464	1512 8593 044	1728 9820 618	1945 1048 195
4628	0216 0760 588	0432 1521 175	0648 2281 763	0864 3042 351	1080 3802 939	1296 4563 526	1512 5324 114	1728 6084 702	1944 6845 290
4629	0216 0293 800	0432 0587 600	0648 0881 400	0864 1175 200	1080 1469 000	1296 1762 800	1512 2056 600	1728 2350 400	1944 2644 200
4630	0215 9827 214	0431 9654 428	0647 9481 641	0863 9308 855	1079 9136 060	1295 8963 283	1511 8790 497	1727 8617 711	1943 8444 924
4631	0215 9360 829	0431 8721 658	0647 8082 488	0863 7443 317	1079 6804 146	1295 6164 975	1511 5525 804	1727 4886 634	1943 4247 463
4632	0215 8894 646	0431 7789 292	0647 6683 938	0863 5578 584	1079 4473 230	1295 3367 876	1511 2262 522	1727 1157 168	1943 0051 813
4633	0215 8428 664	0431 6857 328	0647 5285 992	0863 3714 656	1079 2143 320	1295 0571 984	1510 9000 648	1726 7429 311	1942 5857 975
4634	0215 7962 883	0431 5925 766	0647 3888 649	0863 1851 532	1078 9814 415	1294 7777 298	1510 5740 181	1726 3703 064	1942 1665 947
4635	0215 7497 303	0431 4994 606	0647 2491 909	0862 9989 212	1078 7486 516	1294 4983 819	1510 2481 122	1725 9978 425	1941 7475 728
4636	0215 7031 924	0431 4063 848	0647 1095 772	0862 8127 696	1078 5159 620	1294 2191 544	1509 9223 469	1725 6255 393	1941 3287 317
4637	0215 6566 746	0431 3133 491	0646 9700 237	0862 6266 983	1078 2833 729	1293 9400 474	1509 5967 220	1725 2533 966	1940 9100 712
4638	0215 6101 768	0431 2203 536	0646 8305 304	0862 4407 072	1078 0508 840	1293 6610 608	1509 2712 376	1724 8814 144	1940 4915 912
4639	0215 5636 991	0431 1273 981	0646 6910 972	0862 2547 963	1077 8184 954	1293 3821 044	1508 9458 935	1724 5095 026	1940 0732 917
4640	0215 5172 414	0431 0344 828	0646 5517 241	0862 0689 655	1077 5862 069	1293 1034 483	1508 6206 897	1724 1370 310	1939 6551 724
4641	0215 4708 037	0430 9416 074	0646 4124 111	0861 8832 148	1077 3540 185	1292 8248 222	1508 2956 269	1723 7664 296	1939 2372 334
4642	0215 4243 860	0430 8487 721	0646 2731 581	0861 6975 442	1077 1219 302	1292 5463 162	1507 9707 023	1723 3950 883	1938 8194 744
4643	0215 3779 884	0430 7559 767	0646 1339 651	0861 5119 538	1076 8899 418	1292 2679 302	1507 6459 186	1723 0239 070	1938 4018 953
4644	0215 3316 107	0430 6632 214	0645 9948 320	0861 3264 427	1076 6580 534	1291 9896 641	1507 3212 748	1722 6528 854	1937 9844 961
4645	0215 2852 530	0430 5705 059	0645 8557 589	0861 1410 118	1076 4262 648	1291 7115 178	1506 9967 707	1722 2820 237	1937 5672 766
4646	0215 2389 152	0430 4778 304	0645 7167 456	0860 9556 608	1076 1945 760	1291 4334 912	1506 6724 064	1721 9113 216	1937 1502 367
4647	0215 1925 974	0430 3851 947	0645 5777 921	0860 7703 895	1075 9629 869	1291 1555 842	1506 3481 816	1721 5407 790	1936 7333 764
4648	0215 1462 995	0430 2925 990	0645 4388 985	0860 5851 979	1075 7314 974	1290 8777 969	1506 0240 064	1721 1703 959	1936 3166 954
4649	0215 1000 215	0430 2000 430	0645 3000 645	0860 4000 860	1075 5001 075	1290 6001 291	1505 7001 506	1720 8001 721	1935 9001 936
4650	0215 0537 634	0430 1075 269	0645 1612 903	0860 2150 538	1075 2688 172	1290 3225 806	1505 3763 441	1720 4301 075	1935 4838 710
4651	0215 0075 253	0430 0150 505	0645 0225 758	0860 0301 011	1075 0376 263	1290 0451 516	1505 0526 768	1720 0602 021	1935 0677 274
4652	0214 9613 070	0429 9226 139	0644 8839 209	0859 8452 279	1074 8065 348	1289 7678 418	1504 7291 488	1719 6904 557	1934 6517 627
4653	0214 9151 085	0429 8302 171	0644 7453 256	0859 6604 341	1074 5755 427	1289 4906 512	1504 4057 597	1719 3208 683	1934 2359 768
4654	0214 8689 300	0429 7378 599	0644 6067 899	0859 4757 198	1074 3446 498	1289 2135 797	1504 0825 097	1718 9514 396	1933 8203 696
4655	0214 8227 712	0429 6455 424	0644 4683 136	0859 2910 840	1074 1138 561	1288 9366 273	1503 7593 985	1718 5821 697	1933 4049 409
4656	0214 7766 323	0429 5532 646	0644 3298 969	0859 1065 292	1073 8831 615	1288 6597 938	1503 4364 261	1718 2130 584	1932 9896 907
4657	0214 7305 132	0429 4610 264	0644 1915 396	0858 9220 528	1073 6525 660	1288 3830 792	1503 1135 924	1717 8441 056	1932 5746 189
4658	0214 6844 139	0429 3688 278	0644 0532 417	0858 7376 556	1073 4220 696	1288 1064 835	1502 7908 974	1717 4753 113	1932 1597 252
4659	0214 6383 344	0429 2766 688	0643 9150 032	0858 5533 376	1073 1916 720	1287 8300 064	1502 4683 408	1717 1066 752	1931 7450 097
4660	0214 5922 747	0429 1845 494	0643 7768 240	0858 3690 987	1072 9613 734	1287 5536 481	1502 1459 227	1716 7381 974	1931 3304 721
4661	0214 5462 347	0429 0924 694	0643 6387 041	0858 1849 389	1072 7311 736	1287 2774 083	1501 8236 430	1716 3698 777	1930 9161 124
4662	0214 5002 148	0429 0004 290	0643 5006 435	0858 0008 580	1072 5010 725	1287 0012 870	1501 5015 015	1716 0017 160	1930 5019 305
4663	0214 4542 140	0428 9084 281	0643 3626 421	0857 8168 561	1072 2710 701	1286 7252 842	1501 1794 982	1715 6337 122	1930 0879 262
4664	0214 4082 333	0428 8164 666	0643 2246 998	0857 6329 331	1072 0411 664	1286 4493 997	1500 8576 329	1715 2658 062	1929 6740 995
4665	0214 3622 722	0428 7245 445	0643 0868 167	0857 4490 800	1071 8113 612	1286 1736 334	1500 5359 057	1714 8981 779	1929 2604 502
4666	0214 3163 309	0428 6326 618	0642 9489 927	0857 2653 236	1071 5816 545	1285 8979 854	1500 2143 163	1714 5306 472	1928 8469 781
4667	0214 2704 093	0428 5408 185	0642 8112 278	0857 0816 370	1071 3520 463	1285 6224 555	1499 8928 648	1714 1632 741	1928 4336 833
4668	0214 2245 073	0428 4490 146	0642 6735 219	0856 8980 291	1071 1225 364	1285 3470 437	1499 5715 510	1713 7960 583	1928 0205 656
4669	0214 1786 250	0428 3572 499	0642 5358 749	0856 7144 999	1070 8931 249	1285 0717 498	1499 2503 748	1713 4289 998	1927 6076 248
4670	0214 1327 623	0428 2655 246	0642 3982 869	0856 5310 492	1070 6638 116	1284 7965 739	1498 9293 362	1713 0620 985	1927 1948 608
4671	0214 0869 193	0428 1738 386	0642 2607 879	0856 3476 772	1070 4345 964	1284 5215 157	1498 6084 350	1712 6953 543	1926 7822 736
4672	0214 0410 959	0428 0821 918	0642 1232 877	0856 1643 836	1070 2054 795	1284 2465 753	1498 2876 712	1712 3287 671	1926 3698 630
4673	0213 9952 921	0427 9905 842	0641 9858 763	0855 9811 684	1069 9764 605	1283 9717 526	1497 9670 447	1711 9623 368	1925 9576 289
4674	0213 9495 079	0427 8990 158	0641 8485 237	0855 7980 317	1069 7475 396	1283 6970 475	1497 6465 554	1711 5960 033	1925 5455 712
4675	0213 9037 433	0427 8074 866	0641 7112 299	0855 6149 733	1069 5187 166	1283 4224 599	1497 3262 032	1711 2299 465	1925 1336 898
4676	0213 8579 983	0427 7159 966	0641 5739 949	0855 4319 932	1069 2899 914	1283 1479 898	1497 0059 880	1710 8639 863	1924 7219 846
4677	0213 8122 728	0427 6245 456	0641 4368 185	0855 2490 913	1069 0613 641	1282 8736 369	1496 6859 098	1710 4981 826	1924 3104 554
4678	0213 7665 669	0427 5331 338	0641 2997 007	0855 0662 676	1068 8328 345	1282 5994 014	1496 3659 684	1710 1325 353	1923 8991 022
4679	0213 7208 805	0427 4417 611	0641 1626 416	0854 8835 221	1068 6044 026	1282 3252 832	1496 0461 637	1709 7670 442	1923 4879 248
4680	0213 6752 137	0427 3504 274	0641 0256 410	0854 7008 547	1068 3760 684	1282 0512 821	1495 7264 957	1709 4017 094	1923 0769 231
4681	0213 6295 663	0427 2591 327	0640 8886 990	0854 5182 653	1068 1478 317	1281 7773 980	1495 4069 643	1709 0365 307	1922 6660 970
4682	0213 5839 385	0427 1678 770	0640 7518 156	0854 3357 540	1067 9196 924	1281 5036 300	1495 0875 694	1708 6715 079	1922 2554 464
4683	0213 5383 301	0427 0766 603	0640 6149 904	0854 1533 205	1067 6916 507	1281 2299 808	1494 7683 109	1708 3066 410	1921 8449 712
4684	0213 4927 412	0426 9854 825	0640 4782 237	0853 9709 650	1067 4637 062	1280 9564 475	1494 4491 887	1707 9419 300	1921 4346 712
4685	0213 4471 718	0426 8943 437	0640 3415 155	0853 7886 873	1067 2358 591	1280 6830 310	1494 1302 028	1707 5773 746	1921 0245 464
4686	0213 4016 219	0426 8032 437	0640 2048 656	0853 6064 874	1067 0081 093	1280 4097 311	1493 8113 530	1707 2129 748	1920 6145 967
4687	0213 3560 913	0426 7121 826	0640 0682 739	0853 4243 653	1066 7804 566	1280 1365 479	1493 4926 392	1706 8487 305	1920 2048 218
4688	0213 3105 802	0426 6211 604	0639 9317 406	0853 2423 208	1066 5529 010	1279 8634 812	1493 1740 614	1706 4846 416	1919 7952 218
4689	0213 2650 885	0426 5301 770	0639 7952 655	0853 0603 540	1066 3254 425	1279 5905 310	1492 8556 195	1706 1207 080	1919 3857 965
4690	0213 2196 162	0426 4392 324	0639 6588 486	0852 8784 648	1066 0980 810	1279 3176 972	1492 5373 134	1705 7569 296	1918 9765 458
4691	0213 1741 633	0426 3483 266	0639 5224 899	0852 6966 532	1065 8708 165	1279 0449 798	1492 2191 430	1705 3933 063	1918 5674 606
4692	0213 1287 298	0426 2574 595	0639 3861 893	0852 5149 190	1065 6436 488	1278 7723 785	1491 9011 083	1705 0298 380	1918 1585 678
4693	0213 0833 156	0426 1666 312	0639 2499 467	0852 3332 623	1065 4166 779	1278 4998 935	1491 5832 090	1704 6665 246	1917 7498 402
4694	0213 0379 208	0426 0758 415	0639 1137 623	0852 1516 830	1065 1896 038	1278 2275 243	1491 2654 453	1704 3033 660	1917 3412 868
4695	0212 9925 453	0425 9850 905	0638 9776 358	0851 9701 810	1064 9627 263	1277 9552 716	1490 9478 168	1703 9403 621	1916 9329 073
4696	0212 9471 891	0425 8943 782	0638 8415 673	0851 7887 564	1064 7359 455	1277 6831 846	1490 6303 237	1703 5775 128	1916 5247 019
4697	0212 9018 522	0425 8037 045	0638 7055 567	0851 6074 000	1064 5092 612	1277 4111 135	1490 3129 657	1703 2148 180	1916 1166 702
4698	0212 8565 347	0425 7130 694	0638 5696 041	0851 4261 388	1064 2826 735	1277 1392 082	1489 9957 429	1702 8522 776	1915 7088 123
4699	0212 8112 364	0425 6224 729	0638 4337 093	0851 2449 457	1064 0561 822	1276 8674 186	1489 6786 550	1702 4898 915	1915 3011 279

	1	2	3	4	5	6	7	8	9
4700	0212 7659 574	0425 5319 140	0638 2978 723	0851 0638 298	1063 8297 872	1276 5967 447	1489 3617 021	1702 1276 596	1914 8936 170
4701	0212 7206 977	0425 4413 954	0638 1620 932	0850 8827 909	1063 6034 886	1276 3241 863	1489 0448 841	1701 7655 818	1914 4862 795
4702	0212 6754 573	0425 3509 145	0638 0263 718	0850 7018 290	1063 3772 863	1276 0527 435	1488 7282 008	1701 4036 580	1914 0791 453
4703	0212 6302 360	0425 2604 720	0637 8907 081	0850 5209 444	1063 1511 801	1275 7814 161	1488 4116 521	1701 0418 882	1913 6721 242
4704	0212 5850 340	0425 1700 680	0637 7551 030	0850 3401 361	1062 9251 701	1275 5102 044	1488 0952 381	1700 6802 721	1913 2653 064
4705	0212 5398 512	0425 0797 024	0637 6108 537	0850 1594 049	1062 6992 561	1275 2391 073	1487 7789 586	1700 3188 008	1912 8586 610
4706	0212 4946 876	0424 9893 753	0637 4840 029	0849 9787 505	1062 4734 382	1274 9681 258	1487 4628 134	1699 9575 011	1912 4521 887
4707	0212 4495 432	0424 8990 865	0637 3486 297	0849 7981 729	1062 2477 162	1274 6972 594	1487 1408 026	1699 5963 459	1912 0458 891
4708	0212 4044 180	0424 8088 360	0637 2132 540	0849 6176 720	1062 0220 901	1274 4265 081	1486 8309 261	1699 2353 441	1911 6397 621
4709	0212 3593 120	0424 7186 239	0637 0779 850	0849 4372 478	1061 7965 598	1274 1558 717	1486 5151 837	1698 8744 956	1911 2338 076
4710	0212 3142 251	0424 6284 501	0636 9426 752	0849 2569 002	1061 5711 253	1273 8853 503	1486 1995 754	1698 5138 004	1910 8280 255
4711	0212 2691 573	0424 5383 146	0636 8074 719	0849 0766 292	1061 3457 805	1273 6149 437	1485 8841 010	1698 1532 583	1910 4224 156
4712	0212 2241 087	0424 4482 173	0636 6723 260	0848 8964 346	1061 1205 433	1273 3446 520	1485 5087 606	1697 7928 693	1910 0169 779
4713	0212 1790 791	0424 3581 583	0636 5372 374	0848 7163 166	1060 8953 987	1273 0744 749	1485 2535 540	1697 4326 334	1909 6117 123
4714	0212 1340 687	0424 2681 375	0636 4022 062	0848 5362 749	1060 6703 437	1272 8044 124	1484 9384 811	1697 0725 498	1909 2066 186
4715	0212 0890 774	0424 1781 548	0636 2672 322	0848 3563 096	1060 4453 871	1272 5344 645	1484 6235 419	1696 7126 193	1908 8016 967
4716	0212 0441 052	0424 0882 103	0636 1323 155	0848 1764 207	1060 2205 289	1272 2646 310	1484 3087 362	1696 3528 414	1908 3969 466
4717	0211 9991 520	0423 9983 040	0635 9974 560	0847 9966 080	1059 9957 600	1271 9949 120	1483 9940 640	1695 9932 160	1907 9923 680
4718	0211 9542 179	0423 9084 358	0635 8626 537	0847 8168 716	1059 7710 894	1271 7253 073	1483 6795 252	1695 6337 431	1907 5879 610
4719	0211 9093 028	0423 8186 056	0635 7279 085	0847 6372 113	1059 5465 141	1271 4558 160	1483 3651 197	1695 2744 225	1907 1837 254
4720	0211 8644 068	0423 7288 136	0635 5932 203	0847 4576 271	1059 3220 339	1271 1864 407	1483 0508 475	1694 9152 542	1906 7796 610
4721	0211 8195 298	0423 6390 595	0635 4585 893	0847 2781 190	1059 0976 488	1270 9171 786	1482 7367 083	1694 5562 381	1906 3757 678
4722	0211 7746 717	0423 5493 435	0635 3240 153	0847 0986 870	1058 8733 587	1270 6480 305	1482 4227 022	1694 1973 740	1905 9720 457
4723	0211 7298 327	0423 4596 655	0635 1894 982	0846 9193 309	1058 6491 637	1270 3789 964	1482 1088 291	1693 8386 619	1905 5684 946
4724	0211 6850 127	0423 3700 254	0635 0550 381	0846 7400 508	1058 4250 635	1270 1100 762	1481 7950 889	1693 4801 016	1905 1651 143
4725	0211 6402 116	0423 2804 233	0634 9206 349	0846 5608 466	1058 2010 582	1269 8412 698	1481 4814 815	1693 1216 931	1904 7619 048
4726	0211 5954 295	0423 1908 501	0634 7862 886	0846 3817 182	1057 9771 477	1269 5725 772	1481 1680 068	1692 7634 363	1904 3588 658
4727	0211 5506 664	0423 1013 328	0634 6519 992	0846 2026 655	1057 7533 319	1269 3039 983	1480 8546 647	1692 4053 311	1903 9559 975
4728	0211 5059 222	0423 0118 443	0634 5177 665	0846 0236 887	1057 5296 108	1269 0355 330	1480 5414 552	1692 0473 773	1903 5532 995
4729	0211 4611 969	0422 9223 937	0634 3835 906	0845 8447 875	1057 3059 814	1268 7671 812	1480 2283 781	1691 6895 750	1903 1507 718
4730	0211 4164 905	0422 8329 810	0634 2494 715	0845 6659 619	1057 0824 524	1268 4989 429	1479 9154 334	1691 3319 239	1902 7484 144
4731	0211 3718 030	0422 7436 060	0634 1154 090	0845 4872 120	1056 8590 150	1268 2308 180	1479 6026 210	1690 9744 240	1902 3462 270
4732	0211 3271 344	0422 6542 688	0633 9814 032	0845 3085 376	1056 6356 720	1267 9628 064	1479 2899 408	1690 6170 752	1901 9442 096
4733	0211 2824 847	0422 5649 694	0633 8474 540	0845 1299 387	1056 4124 234	1267 6949 081	1478 9773 928	1690 2598 775	1901 5423 621
4734	0211 2378 538	0422 4757 076	0633 7135 615	0844 9514 153	1056 1892 691	1267 4271 229	1478 6649 768	1689 9028 306	1901 1406 844
4735	0211 1932 418	0422 3864 836	0633 5797 254	0844 7729 673	1055 9662 091	1267 1594 509	1478 3526 927	1689 5459 345	1900 7391 763
4736	0211 1486 487	0422 2972 973	0633 4459 460	0844 5945 946	1055 7432 432	1266 8918 919	1478 0405 405	1689 1891 892	1900 3378 378
4737	0211 1040 743	0422 2081 486	0633 3122 229	0844 4162 972	1055 5203 715	1266 6244 459	1477 7285 202	1688 8325 945	1899 9366 688
4738	0211 0595 188	0422 1190 376	0633 1785 564	0844 2380 751	1055 2975 939	1266 3571 127	1477 4166 345	1688 4761 503	1899 5356 601
4739	0211 0149 821	0422 0299 641	0633 0449 402	0844 0599 283	1055 0749 103	1266 0898 924	1477 1048 744	1688 1198 565	1899 1348 386
4740	0210 9704 641	0421 9409 283	0632 9113 924	0843 8818 565	1054 8523 207	1265 8227 848	1476 7932 489	1687 7637 131	1898 7341 772
4741	0210 9259 650	0421 8519 300	0632 7778 950	0843 7038 599	1054 6298 249	1265 5557 809	1476 4817 549	1687 4077 190	1898 3336 849
4742	0210 8814 846	0421 7629 692	0632 6444 538	0843 5259 384	1054 4074 230	1265 2889 076	1476 1703 922	1687 0518 768	1897 9333 615
4743	0210 8370 230	0421 6740 460	0632 5110 689	0843 3480 919	1054 1851 149	1265 0221 379	1475 8594 609	1686 6961 839	1897 5332 068
4744	0210 7925 801	0421 5851 602	0632 3777 403	0843 1703 204	1053 9629 005	1264 7554 806	1475 5480 607	1686 3406 408	1897 1332 200
4745	0210 7481 560	0421 4963 119	0632 2444 679	0842 9926 238	1053 7407 798	1264 4889 357	1475 2370 917	1685 9852 476	1896 7334 036
4746	0210 7037 505	0421 4075 011	0632 1112 516	0842 8150 021	1053 5187 526	1264 2225 032	1474 9262 537	1685 6300 042	1896 3337 547
4747	0210 6593 638	0421 3187 276	0631 9780 914	0842 6374 582	1053 2968 190	1263 9561 829	1474 6155 467	1685 2749 105	1895 9342 748
4748	0210 6149 958	0421 2299 916	0631 8449 874	0842 4599 832	1053 0749 789	1263 6899 747	1474 3049 705	1684 9199 663	1895 5349 021
4749	0210 5706 465	0421 1412 929	0631 7119 394	0842 2825 858	1052 8532 323	1263 4238 787	1473 9945 252	1684 5651 716	1895 1358 181
4750	0210 5263 158	0421 0526 316	0631 5789 474	0842 1052 632	1052 6315 789	1263 1578 947	1473 6842 105	1684 2105 263	1894 7368 421
4751	0210 4820 038	0420 9640 076	0631 4460 114	0841 9280 152	1052 4100 189	1262 8920 227	1473 3740 265	1683 8560 303	1894 3380 341
4752	0210 4377 104	0420 8754 209	0631 3131 313	0841 7508 418	1052 1885 522	1262 6262 626	1473 0639 731	1683 5016 835	1893 9393 939
4753	0210 3934 357	0420 7868 715	0631 1803 072	0841 5737 429	1051 9671 786	1262 3606 143	1472 7540 501	1683 1474 858	1893 5409 215
4754	0210 3491 796	0420 6983 593	0631 0475 389	0841 3967 186	1051 7458 982	1262 0950 778	1472 4442 575	1682 7934 371	1893 1426 167
4755	0210 3049 422	0420 6098 843	0630 9148 265	0841 2197 687	1051 5247 108	1261 8296 530	1472 1345 952	1682 4395 373	1892 7444 795
4756	0210 2607 233	0420 5214 466	0630 7821 699	0841 0428 932	1051 3036 165	1261 5643 398	1471 8250 631	1682 0857 864	1892 3465 097
4757	0210 2165 230	0420 4330 460	0630 6495 691	0840 8660 921	1051 0826 151	1261 2991 381	1471 5156 611	1681 7321 842	1891 9487 072
4758	0210 1723 413	0420 3446 826	0630 5170 240	0840 6893 653	1050 8617 066	1261 0340 479	1471 2063 892	1681 3787 306	1891 5810 719
4759	0210 1281 782	0420 2563 504	0630 3845 346	0840 5127 128	1050 6408 909	1260 7690 691	1470 8972 473	1681 0254 255	1891 1536 037
4760	0210 0840 336	0420 1680 672	0630 2521 008	0840 3361 345	1050 4201 681	1260 5042 017	1470 5882 353	1680 6722 689	1890 7563 025
4761	0210 0399 076	0420 0798 152	0630 1197 227	0840 1596 303	1050 1995 379	1260 2394 455	1470 2793 531	1680 3192 607	1890 3591 682
4762	0209 9958 001	0419 9916 002	0629 9874 003	0839 9832 003	1049 9790 004	1259 9748 005	1469 9706 006	1679 9664 007	1889 9622 008
4763	0209 9517 111	0419 9034 222	0629 8551 333	0839 8068 444	1049 7585 555	1259 7102 666	1469 6019 777	1679 6136 888	1889 5654 000
4764	0209 9076 406	0419 8152 813	0629 7229 219	0839 6305 626	1049 5382 032	1259 4458 438	1469 3534 845	1679 2611 251	1889 1687 657
4765	0209 8635 887	0419 7271 773	0629 5907 660	0839 4543 547	1049 3179 433	1259 1815 320	1469 0451 207	1678 9087 093	1888 7722 980
4766	0209 8195 552	0419 6391 104	0629 4586 655	0839 2782 207	1049 0977 759	1258 9173 311	1468 7368 863	1678 5564 415	1888 3759 966
4767	0209 7755 402	0419 5510 803	0629 3266 205	0839 1021 607	1048 8777 009	1258 6532 410	1468 4287 812	1678 2043 214	1887 9798 615
4768	0209 7315 436	0419 4630 872	0629 1946 309	0838 9261 745	1048 6577 181	1258 3892 617	1468 1208 054	1677 8523 490	1887 5838 926
4769	0209 6875 655	0419 3751 311	0629 0626 966	0838 7502 621	1048 4378 276	1258 1253 932	1467 8129 587	1677 5005 242	1887 1880 897
4770	0209 6436 059	0419 2872 117	0628 9308 176	0838 5744 235	1048 2180 294	1257 8616 352	1467 5052 411	1677 1488 470	1886 7924 528
4771	0209 5996 646	0419 1993 293	0628 7989 930	0838 3986 586	1047 9983 232	1257 5979 878	1467 1976 523	1676 7973 171	1886 3969 818
4772	0209 5557 418	0419 1114 837	0628 6672 255	0838 2229 673	1047 7787 091	1257 3344 510	1466 8901 928	1676 4459 346	1886 0016 764
4773	0209 5118 374	0419 0236 748	0628 5355 123	0838 0473 497	1047 5591 871	1257 0710 245	1466 5828 619	1676 0946 994	1885 6065 368
4774	0209 4679 514	0418 9359 028	0628 4038 542	0837 8718 056	1047 3397 570	1256 8077 084	1466 2786 598	1675 7436 112	1885 2115 626
4775	0209 4240 838	0418 8481 675	0628 2722 513	0837 6963 351	1047 1204 188	1256 5445 026	1465 9685 864	1675 3926 702	1884 8167 539
4776	0209 3802 345	0418 7604 690	0628 1407 035	0837 5209 380	1046 9011 725	1256 2814 070	1465 6616 415	1675 0418 760	1884 4221 106
4777	0209 3364 036	0418 6728 072	0628 0092 108	0837 3456 144	1046 6820 180	1256 0184 216	1465 3548 252	1674 6912 288	1884 0276 324
4778	0209 2925 910	0418 5851 821	0627 8777 731	0837 1703 642	1046 4629 552	1255 7555 463	1465 0481 373	1674 3407 283	1883 6333 194
4779	0209 2487 968	0418 4975 936	0627 7463 905	0836 9951 873	1046 2439 841	1255 4927 809	1464 7415 777	1673 9903 746	1883 2391 714
4780	0209 2050 209	0418 4100 418	0627 6150 628	0836 8200 837	1046 0251 046	1255 2301 255	1464 4351 464	1673 6401 674	1882 8451 883
4781	0209 1612 633	0418 3225 267	0627 4837 900	0836 6450 533	1045 8063 167	1254 9675 800	1464 1288 433	1673 2901 067	1882 4513 700
4782	0209 1175 240	0418 2350 481	0627 3525 721	0836 4700 962	1045 5876 202	1254 7051 443	1463 8226 683	1672 9401 924	1882 0577 164
4783	0209 0738 031	0418 1476 061	0627 2214 092	0836 2952 122	1045 3690 153	1254 4428 183	1463 5166 214	1672 5904 244	1881 6642 275
4784	0209 0301 003	0418 0602 007	0627 0903 010	0836 1204 013	1045 1505 017	1254 1806 020	1463 2107 023	1672 2408 027	1881 2709 030
4785	0208 9864 159	0417 9728 318	0626 9592 476	0835 9456 635	1044 9320 794	1253 9184 953	1462 9049 112	1671 8913 271	1880 8777 429
4786	0208 9427 497	0417 8854 994	0626 8282 491	0835 7709 987	1044 7137 484	1253 6564 981	1462 5992 478	1671 5419 975	1880 4847 472
4787	0208 8991 017	0417 7982 035	0626 6973 052	0835 5964 069	1044 4955 087	1253 3946 104	1462 2937 121	1671 1928 139	1880 0919 156
4788	0208 8554 720	0417 7109 440	0626 5664 160	0835 4218 881	1044 2773 601	1253 1328 321	1461 9883 041	1670 8437 761	1879 6992 481
4789	0208 8118 605	0417 6237 210	0626 4355 815	0835 2474 421	1044 0593 026	1252 8711 631	1461 6830 236	1670 4948 841	1879 3067 446
4790	0208 7682 072	0417 5365 344	0626 3048 017	0835 0730 689	1043 8413 361	1252 6096 033	1461 3778 706	1670 1461 378	1878 9144 050
4791	0208 7246 921	0417 4493 843	0626 1740 764	0834 8987 685	1043 6234 607	1252 3481 528	1461 0728 440	1669 7975 370	1878 5222 292
4792	0208 6811 352	0417 3622 705	0626 0434 057	0834 7245 409	1043 4056 761	1252 0868 114	1460 7679 466	1669 4490 818	1878 1302 170
4793	0208 6375 965	0417 2751 030	0625 9127 805	0834 5503 860	1043 1879 825	1251 8255 790	1460 4631 755	1669 1007 720	1877 7383 685
4794	0208 5940 759	0417 1881 519	0625 7822 278	0834 3763 037	1042 9703 796	1251 5644 556	1460 1585 315	1668 7526 074	1877 3466 834
4795	0208 5505 735	0417 1011 470	0625 6517 205	0834 2022 941	1042 7528 676	1251 3034 441	1460 0540 146	1668 4045 881	1876 9551 615
4796	0208 5070 892	0417 0141 785	0625 5212 677	0834 0283 570	1042 5354 462	1251 0425 354	1459 5496 247	1668 0567 139	1876 5638 032
4797	0208 4636 231	0416 9272 462	0625 3908 693	0833 8544 924	1042 3181 155	1250 7817 386	1459 2453 617	1667 7089 848	1876 1726 079
4798	0208 4201 751	0416 8403 501	0625 2605 252	0833 6807 003	1042 1008 754	1250 5210 504	1458 9412 255	1667 3614 006	1875 7815 757
4799	0208 3767 452	0416 7534 903	0625 1302 355	0833 5069 806	1041 8837 258	1250 2604 709	1458 6372 161	1667 0139 612	1875 3907 064

	1	2	3	4	5	6	7	8	9
4800	0208 3333 333	0416 6666 667	0625 0000 000	0833 3333 333	1041 6666 667	1250 0000 000	1458 3333 333	1666 6666 667	1875 0000 000
4801	0208 2899 396	0416 5798 792	0624 8698 188	0833 1597 584	1041 4496 980	1249 7396 376	1458 0295 772	1666 3195 168	1874 6094 564
4802	0208 2465 639	0416 4931 279	0624 7396 918	0832 9862 557	1041 2328 197	1249 4793 836	1457 7259 475	1665 9725 115	1874 2190 754
4803	0208 2032 063	0416 4064 127	0624 6096 190	0832 8128 253	1041 0160 316	1249 2192 380	1457 4224 443	1665 6256 506	1873 8288 570
4804	0208 1598 668	0416 3197 336	0624 4796 003	0832 6394 671	1040 7993 339	1248 9592 007	1457 1190 674	1665 2789 342	1873 4388 010
4805	0208 1165 453	0416 2330 905	0624 3496 358	0832 4661 811	1040 5827 263	1248 6992 716	1456 8158 169	1664 9323 621	1873 0489 074
4806	0208 0732 418	0416 1464 836	0624 2197 253	0832 2929 671	1040 3662 089	1248 4394 507	1456 5126 925	1664 5859 342	1872 6591 760
4807	0208 0299 563	0416 0599 126	0624 0898 689	0832 1198 253	1040 1497 810	1248 1797 379	1456 2096 942	1664 2396 505	1872 2696 068
4808	0207 9866 889	0415 9733 777	0623 9600 666	0831 9467 554	1039 9334 443	1247 9201 331	1455 9068 220	1663 8935 108	1871 8801 997
4809	0207 9434 394	0415 8868 788	0623 8303 182	0831 7737 575	1039 7171 969	1247 6606 363	1455 6040 757	1663 5475 151	1871 4909 545
4810	0207 9002 079	0415 8004 158	0623 7006 237	0831 6008 316	1039 5010 395	1247 4012 474	1455 3014 553	1663 2016 632	1871 1018 711
4811	0207 8569 944	0415 7139 888	0623 5709 832	0831 4279 776	1039 2849 719	1247 1419 663	1454 9989 607	1662 8559 551	1870 7129 495
4812	0207 8137 988	0415 6275 977	0623 4413 965	0831 2551 953	1039 0689 942	1246 8827 930	1454 6965 919	1662 5103 907	1870 3241 895
4813	0207 7706 212	0415 5412 425	0623 3118 637	0831 0824 849	1038 8531 062	1246 6237 274	1454 3943 486	1662 1649 699	1869 9355 911
4814	0207 7274 616	0415 4549 231	0623 1823 847	0830 9098 463	1038 6373 079	1246 3647 694	1454 0922 310	1661 8196 926	1869 5471 541
4815	0207 6843 198	0415 3686 397	0623 0529 595	0830 7372 793	1038 4215 992	1246 1059 190	1453 7902 388	1661 4745 587	1869 1588 785
4816	0207 6411 960	0415 2823 920	0622 9235 880	0830 5647 841	1038 2059 801	1245 8471 761	1453 4883 721	1661 1295 681	1868 7707 641
4817	0207 5980 901	0415 1961 802	0622 7942 703	0830 3923 604	1037 9904 505	1245 5885 406	1453 1866 307	1660 7847 208	1868 3828 109
4818	0207 5550 021	0415 1100 042	0622 6650 062	0830 2200 083	1037 7750 104	1245 3300 125	1452 8850 145	1660 4400 166	1867 9950 187
4819	0207 5119 319	0415 0238 639	0622 5357 958	0830 0477 277	1037 5596 597	1245 0715 916	1452 5835 236	1660 0954 555	1867 6073 874
4820	0207 4688 797	0414 9377 593	0622 4066 390	0829 8755 187	1037 3443 983	1244 8132 780	1452 2821 577	1659 7510 373	1867 2199 170
4821	0207 4258 453	0414 8516 905	0622 2775 358	0829 7033 810	1037 1292 263	1244 5550 716	1451 9809 168	1659 4067 621	1866 8326 073
4822	0207 3828 287	0414 7656 574	0622 1484 861	0829 5313 148	1036 9141 435	1244 2969 722	1451 6798 009	1659 0626 296	1866 4454 583
4823	0207 3398 300	0414 6796 600	0622 0194 899	0829 3593 199	1036 6991 499	1244 0389 799	1451 3788 099	1658 7186 399	1866 0584 698
4824	0207 2968 491	0414 5936 982	0621 8905 473	0829 1873 964	1036 4842 454	1243 7810 945	1451 0779 436	1658 3747 927	1865 6716 418
4825	0207 2538 860	0414 5077 720	0621 7616 580	0829 0155 440	1036 2694 301	1243 5233 161	1450 7772 021	1658 0310 881	1865 2849 741
4826	0207 2109 407	0414 4218 815	0621 6328 222	0828 8437 630	1036 0547 037	1243 2656 444	1450 4765 852	1657 6875 259	1864 8084 666
4827	0207 1680 133	0414 3360 265	0621 5040 398	0828 6720 530	1035 8400 663	1243 0080 796	1450 1760 928	1657 3441 061	1864 5121 493
4828	0207 1251 036	0414 2502 071	0621 3753 107	0828 5004 142	1035 6255 178	1242 7506 214	1449 8757 249	1657 0008 285	1864 1259 321
4829	0207 0822 116	0414 1644 233	0621 2466 349	0828 3288 466	1035 4110 582	1242 4932 698	1449 5754 815	1656 6576 931	1863 7399 047
4830	0207 0393 375	0414 0786 749	0621 1180 124	0828 1573 499	1035 1966 874	1242 2360 248	1449 2753 623	1656 3146 998	1863 3540 373
4831	0206 9964 811	0413 9929 621	0620 9894 432	0827 9859 242	1034 9824 053	1241 9788 864	1448 9753 674	1655 9718 485	1862 9683 295
4832	0206 9536 424	0413 9072 848	0620 8609 272	0827 8145 695	1034 7682 119	1241 7218 543	1448 6754 967	1655 6291 391	1862 5827 815
4833	0206 9108 214	0413 8216 429	0620 7324 643	0827 6432 857	1034 5541 072	1241 4649 286	1448 3757 500	1655 2865 715	1862 1973 929
4834	0206 8680 182	0413 7360 364	0620 6040 546	0827 4720 728	1034 3400 910	1241 2081 092	1448 0761 274	1654 9441 456	1861 8121 638
4835	0206 8252 327	0413 6504 654	0620 4756 980	0827 3000 307	1034 1261 634	1240 9513 961	1447 7766 287	1654 6018 614	1861 4270 941
4836	0206 7824 648	0413 5649 297	0620 3473 945	0827 1298 894	1033 9123 242	1240 6947 891	1447 4772 539	1654 2597 188	1861 0421 836
4837	0206 7397 147	0413 4794 294	0620 2191 441	0826 9588 588	1033 6985 735	1240 4382 882	1447 1780 029	1653 9177 176	1860 6574 323
4838	0206 6969 822	0413 3939 644	0620 0909 467	0826 7879 289	1033 4849 111	1240 1818 933	1446 8788 756	1653 5758 578	1860 2728 400
4839	0206 6542 674	0413 3085 348	0619 9628 022	0826 6170 696	1033 2713 371	1239 9256 045	1446 5798 719	1653 2341 393	1859 8884 067
4840	0206 6115 702	0413 2231 405	0619 8347 107	0826 4462 810	1033 0578 512	1239 6694 215	1446 2809 917	1652 8925 620	1859 5041 322
4841	0206 5688 907	0413 1377 815	0619 7066 722	0826 2755 629	1032 8444 536	1239 4133 444	1445 9822 351	1652 5511 258	1859 1200 165
4842	0206 5262 288	0413 0524 577	0619 5786 865	0826 1049 153	1032 6311 442	1239 1573 730	1445 6836 018	1652 2098 306	1858 7360 595
4843	0206 4835 846	0412 9671 691	0619 4507 537	0825 9343 382	1032 4179 228	1238 9015 073	1445 3850 919	1651 8686 764	1858 3532 610
4844	0206 4409 579	0412 8819 158	0619 3228 737	0825 7638 315	1032 2047 894	1238 6457 473	1445 0867 052	1651 5276 631	1857 9686 210
4845	0206 3983 488	0412 7966 976	0619 1950 464	0825 5933 953	1031 9917 441	1238 3900 929	1444 7884 417	1651 1867 905	1857 5851 393
4846	0206 3557 573	0412 7115 147	0619 0672 720	0825 4230 293	1031 7787 866	1238 1345 440	1444 4903 013	1650 8460 586	1857 2018 159
4847	0206 3131 834	0412 6263 668	0618 9395 502	0825 2527 336	1031 5659 171	1237 8791 005	1444 1922 839	1650 5054 673	1856 8186 507
4848	0206 2706 271	0412 5412 541	0618 8118 812	0825 0825 082	1031 3531 353	1237 6237 624	1443 8943 894	1650 1650 165	1856 4356 436
4849	0206 2280 883	0412 4561 765	0618 6842 648	0824 9123 531	1031 1404 413	1237 3685 296	1443 5966 179	1649 8247 061	1856 0527 944
4850	0206 1855 670	0412 3711 340	0618 5567 010	0824 7422 680	1030 9278 351	1237 1134 021	1443 2989 691	1649 4845 361	1855 6701 031
4851	0206 1430 633	0412 2861 266	0618 4291 899	0824 5722 531	1030 7153 164	1236 8583 797	1443 0014 430	1649 1445 063	1855 2875 696
4852	0206 1005 771	0412 2011 542	0618 3017 312	0824 4023 083	1030 5028 854	1236 6034 625	1442 7040 396	1648 8046 167	1854 9051 937
4853	0206 0581 084	0412 1162 168	0618 1743 252	0824 2324 335	1030 2905 419	1236 3486 503	1442 4067 587	1648 4648 671	1854 5229 755
4854	0206 0156 572	0412 0313 144	0618 0469 716	0824 0626 288	1030 0782 860	1236 0939 431	1442 1096 003	1648 1252 575	1854 1409 147
4855	0205 9732 235	0411 9464 469	0617 9196 704	0823 8928 939	1029 8661 174	1235 8393 409	1441 8125 644	1647 7857 878	1853 7590 113
4856	0205 9308 072	0411 8616 145	0617 7924 217	0823 7232 290	1029 6540 362	1235 5848 435	1441 5156 507	1647 4464 580	1853 3772 652
4857	0205 8884 085	0411 7768 170	0617 6652 254	0823 5536 339	1029 4420 424	1235 3304 509	1441 2188 594	1647 1072 679	1852 9956 763
4858	0205 8460 272	0411 6920 543	0617 5380 815	0823 3841 087	1029 2301 359	1235 0761 630	1440 9221 902	1646 7682 174	1852 6142 445
4859	0205 8036 633	0411 6073 266	0617 4109 899	0823 2146 532	1029 0183 165	1234 8219 798	1440 6256 431	1646 4293 064	1852 2329 697
4860	0205 7613 169	0411 5226 337	0617 2839 506	0823 0452 675	1028 8065 844	1234 5679 012	1440 3292 181	1646 0905 350	1851 8518 518
4861	0205 7189 879	0411 4379 757	0617 1569 636	0822 8759 514	1028 5949 393	1234 3139 272	1440 0329 150	1645 7519 029	1851 4708 908
4862	0205 6766 763	0411 3533 525	0617 0300 288	0822 7067 051	1028 3833 813	1234 0600 576	1439 7367 339	1645 4134 101	1851 0900 864
4863	0205 6343 821	0411 2687 641	0616 9031 402	0822 5375 283	1028 1719 103	1233 8062 924	1439 4406 745	1645 0750 566	1850 7094 386
4864	0205 5921 053	0411 1842 105	0616 7763 158	0822 3684 211	1027 9605 263	1233 5526 316	1439 1447 368	1644 7368 421	1850 3289 474
4865	0205 5498 458	0411 0996 917	0616 6495 375	0822 1993 834	1027 7492 292	1233 2990 750	1438 8489 209	1644 3987 667	1849 9486 125
4866	0205 5076 038	0411 0152 076	0616 5228 113	0822 0304 151	1027 5380 189	1233 0456 227	1438 5532 265	1644 0608 302	1849 5684 340
4867	0205 4653 791	0410 9307 582	0616 3961 373	0821 8615 163	1027 3268 054	1232 7922 745	1438 2576 536	1643 7230 327	1849 1884 117
4868	0205 4231 717	0410 8463 435	0616 2695 152	0821 6926 869	1027 1158 587	1232 5390 304	1437 9622 021	1643 3853 739	1848 8085 456
4869	0205 3809 817	0410 7619 634	0616 1429 452	0821 5239 269	1026 9049 086	1232 2858 903	1437 6668 720	1643 0478 538	1848 4288 355
4870	0205 3388 090	0410 6776 181	0616 0164 271	0821 3552 361	1026 6940 452	1232 0328 542	1437 3716 632	1642 7104 723	1848 0492 813
4871	0205 2966 537	0410 5933 073	0615 8899 610	0821 1866 147	1026 4832 683	1231 7799 220	1437 0765 757	1642 3732 293	1847 6698 830
4872	0205 2545 156	0410 5090 312	0615 7635 468	0821 0180 624	1026 2725 780	1231 5270 936	1436 7816 092	1642 0361 248	1847 2906 404
4873	0205 2123 948	0410 4247 897	0615 6371 845	0820 8495 793	1026 0619 741	1231 2743 690	1436 4867 638	1641 6991 586	1846 9115 535
4874	0205 1702 913	0410 3405 827	0615 5108 740	0820 6811 654	1025 8514 567	1231 0217 481	1436 1920 394	1641 3623 307	1846 5326 221
4875	0205 1282 051	0410 2564 103	0615 3846 154	0820 5128 205	1025 6410 256	1230 7692 308	1435 8974 359	1641 0256 410	1846 1538 462
4876	0205 0861 362	0410 1722 724	0615 2584 085	0820 3445 447	1025 4306 809	1230 5168 171	1435 6029 532	1640 6890 894	1845 7752 256
4877	0205 0440 845	0410 0881 690	0615 1322 534	0820 1763 379	1025 2204 224	1230 2645 069	1435 3085 913	1640 3526 758	1845 3967 603
4878	0205 0020 500	0410 0041 000	0615 0061 501	0820 0082 001	1025 0102 501	1230 0123 001	1435 0143 501	1640 0164 002	1845 0184 502
4879	0204 9600 328	0409 9200 656	0614 8800 984	0819 8401 312	1024 8001 640	1229 7601 968	1434 7202 296	1639 6802 624	1844 6402 951
4880	0204 9180 328	0409 8360 656	0614 7540 984	0819 6721 311	1024 5901 639	1229 5081 967	1434 4262 295	1639 3442 623	1844 2622 951
4881	0204 8760 500	0409 7521 000	0614 6281 500	0819 5042 000	1024 3802 499	1229 2562 999	1434 1323 499	1639 0083 999	1843 8844 499
4882	0204 8340 844	0409 6681 688	0614 5022 532	0819 3363 376	1024 1704 220	1229 0045 063	1433 8385 907	1638 6726 751	1843 5067 595
4883	0204 7921 360	0409 5842 720	0614 3764 079	0819 1685 439	1023 9606 799	1228 7528 159	1433 5449 519	1638 3370 879	1843 1292 238
4884	0204 7502 048	0409 5004 095	0614 2506 143	0819 0008 190	1023 7510 238	1228 5012 285	1433 2514 333	1638 0016 380	1842 7518 428
4885	0204 7082 907	0409 4165 814	0614 1248 721	0818 8331 627	1023 5414 534	1228 2497 441	1432 9580 348	1637 6663 255	1842 3746 162
4886	0204 6663 938	0409 3327 876	0613 9991 813	0818 6655 751	1023 3319 689	1227 9983 627	1432 6647 564	1637 3311 502	1841 9975 440
4887	0204 6245 140	0409 2490 280	0613 8735 421	0818 4980 561	1023 1225 701	1227 7470 841	1432 3715 981	1636 9961 121	1841 6206 262
4888	0204 5826 514	0409 1653 028	0613 7479 542	0818 3306 056	1022 9132 570	1227 4959 083	1432 0785 597	1636 6612 111	1841 2438 625
4889	0204 5408 059	0409 0816 118	0613 6224 177	0818 1632 236	1022 7040 295	1227 2448 353	1431 7856 412	1636 3264 471	1840 8672 530
4890	0204 4989 775	0408 9979 550	0613 4969 325	0817 9959 100	1022 4948 875	1226 9938 650	1431 4928 425	1635 9918 200	1840 4907 975
4891	0204 4571 662	0408 9143 324	0613 3714 987	0817 8286 649	1022 2858 311	1226 7429 973	1431 2001 636	1635 6573 298	1840 1144 960
4892	0204 4153 720	0408 8307 441	0613 2461 161	0817 6614 881	1022 0768 602	1226 4922 322	1430 9076 043	1635 3229 763	1839 7383 483
4893	0204 3735 949	0408 7471 899	0613 1207 848	0817 4943 797	1021 8679 747	1226 2415 696	1430 6151 645	1634 9887 595	1839 3623 544
4894	0204 3318 349	0408 6636 698	0612 9955 047	0817 3273 396	1021 6591 745	1225 9910 094	1430 3228 443	1634 6546 792	1838 9865 141
4895	0204 2900 919	0408 5801 839	0612 8702 758	0817 1603 677	1021 4504 597	1225 7405 516	1430 0306 435	1634 3207 354	1838 6108 274
4896	0204 2483 660	0408 4967 320	0612 7450 980	0816 9934 641	1021 2418 301	1225 4901 961	1429 7385 621	1633 9869 281	1838 2352 941
4897	0204 2066 571	0408 4133 143	0612 6199 714	0816 8266 286	1021 0332 857	1225 2399 428	1429 4466 000	1633 6532 571	1837 8599 142
4898	0204 1649 653	0408 3299 306	0612 4948 959	0816 6598 612	1020 8248 265	1224 9897 918	1429 1547 570	1633 3197 223	1837 4846 876
4899	0204 1232 905	0408 2465 809	0612 3698 714	0816 4931 619	1020 6164 523	1224 7397 428	1428 8630 333	1632 9863 237	1837 1096 142

	1	2	3	4	5	6	7	8	9
4900	0204 0816 327	0408 1632 653	0612 2448 980	0816 3265 306	1020 4081 633	1224 4897 959	1428 5714 286	1632 6530 612	1836 7346 939
4901	0204 0399 918	0408 0799 837	0612 1199 755	0816 1599 674	1020 1999 592	1224 2399 510	1428 2799 429	1632 3199 347	1836 3599 265
4902	0203 9983 680	0407 9967 360	0611 9951 040	0815 9934 721	1019 9918 401	1223 9902 081	1427 9885 761	1631 9869 441	1835 9853 121
4903	0203 9567 612	0407 9135 223	0611 8702 835	0815 8270 447	1019 7838 058	1223 7405 670	1427 6973 282	1631 6540 893	1835 6108 505
4904	0203 9151 713	0407 8303 426	0611 7455 139	0815 6606 852	1019 5758 564	1223 4910 277	1427 4061 990	1631 3213 703	1835 2365 416
4905	0203 8735 984	0407 7471 967	0611 6207 951	0815 4943 935	1019 3679 918	1223 2415 902	1427 1151 886	1630 9887 870	1834 8623 853
4906	0203 8320 424	0407 6640 848	0611 4961 272	0815 3281 696	1019 1602 120	1222 9922 544	1426 8242 968	1630 6563 392	1834 4883 816
4907	0203 7905 031	0407 5810 067	0611 3715 101	0815 1620 134	1018 9525 168	1222 7430 202	1426 5335 235	1630 3240 269	1834 1145 303
4908	0203 7489 813	0407 4979 625	0611 2469 438	0814 9959 250	1018 7449 063	1222 4938 875	1426 2428 688	1629 9918 500	1833 7408 313
4909	0203 7074 761	0407 4149 521	0611 1224 282	0814 8299 043	1018 5373 803	1222 2448 564	1425 9523 325	1629 6598 085	1833 3672 846
4910	0203 6659 878	0407 3319 756	0610 9979 633	0814 6639 511	1018 3299 389	1221 9959 267	1425 6619 145	1629 3279 022	1832 9938 900
4911	0203 6245 164	0407 2490 328	0610 8735 492	0814 4980 656	1018 1225 820	1221 7470 984	1425 3716 147	1628 9961 311	1832 6206 475
4912	0203 5830 619	0407 1661 238	0610 7491 857	0814 3322 476	1017 9153 094	1221 4983 713	1425 0814 332	1628 6644 951	1832 2475 570
4913	0203 5416 243	0407 0832 485	0610 6248 728	0814 1664 970	1017 7081 213	1221 2497 456	1424 7913 698	1628 3329 941	1831 8746 184
4914	0203 5002 035	0407 0004 070	0610 5006 105	0814 0008 140	1017 5010 175	1221 0012 210	1424 5014 245	1628 0016 280	1831 5018 315
4915	0203 4587 996	0406 9175 992	0610 3763 988	0813 8351 984	1017 2939 980	1220 7527 976	1424 2115 972	1627 6703 967	1831 1291 963
4916	0203 4174 125	0406 8348 251	0610 2522 376	0813 6696 501	1017 0870 627	1220 5044 752	1423 9218 877	1627 3393 002	1830 7567 128
4917	0203 3760 423	0406 7520 846	0610 1281 269	0813 5041 692	1016 8802 115	1220 2562 538	1423 6322 961	1627 0083 384	1830 3843 807
4918	0203 3346 880	0406 6693 778	0610 0040 667	0813 3387 556	1016 6734 445	1220 0081 334	1423 3428 223	1626 6775 112	1830 0122 001
4919	0203 2933 523	0406 5867 046	0609 8800 569	0813 1734 092	1016 4667 615	1219 7601 138	1423 0534 661	1626 3468 185	1829 6401 708
4920	0203 2520 325	0406 5040 650	0609 7560 976	0813 0081 301	1016 2601 626	1219 5121 951	1422 7642 276	1626 0162 602	1829 2682 927
4921	0203 2107 295	0406 4214 591	0609 6321 886	0812 8429 181	1016 0536 476	1219 2643 772	1422 4751 067	1625 6858 362	1828 8965 657
4922	0203 1694 433	0406 3388 866	0609 5083 299	0812 6777 733	1015 8472 166	1219 0166 599	1422 1861 032	1625 3555 495	1828 5249 898
4923	0203 1281 739	0406 2563 478	0609 3845 216	0812 5126 955	1015 6408 694	1218 7690 433	1421 8972 171	1625 0253 910	1828 1535 649
4924	0203 0869 212	0406 1738 424	0609 2607 636	0812 3476 848	1015 4346 060	1218 5215 272	1421 6084 484	1624 6953 696	1827 7822 908
4925	0203 0456 853	0406 0913 706	0609 1370 558	0812 1827 411	1015 2284 264	1218 2741 117	1421 3197 970	1624 3654 822	1827 4111 675
4926	0203 0044 661	0406 0089 322	0609 0133 983	0812 0178 644	1015 0223 305	1218 0267 966	1421 0312 627	1624 0357 288	1827 0401 949
4927	0202 9632 637	0405 9265 273	0608 8897 910	0811 8530 546	1014 8163 182	1217 7795 819	1420 7428 455	1623 7061 092	1826 6693 728
4928	0202 9220 779	0405 8441 558	0608 7662 338	0811 6883 117	1014 6103 896	1217 5324 675	1420 4545 455	1623 3766 234	1826 2987 013
4929	0202 8809 089	0405 7618 178	0608 6427 267	0811 5236 356	1014 4045 445	1217 2854 534	1420 1663 623	1623 0472 713	1825 9281 802
4930	0202 8397 566	0405 6795 132	0608 5192 698	0811 3590 264	1014 1987 830	1217 0385 396	1419 8782 961	1622 7180 527	1825 5578 093
4931	0202 7986 210	0405 5972 419	0608 3958 629	0811 1944 839	1013 9931 049	1216 7917 258	1419 5903 468	1622 3889 678	1825 1875 887
4932	0202 7575 020	0405 5150 041	0608 2725 061	0811 0300 081	1013 7875 101	1216 5450 122	1419 3025 142	1622 0600 162	1824 8175 183
4933	0202 7163 998	0405 4327 995	0608 1491 993	0810 8655 990	1013 5819 988	1216 2983 985	1419 0147 983	1621 7311 981	1824 4475 978
4934	0202 6753 141	0405 3506 283	0608 0259 424	0810 7012 566	1013 3765 707	1216 0518 849	1418 7271 990	1621 4025 132	1824 0778 273
4935	0202 6342 452	0405 2684 904	0607 9027 356	0810 5369 808	1013 1712 259	1215 8054 711	1418 4397 163	1621 0739 615	1823 7082 067
4936	0202 5931 929	0405 1863 857	0607 7795 786	0810 3727 715	1012 9659 643	1215 5591 572	1418 1523 501	1620 7455 429	1823 3387 358
4937	0202 5521 572	0405 1043 144	0607 6564 715	0810 2086 287	1012 7607 859	1215 3129 431	1417 8651 003	1620 4172 574	1822 9694 146
4938	0202 5111 381	0405 0222 762	0607 5334 143	0810 0445 524	1012 5556 906	1215 0668 287	1417 5779 668	1620 0891 049	1822 6002 430
4939	0202 4701 357	0404 9402 713	0607 4104 070	0809 8805 426	1012 3506 783	1214 8208 138	1417 2909 496	1619 7610 852	1822 2312 209
4940	0202 4291 498	0404 8582 996	0607 2874 494	0809 7165 992	1012 1457 490	1214 5748 988	1417 0040 486	1619 4331 984	1821 8623 482
4941	0202 3881 805	0404 7763 611	0607 1645 416	0809 5527 221	1011 9409 027	1214 3290 832	1416 7172 637	1619 1054 442	1821 4936 248
4942	0202 3472 278	0404 6944 557	0607 0416 835	0809 3889 114	1011 7361 392	1214 0833 671	1416 4305 949	1618 7778 227	1821 1250 506
4943	0202 3062 917	0404 6125 835	0606 9188 752	0809 2251 669	1011 5314 586	1213 8377 504	1416 1440 421	1618 4503 338	1820 7566 255
4944	0202 2653 722	0404 5307 443	0606 7961 165	0809 0614 887	1011 3268 608	1213 5922 330	1415 8576 052	1618 1229 773	1820 3883 495
4945	0202 2244 692	0404 4489 383	0606 6734 075	0808 8978 766	1011 1223 458	1213 3468 150	1415 5712 841	1617 7957 533	1820 0202 224
4946	0202 1835 827	0404 3671 654	0606 5507 481	0808 7343 308	1010 9179 135	1213 1014 962	1415 2850 789	1617 4686 615	1819 6522 442
4947	0202 1427 128	0404 2854 255	0606 4281 383	0808 5708 510	1010 7135 638	1212 8562 765	1414 9989 893	1617 1417 020	1819 2844 148
4948	0202 1018 593	0404 2037 187	0606 3055 780	0808 4074 374	1010 5092 967	1212 6111 560	1414 7130 154	1616 8148 747	1818 9167 340
4949	0202 0610 224	0404 1220 449	0606 1830 673	0808 2440 897	1010 3051 121	1212 3661 346	1414 4271 570	1616 4881 794	1818 5492 019
4950	0202 0202 020	0404 0404 040	0606 0606 061	0808 0808 081	1010 1010 101	1212 1212 121	1414 1414 141	1616 1616 162	1818 1818 182
4951	0201 9793 981	0403 9587 962	0605 9381 943	0807 9175 924	1009 8969 905	1211 8763 886	1413 8557 867	1615 8351 848	1817 8145 829
4952	0201 9386 107	0403 8772 213	0605 8158 320	0807 7544 426	1009 6930 533	1211 6316 640	1413 5702 746	1615 5088 853	1817 4474 960
4953	0201 8978 397	0403 7956 794	0605 6935 191	0807 5913 588	1009 4891 985	1211 3870 382	1413 2848 779	1615 1827 175	1817 0805 572
4954	0201 8570 852	0403 7141 704	0605 5712 556	0807 4283 407	1009 2854 259	1211 1425 111	1412 9995 963	1614 8566 815	1816 7137 667
4955	0201 8163 471	0403 6326 942	0605 4490 414	0807 2653 885	1009 0817 356	1210 8980 827	1412 7144 299	1614 5307 770	1816 3471 241
4956	0201 7756 255	0403 5512 510	0605 3268 765	0807 1025 020	1008 8781 275	1210 6537 530	1412 4293 785	1614 2050 040	1815 9806 295
4957	0201 7349 203	0403 4698 406	0605 2047 009	0806 9396 813	1008 6746 016	1210 4095 219	1412 1444 422	1613 8793 625	1815 6142 828
4958	0201 6942 315	0403 3884 631	0605 0826 946	0806 7769 262	1008 4711 577	1210 1653 893	1411 8596 208	1613 5538 524	1815 2480 839
4959	0201 6535 592	0403 3071 184	0604 9606 776	0806 6142 367	1008 2677 959	1209 9213 551	1411 5749 143	1613 2284 735	1814 8820 327
4960	0201 6129 032	0403 2258 065	0604 8387 097	0806 4516 129	1008 0645 161	1209 6774 194	1411 2903 226	1612 9032 258	1814 5161 290
4961	0201 5722 637	0403 1445 273	0604 7167 910	0806 2890 546	1007 8613 183	1209 4335 819	1411 0058 456	1612 5781 093	1814 1503 720
4962	0201 5316 405	0403 0632 809	0604 5949 214	0806 1265 619	1007 6582 023	1209 1898 428	1410 7214 833	1612 2531 237	1813 7847 642
4963	0201 4910 337	0402 9820 673	0604 4731 010	0805 9641 346	1007 4551 682	1208 9462 019	1410 4372 355	1611 9282 692	1813 4193 028
4964	0201 4504 432	0402 9008 864	0604 3513 296	0805 8017 728	1007 2522 160	1208 7026 591	1410 1531 023	1611 6035 455	1813 0539 887
4965	0201 4098 691	0402 8197 382	0604 2296 073	0805 6394 763	1007 0493 454	1208 4502 145	1409 8690 836	1611 2789 527	1812 6888 218
4966	0201 3693 113	0402 7386 226	0604 1079 339	0805 4772 453	1006 8465 566	1208 2158 679	1409 5851 792	1610 9544 905	1812 3238 018
4967	0201 3287 699	0402 6575 398	0603 9863 096	0805 3150 795	1006 6438 494	1207 9726 193	1409 3013 892	1610 6301 590	1811 9589 289
4968	0201 2882 448	0402 5764 895	0603 8647 343	0805 1529 791	1006 4412 238	1207 7294 686	1409 0177 134	1610 3059 581	1811 5942 029
4969	0201 2477 360	0402 4954 719	0603 7432 079	0804 9909 438	1006 2386 798	1207 4864 158	1408 7341 517	1609 9818 877	1811 2296 237
4970	0201 2072 435	0402 4144 869	0603 6217 304	0804 8289 738	1006 0362 173	1207 2434 608	1408 4507 042	1609 6579 477	1810 8651 014
4971	0201 1667 673	0402 3335 345	0603 5003 018	0804 6670 690	1005 8338 363	1207 0006 035	1408 1673 708	1609 3341 380	1810 5009 052
4972	0201 1263 073	0402 2526 146	0603 3789 220	0804 5052 293	1005 6315 366	1206 7578 439	1407 8841 512	1609 0104 586	1810 1367 659
4973	0201 0858 637	0402 1717 273	0603 2575 910	0804 3434 547	1005 4293 183	1206 5151 820	1407 6010 456	1608 6869 093	1809 7727 730
4974	0201 0454 363	0402 0908 725	0603 1363 088	0804 1817 451	1005 2271 813	1206 2726 176	1407 3180 539	1608 3634 902	1809 4089 264
4975	0201 0050 251	0402 0100 503	0603 0150 754	0804 0201 005	1005 0251 256	1206 0301 508	1407 0351 759	1608 0402 010	1809 0452 261
4976	0200 9646 302	0401 9292 604	0602 8938 907	0803 8585 209	1004 8231 511	1205 7877 814	1406 7524 116	1607 7170 418	1808 6816 720
4977	0200 9242 516	0401 8485 031	0602 7727 547	0803 6970 062	1004 6212 578	1205 5455 093	1406 4697 609	1607 3940 125	1808 3182 640
4978	0200 8838 891	0401 7677 782	0602 6516 673	0803 5355 564	1004 4194 486	1205 3033 347	1406 1872 238	1607 0711 129	1807 9550 020
4979	0200 8435 429	0401 6870 858	0602 5306 286	0803 3741 715	1004 2177 144	1205 0612 573	1405 9048 002	1606 7483 430	1807 5918 859
4980	0200 8032 129	0401 6064 257	0602 4096 386	0803 2128 514	1004 0160 643	1204 8192 771	1405 6224 900	1606 4257 028	1807 2289 137
4981	0200 7628 990	0401 5257 980	0602 2886 970	0803 0515 961	1003 8144 951	1204 5773 941	1405 3402 931	1606 1031 921	1806 8660 911
4982	0200 7226 014	0401 4452 027	0602 1678 041	0802 8904 055	1003 6130 068	1204 3356 082	1405 0582 095	1605 7808 100	1806 5034 123
4983	0200 6823 199	0401 3646 398	0602 0469 597	0802 7292 795	1003 4115 994	1204 0939 092	1404 7762 302	1605 4585 590	1806 1408 790
4984	0200 6420 546	0401 2841 091	0601 9261 637	0802 5682 183	1003 2102 720	1203 8523 274	1404 4943 820	1605 1364 366	1805 7784 912
4985	0200 6018 054	0401 2036 108	0601 8054 162	0802 4072 217	1003 0090 271	1203 6108 325	1404 2126 379	1604 8144 483	1805 4162 487
4986	0200 5615 724	0401 1231 448	0601 6847 172	0802 2462 896	1002 8078 620	1203 3694 344	1403 9310 068	1604 4925 792	1805 0541 516
4987	0200 5213 555	0401 0427 110	0601 5640 666	0802 0854 221	1002 6067 776	1203 1281 331	1403 6494 887	1604 1708 442	1804 6921 907
4988	0200 4811 548	0400 9623 095	0601 4434 643	0801 9246 191	1002 4057 739	1202 8869 286	1403 3680 834	1603 8402 382	1804 3303 930
4989	0200 4409 701	0400 8819 403	0601 3229 104	0801 7638 805	1002 2048 507	1202 6458 208	1403 0867 909	1603 5277 611	1803 9687 312
4990	0200 4008 016	0400 8016 032	0601 2024 048	0801 6032 064	1002 0040 080	1202 4048 096	1402 8056 112	1603 2064 128	1803 6072 144
4991	0200 3606 492	0400 7212 983	0601 0819 475	0801 4425 967	1001 8032 458	1202 1638 950	1402 5245 442	1602 8851 933	1803 2458 425
4992	0200 3205 128	0400 6410 256	0600 9615 385	0801 2820 513	1001 6025 641	1201 9230 769	1402 2435 807	1602 5641 026	1802 8840 154
4993	0200 2803 926	0400 5607 851	0600 8411 777	0801 1215 702	1001 4019 027	1201 6823 553	1401 9627 479	1602 2431 404	1802 5235 330
4994	0200 2402 883	0400 4805 767	0600 7208 650	0800 9611 534	1001 2014 447	1201 4417 301	1401 6820 184	1601 9223 068	1802 1625 951
4995	0200 2002 002	0400 4004 004	0600 6006 006	0800 8008 008	1001 0010 010	1201 2012 012	1401 4014 014	1601 6016 016	1801 8018 018
4996	0200 1601 281	0400 3202 562	0600 4803 843	0800 6405 124	1000 8006 405	1200 9607 686	1401 1208 967	1601 2810 248	1801 4411 529
4997	0200 1200 720	0400 2401 441	0600 3602 161	0800 4802 882	1000 6003 602	1200 7204 323	1400 8405 043	1600 9605 763	1801 0806 484
4998	0200 0800 320	0400 1600 640	0600 2400 960	0800 3201 280	1000 4001 601	1200 4800 960	1400 5602 241	1600 6402 561	1800 7202 880
4999	0200 0400 080	0400 0800 160	0600 1200 240	0800 1600 320	1000 2000 400	1200 2400 480	1400 2800 560	1600 3200 640	1800 3600 720

	1	2	3	4	5	6	7	8	9
5000	0200 0000 000	0400 0000 000	0600 0000 000	0800 0000 000	1000 0000 000	1200 0000 000	1400 0000 000	1600 0000 000	1800 0000 000
5001	0199 9600 080	0399 9200 160	0599 8800 240	0799 8400 320	0999 8000 400	1199 7600 480	1399 7200 560	1599 6800 640	1799 6400 720
5002	0199 9200 320	0399 8400 640	0599 7600 960	0799 6801 279	0999 6001 599	1199 5201 919	1399 4402 239	1599 3602 559	1799 2802 879
5003	0199 8800 720	0399 7601 439	0599 6402 159	0799 5202 878	0999 4003 598	1199 2804 317	1399 1605 037	1599 0405 757	1798 9206 476
5004	0199 8401 279	0399 6802 558	0599 5203 837	0799 3605 116	0999 2006 395	1199 0407 674	1398 8808 953	1598 7210 232	1798 5611 511
5005	0199 8001 998	0399 6003 996	0599 4005 994	0799 2007 992	0999 0009 990	1198 8011 988	1398 6013 986	1598 4015 984	1798 2017 982
5006	0199 7602 877	0399 5205 753	0599 2808 630	0799 0411 506	0998 8014 383	1198 5617 259	1398 3220 136	1598 0823 012	1797 8425 889
5007	0199 7203 915	0399 4407 829	0599 1611 744	0798 8815 658	0998 6019 573	1198 3223 487	1398 0427 402	1597 7631 316	1797 4835 234
5008	0199 6805 112	0399 3610 224	0599 0415 335	0798 7220 447	0998 4025 559	1198 0830 671	1397 7635 783	1597 4440 895	1797 1246 006
5009	0199 6406 468	0399 2812 937	0598 9219 405	0798 5625 873	0998 2032 342	1197 8438 810	1397 4845 279	1597 1251 747	1796 7658 215
5010	0199 6007 984	0399 2015 968	0598 8023 952	0798 4031 936	0998 0039 920	1197 6047 904	1397 2055 888	1596 8063 872	1796 4071 856
5011	0199 5609 680	0399 1219 318	0598 6828 976	0798 2438 635	0997 8048 294	1197 3657 953	1396 9267 611	1596 4877 270	1796 0486 929
5012	0199 5211 492	0399 0422 985	0598 5634 477	0798 0848 970	0997 6057 462	1197 1268 955	1396 6480 447	1596 1691 939	1795 6903 432
5013	0199 4813 485	0398 9626 970	0598 4440 455	0797 9253 940	0997 4067 425	1196 8880 910	1396 3694 395	1595 8507 880	1795 3321 364
5014	0199 4415 636	0398 8831 272	0598 3246 909	0797 7662 545	0997 2078 181	1196 6493 817	1396 0909 454	1595 5325 000	1794 9740 726
5015	0199 4017 946	0398 8035 892	0598 2053 838	0797 6071 785	0997 0089 731	1196 4107 677	1395 8125 623	1595 2143 569	1794 6161 515
5016	0199 3620 448	0398 7240 829	0598 0861 244	0797 4481 659	0996 8102 073	1196 1722 488	1395 5342 903	1594 8063 317	1794 2583 732
5017	0199 3223 042	0398 6446 083	0597 9669 125	0797 2892 167	0996 6115 208	1195 9338 250	1395 2561 292	1594 5784 333	1793 9007 375
5018	0199 2825 827	0398 5651 654	0597 8477 481	0797 1303 308	0996 4129 135	1195 6954 962	1394 9780 789	1594 2606 616	1793 5432 443
5019	0199 2428 771	0398 4857 541	0597 7286 312	0796 9715 083	0996 2143 853	1195 4572 624	1394 7001 395	1593 9430 165	1793 1858 936
5020	0199 2031 873	0398 4063 745	0597 6095 618	0796 8127 490	0996 0159 363	1195 2191 235	1394 4223 108	1593 6254 980	1792 8286 853
5021	0199 1635 132	0398 3270 265	0597 4005 397	0796 6540 530	0995 8175 662	1194 9810 795	1394 1445 027	1593 3081 060	1792 4716 192
5022	0199 1238 550	0398 2477 101	0597 3715 651	0796 4954 202	0995 6192 752	1194 7431 302	1393 8669 853	1592 9008 403	1792 1146 953
5023	0199 0842 126	0398 1684 252	0597 2526 379	0796 3368 505	0995 4210 631	1194 5052 757	1393 5894 884	1592 6737 010	1791 7570 136
5024	0199 0445 860	0398 0891 720	0597 1337 580	0796 1783 440	0995 2229 299	1194 2675 159	1393 3121 019	1592 3566 870	1791 4012 739
5025	0199 0049 751	0398 0099 503	0597 0149 254	0796 0199 005	0995 0248 756	1194 0298 508	1393 0348 259	1592 0398 010	1791 0447 761
5026	0198 9653 800	0397 9307 600	0596 8961 401	0795 8615 201	0994 8269 001	1193 7922 801	1392 7576 602	1591 7230 402	1790 6884 202
5027	0198 9258 007	0397 8516 014	0596 7774 020	0795 7032 027	0994 6290 034	1193 5548 041	1392 4806 047	1591 4064 054	1790 3322 061
5028	0198 8862 371	0397 7724 741	0596 6587 112	0795 5449 483	0994 4311 854	1193 3174 224	1392 2036 595	1591 0898 966	1789 9761 336
5029	0198 8466 892	0397 6933 784	0596 5400 676	0795 3867 508	0994 2334 460	1193 0801 352	1391 9268 244	1590 7735 136	1789 6202 028
5030	0198 8071 571	0397 6143 141	0596 4214 712	0795 2286 282	0994 0357 853	1192 8420 423	1391 6500 994	1590 4572 565	1789 2644 135
5031	0198 7676 406	0397 5352 813	0596 3029 219	0795 0705 625	0993 8382 031	1192 6058 438	1391 3734 844	1590 1411 250	1788 9087 657
5032	0198 7281 399	0397 4562 798	0596 1844 197	0794 9125 596	0993 6406 995	1192 3688 394	1391 0969 793	1589 8251 192	1788 5532 501
5033	0198 6886 549	0397 3773 008	0596 0659 646	0794 7546 195	0993 4432 744	1192 1319 293	1390 8205 841	1589 5092 390	1788 1978 939
5034	0198 6491 855	0397 2983 711	0595 9475 566	0794 5967 422	0993 2459 277	1191 8951 132	1390 5442 988	1589 1934 843	1787 8426 608
5035	0198 6097 319	0397 2194 638	0595 8291 956	0794 4389 275	0993 0486 594	1191 6583 913	1390 2681 231	1588 8778 550	1787 4875 860
5036	0198 5702 939	0397 1405 878	0595 7108 817	0794 2811 755	0992 8514 694	1191 4217 633	1389 9920 572	1588 5623 511	1787 1326 450
5037	0198 5308 716	0397 0617 431	0595 5926 147	0794 1234 862	0992 6543 578	1191 1852 293	1389 7161 009	1588 2409 724	1786 7778 440
5038	0198 4914 649	0396 9829 297	0595 4743 702	0793 9658 595	0992 4573 243	1190 9487 892	1389 4402 541	1587 9308 297	1786 4231 838
5039	0198 4520 738	0396 9041 476	0595 3562 215	0793 8082 953	0992 2603 691	1190 7124 420	1389 1645 168	1587 6165 906	1786 0686 644
5040	0198 4126 984	0396 8253 968	0595 2380 952	0793 6507 937	0992 0634 921	1190 4761 905	1388 8888 889	1587 3015 873	1785 7142 857
5041	0198 3733 386	0396 7466 772	0595 1200 159	0793 4933 545	0991 8666 931	1190 2400 317	1388 6133 704	1586 9867 090	1785 3600 476
5042	0198 3339 944	0396 6679 889	0595 0019 833	0793 3359 778	0991 6699 722	1190 0039 667	1388 3379 611	1586 6719 556	1785 0059 500
5043	0198 2946 659	0396 5893 317	0594 8839 976	0793 1786 635	0991 4733 294	1189 7679 952	1388 0626 611	1586 3573 270	1784 6519 929
5044	0198 2553 529	0396 5107 058	0594 7660 587	0793 0214 116	0991 2767 645	1189 5321 174	1387 7874 703	1586 0428 232	1784 2981 760
5045	0198 2160 555	0396 4321 110	0594 6481 665	0792 8642 220	0991 0802 775	1189 2963 330	1387 5123 885	1585 7284 440	1783 9444 995
5046	0198 1767 737	0396 3535 474	0594 5303 210	0792 7070 947	0990 8838 684	1189 0606 421	1387 2374 158	1585 4141 895	1783 5909 631
5047	0198 1375 074	0396 2750 149	0594 4125 223	0792 5500 297	0990 6875 372	1188 8250 446	1386 9625 520	1585 1000 594	1783 2375 669
5048	0198 0982 567	0396 1965 135	0594 2947 702	0792 3930 269	0990 4912 837	1188 5895 404	1386 6877 971	1584 7860 539	1782 8843 106
5049	0198 0590 216	0396 1180 432	0594 1770 648	0792 2360 864	0990 2951 079	1188 3541 295	1386 4131 511	1584 4721 727	1782 5311 943
5050	0198 0198 020	0396 0396 040	0594 0594 059	0792 0792 079	0990 0990 099	1188 1188 119	1386 1386 139	1584 1584 158	1782 1782 178
5051	0197 9805 979	0395 9611 958	0593 9417 937	0791 9223 916	0989 9029 895	1187 8835 874	1385 8641 853	1583 8447 832	1781 8253 811
5052	0197 9414 003	0395 8828 187	0593 8242 280	0791 7656 374	0989 7070 467	1187 6484 561	1385 5898 654	1583 5312 747	1781 4726 841
5053	0197 9022 303	0395 8044 726	0593 7067 089	0791 6089 452	0989 5111 815	1187 4134 178	1385 3156 541	1583 2178 904	1781 1201 267
5054	0197 8630 787	0395 7261 575	0593 5892 363	0791 4523 150	0989 3153 938	1187 1784 725	1385 0415 512	1582 9046 300	1780 7677 088
5055	0197 8239 367	0395 6478 734	0593 4718 101	0791 2957 468	0989 1196 835	1186 9436 202	1384 7675 569	1582 5914 936	1780 4154 303
5056	0197 7848 101	0395 5696 203	0593 3544 304	0791 1392 405	0988 9240 506	1186 7088 608	1384 4936 709	1582 2784 810	1780 0632 911
5057	0197 7456 990	0395 4913 981	0593 2370 971	0790 9827 961	0988 7284 952	1186 4741 042	1384 2198 932	1581 9655 683	1779 7112 913
5058	0197 7066 034	0395 4132 068	0593 1198 102	0790 8264 136	0988 5330 170	1186 2396 204	1383 9462 238	1581 6328 272	1779 3594 306
5059	0197 6675 232	0395 3350 465	0593 0025 697	0790 6700 929	0988 3370 161	1186 0051 394	1383 6726 626	1581 3401 858	1779 0077 090
5060	0197 6284 585	0395 2569 170	0592 8853 755	0790 5138 340	0988 1422 925	1185 7707 510	1383 3902 095	1581 0276 680	1778 6561 265
5061	0197 5894 002	0395 1788 184	0592 7682 276	0790 3576 368	0987 9470 460	1185 5364 552	1383 1258 645	1580 7152 737	1778 3046 829
5062	0197 5503 753	0395 1007 507	0592 6511 260	0790 2015 014	0987 7518 767	1185 3022 521	1382 8526 274	1580 4030 028	1777 9533 781
5063	0197 5113 569	0395 0227 138	0592 5340 707	0790 0454 276	0987 5567 845	1185 0681 414	1382 5794 983	1580 0908 552	1777 6022 121
5064	0197 4723 539	0394 9447 077	0592 4170 616	0789 8894 155	0987 3617 094	1184 8341 232	1382 3064 771	1579 7788 310	1777 2511 848
5065	0197 4333 662	0394 8667 325	0592 3000 987	0789 7334 650	0987 1668 312	1184 6001 974	1382 0335 637	1579 4660 299	1776 9002 962
5066	0197 3943 940	0394 7887 880	0592 1831 820	0789 5775 700	0986 9719 700	1184 3663 640	1381 7607 580	1579 1551 520	1776 5495 460
5067	0197 3554 371	0394 7108 743	0592 0663 114	0789 4217 486	0986 7771 857	1184 1326 229	1381 4880 600	1578 8434 971	1776 1989 343
5068	0197 3164 957	0394 6329 913	0591 9494 870	0789 2659 826	0986 5824 783	1183 8989 740	1381 2154 696	1578 5319 653	1775 8484 609
5069	0197 2775 605	0394 5551 391	0591 8327 086	0789 1102 782	0986 3878 477	1183 6654 172	1380 9429 868	1578 2205 563	1775 4981 259
5070	0197 2386 588	0394 4773 176	0591 7159 763	0788 9546 351	0986 1932 939	1183 4319 527	1380 6706 114	1577 9092 702	1775 1479 290
5071	0197 1997 634	0394 3995 267	0591 5992 901	0788 7990 534	0985 9988 168	1183 1985 802	1380 3983 435	1577 5981 069	1774 7978 702
5072	0197 1608 833	0394 3217 666	0591 4826 498	0788 6435 331	0985 8044 164	1182 9652 907	1380 1261 830	1577 2870 062	1774 4479 495
5073	0197 1220 185	0394 2440 371	0591 3660 556	0788 4880 741	0985 6100 927	1182 7321 112	1379 8541 297	1576 9761 482	1774 0981 668
5074	0197 0831 691	0394 1663 382	0591 2495 073	0788 3326 764	0985 4158 455	1182 4990 146	1379 5821 837	1576 6653 528	1773 7485 219
5075	0197 0443 350	0394 0886 700	0591 1330 040	0788 1773 399	0985 2216 749	1182 2660 099	1379 3103 448	1576 3546 798	1773 3990 148
5076	0197 0055 162	0394 0110 323	0591 0165 485	0788 0220 646	0985 0275 808	1182 0330 969	1379 0386 131	1576 0441 292	1773 0496 454
5077	0196 9667 126	0393 9334 253	0590 9001 379	0787 8668 505	0984 8335 631	1181 8002 758	1378 7669 884	1575 7337 010	1772 7004 136
5078	0196 9279 244	0393 8558 488	0590 7837 731	0787 7116 975	0984 6396 219	1181 5675 463	1378 4954 707	1575 4233 950	1772 3513 194
5079	0196 8891 514	0393 7783 028	0590 6674 542	0787 5566 086	0984 4457 570	1181 3349 084	1378 2240 599	1575 1132 113	1772 0023 027
5080	0196 8503 937	0393 7007 874	0590 5511 811	0787 4015 748	0984 2519 685	1181 1023 622	1377 9527 559	1574 8031 496	1771 6535 433
5081	0196 8116 513	0393 6233 025	0590 4340 538	0787 2466 050	0984 0582 563	1180 8699 075	1377 6815 588	1574 4032 100	1771 3048 613
5082	0196 7729 240	0393 5458 481	0590 3187 721	0787 0916 902	0983 8646 202	1180 6375 443	1377 4104 683	1574 1833 024	1770 9563 164
5083	0196 7342 121	0393 4684 242	0590 2026 362	0786 9368 483	0983 6710 604	1180 4052 725	1377 1394 846	1573 8736 966	1770 6079 087
5084	0196 6955 153	0393 3910 307	0590 0865 400	0786 7820 614	0983 4775 707	1180 1730 921	1376 8686 074	1573 5641 227	1770 2596 381
5085	0196 6568 338	0393 3136 677	0589 9705 015	0786 6273 383	0983 2841 691	1179 9410 030	1376 5978 368	1573 2546 706	1769 9115 044
5086	0196 6181 675	0393 2363 350	0589 8545 026	0786 4726 701	0983 0908 376	1179 7090 051	1376 3271 726	1572 9453 401	1769 5635 077
5087	0196 5795 164	0393 1590 328	0589 7385 492	0786 3180 637	0982 8975 821	1179 4770 985	1376 0566 149	1572 6361 313	1769 2156 477
5088	0196 5408 805	0393 0817 610	0589 6226 415	0786 1635 220	0982 7044 025	1179 2452 830	1375 7861 635	1572 3270 440	1768 8679 245
5089	0196 5022 598	0393 0045 196	0589 5067 793	0786 0090 391	0982 5112 989	1179 0135 587	1375 5158 184	1572 0180 782	1768 5203 380
5090	0196 4636 542	0392 9273 084	0589 3909 627	0785 8546 169	0982 3182 711	1178 7819 253	1375 2455 796	1571 7092 338	1768 1728 880
5091	0196 4250 638	0392 8501 277	0589 2751 915	0785 7002 554	0982 1253 192	1178 5503 830	1374 9754 469	1571 4005 107	1767 8255 745
5092	0196 3864 886	0392 7729 772	0589 1594 658	0785 5459 544	0981 9324 430	1178 3189 317	1374 7054 203	1571 0919 089	1767 4783 975
5093	0196 3479 285	0392 6958 571	0589 0437 856	0785 3917 141	0981 7396 426	1178 0875 712	1374 4355 097	1570 7834 282	1767 1313 508
5094	0196 3093 835	0392 6187 672	0588 9281 508	0785 2375 344	0981 5469 179	1177 8563 015	1374 1656 851	1570 4750 687	1766 7844 282
5095	0196 2708 538	0392 5417 076	0588 8125 613	0785 0834 151	0981 3542 689	1177 6251 227	1373 8959 764	1570 1668 302	1766 4376 840
5096	0196 2323 391	0392 4646 782	0588 6970 173	0784 9293 564	0981 1616 954	1177 3940 345	1373 6263 736	1569 8587 127	1766 0910 518
5097	0196 1938 396	0392 3876 790	0588 5815 185	0784 7753 581	0980 9691 976	1177 1630 371	1373 3568 766	1569 5507 161	1765 7445 536
5098	0196 1553 550	0392 3107 101	0588 4660 651	0784 6214 202	0980 7767 752	1176 9321 302	1373 0874 853	1569 2428 403	1765 3981 954
5099	0196 1168 857	0392 2337 713	0588 3506 570	0784 4675 427	0980 5844 283	1176 7013 140	1372 8181 996	1568 9350 853	1765 0519 710

	1	2	3	4	5	6	7	8	9
5100	0196 0784 314	0392 1568 627	0588 2352 941	0784 3137 255	0980 3921 569	1176 4705 882	1372 5490 196	1568 6274 510	1764 7058 824
5101	0196 0399 922	0392 0799 843	0588 1199 765	0784 1599 688	0980 1999 608	1176 2399 529	1372 2799 451	1568 3199 373	1764 3599 294
5102	0196 0015 680	0392 0031 360	0588 0047 040	0784 0062 721	0980 0078 401	1176 0094 081	1372 0109 761	1568 0125 441	1764 0141 121
5103	0195 9631 589	0391 9263 179	0587 8894 768	0783 8526 387	0979 8157 946	1175 7789 536	1371 7421 125	1567 7052 714	1763 6684 303
5104	0195 9247 649	0391 8495 298	0587 7742 947	0783 6990 506	0979 6238 245	1175 5485 893	1371 4733 542	1567 3981 191	1763 3228 840
5105	0195 8863 859	0391 7727 718	0587 6591 577	0783 5455 436	0979 4319 205	1175 3183 154	1371 2047 013	1567 0910 872	1762 9774 731
5106	0195 8480 219	0391 6960 439	0587 5440 658	0783 3920 877	0979 2401 097	1175 0881 316	1370 9361 535	1566 7841 755	1762 6321 974
5107	0195 8096 730	0391 6193 460	0587 4290 190	0783 2386 920	0979 0483 650	1174 8580 380	1370 6677 110	1566 4773 840	1762 2870 570
5108	0195 7713 391	0391 5426 782	0587 3140 172	0783 0853 563	0978 8566 954	1174 6280 345	1370 3993 735	1566 1707 126	1761 9420 517
5109	0195 7330 202	0391 4660 403	0587 1990 605	0782 9320 806	0978 6651 008	1174 3981 210	1370 1311 411	1565 8641 613	1761 5971 814
5110	0195 6947 162	0391 3894 325	0587 0841 487	0782 7788 650	0978 4735 812	1174 1682 975	1369 8630 137	1565 5577 290	1761 2524 462
5111	0195 6564 273	0391 3128 546	0586 9692 819	0782 6257 093	0978 2821 366	1173 9385 639	1369 5949 912	1565 2514 185	1760 9078 458
5112	0195 6181 534	0391 2363 067	0586 8544 601	0782 4726 135	0978 0907 668	1173 7089 202	1369 3270 736	1564 9452 269	1760 5633 803
5113	0195 5798 944	0391 1597 888	0586 7396 832	0782 3195 775	0977 8994 719	1173 4793 663	1369 0592 607	1564 6391 551	1760 2190 495
5114	0195 5416 504	0391 0833 007	0586 6249 514	0782 1666 015	0977 7082 519	1173 2499 022	1368 7915 526	1564 3332 030	1759 8748 533
5115	0195 5034 213	0391 0068 426	0586 5102 639	0782 0136 852	0977 5171 066	1173 0205 279	1368 5239 492	1564 0273 705	1759 5307 918
5116	0195 4652 072	0390 9304 144	0586 3956 216	0781 8608 288	0977 3260 360	1172 7912 432	1368 2564 504	1563 7216 575	1759 1868 647
5117	0195 4270 080	0390 8540 160	0586 2810 240	0781 7080 321	0977 1350 401	1172 5620 481	1367 9890 561	1563 4160 641	1758 8430 721
5118	0195 3888 238	0390 7776 475	0586 1664 713	0781 5552 950	0976 9441 188	1172 3329 426	1367 7217 663	1563 1105 901	1758 4994 138
5119	0195 3506 544	0390 7013 089	0586 0519 633	0781 4026 177	0976 7532 721	1172 1039 266	1367 4545 810	1562 8052 354	1758 1558 898
5120	0195 3125 000	0390 6250 000	0585 9375 000	0781 2500 000	0976 5625 000	1171 8750 000	1367 1875 000	1562 5000 000	1757 8125 000
5121	0195 2743 605	0390 5487 210	0585 8230 814	0781 0974 419	0976 3718 024	1171 6461 629	1366 9205 233	1562 1948 838	1757 4692 443
5122	0195 2362 358	0390 4724 717	0585 7087 075	0780 9449 434	0976 1811 792	1171 4174 151	1366 6536 509	1561 8898 868	1757 1261 226
5123	0195 1981 261	0390 3962 522	0585 5943 783	0780 7925 044	0975 9906 305	1171 1887 566	1366 3868 827	1561 5850 088	1756 7831 349
5124	0195 1600 312	0390 3200 625	0585 4800 937	0780 6401 249	0975 8001 561	1170 9601 874	1366 1202 186	1561 2802 408	1756 4402 810
5125	0195 1219 512	0390 2439 024	0585 3658 537	0780 4878 049	0975 6097 561	1170 7317 073	1365 8536 585	1560 9756 098	1756 0975 610
5126	0195 0838 861	0390 1677 721	0585 2516 582	0780 3355 443	0975 4194 304	1170 5033 164	1365 5872 025	1560 6710 886	1755 7549 746
5127	0195 0458 358	0390 0916 715	0585 1375 073	0780 1833 431	0975 2291 780	1170 2750 146	1365 3208 504	1560 3666 862	1755 4125 219
5128	0195 0078 003	0390 0156 006	0585 0234 009	0780 0312 012	0975 0390 016	1170 0468 019	1365 0546 022	1560 0624 025	1755 0702 028
5129	0194 9697 797	0389 9395 594	0584 9093 391	0779 8791 187	0974 8488 984	1169 8186 781	1364 7884 578	1559 7582 375	1754 7280 172
5130	0194 9317 739	0389 8635 478	0584 7953 216	0779 7270 955	0974 6588 694	1169 5906 433	1364 5224 172	1559 4541 910	1754 3859 649
5131	0194 8937 829	0389 7875 658	0584 6813 487	0779 5751 316	0974 4689 144	1169 3626 973	1364 2564 802	1559 1502 631	1754 0440 460
5132	0194 8558 007	0389 7116 134	0584 5674 201	0779 4232 268	0974 2790 333	1169 1348 402	1363 9906 469	1558 8464 536	1753 7022 603
5133	0194 8178 453	0389 6356 906	0584 4535 359	0779 2713 813	0974 0892 266	1168 9070 719	1363 7249 172	1558 5427 625	1753 3606 078
5134	0194 7798 987	0389 5597 974	0584 3396 961	0779 1195 949	0973 8994 936	1168 6793 923	1363 4592 910	1558 2391 897	1753 0190 884
5135	0194 7419 669	0389 4839 338	0584 2259 007	0778 9678 676	0973 7098 345	1168 4518 014	1363 1937 683	1557 9357 352	1752 6777 020
5136	0194 7040 498	0389 4080 997	0584 1121 495	0778 8161 994	0973 5202 492	1168 2242 991	1362 9283 489	1557 6323 988	1752 3364 486
5137	0194 6661 476	0389 3322 951	0583 9984 427	0778 6645 902	0973 3307 378	1167 9968 853	1362 6630 329	1557 3291 805	1751 9953 280
5138	0194 6282 600	0389 2565 200	0583 8847 801	0778 5130 401	0973 1413 001	1167 7695 601	1362 3978 202	1557 0260 802	1751 6543 402
5139	0194 5903 872	0389 1807 743	0583 7711 617	0778 3615 489	0972 9519 362	1167 5423 234	1362 1327 106	1556 7230 979	1751 3134 851
5140	0194 5525 292	0389 1050 584	0583 6575 875	0778 2101 167	0972 7626 450	1167 3151 751	1361 8677 043	1556 4202 335	1750 9727 026
5141	0194 5146 859	0389 0293 717	0583 5440 576	0778 0587 434	0972 5734 293	1167 0881 151	1361 6028 010	1556 1174 869	1750 6321 727
5142	0194 4768 573	0388 9537 145	0583 4305 718	0777 9074 290	0972 3842 863	1166 8611 435	1361 3380 008	1555 8148 580	1750 2917 153
5143	0194 4390 434	0388 8780 867	0583 3171 301	0777 7561 734	0972 1952 168	1166 6342 602	1361 0733 035	1555 5123 469	1749 9513 902
5144	0194 4012 442	0388 8024 883	0583 2037 325	0777 6049 767	0972 0062 208	1166 4074 650	1360 8087 092	1555 2099 533	1749 6111 975
5145	0194 3634 597	0388 7269 193	0583 0903 790	0777 4538 387	0971 8172 983	1166 1807 580	1360 5442 177	1554 9076 774	1749 2711 370
5146	0194 3256 899	0388 6513 797	0582 9770 696	0777 3027 594	0971 6284 493	1165 9541 391	1360 2798 290	1554 6055 188	1748 9312 087
5147	0194 2879 347	0388 5758 694	0582 8638 042	0777 1517 389	0971 4396 736	1165 7276 083	1360 0155 430	1554 3034 778	1748 5914 125
5148	0194 2501 943	0388 5003 885	0582 7505 828	0777 0007 770	0971 2509 713	1165 5011 655	1359 7513 598	1554 0015 540	1748 2517 483
5149	0194 2124 684	0388 4249 369	0582 6374 053	0776 8498 738	0971 0623 422	1165 2748 106	1359 4872 791	1553 6997 475	1747 9122 160
5150	0194 1747 573	0388 3495 146	0582 5242 718	0776 6990 291	0970 8737 864	1165 0485 437	1359 2233 010	1553 3980 583	1747 5728 155
5151	0194 1370 608	0388 2741 215	0582 4111 823	0776 5482 431	0970 6853 038	1164 8223 646	1358 9594 254	1553 0964 861	1747 2335 469
5152	0194 0993 789	0388 1987 578	0582 2981 366	0776 3975 155	0970 4968 944	1164 5962 733	1358 6956 522	1552 7950 311	1746 8944 009
5153	0194 0617 116	0388 1234 232	0582 1851 349	0776 2468 465	0970 3085 581	1164 3702 697	1358 4319 814	1552 4936 930	1746 5554 046
5154	0194 0240 590	0388 0481 180	0582 0721 769	0776 0962 359	0970 1202 949	1164 1443 520	1358 1684 120	1552 1924 719	1746 2165 308
5155	0193 9864 210	0387 9728 419	0581 9592 629	0775 9456 838	0969 9321 048	1163 9185 287	1357 9049 467	1551 8913 676	1745 8777 886
5156	0193 9487 975	0387 8975 950	0581 8463 926	0775 7951 901	0969 7439 876	1163 6927 851	1357 6415 826	1551 5903 801	1745 5391 777
5157	0193 9111 887	0387 8223 774	0581 7335 660	0775 6447 547	0969 5559 434	1163 4671 321	1357 3783 207	1551 2895 094	1745 2006 081
5158	0193 8735 944	0387 7471 888	0581 6207 832	0775 4943 777	0969 3679 721	1163 2415 665	1357 1151 609	1550 9887 553	1744 8623 407
5159	0193 8360 147	0387 6720 295	0581 5080 442	0775 3440 589	0969 1800 737	1163 0160 884	1356 8521 031	1550 6881 179	1744 5241 326
5160	0193 7984 496	0387 5968 992	0581 3953 488	0775 1937 984	0968 9922 481	1162 7906 977	1356 5891 473	1550 3875 969	1744 1860 465
5161	0193 7608 991	0387 5217 981	0581 2826 972	0775 0435 962	0968 8044 953	1162 5653 943	1356 3262 934	1550 0871 924	1743 8480 915
5162	0193 7233 630	0387 4467 261	0581 1700 891	0774 8934 522	0968 6168 152	1162 3401 782	1356 0635 413	1549 7869 043	1743 5102 673
5163	0193 6858 416	0387 3716 831	0581 0575 247	0774 7433 663	0968 4292 078	1162 1150 494	1355 8008 910	1549 4867 325	1743 1725 741
5164	0193 6483 346	0387 2966 692	0580 9450 039	0774 5933 385	0968 2416 731	1161 8900 077	1355 5383 424	1549 1866 770	1742 8350 116
5165	0193 6108 422	0387 2216 844	0580 8325 266	0774 4433 688	0968 0542 110	1161 6650 532	1355 2758 954	1548 8867 377	1742 4975 799
5166	0193 5733 643	0387 1467 286	0580 7200 929	0774 2934 572	0967 8668 215	1161 4401 858	1355 0135 501	1548 5869 144	1742 1602 787
5167	0193 5359 009	0387 0718 018	0580 6077 027	0774 1436 036	0967 6795 046	1161 2154 055	1354 7513 064	1548 2872 073	1741 8231 082
5168	0193 4984 520	0386 9969 040	0580 4953 560	0773 9938 080	0967 4922 601	1160 9907 121	1354 4891 641	1547 9876 161	1741 4860 081
5169	0193 4610 176	0386 9220 352	0580 3830 528	0773 8440 704	0967 3050 880	1160 7661 056	1354 2271 232	1547 6881 408	1741 1491 584
5170	0193 4235 977	0386 8471 954	0580 2707 930	0773 6943 907	0967 1179 884	1160 5415 861	1353 9651 838	1547 3887 814	1740 8123 791
5171	0193 3861 922	0386 7723 845	0580 1585 767	0773 5447 689	0966 9309 611	1160 3171 534	1353 7033 456	1547 0895 378	1740 4757 300
5172	0193 3488 012	0386 6976 025	0580 0464 037	0773 3952 050	0966 7440 062	1160 0928 074	1353 4416 087	1546 7904 099	1740 1392 111
5173	0193 3114 247	0386 6228 494	0579 9342 741	0773 2456 988	0966 5571 235	1159 8685 482	1353 1799 729	1546 4913 976	1739 8028 223
5174	0193 2740 626	0386 5481 252	0579 8221 879	0773 0962 505	0966 3703 131	1159 6443 757	1352 9184 383	1546 1925 010	1739 4665 636
5175	0193 2367 150	0386 4734 300	0579 7101 449	0772 9468 599	0966 1835 749	1159 4202 899	1352 6570 048	1545 8937 198	1739 1304 348
5176	0193 1993 818	0386 3987 635	0579 5981 453	0772 7975 270	0965 9969 088	1159 1962 906	1352 3956 723	1545 5950 541	1738 7944 359
5177	0193 1620 630	0386 3241 259	0579 4861 889	0772 6482 519	0965 8103 149	1158 9723 778	1352 1344 408	1545 2965 038	1738 4585 667
5178	0193 1247 586	0386 2495 172	0579 3742 758	0772 4990 344	0965 6237 930	1158 7485 516	1351 8733 102	1544 9980 688	1738 1228 273
5179	0193 0874 686	0386 1749 372	0579 2624 060	0772 3498 745	0965 4373 431	1158 5248 117	1351 6122 804	1544 6997 490	1737 7872 176
5180	0193 0501 931	0386 1003 861	0579 1505 792	0772 2007 722	0965 2509 653	1158 3011 583	1351 3513 514	1544 4015 444	1737 4517 375
5181	0193 0129 319	0386 0258 637	0579 0387 956	0772 0517 275	0965 0646 593	1158 0775 912	1351 0905 231	1544 1034 549	1737 1163 868
5182	0192 9756 851	0385 9513 701	0578 9270 552	0771 9027 403	0964 8784 253	1157 8541 104	1350 8297 954	1543 8054 805	1736 7811 656
5183	0192 9384 526	0385 8769 053	0578 8153 579	0771 7538 105	0964 6922 632	1157 6307 158	1350 5691 684	1543 5076 211	1736 4460 737
5184	0192 9012 346	0385 8024 691	0578 7037 037	0771 6049 384	0964 5061 728	1157 4074 074	1350 3086 420	1543 2098 765	1736 1111 111
5185	0192 8640 309	0385 7280 617	0578 5920 926	0771 4561 234	0964 3201 543	1157 1841 851	1350 0482 160	1542 9122 469	1735 7762 777
5186	0192 8268 415	0385 6536 830	0578 4805 245	0771 3073 660	0964 1342 075	1156 9610 490	1349 7878 905	1542 6147 320	1735 4415 735
5187	0192 7896 665	0385 5793 329	0578 3689 994	0771 1586 659	0963 9483 324	1156 7379 988	1349 5276 653	1542 3173 318	1735 1069 983
5188	0192 7525 058	0385 5050 116	0578 2575 173	0771 0100 231	0963 7625 289	1156 5150 347	1349 2675 405	1542 0200 463	1734 7725 520
5189	0192 7153 594	0385 4307 188	0578 1460 782	0770 8614 377	0963 5767 971	1156 2921 565	1349 0075 159	1541 7228 753	1734 4382 347
5190	0192 6782 274	0385 3564 547	0578 0346 821	0770 7129 094	0963 3911 368	1156 0693 642	1348 7475 915	1541 4258 189	1734 1040 462
5191	0192 6411 096	0385 2822 192	0577 9233 288	0770 5644 385	0963 2055 481	1155 8466 577	1348 4877 673	1541 1288 769	1733 7699 865
5192	0192 6040 062	0385 2080 123	0577 8120 185	0770 4160 247	0963 0200 308	1155 6240 370	1348 2280 431	1540 8320 493	1733 4360 555
5193	0192 5669 170	0385 1338 340	0577 7007 510	0770 2676 680	0962 8345 850	1155 4015 020	1347 9684 190	1540 5353 360	1733 1022 530
5194	0192 5298 421	0385 0596 843	0577 5895 264	0770 1193 685	0962 6492 106	1155 1790 528	1347 7088 949	1540 2387 370	1732 7685 791
5195	0192 4927 815	0384 9855 630	0577 4783 446	0769 9711 261	0962 4639 076	1154 9566 891	1347 4494 706	1539 9422 522	1732 4350 337
5196	0192 4557 352	0384 9114 704	0577 3672 055	0769 8229 407	0962 2786 759	1154 7344 111	1347 1901 463	1539 6458 814	1732 1016 166
5197	0192 4187 031	0384 8374 062	0577 2561 093	0769 6748 124	0962 0935 155	1154 5122 186	1346 9309 217	1539 3496 248	1731 7683 279
5198	0192 3816 853	0384 7633 705	0577 1450 558	0769 5307 411	0961 9084 263	1154 2901 116	1346 6717 968	1539 0534 821	1731 4351 674
5199	0192 3446 817	0384 6893 633	0577 0340 450	0769 3787 268	0961 7234 084	1154 0680 900	1346 4127 717	1538 7574 534	1731 1021 350

	1	2	3	4	5	6	7	8	9
5200	0192 3076 923	0384 6153 846	0576 9230 769	0769 2307 692	0961 5384 615	1153 8461 538	1346 1538 462	1538 4615 385	1730 7692 308
5201	0192 2707 172	0384 5414 343	0576 8121 515	0769 0828 687	0961 3535 859	1153 6243 030	1345 8950 202	1538 1657 374	1730 4364 545
5202	0192 2337 562	0384 4675 125	0576 7012 687	0768 9350 250	0961 1687 812	1153 4025 375	1345 6362 937	1537 8700 500	1730 1038 062
5203	0192 1968 095	0384 3936 191	0576 5904 286	0768 7872 381	0960 9840 477	1153 1808 579	1345 3776 667	1537 5744 763	1729 7712 858
5204	0192 1598 770	0384 3197 540	0576 4796 311	0768 6395 081	0960 7993 851	1152 9592 621	1345 1191 391	1537 2790 161	1729 4388 932
5205	0192 1229 587	0384 2459 174	0576 3688 761	0768 4918 348	0960 6147 935	1152 7377 522	1344 8607 109	1536 9836 696	1729 1066 282
5206	0192 0860 546	0384 1721 091	0576 2581 637	0768 3442 182	0960 4302 728	1152 5163 273	1344 6023 819	1536 6884 364	1728 7744 910
5207	0192 0491 646	0384 0983 292	0576 1474 938	0768 1966 583	0960 2458 229	1152 2949 875	1344 3441 521	1536 3933 167	1728 4124 813
5208	0192 0122 888	0384 0245 776	0576 0368 664	0768 0491 551	0960 0614 439	1152 0737 327	1344 0860 215	1536 0983 103	1728 1105 991
5209	0191 9754 271	0383 9508 543	0575 9262 814	0767 9017 086	0959 8771 357	1151 8525 629	1343 8279 900	1535 8034 172	1727 7788 443
5210	0191 9385 797	0383 8771 593	0575 8157 390	0767 7543 186	0959 6928 983	1151 6314 779	1343 5700 576	1535 5086 372	1727 4472 169
5211	0191 9017 463	0383 8034 926	0575 7052 389	0767 6069 852	0959 5087 315	1151 4104 778	1343 3122 241	1535 2139 704	1727 1157 168
5212	0191 8649 271	0383 7298 542	0575 5947 813	0767 4597 084	0959 3246 355	1151 1895 625	1343 0544 896	1534 9194 167	1726 7843 438
5213	0191 8281 220	0383 6562 440	0575 4843 660	0767 3124 880	0959 1406 100	1150 9687 320	1342 7968 540	1534 6249 760	1726 4530 080
5214	0191 7913 310	0383 5826 621	0575 3739 931	0767 1653 241	0958 9566 552	1150 7479 862	1342 5393 172	1534 3306 483	1726 1219 793
5215	0191 7545 542	0383 5091 083	0575 2636 625	0767 0182 167	0958 7727 709	1150 5273 250	1342 2818 792	1534 0364 334	1725 7909 875
5216	0191 7177 914	0383 4355 828	0575 1533 742	0766 8711 656	0958 5889 571	1150 3067 485	1342 0245 399	1533 7423 313	1725 4601 227
5217	0191 6810 427	0383 3620 855	0575 0431 282	0766 7241 710	0958 4052 137	1150 0862 565	1341 7672 992	1533 4483 420	1725 1293 847
5218	0191 6443 082	0383 2886 163	0574 9329 245	0766 5772 327	0958 2215 408	1149 8658 490	1341 5101 571	1533 1544 653	1724 7987 735
5219	0191 6075 877	0383 2151 753	0574 8227 630	0766 4303 506	0958 0379 383	1149 6455 260	1341 2531 136	1532 8607 013	1724 4682 889
5220	0191 5708 812	0383 1417 625	0574 7126 437	0766 2835 249	0957 8544 061	1149 4252 874	1340 9961 686	1532 5670 498	1724 1379 310
5221	0191 5341 889	0383 0683 777	0574 6025 666	0766 1367 554	0957 6709 443	1149 2051 331	1340 7393 220	1532 2735 108	1723 8076 997
5222	0191 4975 105	0382 9950 211	0574 4925 316	0765 9900 421	0957 4875 527	1148 9850 632	1340 4825 737	1531 9800 843	1723 4775 948
5223	0191 4608 463	0382 9216 925	0574 3825 388	0765 8433 850	0957 3042 313	1148 7650 775	1340 2259 238	1531 6867 701	1723 1476 163
5224	0191 4241 960	0382 8483 920	0574 2725 881	0765 6967 841	0957 1209 801	1148 5451 761	1339 9693 721	1531 3935 681	1722 8177 642
5225	0191 3875 598	0382 7751 196	0574 1626 794	0765 5502 392	0956 9377 990	1148 3253 589	1339 7129 187	1531 1004 785	1722 4880 383
5226	0191 3509 376	0382 7018 752	0574 0528 129	0765 4037 505	0956 7546 881	1148 1056 257	1339 4565 633	1530 8075 010	1722 1584 386
5227	0191 3143 294	0382 6286 589	0573 9429 883	0765 2573 178	0956 5716 472	1147 8859 767	1339 2003 061	1530 5146 355	1721 8289 650
5228	0191 2777 353	0382 5554 705	0573 8332 058	0765 1109 411	0956 3886 764	1147 6664 116	1338 9441 469	1530 2218 822	1721 4996 174
5229	0191 2411 551	0382 4823 102	0573 7234 653	0764 9646 204	0956 2057 755	1147 4469 306	1338 6880 857	1529 9292 408	1721 1703 959
5230	0191 2045 889	0382 4091 778	0573 6137 667	0764 8183 556	0956 0229 446	1147 2275 335	1338 4321 224	1529 6367 113	1720 8413 002
5231	0191 1680 367	0382 3360 734	0573 5041 101	0764 6721 468	0955 8401 835	1147 0082 202	1338 1762 569	1529 3442 936	1720 5123 303
5232	0191 1314 985	0382 2629 969	0573 3944 954	0764 5259 939	0955 6574 924	1146 7889 908	1337 9204 893	1529 0519 878	1720 1834 862
5233	0191 0949 742	0382 1899 484	0573 2849 226	0764 3798 968	0955 4748 710	1146 5698 452	1337 6648 191	1528 7597 936	1719 8547 678
5234	0191 0584 639	0382 1169 278	0573 1753 917	0764 2338 556	0955 2923 195	1146 3507 833	1337 4092 472	1528 4677 111	1719 5261 750
5235	0191 0219 675	0382 0439 351	0573 0659 026	0764 0878 701	0955 1098 376	1146 1318 052	1337 1537 727	1528 1757 402	1719 1977 077
5236	0190 9854 851	0381 9709 702	0572 9564 553	0763 9419 404	0954 9274 255	1145 9129 106	1336 8983 957	1527 8838 808	1718 8693 659
5237	0190 9490 166	0381 8980 332	0572 8470 498	0763 7960 664	0954 7450 831	1145 6940 997	1336 6431 163	1527 5921 329	1718 5414 495
5238	0190 9125 620	0381 8251 244	0572 7376 861	0763 6502 482	0954 5628 102	1145 4753 723	1336 3879 343	1527 3004 964	1718 2130 584
5239	0190 8761 214	0381 7522 428	0572 6283 642	0763 5044 856	0954 3806 070	1145 2567 284	1336 1328 498	1527 0080 712	1717 8850 926
5240	0190 8396 947	0381 6793 893	0572 5190 840	0763 3587 786	0954 1984 733	1145 0381 679	1335 8778 626	1526 7175 573	1717 5372 519
5241	0190 8032 818	0381 6065 636	0572 4098 454	0763 2131 273	0954 0164 091	1144 8196 009	1335 6229 727	1526 4262 545	1717 2205 363
5242	0190 7668 829	0381 5337 657	0572 3006 486	0763 0675 315	0953 8344 143	1144 6012 972	1335 3681 801	1526 1350 630	1716 9019 458
5243	0190 7304 978	0381 4609 956	0572 1914 934	0762 9219 912	0953 6524 890	1144 3829 868	1335 1134 846	1525 8439 824	1716 5744 803
5244	0190 6941 266	0381 3882 532	0572 0823 799	0762 7765 065	0953 4706 331	1144 1647 597	1334 8588 863	1525 5530 130	1716 2471 396
5245	0190 6577 693	0381 3155 386	0571 9733 079	0762 6310 772	0953 2888 465	1143 9466 158	1334 6043 851	1525 2621 544	1715 9190 237
5246	0190 6214 258	0381 2428 517	0571 8642 775	0762 4857 034	0953 1071 292	1143 7285 551	1334 3499 809	1524 9714 068	1715 5928 326
5247	0190 5850 962	0381 1701 925	0571 7552 887	0762 3403 850	0952 9254 812	1143 5105 775	1334 0956 737	1524 6807 700	1715 2658 662
5248	0190 5487 805	0381 0975 610	0571 6463 415	0762 1951 220	0952 7439 024	1143 2926 829	1333 8414 634	1524 3902 439	1714 9390 244
5249	0190 5124 786	0381 0249 571	0571 5374 357	0762 0499 143	0952 5623 928	1143 0748 714	1333 5873 500	1524 0998 285	1714 6123 071
5250	0190 4761 905	0380 9523 810	0571 4285 714	0761 9047 619	0952 3809 524	1142 8571 429	1333 3333 333	1523 8095 238	1714 2857 143
5251	0190 4399 162	0380 8798 324	0571 3197 486	0761 7596 648	0952 1995 810	1142 6394 972	1333 0794 134	1523 5193 296	1713 9592 459
5252	0190 4036 558	0380 8073 115	0571 2109 673	0761 6146 230	0952 0182 788	1142 4219 345	1332 8255 903	1523 2292 460	1713 6329 018
5253	0190 3674 091	0380 7348 182	0571 1022 273	0761 4696 364	0951 8370 455	1142 2044 546	1332 5718 637	1522 9392 728	1713 3066 819
5254	0190 3311 762	0380 6623 525	0570 9935 287	0761 3247 050	0951 6558 812	1141 9870 575	1332 3182 337	1522 6494 100	1712 9805 862
5255	0190 2949 572	0380 5899 144	0570 8848 716	0761 1798 287	0951 4747 859	1141 7697 431	1332 0647 003	1522 3596 575	1712 6546 147
5256	0190 2587 519	0380 5175 038	0570 7762 557	0761 0350 076	0951 2937 595	1141 5525 114	1331 8112 633	1522 0700 152	1712 3287 671
5257	0190 2225 604	0380 4451 208	0570 6676 812	0760 8902 416	0951 1128 020	1141 3353 624	1331 5579 228	1521 7804 832	1712 0030 436
5258	0190 1863 827	0380 3727 653	0570 5591 480	0760 7455 306	0950 9319 133	1141 1182 959	1331 3046 786	1521 4910 612	1711 6774 439
5259	0190 1502 187	0380 3004 373	0570 4506 560	0760 6008 747	0950 7510 934	1140 9013 120	1331 0515 307	1521 2017 494	1711 3519 681
5260	0190 1140 684	0380 2281 369	0570 3422 053	0760 4562 738	0950 5703 422	1140 6844 106	1330 7984 791	1520 9125 475	1711 0266 160
5261	0190 0779 320	0380 1558 639	0570 2337 959	0760 3117 278	0950 3896 598	1140 4675 917	1330 5455 237	1520 6234 556	1710 7013 876
5262	0190 0418 092	0380 0836 184	0570 1254 276	0760 1672 368	0950 2090 460	1140 2508 552	1330 2926 644	1520 3344 736	1710 3762 828
5263	0190 0057 002	0380 0114 003	0570 0171 005	0760 0228 007	0950 0285 009	1140 0342 010	1330 0399 012	1520 0456 014	1710 0513 015
5264	0189 9696 049	0379 9392 097	0569 9088 146	0759 8784 195	0949 8480 243	1139 8176 292	1329 7872 340	1519 7568 380	1709 7264 438
5265	0189 9335 233	0379 8670 465	0569 8005 698	0759 7340 931	0949 6676 163	1139 6011 396	1329 5346 629	1519 4681 861	1709 4017 094
5266	0189 8974 554	0379 7949 107	0569 6923 661	0759 5898 215	0949 4872 769	1139 3847 322	1329 2821 876	1519 1796 430	1709 0770 984
5267	0189 8614 012	0379 7228 024	0569 5842 035	0759 4456 047	0949 3070 059	1139 1684 071	1329 0298 082	1518 8912 094	1708 7526 106
5268	0189 8253 607	0379 6507 213	0569 4760 820	0759 3014 427	0949 1268 033	1138 9521 640	1328 7775 247	1518 6028 853	1708 4282 460
5269	0189 7893 338	0379 5786 677	0569 3680 015	0759 1573 354	0948 9466 692	1138 7360 030	1328 5253 369	1518 3146 707	1708 1040 046
5270	0189 7533 207	0379 5066 414	0569 2599 620	0759 0132 827	0948 7666 034	1138 5199 241	1328 2732 448	1518 0265 655	1707 7798 861
5271	0189 7173 212	0379 4346 424	0569 1519 636	0758 8692 848	0948 5866 060	1138 3030 271	1328 0212 483	1517 7385 695	1707 4558 907
5272	0189 6813 354	0379 3626 707	0569 0440 061	0758 7253 414	0948 4066 768	1138 0880 121	1327 7693 475	1517 4506 829	1707 1320 182
5273	0189 6453 632	0379 2907 263	0568 9360 895	0758 5814 527	0948 2268 159	1137 8721 790	1327 5175 422	1517 1629 054	1706 8082 685
5274	0189 6094 046	0379 2188 093	0568 8282 139	0758 4376 185	0948 0470 231	1137 6564 278	1327 2658 324	1516 8752 370	1706 4846 416
5275	0189 5734 597	0379 1469 194	0568 7203 791	0758 2938 389	0947 8672 986	1137 4407 583	1327 0142 180	1516 5876 777	1706 1611 374
5276	0189 5375 284	0379 0750 569	0568 6125 853	0758 1501 137	0947 6876 422	1137 2251 706	1326 7626 990	1516 3002 274	1705 8377 539
5277	0189 5016 108	0379 0032 215	0568 5048 323	0758 0064 431	0947 5080 538	1137 0096 646	1326 5112 753	1516 0128 861	1705 5144 969
5278	0189 4657 067	0378 9314 134	0568 3971 201	0757 8628 268	0947 3285 335	1136 7942 402	1326 2599 469	1515 7256 537	1705 1913 604
5279	0189 4298 163	0378 8596 325	0568 2894 488	0757 7192 650	0947 1490 813	1136 5788 975	1326 0087 138	1515 4385 300	1704 8683 403
5280	0189 3939 394	0378 7878 788	0568 1818 182	0757 5757 576	0946 9696 970	1136 3636 364	1325 7575 758	1515 1515 152	1704 5454 545
5281	0189 3580 761	0378 7161 522	0568 0742 284	0757 4323 045	0946 7903 806	1136 1484 567	1325 5065 329	1514 8646 090	1704 2226 851
5282	0189 3222 264	0378 6444 529	0567 9666 793	0757 2889 057	0946 6111 321	1135 9333 586	1325 2555 850	1514 5778 114	1703 9000 379
5283	0189 2863 903	0378 5727 806	0567 8591 709	0757 1455 612	0946 4319 515	1135 7183 418	1325 0047 322	1514 2911 225	1703 5775 128
5284	0189 2505 678	0378 5011 355	0567 7517 033	0757 0022 710	0946 2528 388	1135 5034 065	1324 7539 743	1514 0045 420	1703 2551 098
5285	0189 2147 588	0378 4295 175	0567 6442 763	0756 8590 350	0946 0737 938	1135 2885 525	1324 5033 113	1513 7180 700	1702 9328 288
5286	0189 1789 633	0378 3579 266	0567 5368 899	0756 7158 532	0945 8948 165	1135 0737 798	1324 2527 431	1513 4317 064	1702 6106 697
5287	0189 1431 814	0378 2863 628	0567 4295 442	0756 5727 256	0945 7159 069	1134 8590 883	1324 0022 697	1513 1454 511	1702 2886 325
5288	0189 1074 130	0378 2148 260	0567 3222 390	0756 4296 520	0945 5370 654	1134 6444 781	1323 7518 911	1512 8593 041	1701 9667 171
5289	0189 0716 582	0378 1433 163	0567 2149 745	0756 2866 326	0945 3582 908	1134 4299 489	1323 5016 071	1512 5732 653	1701 6449 234
5290	0189 0359 168	0378 0718 336	0567 1077 505	0756 1436 673	0945 1795 841	1134 2155 000	1323 2514 178	1512 2873 346	1701 3232 514
5291	0189 0001 890	0378 0003 780	0567 0005 670	0756 0007 560	0945 0009 450	1134 0011 340	1323 0013 230	1512 0015 120	1701 0017 010
5292	0188 9644 747	0377 9289 494	0566 8934 240	0755 8578 987	0944 8223 734	1133 7868 481	1322 7513 228	1511 7157 974	1700 6802 721
5293	0188 9287 739	0377 8575 477	0566 7863 216	0755 7150 954	0944 6438 693	1133 5726 434	1322 5014 170	1511 4301 908	1700 3589 047
5294	0188 8930 865	0377 7861 730	0566 6792 595	0755 5723 461	0944 4654 326	1133 3585 191	1322 2516 056	1511 1446 921	1700 0377 786
5295	0188 8574 127	0377 7148 253	0566 5722 380	0755 4296 506	0944 2870 633	1133 1444 759	1322 0018 886	1510 8593 012	1699 7167 139
5296	0188 8217 523	0377 6435 045	0566 4652 568	0755 2870 091	0944 1087 613	1132 9305 136	1321 7522 659	1510 5740 181	1699 3957 704
5297	0188 7861 053	0377 5722 107	0566 3583 160	0755 1444 214	0943 9305 267	1132 7166 321	1321 5027 374	1510 2888 427	1699 0749 481
5298	0188 7504 719	0377 5009 438	0566 2514 156	0755 0018 875	0943 7523 594	1132 5028 313	1321 2533 031	1510 0037 750	1698 7542 469
5299	0188 7148 519	0377 4297 037	0566 1445 556	0754 8594 074	0943 5742 593	1132 2891 112	1321 0039 630	1509 7188 149	1698 4336 667

	1	2	3	4	5	6	7	8	9
5300	0188 6792 453	0377 3584 906	0566 0377 358	0754 7169 811	0943 3962 264	1132 0754 717	1320 7547 570	1509 4339 623	1698 1132 075
5301	0188 6436 521	0377 2873 043	0565 9309 564	0754 5746 086	0943 2182 607	1131 8619 128	1320 5055 050	1509 1402 171	1697 7928 698
5302	0188 6080 724	0377 2161 449	0565 8242 173	0754 4322 897	0943 0403 621	1131 6484 346	1320 2565 070	1508 8645 794	1697 4726 518
5303	0188 5725 061	0377 1450 123	0565 7175 184	0754 2900 245	0942 8625 306	1131 4350 368	1320 0075 429	1508 5800 490	1697 1525 552
5304	0188 5369 532	0377 0739 065	0565 6108 597	0754 1478 130	0942 6847 662	1131 2217 195	1319 7586 727	1508 2956 359	1696 8325 792
5305	0188 5014 138	0377 0028 275	0565 5042 413	0754 0056 550	0942 5070 688	1131 0084 826	1319 5098 963	1508 0113 101	1696 5127 238
5306	0188 4658 877	0376 9317 753	0565 3976 630	0753 8635 507	0942 3294 384	1130 7953 261	1319 2612 137	1507 7271 014	1696 1929 891
5307	0188 4303 750	0376 8607 500	0565 2911 249	0753 7214 999	0942 1518 749	1130 5822 499	1319 0126 248	1507 4429 908	1695 8733 748
5308	0188 3948 757	0376 7897 513	0565 1846 270	0753 5795 026	0941 9743 783	1130 3692 510	1318 7641 296	1507 1590 053	1695 5538 809
5309	0188 3593 897	0376 7187 794	0565 0781 691	0753 4375 580	0941 7969 486	1130 1563 383	1318 5157 280	1506 8751 177	1695 2345 074
5310	0188 3239 171	0376 6478 343	0564 9717 514	0753 2956 686	0941 6195 857	1129 9435 028	1318 2674 200	1506 5913 371	1694 9152 542
5311	0188 2884 579	0376 5769 158	0564 8653 738	0753 1538 317	0941 4422 896	1129 7307 475	1318 0192 054	1506 3076 633	1694 5961 213
5312	0188 2530 120	0376 5060 241	0564 7590 361	0753 0120 482	0941 2650 602	1129 5180 723	1317 7710 843	1506 0240 964	1694 2771 084
5313	0188 2175 795	0376 4351 590	0564 6527 386	0752 8703 181	0941 0878 976	1129 3054 771	1317 5230 567	1505 7406 362	1693 9582 157
5314	0188 1821 603	0376 3643 207	0564 5464 810	0752 7286 413	0940 9108 017	1129 0929 620	1317 2751 223	1505 4572 826	1693 6394 430
5315	0188 1467 545	0376 2935 089	0564 4402 634	0752 5870 179	0940 7337 723	1128 8805 268	1317 0272 813	1505 1740 358	1693 3207 902
5316	0188 1113 619	0376 2227 239	0564 3340 858	0752 4454 477	0940 5568 006	1128 6681 716	1316 7795 335	1504 8908 954	1693 0022 573
5317	0188 0759 827	0376 1519 654	0564 2279 481	0752 3039 308	0940 3799 135	1128 4558 962	1316 5318 789	1504 6078 616	1692 6838 443
5318	0188 0406 168	0376 0812 335	0564 1218 503	0752 1624 671	0940 2030 839	1128 2437 006	1316 2843 174	1504 3249 342	1692 3655 510
5319	0188 0052 641	0376 0105 283	0564 0157 924	0752 0210 566	0940 0263 207	1128 0315 849	1316 0368 490	1504 0421 132	1692 0473 773
5320	0187 9699 248	0375 9398 496	0563 9097 744	0751 8796 992	0939 8496 241	1127 8195 489	1315 7894 737	1503 7593 985	1691 7293 233
5321	0187 9345 988	0375 8691 975	0563 8037 963	0751 7383 950	0939 6729 938	1127 6075 926	1315 5421 913	1503 4767 901	1691 4113 888
5322	0187 8992 860	0375 7985 720	0563 6978 579	0751 5971 439	0939 4964 299	1127 3957 159	1315 2950 019	1503 1942 879	1691 0935 738
5323	0187 8639 865	0375 7279 729	0563 5919 594	0751 4559 450	0939 3199 324	1127 1839 011	1315 0479 053	1502 9118 918	1690 7758 783
5324	0187 8287 002	0375 6574 005	0563 4861 007	0751 3148 000	0939 1435 011	1126 9722 014	1314 8009 016	1502 6296 018	1690 4583 020
5325	0187 7934 272	0375 5868 545	0563 3802 817	0751 1737 089	0938 9671 362	1126 7605 634	1314 5539 906	1502 3474 178	1690 1408 451
5326	0187 7581 675	0375 5163 350	0563 2745 024	0751 0326 699	0938 7908 374	1126 5490 049	1314 3071 724	1502 0653 398	1689 8235 073
5327	0187 7229 210	0375 4458 419	0563 1687 689	0750 8916 830	0938 6146 048	1126 3375 258	1314 0604 468	1501 7833 678	1689 5062 887
5328	0187 6876 877	0375 3753 754	0563 0630 631	0750 7507 508	0938 4384 384	1126 1261 261	1313 8138 138	1501 5015 015	1689 1891 892
5329	0187 6524 676	0375 3049 353	0562 9574 029	0750 6098 705	0938 2623 382	1125 9148 058	1313 5672 734	1501 2197 410	1688 8722 087
5330	0187 6172 608	0375 2345 216	0562 8517 824	0750 4690 432	0938 0863 039	1125 7035 647	1313 3208 255	1500 9380 863	1688 5553 471
5331	0187 5820 672	0375 1641 343	0562 7462 015	0750 3282 686	0937 9103 358	1125 4924 089	1313 0744 701	1500 6565 372	1688 2386 044
5332	0187 5468 867	0375 0937 734	0562 6406 602	0750 1875 469	0937 7344 336	1125 2813 203	1312 8282 071	1500 3750 938	1687 9219 805
5333	0187 5117 193	0375 0234 300	0562 5351 584	0750 0468 779	0937 5585 974	1125 0703 169	1312 5820 364	1500 0937 559	1687 6054 753
5334	0187 4765 654	0374 9531 300	0562 4296 963	0749 9062 617	0937 3828 271	1124 8593 580	1312 3359 580	1499 8125 234	1687 2890 889
5335	0187 4414 246	0374 8828 491	0562 3242 737	0749 7656 982	0937 2071 228	1124 6485 473	1312 0899 719	1499 5313 964	1686 9728 210
5336	0187 4062 969	0374 8125 937	0562 2188 906	0749 6251 874	0937 0314 843	1124 4377 811	1311 8440 780	1499 2503 748	1686 6566 717
5337	0187 3711 823	0374 7423 646	0562 1135 469	0749 4847 292	0936 8559 116	1124 2270 939	1311 5982 762	1498 9694 586	1686 3406 408
5338	0187 3360 809	0374 6721 619	0562 0082 428	0749 3443 237	0936 6804 046	1124 0164 856	1311 3525 665	1498 6886 474	1686 0247 284
5339	0187 3009 927	0374 6019 854	0561 9029 781	0749 2039 708	0936 5049 635	1123 8059 562	1311 1069 489	1498 4079 410	1685 7089 343
5340	0187 2659 176	0374 5318 352	0561 7977 528	0749 0636 704	0936 3295 880	1123 5955 050	1310 8614 232	1498 1273 408	1685 3932 584
5341	0187 2308 556	0374 4617 113	0561 6925 009	0748 9234 226	0936 1542 782	1123 3851 339	1310 6159 805	1497 8468 452	1685 0777 008
5342	0187 1958 068	0374 3916 136	0561 5874 204	0748 7832 273	0935 9790 341	1123 1748 409	1310 3706 477	1497 5664 545	1684 7622 613
5343	0187 1607 711	0374 3215 422	0561 4823 133	0748 6430 844	0935 8038 555	1122 9646 266	1310 1253 977	1497 2861 688	1684 4469 309
5344	0187 1257 485	0374 2514 970	0561 3772 455	0748 5029 940	0935 6287 425	1122 7544 910	1309 8802 395	1497 0059 880	1684 1317 365
5345	0187 0907 390	0374 1814 780	0561 2722 170	0748 3629 560	0935 4536 950	1122 5444 341	1309 6351 731	1496 7259 121	1683 8166 511
5346	0187 0557 426	0374 1114 852	0561 1672 278	0748 2229 704	0935 2787 131	1122 3344 557	1309 3901 983	1496 4459 409	1683 5016 835
5347	0187 0207 593	0374 0415 186	0561 0622 779	0748 0830 372	0935 1037 965	1122 1245 559	1309 1453 151	1496 1660 744	1683 1868 337
5348	0186 9857 891	0373 9715 782	0560 9573 672	0747 9431 563	0934 9289 454	1121 9147 346	1308 9005 235	1495 8863 126	1682 8721 017
5349	0186 9508 319	0373 9016 639	0560 8524 958	0747 8033 277	0934 7541 597	1121 7049 916	1308 6558 235	1495 6066 554	1682 5574 874
5350	0186 9158 879	0373 8317 757	0560 7476 636	0747 6635 514	0934 5794 303	1121 4953 271	1308 4112 150	1495 3271 028	1682 2429 907
5351	0186 8809 568	0373 7619 137	0560 6428 705	0747 5238 273	0934 4047 842	1121 2857 410	1308 1666 978	1495 0476 546	1681 9286 115
5352	0186 8460 580	0373 6922 670	0560 5381 166	0747 3841 553	0934 2301 943	1121 0762 332	1307 9222 720	1494 7683 109	1681 6143 498
5353	0186 8111 339	0373 6222 679	0560 4334 018	0747 2445 358	0934 0556 697	1120 8668 037	1307 6779 376	1494 4890 716	1681 3002 055
5354	0186 7762 421	0373 5524 841	0560 3287 262	0747 1049 082	0933 8812 103	1120 6574 524	1307 4336 944	1494 2099 365	1680 9861 786
5355	0186 7413 632	0373 4827 264	0560 2240 890	0746 9654 528	0933 7068 161	1120 4481 793	1307 1895 423	1493 9309 057	1680 6722 689
5356	0186 7064 974	0373 4129 948	0560 1194 922	0746 8259 895	0933 5324 869	1120 2389 843	1306 9454 817	1493 6519 791	1680 3584 765
5357	0186 6716 446	0373 3432 892	0560 0149 337	0746 6865 783	0933 3582 229	1120 0298 675	1306 7015 120	1493 3731 506	1680 0448 012
5358	0186 6368 048	0373 2736 096	0559 9104 143	0746 5472 191	0933 1840 239	1119 8208 287	1306 4576 334	1493 0944 382	1679 7312 430
5359	0186 6019 780	0373 2039 560	0559 8059 330	0746 4079 119	0933 0098 800	1119 6118 679	1306 2138 459	1492 8158 238	1679 4178 018
5360	0186 5671 642	0373 1343 284	0559 7014 925	0746 2686 567	0932 8358 209	1119 4029 851	1305 9701 493	1492 5373 134	1679 1044 776
5361	0186 5323 634	0373 0647 267	0559 5970 901	0746 1294 535	0932 6618 168	1119 1941 802	1305 7265 436	1492 2589 009	1678 7912 703
5362	0186 4975 755	0372 9951 511	0559 4927 266	0745 9903 021	0932 4878 777	1118 9854 532	1305 4830 287	1491 9806 043	1678 4781 798
5363	0186 4628 007	0372 9256 013	0559 3884 020	0745 8512 027	0932 3140 034	1118 7768 040	1305 2396 047	1491 7024 054	1678 1652 060
5364	0186 4280 388	0372 8560 776	0559 2841 163	0745 7121 551	0932 1401 939	1118 5682 327	1304 9962 714	1491 4243 102	1677 8523 490
5365	0186 3932 898	0372 7865 797	0559 1798 695	0745 5731 504	0931 9664 492	1118 3597 391	1304 7530 289	1491 1463 187	1677 5396 086
5366	0186 3585 539	0372 7171 077	0559 0756 616	0745 4342 154	0931 7927 693	1118 1513 231	1304 5098 770	1490 8684 309	1677 2269 847
5367	0186 3238 308	0372 6476 616	0558 9714 925	0745 2953 233	0931 6191 541	1117 9429 849	1304 2668 157	1490 5906 465	1676 9144 774
5368	0186 2891 207	0372 5782 414	0558 8673 621	0745 1564 829	0931 4456 036	1117 7347 243	1304 0238 450	1490 3129 687	1676 6020 864
5369	0186 2544 235	0372 5088 471	0558 7632 706	0745 0176 942	0931 2721 177	1117 5265 413	1303 7809 648	1490 0353 883	1676 2898 119
5370	0186 2197 393	0372 4394 786	0558 6592 179	0744 8789 572	0931 0986 965	1117 3184 358	1303 5381 750	1489 7579 143	1675 9776 536
5371	0186 1850 680	0372 3701 359	0558 5552 039	0744 7402 718	0930 9253 398	1117 1104 077	1303 2954 757	1489 4805 437	1675 6656 116
5372	0186 1504 095	0372 3008 191	0558 4512 286	0744 6016 381	0930 7520 477	1116 9024 572	1303 0528 667	1489 2032 762	1675 3536 858
5373	0186 1157 640	0372 2315 280	0558 3472 920	0744 4630 560	0930 5788 200	1116 6945 840	1302 8103 480	1488 9261 120	1675 0418 760
5374	0186 0811 314	0372 1622 627	0558 2433 941	0744 3245 253	0930 4056 569	1116 4867 882	1302 5679 196	1488 6490 510	1674 7301 824
5375	0186 0465 116	0372 0930 233	0558 1395 349	0744 1860 465	0930 2325 584	1116 2790 698	1302 3255 814	1488 3720 930	1674 4186 047
5376	0186 0119 048	0372 0238 095	0558 0357 143	0744 0476 190	0930 0595 238	1116 0714 286	1302 0833 333	1488 0952 381	1674 1071 429
5377	0185 9773 108	0371 9546 215	0557 9319 323	0743 9092 431	0929 8865 538	1115 8638 646	1301 8411 754	1487 8184 861	1673 7957 969
5378	0185 9427 296	0371 8854 593	0557 8281 889	0743 7709 186	0929 7136 482	1115 6563 778	1301 5991 075	1487 5418 371	1673 4845 608
5379	0185 9081 614	0371 8163 227	0557 7244 841	0743 6326 455	0929 5408 068	1115 4489 682	1301 3571 296	1487 2652 909	1673 1734 523
5380	0185 8736 059	0371 7472 119	0557 6208 178	0743 4944 238	0929 3680 297	1115 2416 357	1301 1152 416	1486 9888 476	1672 8624 535
5381	0185 8390 634	0371 6781 267	0557 5171 901	0743 3562 535	0929 1953 169	1115 0343 802	1300 8734 436	1486 7125 070	1672 5515 703
5382	0185 8045 336	0371 6090 673	0557 4136 009	0743 2181 345	0929 0226 682	1114 8272 018	1300 6317 354	1486 4362 690	1672 2408 027
5383	0185 7700 167	0371 5400 334	0557 3100 502	0743 0800 669	0928 8500 836	1114 6201 003	1300 3901 170	1486 1601 338	1671 9301 505
5384	0185 7355 126	0371 4710 253	0557 2065 379	0742 9420 505	0928 6775 632	1114 4130 758	1300 1485 884	1485 8841 010	1671 6196 137
5385	0185 7010 214	0371 4020 427	0557 1030 641	0742 8040 854	0928 5051 068	1114 2061 281	1299 9071 495	1485 6081 708	1671 3091 922
5386	0185 6665 429	0371 3330 858	0556 9996 287	0742 6661 716	0928 3327 144	1113 9992 573	1299 6658 002	1485 3323 431	1670 9988 860
5387	0185 6320 772	0371 2641 544	0556 8962 317	0742 5283 089	0928 1603 861	1113 7924 633	1299 4245 406	1485 0566 178	1670 6886 950
5388	0185 5976 244	0371 1952 487	0556 7928 731	0742 3904 974	0927 9881 218	1113 5857 461	1299 1833 705	1484 7809 948	1670 3786 192
5389	0185 5631 843	0371 1263 685	0556 6895 528	0742 2527 371	0927 8159 213	1113 3791 056	1298 9422 898	1484 5054 741	1670 0686 584
5390	0185 5287 570	0371 0575 139	0556 5862 709	0742 1150 278	0927 6437 848	1113 1725 417	1298 7012 987	1484 2300 557	1669 7588 126
5391	0185 4943 424	0370 9886 848	0556 4830 273	0741 9773 007	0927 4717 121	1112 9660 545	1298 4603 970	1483 9547 394	1669 4490 818
5392	0185 4599 407	0370 9198 813	0556 3798 220	0741 8397 626	0927 2997 033	1112 7596 439	1298 2195 846	1483 6795 252	1669 1394 650
5393	0185 4255 516	0370 8511 033	0556 2766 549	0741 7022 066	0927 1277 582	1112 5533 098	1297 9788 615	1483 4044 131	1668 8299 648
5394	0185 3911 754	0370 7823 508	0556 1735 261	0741 5647 015	0926 9558 769	1112 3470 523	1297 7382 277	1483 1294 030	1668 5205 784
5395	0185 3568 419	0370 7136 237	0556 0704 356	0741 4272 475	0926 7840 593	1112 1408 712	1297 4976 830	1482 8544 949	1668 2113 068
5396	0185 3224 611	0370 6440 222	0555 9673 832	0741 2898 443	0926 6123 054	1111 9347 665	1297 2572 276	1482 5796 887	1667 9021 497
5397	0185 2881 230	0370 5762 461	0555 8643 691	0741 1524 921	0926 4406 152	1111 7287 382	1297 0168 612	1482 3049 842	1667 5931 073
5398	0185 2537 977	0370 5075 954	0555 7613 931	0741 0151 908	0926 2689 885	1111 5227 862	1296 7765 839	1482 0303 816	1667 2841 793
5399	0185 2194 851	0370 4389 702	0555 6584 553	0740 8779 404	0926 0974 255	1111 3169 105	1296 5363 956	1481 7558 807	1666 9753 658

	1	2	3	4	5	6	7	8	9
5400	0185 1851 852	0370 3703 704	0555 5555 556	0740 7407 407	0925 9259 259	1111 1111 111	1296 2962 963	1481 4814 815	1666 6666 667
5401	0185 1508 980	0370 3017 960	0555 4526 939	0740 6035 919	0925 7544 899	1110 9053 879	1296 0562 859	1481 2071 839	1666 3580 818
5402	0185 1166 235	0370 2332 469	0555 3498 704	0740 4664 939	0925 5831 174	1110 6997 408	1295 8163 643	1480 9329 878	1666 0496 113
5403	0185 0823 617	0370 1647 233	0555 2470 850	0740 3294 466	0925 4118 083	1110 4941 699	1295 5765 316	1480 6588 932	1665 7412 549
5404	0185 0481 125	0370 0962 250	0555 1443 375	0740 1924 500	0925 2405 625	1110 2886 751	1295 3367 876	1480 3849 001	1665 4330 125
5405	0185 0138 760	0370 0277 521	0555 0416 281	0740 0555 042	0925 0693 802	1110 0832 562	1295 0971 323	1480 1110 083	1665 1248 844
5406	0184 9796 522	0369 9593 045	0554 9389 567	0739 9186 090	0924 8982 612	1109 8779 134	1294 8575 657	1479 8372 179	1664 8168 701
5407	0184 9454 411	0369 8908 822	0554 8363 233	0739 7817 644	0924 7272 055	1109 6726 466	1294 6180 877	1479 5635 288	1664 5089 699
5408	0184 9112 426	0369 8224 852	0554 7337 278	0739 6449 704	0924 5562 130	1109 4674 556	1294 3786 982	1479 2899 408	1664 2011 834
5409	0184 8770 568	0369 7541 135	0554 6311 703	0739 5082 270	0924 3852 838	1109 2623 405	1294 1393 973	1479 0164 541	1663 8935 108
5410	0184 8428 835	0369 6857 671	0554 5286 506	0739 3715 342	0924 2144 177	1109 0573 013	1293 9001 848	1478 7430 684	1663 5859 519
5411	0184 8087 230	0369 6174 459	0554 4261 689	0739 2348 919	0924 0436 149	1108 8523 378	1293 6610 608	1478 4697 838	1663 2785 067
5412	0184 7745 750	0369 5491 500	0554 3237 251	0739 0983 001	0923 8728 751	1108 6474 501	1293 4220 251	1478 1966 001	1662 9711 752
5413	0184 7404 397	0369 4808 794	0554 2213 190	0738 9617 587	0923 7021 984	1108 4426 381	1293 1830 778	1477 9235 175	1662 6639 571
5414	0184 7063 170	0369 4126 339	0554 1189 509	0738 8252 678	0923 5315 848	1108 2379 017	1292 9442 187	1477 6505 356	1662 3568 526
5415	0184 6722 068	0369 3444 137	0554 0166 205	0738 6888 273	0923 3610 342	1108 0332 410	1292 7054 478	1477 3776 547	1662 0498 615
5416	0184 6381 093	0369 2762 186	0553 9143 279	0738 5524 372	0923 1905 465	1107 8286 558	1292 4667 654	1477 1048 744	1661 7429 837
5417	0184 6040 244	0369 2080 487	0553 8120 731	0738 4160 975	0923 0201 218	1107 6241 462	1292 2281 706	1476 8321 949	1661 4362 193
5418	0184 5699 520	0369 1399 040	0553 7098 560	0738 2798 080	0922 8497 601	1107 4197 121	1291 9896 641	1476 5596 161	1661 1295 681
5419	0184 5358 922	0369 0717 845	0553 6076 767	0738 1435 689	0922 6794 612	1107 2153 534	1291 7512 456	1476 2871 378	1660 8230 301
5420	0184 5018 450	0369 0036 900	0553 5055 351	0738 0073 801	0922 5092 251	1107 0110 701	1291 5129 151	1476 0147 601	1660 5166 052
5421	0184 4678 104	0368 9356 207	0553 4034 311	0737 8712 415	0922 3390 518	1106 8068 622	1291 2746 726	1475 7424 829	1660 2102 933
5422	0184 4337 883	0368 8675 765	0553 3013 648	0737 7351 531	0922 1689 414	1106 6027 296	1291 0365 179	1475 4703 062	1659 9040 944
5423	0184 3997 787	0368 7995 574	0553 1993 362	0737 5991 149	0921 9988 936	1106 3986 723	1290 7984 510	1475 1982 298	1659 5980 085
5424	0184 3657 817	0368 7315 634	0553 0973 451	0737 4631 268	0921 8289 086	1106 1946 903	1290 5604 720	1474 9262 537	1659 2920 354
5425	0184 3317 972	0368 6635 945	0552 9953 917	0737 3271 889	0921 6589 862	1105 9907 834	1290 3225 806	1474 6543 779	1658 9861 751
5426	0184 2978 253	0368 5956 506	0552 8934 759	0737 1913 011	0921 4891 264	1105 7869 517	1290 0847 770	1474 3826 023	1658 6804 276
5427	0184 2638 659	0368 5277 317	0552 7915 976	0737 0554 634	0921 3193 293	1105 5831 951	1289 8470 610	1474 1109 268	1658 3747 927
5428	0184 2299 189	0368 4598 379	0552 6897 568	0736 9196 758	0921 1495 947	1105 3795 136	1289 6094 326	1473 8393 515	1658 0692 705
5429	0184 1959 845	0368 3919 691	0552 5879 536	0736 7839 381	0920 9799 226	1105 1759 072	1289 3718 917	1473 5678 762	1657 7638 607
5430	0184 1620 626	0368 3241 252	0552 4861 878	0736 6482 505	0920 8103 131	1104 9723 757	1289 1344 383	1473 2965 009	1657 4585 635
5431	0184 1281 532	0368 2563 064	0552 3844 596	0736 5126 128	0920 6407 660	1104 7689 192	1288 8970 724	1473 0252 256	1657 1533 788
5432	0184 0942 563	0368 1885 125	0552 2827 688	0736 3770 250	0920 4712 813	1104 5655 376	1288 6597 938	1472 7540 501	1656 8483 063
5433	0184 0603 718	0368 1207 436	0552 1811 154	0736 2414 872	0920 3018 590	1104 3622 308	1288 4226 026	1472 4829 744	1656 5433 462
5434	0184 0264 998	0368 0529 996	0552 0794 994	0736 1059 993	0920 1324 901	1104 1589 989	1288 1854 987	1472 2119 985	1656 2384 983
5435	0183 9926 403	0367 9852 806	0551 9779 209	0735 9705 612	0919 9632 015	1103 9558 418	1287 9484 821	1471 9411 224	1655 9337 626
5436	0183 9587 932	0367 9175 865	0551 8763 797	0735 8351 720	0919 7939 662	1103 7527 594	1287 7115 526	1471 6703 458	1655 6291 391
5437	0183 9249 586	0367 8499 172	0551 7748 759	0735 6998 345	0919 6247 931	1103 5497 517	1287 4747 103	1471 3996 689	1655 3246 276
5438	0183 8911 364	0367 7822 729	0551 6734 093	0735 5645 458	0919 4556 822	1103 3468 187	1287 2379 551	1471 1290 916	1655 0202 280
5439	0183 8573 267	0367 7146 534	0551 5719 801	0735 4293 069	0919 2866 336	1103 1439 603	1287 0012 870	1470 8586 137	1654 7159 404
5440	0183 8235 294	0367 6470 588	0551 4705 882	0735 2941 176	0919 1176 471	1102 9411 765	1286 7647 059	1470 5882 353	1654 4117 647
5441	0183 7897 445	0367 5794 891	0551 3692 336	0735 1589 781	0918 9487 227	1102 7384 672	1286 5282 117	1470 3179 563	1654 1077 008
5442	0183 7559 721	0367 5119 441	0551 2679 162	0735 0238 883	0918 7798 603	1102 5358 324	1286 2918 045	1470 0477 766	1653 8037 486
5443	0183 7222 120	0367 4444 240	0551 1666 360	0734 8888 481	0918 6110 601	1102 3332 721	1286 0554 841	1469 7776 961	1653 4999 081
5444	0183 6884 644	0367 3769 287	0551 0653 931	0734 7538 575	0918 4423 218	1102 1307 862	1285 8192 506	1469 5077 149	1653 1961 793
5445	0183 6547 291	0367 3094 582	0550 9641 873	0734 6189 164	0918 2736 455	1101 9283 747	1285 5831 038	1469 2378 329	1652 8925 620
5446	0183 6210 062	0367 2420 125	0550 8630 187	0734 4840 250	0918 1050 312	1101 7260 375	1285 3470 437	1468 9680 499	1652 5890 562
5447	0183 5872 958	0367 1745 915	0550 7618 873	0734 3491 830	0917 9364 788	1101 5237 746	1285 1110 703	1468 6983 661	1652 2856 618
5448	0183 5535 977	0367 1071 953	0550 6607 930	0734 2143 906	0917 7679 883	1101 3215 859	1284 8751 836	1468 4287 812	1651 9823 789
5449	0183 5199 119	0367 0398 238	0550 5597 357	0734 0796 476	0917 5995 596	1101 1194 715	1284 6393 834	1468 1592 953	1651 6792 072
5450	0183 4862 385	0366 9724 771	0550 4587 156	0733 9449 541	0917 4311 927	1100 9174 312	1284 4036 697	1467 8899 083	1651 3761 408
5451	0183 4525 775	0366 9051 550	0550 3577 325	0733 8103 100	0917 2628 875	1100 7154 651	1284 1680 426	1467 6206 201	1651 0731 976
5452	0183 4189 288	0366 8378 577	0550 2567 865	0733 6757 153	0917 0946 442	1100 5135 730	1283 9325 048	1467 3514 307	1650 7703 595
5453	0183 3852 925	0366 7705 850	0550 1558 775	0733 5411 700	0916 9264 625	1100 3117 550	1283 6970 475	1467 0823 400	1650 4676 325
5454	0183 3516 685	0366 7033 370	0550 0550 055	0733 4066 740	0916 7583 425	1100 1100 110	1283 4616 795	1466 8133 480	1650 1650 165
5455	0183 3180 568	0366 6361 137	0549 9541 705	0733 2722 273	0916 5902 841	1099 9083 410	1283 2263 978	1466 5444 546	1649 8625 115
5456	0183 2844 575	0366 5689 150	0549 8533 724	0733 1378 299	0916 4222 874	1099 7067 449	1282 9912 023	1466 2756 598	1649 5601 173
5457	0183 2508 704	0366 5017 409	0549 7526 113	0733 0034 818	0916 2543 522	1099 5052 227	1282 7560 931	1466 0069 635	1649 2578 340
5458	0183 2172 957	0366 4345 914	0549 6518 871	0732 8691 829	0916 0864 786	1099 3037 743	1282 5210 700	1465 7383 657	1648 9556 614
5459	0183 1837 333	0366 3674 666	0549 5511 999	0732 7349 331	0915 9186 664	1099 1023 997	1282 2861 330	1465 4698 663	1648 6535 996
5460	0183 1501 832	0366 3003 663	0549 4505 495	0732 6007 326	0915 7509 158	1098 9010 989	1282 0512 821	1465 2014 652	1648 3516 484
5461	0183 1166 453	0366 2332 906	0549 3499 359	0732 4665 812	0915 5832 265	1098 6998 718	1281 8165 171	1464 9331 624	1648 0498 077
5462	0183 0831 197	0366 1662 395	0549 2493 592	0732 3324 789	0915 4155 987	1098 4987 184	1281 5818 382	1464 6649 579	1647 7480 776
5463	0183 0496 064	0366 0992 129	0549 1488 193	0732 1984 258	0915 2480 322	1098 2976 387	1281 3472 451	1464 3968 515	1647 4464 580
5464	0183 0161 054	0366 0322 108	0549 0483 163	0732 0644 217	0915 0805 271	1098 0966 325	1281 1127 379	1464 1288 433	1647 1449 488
5465	0182 9826 167	0365 9652 333	0548 9478 500	0731 9304 666	0914 9130 833	1097 8956 999	1280 8783 166	1463 8609 332	1646 8435 499
5466	0182 9491 401	0365 8982 803	0548 8474 204	0731 7965 606	0914 7457 007	1097 6948 408	1280 6439 810	1463 5931 211	1646 5422 613
5467	0182 9156 759	0365 8313 517	0548 7470 276	0731 6627 035	0914 5783 794	1097 4940 552	1280 4097 311	1463 3254 070	1646 2410 829
5468	0182 8822 238	0365 7644 477	0548 6466 715	0731 5288 954	0914 4111 192	1097 2933 431	1280 1755 669	1463 0577 908	1645 9400 146
5469	0182 8487 841	0365 6975 681	0548 5463 522	0731 3951 362	0914 2439 203	1097 0927 043	1279 9414 884	1462 7902 724	1645 6390 565
5470	0182 8153 565	0365 6307 130	0548 4460 695	0731 2614 260	0914 0767 824	1096 8921 389	1279 7074 954	1462 5228 519	1645 3382 084
5471	0182 7819 411	0365 5638 823	0548 3458 234	0731 1277 646	0913 9097 057	1096 6916 469	1279 4735 880	1462 2555 292	1645 0374 703
5472	0182 7485 380	0365 4970 760	0548 2456 140	0730 9941 520	0913 7426 901	1096 4912 281	1279 2397 661	1461 9883 041	1644 7368 421
5473	0182 7151 471	0365 4302 942	0548 1454 413	0730 8605 883	0913 5757 354	1096 2908 825	1279 0060 296	1461 7211 767	1644 4363 238
5474	0182 6817 684	0365 3635 367	0548 0453 051	0730 7270 734	0913 4088 418	1096 0906 102	1278 7723 785	1461 4541 469	1644 1359 152
5475	0182 6484 018	0365 2968 037	0547 9452 055	0730 5936 073	0913 2420 091	1095 8904 110	1278 5388 128	1461 1872 146	1643 8356 164
5476	0182 6150 475	0365 2300 950	0547 8451 424	0730 4601 899	0913 0752 374	1095 6902 849	1278 3053 324	1460 9203 798	1643 5354 273
5477	0182 5817 053	0365 1634 106	0547 7451 159	0730 3268 213	0912 9085 266	1095 4902 319	1278 0719 372	1460 6536 425	1643 2353 478
5478	0182 5483 753	0365 0967 506	0547 6451 260	0730 1935 013	0912 7418 766	1095 2902 519	1277 8386 272	1460 3870 026	1642 9353 779
5479	0182 5150 575	0365 0301 150	0547 5451 725	0730 0602 300	0912 5752 875	1095 0903 450	1277 6054 024	1460 1204 599	1642 6355 174
5480	0182 4817 518	0364 9635 036	0547 4452 555	0729 9270 073	0912 4087 591	1094 8905 110	1277 3722 628	1459 8540 146	1642 3357 664
5481	0182 4484 583	0364 8969 166	0547 3453 749	0729 7938 332	0912 2422 916	1094 6907 499	1277 1392 082	1459 5876 665	1642 0361 248
5482	0182 4151 769	0364 8303 539	0547 2455 308	0729 6607 078	0912 0758 847	1094 4910 617	1276 9062 386	1459 3214 155	1641 7365 925
5483	0182 3819 077	0364 7638 154	0547 1457 231	0729 5276 309	0911 9095 386	1094 2914 463	1276 6733 540	1459 0552 617	1641 4371 694
5484	0182 3486 506	0364 6973 012	0547 0459 519	0729 3946 025	0911 7432 531	1094 0919 037	1276 4405 543	1458 7892 050	1641 1378 556
5485	0182 3154 057	0364 6308 113	0546 9462 170	0729 2616 226	0911 5770 283	1093 8924 339	1276 2078 396	1458 5232 452	1640 8386 509
5486	0182 2821 728	0364 5643 456	0546 8465 184	0729 1286 912	0911 4108 640	1093 6930 368	1275 9752 096	1458 2573 824	1640 5395 552
5487	0182 2489 521	0364 4979 041	0546 7468 562	0728 9958 083	0911 2447 603	1093 4937 124	1275 7426 645	1457 9916 166	1640 2405 686
5488	0182 2157 434	0364 4314 869	0546 6472 303	0728 8629 738	0911 0787 172	1093 2944 606	1275 5102 041	1457 7259 475	1639 9416 910
5489	0182 1825 469	0364 3650 938	0546 5476 407	0728 7301 876	0910 9127 346	1093 0952 815	1275 2778 284	1457 4603 753	1639 6429 222
5490	0182 1493 625	0364 2987 250	0546 4480 874	0728 5974 499	0910 7468 124	1092 8961 749	1275 0455 373	1457 1948 998	1639 3442 623
5491	0182 1161 901	0364 2323 803	0546 3485 704	0728 4647 605	0910 5809 506	1092 6971 408	1274 8133 309	1456 9295 210	1639 0457 112
5492	0182 0830 299	0364 1660 597	0546 2490 896	0728 3321 194	0910 4151 493	1092 4981 792	1274 5812 090	1456 6642 389	1638 7472 688
5493	0182 0498 817	0364 0997 633	0546 1496 450	0728 1995 207	0910 2494 083	1092 2992 900	1274 3491 717	1456 3990 533	1638 4489 350
5494	0182 0167 455	0364 0334 911	0546 0502 366	0728 0669 822	0910 0837 277	1092 1004 732	1274 1172 188	1456 1339 643	1638 1507 099
5495	0181 9836 215	0363 9672 429	0545 9508 644	0727 9344 859	0909 9181 074	1091 9017 288	1273 8853 503	1455 8689 718	1637 8525 933
5496	0181 9505 095	0363 9010 189	0545 8515 284	0727 8020 378	0909 7525 473	1091 7030 568	1273 6535 662	1455 6040 757	1637 5545 851
5497	0181 9174 095	0363 8348 190	0545 7522 285	0727 6696 380	0909 5870 475	1091 5044 570	1273 4218 665	1455 3392 760	1637 2566 855
5498	0181 8843 216	0363 7686 431	0545 6529 647	0727 5372 863	0909 4216 079	1091 3059 294	1273 1902 510	1455 0745 726	1636 9588 941
5499	0181 8512 457	0363 7024 914	0545 5537 370	0727 4049 827	0909 2562 284	1091 1074 741	1272 9587 198	1454 8099 654	1636 6612 111

	1	2	3	4	5	6	7	8	9
5500	0181 8181 818	0363 6363 636	0545 4545 455	0727 2727 273	0909 0909 091	1090 9090 909	1272 7272 727	1454 5454 545	1636 3636 364
5501	0181 7851 300	0363 5702 600	0545 3553 899	0727 1405 199	0908 9256 499	1090 7107 799	1272 4959 098	1454 2810 398	1636 0661 698
5502	0181 7520 901	0363 5041 803	0545 2563 704	0727 0083 606	0908 7604 507	1090 5125 409	1272 2646 310	1454 0167 212	1635 7688 113
5503	0181 7190 623	0363 4381 247	0545 1571 870	0726 8762 493	0908 5953 117	1090 3143 740	1272 0334 363	1453 7524 986	1635 4715 610
5504	0181 6860 466	0363 3720 930	0545 0581 395	0726 7441 860	0908 4302 326	1090 1162 791	1271 8023 256	1453 4883 721	1635 1744 186
5505	0181 6530 427	0363 3060 854	0544 9591 281	0726 6121 708	0908 2652 134	1089 9182 561	1271 5712 988	1453 2243 415	1634 8773 842
5506	0181 6200 509	0363 2401 017	0544 8601 526	0726 4802 034	0908 1002 548	1089 7203 051	1271 3403 560	1452 9604 068	1634 5804 577
5507	0181 5870 710	0363 1741 420	0544 7612 130	0726 3482 840	0907 9353 550	1089 5224 260	1271 1094 970	1452 6965 680	1634 2836 390
5508	0181 5541 031	0363 1082 062	0544 6623 094	0726 2164 125	0907 7705 156	1089 3246 187	1270 8787 219	1452 4328 250	1633 9869 281
5509	0181 5211 472	0363 0422 944	0544 5634 416	0726 0845 889	0907 6057 361	1089 1268 833	1270 6480 305	1452 1691 777	1633 6003 249
5510	0181 4882 033	0362 9764 065	0544 4646 098	0725 9528 131	0907 4410 163	1088 9292 196	1270 4174 229	1451 9056 261	1633 3938 294
5511	0181 4552 713	0362 9105 426	0544 3658 138	0725 8210 851	0907 2763 564	1088 7316 277	1270 1868 089	1451 6421 702	1633 0974 415
5512	0181 4223 512	0362 8447 025	0544 2670 537	0725 6804 049	0907 1117 562	1088 5341 074	1269 9564 586	1451 3788 099	1632 8011 611
5513	0181 3894 431	0362 7788 863	0544 1683 294	0725 5577 725	0906 9472 157	1088 3366 588	1269 7261 019	1451 1155 451	1632 5049 882
5514	0181 3565 470	0362 7130 939	0544 0696 409	0725 4261 879	0906 7827 349	1088 1392 818	1269 4958 288	1450 8523 758	1632 2080 227
5515	0181 3236 627	0362 6473 255	0543 9709 882	0725 2946 510	0906 6183 137	1087 9419 764	1269 2656 392	1450 5893 019	1631 9129 646
5516	0181 2907 904	0362 5815 809	0543 8723 713	0725 1631 617	0906 4539 521	1087 7447 426	1269 0355 330	1450 3263 234	1631 6171 139
5517	0181 2579 300	0362 5158 601	0543 7737 901	0725 0317 201	0906 2896 502	1087 5475 802	1268 8055 102	1450 0634 403	1631 3213 703
5518	0181 2250 816	0362 4501 631	0543 6752 447	0724 9003 262	0906 1254 078	1087 3504 893	1268 5755 709	1449 8006 524	1631 0257 340
5519	0181 1922 450	0362 3844 899	0543 5767 349	0724 7689 799	0905 9612 249	1087 1534 698	1268 3457 148	1449 5379 598	1630 7302 047
5520	0181 1594 203	0362 3188 406	0543 4782 609	0724 6376 812	0905 7971 015	1086 9565 217	1268 1159 420	1449 2753 623	1630 4347 826
5521	0181 1266 075	0362 2532 150	0543 3798 225	0724 5064 300	0905 6330 375	1086 7596 450	1267 8862 525	1449 0128 600	1630 1394 675
5522	0181 0938 066	0362 1876 132	0543 2814 198	0724 3752 264	0905 4690 330	1086 5628 396	1267 6566 461	1448 7504 527	1629 8442 593
5523	0181 0610 176	0362 1220 351	0543 1830 527	0724 2440 703	0905 3050 878	1086 3661 054	1267 4271 229	1448 4881 405	1629 5491 581
5524	0181 0282 404	0362 0564 808	0543 0847 212	0724 1129 616	0905 1412 020	1086 1694 424	1267 1976 828	1448 2259 232	1629 2541 637
5525	0180 9954 751	0361 9909 502	0542 9864 253	0723 9819 005	0904 9773 756	1085 9728 507	1266 9683 258	1447 9638 009	1628 9592 760
5526	0180 9627 217	0361 9254 434	0542 8881 650	0723 8508 867	0904 8136 084	1085 7763 801	1266 7390 518	1447 7017 734	1628 6644 951
5527	0180 9299 801	0361 8599 602	0542 7899 403	0723 7199 204	0904 6499 005	1085 5798 806	1266 5098 607	1447 4398 408	1628 3698 209
5528	0180 8972 504	0361 7945 007	0542 6917 544	0723 5890 014	0904 4862 518	1085 3835 022	1266 2807 525	1447 1780 029	1628 0752 533
5529	0180 8645 325	0361 7290 649	0542 5935 974	0723 4581 299	0904 3226 623	1085 1871 948	1266 0517 273	1446 9162 597	1627 7807 922
5530	0180 8318 264	0361 6636 528	0542 4954 792	0723 3273 056	0904 1591 320	1084 9909 584	1265 8227 848	1446 6546 112	1627 4864 376
5531	0180 7991 322	0361 5982 643	0542 3973 965	0723 1965 287	0903 9956 608	1084 7947 930	1265 5939 251	1446 3930 573	1627 1921 895
5532	0180 7664 497	0361 5328 995	0542 2993 492	0723 0657 990	0903 8322 487	1084 5986 985	1265 3651 482	1446 1315 980	1626 8080 477
5533	0180 7337 791	0361 4675 583	0542 2013 374	0722 9351 166	0903 6688 957	1084 4026 749	1265 1364 540	1445 8702 331	1626 6040 123
5534	0180 7011 203	0361 4022 407	0542 1033 610	0722 8044 814	0903 5056 017	1084 2067 221	1264 9078 424	1445 6089 028	1626 3100 831
5535	0180 6684 734	0361 3369 467	0542 0054 201	0722 6738 934	0903 3423 668	1084 0108 401	1264 6793 135	1445 3477 868	1626 0162 602
5536	0180 6358 382	0361 2716 763	0541 9075 146	0722 5483 526	0903 1791 908	1083 8150 289	1264 4508 671	1445 0867 052	1625 7225 434
5537	0180 6032 147	0361 2064 295	0541 8096 442	0722 4128 589	0903 0160 737	1083 6192 884	1264 2225 032	1444 8257 179	1625 4289 326
5538	0180 5706 031	0361 1412 063	0541 7118 093	0722 2824 124	0902 8530 155	1083 4236 186	1263 9942 217	1444 5648 248	1625 1354 280
5539	0180 5380 032	0361 0760 065	0541 6140 098	0722 1520 130	0902 6900 163	1083 2280 195	1263 7660 228	1444 3040 260	1624 8420 293
5540	0180 5054 152	0361 0108 303	0541 5162 455	0722 0216 607	0902 5270 758	1083 0324 910	1263 5379 061	1444 0433 213	1624 5487 365
5541	0180 4728 388	0360 9456 777	0541 4185 165	0721 8913 554	0902 3644 942	1082 8370 330	1263 3098 719	1443 7827 107	1624 2555 495
5542	0180 4402 743	0360 8805 485	0541 3208 228	0721 7610 971	0902 2013 713	1082 6416 456	1263 0819 199	1443 5224 942	1623 9624 684
5543	0180 4077 215	0360 8154 429	0541 2231 644	0721 6308 858	0902 0386 073	1082 4463 287	1262 8540 502	1443 2017 716	1623 6694 931
5544	0180 3751 804	0360 7503 610	0541 1255 411	0721 5007 215	0901 8759 019	1082 2510 823	1262 6262 626	1442 9014 430	1623 3766 234
5545	0180 3426 510	0360 6853 021	0541 0279 531	0721 3706 041	0901 7132 552	1082 0559 002	1262 3985 573	1442 7412 083	1623 0838 593
5546	0180 3101 334	0360 6202 668	0540 9304 003	0721 2405 337	0901 5506 671	1081 8608 005	1262 1709 340	1442 4810 074	1622 7912 008
5547	0180 2776 275	0360 5552 551	0540 8328 826	0721 1105 102	0901 3881 377	1081 6657 653	1261 9433 928	1442 2210 204	1622 4986 479
5548	0180 2451 334	0360 4902 668	0540 7354 001	0720 9805 335	0901 2256 669	1081 4708 003	1261 7159 337	1441 9610 670	1622 2062 004
5549	0180 2126 509	0360 4253 019	0540 6379 528	0720 8506 037	0901 0632 546	1081 2759 056	1261 4885 565	1441 7012 074	1621 9138 584
5550	0180 1801 802	0360 3603 604	0540 5405 405	0720 7207 207	0900 9009 009	1081 0810 811	1261 2612 613	1441 4414 414	1621 6216 216
5551	0180 1477 211	0360 2954 423	0540 4431 634	0720 5908 845	0900 7386 057	1080 8863 268	1261 0340 479	1441 1817 690	1621 3294 902
5552	0180 1152 738	0360 2305 475	0540 3458 213	0720 4610 951	0900 5763 689	1080 6916 427	1260 8069 164	1440 9221 902	1621 0374 640
5553	0180 0828 381	0360 1656 762	0540 2485 143	0720 3313 524	0900 4141 905	1080 4970 286	1260 5798 667	1440 6627 048	1620 7455 429
5554	0180 0504 141	0360 1008 282	0540 1512 423	0720 2016 565	0900 2520 706	1080 3024 847	1260 3528 988	1440 4033 129	1620 4537 270
5555	0180 0180 018	0360 0360 036	0540 0540 054	0720 0720 072	0900 0900 090	1080 1080 108	1260 1260 126	1440 1440 144	1620 1620 162
5556	0179 9856 012	0359 9712 023	0539 9568 035	0719 9424 046	0899 9280 058	1079 9136 069	1259 8992 081	1439 8848 092	1619 8704 104
5557	0179 9532 122	0359 9064 243	0539 8596 365	0719 8128 487	0899 7660 608	1079 7192 730	1259 6724 852	1439 6256 973	1619 5789 095
5558	0179 9208 348	0359 8416 697	0539 7625 045	0719 6833 393	0899 6041 742	1079 5250 090	1259 4458 438	1439 3666 787	1619 2875 135
5559	0179 8884 691	0359 7769 383	0539 6654 074	0719 5538 766	0899 4423 457	1079 3308 149	1259 2192 840	1439 1077 532	1618 9962 223
5560	0179 8561 151	0359 7122 302	0539 5683 453	0719 4244 604	0899 2805 755	1079 1366 906	1258 9928 058	1438 8489 209	1618 7050 360
5561	0179 8237 727	0359 6475 454	0539 4713 181	0719 2950 908	0899 1188 635	1078 9426 362	1258 7664 089	1438 5901 816	1618 4139 543
5562	0179 7914 419	0359 5828 839	0539 3743 258	0719 1657 677	0898 9572 096	1078 7486 516	1258 5400 935	1438 3315 354	1618 1229 774
5563	0179 7591 228	0359 5182 456	0539 2773 683	0719 0364 911	0898 7956 139	1078 5547 367	1258 3138 594	1438 0729 822	1617 8321 050
5564	0179 7268 152	0359 4536 305	0539 1804 487	0718 9072 610	0898 6340 762	1078 3608 914	1258 0877 067	1437 8145 219	1617 5413 372
5565	0179 6945 193	0359 3890 386	0539 0835 580	0718 7780 773	0898 4725 966	1078 1671 159	1257 8616 352	1437 5561 545	1617 2506 739
5566	0179 6622 350	0359 3244 700	0538 9867 050	0718 6489 400	0898 3111 750	1077 9734 100	1257 6356 450	1437 2978 800	1616 9601 150
5567	0179 6299 623	0359 2599 246	0538 8898 868	0718 5198 491	0898 1498 114	1077 7797 737	1257 4097 359	1437 0396 982	1616 6696 605
5568	0179 5977 011	0359 1954 023	0538 7931 034	0718 3908 046	0897 9885 057	1077 5862 069	1257 1839 080	1436 7816 092	1616 3793 103
5569	0179 5654 516	0359 1309 032	0538 6963 548	0718 2618 064	0897 8272 580	1077 3927 096	1256 9581 612	1436 5236 129	1616 0890 645
5570	0179 5332 136	0359 0664 273	0538 5996 409	0718 1328 546	0897 6660 682	1077 1992 819	1256 7324 955	1436 2657 092	1615 7989 228
5571	0179 5009 873	0359 0019 745	0538 5029 618	0718 0039 490	0897 5049 363	1077 0059 235	1256 5069 108	1436 0078 980	1615 5088 853
5572	0179 4687 724	0358 9375 449	0538 4063 173	0717 8750 897	0897 3438 622	1076 8126 346	1256 2814 070	1435 7501 795	1615 2189 519
5573	0179 4365 692	0358 8731 383	0538 3097 075	0717 7462 767	0897 1828 459	1076 6194 150	1256 0559 842	1435 4925 534	1614 9291 226
5574	0179 4043 775	0358 8087 549	0538 2131 324	0717 6175 099	0897 0218 873	1076 4262 648	1255 8306 423	1435 2350 197	1614 6393 972
5575	0179 3721 973	0358 7443 946	0538 1165 919	0717 4887 892	0896 8609 865	1076 2331 839	1255 6053 812	1434 9775 785	1614 3497 758
5576	0179 3400 287	0358 6800 574	0538 0200 861	0717 3601 148	0896 7001 435	1076 0401 722	1255 3802 009	1434 7202 296	1614 0602 583
5577	0179 3078 716	0358 6157 432	0537 9236 148	0717 2314 865	0896 5393 581	1075 8472 297	1255 1551 013	1434 4629 729	1613 7708 445
5578	0179 2757 261	0358 5514 521	0537 8271 782	0717 1029 043	0896 3786 303	1075 6543 564	1254 9300 825	1434 2058 085	1613 4815 346
5579	0179 2435 920	0358 4871 841	0537 7307 761	0716 9743 682	0896 2179 602	1075 4615 523	1254 7051 443	1433 9487 363	1613 1923 284
5580	0179 2114 695	0358 4229 391	0537 6344 086	0716 8458 781	0896 0573 477	1075 2688 172	1254 4802 867	1433 6917 563	1612 9032 258
5581	0179 1793 585	0358 3587 171	0537 5380 756	0716 7174 342	0895 8967 927	1075 0761 512	1254 2555 098	1433 4348 683	1612 6142 268
5582	0179 1472 590	0358 2945 181	0537 4417 771	0716 5890 362	0895 7362 952	1074 8835 543	1254 0308 133	1433 1780 724	1612 3253 314
5583	0179 1151 711	0358 2303 421	0537 3455 132	0716 4606 842	0895 5758 553	1074 6910 263	1253 8061 974	1432 9213 084	1612 0365 395
5584	0179 0830 946	0358 1661 893	0537 2492 837	0716 3323 782	0895 4154 728	1074 4985 673	1253 5816 619	1432 6647 564	1611 7478 510
5585	0179 0510 295	0358 1020 591	0537 1530 886	0716 2041 182	0895 2551 477	1074 3061 773	1253 3572 068	1432 4082 364	1611 4592 659
5586	0179 0189 760	0358 0379 520	0537 0569 280	0716 0759 040	0895 0948 801	1074 1138 561	1253 1328 321	1432 1518 081	1611 1707 841
5587	0178 9869 340	0357 9738 679	0536 9608 019	0715 9477 358	0894 9346 698	1073 9216 037	1252 9085 377	1431 8954 716	1610 8824 056
5588	0178 9549 034	0357 9098 067	0536 8647 101	0715 8196 135	0894 7745 168	1073 7294 202	1252 6843 235	1431 6392 269	1610 5941 303
5589	0178 9228 842	0357 8457 685	0536 7686 527	0715 6915 369	0894 6144 212	1073 5373 054	1252 4601 897	1431 3830 739	1610 3059 581
5590	0178 8908 766	0357 7817 531	0536 6726 297	0715 5635 063	0894 4543 828	1073 3452 594	1252 2361 360	1431 1270 125	1610 0178 891
5591	0178 8588 803	0357 7177 607	0536 5766 410	0715 4355 214	0894 2944 017	1073 1532 821	1252 0121 624	1430 8710 427	1609 7299 231
5592	0178 8268 956	0357 6537 911	0536 4806 867	0715 3075 823	0894 1344 778	1072 9613 734	1251 7882 690	1430 6151 645	1609 4420 601
5593	0178 7949 222	0357 5898 444	0536 3847 667	0715 1796 889	0893 9746 111	1072 7695 333	1251 5644 556	1430 3593 778	1609 1543 000
5594	0178 7629 603	0357 5259 206	0536 2888 809	0715 0518 413	0893 8148 016	1072 5777 619	1251 3407 222	1430 1036 825	1608 8666 428
5595	0178 7310 098	0357 4620 197	0536 1930 295	0714 9240 393	0893 6550 492	1072 3860 590	1251 1170 688	1429 8480 786	1608 5790 885
5596	0178 6990 708	0357 3981 415	0536 0972 123	0714 7962 831	0893 4953 538	1072 1944 246	1250 8934 954	1429 5925 661	1608 2916 369
5597	0178 6671 431	0357 3342 862	0536 0014 293	0714 6685 724	0893 3357 156	1072 0028 587	1250 6700 018	1429 3371 449	1608 0042 880
5598	0178 6352 269	0357 2704 537	0535 9056 806	0714 5409 075	0893 1761 343	1071 8113 612	1250 4465 881	1429 0818 149	1607 7170 418
5599	0178 6033 220	0357 2066 440	0535 8099 661	0714 4132 881	0893 0166 101	1071 6199 321	1250 2232 542	1428 8265 762	1607 4298 982

	1	2	3	4	5	6	7	8	9
5600	0178 5714 286	0357 1428 571	0535 7142 857	0714 2857 143	0892 8571 429	1071 4285 714	1250 0000 000	1428 5714 286	1607 1428 571
5601	0178 5395 465	0357 0790 930	0535 6186 395	0714 1581 860	0892 6977 325	1071 2372 791	1249 7768 256	1428 3163 721	1606 8559 186
5602	0178 5076 758	0357 0153 517	0535 5230 275	0714 0307 033	0892 5383 792	1071 0460 550	1249 5537 308	1428 0614 066	1606 5690 825
5603	0178 4758 165	0356 9516 331	0535 4274 496	0713 9032 661	0892 3790 826	1070 8548 992	1249 3307 157	1427 8065 322	1606 2823 487
5604	0178 4439 686	0356 8879 372	0535 3319 058	0713 7758 744	0892 2198 430	1070 6638 116	1249 1077 802	1427 5517 488	1605 9957 173
5605	0178 4121 320	0356 8242 640	0535 2363 961	0713 6485 281	0892 0606 601	1070 4727 921	1248 8850 242	1427 2970 562	1605 7091 882
5606	0178 3803 068	0356 7606 136	0535 1409 204	0713 5212 273	0891 9015 341	1070 2818 409	1248 6621 477	1427 0424 545	1605 4227 613
5607	0178 3484 930	0356 6969 859	0535 0454 789	0713 3939 718	0891 7424 648	1070 0909 577	1248 4394 507	1426 7879 436	1605 1364 366
5608	0178 3166 904	0356 6333 809	0534 9500 713	0713 2667 618	0891 5834 522	1069 9001 427	1248 2168 331	1426 5335 235	1604 8502 140
5609	0178 2848 993	0356 5697 985	0534 8546 978	0713 1395 971	0891 4244 963	1069 7093 956	1247 9942 949	1426 2791 942	1604 5640 934
5610	0178 2531 194	0356 5062 389	0534 7593 583	0713 0124 777	0891 2655 971	1069 5187 166	1247 7718 360	1426 0249 554	1604 2780 749
5611	0178 2213 509	0356 4427 018	0534 6640 528	0712 8854 037	0891 1067 546	1069 3281 055	1247 5494 564	1425 7708 073	1603 9921 583
5612	0178 1895 937	0356 3791 875	0534 5687 812	0712 7583 749	0890 9479 686	1069 1375 624	1247 3271 561	1425 5167 498	1603 7063 435
5613	0178 1578 479	0356 3156 957	0534 4735 436	0712 6313 914	0890 7892 393	1068 9470 871	1247 1049 350	1425 2627 828	1603 4206 307
5614	0178 1261 133	0356 2522 266	0534 3783 399	0712 5044 532	0890 6305 664	1068 7566 797	1246 8827 930	1425 0089 063	1603 1350 196
5615	0178 0943 900	0356 1887 801	0534 2831 701	0712 3775 601	0890 4719 501	1068 5663 402	1246 6607 302	1424 7551 202	1602 8495 102
5616	0178 0626 781	0356 1253 561	0534 1880 342	0712 2507 123	0890 3133 903	1068 3760 684	1246 4387 464	1424 5014 245	1602 5641 026
5617	0178 0309 774	0356 0619 548	0534 0929 322	0712 1239 096	0890 1548 870	1068 1858 643	1246 2168 417	1424 2478 191	1602 2787 965
5618	0177 9992 880	0355 9985 760	0533 9978 640	0711 9971 520	0889 9964 400	1067 9957 280	1245 9950 160	1423 9943 040	1601 9935 920
5619	0177 9676 099	0355 9352 198	0533 9028 297	0711 8704 396	0889 8380 495	1067 8056 594	1245 7732 693	1423 7408 792	1601 7084 891
5620	0177 9359 431	0355 8718 861	0533 8078 292	0711 7437 722	0889 6797 153	1067 6156 584	1245 5516 014	1423 4875 445	1601 4234 875
5621	0177 9042 875	0355 8085 750	0533 7128 625	0711 6171 500	0889 5214 375	1067 4257 250	1245 3300 125	1423 2342 999	1601 1385 874
5622	0177 8726 432	0355 7452 864	0533 6179 296	0711 4905 727	0889 3632 159	1067 2358 591	1245 1085 023	1422 9811 455	1600 8537 887
5623	0177 8410 101	0355 6820 203	0533 5230 304	0711 3640 405	0889 2050 507	1067 0460 608	1244 8870 710	1422 7280 811	1600 5690 912
5624	0177 8093 883	0355 6187 767	0533 4281 650	0711 2375 533	0889 0469 417	1066 8563 300	1244 6657 183	1422 4751 067	1600 2844 950
5625	0177 7777 778	0355 5555 556	0533 3333 333	0711 1111 111	0888 8888 889	1066 6666 667	1244 4444 444	1422 2222 222	1600 0000 000
5626	0177 7461 785	0355 4923 569	0533 2385 354	0710 9847 138	0888 7308 923	1066 4770 707	1244 2232 492	1421 9694 277	1599 7156 061
5627	0177 7145 904	0355 4291 807	0533 1437 711	0710 8583 615	0888 5729 518	1066 2875 422	1244 0021 326	1421 7167 229	1599 4313 133
5628	0177 6830 135	0355 3660 270	0533 0490 405	0710 7320 540	0888 4150 675	1066 0980 810	1243 7810 945	1421 4641 080	1599 1471 215
5629	0177 6514 479	0355 3028 957	0532 9543 436	0710 6057 914	0888 2572 393	1065 9086 872	1243 5601 350	1421 2115 829	1598 8630 307
5630	0177 6198 934	0355 2397 869	0532 8596 803	0710 4795 737	0888 0994 671	1065 7193 606	1243 3392 540	1420 9591 474	1598 5790 409
5631	0177 5883 502	0355 1767 004	0532 7650 506	0710 3534 008	0887 9417 510	1065 5301 012	1243 1184 514	1420 7068 016	1598 2951 518
5632	0177 5568 182	0355 1136 364	0532 6704 545	0710 2272 727	0887 7840 909	1065 3409 091	1242 8977 273	1420 4545 455	1598 0113 636
5633	0177 5252 974	0355 0505 947	0532 5758 921	0710 1011 894	0887 6264 868	1065 1517 841	1242 6770 815	1420 2023 788	1597 7276 762
5634	0177 4937 877	0354 9875 754	0532 4813 632	0709 9751 509	0887 4689 386	1064 9627 263	1242 4565 140	1419 9503 017	1597 4440 895
5635	0177 4622 893	0354 9245 785	0532 3868 678	0709 8491 571	0887 3114 463	1064 7737 356	1242 2360 248	1419 6983 141	1597 1606 034
5636	0177 4308 020	0354 8616 040	0532 2924 060	0709 7232 079	0887 1540 099	1064 5848 119	1242 0156 139	1419 4464 159	1596 8772 179
5637	0177 3993 259	0354 7986 518	0532 1979 776	0709 5973 035	0886 9966 294	1064 3959 553	1241 7952 812	1419 1946 071	1596 5939 329
5638	0177 3678 609	0354 7357 219	0532 1035 828	0709 4714 438	0886 8393 047	1064 2071 657	1241 5750 266	1418 9428 875	1596 3107 485
5639	0177 3364 072	0354 6728 143	0532 0092 215	0709 3456 287	0886 6820 358	1064 0184 430	1241 3548 502	1418 6912 573	1596 0276 645
5640	0177 3049 645	0354 6099 291	0531 9148 936	0709 2198 582	0886 5248 227	1063 8297 872	1241 1347 518	1418 4397 163	1595 7446 809
5641	0177 2735 331	0354 5470 661	0531 8205 992	0709 0941 322	0886 3676 653	1063 6411 984	1240 9147 314	1418 1882 645	1595 4617 976
5642	0177 2421 127	0354 4842 255	0531 7263 382	0708 9684 509	0886 2105 636	1063 4526 764	1240 6947 891	1417 9369 018	1595 1790 145
5643	0177 2107 035	0354 4214 071	0531 6321 106	0708 8428 141	0886 0535 176	1063 2642 212	1240 4749 247	1417 6856 282	1594 8963 317
5644	0177 1793 055	0354 3586 109	0531 5379 164	0708 7172 218	0885 8965 273	1063 0758 327	1240 2551 382	1417 4344 437	1594 6137 491
5645	0177 1479 185	0354 2958 370	0531 4437 555	0708 5916 740	0885 7395 926	1062 8875 111	1240 0354 296	1417 1833 481	1594 3312 666
5646	0177 1165 427	0354 2330 854	0531 3496 281	0708 4661 707	0885 5827 134	1062 6992 561	1239 8157 988	1416 9323 415	1594 0488 842
5647	0177 0851 780	0354 1703 559	0531 2555 339	0708 3407 119	0885 4258 899	1062 5110 678	1239 5962 458	1416 6814 238	1593 7666 017
5648	0177 0538 244	0354 1076 487	0531 1614 731	0708 2152 975	0885 2691 218	1062 3229 462	1239 3767 705	1416 4305 949	1593 4844 193
5649	0177 0224 819	0354 0449 637	0531 0674 456	0708 0899 274	0885 1124 093	1062 1348 911	1239 1573 730	1416 1798 548	1593 2023 367
5650	0176 9911 504	0353 9823 009	0530 9734 513	0707 9646 018	0884 9557 522	1061 9469 027	1238 9380 531	1415 9292 035	1592 9203 540
5651	0176 9598 301	0353 9196 602	0530 8794 904	0707 8393 205	0884 7991 506	1061 7589 807	1238 7188 108	1415 6786 409	1592 6384 711
5652	0176 9285 209	0353 8570 418	0530 7855 626	0707 7140 835	0884 6426 044	1061 5711 253	1238 4996 461	1415 4281 670	1592 3566 879
5653	0176 8972 227	0353 7944 454	0530 6916 681	0707 5888 909	0884 4861 136	1061 3833 363	1238 2805 590	1415 1777 817	1592 0750 044
5654	0176 8659 356	0353 7318 712	0530 5978 069	0707 4637 425	0884 3296 781	1061 1956 137	1238 0615 493	1414 9274 850	1591 7934 206
5655	0176 8346 596	0353 6693 192	0530 5039 788	0707 3386 384	0884 1732 980	1061 0079 576	1237 8426 172	1414 6772 767	1591 5119 363
5656	0176 8033 946	0353 6067 893	0530 4101 839	0707 2135 785	0884 0169 731	1060 8203 678	1237 6237 624	1414 4271 570	1591 2305 516
5657	0176 7721 407	0353 5442 814	0530 3164 221	0707 0885 628	0883 8607 036	1060 6328 443	1237 4049 850	1414 1771 257	1590 9492 664
5658	0176 7408 978	0353 4817 957	0530 2226 935	0706 9635 914	0883 7044 892	1060 4453 871	1237 1862 849	1413 9271 828	1590 6680 806
5659	0176 7096 660	0353 4193 320	0530 1289 981	0706 8386 641	0883 5483 301	1060 2579 961	1236 9676 621	1413 6773 281	1590 3869 942
5660	0176 6784 452	0353 3568 905	0530 0353 357	0706 7137 809	0883 3922 261	1060 0706 714	1236 7491 166	1413 4275 618	1590 1060 071
5661	0176 6472 355	0353 2944 709	0529 9417 064	0706 5889 419	0883 2361 774	1059 8834 128	1236 5306 483	1413 1778 838	1589 8251 192
5662	0176 6160 367	0353 2320 735	0529 8481 102	0706 4641 469	0883 0801 837	1059 6962 204	1236 3122 572	1412 9282 939	1589 5443 306
5663	0176 5848 490	0353 1696 980	0529 7545 471	0706 3393 961	0882 9242 451	1059 5090 941	1236 0939 431	1412 6787 922	1589 2636 412
5664	0176 5536 723	0353 1073 446	0529 6610 169	0706 2146 893	0882 7683 616	1059 3220 339	1235 8757 062	1412 4293 785	1588 9830 508
5665	0176 5225 066	0353 0450 132	0529 5675 199	0706 0900 265	0882 6125 331	1059 1350 397	1235 6575 463	1412 1800 530	1588 7025 596
5666	0176 4913 519	0352 9827 038	0529 4740 558	0705 9654 077	0882 4567 596	1058 9481 115	1235 4388 635	1411 9302 154	1588 4221 673
5667	0176 4602 082	0352 9204 164	0529 3806 247	0705 8408 329	0882 3010 411	1058 7612 493	1235 2214 576	1411 6816 658	1588 1418 740
5668	0176 4290 755	0352 8581 510	0529 2872 265	0705 7163 020	0882 1453 776	1058 5744 531	1235 0035 286	1411 4326 041	1587 8616 796
5669	0176 3979 538	0352 7959 076	0529 1938 614	0705 5918 151	0881 9897 689	1058 3877 227	1234 7856 765	1411 1836 303	1587 5815 841
5670	0176 3668 430	0352 7336 861	0529 1005 291	0705 4673 721	0881 8342 152	1058 2010 582	1234 5679 012	1410 9347 443	1587 3015 873
5671	0176 3357 433	0352 6714 865	0529 0072 298	0705 3429 730	0881 6787 163	1058 0144 595	1234 3502 028	1410 6859 460	1587 0216 893
5672	0176 3046 544	0352 6093 089	0528 9139 633	0705 2186 178	0881 5232 722	1057 8279 267	1234 1325 811	1410 4372 355	1586 7418 900
5673	0176 2735 766	0352 5471 532	0528 8207 298	0705 0943 064	0881 3678 830	1057 6414 595	1233 9150 361	1410 1886 127	1586 4621 893
5674	0176 2425 097	0352 4850 194	0528 7275 291	0704 9700 388	0881 2125 485	1057 4550 582	1233 6975 679	1409 9400 775	1586 1825 872
5675	0176 2114 537	0352 4229 075	0528 6343 612	0704 8458 150	0881 0572 687	1057 2687 225	1233 4801 762	1409 6916 300	1585 9030 837
5676	0176 1804 087	0352 3608 175	0528 5412 262	0704 7216 350	0880 9020 437	1057 0824 524	1233 2628 612	1409 4432 699	1585 6236 786
5677	0176 1493 747	0352 2987 493	0528 4481 240	0704 5974 987	0880 7468 733	1056 8962 480	1233 0456 227	1409 1949 974	1585 3443 720
5678	0176 1183 515	0352 2367 031	0528 3550 546	0704 4734 061	0880 5917 577	1056 7101 092	1232 8284 607	1408 9468 123	1585 0651 638
5679	0176 0873 393	0352 1746 786	0528 2620 180	0704 3493 573	0880 4366 966	1056 5240 359	1232 6113 752	1408 6987 146	1584 7860 539
5680	0176 0563 380	0352 1126 761	0528 1690 141	0704 2253 521	0880 2816 901	1056 3380 282	1232 3943 662	1408 4507 042	1584 5070 423
5681	0176 0253 477	0352 0506 953	0528 0760 430	0704 1013 906	0880 1267 383	1056 1520 859	1232 1774 336	1408 2027 812	1584 2281 289
5682	0175 9943 682	0351 9887 364	0527 9831 045	0703 9774 727	0879 9718 409	1055 9662 091	1231 9605 773	1407 9549 454	1583 9493 136
5683	0175 9633 996	0351 9267 992	0527 8901 988	0703 8535 985	0879 8169 981	1055 7803 977	1231 7437 973	1407 7071 969	1583 6705 965
5684	0175 9324 419	0351 8648 839	0527 7973 258	0703 7297 678	0879 6622 097	1055 5946 517	1231 5270 936	1407 4595 355	1583 3919 775
5685	0175 9014 952	0351 8029 903	0527 7044 855	0703 6059 807	0879 5074 758	1055 4089 710	1231 3104 661	1407 2119 613	1583 1134 565
5686	0175 8705 593	0351 7411 185	0527 6116 778	0703 4822 371	0879 3527 963	1055 2233 556	1231 0939 149	1406 9644 741	1582 8350 334
5687	0175 8396 343	0351 6792 685	0527 5189 028	0703 3585 370	0879 1981 713	1055 0378 055	1230 8774 398	1406 7170 740	1582 5567 083
5688	0175 8087 201	0351 6174 402	0527 4261 603	0703 2348 805	0879 0436 006	1054 8523 207	1230 6610 408	1406 4697 609	1582 2784 810
5689	0175 7778 168	0351 5556 337	0527 3334 505	0703 1112 674	0878 8890 842	1054 6669 010	1230 4447 179	1406 2225 347	1582 0003 516
5690	0175 7469 244	0351 4938 489	0527 2407 733	0702 9876 977	0878 7346 221	1054 4815 466	1230 2284 710	1405 9753 954	1581 7223 199
5691	0175 7160 429	0351 4320 857	0527 1481 286	0702 8641 715	0878 5802 144	1054 2962 572	1230 0123 001	1405 7283 430	1581 4443 859
5692	0175 6851 722	0351 3703 443	0527 0555 165	0702 7406 887	0878 4258 609	1054 1110 330	1229 7962 052	1405 4813 774	1581 1665 495
5693	0175 6543 123	0351 3086 246	0526 9629 369	0702 6172 493	0878 2715 616	1053 9258 739	1229 5801 862	1405 2344 985	1580 8888 108
5694	0175 6234 633	0351 2469 266	0526 8703 899	0702 4939 532	0878 1173 165	1053 7407 798	1229 3642 431	1404 9877 064	1580 6111 697
5695	0175 5926 251	0351 1852 502	0526 7778 753	0702 3705 004	0877 9631 255	1053 5557 507	1229 1483 758	1404 7410 009	1580 3336 260
5696	0175 5617 978	0351 1235 955	0526 6853 933	0702 2471 910	0877 8089 888	1053 3707 865	1228 9325 843	1404 4943 820	1580 0561 798
5697	0175 5309 812	0351 0619 624	0526 5929 437	0702 1239 249	0877 6549 061	1053 1858 873	1228 7168 685	1404 2478 497	1579 7788 310
5698	0175 5001 755	0351 0003 510	0526 5005 265	0702 0007 020	0877 5008 775	1053 0010 530	1228 5012 285	1404 0014 040	1579 5015 795
5699	0175 4693 806	0350 9387 612	0526 4081 418	0701 8775 224	0877 3469 030	1052 8162 836	1228 2856 642	1403 7550 447	1579 2244 253

	1	2	3	4	5	6	7	8	9
5700	0175 4385 965	0350 8771 930	0526 3157 895	0701 7543 860	0877 1929 825	1052 6315 789	1228 0701 754	1403 5087 719	1578 9473 684
5701	0175 4078 232	0350 8156 464	0526 2234 696	0701 6312 928	0877 0391 159	1052 4469 391	1227 8547 623	1403 2625 855	1578 6704 087
5702	0175 3770 607	0350 7541 214	0526 1311 820	0701 5082 427	0876 8853 034	1052 2623 641	1227 6394 248	1403 0164 854	1578 3935 461
5703	0175 3463 090	0350 6926 179	0526 0389 269	0701 3852 358	0876 7315 448	1052 0778 538	1227 4241 627	1402 7704 717	1578 1167 806
5704	0175 3155 680	0350 6311 360	0525 9467 041	0701 2622 721	0876 5778 401	1051 8934 081	1227 2089 762	1402 5245 442	1577 8401 122
5705	0175 2848 379	0350 5696 757	0525 8545 136	0701 1393 514	0876 4241 893	1051 7090 272	1226 9938 650	1402 2787 029	1577 5635 408
5706	0175 2541 185	0350 5082 369	0525 7623 554	0701 0164 739	0876 2705 924	1051 5247 108	1226 7788 293	1402 0329 478	1577 2870 662
5707	0175 2234 098	0350 4468 197	0525 6702 295	0700 8936 394	0876 1170 492	1051 3404 591	1226 5638 689	1401 7872 788	1577 0106 886
5708	0175 1927 120	0350 3854 240	0525 5781 359	0700 7708 479	0875 9635 599	1051 1562 719	1226 3489 839	1401 5416 959	1576 7344 078
5709	0175 1620 249	0350 3240 497	0525 4860 746	0700 6480 995	0875 8101 244	1050 9721 492	1226 1341 741	1401 2961 990	1576 4582 239
5710	0175 1313 485	0350 2626 970	0525 3940 455	0700 5253 940	0875 6567 426	1050 7880 911	1225 9194 396	1401 0507 881	1576 1821 366
5711	0175 1006 829	0350 2013 658	0525 3020 487	0700 4027 316	0875 5034 145	1050 6040 974	1225 7047 802	1400 8054 631	1575 9061 460
5712	0175 0700 280	0350 1400 560	0525 2100 840	0700 2801 120	0875 3501 401	1050 4201 681	1225 4902 961	1400 5602 241	1575 6302 521
5713	0175 0393 839	0350 0787 677	0525 1181 516	0700 1575 354	0875 1969 193	1050 2363 032	1225 2756 870	1400 3150 709	1575 3544 548
5714	0175 0087 504	0350 0175 009	0525 0262 513	0700 0350 018	0875 0437 522	1050 0525 026	1225 0612 531	1400 0700 035	1575 0787 539
5715	0174 9781 277	0349 9562 555	0524 9343 832	0699 9125 109	0874 8906 387	1049 8687 664	1224 8468 941	1399 8250 219	1574 8031 496
5716	0174 9475 157	0349 8950 315	0524 8425 472	0699 7900 630	0874 7375 787	1049 6850 945	1224 6326 102	1399 5801 260	1574 5276 417
5717	0174 9169 145	0349 8338 289	0524 7507 434	0699 6676 579	0874 5845 723	1049 5014 868	1224 4184 013	1399 3353 157	1574 2522 302
5718	0174 8863 239	0349 7726 478	0524 6589 717	0699 5452 956	0874 4316 194	1049 3179 433	1224 2042 672	1399 0805 911	1573 9769 150
5719	0174 8557 440	0349 7114 880	0524 5672 320	0699 4229 760	0874 2787 201	1049 1344 641	1223 9902 081	1398 8459 521	1573 7016 961
5720	0174 8251 748	0349 6503 497	0524 4755 245	0699 3006 993	0874 1258 741	1048 9510 490	1223 7762 238	1398 6013 986	1573 4265 734
5721	0174 7946 163	0349 5892 327	0524 3838 490	0699 1784 653	0873 9730 816	1048 7676 980	1223 5623 143	1398 3569 306	1573 1515 469
5722	0174 7640 685	0349 5281 370	0524 2922 055	0699 0562 740	0873 8203 425	1048 5884 110	1223 3484 796	1398 1125 481	1572 8766 166
5723	0174 7335 314	0349 4670 627	0524 2005 941	0698 9341 255	0873 6676 568	1048 4011 882	1223 1347 196	1397 8682 509	1572 6017 823
5724	0174 7030 049	0349 4060 098	0524 1090 147	0698 8120 196	0873 5150 245	1048 2180 294	1222 9210 342	1397 6240 391	1572 3270 440
5725	0174 6724 891	0349 3449 782	0524 0174 672	0698 6899 563	0873 3624 454	1048 0349 345	1222 7074 236	1397 3799 127	1572 0523 417
5726	0174 6419 839	0349 2839 679	0523 9259 518	0698 5679 357	0873 2099 197	1047 8519 036	1222 4938 875	1397 1358 715	1571 7778 554
5727	0174 6114 894	0349 2229 789	0523 8344 683	0698 4459 577	0873 0574 472	1047 6689 366	1222 2804 261	1396 8919 155	1571 5034 049
5728	0174 5810 056	0349 1620 112	0523 7430 168	0698 3240 223	0872 9050 279	1047 4860 335	1222 0670 391	1396 6480 447	1571 2290 503
5729	0174 5505 324	0349 1010 648	0523 6515 971	0698 2021 295	0872 7526 619	1047 3031 943	1221 8537 267	1396 4042 590	1570 9547 914
5730	0174 5200 698	0349 0401 396	0523 5602 094	0698 0802 792	0872 6003 490	1047 1204 188	1221 6403 487	1396 1605 585	1570 6806 283
5731	0174 4896 179	0348 9792 357	0523 4688 536	0697 9584 715	0872 4480 893	1046 9377 072	1221 4273 251	1395 9169 429	1570 4065 608
5732	0174 4591 766	0348 9183 531	0523 3775 297	0697 8367 062	0872 2958 828	1046 7550 593	1221 2142 359	1395 6734 124	1570 1326 490
5733	0174 4287 459	0348 8574 917	0523 2862 376	0697 7149 834	0872 1437 293	1046 5724 751	1220 9012 210	1395 4299 669	1569 8587 127
5734	0174 3983 258	0348 7966 516	0523 1949 773	0697 5933 031	0871 9916 289	1046 3899 547	1220 7882 804	1395 1866 062	1569 5849 320
5735	0174 3679 163	0348 7358 326	0523 1037 489	0697 4716 652	0871 8395 815	1046 2074 978	1220 5754 141	1394 9433 304	1569 3112 467
5736	0174 3375 174	0348 6750 349	0523 0125 523	0697 3500 697	0871 6875 872	1046 0251 046	1220 3626 220	1394 7001 395	1569 0376 569
5737	0174 3071 292	0348 6142 583	0522 9213 875	0697 2285 166	0871 5356 458	1045 8427 750	1220 1499 041	1394 4570 333	1568 7641 625
5738	0174 2767 515	0348 5535 030	0522 8302 544	0697 1070 059	0871 3837 574	1045 6605 089	1219 9372 604	1394 2140 119	1568 4907 633
5739	0174 2463 844	0348 4927 688	0522 7391 532	0696 9855 376	0871 2319 219	1045 4783 063	1219 7246 907	1393 9710 751	1568 2174 595
5740	0174 2160 279	0348 4320 557	0522 6480 836	0696 8641 115	0871 0801 394	1045 2961 672	1219 5121 951	1393 7282 230	1567 9442 509
5741	0174 1856 819	0348 3713 639	0522 5570 458	0696 7427 277	0870 9284 097	1045 1140 916	1219 2997 736	1393 4854 555	1567 6711 374
5742	0174 1553 466	0348 3106 931	0522 4660 397	0696 6213 863	0870 7767 328	1044 9320 794	1219 0874 260	1393 2427 726	1567 3981 191
5743	0174 1250 218	0348 2500 435	0522 3750 653	0696 5000 871	0870 6251 088	1044 7501 306	1218 8751 524	1393 0001 741	1567 1251 959
5744	0174 0947 075	0348 1894 150	0522 2841 226	0696 3788 301	0870 4735 376	1044 5682 451	1218 6629 526	1392 7576 602	1566 8523 677
5745	0174 0644 038	0348 1288 077	0522 1932 115	0696 2576 153	0870 3220 191	1044 3864 230	1218 4508 268	1392 5152 306	1566 5796 345
5746	0174 0341 107	0348 0682 214	0522 1023 321	0696 1364 427	0870 1705 534	1044 2046 641	1218 2387 748	1392 2728 855	1566 3069 962
5747	0174 0038 281	0348 0076 562	0522 0114 843	0696 0153 123	0870 0191 404	1044 0229 685	1218 0267 966	1392 0306 247	1566 0344 528
5748	0173 9735 560	0347 9471 120	0521 9206 681	0695 8942 241	0869 8677 801	1043 8413 361	1217 8148 921	1391 7884 482	1565 7621 042
5749	0173 9432 945	0347 8865 890	0521 8298 835	0695 7731 779	0869 7164 724	1043 6597 669	1217 6030 614	1391 5463 559	1565 4896 504
5750	0173 9130 435	0347 8260 870	0521 7391 304	0695 6521 739	0869 5652 174	1043 4782 609	1217 3913 043	1391 3043 478	1565 1173 913
5751	0173 8828 030	0347 7656 060	0521 6484 090	0695 5312 120	0869 4140 150	1043 2968 179	1217 1796 209	1391 0624 239	1564 8452 269
5752	0173 8525 730	0347 7051 460	0521 5577 191	0695 4102 921	0869 2628 651	1043 1154 381	1216 9680 111	1390 8205 841	1564 6731 572
5753	0173 8223 536	0347 6447 071	0521 4670 607	0695 2894 142	0869 1117 678	1042 9341 213	1216 7564 749	1390 5788 284	1564 4011 820
5754	0173 7921 446	0347 5842 892	0521 3764 338	0695 1685 784	0868 9607 230	1042 7528 676	1216 5450 122	1390 3371 568	1564 1293 014
5755	0173 7619 461	0347 5238 923	0521 2858 384	0695 0477 845	0868 8097 307	1042 5716 768	1216 3336 229	1390 0955 691	1563 8575 152
5756	0173 7317 582	0347 4635 163	0521 1952 745	0694 9270 327	0868 6587 908	1042 3905 490	1216 1223 072	1389 8540 653	1563 5858 235
5757	0173 7015 807	0347 4031 614	0521 1047 421	0694 8063 227	0868 5079 034	1042 2094 841	1215 9110 648	1389 6126 455	1563 3142 262
5758	0173 6714 137	0347 3428 274	0521 0142 411	0694 6856 547	0868 3570 684	1042 0284 821	1215 6998 958	1389 3713 095	1563 0427 232
5759	0173 6412 572	0347 2825 143	0520 9237 715	0694 5650 287	0868 2062 858	1041 8475 430	1215 4888 001	1389 1300 573	1562 7713 145
5760	0173 6111 111	0347 2222 222	0520 8333 333	0694 4444 444	0868 0555 556	1041 6666 667	1215 2777 778	1388 8888 889	1562 5000 000
5761	0173 5809 755	0347 1619 511	0520 7429 266	0694 3239 021	0867 9048 776	1041 4858 532	1215 0668 287	1388 6478 042	1562 2287 797
5762	0173 5508 504	0347 1017 008	0520 6525 512	0694 2034 016	0867 7542 520	1041 3051 024	1214 8559 528	1388 4068 032	1561 9576 536
5763	0173 5207 357	0347 0414 715	0520 5622 072	0694 0829 429	0867 6036 786	1041 1244 144	1214 6451 501	1388 1658 858	1561 6866 216
5764	0173 4906 315	0346 9812 630	0520 4718 945	0693 9625 260	0867 4531 575	1040 9437 890	1214 4344 205	1387 9250 520	1561 4156 836
5765	0173 4605 377	0346 9210 755	0520 3816 132	0693 8421 509	0867 3026 886	1040 7632 264	1214 2237 641	1387 6843 018	1561 1448 395
5766	0173 4304 544	0346 8609 088	0520 2913 632	0693 7218 176	0867 1522 719	1040 5827 263	1214 0131 807	1387 4436 351	1560 8740 895
5767	0173 4003 815	0346 8007 630	0520 2011 444	0693 6015 259	0867 0019 074	1040 4022 889	1213 8026 704	1387 2030 518	1560 6034 333
5768	0173 3703 190	0346 7406 380	0520 1109 570	0693 4812 760	0866 8515 950	1040 2219 140	1213 5922 330	1386 9625 520	1560 3328 710
5769	0173 3402 669	0346 6805 339	0520 0208 008	0693 3610 678	0866 7013 347	1040 0416 017	1213 3818 686	1386 7221 356	1560 0624 025
5770	0173 3102 253	0346 6204 506	0519 9306 759	0693 2409 012	0866 5511 265	1039 8613 518	1213 1715 771	1386 4818 024	1559 7920 277
5771	0173 2801 941	0346 5603 881	0519 8405 822	0693 1207 883	0866 4009 704	1039 6811 644	1212 9613 585	1386 2415 526	1559 5217 467
5772	0173 2501 733	0346 5003 465	0519 7505 198	0693 0006 930	0866 2508 663	1039 5010 395	1212 7512 128	1386 0013 860	1559 2515 593
5773	0173 2201 628	0346 4403 257	0519 6604 885	0692 8806 513	0866 1008 141	1039 3209 770	1212 5411 398	1385 7613 026	1558 9814 654
5774	0173 1901 628	0346 3803 256	0519 5704 884	0692 7606 512	0865 9508 140	1039 1409 768	1212 3311 396	1385 5213 024	1558 7114 652
5775	0173 1601 732	0346 3203 463	0519 4805 195	0692 6406 926	0865 8008 658	1038 9610 390	1212 1212 121	1385 2813 853	1558 4415 584
5776	0173 1301 939	0346 2603 878	0519 3905 817	0692 5207 756	0865 6509 695	1038 7811 634	1211 9113 573	1385 0415 512	1558 1717 452
5777	0173 1002 250	0346 2004 501	0519 3006 751	0692 4009 001	0865 5011 252	1038 6013 502	1211 7015 752	1384 8018 002	1557 9020 253
5778	0173 0702 665	0346 1405 331	0519 2107 996	0692 2810 661	0865 3513 326	1038 4215 992	1211 4918 657	1384 5621 322	1557 6323 988
5779	0173 0403 184	0346 0806 368	0519 1209 552	0692 1612 736	0865 2015 920	1038 2419 104	1211 2822 288	1384 3225 472	1557 3628 655
5780	0173 0103 806	0346 0207 612	0519 0311 419	0692 0415 225	0865 0519 031	1038 0622 837	1211 0726 644	1384 0830 450	1557 0934 256
5781	0172 9804 532	0345 9609 064	0518 9413 596	0691 9218 128	0864 9022 660	1037 8827 193	1210 8631 725	1383 8436 257	1556 8240 789
5782	0172 9505 361	0345 9010 723	0518 8516 084	0691 8020 446	0864 7526 807	1037 7032 169	1210 6537 530	1383 6042 892	1556 5548 253
5783	0172 9206 294	0345 8412 589	0518 7618 883	0691 6825 177	0864 6031 472	1037 5237 766	1210 4444 060	1383 3650 354	1556 2856 649
5784	0172 8907 331	0345 7814 661	0518 6721 992	0691 5629 322	0864 4536 653	1037 3443 983	1210 2351 314	1383 1258 645	1556 0165 975
5785	0172 8608 470	0345 7216 940	0518 5825 411	0691 4433 881	0864 3042 351	1037 1650 821	1210 0259 291	1382 8867 761	1555 7476 232
5786	0172 8309 713	0345 6619 426	0518 4929 139	0691 3238 852	0864 1548 566	1036 9858 279	1209 8167 992	1382 6477 705	1555 4787 418
5787	0172 8011 059	0345 6022 119	0518 4033 178	0691 2044 237	0864 0055 296	1036 8066 356	1209 6077 415	1382 4088 474	1555 2099 533
5788	0172 7712 509	0345 5425 017	0518 3137 526	0691 0850 035	0863 8562 543	1036 6275 052	1209 3987 560	1382 1700 069	1554 9412 578
5789	0172 7414 061	0345 4828 122	0518 2242 183	0690 9656 245	0863 7070 306	1036 4484 367	1209 1898 428	1381 9312 489	1554 6726 550
5790	0172 7115 717	0345 4231 434	0518 1347 150	0690 8462 867	0863 5578 584	1036 2694 301	1208 9810 017	1381 6925 734	1554 4041 451
5791	0172 6817 475	0345 3634 951	0518 0452 426	0690 7269 902	0863 4087 377	1036 0904 852	1208 7722 328	1381 4539 803	1554 1357 279
5792	0172 6519 337	0345 3038 674	0517 9558 011	0690 6077 348	0863 2596 685	1035 9116 022	1208 5635 359	1381 2154 696	1553 8674 033
5793	0172 6221 302	0345 2442 603	0517 8663 905	0690 4885 206	0863 1106 508	1035 7327 809	1208 3549 111	1380 9770 413	1553 6091 714
5794	0172 5923 369	0345 1846 738	0517 7770 107	0690 3693 476	0862 9616 845	1035 5540 214	1208 1463 583	1380 7386 952	1553 3310 321
5795	0172 5625 539	0345 1251 079	0517 6876 618	0690 2502 157	0862 8127 696	1035 3753 236	1207 9378 775	1380 5004 314	1553 0629 853
5796	0172 5327 812	0345 0655 625	0517 5983 437	0690 1311 249	0862 6639 061	1035 1966 874	1207 7294 686	1380 2622 498	1552 7950 311
5797	0172 5030 188	0345 0060 376	0517 5090 564	0690 0120 752	0862 5150 940	1035 0181 128	1207 5211 316	1380 0241 504	1552 5271 692
5798	0172 4732 666	0344 9465 333	0517 4197 999	0689 8930 666	0862 3663 332	1034 8395 999	1207 3128 665	1379 7861 331	1552 2593 998
5799	0172 4435 247	0344 8870 495	0517 3305 742	0689 7740 990	0862 2176 237	1034 6611 485	1207 1046 732	1379 5481 980	1551 9917 227

	1	2	3	4	5	6	7	8	9
5800	0172 4137 931	0344 8275 862	0517 2413 793	0689 6551 724	0862 0689 655	1034 4827 586	1206 8965 517	1379 3103 448	1551 7241 379
5801	0172 3840 717	0344 7681 434	0517 1522 151	0689 5362 868	0861 9203 586	1034 3044 303	1206 6885 020	1379 0725 737	1551 4566 454
5802	0172 3543 606	0344 7087 211	0517 0630 817	0689 4174 423	0861 7718 028	1034 1261 634	1206 4805 240	1378 8348 845	1551 1892 451
5803	0172 3246 597	0344 6493 193	0516 9739 790	0689 2986 386	0861 6232 983	1033 9479 580	1206 2726 176	1378 5972 773	1550 9219 369
5804	0172 2949 690	0344 5899 380	0516 8840 070	0689 1798 759	0861 4748 449	1033 7698 139	1206 0647 829	1378 3597 519	1550 6547 200
5805	0172 2652 885	0344 5305 771	0516 7958 656	0689 0611 542	0861 3264 427	1033 5917 313	1205 8570 198	1378 1223 084	1550 3875 909
5806	0172 2356 183	0344 4712 367	0516 7068 550	0688 9424 733	0861 1780 916	1033 4137 100	1205 6493 283	1377 8849 466	1550 1205 649
5807	0172 2059 583	0344 4119 167	0516 6178 750	0688 8238 333	0861 0297 916	1033 2357 500	1205 4417 063	1377 6476 608	1549 8536 219
5808	0172 1763 085	0344 3526 171	0516 5289 256	0688 7052 342	0860 8815 427	1033 0578 512	1205 2341 506	1377 4104 683	1549 5867 769
5809	0172 1466 690	0344 2933 379	0516 4400 069	0688 5866 758	0860 7333 448	1032 8800 138	1205 0266 827	1377 1733 517	1549 3200 207
5810	0172 1170 396	0344 2340 792	0516 3511 188	0688 4681 583	0860 5851 979	1032 7022 375	1204 8192 771	1376 9363 167	1549 0533 563
5811	0172 0874 204	0344 1748 408	0516 2622 612	0688 3496 816	0860 4371 021	1032 5245 225	1204 6119 429	1376 6993 633	1548 7867 837
5812	0172 0578 114	0344 1156 228	0516 1734 343	0688 2312 457	0860 2890 571	1032 3468 686	1204 4046 800	1376 4624 914	1548 5203 028
5813	0172 0282 126	0344 0564 253	0516 0846 379	0688 1128 505	0860 1410 631	1032 1692 758	1204 1974 884	1376 2257 010	1548 2539 136
5814	0171 9986 240	0343 9972 480	0515 9958 720	0687 9944 960	0859 9931 201	1031 9917 441	1203 9903 681	1375 9880 921	1547 9876 161
5815	0171 9690 456	0343 9380 911	0515 9071 367	0687 8761 823	0859 8452 279	1031 8142 734	1203 7833 190	1375 7523 646	1547 7214 101
5816	0171 9394 773	0343 8789 546	0515 8184 319	0687 7579 092	0859 6973 865	1031 6368 638	1203 5763 411	1375 5158 184	1547 4552 957
5817	0171 9099 192	0343 8198 384	0515 7297 576	0687 6396 768	0859 5495 960	1031 4595 152	1203 3694 344	1375 2793 536	1547 1892 728
5818	0171 8803 713	0343 7607 425	0515 6411 138	0687 5214 850	0859 4018 563	1031 2822 276	1203 1625 088	1375 0429 701	1546 9233 414
5819	0171 8508 335	0343 7016 670	0515 5525 004	0687 4033 330	0859 2541 674	1031 1050 009	1202 9558 343	1374 8066 678	1546 6575 013
5820	0171 8213 058	0343 6426 117	0515 4639 175	0687 2852 234	0859 1065 292	1030 9278 351	1202 7491 409	1374 5704 467	1546 3917 526
5821	0171 7917 884	0343 5835 767	0515 3753 651	0687 1671 534	0858 9589 418	1030 7507 301	1202 5425 185	1374 3343 068	1546 1260 952
5822	0171 7622 810	0343 5245 620	0515 2868 430	0687 0491 240	0858 8114 050	1030 5736 860	1202 3359 670	1374 0982 480	1545 8605 290
5823	0171 7327 838	0343 4655 676	0515 1983 514	0686 9311 352	0858 6639 189	1030 3967 027	1202 1294 865	1373 8622 703	1545 5950 541
5824	0171 7032 967	0343 4065 934	0515 1098 901	0686 8131 868	0858 5164 835	1030 2197 802	1201 9230 769	1373 6263 736	1545 3296 703
5825	0171 6738 197	0343 3476 395	0515 0214 592	0686 6952 790	0858 3690 987	1030 0429 185	1201 7167 382	1373 3905 579	1545 0643 777
5826	0171 6443 539	0343 2887 058	0514 9330 587	0686 5774 116	0858 2217 645	1029 8661 174	1201 5104 703	1373 1548 232	1544 7991 761
5827	0171 6148 962	0343 2297 923	0514 8446 886	0686 4595 847	0858 0744 860	1029 6893 770	1201 3042 732	1372 9191 694	1544 5340 636
5828	0171 5854 496	0343 1708 991	0514 7563 487	0686 3417 982	0857 9272 478	1029 5126 973	1201 0981 469	1372 6835 904	1544 2690 460
5829	0171 5560 130	0343 1120 261	0514 6680 391	0686 2240 522	0857 7800 632	1029 3360 782	1200 8920 913	1372 4481 043	1544 0041 173
5830	0171 5265 866	0343 0531 732	0514 5797 599	0686 1063 465	0857 6329 331	1029 1595 107	1200 6861 003	1372 2126 930	1543 7392 796
5831	0171 4971 708	0342 9943 406	0514 4915 109	0685 9886 812	0857 4858 515	1028 9830 218	1200 4801 921	1371 9773 624	1543 4745 327
5832	0171 4677 641	0342 9355 281	0514 4032 922	0685 8710 562	0857 3388 203	1028 8065 344	1200 2743 484	1371 7421 125	1543 2098 765
5833	0171 4383 679	0342 8767 358	0514 3151 037	0685 7534 716	0857 1918 395	1028 6302 074	1200 0685 753	1371 5069 433	1542 9453 112
5834	0171 4089 818	0342 8179 637	0514 2269 455	0685 6359 273	0857 0449 092	1028 4538 910	1199 8628 728	1371 2718 546	1542 6808 365
5835	0171 3796 058	0342 7592 117	0514 1388 175	0685 5184 233	0856 8980 291	1028 2776 350	1199 6572 408	1371 0368 466	1542 4164 524
5836	0171 3502 399	0342 7004 798	0514 0507 197	0685 4009 596	0856 7511 995	1028 1014 593	1199 4516 792	1370 8019 191	1542 1521 590
5837	0171 3208 840	0342 6417 680	0513 9626 520	0685 2835 361	0856 6044 201	1027 9253 011	1199 2461 881	1370 5670 721	1541 8879 561
5838	0171 2915 382	0342 5830 764	0513 8746 146	0685 1661 528	0856 4576 910	1027 7492 292	1199 0407 674	1370 3323 056	1541 6238 438
5839	0171 2622 024	0342 5244 049	0513 7866 073	0685 0488 007	0856 3110 123	1027 5732 146	1198 8354 170	1370 0976 105	1541 3598 219
5840	0171 2328 767	0342 4657 534	0513 6986 301	0684 9315 068	0856 1643 836	1027 3972 603	1198 6301 370	1369 8630 137	1541 0958 904
5841	0171 2035 610	0342 4071 221	0513 6106 831	0684 8142 441	0856 0178 052	1027 2213 662	1198 4249 272	1369 6284 883	1540 8320 493
5842	0171 1742 554	0342 3485 108	0513 5227 662	0684 6970 216	0855 8712 770	1027 0455 324	1198 2197 877	1369 3940 431	1540 5682 985
5843	0171 1449 598	0342 2899 196	0513 4348 793	0684 5798 391	0855 7247 989	1026 8697 587	1198 0147 185	1369 1596 782	1540 3046 380
5844	0171 1156 742	0342 2313 484	0513 3470 226	0684 4626 968	0855 5783 710	1026 6940 459	1197 8097 194	1368 9253 936	1540 0410 678
5845	0171 0863 986	0342 1727 973	0513 2591 959	0684 3435 945	0855 4319 932	1026 5183 918	1197 6047 904	1368 6911 890	1539 7775 877
5846	0171 0571 331	0342 1142 062	0513 1713 992	0684 2285 323	0855 2856 654	1026 3427 083	1197 3999 316	1368 4570 647	1539 5141 977
5847	0171 0278 775	0342 0557 551	0513 0836 326	0684 1115 102	0855 1393 877	1026 1672 653	1197 1951 428	1368 2230 204	1539 2508 979
5848	0170 9986 320	0341 9972 640	0512 9958 960	0683 9945 280	0854 9931 001	1025 9917 021	1196 9904 241	1367 9890 561	1538 9876 881
5849	0170 9693 965	0341 9387 930	0512 9081 894	0683 8775 859	0854 8469 824	1025 8163 789	1196 7857 753	1367 7551 718	1538 7245 683
5850	0170 9401 709	0341 8803 419	0512 8205 128	0683 7606 838	0854 7008 547	1025 6410 256	1196 5811 966	1367 5213 675	1538 4615 385
5851	0170 9109 554	0341 8219 108	0512 7328 662	0683 6438 216	0854 5547 770	1025 4657 324	1196 3766 877	1367 2876 431	1538 1985 985
5852	0170 8817 498	0341 7634 997	0512 6452 495	0683 5269 993	0854 4087 401	1025 2904 990	1196 1722 488	1367 0539 086	1537 9357 485
5853	0170 8525 542	0341 7051 085	0512 5576 027	0683 4102 170	0854 2627 712	1025 1153 255	1195 9678 797	1366 8204 340	1537 6729 882
5854	0170 8233 686	0341 6467 373	0512 4701 059	0683 2934 745	0854 1168 432	1024 9402 118	1195 7635 805	1366 5869 491	1537 4103 177
5855	0170 7941 930	0341 5883 860	0512 3825 790	0683 1767 720	0853 9709 650	1024 7651 580	1195 5593 510	1366 3535 440	1537 1477 370
5856	0170 7650 273	0341 5300 546	0512 2950 820	0683 0601 093	0853 8251 366	1024 5901 639	1195 3551 913	1366 1202 186	1536 8852 459
5857	0170 7358 716	0341 4717 432	0512 2076 148	0682 9434 864	0853 6793 580	1024 4152 296	1195 1511 012	1365 8869 729	1536 6228 445
5858	0170 7067 258	0341 4134 517	0512 1201 775	0682 8269 034	0853 5336 292	1024 2403 551	1194 9470 809	1365 6538 068	1536 3605 326
5859	0170 6775 900	0341 3551 801	0512 0327 701	0682 7103 601	0853 3879 502	1024 0655 402	1194 7431 302	1365 4207 203	1536 0983 103
5860	0170 6484 642	0341 2969 283	0511 9453 925	0682 5938 567	0853 2423 208	1023 8907 850	1194 5392 491	1365 1877 133	1535 8361 775
5861	0170 6193 482	0341 2386 965	0511 8580 447	0682 4773 929	0853 0967 412	1023 7160 894	1194 3354 376	1364 9547 859	1535 5741 341
5862	0170 5902 422	0341 1804 845	0511 7707 267	0682 3609 690	0852 9512 112	1023 5414 534	1194 1316 957	1364 7219 379	1535 3121 801
5863	0170 5611 462	0341 1222 923	0511 6834 385	0682 2445 847	0852 8057 309	1023 3668 770	1193 9280 232	1364 4891 694	1535 0503 155
5864	0170 5320 600	0341 0641 201	0511 5961 801	0682 1282 401	0852 6603 001	1023 1923 602	1193 7244 202	1364 2564 802	1534 7885 402
5865	0170 5029 838	0341 0059 676	0511 5089 514	0682 0119 352	0852 5149 190	1023 0179 028	1193 5208 866	1364 0238 701	1534 5268 542
5866	0170 4739 175	0340 9478 350	0511 4217 525	0681 8956 700	0852 3695 875	1022 8435 049	1193 3174 224	1363 7913 399	1534 2652 574
5867	0170 4448 611	0340 8897 222	0511 3345 833	0681 7794 444	0852 2243 054	1022 6691 665	1193 1140 270	1363 5588 887	1534 0037 498
5868	0170 4158 146	0340 8316 292	0511 2474 438	0681 6632 584	0852 0790 720	1022 4948 875	1192 9107 021	1363 3265 167	1533 7423 313
5869	0170 3867 780	0340 7735 560	0511 1603 340	0681 5471 119	0851 9338 809	1022 3206 679	1192 7074 459	1363 0942 239	1533 4810 019
5870	0170 3577 513	0340 7155 026	0511 0732 538	0681 4310 051	0851 7887 564	1022 1465 077	1192 5042 580	1362 8620 102	1533 2107 615
5871	0170 3287 345	0340 6574 689	0510 9862 034	0681 3149 378	0851 6436 723	1021 9724 067	1192 3011 412	1362 6298 757	1532 9586 101
5872	0170 2997 275	0340 5994 550	0510 8991 826	0681 1989 101	0851 4986 376	1021 7983 651	1192 0980 926	1362 3978 202	1532 6975 477
5873	0170 2707 305	0340 5414 609	0510 8121 914	0681 0829 218	0851 3536 523	1021 6243 828	1191 8951 132	1362 1658 437	1532 4365 741
5874	0170 2417 433	0340 4834 866	0510 7252 298	0680 9669 731	0851 2087 164	1021 4504 597	1191 6922 029	1361 9339 462	1532 1756 895
5875	0170 2127 660	0340 4255 319	0510 6382 979	0680 8510 638	0851 0638 298	1021 2765 957	1191 4893 617	1361 7021 277	1531 9148 936
5876	0170 1837 985	0340 3675 970	0510 5513 955	0680 7351 940	0850 9190 025	1021 1027 910	1191 2865 895	1361 4703 880	1531 6541 805
5877	0170 1548 409	0340 3096 818	0510 4645 227	0680 6193 636	0850 7742 045	1020 9290 454	1191 0838 863	1361 2387 272	1531 3935 081
5878	0170 1258 932	0340 2517 863	0510 3776 795	0680 5035 726	0850 6294 658	1020 7553 590	1190 8812 521	1361 0071 453	1531 1330 384
5879	0170 0969 553	0340 1939 105	0510 2908 658	0680 3878 211	0850 4847 763	1020 5817 316	1190 6786 869	1360 7756 421	1530 8725 974
5880	0170 0680 272	0340 1360 544	0510 2040 816	0680 2721 088	0850 3401 361	1020 4081 633	1190 4761 905	1360 5442 177	1530 6122 449
5881	0170 0391 000	0340 0782 180	0510 1173 270	0680 1564 360	0850 1955 450	1020 2346 540	1190 2737 630	1360 3128 720	1530 3519 810
5882	0170 0102 006	0340 0204 012	0510 0306 018	0680 0408 024	0850 0510 031	1020 0612 037	1190 0714 043	1360 0816 049	1530 0918 055
5883	0169 9813 021	0339 9626 041	0509 9439 062	0679 9252 082	0849 9065 103	1019 8878 123	1189 8691 144	1359 8504 165	1529 8317 185
5884	0169 9524 133	0339 9048 266	0509 8572 400	0679 8096 533	0849 7620 666	1019 7144 799	1189 6668 933	1359 6193 066	1529 5717 199
5885	0169 9235 344	0339 8470 688	0509 7706 032	0679 6941 376	0849 6176 720	1019 5412 005	1189 4647 409	1359 3882 753	1529 3118 097
5886	0169 8946 653	0339 7893 306	0509 6839 959	0679 5786 612	0849 4733 265	1019 3679 918	1189 2626 571	1359 1573 225	1529 0519 878
5887	0169 8658 060	0339 7316 120	0509 5974 180	0679 4632 241	0849 3290 301	1019 1948 361	1189 0606 421	1358 9264 481	1528 7922 544
5888	0169 8369 565	0339 6739 130	0509 5108 696	0679 3478 261	0849 1847 826	1019 0217 391	1188 8580 957	1358 6086 522	1528 5326 087
5889	0169 8081 168	0339 6162 337	0509 4243 505	0679 2324 673	0849 0405 841	1018 8487 010	1188 6568 178	1358 4649 346	1528 2730 515
5890	0169 7792 869	0339 5585 739	0509 3378 608	0679 1171 477	0848 8964 346	1018 6757 216	1188 4550 085	1358 2349 954	1528 0135 823
5891	0169 7504 668	0339 5009 336	0509 2514 004	0679 0018 673	0848 7523 341	1018 5028 009	1188 2532 077	1358 0037 345	1527 7542 013
5892	0169 7216 565	0339 4433 130	0509 1649 694	0678 8866 259	0848 6082 824	1018 3299 389	1188 0515 954	1357 7732 519	1527 4949 083
5893	0169 6928 559	0339 3857 119	0509 0785 678	0678 7714 237	0848 4642 797	1018 1571 356	1187 8499 915	1357 5428 474	1527 2357 031
5894	0169 6640 652	0339 3281 303	0508 9921 955	0678 6562 606	0848 3203 258	1017 9843 909	1187 6484 561	1357 3125 212	1526 9765 864
5895	0169 6352 841	0339 2705 683	0508 9058 524	0678 5411 366	0848 1764 207	1017 8117 048	1187 4469 598	1357 0823 031	1526 7175 573
5896	0169 6065 129	0339 2130 258	0508 8195 387	0678 4260 516	0848 0325 645	1017 6390 773	1187 2455 902	1356 8521 031	1526 4586 100
5897	0169 5777 514	0339 1555 028	0508 7332 542	0678 3110 056	0847 8887 570	1017 4665 084	1187 0442 598	1356 6220 112	1526 1997 636
5898	0169 5489 997	0339 0979 993	0508 6469 990	0678 1959 986	0847 7449 983	1017 2939 980	1186 8429 976	1356 3919 073	1525 9409 969
5899	0169 5202 577	0339 0405 153	0508 5607 730	0678 0810 307	0847 6012 884	1017 1215 460	1186 6418 037	1356 1620 614	1525 6823 190

	1	2	3	4	5	6	7	8	9
5900	0169 4915 254	0338 9830 508	0508 4745 763	0677 9661 017	0847 4576 271	1016 9491 525	1186 4406 780	1355 9322 034	1525 4237 288
5901	0169 4628 029	0338 9256 058	0508 3884 087	0677 8512 117	0847 3140 146	1016 7768 175	1186 2396 204	1355 7024 233	1525 1652 262
5902	0169 4340 901	0338 8681 803	0508 3022 704	0677 7363 606	0847 1704 507	1016 6045 408	1186 0386 310	1355 4727 211	1524 9068 113
5903	0169 4053 871	0338 8107 742	0508 2161 613	0677 6215 484	0847 0269 355	1016 4323 225	1185 8377 096	1355 2430 967	1524 6484 838
5904	0169 3766 938	0338 7533 875	0508 1300 813	0677 5067 751	0846 8834 688	1016 2601 626	1185 6368 564	1355 0135 501	1524 3902 439
5905	0169 3480 102	0338 6960 203	0508 0440 305	0677 3920 406	0846 7400 508	1016 0880 610	1185 4360 711	1354 7840 813	1524 1320 914
5906	0169 3193 363	0338 6386 725	0507 9580 088	0677 2773 451	0846 5966 813	1015 9160 176	1185 2353 539	1354 5546 901	1523 8740 264
5907	0169 2906 721	0338 5813 442	0507 8720 163	0677 1626 883	0846 4533 604	1015 7440 325	1185 0347 046	1354 3253 767	1523 6160 488
5908	0169 2620 176	0338 5240 352	0507 7860 528	0677 0480 704	0846 3100 880	1015 5721 056	1184 8341 232	1354 0961 408	1523 3581 584
5909	0169 2333 728	0338 4667 456	0507 7001 185	0676 9334 013	0846 1668 641	1015 4002 360	1184 6336 097	1353 8669 826	1523 1003 554
5910	0169 2047 377	0338 4094 755	0507 6142 132	0676 8180 509	0846 0236 887	1015 2284 264	1184 4331 641	1353 6379 019	1522 8426 396
5911	0169 1761 123	0338 3522 247	0507 5283 370	0676 7044 493	0845 8805 617	1015 0566 740	1184 2327 863	1353 4088 987	1522 5850 110
5912	0169 1474 966	0338 2949 932	0507 4424 899	0676 5899 865	0845 7374 831	1014 8849 797	1184 0324 763	1353 1799 729	1522 3274 096
5913	0169 1188 906	0338 2377 812	0507 3566 717	0676 4755 623	0845 5944 529	1014 7133 435	1183 8322 341	1352 9511 246	1522 0700 152
5914	0169 0902 942	0338 1805 884	0507 2708 827	0676 3611 769	0845 4514 711	1014 5417 653	1183 6320 595	1352 7223 537	1521 8126 480
5915	0169 0617 075	0338 1234 150	0507 1851 226	0676 2468 301	0845 3085 376	1014 3702 451	1183 4319 527	1352 4936 602	1521 5553 677
5916	0169 0331 305	0338 0662 610	0507 0993 915	0676 1325 220	0845 1656 525	1014 1987 830	1183 2319 435	1352 2650 440	1521 2981 744
5917	0169 0045 631	0338 0091 262	0507 0136 894	0676 0182 525	0845 0228 156	1014 0273 787	1183 0319 419	1352 0365 050	1521 0410 681
5918	0168 9760 054	0337 9520 108	0506 9280 162	0675 9040 216	0844 8800 270	1013 8560 324	1182 8320 378	1351 8080 433	1520 7840 487
5919	0168 9474 573	0337 8949 147	0506 8423 720	0675 7898 294	0844 7372 867	1013 6847 440	1182 6322 014	1351 5796 587	1520 5271 161
5920	0168 9189 189	0337 8378 378	0506 7567 568	0675 6756 757	0844 5945 946	1013 5135 135	1182 4324 324	1351 3513 513	1520 2702 703
5921	0168 8903 901	0337 7807 803	0506 6711 704	0675 5615 605	0844 4519 507	1013 3423 408	1182 2327 310	1351 1231 211	1520 0135 112
5922	0168 8618 710	0337 7237 420	0506 5856 130	0675 4474 840	0844 3093 549	1013 1712 259	1182 0330 969	1350 8940 679	1519 7568 389
5923	0168 8333 615	0337 6667 229	0506 5000 844	0675 3334 459	0844 1608 074	1013 0001 688	1181 8335 303	1350 6668 918	1519 5002 532
5924	0168 8048 616	0337 6097 232	0506 4145 847	0675 2194 463	0844 0243 079	1012 8291 695	1181 6340 311	1350 4388 926	1519 2437 542
5925	0168 7763 713	0337 5527 426	0506 3291 139	0675 1054 852	0843 8818 565	1012 6582 278	1181 4345 992	1350 2109 705	1518 9873 418
5926	0168 7478 907	0337 4957 813	0506 2436 720	0674 9915 026	0843 7394 533	1012 4873 439	1181 2352 346	1349 9831 252	1518 7310 159
5927	0168 7194 106	0337 4388 392	0506 1582 588	0674 8776 784	0843 5970 980	1012 3165 176	1181 0359 372	1349 7553 568	1518 4747 764
5928	0168 6909 582	0337 3819 163	0506 0728 745	0674 7638 327	0843 4547 908	1012 1457 490	1180 8367 072	1349 5276 653	1518 2186 235
5929	0168 6625 063	0337 3250 126	0505 9875 190	0674 6500 253	0843 3125 316	1011 9750 379	1180 6375 443	1349 3000 506	1517 9625 569
5930	0168 6340 641	0337 2681 282	0505 9021 922	0674 5362 563	0843 1703 204	1011 8043 845	1180 4384 486	1349 0725 126	1517 7065 767
5931	0168 6056 314	0337 2112 629	0505 8168 943	0674 4225 257	0843 0281 571	1011 6337 886	1180 2394 200	1348 8450 514	1517 4508 829
5932	0168 5772 084	0337 1544 167	0505 7316 251	0674 3088 334	0842 8860 418	1011 4632 502	1180 0404 585	1348 6176 669	1517 1948 752
5933	0168 5487 949	0337 0975 898	0505 6463 846	0674 1951 795	0842 7439 744	1011 2927 693	1179 8415 641	1348 3903 590	1516 9391 539
5934	0168 5203 910	0337 0407 819	0505 5611 729	0674 0815 639	0842 6019 548	1011 1223 458	1179 6427 368	1348 1631 277	1516 6835 187
5935	0168 4919 966	0336 9839 933	0505 4759 899	0673 9679 865	0842 4599 832	1010 9519 798	1179 4439 764	1347 9359 730	1516 4279 697
5936	0168 4636 119	0336 9272 237	0505 3908 356	0673 8544 474	0842 3180 593	1010 7816 712	1179 2452 830	1347 7088 949	1516 1725 067
5937	0168 4352 367	0336 8704 733	0505 3057 100	0673 7409 466	0842 1761 833	1010 6114 199	1179 0466 566	1347 4818 932	1515 9171 303
5938	0168 4068 710	0336 8137 420	0505 2206 130	0673 6274 840	0842 0343 550	1010 4412 260	1178 8480 970	1347 2549 680	1515 6618 390
5939	0168 3785 149	0336 7570 298	0505 1355 447	0673 5140 596	0841 8925 745	1010 2710 894	1178 6496 043	1347 0281 192	1515 4066 341
5940	0168 3501 684	0336 7003 367	0505 0505 051	0673 4006 734	0841 7508 418	1010 1010 101	1178 4511 785	1346 8013 468	1515 1515 152
5941	0168 3218 313	0336 6436 627	0504 9654 940	0673 2873 254	0841 6091 567	1009 9309 880	1178 2528 194	1346 5746 507	1514 8964 821
5942	0168 2935 039	0336 5870 077	0504 8805 116	0673 1740 155	0841 4675 194	1009 7610 232	1178 0545 271	1346 3480 310	1514 6415 348
5943	0168 2651 859	0336 5303 719	0504 7955 578	0673 0607 437	0841 3259 297	1009 5911 156	1177 8563 015	1346 1214 875	1514 3866 734
5944	0168 2368 775	0336 4737 550	0504 7106 326	0672 9475 101	0841 1843 876	1009 4212 651	1177 6581 427	1345 8950 202	1514 1318 977
5945	0168 2085 786	0336 4171 573	0504 6257 359	0672 8343 146	0841 0428 932	1009 2514 718	1177 4600 505	1345 6686 291	1513 8772 077
5946	0168 1802 893	0336 3605 785	0504 5408 678	0672 7211 571	0840 9014 464	1009 0817 336	1177 2620 249	1345 4423 142	1513 6226 034
5947	0168 1520 094	0336 3040 188	0504 4560 282	0672 6080 377	0840 7600 471	1008 9120 565	1177 0640 659	1345 2160 753	1513 3680 847
5948	0168 1237 391	0336 2474 781	0504 3712 172	0672 4949 563	0840 6186 954	1008 7424 344	1176 8661 735	1344 9899 126	1513 1136 516
5949	0168 0954 782	0336 1909 565	0504 2864 347	0672 3819 129	0840 4773 912	1008 5728 694	1176 6683 476	1344 7638 259	1512 8593 041
5950	0168 0672 269	0336 1344 538	0504 2016 807	0672 2689 076	0840 3361 345	1008 4033 613	1176 4705 882	1344 5378 151	1512 6050 420
5951	0168 0389 850	0336 0779 701	0504 1169 551	0672 1559 402	0840 1949 252	1008 2339 103	1176 2728 953	1344 3118 804	1512 3508 654
5952	0168 0107 527	0336 0215 054	0504 0322 581	0672 0430 108	0840 0537 634	1008 0645 161	1176 0752 688	1344 0860 215	1512 0967 742
5953	0167 9825 298	0335 9650 596	0503 9475 895	0671 9301 193	0839 9126 491	1007 8951 789	1175 8777 087	1343 8602 385	1511 8427 684
5954	0167 9543 164	0335 9086 329	0503 8629 493	0671 8172 657	0839 7715 821	1007 7258 986	1175 6802 150	1343 6345 314	1511 5888 478
5955	0167 9261 125	0335 8522 250	0503 7783 375	0671 7044 500	0839 6305 626	1007 5566 751	1175 4827 876	1343 4089 001	1511 3350 126
5956	0167 8979 181	0335 7958 361	0503 6937 542	0671 5916 723	0839 4895 903	1007 3875 084	1175 2854 265	1343 1833 445	1511 0812 626
5957	0167 8697 331	0335 7394 662	0503 6091 993	0671 4789 323	0839 3486 654	1007 2183 985	1175 0881 316	1342 9578 647	1510 8275 978
5958	0167 8415 576	0335 6831 151	0503 5246 727	0671 3662 303	0839 2077 878	1007 0493 454	1174 8909 030	1342 7324 606	1510 5740 181
5959	0167 8133 915	0335 6267 830	0503 4401 745	0671 2536 660	0839 0669 575	1006 8803 491	1174 6937 406	1342 5071 321	1510 3205 236
5960	0167 7852 349	0335 5704 698	0503 3557 047	0671 1409 396	0838 9261 745	1006 7114 094	1174 4966 443	1342 2818 792	1510 0671 141
5961	0167 7570 877	0335 5141 755	0503 2712 632	0671 0283 509	0838 7854 387	1006 5425 264	1174 2996 142	1342 0567 019	1509 8137 896
5962	0167 7289 500	0335 4579 000	0503 1868 500	0670 9158 001	0838 6447 501	1006 3737 001	1174 1026 501	1341 8316 004	1509 5605 502
5963	0167 7008 217	0335 4016 435	0503 1024 652	0670 8032 869	0838 5041 087	1006 2049 304	1173 9057 521	1341 6065 739	1509 3073 956
5964	0167 6727 029	0335 3454 058	0503 0181 087	0670 6908 115	0838 3635 144	1006 0362 173	1173 7089 202	1341 3816 231	1509 0543 260
5965	0167 6445 935	0335 2891 869	0502 9337 804	0670 5783 738	0838 2229 673	1005 8675 608	1173 5121 542	1341 1567 477	1508 8013 412
5966	0167 6164 935	0335 2329 869	0502 8494 804	0670 4659 739	0838 0824 673	1005 6989 608	1173 3154 542	1340 9319 477	1508 5484 412
5967	0167 5884 029	0335 1768 058	0502 7652 086	0670 3536 115	0837 9420 144	1005 5304 173	1173 1188 202	1340 7072 231	1508 2956 250
5968	0167 5603 217	0335 1206 434	0502 6809 651	0670 2412 869	0837 8016 086	1005 3619 303	1172 9222 520	1340 4825 737	1508 0428 954
5969	0167 5322 500	0335 0644 999	0502 5967 409	0670 1280 998	0837 6612 498	1005 1934 997	1172 7257 407	1340 2579 997	1507 7902 496
5970	0167 5041 876	0335 0083 752	0502 5125 628	0670 0167 504	0837 5209 380	1005 0251 256	1172 5293 132	1340 0335 008	1507 5376 884
5971	0167 4761 347	0334 9522 693	0502 4284 040	0669 9045 386	0837 3806 733	1004 8568 079	1172 3329 426	1339 8090 772	1507 2852 119
5972	0167 4480 911	0334 8961 822	0502 3442 733	0669 7923 644	0837 2404 555	1004 6885 465	1172 1366 376	1339 5847 287	1507 0328 196
5973	0167 4200 569	0334 8401 138	0502 2601 708	0669 6802 277	0837 1002 846	1004 5203 415	1171 9403 985	1339 3604 554	1506 7805 123
5974	0167 3920 321	0334 7840 643	0502 1760 964	0669 5681 286	0836 9601 607	1004 3521 928	1171 7442 250	1339 1362 571	1506 5282 803
5975	0167 3640 167	0334 7280 335	0502 0920 502	0669 4560 669	0836 8200 837	1004 1841 004	1171 5481 172	1338 9121 339	1506 2761 506
5976	0167 3360 107	0334 6720 214	0502 0080 321	0669 3440 428	0836 6800 535	1004 0160 643	1171 3520 750	1338 6880 857	1506 0240 506
5977	0167 3080 141	0334 6160 281	0501 9240 422	0669 2320 562	0836 5400 703	1003 8480 843	1171 1560 984	1338 4641 124	1505 7721 285
5978	0167 2800 268	0334 5600 535	0501 8400 803	0669 1201 071	0836 4001 338	1003 6801 606	1170 9601 874	1338 2402 144	1505 5202 409
5979	0167 2520 488	0334 5040 977	0501 7561 465	0669 0081 954	0836 2602 442	1003 5122 930	1170 7643 419	1338 0163 907	1505 2684 395
5980	0167 2240 803	0334 4481 605	0501 6722 408	0668 8963 211	0836 1204 013	1003 3444 816	1170 5685 619	1337 7926 421	1505 0167 224
5981	0167 1961 211	0334 3922 421	0501 5883 632	0668 7844 842	0835 9806 053	1003 1767 263	1170 3728 474	1337 5689 684	1504 7650 895
5982	0167 1681 712	0334 3363 424	0501 5045 135	0668 6726 847	0835 8408 559	1003 0090 271	1170 1771 983	1337 3453 694	1504 5135 406
5983	0167 1402 307	0334 2804 613	0501 4206 920	0668 5609 226	0835 7011 533	1002 8413 839	1169 9816 146	1337 1218 452	1504 2620 759
5984	0167 1122 995	0334 2245 989	0501 3368 984	0668 4491 979	0835 5614 973	1002 6737 968	1169 7860 963	1336 8983 957	1504 0106 952
5985	0167 0843 776	0334 1687 552	0501 2531 328	0668 3375 104	0835 4218 881	1002 5062 657	1169 5906 433	1336 6750 209	1503 7593 985
5986	0167 0564 651	0334 1129 302	0501 1693 953	0668 2258 603	0835 2823 254	1002 3387 905	1169 3952 556	1336 4517 207	1503 5081 858
5987	0167 0285 619	0334 0571 238	0501 0856 857	0668 1142 475	0835 1428 094	1002 1713 713	1169 1999 332	1336 2284 951	1503 2570 570
5988	0167 0006 680	0334 0013 360	0501 0020 040	0668 0026 720	0835 0033 400	1002 0040 080	1169 0046 760	1336 0053 440	1503 0060 120
5989	0166 9727 834	0333 9455 669	0500 9183 503	0667 8911 337	0834 8639 172	1001 8367 006	1168 8094 841	1335 7822 675	1502 7550 509
5990	0166 9449 082	0333 8898 164	0500 8347 245	0667 7796 327	0834 7245 409	1001 6694 491	1168 6143 573	1335 5592 654	1502 5041 736
5991	0166 9170 422	0333 8340 845	0500 7511 267	0667 6681 689	0834 5852 112	1001 5022 534	1168 4192 956	1335 3363 378	1502 2533 801
5992	0166 8891 856	0333 7783 712	0500 6675 567	0667 5567 423	0834 4459 279	1001 3351 135	1168 2242 901	1335 1134 846	1502 0026 702
5993	0166 8613 382	0333 7226 765	0500 5840 147	0667 4453 529	0834 3066 911	1001 1680 294	1168 0293 676	1334 8907 058	1501 7520 441
5994	0166 8335 002	0333 6670 003	0500 5005 005	0667 3340 007	0834 1675 008	1001 0010 010	1167 8345 012	1334 6680 013	1501 5015 015
5995	0166 8056 714	0333 6113 428	0500 4170 142	0667 2226 856	0834 0283 570	1000 8340 284	1167 6396 997	1334 4453 711	1501 2510 418
5996	0166 7778 519	0333 5557 038	0500 3335 557	0667 1114 076	0833 8892 595	1000 6671 114	1167 4449 633	1334 2228 152	1501 0006 671
5997	0166 7500 417	0333 5000 834	0500 2501 251	0667 0001 668	0833 7502 084	1000 5002 501	1167 2502 918	1334 0003 335	1500 7503 752
5998	0166 7222 407	0333 4444 815	0500 1667 222	0666 8889 630	0833 6112 037	1000 3334 445	1167 0556 852	1333 7779 260	1500 5001 667
5999	0166 6944 491	0333 3888 981	0500 0833 472	0666 7777 963	0833 4722 454	1000 1666 944	1166 8611 435	1333 5555 926	1500 2500 417

	1	2	3	4	5	6	7	8	9
6000	0166 6666 667	0333 3333 333	0500 0000 000	0666 6666 667	0833 3333 333	1000 0000 000	1166 6666 667	1333 3333 333	1500 0000 000
6001	0166 6388 935	0333 2777 870	0499 9166 806	0666 5555 741	0833 1944 676	0999 8333 611	1166 4722 546	1333 1111 481	1499 7500 417
6002	0166 6111 296	0333 2222 592	0499 8333 889	0666 4445 185	0833 0556 481	0999 6667 777	1166 2779 074	1332 8890 370	1499 5001 666
6003	0166 5833 750	0333 1667 500	0499 7501 249	0666 3334 999	0832 9168 749	0999 5002 499	1166 0836 249	1332 6669 908	1499 2503 748
6004	0166 5556 296	0333 1112 592	0499 6668 887	0666 2225 183	0832 7781 479	0999 3337 775	1165 8894 071	1332 4450 366	1499 0006 662
6005	0166 5278 934	0333 0557 868	0499 5836 803	0666 1115 737	0832 6394 671	0999 1673 605	1165 6952 540	1332 2231 474	1498 7510 408
6006	0166 5001 665	0333 0003 330	0499 5004 995	0666 0006 660	0832 5008 325	0999 0009 990	1165 5011 655	1332 0013 320	1498 5014 985
6007	0166 4724 488	0332 9448 976	0499 4173 464	0665 8897 952	0832 3622 440	0998 8346 929	1165 3071 417	1331 7795 905	1498 2520 393
6008	0166 4447 403	0332 8894 807	0499 3342 210	0665 7789 614	0832 2237 017	0998 6684 421	1165 1131 824	1331 5579 228	1498 0026 631
6009	0166 4170 411	0332 8340 822	0499 2511 233	0665 6681 644	0832 0852 055	0998 5022 466	1164 9192 877	1331 3363 288	1497 7533 699
6010	0166 3893 511	0332 7787 022	0499 1680 532	0665 5374 043	0831 9467 554	0998 3361 065	1164 7254 576	1331 1148 087	1497 5041 597
6011	0166 3616 703	0332 7233 405	0499 0850 108	0665 4466 811	0831 8083 514	0998 1700 216	1164 5316 919	1330 8933 622	1497 2550 324
6012	0166 3339 987	0332 6679 973	0499 0019 960	0665 3359 947	0831 6699 933	0998 0039 920	1164 3379 907	1330 6719 894	1497 0059 880
6013	0166 3063 363	0332 6126 725	0498 9190 088	0665 2253 451	0831 5316 814	0997 8380 176	1164 1443 539	1330 4506 902	1496 7570 264
6014	0166 2786 831	0332 5573 661	0498 8360 492	0665 1147 323	0831 3934 154	0997 6720 984	1163 9507 815	1330 2294 640	1496 5081 477
6015	0166 2510 391	0332 5020 781	0498 7531 172	0665 0041 563	0831 2551 953	0997 5062 344	1163 7572 735	1330 0083 126	1496 2593 516
6016	0166 2234 043	0332 4468 085	0498 6702 128	0664 8936 170	0831 1170 213	0997 3404 255	1163 5638 298	1329 7872 340	1496 0106 383
6017	0166 1957 786	0332 3915 573	0498 5873 359	0664 7831 145	0830 9788 931	0997 1746 718	1163 3704 504	1329 5662 290	1495 7620 076
6018	0166 1681 622	0332 3363 244	0498 5044 865	0664 6726 487	0830 8408 109	0997 0089 731	1163 1771 353	1329 3452 974	1495 5134 596
6019	0166 1405 549	0332 2811 008	0498 4216 647	0664 5622 196	0830 7027 745	0996 8433 295	1162 9838 844	1329 1244 393	1495 2649 942
6020	0166 1129 568	0332 2259 136	0498 3388 704	0664 4518 272	0830 5647 841	0996 6777 409	1162 7906 977	1328 9036 545	1495 0166 113
6021	0166 0853 679	0332 1707 358	0498 2561 036	0664 3414 715	0830 4268 394	0996 5122 073	1162 5975 752	1328 6829 430	1494 7083 109
6022	0166 0577 881	0332 1155 762	0498 1733 643	0664 2311 524	0830 2889 406	0996 3467 287	1162 4045 168	1328 4623 049	1494 5200 930
6023	0166 0302 175	0332 0604 350	0498 0906 525	0664 1208 700	0830 1510 875	0996 1813 050	1162 2115 225	1328 2417 400	1494 2719 575
6024	0166 0026 560	0332 0053 121	0498 0079 681	0664 0106 242	0830 0132 802	0996 0159 863	1162 0185 923	1328 0212 483	1494 0239 044
6025	0165 9751 037	0331 9502 075	0497 9253 112	0663 9004 149	0829 8755 187	0995 8506 224	1161 8257 261	1327 8008 299	1493 7759 336
6026	0165 9475 606	0331 8951 211	0497 8426 817	0663 7902 423	0829 7378 029	0995 6853 634	1161 6329 240	1327 5804 846	1493 5280 451
6027	0165 9200 265	0331 8400 531	0497 7600 796	0663 6801 062	0829 6001 327	0995 5201 593	1161 4401 858	1327 3602 124	1493 2802 389
6028	0165 8925 017	0331 7850 033	0497 6775 050	0663 5700 066	0829 4625 083	0995 3550 100	1161 2475 116	1327 1400 133	1493 0325 149
6029	0165 8649 859	0331 7299 718	0497 5949 577	0663 4599 436	0829 3249 205	0995 1899 154	1161 0549 013	1326 9198 872	1492 7848 731
6030	0165 8374 793	0331 6749 585	0497 5124 378	0663 3409 171	0829 1873 984	0995 0248 756	1160 8623 549	1326 6998 342	1492 5373 134
6031	0165 8099 818	0331 6199 635	0497 4299 453	0663 2399 270	0829 0499 088	0994 8598 906	1160 6698 723	1326 4798 544	1492 2898 358
6032	0165 7824 934	0331 5649 867	0497 3474 801	0663 1299 735	0828 9124 668	0994 6949 602	1160 4774 536	1326 2599 470	1492 0424 403
6033	0165 7550 141	0331 5100 282	0497 2650 423	0663 0200 564	0828 7750 704	0994 5300 845	1160 2850 986	1326 0401 127	1491 7951 208
6034	0165 7275 439	0331 4550 878	0497 1826 318	0662 9101 757	0828 6377 196	0994 3652 635	1160 0928 074	1325 8203 513	1491 5478 953
6035	0165 7000 828	0331 4001 657	0497 1002 486	0662 8003 314	0828 5004 143	0994 2004 971	1159 9005 800	1325 6006 628	1491 3007 457
6036	0165 6726 309	0331 3452 618	0497 0178 926	0662 6905 235	0828 3631 544	0994 0357 853	1159 7084 162	1325 3810 470	1491 0536 779
6037	0165 6451 880	0331 2903 760	0496 9355 640	0662 5807 520	0828 2259 400	0993 8711 280	1159 5163 160	1325 1615 041	1490 8066 921
6038	0165 6177 542	0331 2355 084	0496 8532 627	0662 4710 169	0828 0887 711	0993 7065 253	1159 3242 796	1324 9420 338	1490 5597 880
6039	0165 5903 295	0331 1806 591	0496 7709 886	0662 3613 181	0827 9516 476	0993 5419 772	1159 1323 067	1324 7226 362	1490 3129 657
6040	0165 5629 139	0331 1258 278	0496 6887 417	0662 2516 556	0827 8145 095	0993 3774 834	1158 9403 974	1324 5033 113	1490 0662 252
6041	0165 5355 074	0331 0710 147	0496 6065 221	0662 1420 295	0827 6775 368	0993 2130 442	1158 7485 516	1324 2840 589	1489 8195 663
6042	0165 5081 099	0331 0162 198	0496 5243 297	0662 0324 396	0827 5405 495	0993 0486 594	1158 5567 603	1324 0648 792	1489 5729 891
6043	0165 4807 215	0330 9614 430	0496 4421 645	0661 9228 860	0827 4036 075	0992 8843 290	1158 3650 505	1323 8457 720	1489 3264 935
6044	0165 4533 422	0330 9066 843	0496 3600 265	0661 8133 686	0827 2667 108	0992 7200 529	1158 1733 951	1323 6267 373	1489 0800 794
6045	0165 4259 719	0330 8519 438	0496 2779 156	0661 7038 875	0827 1298 504	0992 5558 313	1157 9818 031	1323 4077 750	1488 8337 469
6046	0165 3986 107	0330 7972 213	0496 1958 320	0661 5944 426	0826 9930 533	0992 3916 639	1157 7902 746	1323 1888 852	1488 5874 959
6047	0165 3712 585	0330 7425 170	0496 1137 754	0661 4850 339	0826 8562 924	0992 2275 509	1157 5988 003	1322 9700 678	1488 3413 263
6048	0165 3439 153	0330 6878 307	0496 0317 460	0661 3756 614	0826 7195 767	0992 0634 921	1157 4074 074	1322 7513 228	1488 0952 381
6049	0165 3165 813	0330 6331 625	0495 9497 438	0661 2663 250	0826 5829 063	0991 8994 875	1157 2160 688	1322 5326 500	1487 8492 313
6050	0165 2892 562	0330 5785 124	0495 8677 686	0661 1570 248	0826 4462 810	0991 7355 372	1157 0247 934	1322 3140 496	1487 6033 058
6051	0165 2619 402	0330 5238 803	0495 7858 205	0661 0477 607	0826 3097 009	0991 5716 410	1156 8335 812	1322 0955 214	1487 3574 615
6052	0165 2346 332	0330 4692 663	0495 7038 995	0660 9385 327	0826 1731 659	0991 4077 991	1156 6424 322	1321 8770 654	1487 1116 985
6053	0165 2073 352	0330 4146 704	0495 6220 056	0660 8293 408	0826 0366 760	0991 2440 112	1156 4513 464	1321 6586 816	1486 8660 168
6054	0165 1800 463	0330 3600 925	0495 5401 388	0660 7201 850	0825 9002 313	0991 0802 775	1156 2603 238	1321 4403 700	1486 6204 163
6055	0165 1527 663	0330 3055 326	0495 4582 989	0660 6110 652	0825 7638 315	0990 9165 978	1156 0693 641	1321 2221 304	1486 3748 967
6056	0165 1254 954	0330 2509 907	0495 3764 861	0660 5019 815	0825 6274 769	0990 7529 722	1155 8784 676	1321 0039 630	1486 1294 583
6057	0165 0982 334	0330 1964 669	0495 2947 003	0660 3929 338	0825 4911 672	0990 5894 006	1155 6876 341	1320 7858 675	1485 8841 010
6058	0165 0709 805	0330 1419 610	0495 2129 416	0660 2839 221	0825 3549 026	0990 4258 831	1155 4968 636	1320 5678 442	1485 6388 247
6059	0165 0437 366	0330 0874 732	0495 1312 098	0660 1749 464	0825 2186 830	0990 2624 195	1155 3061 561	1320 3498 927	1485 3936 293
6060	0165 0165 017	0330 0330 033	0495 0495 050	0660 0660 066	0825 0825 083	0990 0990 099	1155 1155 116	1320 1320 132	1485 1485 149
6061	0164 9892 757	0329 9785 514	0494 9678 271	0659 9571 028	0824 9463 785	0989 9356 541	1154 9249 298	1319 9142 055	1484 9034 812
6062	0164 9620 587	0329 9241 175	0494 8861 762	0659 8482 349	0824 8102 936	0989 7723 523	1154 7344 110	1319 6964 698	1484 6585 285
6063	0164 9348 507	0329 8697 015	0494 8045 522	0659 7394 029	0824 6742 537	0989 6091 044	1154 5439 551	1319 4788 059	1484 4136 566
6064	0164 9076 517	0329 8153 034	0494 7229 551	0659 6306 069	0824 5382 586	0989 4459 103	1154 3535 620	1319 2612 137	1484 1688 654
6065	0164 8804 617	0329 7609 233	0494 6413 850	0659 5218 467	0824 4023 083	0989 2827 700	1154 1632 317	1319 0436 933	1483 9241 550
6066	0164 8532 806	0329 7065 612	0494 5598 417	0659 4131 223	0824 2664 029	0989 1196 835	1153 9729 644	1318 8262 446	1483 6795 252
6067	0164 8261 085	0329 6522 169	0494 4783 254	0659 3044 338	0824 1305 423	0988 9566 507	1153 7827 592	1318 6088 676	1483 4340 761
6068	0164 7989 453	0329 5978 906	0494 3968 359	0659 1957 811	0823 9947 264	0988 7936 717	1153 5926 170	1318 3915 623	1483 1905 076
6069	0164 7717 911	0329 5435 821	0494 3153 732	0659 0871 643	0823 8589 553	0988 6307 464	1153 4025 375	1318 1743 286	1482 9461 196
6070	0164 7446 458	0329 4892 916	0494 2339 374	0658 9785 832	0823 7232 290	0988 4678 748	1153 2125 206	1317 9571 664	1482 7018 122
6071	0164 7175 095	0329 4350 189	0494 1525 284	0658 8700 379	0823 5875 474	0988 3050 568	1153 0225 663	1317 7400 758	1482 4575 852
6072	0164 6903 821	0329 3807 642	0494 0711 462	0658 7615 283	0823 4519 104	0988 1422 925	1152 8326 746	1317 5230 567	1482 2134 387
6073	0164 6632 636	0329 3265 273	0493 9897 909	0658 6530 545	0823 3163 181	0987 9795 818	1152 6428 454	1317 3061 090	1481 9693 726
6074	0164 6361 541	0329 2723 082	0493 9084 623	0658 5446 164	0823 1807 705	0987 8169 246	1152 4530 787	1317 0892 328	1481 7253 869
6075	0164 6090 535	0329 2181 070	0493 8271 605	0658 4362 140	0823 0452 675	0987 6543 210	1152 2633 745	1316 8724 280	1481 4814 815
6076	0164 5819 618	0329 1639 236	0493 7458 855	0658 3278 473	0822 9098 091	0987 4917 709	1152 0737 327	1316 6556 945	1481 2376 564
6077	0164 5548 791	0329 1097 581	0493 6646 372	0658 2195 162	0822 7743 953	0987 3292 743	1151 8841 534	1316 4390 324	1480 9939 115
6078	0164 5278 052	0329 0556 104	0493 5834 156	0658 1112 208	0822 6390 260	0987 1668 312	1151 6946 364	1316 2224 416	1480 7502 468
6079	0164 5007 403	0329 0014 805	0493 5022 208	0658 0029 610	0822 5037 013	0987 0044 415	1151 5051 818	1316 0059 220	1480 5006 623
6080	0164 4736 842	0328 9473 684	0493 4210 526	0657 8947 368	0822 3684 211	0986 8421 053	1151 3157 895	1315 7894 737	1480 2631 579
6081	0164 4466 371	0328 8932 741	0493 3399 112	0657 7865 483	0822 2331 853	0986 6798 224	1151 1264 595	1315 5730 965	1480 0197 336
6082	0164 4195 988	0328 8391 976	0493 2587 964	0657 6783 953	0822 0979 941	0986 5175 920	1150 9371 917	1315 3567 005	1479 7763 893
6083	0164 3925 695	0328 7851 389	0493 1777 084	0657 5702 773	0821 9628 473	0986 3554 167	1150 7479 862	1315 1405 556	1479 5331 251
6084	0164 3655 490	0328 7310 980	0493 0966 469	0657 4621 959	0821 8277 449	0986 1932 939	1150 5588 429	1314 9243 918	1479 2899 408
6085	0164 3385 374	0328 6770 748	0493 0156 122	0657 3541 495	0821 6926 869	0986 0312 243	1150 3697 617	1314 7082 991	1479 0468 365
6086	0164 3115 347	0328 6230 693	0492 9346 040	0657 2461 387	0821 5576 734	0985 8692 080	1150 1807 427	1314 4922 774	1478 8038 120
6087	0164 2845 408	0328 5690 817	0492 8536 225	0657 1381 633	0821 4227 041	0985 7072 450	1149 9917 858	1314 2763 266	1478 5608 674
6088	0164 2575 558	0328 5151 117	0492 7726 675	0657 0302 234	0821 2877 792	0985 5453 351	1149 8028 909	1314 0604 468	1478 3180 026
6089	0164 2305 797	0328 4611 595	0492 6917 392	0656 9223 189	0821 1528 987	0985 3834 784	1149 6140 581	1313 8446 379	1478 0752 176
6090	0164 2036 125	0328 4072 250	0492 6108 374	0656 8144 499	0821 0180 624	0985 2216 749	1149 4252 874	1313 6288 998	1477 8325 123
6091	0164 1766 541	0328 3533 082	0492 5299 622	0656 7066 163	0820 8832 704	0985 0599 245	1149 2365 786	1313 4132 326	1477 5898 867
6092	0164 1497 045	0328 2994 091	0492 4491 136	0656 5988 181	0820 7485 227	0984 8982 272	1149 0479 317	1313 1976 362	1477 3473 408
6093	0164 1227 638	0328 2455 276	0492 3682 915	0656 4910 553	0820 6138 191	0984 7365 829	1148 8593 467	1312 9821 106	1477 1048 744
6094	0164 0958 320	0328 1916 639	0492 2874 959	0656 3833 278	0820 4791 598	0984 5749 918	1148 6708 237	1312 7666 557	1476 8624 876
6095	0164 0689 089	0328 1378 179	0492 2067 268	0656 2756 358	0820 3445 447	0984 4134 536	1148 4823 626	1312 5512 715	1476 6201 805
6096	0164 0419 948	0328 0839 895	0492 1259 943	0656 1679 790	0820 2099 838	0984 2519 685	1148 2939 633	1312 3359 580	1476 3779 528
6097	0164 0150 894	0328 0301 788	0492 0452 681	0656 0603 575	0820 0754 469	0984 0905 363	1148 1056 257	1312 1207 150	1476 1358 044
6098	0163 9881 929	0327 9763 857	0491 9645 786	0655 9527 714	0819 9409 643	0983 9291 571	1147 9173 500	1311 9055 428	1475 8937 357
6099	0163 9613 051	0327 9226 103	0491 8839 154	0655 8452 205	0819 8065 257	0983 7678 308	1147 7291 359	1311 6904 410	1475 6517 462

	1	2	3	4	5	6	7	8	9
6100	0163 9344 262	0327 8688 525	0491 8032 787	0655 7377 049	0819 6721 311	0983 6065 574	1147 5409 836	1311 4754 098	1475 4098 361
6101	0163 9075 561	0327 8151 123	0491 7226 684	0655 6302 246	0819 5377 807	0983 4453 368	1147 3528 930	1311 2604 491	1475 1680 052
6102	0163 8806 949	0327 7613 897	0491 6420 846	0655 5227 704	0819 4034 743	0983 2841 691	1147 1648 640	1311 0455 588	1474 9262 537
6103	0163 8538 424	0327 7076 847	0491 5615 271	0655 4153 695	0819 2692 119	0983 1230 542	1146 9768 966	1310 8307 390	1474 6845 814
6104	0163 8269 987	0327 6539 974	0491 4809 960	0655 3079 048	0819 1349 934	0982 9619 921	1146 7889 908	1310 6160 895	1474 4429 882
6105	0163 8001 638	0327 6003 276	0491 4004 914	0655 2006 552	0819 0008 100	0982 8009 828	1146 6011 466	1310 4013 104	1474 2014 742
6106	0163 7733 377	0327 5466 754	0491 3200 131	0655 0933 508	0818 8666 885	0982 6400 262	1146 4133 639	1310 1867 016	1473 9600 393
6107	0163 7465 204	0327 4930 408	0491 2395 612	0654 9860 815	0818 7326 019	0982 4791 223	1146 2256 427	1309 9721 631	1473 7186 835
6108	0163 7197 119	0327 4394 237	0491 1591 356	0654 8788 474	0818 5985 593	0982 3182 711	1146 0379 830	1309 7576 948	1473 4774 067
6109	0163 6929 121	0327 3858 242	0491 0787 363	0654 7716 484	0818 4645 605	0982 1574 726	1145 8503 847	1309 5432 908	1473 2362 089
6110	0163 6661 211	0327 3322 422	0490 9983 633	0654 6644 845	0818 3306 056	0981 9967 267	1145 6628 478	1309 3289 089	1472 9950 900
6111	0163 6393 389	0327 2786 778	0490 9180 167	0654 5573 556	0818 1966 945	0981 8360 334	1145 4753 723	1309 1147 112	1472 7540 501
6112	0163 6125 654	0327 2251 309	0490 8376 963	0654 4502 618	0818 0628 272	0981 6753 027	1145 2879 581	1308 9005 236	1472 5130 890
6113	0163 5858 008	0327 1716 015	0490 7574 023	0654 3432 030	0817 9290 038	0981 5148 045	1145 1006 053	1308 6864 000	1472 2722 068
6114	0163 5590 448	0327 1180 896	0490 6771 344	0654 2361 793	0817 7952 241	0981 3542 689	1144 9133 137	1308 4723 585	1472 0314 033
6115	0163 5322 976	0327 0645 953	0490 5968 929	0654 1291 905	0817 6614 881	0981 1937 858	1144 7260 834	1308 2583 810	1471 7906 787
6116	0163 5055 502	0327 0111 184	0490 5166 776	0654 0222 368	0817 5277 959	0981 0333 551	1144 5389 143	1308 0444 735	1471 5500 327
6117	0163 4788 295	0326 9576 590	0490 4364 885	0653 9153 180	0817 3941 475	0980 8729 770	1144 3518 064	1307 8306 359	1471 3094 654
6118	0163 4521 085	0326 9042 171	0490 3563 256	0653 8084 341	0817 2605 427	0980 7126 512	1144 1647 597	1307 6168 683	1471 0689 768
6119	0163 4253 963	0326 8507 926	0490 2761 880	0653 7015 852	0817 1269 815	0980 5523 778	1143 9777 741	1307 4031 705	1470 8285 068
6120	0163 3986 928	0326 7973 856	0490 1960 784	0653 5947 712	0816 9934 641	0980 3921 569	1143 7908 407	1307 1895 425	1470 5882 353
6121	0163 3719 980	0326 7439 961	0490 1159 941	0653 4879 922	0816 8599 902	0980 2319 882	1143 6039 863	1306 9759 843	1470 3479 824
6122	0163 3453 120	0326 6906 240	0490 0359 360	0653 3812 480	0816 7265 600	0980 0718 719	1143 4171 839	1306 7624 959	1470 1078 079
6123	0163 3186 347	0326 6372 693	0489 9559 040	0653 2745 386	0816 5931 733	0979 9118 079	1143 2304 426	1306 5490 772	1469 8677 119
6124	0163 2919 660	0326 5839 321	0489 8758 981	0653 1678 641	0816 4598 302	0979 7517 962	1143 0437 622	1306 3357 283	1469 6276 943
6125	0163 2653 061	0326 5306 122	0489 7959 184	0653 0612 245	0816 3265 306	0979 5918 367	1142 8571 429	1306 1224 490	1469 3877 551
6126	0163 2386 549	0326 4773 098	0489 7159 647	0652 9546 197	0816 1932 746	0979 4319 295	1142 6705 844	1305 9092 393	1469 1478 942
6127	0163 2120 124	0326 4240 248	0489 6360 372	0652 8480 496	0816 0600 620	0979 2720 744	1142 4840 868	1305 6960 992	1468 9081 116
6128	0163 1853 786	0326 3707 572	0489 5561 358	0652 7415 144	0815 9268 930	0979 1122 715	1142 2976 501	1305 4830 287	1468 6684 073
6129	0163 1587 535	0326 3175 069	0489 4762 604	0652 6350 139	0815 7937 673	0978 9525 208	1142 1112 743	1305 2700 277	1468 4287 812
6130	0163 1321 370	0326 2642 741	0489 3964 111	0652 5285 481	0815 6606 852	0978 7928 222	1141 9249 592	1305 0570 962	1468 1892 333
6131	0163 1055 293	0326 2110 586	0489 3165 878	0652 4221 171	0815 5276 464	0978 6331 757	1141 7387 049	1304 8442 342	1467 9497 635
6132	0163 0789 302	0326 1578 604	0489 2367 906	0652 3157 208	0815 3946 510	0978 4735 812	1141 5525 114	1304 6314 416	1467 7103 718
6133	0163 0523 398	0326 1046 796	0489 1570 194	0652 2093 592	0815 2616 990	0978 3140 388	1141 3663 786	1304 4187 184	1467 4710 582
6134	0163 0257 581	0326 0515 161	0489 0772 742	0652 1030 323	0815 1287 904	0978 1545 484	1141 1803 065	1304 2060 646	1467 2318 226
6135	0162 9991 850	0325 9983 700	0488 9975 550	0651 9967 400	0814 9959 250	0977 9951 100	1140 9942 950	1303 9934 800	1466 9926 650
6136	0162 9726 206	0325 9452 412	0488 9178 618	0651 8904 824	0814 8631 030	0977 8357 236	1140 8083 442	1303 7809 648	1466 7536 854
6137	0162 9460 649	0325 8921 297	0488 8381 946	0651 7842 594	0814 7303 243	0977 6763 891	1140 6224 540	1303 5685 188	1466 5146 837
6138	0162 9195 178	0325 8390 353	0488 7585 533	0651 6780 710	0814 5975 888	0977 5171 065	1140 4366 243	1303 3561 421	1466 2756 508
6139	0162 8929 793	0325 7859 586	0488 6789 379	0651 5719 173	0814 4648 966	0977 3578 759	1140 2508 582	1303 1438 345	1466 0368 138
6140	0162 8664 495	0325 7328 990	0488 5993 485	0651 4657 980	0814 3322 476	0977 1986 971	1140 0651 406	1302 9315 961	1465 7980 456
6141	0162 8399 284	0325 6798 567	0488 5197 851	0651 3597 134	0814 1996 418	0977 0395 701	1139 8794 985	1302 7194 268	1465 5593 559
6142	0162 8134 158	0325 6268 317	0488 4402 475	0651 2536 633	0814 0670 791	0976 8804 950	1139 6939 108	1302 5073 266	1465 3207 424
6143	0162 7869 119	0325 5738 239	0488 3607 358	0651 1476 477	0813 9345 597	0976 7214 716	1139 5083 835	1302 2952 955	1465 0822 074
6144	0162 7604 167	0325 5208 333	0488 2812 500	0651 0416 667	0813 8020 833	0976 5625 000	1139 3229 167	1302 0833 333	1464 8437 500
6145	0162 7339 300	0325 4678 600	0488 2017 901	0650 9357 201	0813 6696 501	0976 4035 801	1139 1375 102	1301 8714 402	1464 6053 702
6146	0162 7074 520	0325 4149 040	0488 1223 560	0650 8298 080	0813 5372 600	0976 2447 120	1138 9521 640	1301 6596 160	1464 3670 680
6147	0162 6809 826	0325 3619 652	0488 0429 478	0650 7239 304	0813 4049 130	0976 0858 956	1138 7668 782	1301 4478 607	1464 1288 433
6148	0162 6545 218	0325 3090 436	0487 9635 654	0650 6180 872	0813 2726 090	0975 9271 308	1138 5816 526	1301 2361 744	1463 8906 962
6149	0162 6280 696	0325 2561 392	0487 8842 088	0650 5122 784	0813 1403 480	0975 7684 176	1138 3964 872	1301 0245 568	1463 6526 264
6150	0162 6016 260	0325 2032 520	0487 8048 780	0650 4065 041	0813 0081 301	0975 6097 561	1138 2113 821	1300 8130 081	1463 4146 341
6151	0162 5751 910	0325 1503 821	0487 7255 731	0650 3007 641	0812 8759 554	0975 4511 462	1138 0263 372	1300 6015 282	1463 1767 192
6152	0162 5487 646	0325 0975 293	0487 6462 939	0650 1950 585	0812 7438 231	0975 2925 878	1137 8413 524	1300 3901 170	1462 9388 817
6153	0162 5223 468	0325 0446 936	0487 5670 405	0650 0893 873	0812 6117 341	0975 1340 809	1137 6564 278	1300 1787 746	1462 7011 214
6154	0162 4959 376	0324 9918 752	0487 4878 128	0649 9837 504	0812 4796 880	0974 9756 256	1137 4715 632	1299 9675 008	1462 4634 384
6155	0162 4695 370	0324 9390 730	0487 4086 109	0649 8781 478	0812 3476 848	0974 8172 218	1137 2867 587	1299 7562 957	1462 2258 327
6156	0162 4431 449	0324 8862 898	0487 3294 347	0649 7725 796	0812 2157 245	0974 6588 694	1137 1020 143	1299 5451 592	1461 9883 041
6157	0162 4167 614	0324 8335 228	0487 2502 842	0649 6670 456	0812 0838 071	0974 5005 685	1136 9173 299	1299 3340 913	1461 7508 527
6158	0162 3903 865	0324 7807 730	0487 1711 595	0649 5615 460	0811 9519 324	0974 3423 189	1136 7327 054	1299 1230 919	1461 5133 784
6159	0162 3640 201	0324 7280 403	0487 0920 604	0649 4560 805	0811 8201 007	0974 1841 208	1136 5481 409	1298 9121 611	1461 2761 812
6160	0162 3376 623	0324 6753 247	0487 0129 870	0649 3506 494	0811 6883 117	0974 0259 740	1136 3636 364	1298 7012 987	1461 0389 010
6161	0162 3113 131	0324 6226 262	0486 9339 393	0649 2452 524	0811 5565 655	0973 8678 786	1136 1791 917	1298 4905 048	1460 8018 179
6162	0162 2849 724	0324 5699 448	0486 8549 172	0649 1398 896	0811 4248 621	0973 7098 345	1135 9948 069	1298 2797 793	1460 5647 517
6163	0162 2586 403	0324 5172 805	0486 7759 208	0649 0345 611	0811 2932 014	0973 5518 416	1135 8104 819	1298 0691 222	1460 3277 625
6164	0162 2323 167	0324 4646 334	0486 6969 500	0648 9292 667	0811 1615 834	0973 3939 000	1135 6262 167	1297 8585 834	1460 0908 501
6165	0162 2060 016	0324 4120 032	0486 6180 049	0648 8240 065	0811 0300 081	0973 2360 097	1135 4420 114	1297 6480 130	1459 8540 146
6166	0162 1796 951	0324 3593 902	0486 5390 853	0648 7187 804	0810 8984 755	0973 0781 706	1135 2578 657	1297 4375 608	1459 6172 559
6167	0162 1533 971	0324 3067 942	0486 4601 913	0648 6135 885	0810 7669 856	0972 9203 827	1135 0737 798	1297 2271 769	1459 3805 740
6168	0162 1271 077	0324 2542 153	0486 3813 230	0648 5084 306	0810 6355 383	0972 7626 459	1134 8897 536	1297 0168 612	1459 1439 680
6169	0162 1008 267	0324 2016 534	0486 3024 801	0648 4033 069	0810 5041 336	0972 6049 603	1134 7057 870	1296 8066 137	1458 9074 404
6170	0162 0745 543	0324 1491 086	0486 2236 629	0648 2982 172	0810 3727 715	0972 4473 258	1134 5218 801	1296 5964 344	1458 6709 887
6171	0162 0482 904	0324 0965 808	0486 1448 712	0648 1931 616	0810 2414 520	0972 2897 423	1134 3380 327	1296 3863 231	1458 4346 135
6172	0162 0220 350	0324 0440 700	0486 0661 050	0648 0881 400	0810 1101 750	0972 1322 100	1134 1542 450	1296 1762 800	1458 1983 150
6173	0161 9957 881	0323 9915 762	0485 9873 643	0647 9831 524	0809 9789 405	0971 9747 287	1133 9705 168	1295 9663 049	1457 9620 930
6174	0161 9695 497	0323 9390 995	0485 9086 492	0647 8781 989	0809 8477 486	0971 8172 984	1133 7868 481	1295 7563 978	1457 7259 475
6175	0161 9433 198	0323 8866 397	0485 8299 595	0647 7732 794	0809 7165 992	0971 6599 190	1133 6032 389	1295 5465 587	1457 4898 785
6176	0161 9170 984	0323 8341 969	0485 7512 953	0647 6683 938	0809 5854 922	0971 5025 907	1133 4196 891	1295 3367 876	1457 2538 860
6177	0161 8908 855	0323 7817 711	0485 6726 566	0647 5635 422	0809 4544 277	0971 3453 133	1133 2361 988	1295 1270 843	1457 0179 699
6178	0161 8646 811	0323 7293 623	0485 5940 434	0647 4587 245	0809 3234 056	0971 1880 868	1133 0527 679	1294 9174 490	1456 7821 301
6179	0161 8384 852	0323 6769 704	0485 5154 556	0647 3539 408	0809 1924 260	0971 0309 112	1132 8693 963	1294 7078 815	1456 5463 667
6180	0161 8122 977	0323 6245 955	0485 4368 932	0647 2491 909	0809 0614 897	0970 8737 864	1132 6860 841	1294 4983 819	1456 3106 790
6181	0161 7861 188	0323 5722 375	0485 3583 563	0647 1444 750	0808 9305 938	0970 7167 125	1132 5028 313	1294 2889 500	1456 0750 088
6182	0161 7599 482	0323 5198 965	0485 2798 447	0647 0397 929	0808 7997 412	0970 5596 804	1132 3196 377	1294 0795 859	1455 8396 341
6183	0161 7337 862	0323 4675 724	0485 2013 586	0646 9351 448	0808 6689 309	0970 4027 171	1132 1365 033	1293 8702 805	1455 6040 757
6184	0161 7076 326	0323 4152 652	0485 1228 978	0646 8305 304	0808 5381 630	0970 2457 936	1131 9534 282	1293 6610 608	1455 3686 934
6185	0161 6814 875	0323 3629 749	0485 0444 624	0646 7259 499	0808 4074 374	0970 0889 248	1131 7704 123	1293 4518 998	1455 1333 872
6186	0161 6553 508	0323 3107 016	0484 9660 524	0646 6214 032	0808 2767 540	0969 9321 048	1131 5874 555	1293 2428 003	1454 8981 571
6187	0161 6292 226	0323 2584 451	0484 8876 677	0646 5168 903	0808 1461 128	0969 7753 354	1131 4045 579	1293 0337 805	1454 6630 031
6188	0161 6031 028	0323 2062 056	0484 8093 083	0646 4124 111	0808 0155 139	0969 6186 167	1131 2217 195	1292 8248 222	1454 4279 250
6189	0161 5769 914	0323 1539 820	0484 7309 743	0646 3079 657	0807 8849 572	0969 4619 486	1131 0389 401	1292 6159 315	1454 1929 220
6190	0161 5508 885	0323 1017 771	0484 6526 656	0646 2035 541	0807 7544 427	0969 3053 312	1130 8562 197	1292 4071 082	1453 9579 968
6191	0161 5247 941	0323 0495 881	0484 5743 822	0646 0991 762	0807 6239 703	0969 1487 643	1130 6735 584	1292 1983 524	1453 7231 468
6192	0161 4987 080	0322 9974 160	0484 4961 240	0645 9948 320	0807 4935 401	0968 9922 481	1130 4909 561	1291 9896 641	1453 4883 721
6193	0161 4726 304	0322 9452 608	0484 4178 912	0645 8905 216	0807 3631 519	0968 8357 823	1130 3084 127	1291 7810 431	1453 2536 735
6194	0161 4465 612	0322 8931 224	0484 3396 836	0645 7862 448	0807 2328 059	0968 6793 671	1130 1259 283	1291 5724 895	1453 0190 507
6195	0161 4205 004	0322 8410 008	0484 2615 012	0645 6820 016	0807 1025 020	0968 5230 024	1129 9435 028	1291 3640 032	1452 7845 036
6196	0161 3944 480	0322 7888 961	0484 1833 441	0645 5777 921	0806 9722 402	0968 3666 882	1129 7611 362	1291 1555 842	1452 5500 323
6197	0161 3684 041	0322 7368 081	0484 1052 122	0645 4736 163	0806 8420 203	0968 2104 244	1129 5788 285	1290 9472 325	1452 3156 366
6198	0161 3423 685	0322 6847 370	0484 0271 055	0645 3694 740	0806 7118 425	0968 0542 110	1129 3965 795	1290 7389 480	1452 0813 166
6199	0161 3163 413	0322 6326 827	0483 9490 240	0645 2653 654	0806 5817 067	0967 8980 481	1129 2143 894	1290 5307 308	1451 8470 721

	1	2	3	4	5	6	7	8	9
6200	0161 2903 226	0322 5806 452	0483 8709 677	0645 1612 903	0806 4516 129	0967 7419 355	1129 0322 581	1290 3225 806	1451 6129 032
6201	0161 2643 122	0322 5286 244	0483 7929 366	0645 0572 488	0806 3215 610	0967 5858 732	1128 8501 855	1290 1144 977	1451 3788 099
6202	0161 2383 102	0322 4766 204	0483 7140 307	0644 9532 409	0806 1915 511	0967 4298 613	1128 6681 716	1289 9064 818	1451 1447 920
6203	0161 2123 166	0322 4246 332	0483 6369 499	0644 8492 665	0806 0615 831	0967 2738 997	1128 4862 163	1289 6985 330	1450 9108 496
6204	0161 1863 314	0322 3726 628	0483 5589 942	0644 7453 256	0805 9316 570	0967 1179 884	1128 3043 108	1289 4906 512	1450 6769 826
6205	0161 1603 546	0322 3207 091	0483 4810 637	0644 6414 182	0805 8017 728	0966 9621 273	1128 1224 819	1289 2828 364	1450 4431 910
6206	0161 1343 861	0322 2687 722	0483 4031 582	0644 5375 443	0805 6719 304	0966 8063 165	1127 9407 025	1289 0750 886	1450 2094 747
6207	0161 1084 260	0322 2168 519	0483 3252 770	0644 4337 039	0805 5421 299	0966 6505 558	1127 7589 818	1288 8674 078	1449 9758 337
6208	0161 0824 742	0322 1649 485	0483 2474 227	0644 3298 969	0805 4123 711	0966 4948 454	1127 5773 196	1288 6597 938	1449 7422 680
6209	0161 0565 308	0322 1130 617	0483 1695 925	0644 2261 234	0805 2826 542	0966 3391 851	1127 3957 159	1288 4522 467	1449 5087 776
6210	0161 0305 958	0322 0611 916	0483 0917 874	0644 1223 833	0805 1529 791	0966 1835 749	1127 2141 707	1288 2447 665	1449 2753 623
6211	0161 0046 691	0322 0093 383	0483 0140 074	0644 0186 765	0805 0233 487	0966 0280 148	1127 0326 839	1288 0373 531	1449 0420 222
6212	0160 9787 508	0321 9575 016	0482 9362 524	0643 9150 032	0804 8937 540	0965 8725 048	1126 8512 556	1287 8300 064	1448 8087 572
6213	0160 9528 408	0321 9056 816	0482 8585 225	0643 8113 633	0804 7642 041	0965 7170 449	1126 6698 857	1287 6227 265	1448 5755 674
6214	0160 9269 392	0321 8538 783	0482 7808 175	0643 7077 567	0804 6346 958	0965 5616 350	1126 4885 742	1287 4155 134	1448 3424 525
6215	0160 9010 459	0321 8020 917	0482 7031 376	0643 6041 834	0804 5052 293	0965 4062 751	1126 3073 210	1287 2083 669	1448 1094 127
6216	0160 8751 609	0321 7503 218	0482 6254 826	0643 5006 435	0804 3758 044	0965 2509 653	1126 1261 261	1287 0012 870	1447 8764 479
6217	0160 8492 842	0321 6985 684	0482 5478 527	0643 3971 369	0804 2464 211	0965 0957 053	1125 9449 895	1286 7942 738	1447 6435 580
6218	0160 8234 159	0321 6468 318	0482 4702 477	0643 2936 636	0804 1170 794	0964 9404 953	1125 7639 112	1286 5873 271	1447 4107 430
6219	0160 7975 559	0321 5951 118	0482 3926 676	0643 1902 235	0803 9877 794	0964 7853 353	1125 5828 911	1286 3804 470	1447 1780 029
6220	0160 7717 042	0321 5434 084	0482 3151 125	0643 0868 167	0803 8585 209	0964 6302 251	1125 4019 293	1286 1736 334	1446 9453 376
6221	0160 7458 608	0321 4917 216	0482 2375 824	0642 9834 432	0803 7293 040	0964 4751 648	1125 2210 256	1285 9668 864	1446 7127 471
6222	0160 7200 257	0321 4400 514	0482 1600 771	0642 8801 029	0803 6001 286	0964 3201 543	1125 0401 800	1285 7602 057	1446 4802 314
6223	0160 6941 989	0321 3883 979	0482 0825 968	0642 7767 958	0803 4709 947	0964 1651 936	1124 8593 926	1285 5535 915	1446 2477 905
6224	0160 6683 805	0321 3367 609	0482 0051 414	0642 6735 219	0803 3419 023	0964 0102 828	1124 6786 632	1285 3470 437	1446 0154 242
6225	0160 6425 703	0321 2851 406	0481 9277 108	0642 5702 811	0803 2128 514	0963 8554 217	1124 4979 920	1285 1405 622	1445 7831 325
6226	0160 6167 684	0321 2335 368	0481 8503 052	0642 4670 736	0803 0838 420	0963 7006 103	1124 3173 787	1284 9341 471	1445 5509 155
6227	0160 5909 748	0321 1819 496	0481 7729 244	0642 3638 991	0802 9548 739	0963 5458 487	1124 1368 235	1284 7277 983	1445 3187 731
6228	0160 5651 895	0321 1303 789	0481 6955 684	0642 2607 579	0802 8259 473	0963 3911 368	1123 9563 263	1284 5215 157	1445 0867 052
6229	0160 5394 124	0321 0788 249	0481 6182 373	0642 1576 497	0802 6970 621	0963 2364 746	1123 7758 870	1284 3152 004	1444 8547 118
6230	0160 5136 437	0321 0272 873	0481 5409 310	0642 0545 746	0802 5682 183	0963 0818 620	1123 5955 056	1284 1091 403	1444 6227 929
6231	0160 4878 832	0320 9757 663	0481 4636 495	0641 9515 327	0802 4394 158	0962 9272 990	1123 4151 822	1283 9030 653	1444 3900 485
6232	0160 4621 309	0320 9242 619	0481 3863 928	0641 8485 237	0802 3106 547	0962 7727 856	1123 2349 166	1283 6970 475	1444 1591 784
6233	0160 4363 870	0320 8727 739	0481 3091 609	0641 7455 470	0802 1819 349	0962 6183 218	1123 0547 088	1283 4910 958	1443 9274 828
6234	0160 4106 513	0320 8213 025	0481 2319 538	0641 6426 051	0802 0532 563	0962 4639 076	1122 8745 589	1283 2852 101	1443 6958 614
6235	0160 3849 238	0320 7698 476	0481 1547 715	0641 5396 953	0801 9246 191	0962 3095 429	1122 6944 667	1283 0793 905	1443 4643 144
6236	0160 3592 046	0320 7184 092	0481 0776 139	0641 4368 185	0801 7960 231	0962 1552 277	1122 5144 323	1282 8736 369	1443 2328 416
6237	0160 3334 937	0320 6669 873	0481 0004 810	0641 3339 747	0801 6674 683	0962 0009 620	1122 3344 557	1282 6679 493	1443 0014 430
6238	0160 3077 910	0320 6155 819	0480 9233 729	0641 2311 638	0801 5389 548	0961 8467 458	1122 1545 367	1282 4623 277	1442 7701 186
6239	0160 2820 965	0320 5641 930	0480 8462 895	0641 1283 860	0801 4104 825	0961 6925 789	1121 9746 754	1282 2567 719	1442 5388 684
6240	0160 2564 103	0320 5128 205	0480 7692 308	0641 0256 410	0801 2820 513	0961 5384 615	1121 7948 718	1282 0512 820	1442 3076 923
6241	0160 2307 323	0320 4614 645	0480 6921 968	0640 9229 290	0801 1536 613	0961 3843 935	1121 6151 258	1281 8458 580	1442 0765 903
6242	0160 2050 625	0320 4101 250	0480 6151 874	0640 8202 499	0801 0253 124	0961 2303 749	1121 4354 374	1281 6404 998	1441 8455 623
6243	0160 1794 009	0320 3588 019	0480 5382 028	0640 7176 037	0800 8970 046	0961 0764 056	1121 2558 065	1281 4352 074	1441 6146 084
6244	0160 1537 476	0320 3074 952	0480 4612 428	0640 6149 904	0800 7687 380	0960 9224 856	1121 0762 332	1281 2299 808	1441 3837 284
6245	0160 1281 025	0320 2562 050	0480 3843 074	0640 5124 099	0800 6405 124	0960 7686 149	1120 8967 174	1281 0248 100	1441 1529 223
6246	0160 1024 656	0320 2049 312	0480 3073 967	0640 4098 623	0800 5123 279	0960 6147 935	1120 7172 590	1280 8197 246	1440 9221 902
6247	0160 0768 369	0320 1536 738	0480 2305 106	0640 3073 475	0800 3841 844	0960 4610 213	1120 5378 582	1280 6146 951	1440 6915 319
6248	0160 0512 164	0320 1024 328	0480 1536 492	0640 2048 656	0800 2560 819	0960 3072 983	1120 3585 147	1280 4097 311	1440 4609 475
6249	0160 0256 041	0320 0512 082	0480 0768 123	0640 1024 164	0800 1280 205	0960 1536 246	1120 1792 287	1280 2048 328	1440 2304 369
6250	0160 0000 000	0320 0000 000	0480 0000 000	0640 0000 000	0800 0000 000	0960 0000 000	1120 0000 000	1280 0000 000	1440 0000 000
6251	0159 9744 041	0319 9488 082	0479 9232 123	0639 8976 164	0799 8720 205	0959 8464 246	1119 8208 287	1279 7952 328	1439 7696 369
6252	0159 9488 164	0319 8976 328	0479 8464 491	0639 7952 655	0799 7440 819	0959 6928 983	1119 6417 147	1279 5905 310	1439 5393 474
6253	0159 9232 368	0319 8464 737	0479 7697 105	0639 6929 474	0799 6161 842	0959 5394 211	1119 4626 579	1279 3858 948	1439 3091 316
6254	0159 8976 655	0319 7953 310	0479 6929 965	0639 5906 620	0799 4883 275	0959 3859 930	1119 2836 585	1279 1813 240	1439 0789 894
6255	0159 8721 023	0319 7442 046	0479 6163 070	0639 4884 093	0799 3605 116	0959 2326 139	1119 1047 162	1278 9768 185	1438 8489 200
6256	0159 8465 473	0319 6930 946	0479 5396 419	0639 3861 893	0799 2327 366	0959 0792 839	1118 9258 312	1278 7723 785	1438 6189 258
6257	0159 8210 008	0319 6420 010	0479 4630 014	0639 2840 019	0799 1050 024	0958 9260 029	1118 7470 034	1278 5680 038	1438 3890 043
6258	0159 7954 618	0319 5909 236	0479 3863 854	0639 1818 472	0798 9773 090	0958 7727 709	1118 5682 327	1278 3636 945	1438 1591 563
6259	0159 7699 313	0319 5398 626	0479 3097 939	0639 0797 252	0798 8496 565	0958 6195 878	1118 3895 191	1278 1594 504	1437 9293 817
6260	0159 7444 089	0319 4888 179	0479 2332 268	0638 9776 358	0798 7220 447	0958 4664 537	1118 2108 626	1277 9552 716	1437 6996 805
6261	0159 7188 947	0319 4377 895	0479 1566 842	0638 8755 790	0798 5944 737	0958 3133 685	1118 0322 632	1277 7511 580	1437 4700 527
6262	0159 6933 887	0319 3867 774	0479 0801 661	0638 7735 548	0798 4669 435	0958 1603 322	1117 8537 209	1277 5471 096	1437 2404 982
6263	0159 6678 908	0319 3357 816	0479 0036 724	0638 6715 632	0798 3394 539	0958 0073 447	1117 6752 355	1277 3431 263	1437 0110 171
6264	0159 6424 010	0319 2848 020	0478 9272 031	0638 5696 041	0798 2120 051	0957 8544 061	1117 4968 072	1277 1392 082	1436 7816 092
6265	0159 6169 194	0319 2338 388	0478 8507 582	0638 4676 776	0798 0845 970	0957 7015 164	1117 3184 358	1276 9353 551	1436 5522 745
6266	0159 5914 459	0319 1828 918	0478 7743 377	0638 3657 836	0797 9572 295	0957 5486 754	1117 1401 213	1276 7315 672	1436 3230 131
6267	0159 5659 805	0319 1319 611	0478 6979 416	0638 2639 221	0797 8299 027	0957 3958 832	1116 9618 637	1276 5278 443	1436 0938 248
6268	0159 5405 233	0319 0810 466	0478 6215 699	0638 1620 932	0797 7026 165	0957 2431 398	1116 7836 631	1276 3241 863	1435 8647 096
6269	0159 5150 742	0319 0301 483	0478 5452 225	0638 0602 967	0797 5753 709	0957 0904 450	1116 6055 192	1276 1205 934	1435 6356 676
6270	0159 4896 332	0318 9792 664	0478 4688 995	0637 9585 327	0797 4481 659	0956 9377 990	1116 4274 322	1275 9170 654	1435 4066 986
6271	0159 4642 003	0318 9284 006	0478 3926 009	0637 8568 011	0797 3210 014	0956 7852 017	1116 2494 020	1275 7136 023	1435 1778 026
6272	0159 4387 755	0318 8775 510	0478 3163 265	0637 7551 020	0797 1938 776	0956 6326 531	1116 0714 286	1275 5102 041	1434 9489 796
6273	0159 4133 588	0318 8267 177	0478 2400 765	0637 6534 354	0797 0667 942	0956 4801 530	1115 8935 119	1275 3068 707	1434 7202 296
6274	0159 3879 503	0318 7759 005	0478 1638 508	0637 5518 011	0796 9397 514	0956 3277 016	1115 7156 519	1275 1036 022	1434 4915 524
6275	0159 3625 498	0318 7250 996	0478 0876 494	0637 4501 992	0796 8127 490	0956 1752 988	1115 5378 486	1274 9003 984	1434 2629 482
6276	0159 3371 574	0318 6743 149	0478 0114 723	0637 3486 297	0796 6857 871	0956 0229 446	1115 3601 020	1274 6972 594	1434 0344 168
6277	0159 3117 731	0318 6235 463	0477 9353 194	0637 2470 926	0796 5588 657	0955 8706 388	1115 1824 120	1274 4941 851	1433 8059 583
6278	0159 2863 969	0318 5727 939	0477 8591 908	0637 1455 878	0796 4319 847	0955 7183 817	1115 0047 786	1274 2911 755	1433 5775 725
6279	0159 2610 288	0318 5220 577	0477 7830 865	0637 0441 153	0796 3051 441	0955 5661 730	1114 8272 018	1274 0882 306	1433 3492 594
6280	0159 2356 688	0318 4713 376	0477 7070 064	0636 9426 752	0796 1783 439	0955 4140 127	1114 6496 815	1273 8853 503	1433 1210 191
6281	0159 2103 168	0318 4206 337	0477 6309 505	0636 8412 673	0796 0515 841	0955 2619 010	1114 4722 178	1273 6825 346	1432 8928 515
6282	0159 1849 729	0318 3699 459	0477 5549 188	0636 7398 918	0795 9248 647	0955 1098 376	1114 2948 106	1273 4797 835	1432 6647 564
6283	0159 1596 371	0318 3192 742	0477 4789 113	0636 6385 485	0795 7981 856	0954 9578 227	1114 1174 598	1273 2770 969	1432 4367 340
6284	0159 1343 094	0318 2686 187	0477 4029 281	0636 5372 374	0795 6715 468	0954 8058 561	1113 9401 655	1273 0744 749	1432 2087 842
6285	0159 1089 897	0318 2179 793	0477 3269 690	0636 4359 586	0795 5449 483	0954 6539 379	1113 7629 276	1272 8719 173	1431 9809 069
6286	0159 0836 780	0318 1673 560	0477 2510 340	0636 3347 121	0795 4183 901	0954 5020 681	1113 5857 461	1272 6694 241	1431 7531 021
6287	0159 0583 744	0318 1167 488	0477 1751 233	0636 2334 977	0795 2918 721	0954 3502 465	1113 4086 210	1272 4669 954	1431 5253 698
6288	0159 0330 789	0318 0661 578	0477 0992 366	0636 1323 155	0795 1653 944	0954 1984 733	1113 2315 522	1272 2646 310	1431 2977 099
6289	0159 0077 914	0318 0155 828	0477 0233 741	0636 0311 655	0795 0389 569	0954 0467 483	1113 0545 397	1272 0623 311	1431 0701 224
6290	0158 9825 119	0317 9650 238	0476 9475 358	0635 9300 477	0794 9125 596	0953 8950 715	1112 8775 835	1271 8600 954	1430 8426 073
6291	0158 9572 405	0317 9144 810	0476 8717 215	0635 8289 620	0794 7862 025	0953 7434 430	1112 7006 835	1271 6579 240	1430 6151 645
6292	0158 9319 771	0317 8639 542	0476 7959 313	0635 7279 085	0794 6598 856	0953 5918 627	1112 5238 398	1271 4558 169	1430 3877 940
6293	0158 9067 218	0317 8134 435	0476 7201 653	0635 6268 870	0794 5336 088	0953 4403 305	1112 3470 523	1271 2537 740	1430 1604 958
6294	0158 8814 744	0317 7629 488	0476 6444 233	0635 5258 977	0794 4073 721	0953 2888 465	1112 1703 209	1271 0517 954	1429 9332 698
6295	0158 8562 351	0317 7124 702	0476 5687 053	0635 4249 404	0794 2811 755	0953 1374 106	1111 9936 458	1270 8498 809	1429 7061 160
6296	0158 8310 038	0317 6620 076	0476 4930 114	0635 3240 152	0794 1550 191	0952 9860 229	1111 8170 267	1270 6480 305	1429 4790 343
6297	0158 8057 805	0317 6115 611	0476 4173 416	0635 2231 221	0794 0289 027	0952 8346 832	1111 6404 637	1270 4462 442	1429 2520 248
6298	0158 7805 653	0317 5611 305	0476 3416 958	0635 1222 610	0793 9028 263	0952 6833 916	1111 4639 568	1270 2445 221	1429 0250 873
6299	0158 7553 580	0317 5107 160	0476 2660 740	0635 0214 320	0793 7767 900	0952 5321 480	1111 2875 060	1270 0428 639	1428 7982 219

	1	2	3	4	5	6	7	8	9
6300	0158 7301 587	0317 4603 175	0476 1904 762	0634 9206 349	0793 6507 937	0952 3809 524	1111 1111 111	1269 8412 698	1428 5714 286
6301	0158 7049 075	0317 4099 349	0476 1149 024	0634 8198 699	0793 5248 373	0952 2298 048	1110 9347 723	1269 6397 397	1428 3447 072
6302	0158 6797 842	0317 3595 684	0476 0393 526	0634 7191 368	0793 3989 210	0952 0787 052	1110 7584 894	1269 4382 736	1428 1180 578
6303	0158 6546 089	0317 3092 178	0475 9638 267	0634 6184 357	0793 2730 446	0951 9276 535	1110 5822 024	1269 2368 713	1427 8914 802
6304	0158 6294 416	0317 2588 832	0475 8883 240	0634 5177 665	0793 1472 081	0951 7766 497	1110 4060 014	1269 0355 330	1427 6649 746
6305	0158 6042 823	0317 2085 646	0475 8128 469	0634 4171 203	0793 0214 116	0951 6256 939	1110 2299 702	1268 8342 585	1427 4385 408
6306	0158 5791 310	0317 1582 620	0475 7373 930	0634 3165 239	0792 8956 549	0951 4747 859	1110 0539 169	1268 6330 479	1427 2121 789
6307	0158 5539 876	0317 1079 753	0475 6619 629	0634 2159 505	0792 7699 382	0951 3239 258	1109 8779 134	1268 4319 011	1426 9858 887
6308	0158 5288 523	0317 0577 045	0475 5865 568	0634 1154 090	0792 6442 613	0951 1731 135	1109 7019 688	1268 2308 180	1426 7596 703
6309	0158 5037 248	0317 0074 497	0475 5111 745	0634 0148 994	0792 5186 242	0951 0223 400	1109 5260 739	1268 0297 987	1426 5335 235
6310	0158 4786 054	0316 9572 108	0475 4358 162	0633 9144 216	0792 3930 269	0950 8716 323	1109 3502 377	1267 8288 431	1426 3074 485
6311	0158 4534 939	0316 9069 878	0475 3604 817	0633 8139 756	0792 2674 695	0950 7209 634	1109 1744 573	1267 6279 512	1426 0814 451
6312	0158 4283 904	0316 8567 807	0475 2851 711	0633 7135 615	0792 1419 548	0950 5703 422	1108 9987 326	1267 4271 229	1425 8555 133
6313	0158 4032 948	0316 8065 896	0475 2098 844	0633 6131 792	0792 0164 730	0950 4197 687	1108 8230 635	1267 2263 583	1425 6296 531
6314	0158 3782 072	0316 7564 143	0475 1346 215	0633 5128 286	0791 8910 358	0950 2692 430	1108 6474 501	1267 0256 573	1425 4038 644
6315	0158 3531 275	0316 7062 549	0475 0593 824	0633 4125 099	0791 7656 374	0950 1187 648	1108 4718 923	1266 8250 198	1425 1781 473
6316	0158 3280 557	0316 6561 115	0474 9841 672	0633 3122 229	0791 6402 787	0949 9683 344	1108 2963 901	1266 6244 459	1424 9525 010
6317	0158 3029 919	0316 6059 839	0474 9089 758	0633 2119 677	0791 5149 596	0949 8179 516	1108 1209 435	1266 4239 354	1424 7269 273
6318	0158 2779 361	0316 5558 721	0474 8338 082	0633 1117 442	0791 3896 803	0949 6676 163	1107 9455 524	1266 2234 884	1424 5014 245
6319	0158 2528 881	0316 5057 762	0474 7586 643	0633 0115 525	0791 2644 406	0949 5173 287	1107 7702 168	1266 0231 049	1424 2759 930
6320	0158 2278 481	0316 4556 962	0474 6835 443	0632 9113 924	0791 1392 405	0949 3670 886	1107 5949 367	1265 8227 848	1424 0506 329
6321	0158 2028 160	0316 4056 320	0474 6084 480	0632 8112 640	0791 0140 801	0949 2168 961	1107 4197 121	1265 6225 281	1423 8253 441
6322	0158 1777 918	0316 3555 837	0474 5333 755	0632 7111 674	0790 8889 502	0949 0667 510	1107 2445 429	1265 4223 347	1423 6001 265
6323	0158 1527 756	0316 3055 512	0474 4583 267	0632 6111 023	0790 7638 779	0948 9166 535	1107 0694 291	1265 2222 046	1423 3749 802
6324	0158 1277 672	0316 2555 345	0474 3833 017	0632 5110 689	0790 6388 362	0948 7666 034	1106 8943 707	1265 0221 379	1423 1499 034
6325	0158 1027 608	0316 2055 336	0474 3083 004	0632 4110 672	0790 5138 340	0948 6166 008	1106 7193 676	1264 8221 344	1422 9949 012
6326	0158 0777 743	0316 1555 485	0474 2333 228	0632 3110 971	0790 3888 713	0948 4666 456	1106 5444 199	1264 6221 941	1422 6999 684
6327	0158 0527 896	0316 1055 793	0474 1583 689	0632 2111 585	0790 2639 482	0948 3167 378	1106 3695 274	1264 4223 171	1422 4751 067
6328	0158 0278 129	0316 0556 258	0474 0834 387	0632 1112 516	0790 1390 645	0948 1668 774	1106 1946 903	1264 2225 032	1422 2503 161
6329	0158 0028 441	0316 0056 881	0474 0085 322	0632 0113 762	0790 0142 203	0948 0170 643	1106 0199 084	1264 0227 524	1422 0255 965
6330	0157 9778 831	0315 9557 662	0473 9336 493	0631 9115 324	0789 8894 155	0947 8672 986	1105 8451 817	1263 8230 648	1421 8000 479
6331	0157 9529 300	0315 9068 601	0473 8587 901	0631 8147 201	0789 7646 501	0947 7175 802	1105 6705 102	1263 6234 402	1421 5763 702
6332	0157 9279 848	0315 8559 697	0473 7839 545	0631 7119 394	0789 6399 242	0947 5679 090	1105 4958 939	1263 4238 787	1421 3518 635
6333	0157 9030 475	0315 8060 051	0473 7091 426	0631 6121 901	0789 5152 376	0947 4182 852	1105 3213 327	1263 2243 802	1421 1274 278
6334	0157 8781 181	0315 7562 362	0473 6343 543	0631 5124 724	0789 3905 905	0947 2687 086	1105 1468 266	1263 0249 447	1420 9030 628
6335	0157 8531 965	0315 7063 931	0473 5595 896	0631 4127 861	0789 2659 826	0947 1191 792	1104 9723 757	1262 8255 722	1420 6787 687
6336	0157 8282 828	0315 6565 657	0473 4848 485	0631 3131 313	0789 1414 141	0946 9696 970	1104 7979 798	1262 6262 626	1420 4545 455
6337	0157 8033 770	0315 6067 540	0473 4101 310	0631 2135 080	0789 0168 850	0946 8202 620	1104 6236 389	1262 4270 159	1420 2303 929
6338	0157 7784 790	0315 5569 580	0473 3354 370	0631 1139 161	0788 8923 951	0946 6708 741	1104 4493 531	1262 2278 321	1420 0063 111
6339	0157 7535 889	0315 5071 778	0473 2607 667	0631 0143 556	0788 7679 445	0946 5215 334	1104 3751 223	1262 0287 112	1419 7823 000
6340	0157 7287 066	0315 4574 132	0473 1861 199	0630 9148 265	0788 6435 331	0946 3722 397	1104 1009 464	1261 8296 530	1419 5583 596
6341	0157 7038 322	0315 4076 644	0473 1114 966	0630 8153 288	0788 5191 610	0946 2229 932	1103 9268 254	1261 6306 576	1419 3344 898
6342	0157 6789 656	0315 3579 313	0473 0368 969	0630 7158 625	0788 3948 281	0946 0737 938	1103 7527 594	1261 4317 250	1419 1106 906
6343	0157 6541 069	0315 3082 138	0472 9623 207	0630 6164 276	0788 2705 344	0945 9246 413	1103 5787 482	1261 2328 551	1418 8869 620
6344	0157 6292 560	0315 2585 120	0472 8877 680	0630 5170 240	0788 1462 800	0945 7755 359	1103 4047 919	1261 0340 479	1418 6633 039
6345	0157 6044 129	0315 2088 258	0472 8132 388	0630 4176 517	0788 0220 646	0945 6264 775	1103 2308 905	1260 8353 034	1418 4397 163
6346	0157 5795 777	0315 1591 554	0472 7387 331	0630 3183 107	0787 8978 884	0945 4774 661	1103 0570 438	1260 6366 215	1418 2161 992
6347	0157 5547 503	0315 1095 006	0472 6642 508	0630 2190 011	0787 7737 514	0945 3285 017	1102 8833 519	1260 4380 092	1417 9927 525
6348	0157 5299 307	0315 0598 614	0472 5897 921	0630 1197 227	0787 6496 534	0945 1795 841	1102 7095 148	1260 2394 455	1417 7693 762
6349	0157 5051 189	0315 0102 378	0472 5153 567	0630 0204 757	0787 5255 946	0945 0307 135	1102 5358 324	1260 0409 513	1417 5460 700
6350	0157 4803 150	0314 9606 299	0472 4409 449	0629 9212 598	0787 4015 748	0944 8818 898	1102 3622 047	1259 8425 197	1417 3228 346
6351	0157 4555 186	0314 9110 376	0472 3665 564	0629 8220 753	0787 2775 941	0944 7331 129	1102 1886 317	1259 6441 505	1417 0996 693
6352	0157 4307 305	0314 8614 610	0472 2921 914	0629 7229 219	0787 1536 524	0944 5843 829	1102 0151 133	1259 4458 438	1416 8765 743
6353	0157 4059 499	0314 8118 999	0472 2178 498	0629 6237 997	0787 0297 497	0944 4356 997	1101 8416 496	1259 2475 996	1416 6535 491
6354	0157 3811 772	0314 7623 544	0472 1435 316	0629 5247 088	0786 9058 861	0944 2870 633	1101 6682 405	1259 0494 177	1416 4305 949
6355	0157 3564 123	0314 7128 245	0472 0692 368	0629 4256 491	0786 7820 614	0944 1384 736	1101 4948 859	1258 8512 982	1416 2077 105
6356	0157 3316 551	0314 6633 103	0471 9949 654	0629 3266 205	0786 6582 756	0943 9899 308	1101 3215 859	1258 6532 410	1415 9848 959
6357	0157 3069 058	0314 6138 115	0471 9207 173	0629 2276 231	0786 5345 289	0943 8414 346	1101 1483 404	1258 4552 462	1415 7621 520
6358	0157 2821 642	0314 5643 284	0471 8464 926	0629 1286 568	0786 4108 210	0943 6929 852	1100 9751 474	1258 2573 136	1415 5394 778
6359	0157 2574 304	0314 5148 608	0471 7722 912	0629 0297 217	0786 2871 521	0943 5445 825	1100 8020 129	1258 0594 433	1415 3168 737
6360	0157 2327 044	0314 4654 088	0471 6981 132	0628 9308 176	0786 1635 220	0943 3962 264	1100 6289 308	1257 8616 352	1415 0943 396
6361	0157 2079 862	0314 4159 723	0471 6239 585	0628 8319 447	0786 0399 308	0943 2479 170	1100 4559 032	1257 6638 893	1414 8718 755
6362	0157 1832 757	0314 3665 514	0471 5498 271	0628 7331 028	0785 9163 785	0943 0996 542	1100 2829 299	1257 4662 056	1414 6494 813
6363	0157 1585 730	0314 3171 460	0471 4757 190	0628 6342 920	0785 7928 650	0942 9514 380	1100 1100 110	1257 2685 840	1414 4271 570
6364	0157 1338 781	0314 2677 561	0471 4016 342	0628 5355 123	0785 6693 903	0942 8032 684	1099 9371 464	1257 0710 245	1414 2049 026
6365	0157 1091 909	0314 2183 818	0471 3275 727	0628 4367 636	0785 5459 544	0942 6551 453	1099 7643 362	1256 8735 271	1413 9827 180
6366	0157 0845 115	0314 1690 229	0471 2535 344	0628 3380 459	0785 4225 573	0942 5070 688	1099 5915 803	1256 6760 917	1413 7606 032
6367	0157 0598 398	0314 1196 796	0471 1795 194	0628 2393 592	0785 2991 990	0942 3590 388	1099 4188 786	1256 4787 184	1413 5385 582
6368	0157 0351 759	0314 0703 518	0471 1055 276	0628 1407 035	0785 1758 794	0942 2110 553	1099 2462 312	1256 2814 070	1413 3165 829
6369	0157 0105 197	0314 0210 394	0471 0315 591	0628 0420 788	0785 0525 985	0942 0631 182	1099 0736 379	1256 0841 576	1413 0946 773
6370	0156 9858 713	0313 9717 425	0470 9576 138	0627 9434 851	0784 9293 564	0941 9152 276	1098 9010 989	1255 8869 702	1412 8728 414
6371	0156 9612 306	0313 9224 612	0470 8836 917	0627 8449 223	0784 8061 529	0941 7673 835	1098 7286 140	1255 6898 446	1412 6510 752
6372	0156 9365 976	0313 8731 952	0470 8097 928	0627 7463 905	0784 6829 881	0941 6195 857	1098 5561 833	1255 4927 809	1412 4293 785
6373	0156 9119 724	0313 8239 448	0470 7359 172	0627 6478 895	0784 5598 619	0941 4718 343	1098 3838 067	1255 2957 791	1412 2077 515
6374	0156 8873 549	0313 7747 098	0470 6620 646	0627 5494 195	0784 4367 744	0941 3241 293	1098 2114 842	1255 0988 390	1411 9861 939
6375	0156 8627 451	0313 7254 902	0470 5882 353	0627 4509 804	0784 3137 255	0941 1764 706	1098 0392 157	1254 9019 608	1411 7647 059
6376	0156 8381 430	0313 6762 861	0470 5144 291	0627 3525 721	0784 1907 152	0941 0288 582	1097 8670 013	1254 7051 443	1411 5432 873
6377	0156 8135 487	0313 6270 974	0470 4406 461	0627 2541 948	0784 0677 435	0940 8812 921	1097 6948 408	1254 5083 895	1411 3219 382
6378	0156 7889 621	0313 5779 241	0470 3668 862	0627 1558 482	0783 9448 103	0940 7337 723	1097 5227 344	1254 3116 965	1411 1006 585
6379	0156 7643 831	0313 5287 663	0470 2931 494	0627 0575 325	0783 8219 157	0940 5862 988	1097 3506 819	1254 1150 651	1410 8794 482
6380	0156 7398 119	0313 4796 238	0470 2194 357	0626 9592 476	0783 6990 596	0940 4388 715	1097 1786 834	1253 9184 953	1410 6583 072
6381	0156 7152 484	0313 4304 968	0470 1457 452	0626 8609 936	0783 5762 420	0940 2914 904	1097 0067 388	1253 7219 871	1410 4372 355
6382	0156 6906 926	0313 3813 851	0470 0720 777	0626 7627 703	0783 4534 629	0940 1441 554	1096 8348 480	1253 5255 406	1410 2162 332
6383	0156 6661 444	0313 3322 889	0469 9984 333	0626 6645 778	0783 3307 222	0939 9968 667	1096 6630 111	1253 3291 556	1409 9953 000
6384	0156 6416 040	0313 2832 080	0469 9248 120	0626 5664 160	0783 2080 201	0939 8496 241	1096 4912 281	1253 1328 321	1409 7744 361
6385	0156 6170 713	0313 2341 425	0469 8512 138	0626 4682 850	0783 0853 563	0939 7024 276	1096 3194 988	1252 9365 701	1409 5536 413
6386	0156 5925 462	0313 1850 924	0469 7776 386	0626 3701 848	0782 9627 310	0939 5552 772	1096 1478 234	1252 7403 696	1409 3329 158
6387	0156 5680 288	0313 1360 576	0469 7040 864	0626 2721 152	0782 8401 440	0939 4081 729	1095 9762 017	1252 5442 305	1409 1122 593
6388	0156 5435 191	0313 0870 382	0469 6305 573	0626 1740 764	0782 7175 955	0939 2611 146	1095 8046 337	1252 3481 528	1408 8916 719
6389	0156 5190 171	0313 0380 341	0469 5570 512	0626 0760 682	0782 5950 853	0939 1141 023	1095 6331 194	1252 1521 365	1408 6711 535
6390	0156 4945 227	0312 9890 454	0469 4835 681	0625 9780 908	0782 4726 135	0938 9671 362	1095 4616 589	1251 9561 815	1408 4507 042
6391	0156 4700 360	0312 9400 720	0469 4101 080	0625 8801 440	0782 3501 799	0938 8202 159	1095 2902 519	1251 7602 879	1408 2303 239
6392	0156 4455 569	0312 8911 139	0469 3366 708	0625 7822 278	0782 2277 847	0938 6733 417	1095 1188 986	1251 5644 556	1408 0100 125
6393	0156 4210 856	0312 8421 711	0469 2632 567	0625 6843 423	0782 1054 278	0938 5265 134	1094 9475 989	1251 3686 845	1407 7897 701
6394	0156 3966 218	0312 7932 437	0469 1898 655	0625 5864 873	0781 9831 092	0938 3797 310	1094 7763 528	1251 1729 747	1407 5695 965
6395	0156 3721 658	0312 7443 315	0469 1164 973	0625 4886 630	0781 8608 288	0938 2329 945	1094 6051 603	1250 9773 260	1407 3494 918
6396	0156 3477 173	0312 6954 346	0469 0431 520	0625 3908 693	0781 7385 866	0938 0863 039	1094 4340 213	1250 7817 386	1407 1294 559
6397	0156 3232 765	0312 6465 531	0468 9698 296	0625 2931 061	0781 6163 827	0937 9396 592	1094 2629 358	1250 5862 123	1406 9094 888
6398	0156 2988 434	0312 5976 868	0468 8965 302	0625 1953 736	0781 4942 169	0937 7930 603	1094 0919 037	1250 3907 471	1406 6895 905
6399	0156 2744 179	0312 5488 358	0468 8232 536	0625 0976 715	0781 3720 894	0937 6465 073	1093 9209 251	1250 1953 430	1406 4697 609

	1	2	3	4	5	6	7	8	9
6400	0156 2500 000	0312 5000 000	0468 7500 000	0625 0000 000	0781 2500 000	0937 5000 000	1093 7500 000	1250 0000 000	1406 2500 000
6401	0156 2255 898	0312 4511 795	0468 6767 693	0624 9023 590	0781 1279 488	0937 3535 385	1093 5791 283	1249 8047 180	1406 0303 078
6402	0156 2011 871	0312 4023 743	0468 6035 614	0624 8047 485	0781 0059 356	0937 2071 228	1093 4083 099	1249 6094 970	1405 8106 842
6403	0156 1767 921	0312 3535 843	0468 5303 764	0624 7071 685	0780 8839 606	0937 0607 528	1093 2375 449	1249 4143 370	1405 5911 292
6404	0156 1524 047	0312 3048 095	0468 4572 142	0624 6096 190	0780 7620 237	0936 9144 285	1093 0668 332	1249 2192 380	1405 3716 427
6405	0156 1280 250	0312 2560 500	0468 3840 749	0624 5120 999	0780 6401 249	0936 7681 499	1092 8961 749	1249 0241 998	1405 1522 248
6406	0156 1036 528	0312 2073 057	0468 3109 585	0624 4146 113	0780 5182 641	0936 6219 170	1092 7255 698	1248 8292 226	1404 9328 754
6407	0156 0792 883	0312 1585 766	0468 2378 648	0624 3171 531	0780 3964 414	0936 4757 297	1092 5550 179	1248 6343 062	1404 7135 945
6408	0156 0549 313	0312 1098 627	0468 1647 940	0624 2197 253	0780 2746 567	0936 3295 880	1092 3845 194	1248 4394 507	1404 4943 820
6409	0156 0305 820	0312 0611 640	0468 0917 460	0624 1223 280	0780 1529 100	0936 1834 920	1092 2140 740	1248 2446 560	1404 2752 379
6410	0156 0062 402	0312 0124 805	0468 0187 207	0624 0249 610	0780 0312 012	0936 0374 415	1092 0436 817	1248 0499 220	1404 0561 622
6411	0155 9819 061	0311 9638 122	0467 9457 183	0623 9276 244	0779 9095 305	0935 8914 366	1091 8733 427	1247 8552 488	1403 8371 549
6412	0155 9575 795	0311 9151 591	0467 8727 386	0623 8303 182	0779 7878 977	0935 7454 772	1091 7030 568	1247 6606 363	1403 6182 158
6413	0155 9332 606	0311 8665 211	0467 7997 817	0623 7330 423	0779 6663 028	0935 5995 634	1091 5328 240	1247 4660 845	1403 3993 451
6414	0155 9089 492	0311 8178 983	0467 7268 475	0623 6357 967	0779 5447 459	0935 4536 950	1091 3626 442	1247 2715 934	1403 1805 426
6415	0155 8846 454	0311 7692 907	0467 6539 361	0623 5385 814	0779 4232 268	0935 3078 722	1091 1925 175	1247 0771 629	1402 9618 083
6416	0155 8603 491	0311 7206 983	0467 5810 474	0623 4413 965	0779 3017 456	0935 1620 948	1091 0224 439	1246 8827 930	1402 7431 421
6417	0155 8360 605	0311 6721 209	0467 5081 814	0623 3442 419	0779 1803 023	0935 0163 628	1090 8524 233	1246 6884 837	1402 5245 442
6418	0155 8117 794	0311 6235 587	0467 4353 381	0623 2471 175	0779 0588 969	0934 8706 762	1090 6824 556	1246 4942 350	1402 3060 143
6419	0155 7875 058	0311 5750 117	0467 3625 175	0623 1500 234	0778 9375 292	0934 7250 351	1090 5125 409	1246 3000 467	1402 0875 526
6420	0155 7632 399	0311 5264 798	0467 2897 196	0623 0529 595	0778 8161 994	0934 5794 393	1090 3426 791	1246 1059 190	1401 8691 589
6421	0155 7389 815	0311 4779 629	0467 2169 444	0622 9559 259	0778 6949 073	0934 4338 888	1090 1728 703	1245 9118 517	1401 6508 332
6422	0155 7147 306	0311 4294 612	0467 1441 918	0622 8589 225	0778 5736 531	0934 2883 837	1090 0031 143	1245 7178 449	1401 4325 755
6423	0155 6904 873	0311 3809 746	0467 0714 619	0622 7619 492	0778 4524 366	0934 1429 239	1089 8334 112	1245 5238 985	1401 2143 858
6424	0155 6662 516	0311 3325 031	0466 9987 547	0622 6650 062	0778 3312 578	0933 9975 093	1089 6637 609	1245 3300 125	1400 9962 640
6425	0155 6420 233	0311 2840 467	0466 9260 700	0622 5680 934	0778 2101 167	0933 8521 401	1089 4941 634	1245 1361 868	1400 7782 101
6426	0155 6178 027	0311 2356 054	0466 8534 080	0622 4712 107	0778 0890 134	0933 7068 161	1089 3246 187	1244 9424 214	1400 5602 241
6427	0155 5935 895	0311 1871 791	0466 7807 686	0622 3743 582	0777 9679 477	0933 5615 373	1089 1551 268	1244 7487 164	1400 3423 059
6428	0155 5693 839	0311 1387 679	0466 7081 518	0622 2775 358	0777 8469 197	0933 4163 037	1088 9856 876	1244 5550 716	1400 1244 555
6429	0155 5451 859	0311 0903 718	0466 6355 576	0622 1807 435	0777 7259 294	0933 2711 153	1088 8163 011	1244 3614 870	1399 9066 729
6430	0155 5209 953	0311 0419 907	0466 5629 860	0622 0839 813	0777 6049 767	0933 1259 720	1088 6469 673	1244 1679 627	1399 6889 580
6431	0155 4968 123	0310 9936 246	0466 4904 369	0621 9872 493	0777 4840 616	0932 9808 739	1088 4776 862	1243 9744 985	1399 4713 108
6432	0155 4726 368	0310 9452 736	0466 4179 104	0621 8905 473	0777 3631 841	0932 8358 209	1088 3084 577	1243 7810 945	1399 2537 313
6433	0155 4484 688	0310 8969 377	0466 3454 065	0621 7938 753	0777 2423 442	0932 6908 130	1088 1392 818	1243 5877 507	1399 0362 195
6434	0155 4243 084	0310 8486 167	0466 2729 251	0621 6972 334	0777 1215 418	0932 5458 502	1087 9701 585	1243 3944 669	1398 8187 753
6435	0155 4001 554	0310 8003 108	0466 2004 662	0621 6006 216	0777 0007 770	0932 4009 324	1087 8010 878	1243 2012 432	1398 6013 986
6436	0155 3760 099	0310 7520 199	0466 1280 298	0621 5040 398	0776 8800 497	0932 2560 597	1087 6320 696	1243 0080 796	1398 3840 895
6437	0155 3518 720	0310 7037 440	0466 0556 160	0621 4074 880	0776 7593 600	0932 1112 319	1087 4631 039	1242 8149 759	1398 1668 479
6438	0155 3277 415	0310 6554 831	0465 9832 246	0621 3109 661	0776 6387 077	0931 9664 492	1087 2941 907	1242 6219 323	1397 9496 738
6439	0155 3036 186	0310 6072 371	0465 9108 557	0621 2144 743	0776 5180 929	0931 8217 114	1087 1253 300	1242 4289 486	1397 7325 672
6440	0155 2795 031	0310 5590 062	0465 8385 093	0621 1180 124	0776 3975 155	0931 6770 186	1086 9565 217	1242 2360 248	1397 5155 280
6441	0155 2553 951	0310 5107 902	0465 7661 854	0621 0215 805	0776 2769 756	0931 5323 707	1086 7877 659	1242 0431 610	1397 2985 561
6442	0155 2312 946	0310 4625 893	0465 6938 839	0620 9251 785	0776 1564 731	0931 3877 678	1086 6190 624	1241 8503 570	1397 0816 517
6443	0155 2072 016	0310 4144 032	0465 6216 048	0620 8288 065	0776 0360 081	0931 2432 097	1086 4504 113	1241 6576 129	1396 8648 145
6444	0155 1831 161	0310 3662 322	0465 5493 482	0620 7324 643	0775 9155 804	0931 0986 965	1086 2818 125	1241 4649 286	1396 6480 447
6445	0155 1590 380	0310 3180 760	0465 4771 140	0620 6361 521	0775 7951 901	0930 9542 281	1086 1132 661	1241 2723 041	1396 4313 421
6446	0155 1349 674	0310 2699 348	0465 4049 023	0620 5398 697	0775 6748 371	0930 8098 045	1085 9447 720	1241 0797 394	1396 2147 068
6447	0155 1109 043	0310 2218 086	0465 3327 129	0620 4436 172	0775 5545 215	0930 6654 258	1085 7763 301	1240 8872 344	1395 9981 387
6448	0155 0868 486	0310 1736 973	0465 2605 459	0620 3473 945	0775 4342 432	0930 5210 918	1085 6079 404	1240 6947 891	1395 7816 377
6449	0155 0628 004	0310 1256 009	0465 1884 013	0620 2512 017	0775 3140 022	0930 3768 026	1085 4396 030	1240 5024 035	1395 5652 039
6450	0155 0387 597	0310 0775 194	0465 1162 791	0620 1550 388	0775 1937 984	0930 2325 581	1085 2713 178	1240 3100 775	1395 3488 372
6451	0155 0147 264	0310 0294 528	0465 0441 792	0620 0589 056	0775 0736 320	0930 0883 584	1085 1030 848	1240 1178 112	1395 1325 376
6452	0154 9907 006	0309 9814 011	0464 9721 017	0619 9628 022	0774 9535 028	0929 9442 033	1084 9349 039	1239 9256 045	1394 9163 050
6453	0154 9666 822	0309 9333 643	0464 9000 465	0619 8667 287	0774 8334 108	0929 8000 930	1084 7667 751	1239 7334 573	1394 7001 395
6454	0154 9426 712	0309 8853 424	0464 8280 136	0619 7706 848	0774 7133 561	0929 6560 273	1084 5986 985	1239 5413 697	1394 4840 409
6455	0154 9186 677	0309 8373 354	0464 7560 031	0619 6746 708	0774 5933 385	0929 5120 062	1084 4306 739	1239 3493 416	1394 2680 093
6456	0154 8946 716	0309 7893 432	0464 6840 149	0619 5786 865	0774 4733 581	0929 3680 297	1084 2627 014	1239 1573 730	1394 0520 446
6457	0154 8706 830	0309 7413 660	0464 6120 489	0619 4827 319	0774 3534 149	0929 2240 979	1084 0947 809	1238 9654 638	1393 8361 468
6458	0154 8467 018	0309 6934 035	0464 5401 053	0619 3868 071	0774 2335 088	0929 0802 106	1083 9269 124	1238 7736 141	1393 6203 159
6459	0154 8227 280	0309 6454 560	0464 4681 839	0619 2909 119	0774 1136 399	0928 9363 679	1083 7590 958	1238 5818 238	1393 4045 518
6460	0154 7987 616	0309 5975 232	0464 3962 848	0619 1950 464	0773 9938 080	0928 7925 697	1083 5913 313	1238 3900 929	1393 1888 545
6461	0154 7748 027	0309 5496 053	0464 3244 080	0619 0992 106	0773 8740 133	0928 6488 160	1083 4236 186	1238 1984 213	1392 9732 240
6462	0154 7508 511	0309 5017 023	0464 2525 534	0619 0034 045	0773 7542 556	0928 5051 068	1083 2559 579	1238 0068 090	1392 7576 602
6463	0154 7269 070	0309 4538 140	0464 1807 210	0618 9076 280	0773 6345 350	0928 3614 421	1083 0883 491	1237 8152 561	1392 5421 631
6464	0154 7029 703	0309 4059 406	0464 1089 109	0618 8118 812	0773 5148 515	0928 2178 218	1082 9207 921	1237 6237 624	1392 3267 327
6465	0154 6790 410	0309 3580 820	0464 0371 230	0618 7161 640	0773 3952 049	0928 0742 459	1082 7532 869	1237 4323 279	1392 1113 689
6466	0154 6551 191	0309 3102 382	0463 9653 573	0618 6204 763	0773 2755 954	0927 9307 145	1082 5858 336	1237 2409 527	1391 8960 718
6467	0154 6312 046	0309 2624 092	0463 8936 137	0618 5248 183	0773 1560 229	0927 7872 275	1082 4184 320	1237 0496 366	1391 6808 412
6468	0154 6072 975	0309 2145 949	0463 8218 924	0618 4291 899	0773 0364 873	0927 6437 848	1082 2510 823	1236 8583 797	1391 4656 772
6469	0154 5833 977	0309 1667 955	0463 7501 932	0618 3335 910	0772 9169 887	0927 5003 865	1082 0837 842	1236 6671 819	1391 2505 797
6470	0154 5595 054	0309 1190 108	0463 6785 162	0618 2380 216	0772 7975 270	0927 3570 325	1081 9165 379	1236 4760 433	1391 0355 487
6471	0154 5356 205	0309 0712 409	0463 6068 614	0618 1424 818	0772 6781 023	0927 2137 228	1081 7493 432	1236 2849 637	1390 8205 841
6472	0154 5117 429	0309 0234 858	0463 5352 287	0618 0469 716	0772 5587 145	0927 0704 574	1081 5822 002	1236 0939 431	1390 6056 860
6473	0154 4878 727	0308 9757 454	0463 4636 181	0617 9514 908	0772 4393 635	0926 9272 362	1081 4151 089	1235 8029 816	1390 3908 543
6474	0154 4640 099	0308 9280 198	0463 3920 297	0617 8560 395	0772 3200 494	0926 7840 593	1081 2480 692	1235 7120 791	1390 1760 890
6475	0154 4401 544	0308 8803 089	0463 3204 633	0617 7606 178	0772 2007 722	0926 6409 266	1081 0810 811	1235 5212 355	1389 9613 900
6476	0154 4163 064	0308 8326 127	0463 2489 191	0617 6652 254	0772 0815 318	0926 4978 382	1080 9141 445	1235 3304 509	1389 7467 573
6477	0154 3924 656	0308 7849 313	0463 1773 969	0617 5698 626	0771 9623 282	0926 3547 939	1080 7472 595	1235 1397 252	1389 5321 908
6478	0154 3686 323	0308 7372 646	0463 1058 969	0617 4745 292	0771 8431 615	0926 2117 938	1080 5804 261	1234 9490 584	1389 3176 906
6479	0154 3448 063	0308 6896 126	0463 0344 189	0617 3792 252	0771 7240 315	0926 0688 378	1080 4136 441	1234 7584 504	1389 1032 567
6480	0154 3209 877	0308 6419 753	0462 9629 630	0617 2839 506	0771 6049 383	0925 9259 259	1080 2469 136	1234 5679 012	1388 8888 889
6481	0154 2971 764	0308 5943 527	0462 8915 291	0617 1887 054	0771 4858 818	0925 7830 582	1080 0802 345	1234 3774 109	1388 6745 873
6482	0154 2733 724	0308 5467 448	0462 8201 172	0617 0934 897	0771 3668 621	0925 6402 345	1079 9136 069	1234 1869 793	1388 4603 517
6483	0154 2495 758	0308 4991 516	0462 7487 274	0616 9983 033	0771 2478 791	0925 4974 549	1079 7470 307	1233 9966 065	1388 2461 823
6484	0154 2257 866	0308 4515 731	0462 6773 597	0616 9031 462	0771 1289 328	0925 3547 193	1079 5805 059	1233 8062 924	1388 0320 790
6485	0154 2020 046	0308 4040 093	0462 6060 139	0616 8080 185	0771 0100 231	0925 2120 278	1079 4140 324	1233 6160 370	1387 8180 416
6486	0154 1782 300	0308 3564 601	0462 5346 901	0616 7129 201	0770 8911 502	0925 0693 802	1079 2476 102	1233 4258 403	1387 6040 703
6487	0154 1544 628	0308 3089 255	0462 4633 883	0616 6178 511	0770 7723 139	0924 9267 766	1079 0812 394	1233 2357 022	1387 3901 649
6488	0154 1307 028	0308 2614 057	0462 3921 085	0616 5228 113	0770 6535 142	0924 7842 170	1078 9149 199	1233 0456 227	1387 1763 255
6489	0154 1069 502	0308 2139 004	0462 3208 507	0616 4278 009	0770 5347 511	0924 6417 013	1078 7486 516	1232 8556 018	1386 9625 520
6490	0154 0832 049	0308 1664 099	0462 2496 148	0616 3328 197	0770 4160 247	0924 4992 296	1078 5824 345	1232 6656 394	1386 7488 444
6491	0154 0594 670	0308 1189 339	0462 1784 009	0616 2378 678	0770 2973 348	0924 3568 017	1078 4162 687	1232 4757 356	1386 5352 026
6492	0154 0357 363	0308 0714 726	0462 1072 089	0616 1429 452	0770 1786 815	0924 2144 177	1078 2501 540	1232 2858 903	1386 3216 266
6493	0154 0120 129	0308 0240 259	0462 0360 388	0616 0480 517	0770 0600 647	0924 0720 776	1078 0840 906	1232 0961 035	1386 1081 164
6494	0153 9882 969	0307 9765 938	0461 9648 907	0615 9531 876	0769 9414 844	0923 9297 813	1077 9180 782	1231 9063 751	1385 8946 720
6495	0153 9645 881	0307 9291 763	0461 8937 644	0615 8583 526	0769 8229 407	0923 7875 289	1077 7521 170	1231 7167 052	1385 6812 933
6496	0153 9408 867	0307 8817 734	0461 8226 601	0615 7635 468	0769 7044 335	0923 6453 202	1077 5862 069	1231 5270 936	1385 4679 803
6497	0153 9171 926	0307 8343 851	0461 7515 777	0615 6687 702	0769 5859 628	0923 5031 553	1077 4203 479	1231 3375 404	1385 2547 330
6498	0153 8935 057	0307 7870 114	0461 6805 171	0615 5740 228	0769 4675 285	0923 3610 342	1077 2545 399	1231 1480 456	1385 0415 512
6499	0153 8698 261	0307 7396 523	0461 6094 784	0615 4793 045	0769 3491 306	0923 2189 568	1077 0887 829	1230 9586 090	1384 8284 351

	1	2	3	4	5	6	7	8	9
6500	0153 8401 538	0307 6023 077	0461 5384 615	0615 3846 154	0769 2307 692	0923 0769 231	1076 9230 769	1230 7692 308	1384 6153 846
6501	0153 8224 888	0307 6449 777	0461 4674 665	0615 2899 554	0769 1124 442	0922 9349 331	1076 7574 219	1230 5799 108	1384 4023 996
6502	0153 7988 311	0307 5976 623	0461 3964 934	0615 1953 245	0768 9941 556	0922 7929 868	1076 5918 179	1230 3906 490	1384 1894 802
6503	0153 7751 807	0307 5503 614	0461 3255 421	0615 1007 227	0768 8759 034	0922 6510 841	1076 4262 648	1230 2014 455	1383 9766 202
6504	0153 7515 375	0307 5030 750	0461 2546 125	0615 0061 501	0768 7576 876	0922 5092 251	1076 2607 626	1230 0123 001	1383 7638 376
6505	0153 7270 016	0307 4558 032	0461 1837 048	0614 9116 065	0768 6395 081	0922 3674 007	1076 0953 113	1229 8232 129	1383 5511 145
6506	0153 7042 730	0307 4085 460	0461 1128 189	0614 8170 919	0768 5213 649	0922 2256 379	1075 9299 409	1229 6341 838	1383 3384 568
6507	0153 6806 516	0307 3613 032	0461 0419 548	0614 7226 064	0768 4032 580	0922 0839 006	1075 7645 612	1229 4452 128	1383 1258 645
6508	0153 6570 375	0307 3140 750	0460 9711 125	0614 6281 500	0768 2851 875	0921 9422 250	1075 5992 624	1229 2562 999	1382 9133 374
6509	0153 6334 306	0307 2668 613	0460 9002 919	0614 5337 225	0768 1671 832	0921 8005 838	1075 4340 144	1229 0674 451	1382 7008 757
6510	0153 6098 310	0307 2196 621	0460 8294 931	0614 4393 241	0768 0491 551	0921 6589 802	1075 2688 172	1228 8786 482	1382 4884 793
6511	0153 5862 387	0307 1724 773	0460 7587 160	0614 3449 547	0767 9311 934	0921 5174 320	1075 1036 707	1228 6899 094	1382 2761 481
6512	0153 5626 536	0307 1253 071	0460 6879 607	0614 2506 143	0767 8132 678	0921 3759 214	1074 9385 749	1228 5012 285	1382 0638 821
6513	0153 5390 757	0307 0781 514	0460 6172 271	0614 1563 028	0767 6953 785	0921 2344 542	1074 7735 299	1228 3126 056	1381 8516 813
6514	0153 5155 051	0307 0310 101	0460 5465 152	0614 0620 203	0767 5775 253	0921 0930 304	1074 6085 355	1228 1240 405	1381 6395 456
6515	0153 4919 417	0306 9838 833	0460 4758 250	0613 9677 667	0767 4597 084	0920 9516 500	1074 4435 917	1227 9355 334	1381 4274 751
6516	0153 4683 855	0306 9367 710	0460 4051 565	0613 8735 421	0767 3419 276	0920 8103 131	1074 2786 985	1227 7470 841	1381 2154 696
6517	0153 4448 366	0306 8896 732	0460 3345 097	0613 7793 463	0767 2241 829	0920 6690 195	1074 1138 561	1227 5586 926	1381 0035 202
6518	0153 4212 949	0306 8425 898	0460 2638 846	0613 6851 795	0767 1064 744	0920 5277 693	1073 9490 641	1227 3703 500	1380 7916 539
6519	0153 3977 604	0306 7955 208	0460 1932 812	0613 5910 446	0766 9888 020	0920 3865 624	1073 7843 228	1227 1820 831	1380 5798 435
6520	0153 3742 331	0306 7484 663	0460 1226 904	0613 4969 325	0766 8711 656	0920 2453 988	1073 6196 349	1226 9038 650	1380 3680 982
6521	0153 3507 131	0306 7014 262	0460 0521 302	0613 4028 523	0766 7535 654	0920 1042 785	1073 4549 916	1226 8057 046	1380 1564 177
6522	0153 3274 002	0306 6544 005	0459 9816 007	0613 3088 010	0766 6360 012	0919 9682 015	1073 2004 017	1226 6476 020	1379 9448 022
6523	0153 3036 946	0306 6073 892	0459 9110 839	0613 2147 785	0766 5184 731	0919 8221 677	1073 1258 623	1226 4295 570	1379 7332 546
6524	0153 2801 962	0306 5603 924	0459 8405 886	0613 1207 848	0766 4009 810	0919 6814 772	1072 9613 734	1226 2415 606	1379 5217 658
6525	0153 2567 050	0306 5134 100	0459 7701 149	0613 0268 199	0766 2835 249	0919 5402 299	1072 7969 349	1226 0536 398	1379 3103 448
6526	0153 2332 210	0306 4664 419	0459 6996 629	0612 9328 838	0766 1661 048	0919 3993 258	1072 6325 467	1225 8657 677	1379 0989 887
6527	0153 2097 441	0306 4194 883	0459 6292 324	0612 8389 766	0766 0487 207	0919 2584 648	1072 4082 090	1225 6779 531	1378 8876 073
6528	0153 1862 745	0306 3725 400	0459 5588 235	0612 7450 980	0765 9313 725	0919 1176 471	1072 3039 216	1225 4901 964	1378 6704 706
6529	0153 1628 121	0306 3256 241	0459 4884 362	0612 6512 483	0765 8140 603	0918 9768 724	1072 1396 845	1225 3024 066	1378 4653 086
6530	0153 1393 568	0306 2787 136	0459 4180 704	0612 5574 273	0765 6967 844	0918 8361 409	1071 9754 977	1225 1148 545	1378 2542 113
6531	0153 1159 087	0306 2318 175	0459 3477 282	0612 4636 350	0765 5795 437	0918 6954 525	1071 8143 612	1224 9272 699	1378 0431 787
6532	0153 0924 679	0306 1849 357	0459 2774 036	0612 3698 714	0765 4623 393	0918 5548 071	1071 6472 750	1224 7397 428	1377 8322 107
6533	0153 0690 341	0306 1380 683	0459 2071 024	0612 2761 365	0765 3451 707	0918 4142 048	1071 4832 389	1224 5522 731	1377 6213 072
6534	0153 0456 076	0306 0912 152	0459 1368 228	0612 1824 304	0765 2280 380	0918 2736 455	1071 3192 531	1224 3648 607	1377 4104 683
6535	0153 0221 882	0306 0443 764	0459 0665 647	0612 0887 529	0765 1109 411	0918 1331 293	1071 1553 175	1224 1775 057	1377 1996 940
6536	0152 9987 760	0305 9975 520	0458 9963 280	0611 9951 040	0764 9938 800	0917 9926 561	1070 9914 321	1223 9902 084	1376 9889 841
6537	0152 9753 710	0305 9507 419	0458 9261 129	0611 9014 839	0764 8768 548	0917 8522 258	1070 8275 968	1223 8029 677	1376 7783 387
6538	0152 9519 731	0305 9039 462	0458 8559 192	0611 8078 923	0764 7598 654	0917 7118 385	1070 6038 116	1223 6157 846	1376 5677 577
6539	0152 9285 824	0305 8571 047	0458 7857 471	0611 7143 294	0764 6429 118	0917 5714 941	1070 5000 765	1223 4286 588	1376 3572 412
6540	0152 9051 988	0305 8103 976	0458 7155 963	0611 6207 951	0764 5259 939	0917 4311 927	1070 3363 014	1223 2415 902	1376 1467 800
6541	0152 8818 224	0305 7636 447	0458 6454 671	0611 5272 894	0764 4091 118	0917 2909 341	1070 1727 565	1223 0545 788	1375 9364 012
6542	0152 8584 531	0305 7169 061	0458 5753 592	0611 4338 123	0764 2922 654	0917 1507 184	1070 0091 715	1222 8676 246	1375 7260 777
6543	0152 8350 909	0305 6701 819	0458 5052 728	0611 3403 637	0764 1754 547	0917 0103 456	1069 8456 366	1222 6807 275	1375 5158 184
6544	0152 8117 359	0305 6234 719	0458 4352 078	0611 2469 438	0764 0586 797	0916 8704 156	1069 6821 516	1222 4938 875	1375 3056 235
6545	0152 7883 881	0305 5767 762	0458 3651 642	0611 1535 523	0763 9419 404	0916 7303 285	1069 5187 166	1222 3071 047	1375 0954 927
6546	0152 7650 474	0305 5300 947	0458 2951 421	0611 0601 894	0763 8252 368	0916 5902 841	1069 3553 315	1222 1203 789	1374 8854 262
6547	0152 7417 138	0305 4834 275	0458 2251 413	0610 9668 550	0763 7085 688	0916 4502 826	1069 1919 963	1221 9337 101	1374 6754 239
6548	0152 7183 873	0305 4367 746	0458 1551 619	0610 8735 492	0763 5919 365	0916 3103 238	1069 0287 111	1221 7470 984	1374 4654 856
6549	0152 6950 679	0305 3901 359	0458 0852 038	0610 7802 718	0763 4753 397	0916 1704 077	1068 8654 756	1221 5605 436	1374 2556 115
6550	0152 6717 557	0305 3435 114	0458 0152 672	0610 6870 229	0763 3587 786	0916 0305 344	1068 7022 901	1221 3740 458	1374 0458 015
6551	0152 6484 506	0305 2969 012	0457 9453 519	0610 5938 025	0763 2422 534	0915 8907 037	1068 5391 543	1221 1876 049	1373 8360 556
6552	0152 6251 526	0305 2503 053	0457 8754 579	0610 5006 105	0763 1257 631	0915 7509 158	1068 3760 684	1221 0012 210	1373 6263 736
6553	0152 6018 617	0305 2037 235	0457 8055 852	0610 4074 470	0763 0093 087	0915 6111 705	1068 2130 322	1220 8148 939	1373 4167 557
6554	0152 5785 780	0305 1571 559	0457 7357 339	0610 3143 119	0762 8928 808	0915 4714 678	1068 0500 458	1220 6286 237	1373 2072 017
6555	0152 5553 013	0305 1106 026	0457 6659 039	0610 2212 082	0762 7765 065	0915 3318 078	1067 8871 091	1220 4424 104	1372 9977 117
6556	0152 5320 317	0305 0640 635	0457 5960 952	0610 1281 269	0762 6604 586	0915 1921 904	1067 7242 221	1220 2562 538	1372 7882 855
6557	0152 5087 693	0305 0175 385	0457 5263 078	0610 0350 770	0762 5438 463	0915 0526 155	1067 5613 848	1220 0701 540	1372 5789 233
6558	0152 4855 139	0304 9710 278	0457 4565 416	0609 9420 555	0762 4275 694	0914 9130 833	1067 3985 971	1219 8841 110	1372 3696 249
6559	0152 4622 656	0304 9245 312	0457 3867 968	0609 8490 624	0762 3113 279	0914 7735 935	1067 2358 501	1219 6981 247	1372 1603 903
6560	0152 4390 244	0304 8780 488	0457 3170 732	0609 7560 976	0762 1954 220	0914 6341 463	1067 0731 707	1219 5121 951	1371 9512 195
6561	0152 4157 903	0304 8315 806	0457 2473 708	0609 6631 611	0762 0780 514	0914 4947 417	1066 9105 319	1219 3263 222	1371 7421 125
6562	0152 3925 632	0304 7851 265	0457 1776 897	0609 5702 530	0761 9628 162	0914 3553 795	1066 7479 427	1219 1405 059	1371 5330 692
6563	0152 3693 433	0304 7386 866	0457 1080 299	0609 4773 732	0761 8467 164	0914 2160 597	1066 5854 030	1218 9547 463	1371 3240 806
6564	0152 3461 304	0304 6922 608	0457 0383 912	0609 3845 216	0761 7306 520	0914 0767 824	1066 4229 129	1218 7690 433	1371 1151 737
6565	0152 3229 246	0304 6458 492	0456 9687 738	0609 2916 984	0761 6146 230	0913 9375 476	1066 2604 722	1218 5833 968	1370 9063 214
6566	0152 2997 259	0304 5994 517	0456 8991 776	0609 1989 034	0761 4986 293	0913 7983 552	1066 0980 810	1218 3978 060	1370 6075 327
6567	0152 2765 342	0304 5530 684	0456 8296 026	0609 1061 367	0761 3826 709	0913 6592 051	1065 9357 393	1218 2122 735	1370 4888 077
6568	0152 2533 496	0304 5066 991	0456 7600 487	0609 0133 983	0761 2667 479	0913 5200 974	1065 7734 470	1218 0267 966	1370 2801 462
6569	0152 2301 720	0304 4603 440	0456 6905 161	0608 9206 881	0761 1508 601	0913 3810 321	1065 6112 041	1217 8413 762	1370 0715 482
6570	0152 2070 015	0304 4140 030	0456 6210 046	0608 8280 061	0761 0350 076	0913 2420 091	1065 4490 107	1217 6560 122	1369 8630 137
6571	0152 1838 381	0304 3676 762	0456 5515 142	0608 7353 523	0760 9191 904	0913 1030 285	1065 2868 065	1217 4707 046	1369 6545 427
6572	0152 1606 817	0304 3213 634	0456 4820 450	0608 6427 267	0760 8034 084	0912 9640 901	1065 1247 718	1217 2854 534	1369 4461 351
6573	0152 1375 323	0304 2750 647	0456 4125 970	0608 5501 293	0760 6876 616	0912 8251 940	1064 9627 263	1217 1002 586	1369 2377 910
6574	0152 1143 900	0304 2287 800	0456 3431 701	0608 4575 601	0760 5719 501	0912 6863 401	1064 8007 301	1216 9151 202	1369 0295 102
6575	0152 0912 548	0304 1825 095	0456 2737 643	0608 3650 190	0760 4562 738	0912 5475 285	1064 6387 833	1216 7300 380	1368 8212 928
6576	0152 0681 267	0304 1362 530	0456 2043 795	0608 2725 061	0760 3406 326	0912 4087 591	1064 4768 856	1216 5450 122	1368 6131 387
6577	0152 0450 053	0304 0900 106	0456 1350 159	0608 1800 213	0760 2250 266	0912 2700 319	1064 3150 373	1216 3600 426	1368 4050 479
6578	0152 0218 912	0304 0437 823	0456 0656 735	0608 0875 646	0760 1094 558	0912 1313 469	1064 1532 381	1216 1751 292	1368 1970 204
6579	0151 9987 840	0303 9975 680	0455 9963 520	0607 9951 360	0759 9939 201	0911 9927 041	1063 9914 881	1215 9902 721	1367 9890 561
6580	0151 9756 839	0303 9513 678	0455 9270 517	0607 9027 356	0759 8784 195	0911 8541 033	1063 8297 872	1215 8054 711	1367 7811 550
6581	0151 9525 908	0303 9051 816	0455 8577 724	0607 8103 632	0759 7629 540	0911 7155 448	1063 6681 355	1215 6207 263	1367 5733 171
6582	0151 9295 047	0303 8590 094	0455 7885 141	0607 7180 188	0759 6475 236	0911 5770 283	1063 5065 830	1215 4350 377	1367 3655 424
6583	0151 9064 256	0303 8128 513	0455 7192 760	0607 6257 026	0759 5321 362	0911 4385 539	1063 3440 795	1215 2514 051	1367 1578 308
6584	0151 8833 536	0303 7667 072	0455 6500 608	0607 5334 143	0759 4167 679	0911 3001 215	1063 1834 751	1215 0608 287	1366 9501 823
6585	0151 8602 885	0303 7205 771	0455 5808 656	0607 4411 541	0759 3014 427	0911 1617 312	1063 0220 197	1214 8823 083	1366 7425 968
6586	0151 8372 305	0303 6744 610	0455 5116 915	0607 3489 220	0759 1861 594	0911 0233 829	1062 8605 134	1214 6978 439	1366 5350 744
6587	0151 8141 794	0303 6283 589	0455 4425 383	0607 2567 178	0759 0708 972	0910 8850 767	1062 6992 561	1214 5134 350	1366 3276 150
6588	0151 7911 354	0303 5822 708	0455 3734 062	0607 1645 416	0758 9556 770	0910 7468 124	1062 5379 478	1214 3290 822	1366 1202 186
6589	0151 7680 983	0303 5361 967	0455 3042 950	0607 0723 934	0758 8404 947	0910 6086 884	1062 3766 884	1214 1447 808	1365 9128 851
6590	0151 7450 683	0303 4901 366	0455 2352 049	0606 9802 731	0758 7253 414	0910 4704 097	1062 2154 780	1213 9605 463	1365 7056 146
6591	0151 7220 482	0303 4439 452	0455 1661 356	0606 8881 809	0758 6102 261	0910 3323 713	1062 0543 165	1213 7763 617	1365 4984 069
6592	0151 6990 201	0303 3980 583	0455 0970 874	0606 7961 165	0758 4951 456	0910 1941 748	1061 8932 039	1213 5922 330	1365 2912 621
6593	0151 6700 200	0303 3520 400	0455 0280 001	0606 7040 801	0758 3801 001	0910 0561 201	1061 7321 401	1213 4081 602	1365 0841 802
6594	0151 6530 179	0303 3060 358	0454 9590 537	0606 6120 716	0758 2650 895	0909 9181 074	1061 5711 253	1213 2242 420	1364 8771 611
6595	0151 6300 227	0303 2600 455	0454 8900 682	0606 5200 910	0758 1501 137	0909 6422 074	1061 2492 420	1213 0401 820	1364 6702 047
6596	0151 6070 346	0303 2140 691	0454 8211 037	0606 4281 383	0758 0351 728	0909 5043 801	1061 0883 735	1212 8562 765	1364 4633 111
6597	0151 5840 534	0303 1681 067	0454 7521 601	0606 3362 134	0757 9202 668	0909 3664 747	1060 9375 538	1212 6724 269	1364 2564 802
6598	0151 5610 791	0303 1221 582	0454 6832 373	0606 2443 165	0757 8053 956	0909 3664 747	1060 7667 828	1212 4886 320	1364 0497 120
6599	0151 5381 118	0303 0762 237	0454 6143 355	0606 1524 473	0757 6905 592	0909 2286 710	1060 7667 828	1212 3048 947	1363 8430 065

	1	2	3	4	5	6	7	8	9
6600	0151 5151 515	0303 0303 030	0454 5454 545	0606 0606 061	0757 5757 576	0909 0909 091	1060 6060 606	1212 1212 121	1363 6363 636
6601	0151 4921 982	0302 9843 963	0454 4765 945	0605 9687 926	0757 4609 908	0908 9531 889	1060 4453 871	1211 9375 852	1363 4297 834
6602	0151 4692 517	0302 9385 033	0454 4077 552	0605 8770 070	0757 3462 587	0908 8155 105	1060 2847 622	1211 7540 139	1363 2232 657
6603	0151 4463 123	0302 8926 246	0454 3389 368	0605 7852 491	0757 2315 614	0908 6778 737	1060 1241 860	1211 5704 983	1363 0168 105
6604	0151 4233 798	0302 8467 595	0454 2701 393	0605 6935 191	0757 1168 989	0908 5402 786	1059 9636 584	1211 3870 382	1362 8104 179
6605	0151 4004 542	0302 8009 084	0454 2013 626	0605 6018 168	0757 0022 710	0908 4027 252	1059 8031 794	1211 2036 336	1362 6040 878
6606	0151 3775 356	0302 7550 711	0454 1326 067	0605 5101 423	0756 8876 779	0908 2652 134	1059 6427 490	1211 0202 846	1362 3978 202
6607	0151 3546 239	0302 7092 478	0454 0638 717	0605 4184 955	0756 7731 194	0908 1277 433	1059 4823 672	1210 8369 911	1362 1916 150
6608	0151 3317 191	0302 6634 383	0453 9951 574	0605 3268 765	0756 6585 956	0907 9903 148	1059 3220 339	1210 6537 530	1361 9854 722
6609	0151 3088 213	0302 6176 426	0453 9264 639	0605 2352 852	0756 5441 065	0907 8529 278	1059 1617 401	1210 4705 704	1361 7793 917
6610	0151 2859 304	0302 5718 608	0453 8577 912	0605 1437 216	0756 4296 520	0907 7155 825	1059 0015 129	1210 2874 433	1361 5733 737
6611	0151 2630 464	0302 5260 929	0453 7891 393	0605 0521 858	0756 3152 322	0907 5782 786	1058 8413 251	1210 1043 715	1361 3674 179
6612	0151 2401 694	0302 4803 388	0453 7205 082	0604 9606 776	0756 2008 469	0907 4410 163	1058 6811 857	1209 9213 551	1361 1615 245
6613	0151 2172 993	0302 4345 985	0453 6518 978	0604 8691 970	0756 0864 963	0907 3037 956	1058 5210 947	1209 7383 941	1360 9556 932
6614	0151 1944 360	0302 3888 721	0453 5833 081	0604 7777 442	0755 9721 802	0907 1666 163	1058 3610 523	1209 5554 884	1360 7499 244
6615	0151 1715 797	0302 3431 595	0453 5147 392	0604 6863 190	0755 8578 987	0907 0294 785	1058 2010 582	1209 3726 379	1360 5442 177
6616	0151 1487 304	0302 2974 607	0453 4461 911	0604 5949 214	0755 7436 518	0906 8923 821	1058 0411 125	1209 1898 428	1360 3385 732
6617	0151 1258 879	0302 2517 757	0453 3776 636	0604 5035 515	0755 6294 393	0906 7553 272	1057 8812 151	1209 0071 029	1360 1329 908
6618	0151 1030 523	0302 2061 046	0453 3091 568	0604 4122 091	0755 5152 614	0906 6183 137	1057 7213 660	1208 8244 183	1359 9274 705
6619	0151 0802 236	0302 1604 472	0453 2406 708	0604 3208 944	0755 4011 180	0906 4813 416	1057 5615 652	1208 6417 888	1359 7220 124
6620	0151 0574 018	0302 1148 036	0453 1722 054	0604 2296 072	0755 2870 090	0906 3444 108	1057 4018 126	1208 4592 144	1359 5166 162
6621	0151 0345 869	0302 0691 738	0453 1037 607	0604 1383 476	0755 1729 345	0906 2075 214	1057 2421 083	1208 2766 952	1359 3112 821
6622	0151 0117 789	0302 0235 578	0453 0353 367	0604 0471 156	0755 0588 945	0906 0706 734	1057 0824 523	1208 0942 312	1359 1060 101
6623	0150 9889 778	0301 9779 556	0452 9669 334	0603 9559 112	0754 9448 890	0905 9338 668	1056 9228 446	1207 9118 224	1358 9008 002
6624	0150 9661 836	0301 9323 672	0452 8985 508	0603 8647 344	0754 8309 180	0905 7971 016	1056 7632 852	1207 7294 688	1358 6956 524
6625	0150 9433 962	0301 8867 924	0452 8301 886	0603 7735 848	0754 7169 810	0905 6603 772	1056 6037 734	1207 5471 696	1358 4905 658
6626	0150 9206 157	0301 8412 314	0452 7618 471	0603 6824 628	0754 6030 785	0905 5236 942	1056 4443 099	1207 3649 256	1358 2855 413
6627	0150 8978 421	0301 7956 842	0452 6935 263	0603 5913 684	0754 4892 105	0905 3870 526	1056 2848 947	1207 1827 368	1358 0805 789
6628	0150 8750 754	0301 7501 508	0452 6252 262	0603 5003 016	0754 3753 770	0905 2504 524	1056 1255 278	1207 0006 032	1357 8756 786
6629	0150 8523 155	0301 7046 310	0452 5569 465	0603 4092 620	0754 2615 775	0905 1138 930	1055 9662 085	1206 8185 240	1357 6708 395
6630	0150 8295 626	0301 6591 252	0452 4886 878	0603 3182 504	0754 1478 130	0904 9773 756	1055 8069 382	1206 6365 008	1357 4660 634
6631	0150 8068 164	0301 6136 328	0452 4204 492	0603 2272 656	0754 0340 820	0904 8408 984	1055 6477 148	1206 4545 312	1357 2613 476
6632	0150 7840 772	0301 5681 544	0452 3522 316	0603 1363 088	0753 9203 860	0904 7044 632	1055 4885 404	1206 2726 176	1357 0566 948
6633	0150 7613 447	0301 5226 894	0452 2840 341	0603 0453 788	0753 8067 235	0904 5680 682	1055 3294 129	1206 0907 576	1356 8521 023
6634	0150 7386 192	0301 4772 384	0452 2158 576	0602 9544 768	0753 6930 960	0904 4317 152	1055 1703 344	1205 9089 536	1356 6475 728
6635	0150 7159 005	0301 4318 010	0452 1477 015	0602 8636 020	0753 5795 025	0904 2954 030	1055 0113 035	1205 7272 040	1356 4431 045
6636	0150 6931 886	0301 3863 772	0452 0795 658	0602 7727 544	0753 4659 430	0904 1591 316	1054 8523 202	1205 5455 088	1356 2386 974
6637	0150 6704 836	0301 3409 672	0452 0114 508	0602 6819 344	0753 3524 180	0904 0229 016	1054 6933 852	1205 3638 688	1356 0343 524
6638	0150 6477 854	0301 2955 708	0451 9433 562	0602 5911 416	0753 2389 270	0903 8867 124	1054 5344 978	1205 1822 832	1355 8300 686
6639	0150 6250 941	0301 2501 882	0451 8752 823	0602 5003 764	0753 1254 705	0903 7505 646	1054 3756 587	1205 0007 528	1355 6258 469
6640	0150 6024 096	0301 2048 192	0451 8072 288	0602 4096 384	0753 0120 480	0903 6144 576	1054 2168 672	1204 8192 768	1355 4216 864
6641	0150 5797 319	0301 1594 638	0451 7391 957	0602 3189 276	0752 8986 595	0903 4783 914	1054 0581 233	1204 6378 552	1355 2175 871
6642	0150 5570 611	0301 1141 222	0451 6711 833	0602 2282 444	0752 7853 055	0903 3423 666	1053 8994 277	1204 4564 888	1355 0135 499
6643	0150 5343 971	0301 0687 942	0451 6031 913	0602 1375 884	0752 6719 855	0903 2063 826	1053 7407 797	1204 2751 768	1354 8095 739
6644	0150 5117 399	0301 0234 798	0451 5352 197	0602 0469 596	0752 5586 995	0903 0704 394	1053 5821 793	1204 0939 192	1354 6056 591
6645	0150 4890 895	0300 9781 790	0451 4672 685	0601 9563 580	0752 4454 475	0902 9345 370	1053 4236 265	1203 9127 160	1354 4018 055
6646	0150 4664 459	0300 9328 918	0451 3993 377	0601 8657 836	0752 3322 295	0902 7986 754	1053 2651 213	1203 7315 672	1354 1980 131
6647	0150 4438 092	0300 8876 184	0451 3314 276	0601 7752 368	0752 2190 460	0902 6628 552	1053 1066 644	1203 5504 736	1353 9942 828
6648	0150 4211 793	0300 8423 586	0451 2635 379	0601 6847 172	0752 1058 965	0902 5270 758	1052 9482 551	1203 3694 344	1353 7906 137
6649	0150 3985 561	0300 7971 122	0451 1956 683	0601 5942 244	0751 9927 805	0902 3913 366	1052 7898 927	1203 1884 488	1353 5870 049
6650	0150 3759 398	0300 7518 796	0451 1278 194	0601 5037 592	0751 8796 990	0902 2556 391	1052 6315 789	1203 0075 188	1253 3834 586
6651	0150 3533 303	0300 7066 607	0451 0599 910	0601 4133 213	0751 7666 816	0902 1199 820	1052 4733 123	1202 8266 426	1253 1799 729
6652	0150 3307 276	0300 6614 552	0450 9921 828	0601 3229 104	0751 6536 380	0901 9843 656	1052 3150 932	1202 6458 208	1252 9765 484
6653	0150 3081 317	0300 6162 633	0450 9243 950	0601 2325 267	0751 5406 584	0901 8487 900	1052 1569 217	1202 4680 534	1252 7731 850
6654	0150 2855 425	0300 5710 851	0450 8566 276	0601 1421 701	0751 4277 127	0901 7132 552	1051 9987 977	1202 2843 402	1252 5608 828
6655	0150 2629 602	0300 5259 204	0450 7888 805	0601 0518 407	0751 3148 009	0901 5777 641	1051 8407 213	1202 1036 814	1252 3666 416
6656	0150 2403 846	0300 4807 692	0450 7211 538	0600 9615 385	0751 2019 231	0901 4423 077	1051 6826 923	1201 9230 769	1252 1634 615
6657	0150 2178 158	0300 4356 317	0450 6534 475	0600 8712 633	0751 0890 792	0901 3068 950	1051 5247 108	1201 7425 267	1251 9603 425
6658	0150 1952 538	0300 3905 077	0450 5857 615	0600 7810 153	0750 9762 691	0901 1715 230	1051 3667 708	1201 5620 306	1251 7572 845
6659	0150 1726 986	0300 3453 972	0450 5180 958	0600 6907 944	0750 8634 930	0901 0361 916	1051 2088 902	1201 3815 888	1251 5542 874
6660	0150 1501 502	0300 3003 003	0450 4504 505	0600 6006 006	0750 7507 508	0900 9009 009	1051 0510 511	1201 2012 012	1251 3513 514
6661	0150 1276 085	0300 2552 169	0450 3828 254	0600 5104 339	0750 6380 423	0900 7656 508	1050 8932 593	1201 0208 677	1251 1484 762
6662	0150 1050 736	0300 2101 471	0450 3152 207	0600 4202 942	0750 5253 678	0900 6304 413	1050 7355 149	1200 8405 884	1250 9456 620
6663	0150 0825 454	0300 1650 908	0450 2476 362	0600 3301 816	0750 4127 270	0900 4952 724	1050 5778 178	1200 6603 632	1250 7429 086
6664	0150 0600 240	0300 1200 480	0450 1800 720	0600 2400 960	0750 3001 201	0900 3601 441	1050 4201 681	1200 4801 921	1250 5402 161
6665	0150 0375 094	0300 0750 188	0450 1125 281	0600 1500 375	0750 1875 469	0900 2250 563	1050 2625 656	1200 3000 750	1250 3375 844
6666	0150 0150 015	0300 0300 030	0450 0450 045	0600 0600 060	0750 0750 075	0900 0900 090	1050 1050 105	1200 1200 120	1250 1350 135
6667	0149 9925 004	0299 9850 008	0449 9775 011	0599 9700 015	0749 9625 019	0899 9550 023	1049 9475 026	1199 9400 030	1249 9325 034
6668	0149 9700 060	0299 9400 120	0449 9100 180	0599 8800 240	0749 8500 300	0899 8200 360	1049 7900 420	1199 7600 480	1249 7300 540
6669	0149 9475 184	0299 8950 367	0449 8425 551	0599 7900 736	0749 7375 918	0899 6851 102	1049 6326 286	1199 5801 470	1249 5276 653
6670	0149 9250 375	0299 8500 750	0449 7751 124	0599 7001 499	0749 6251 874	0899 5502 249	1049 4752 624	1199 4002 998	1249 3253 373
6671	0149 9025 633	0299 8051 267	0449 7076 900	0599 6102 533	0749 5128 167	0899 4153 800	1049 3179 433	1199 2205 067	1249 1230 700
6672	0149 8800 959	0299 7601 918	0449 6402 878	0599 5203 837	0749 4004 796	0899 2805 755	1049 1606 715	1199 0407 674	1248 9208 633
6673	0149 8576 352	0299 7152 705	0449 5729 057	0599 4305 410	0749 2881 762	0899 1458 115	1049 0034 467	1198 8610 820	1248 7187 172
6674	0149 8351 813	0299 6703 626	0449 5055 439	0599 3407 252	0749 1759 065	0899 0110 878	1048 8462 691	1198 6814 504	1248 5166 317
6675	0149 8127 341	0299 6254 682	0449 4382 022	0599 2509 363	0749 0636 704	0898 8764 045	1048 6891 386	1198 5018 727	1248 3146 067
6676	0149 7902 936	0299 5805 872	0449 3708 808	0599 1611 744	0748 9514 679	0898 7417 615	1048 5320 551	1198 3223 487	1248 1126 423
6677	0149 7678 598	0299 5357 196	0449 3035 795	0599 0714 393	0748 8392 991	0898 6071 589	1048 3750 187	1198 1428 785	1247 9107 384
6678	0149 7454 328	0299 4908 655	0449 2362 983	0598 9817 311	0748 7271 638	0898 4725 966	1048 2180 293	1197 9634 621	1247 7088 940
6679	0149 7230 124	0299 4460 249	0449 1690 373	0598 8920 407	0748 6150 021	0898 3380 746	1048 0610 870	1197 7840 994	1247 5071 118
6680	0149 7005 988	0299 4011 976	0449 1017 964	0598 8023 952	0748 5029 940	0898 2035 928	1047 9041 916	1197 6047 904	1247 3053 892
6681	0149 6781 919	0299 3563 838	0449 0345 757	0598 7127 676	0748 3900 594	0898 0691 513	1047 7473 432	1197 4255 351	1247 1037 270
6682	0149 6557 917	0299 3115 834	0448 9673 750	0598 6231 667	0748 2789 584	0897 9347 501	1047 5905 418	1197 2463 334	1246 9021 251
6683	0149 6333 982	0299 2667 964	0448 9001 945	0598 5335 927	0748 1669 909	0897 8003 891	1047 4337 872	1197 0671 854	1246 7005 836
6684	0149 6110 114	0299 2220 227	0448 8330 341	0598 4440 455	0748 0550 560	0897 6660 682	1047 2770 796	1196 8880 910	1246 4991 023
6685	0149 5886 313	0299 1772 625	0448 7658 938	0598 3545 251	0747 9431 563	0897 5317 876	1047 1204 188	1196 7090 501	1246 2976 814
6686	0149 5662 579	0299 1325 157	0448 6987 736	0598 2650 314	0747 8312 893	0897 3975 471	1046 9638 050	1196 5300 628	1246 0963 207
6687	0149 5438 911	0299 0877 823	0448 6316 734	0598 1755 645	0747 7194 557	0897 2633 468	1046 8072 379	1196 3511 291	1245 8950 202
6688	0149 5215 311	0299 0430 622	0448 5645 933	0598 0861 244	0747 6076 555	0897 1291 866	1046 6507 177	1196 1722 488	1345 6937 799
6689	0149 4991 777	0298 9983 554	0448 4975 331	0597 9967 108	0747 4958 885	0896 9950 662	1046 4942 439	1195 9934 216	1345 4925 993
6690	0149 4768 310	0298 9536 620	0448 4304 930	0597 9073 240	0747 3841 550	0896 8609 860	1046 3378 170	1195 8146 480	1345 2914 790
6691	0149 4544 911	0298 9089 822	0448 3634 733	0597 8179 644	0747 2724 555	0896 7269 466	1046 1814 377	1195 6359 288	1345 0904 199
6692	0149 4321 578	0298 8643 156	0448 2964 734	0597 7286 312	0747 1607 890	0896 5929 468	1046 0251 046	1195 4572 624	1344 8894 202
6693	0149 4098 311	0298 8196 622	0448 2294 933	0597 6393 244	0747 0491 555	0896 4589 866	1045 8688 177	1195 2786 488	1344 6884 799
6694	0149 3875 112	0298 7750 224	0448 1625 336	0597 5500 448	0746 9375 560	0896 3250 672	1045 7125 784	1195 1000 896	1344 4876 008
6695	0149 3651 979	0298 7303 958	0448 0955 937	0597 4607 916	0746 8259 895	0896 1911 874	1045 5563 853	1194 9215 832	1344 2867 811
6696	0149 3428 912	0298 6857 824	0448 0286 736	0597 3715 648	0746 7144 560	0896 0573 472	1045 4002 384	1194 7431 296	1344 0860 208
6697	0149 3205 913	0298 6411 826	0447 9617 739	0597 2823 652	0746 6029 565	0895 9235 478	1045 2441 391	1194 5647 304	1343 8853 217
6698	0149 2982 979	0298 5965 958	0447 8948 937	0597 1931 916	0746 4914 895	0895 7897 874	1045 0880 853	1194 3863 832	1343 6846 811
6699	0149 2760 113	0298 5520 226	0447 8280 339	0597 1040 452	0746 3800 565	0895 6560 678	1044 9320 791	1194 2080 904	1343 4841 017

	1	2	3	4	5	6	7	8	9
6700	0149 2537 313	0298 5074 627	0447 7611 940	0597 0149 254	0746 2686 567	0895 5223 881	1044 7761 194	1194 0298 507	1343 2835 821
6701	0149 2314 580	0298 4629 160	0447 6943 740	0596 9258 320	0746 1572 900	0895 3887 479	1044 6202 059	1193 8516 639	1343 0831 210
6702	0149 2091 913	0298 4183 826	0447 6275 739	0596 8367 651	0746 0459 564	0895 2551 477	1044 4643 390	1193 6735 303	1342 8827 216
6703	0149 1869 312	0298 3738 625	0447 5607 937	0596 7477 249	0745 9346 561	0895 1215 873	1044 3085 186	1193 4954 408	1342 6823 810
6704	0149 1646 778	0298 3293 556	0447 4940 334	0596 6587 112	0745 8233 890	0894 9880 668	1044 1527 446	1193 3174 224	1342 4821 002
6705	0149 1424 310	0298 2848 620	0447 4272 931	0596 5697 241	0745 7121 551	0894 8545 861	1043 9970 172	1193 1394 482	1342 2818 792
6706	0149 1201 909	0298 2403 817	0447 3605 726	0596 4807 635	0745 6009 544	0894 7211 452	1043 8413 361	1192 9615 270	1342 0817 179
6707	0149 0979 574	0298 1959 147	0447 2938 724	0596 3918 204	0745 4897 868	0894 5877 441	1043 6857 015	1192 7836 589	1341 8816 162
6708	0149 0757 305	0298 1514 609	0447 2271 914	0596 3029 249	0745 3786 524	0894 4543 828	1043 5301 133	1192 6058 438	1341 6815 742
6709	0149 0535 102	0298 1070 204	0447 1605 306	0596 2140 408	0745 2675 511	0894 3210 613	1043 3745 715	1192 4280 817	1341 4815 919
6710	0149 0312 966	0298 0625 931	0447 0938 897	0596 1251 863	0745 1564 829	0894 1877 794	1043 2190 760	1192 2503 726	1341 2816 691
6711	0149 0090 896	0298 0181 791	0447 0272 687	0596 0363 582	0745 0454 478	0894 0545 373	1043 0636 269	1192 0727 164	1341 0818 060
6712	0148 9808 892	0297 9737 783	0446 9606 675	0595 9475 566	0744 9344 458	0893 9213 340	1042 9082 241	1191 8951 132	1340 8820 024
6713	0148 9646 954	0297 9203 907	0446 8940 861	0595 8587 815	0744 8234 708	0893 7881 722	1042 7528 676	1191 7175 629	1340 6822 583
6714	0148 9425 082	0297 8850 164	0446 8275 246	0595 7700 328	0744 7125 410	0893 6550 492	1042 5975 573	1191 5400 655	1340 4825 737
6715	0148 9203 276	0297 8406 553	0446 7609 829	0595 6813 105	0744 6016 381	0893 5219 658	1042 4422 934	1191 3626 210	1340 2829 486
6716	0148 8981 537	0297 7963 073	0446 6944 610	0595 5926 147	0744 4907 683	0893 3889 220	1042 2870 756	1191 1852 293	1340 0833 830
6717	0148 8759 863	0297 7519 726	0446 6279 589	0595 5039 452	0744 3799 315	0893 2559 178	1042 1319 041	1191 0078 904	1339 8838 767
6718	0148 8538 255	0297 7076 511	0446 5614 766	0595 4153 022	0744 2691 277	0893 1229 533	1041 9767 788	1190 8306 043	1339 6844 209
6719	0148 8316 714	0297 6633 428	0446 4950 141	0595 3266 855	0744 1583 569	0892 9900 283	1041 8216 997	1190 6533 710	1339 4850 424
6720	0148 8095 238	0297 6190 476	0446 4285 714	0595 2380 952	0744 0476 190	0892 8571 429	1041 6666 667	1190 4761 905	1339 2857 143
6721	0148 7873 828	0297 5747 657	0446 3621 485	0595 1495 313	0743 9369 141	0892 7242 970	1041 5116 798	1190 2990 626	1339 0864 455
6722	0148 7652 484	0297 5304 969	0446 2957 453	0595 0609 938	0743 8262 422	0892 5914 906	1041 3567 391	1190 1219 875	1338 8872 359
6723	0148 7431 206	0297 4862 413	0446 2293 619	0594 9724 825	0743 7156 032	0892 4587 238	1041 2018 444	1189 9449 650	1338 6880 857
6724	0148 7209 994	0297 4419 988	0446 1629 982	0594 8839 976	0743 6049 970	0892 3259 964	1041 0469 958	1189 7679 952	1338 4889 946
6725	0148 6988 848	0297 3977 695	0446 0966 543	0594 7955 390	0743 4944 238	0892 1933 085	1040 8921 933	1189 5910 781	1338 2899 028
6726	0148 6767 767	0297 3535 534	0446 0303 301	0594 7071 068	0743 3838 834	0892 0606 601	1040 7374 368	1189 4142 135	1338 0909 902
6727	0148 6546 752	0297 3093 504	0445 9640 256	0594 6187 008	0743 2733 760	0891 9280 511	1040 5827 263	1189 2374 015	1337 8020 767
6728	0148 6325 803	0297 2651 605	0445 8977 408	0594 5303 210	0743 1629 013	0891 7954 816	1040 4280 618	1189 0606 421	1337 6932 224
6729	0148 6104 919	0297 2209 838	0445 8314 757	0594 4419 676	0743 0524 595	0891 6629 514	1040 2734 433	1188 8839 352	1337 4044 271
6730	0148 5884 101	0297 1768 202	0445 7652 303	0594 3536 404	0742 9420 505	0891 5304 606	1040 1188 707	1188 7072 808	1337 2956 900
6731	0148 5663 349	0297 1326 697	0445 6990 046	0594 2653 395	0742 8316 743	0891 3980 092	1039 9643 441	1188 5306 790	1337 0970 138
6732	0148 5442 662	0297 0885 324	0445 6327 986	0594 1770 648	0742 7213 310	0891 2655 971	1039 8098 633	1188 3544 295	1336 8983 957
6733	0148 5222 041	0297 0444 081	0445 5666 122	0594 0888 163	0742 6110 204	0891 1332 244	1039 6554 285	1188 1776 326	1336 6998 366
6734	0148 5001 485	0297 0002 970	0445 5004 455	0594 0005 940	0742 5007 425	0891 0008 910	1039 5010 395	1188 0011 880	1336 5013 365
6735	0148 4780 995	0296 9561 990	0445 4342 984	0593 9123 979	0742 3904 974	0890 8685 969	1039 3466 964	1187 8247 958	1336 3028 953
6736	0148 4560 570	0296 9121 140	0445 3681 710	0593 8242 280	0742 2802 850	0890 7363 420	1039 1923 990	1187 6484 561	1336 1045 131
6737	0148 4340 211	0296 8680 422	0445 3020 632	0593 7360 843	0742 1701 054	0890 6041 265	1039 0381 478	1187 4721 686	1335 9061 897
6738	0148 4119 917	0296 8239 834	0445 2359 751	0593 6479 668	0742 0599 584	0890 4719 501	1038 8839 418	1187 2959 335	1335 7079 252
6739	0148 3899 688	0296 7799 377	0445 1699 068	0593 5598 754	0741 9498 442	0890 3398 130	1038 7297 819	1187 1197 507	1335 5097 105
6740	0148 3679 525	0296 7359 050	0445 1038 576	0593 4718 101	0741 8397 626	0890 2077 151	1038 5756 677	1186 9436 202	1335 3115 727
6741	0148 3459 427	0296 6918 855	0445 0378 282	0593 3837 710	0741 7297 137	0890 0756 564	1038 4215 992	1186 7675 419	1335 1134 847
6742	0148 3239 395	0296 6478 790	0444 9718 185	0593 2957 570	0741 6196 974	0889 9436 369	1038 2675 764	1186 5915 159	1334 9154 554
6743	0148 3019 428	0296 6038 855	0444 9058 283	0593 2077 710	0741 5097 138	0889 8116 565	1038 1135 993	1186 4155 420	1334 7174 848
6744	0148 2799 526	0296 5599 051	0444 8398 577	0593 1198 102	0741 3997 627	0889 6797 153	1037 9596 679	1186 2396 204	1334 5195 730
6745	0148 2579 689	0296 5159 377	0444 7739 066	0593 0318 755	0741 2898 443	0889 5478 132	1037 8057 821	1186 0637 509	1334 3217 198
6746	0148 2359 917	0296 4719 834	0444 7079 751	0592 9439 668	0741 1799 585	0889 4159 502	1037 6519 419	1185 8879 336	1334 1239 253
6747	0148 2140 210	0296 4280 421	0444 6420 631	0592 8560 842	0741 0701 052	0889 2841 263	1037 4981 473	1185 7121 684	1333 9261 894
6748	0148 1920 569	0296 3841 138	0444 5761 707	0592 7682 276	0740 9602 845	0889 1523 414	1037 3443 983	1185 5364 552	1333 7285 129
6749	0148 1700 993	0296 3401 985	0444 5102 978	0592 6803 971	0740 8504 964	0889 0205 956	1037 1906 949	1185 3607 942	1333 5308 935
6750	0148 1481 481	0296 2962 963	0444 4444 444	0592 5925 926	0740 7407 407	0888 8888 889	1037 0370 370	1185 1851 852	1333 3333 333
6751	0148 1262 035	0296 2524 071	0444 3786 106	0592 5048 141	0740 6310 176	0888 7572 212	1036 8834 247	1185 0096 282	1333 1358 317
6752	0148 1042 654	0296 2085 308	0444 3127 962	0592 4170 616	0740 5213 270	0888 6255 924	1036 7298 578	1184 8341 232	1332 0383 886
6753	0148 0823 338	0296 1646 676	0444 2470 013	0592 3293 351	0740 4116 689	0888 4940 027	1036 5763 364	1184 6586 702	1332 7410 010
6754	0148 0604 086	0296 1208 173	0444 1812 259	0592 2416 346	0740 3020 432	0888 3624 519	1036 4228 605	1184 4832 692	1332 5436 778
6755	0148 0384 900	0296 0769 800	0444 1154 700	0592 1539 600	0740 1924 500	0888 2309 400	1036 2694 301	1184 3079 201	1332 3464 101
6756	0148 0165 779	0296 0331 557	0444 0497 336	0592 0663 114	0740 0828 893	0888 0994 671	1036 1160 450	1184 1326 229	1332 1492 007
6757	0147 9946 722	0295 9893 444	0443 9840 166	0591 9786 888	0739 9733 610	0887 9680 332	1035 9627 053	1183 9573 775	1331 9520 407
6758	0147 9727 730	0295 9455 460	0443 9183 190	0591 8910 920	0739 8638 651	0887 8366 381	1035 8094 111	1183 7821 841	1331 7549 571
6759	0147 9508 803	0295 9017 606	0443 8526 409	0591 8035 212	0739 7544 015	0887 7052 818	1035 6561 022	1183 6070 425	1331 5579 228
6760	0147 9289 941	0295 8579 882	0443 7869 822	0591 7159 763	0739 6440 704	0887 5739 645	1035 5029 586	1183 4319 527	1331 3600 407
6761	0147 9071 143	0295 8142 287	0443 7213 430	0591 6284 573	0739 5355 717	0887 4426 860	1035 3498 003	1183 2569 147	1331 1640 290
6762	0147 8852 411	0295 7704 821	0443 6557 232	0591 5409 642	0739 4262 053	0887 3114 463	1035 1966 874	1183 0819 284	1330 9671 695
6763	0147 8633 742	0295 7267 485	0443 5901 227	0591 4534 970	0739 3168 712	0887 1802 455	1035 0436 197	1182 9069 939	1330 7703 682
6764	0147 8415 139	0295 6830 278	0443 5245 417	0591 3660 586	0739 2075 695	0887 0490 834	1034 8905 973	1182 7321 112	1330 5736 251
6765	0147 8196 600	0295 6393 200	0443 4589 800	0591 2786 401	0739 0983 004	0886 9179 601	1034 7376 201	1182 5572 801	1330 3769 401
6766	0147 7978 126	0295 5956 252	0443 3934 378	0591 1912 504	0738 9890 630	0886 7868 756	1034 5846 881	1182 3825 007	1330 1803 133
6767	0147 7759 716	0295 5519 433	0443 3279 149	0591 1038 865	0738 8798 581	0886 6558 298	1034 4318 014	1182 2077 730	1329 9837 446
6768	0147 7541 371	0295 5082 742	0443 2624 113	0591 0165 485	0738 7706 856	0886 5248 227	1034 2789 598	1182 0330 969	1329 7872 340
6769	0147 7323 091	0295 4646 181	0443 1969 272	0590 9292 362	0738 6615 453	0886 3938 543	1034 1261 634	1181 8584 724	1329 5907 815
6770	0147 7104 874	0295 4209 749	0443 1314 623	0590 8419 498	0738 5524 372	0886 2629 247	1033 9734 121	1181 6838 996	1329 3943 870
6771	0147 6886 723	0295 3773 446	0443 0660 168	0590 7546 891	0738 4433 614	0886 1320 337	1033 8207 060	1181 5093 782	1329 1980 505
6772	0147 6668 636	0295 3337 271	0443 0005 907	0590 6674 512	0738 3343 178	0886 0011 813	1033 6680 440	1181 3349 084	1329 0017 720
6773	0147 6450 613	0295 2901 225	0442 9351 838	0590 5802 451	0738 2253 064	0885 8703 676	1033 5154 289	1181 1604 902	1328 8055 515
6774	0147 6232 654	0295 2465 309	0442 8697 963	0590 4930 617	0738 1163 271	0885 7395 926	1033 3628 580	1180 9861 234	1328 6093 888
6775	0147 6014 760	0295 2029 520	0442 8044 280	0590 4059 041	0738 0073 801	0885 6088 561	1033 2103 321	1180 8118 081	1328 4132 841
6776	0147 5796 930	0295 1593 861	0442 7390 791	0590 3187 721	0737 8984 652	0885 4781 582	1033 0578 512	1180 6375 443	1328 2172 373
6777	0147 5579 165	0295 1158 330	0442 6737 494	0590 2316 650	0737 7895 824	0885 3474 989	1032 9054 154	1180 4633 319	1328 0212 483
6778	0147 5361 464	0295 0722 927	0442 6084 391	0590 1445 854	0737 6807 318	0885 2168 781	1032 7530 245	1180 2891 708	1327 8253 172
6779	0147 5143 827	0295 0287 653	0442 5431 480	0590 0575 306	0737 5719 133	0885 0862 959	1032 6006 786	1180 1150 612	1327 6294 439
6780	0147 4926 254	0294 9852 507	0442 4778 761	0589 9705 015	0737 4631 268	0884 9557 522	1032 4483 776	1179 9410 030	1327 4336 283
6781	0147 4708 745	0294 9417 490	0442 4126 235	0589 8834 980	0737 3543 725	0884 8252 470	1032 2961 215	1179 7669 960	1327 2378 705
6782	0147 4491 301	0294 8982 601	0442 3473 902	0589 7965 202	0737 2456 503	0884 6947 803	1032 1439 104	1179 5930 404	1327 0421 705
6783	0147 4273 920	0294 8547 840	0442 2821 760	0589 7095 680	0737 1369 600	0884 5643 521	1031 9917 441	1179 4191 361	1326 8465 281
6784	0147 4056 604	0294 8113 208	0442 2169 811	0589 6226 415	0737 0283 019	0884 4339 623	1031 8396 226	1179 2452 830	1326 6509 434
6785	0147 3839 352	0294 7678 703	0442 1518 055	0589 5357 406	0736 9196 758	0884 3036 109	1031 6875 461	1179 0714 812	1326 4554 164
6786	0147 3622 163	0294 7244 327	0442 0866 490	0589 4488 653	0736 8110 816	0884 1732 980	1031 5355 143	1178 8977 306	1326 2599 470
6787	0147 3405 039	0294 6810 078	0442 0215 117	0589 3620 156	0736 7025 195	0884 0430 234	1031 3835 273	1178 7240 312	1326 0645 351
6788	0147 3187 979	0294 6375 958	0441 9563 936	0589 2751 915	0736 5939 804	0883 9127 873	1031 2315 852	1178 5503 830	1325 8691 809
6789	0147 2970 982	0294 5941 965	0441 8912 947	0589 1883 930	0736 4854 912	0883 7825 895	1031 0796 877	1178 3767 860	1325 6738 842
6790	0147 2754 050	0294 5508 100	0441 8262 150	0589 1016 200	0736 3770 250	0883 6524 300	1030 9278 350	1178 2032 401	1325 4786 451
6791	0147 2537 182	0294 5074 363	0441 7611 545	0589 0148 726	0736 2685 908	0883 5223 089	1030 7760 271	1178 0297 453	1325 2834 634
6792	0147 2320 377	0294 4640 754	0441 6961 131	0588 9281 508	0736 1601 885	0883 3922 261	1030 6242 638	1177 8563 015	1325 0883 392
6793	0147 2103 636	0294 4207 272	0441 6310 908	0588 8414 544	0736 0518 181	0883 2621 817	1030 4725 453	1177 6829 089	1324 8932 725
6794	0147 1886 959	0294 3773 918	0441 5660 877	0588 7547 836	0735 9434 795	0883 1321 754	1030 3208 714	1177 5095 673	1324 6982 632
6795	0147 1670 346	0294 3340 692	0441 5011 038	0588 6681 383	0735 8351 729	0883 0022 075	1030 1692 421	1177 3362 767	1324 5033 113
6796	0147 1453 796	0294 2907 593	0441 4361 389	0588 5815 185	0735 7268 982	0882 8722 778	1030 0176 574	1177 1630 371	1324 3084 167
6797	0147 1237 311	0294 2474 621	0441 3711 932	0588 4949 242	0735 6186 553	0882 7423 863	1029 8661 174	1176 9898 485	1324 1135 795
6798	0147 1020 888	0294 2041 777	0441 3062 665	0588 4083 554	0735 5104 442	0882 6125 331	1029 7146 219	1176 8167 108	1323 9187 996
6799	0147 0804 530	0294 1609 060	0441 2413 590	0588 3218 120	0735 4022 650	0882 4827 180	1029 5631 711	1176 6436 241	1323 7240 771

	1	2	3	4	5	6	7	8	9
6800	0147 0588 235	0294 1176 471	0441 1764 706	0588 2352 941	0735 2941 176	0882 3529 412	1029 4117 647	1176 4705 882	1323 5294 118
6801	0147 0372 004	0294 0744 008	0441 1116 012	0588 1488 016	0735 1860 021	0882 2232 025	1029 2604 029	1176 2976 033	1323 3348 037
6802	0147 0155 837	0294 0311 673	0441 0467 510	0588 0623 346	0735 0779 183	0882 0935 019	1029 1090 856	1176 1246 692	1323 1402 529
6803	0146 9939 732	0293 9879 465	0440 9819 197	0587 9758 930	0734 9698 662	0881 9638 395	1028 9578 127	1175 9517 860	1322 9457 592
6804	0146 9723 692	0293 9447 384	0440 9171 076	0587 8894 768	0734 8618 460	0881 8342 152	1028 8065 844	1175 7789 536	1322 7513 228
6805	0146 9507 715	0293 9015 430	0440 8523 145	0587 8030 860	0734 7538 575	0881 7046 289	1028 6554 004	1175 6061 719	1322 5569 434
6806	0146 9291 801	0293 8583 603	0440 7875 404	0587 7167 205	0734 6459 007	0881 5750 808	1028 5042 609	1175 4334 411	1322 3626 212
6807	0146 9075 951	0293 8151 902	0440 7227 854	0587 6303 805	0734 5379 756	0881 4455 707	1028 3531 659	1175 2607 610	1322 1683 561
6808	0146 8860 165	0293 7720 329	0440 6580 494	0587 5440 658	0734 4300 823	0881 3160 987	1028 2021 152	1175 0881 316	1321 9741 481
6809	0146 8644 441	0293 7288 882	0440 5933 324	0587 4577 765	0734 3222 206	0881 1866 647	1028 0511 088	1174 9155 529	1321 7799 971
6810	0146 8428 781	0293 6857 562	0440 5286 344	0587 3715 125	0734 2143 906	0881 0572 687	1027 9001 468	1174 7430 250	1321 5859 031
6811	0146 8213 185	0293 6426 369	0440 4639 554	0587 2852 738	0734 1065 923	0880 9279 107	1027 7492 292	1174 5705 476	1321 3918 661
6812	0146 7997 651	0293 5995 302	0440 3992 954	0587 1990 605	0733 9988 256	0880 7985 907	1027 5983 558	1174 3981 210	1321 1978 861
6813	0146 7782 181	0293 5564 362	0440 3346 543	0587 1128 724	0733 8910 906	0880 6693 087	1027 4475 268	1174 2257 449	1321 0039 630
6814	0146 7566 774	0293 5133 549	0440 2700 323	0587 0267 097	0733 7833 871	0880 5400 646	1027 2967 420	1174 0534 194	1320 8100 969
6815	0146 7351 431	0293 4702 861	0440 2054 292	0586 9405 723	0733 6757 153	0880 4108 584	1027 1460 015	1173 8811 445	1320 6162 876
6816	0146 7136 150	0293 4272 300	0440 1408 451	0586 8544 601	0733 5680 751	0880 2816 901	1026 9953 052	1173 7089 202	1320 4225 352
6817	0146 6920 933	0293 3841 866	0440 0762 799	0586 7683 732	0733 4604 665	0880 1525 598	1026 8446 531	1173 5367 464	1320 2288 397
6818	0146 6705 779	0293 3411 558	0440 0117 336	0586 6823 115	0733 3528 894	0880 0234 673	1026 6940 452	1173 3646 231	1320 0352 009
6819	0146 6490 688	0293 2981 376	0439 9472 063	0586 5962 751	0733 2453 439	0879 8944 127	1026 5434 814	1173 1925 502	1319 8416 190
6820	0146 6275 660	0293 2551 320	0439 8826 979	0586 5102 639	0733 1378 299	0879 7653 959	1026 3929 619	1173 0205 279	1319 6480 938
6821	0146 6060 695	0293 2121 390	0439 8182 085	0586 4242 780	0733 0303 475	0879 6364 169	1026 2424 864	1172 8485 559	1319 4546 254
6822	0146 5845 793	0293 1691 586	0439 7537 379	0586 3383 172	0732 9228 965	0879 5074 758	1026 0920 551	1172 6766 344	1319 2612 137
6823	0146 5630 954	0293 1261 908	0439 6892 862	0586 2523 817	0732 8154 771	0879 3785 725	1025 9416 679	1172 5047 633	1319 0678 587
6824	0146 5416 178	0293 0832 356	0439 6248 535	0586 1664 713	0732 7080 891	0879 2497 069	1025 7913 247	1172 3329 426	1318 8745 604
6825	0146 5201 465	0293 0402 930	0439 5604 396	0586 0805 861	0732 6007 326	0879 1208 791	1025 6410 256	1172 1611 722	1318 6813 187
6826	0146 4986 815	0292 9973 630	0439 4960 445	0585 9947 260	0732 4934 076	0878 9920 891	1025 4907 706	1171 9894 521	1318 4881 336
6827	0146 4772 228	0292 9544 456	0439 4316 684	0585 9088 912	0732 3861 140	0878 8633 368	1025 3405 595	1171 8177 823	1318 2950 051
6828	0146 4557 704	0292 9115 407	0439 3673 111	0585 8230 814	0732 2788 518	0878 7346 221	1025 1903 925	1171 6461 629	1318 1019 332
6829	0146 4343 242	0292 8686 484	0439 3029 726	0585 7372 968	0732 1716 210	0878 6059 452	1025 0402 694	1171 4745 936	1317 9089 179
6830	0146 4128 843	0292 8257 687	0439 2386 530	0585 6515 373	0732 0644 217	0878 4773 060	1024 8901 903	1171 3030 747	1317 7159 590
6831	0146 3914 507	0292 7829 015	0439 1743 522	0585 5658 030	0731 9572 537	0878 3487 044	1024 7401 552	1171 1316 059	1317 5230 567
6832	0146 3700 234	0292 7400 468	0439 1100 703	0585 4800 937	0731 8501 171	0878 2201 405	1024 5901 639	1170 9601 874	1317 3302 108
6833	0146 3486 024	0292 6972 047	0439 0458 071	0585 3944 095	0731 7430 119	0878 0916 142	1024 4402 166	1170 7888 190	1317 1374 213
6834	0146 3271 876	0292 6543 752	0438 9815 628	0585 3087 504	0731 6359 380	0877 9631 255	1024 2903 131	1170 6175 007	1316 9446 883
6835	0146 3057 791	0292 6115 582	0438 9173 372	0585 2231 163	0731 5288 954	0877 8346 745	1024 1404 535	1170 4462 326	1316 7520 117
6836	0146 2843 768	0292 5687 537	0438 8531 305	0585 1375 073	0731 4218 841	0877 7062 610	1023 9906 378	1170 2750 146	1316 5593 915
6837	0146 2629 808	0292 5259 617	0438 7889 425	0585 0519 234	0731 3149 042	0877 5778 850	1023 8408 659	1170 1038 467	1316 3668 276
6838	0146 2415 911	0292 4831 822	0438 7247 733	0584 9663 644	0731 2079 555	0877 4495 467	1023 6911 378	1169 9327 289	1316 1743 200
6839	0146 2202 076	0292 4404 153	0438 6606 229	0584 8808 305	0731 1010 382	0877 3212 458	1023 5414 534	1169 7616 611	1315 9818 687
6840	0146 1988 304	0292 3976 608	0438 5964 912	0584 7953 216	0730 9941 520	0877 1929 825	1023 3918 129	1169 5906 433	1315 7894 737
6841	0146 1774 594	0292 3549 189	0438 5323 783	0584 7098 377	0730 8872 972	0877 0647 566	1023 2422 161	1169 4196 755	1315 5971 349
6842	0146 1560 947	0292 3121 894	0438 4682 841	0584 6243 788	0730 7804 735	0876 9365 683	1023 0926 630	1169 2487 577	1315 4048 524
6843	0146 1347 362	0292 2694 725	0438 4042 087	0584 5389 449	0730 6736 811	0876 8084 174	1022 9431 536	1169 0778 898	1315 2126 260
6844	0146 1133 840	0292 2267 680	0438 3401 520	0584 4535 359	0730 5669 199	0876 6803 039	1022 7936 879	1168 9070 719	1315 0204 559
6845	0146 0920 380	0292 1840 760	0438 2761 140	0584 3681 519	0730 4601 899	0876 5522 279	1022 6442 659	1168 7363 039	1314 8283 419
6846	0146 0706 982	0292 1413 964	0438 2120 947	0584 2827 929	0730 3534 911	0876 4241 893	1022 4948 875	1168 5655 857	1314 6362 840
6847	0146 0493 647	0292 0987 294	0438 1480 941	0584 1974 587	0730 2468 234	0876 2961 881	1022 3455 528	1168 3949 175	1314 4442 822
6848	0146 0280 374	0292 0560 748	0438 0841 121	0584 1121 495	0730 1401 869	0876 1682 243	1022 1962 617	1168 2242 991	1314 2523 364
6849	0146 0067 163	0292 0134 326	0438 0201 489	0584 0268 652	0730 0335 815	0876 0402 979	1022 0470 142	1168 0537 305	1314 0604 468
6850	0145 9854 015	0291 9708 029	0437 9562 044	0583 9416 058	0729 9270 073	0875 9124 088	1021 8978 102	1167 8832 117	1313 8686 131
6851	0145 9640 928	0291 9281 857	0437 8922 785	0583 8563 713	0729 8204 642	0875 7845 570	1021 7486 498	1167 7127 427	1313 6768 355
6852	0145 9427 904	0291 8855 809	0437 8283 713	0583 7711 617	0729 7139 521	0875 6567 426	1021 5995 330	1167 5423 234	1313 4851 138
6853	0145 9214 942	0291 8429 885	0437 7644 827	0583 6859 769	0729 6074 712	0875 5289 654	1021 4504 597	1167 3719 539	1313 2934 481
6854	0145 9002 043	0291 8004 085	0437 7006 128	0583 6008 170	0729 5010 213	0875 4012 256	1021 3014 298	1167 2016 341	1313 1018 383
6855	0145 8789 205	0291 7578 410	0437 6367 615	0583 5156 820	0729 3946 025	0875 2735 230	1021 1524 435	1167 0313 640	1312 9102 845
6856	0145 8576 429	0291 7152 859	0437 5729 288	0583 4305 718	0729 2882 147	0875 1458 576	1021 0035 006	1166 8611 435	1312 7187 865
6857	0145 8363 716	0291 6727 432	0437 5091 148	0583 3454 864	0729 1818 580	0875 0182 295	1020 8546 011	1166 6909 727	1312 5273 443
6858	0145 8151 064	0291 6302 129	0437 4453 193	0583 2604 258	0729 0755 322	0874 8906 387	1020 7057 451	1166 5208 516	1312 3359 580
6859	0145 7938 475	0291 5876 950	0437 3815 425	0583 1753 900	0728 9692 375	0874 7630 850	1020 5569 325	1166 3507 800	1312 1446 275
6860	0145 7725 948	0291 5451 895	0437 3177 843	0583 0903 790	0728 8629 738	0874 6355 685	1020 4081 633	1166 1807 580	1311 9533 528
6861	0145 7513 482	0291 5026 964	0437 2540 446	0583 0053 928	0728 7567 410	0874 5080 892	1020 2594 374	1166 0107 856	1311 7621 338
6862	0145 7301 078	0291 4602 157	0437 1903 235	0582 9204 314	0728 6505 392	0874 3806 470	1020 1107 549	1165 8408 627	1311 5709 706
6863	0145 7088 737	0291 4177 473	0437 1266 210	0582 8354 947	0728 5443 684	0874 2532 420	1019 9621 157	1165 6709 894	1311 3798 630
6864	0145 6876 457	0291 3752 914	0437 0629 371	0582 7505 828	0728 4382 284	0874 1258 741	1019 8135 198	1165 5011 655	1311 1888 112
6865	0145 6664 239	0291 3328 478	0436 9992 717	0582 6656 956	0728 3321 194	0873 9985 433	1019 6649 672	1165 3313 911	1310 9978 150
6866	0145 6452 083	0291 2904 165	0436 9356 248	0582 5808 331	0728 2260 414	0873 8712 496	1019 5164 579	1165 1616 662	1310 8068 745
6867	0145 6239 988	0291 2479 977	0436 8719 965	0582 4959 953	0728 1199 942	0873 7439 930	1019 3679 918	1164 9919 907	1310 6159 895
6868	0145 6027 956	0291 2055 911	0436 8083 867	0582 4111 823	0728 0139 779	0873 6167 734	1019 2195 690	1164 8223 646	1310 4251 602
6869	0145 5815 985	0291 1631 970	0436 7447 955	0582 3263 939	0727 9079 924	0873 4895 909	1019 0711 894	1164 6527 879	1310 2343 864
6870	0145 5604 076	0291 1208 151	0436 6812 227	0582 2416 303	0727 8020 378	0873 3624 454	1018 9228 530	1164 4832 606	1310 0436 681
6871	0145 5392 228	0291 0784 456	0436 6176 685	0582 1568 913	0727 6961 141	0873 2353 369	1018 7745 597	1164 3137 826	1309 8530 054
6872	0145 5180 442	0291 0360 885	0436 5541 327	0582 0721 770	0727 5902 212	0873 1082 654	1018 6263 097	1164 1443 539	1309 6623 981
6873	0145 4968 718	0290 9937 436	0436 4906 155	0581 9874 873	0727 4843 591	0872 9812 309	1018 4781 027	1163 9749 745	1309 4718 464
6874	0145 4757 056	0290 9514 111	0436 4271 167	0581 9028 222	0727 3785 278	0872 8542 333	1018 3299 389	1163 8056 445	1309 2813 500
6875	0145 4545 455	0290 9090 909	0436 3636 364	0581 8181 818	0727 2727 273	0872 7272 727	1018 1818 182	1163 6363 636	1309 0909 091
6876	0145 4333 915	0290 8667 830	0436 3001 745	0581 7335 660	0727 1669 575	0872 6003 490	1018 0337 405	1163 4671 321	1308 9005 236
6877	0145 4122 437	0290 8244 874	0436 2367 311	0581 6489 748	0727 0612 186	0872 4734 623	1017 8857 060	1163 2979 497	1308 7101 934
6878	0145 3911 021	0290 7822 041	0436 1733 062	0581 5644 083	0726 9555 103	0872 3466 124	1017 7377 145	1163 1288 165	1308 5199 186
6879	0145 3699 666	0290 7399 331	0436 1098 997	0581 4798 663	0726 8498 328	0872 2197 994	1017 5897 660	1162 9597 325	1308 3296 991
6880	0145 3488 372	0290 6976 744	0436 0465 116	0581 3953 488	0726 7441 860	0872 0930 233	1017 4418 605	1162 7906 977	1308 1395 349
6881	0145 3277 140	0290 6554 280	0435 9831 420	0581 3108 560	0726 6385 700	0871 9662 840	1017 2939 980	1162 6217 120	1307 9494 260
6882	0145 3065 969	0290 6131 938	0435 9197 908	0581 2263 877	0726 5329 846	0871 8395 815	1017 1461 784	1162 4527 754	1307 7593 723
6883	0145 2854 860	0290 5709 720	0435 8564 579	0581 1419 439	0726 4274 299	0871 7129 159	1016 9984 019	1162 2838 878	1307 5693 738
6884	0145 2643 812	0290 5287 623	0435 7931 435	0581 0575 247	0726 3219 059	0871 5862 870	1016 8506 682	1162 1150 494	1307 3794 306
6885	0145 2432 825	0290 4865 650	0435 7298 475	0580 9731 300	0726 2164 125	0871 4596 950	1016 7029 775	1161 9462 600	1307 1895 425
6886	0145 2221 900	0290 4443 799	0435 6665 699	0580 8887 598	0726 1109 498	0871 3331 397	1016 5553 297	1161 7775 196	1306 9997 096
6887	0145 2011 035	0290 4022 071	0435 6033 106	0580 8044 141	0726 0055 176	0871 2066 212	1016 4077 247	1161 6088 282	1306 8099 318
6888	0145 1800 232	0290 3600 465	0435 5400 697	0580 7200 929	0725 9001 161	0871 0801 394	1016 2601 626	1161 4401 858	1306 6202 091
6889	0145 1589 490	0290 3178 981	0435 4768 471	0580 6357 962	0725 7947 452	0870 9536 943	1016 1126 433	1161 2715 924	1306 4305 414
6890	0145 1378 810	0290 2757 620	0435 4136 430	0580 5515 239	0725 6894 049	0870 8272 859	1015 9651 669	1161 1030 479	1306 2409 289
6891	0145 1168 190	0290 2336 381	0435 3504 571	0580 4672 762	0725 5840 952	0870 7009 142	1015 8177 333	1160 9345 523	1306 0513 714
6892	0145 0957 632	0290 1915 264	0435 2872 896	0580 3830 528	0725 4788 160	0870 5745 792	1015 6703 424	1160 7661 056	1305 8618 688
6893	0145 0747 135	0290 1494 270	0435 2241 404	0580 2988 539	0725 3735 674	0870 4482 809	1015 5229 943	1160 5977 078	1305 6724 213
6894	0145 0536 699	0290 1073 397	0435 1610 096	0580 2146 794	0725 2683 493	0870 3220 191	1015 3756 890	1160 4293 589	1305 4830 287
6895	0145 0326 323	0290 0652 647	0435 0978 970	0580 1305 294	0725 1631 617	0870 1957 941	1015 2284 264	1160 2610 587	1305 2936 911
6896	0145 0116 009	0290 0232 019	0435 0348 028	0580 0464 037	0725 0580 046	0870 0696 056	1015 0812 065	1160 0928 074	1305 1044 084
6897	0144 9905 756	0289 9811 512	0434 9717 268	0579 9623 025	0724 9528 781	0869 9434 537	1014 9340 293	1159 9246 049	1304 9151 805
6898	0144 9695 564	0289 9391 128	0434 9086 692	0579 8782 256	0724 8477 820	0869 8173 384	1014 7868 948	1159 7564 511	1304 7260 075
6899	0144 9485 433	0289 8970 865	0434 8456 298	0579 7941 731	0724 7427 163	0869 6912 596	1014 6398 029	1159 5883 461	1304 5368 894

	1	2	3	4	5	6	7	8	9
6900	0144 9275 362	0289 8550 725	0434 7826 087	0579 7101 440	0724 6376 812	0869 5652 174	1014 4927 536	1159 4202 899	1304 3478 261
6901	0144 9063 353	0289 8130 706	0434 7196 059	0579 6261 411	0724 5326 764	0869 4392 117	1014 3457 470	1159 2522 823	1304 1588 176
6902	0144 8855 404	0289 7710 808	0434 6566 213	0579 5421 617	0724 4277 021	0869 3132 425	1014 1987 830	1159 0843 234	1303 9698 638
6903	0144 8645 516	0289 7291 033	0434 5936 549	0579 4582 066	0724 3227 582	0869 1873 099	1014 0518 615	1158 9164 132	1303 7809 648
6904	0144 8435 680	0289 6871 379	0434 5307 068	0579 3742 758	0724 2178 447	0869 0614 137	1013 9049 826	1158 7485 516	1303 5921 205
6905	0144 8225 923	0289 6451 846	0434 4677 770	0579 2903 693	0724 1129 616	0868 9355 539	1013 7581 463	1158 5807 386	1303 4033 309
6906	0144 8016 218	0289 6032 436	0434 4048 653	0579 2064 871	0724 0081 089	0868 8097 307	1013 6113 524	1158 4129 742	1303 2145 960
6907	0144 7806 573	0289 5613 146	0434 3419 719	0579 1226 292	0723 9032 865	0868 6839 438	1013 4646 011	1158 2452 584	1303 0259 157
6908	0144 7596 989	0289 5193 978	0434 2790 967	0579 0387 956	0723 7984 945	0868 5581 934	1013 3178 923	1158 0775 912	1302 8372 901
6909	0144 7387 466	0289 4774 931	0434 2162 397	0578 9549 862	0723 6937 328	0868 4324 793	1013 1712 259	1157 9099 725	1302 6487 191
6910	0144 7178 003	0289 4356 006	0434 1534 009	0578 8712 012	0723 5890 014	0868 3068 017	1013 0246 020	1157 7424 023	1302 4602 026
6911	0144 6968 601	0289 3937 202	0434 0905 802	0578 7874 403	0723 4843 004	0868 1811 605	1012 8780 205	1157 5748 806	1302 2717 407
6912	0144 6759 259	0289 3518 519	0434 0277 778	0578 7037 037	0723 3796 296	0868 0555 556	1012 7314 815	1157 4074 074	1302 0833 333
6913	0144 6549 978	0289 3099 957	0433 9649 935	0578 6199 913	0723 2749 892	0867 9299 870	1012 5849 848	1157 2399 826	1301 8949 805
6914	0144 6340 758	0289 2681 516	0433 9022 274	0578 5363 032	0723 1703 789	0867 8044 547	1012 4385 305	1157 0726 063	1301 7066 821
6915	0144 6131 598	0289 2263 196	0433 8394 794	0578 4526 392	0723 0657 990	0867 6789 588	1012 2921 186	1156 9052 784	1301 5184 382
6916	0144 5922 499	0289 1844 997	0433 7767 496	0578 3689 994	0722 9612 493	0867 5534 991	1012 1457 490	1156 7379 988	1301 3302 487
6917	0144 5713 460	0289 1426 919	0433 7140 379	0578 2853 838	0722 8567 298	0867 4280 758	1011 9994 217	1156 5707 677	1301 1421 136
6918	0144 5504 481	0289 1008 962	0433 6513 443	0578 2017 924	0722 7522 405	0867 3026 886	1011 8531 367	1156 4035 849	1300 9540 330
6919	0144 5295 563	0289 0591 126	0433 5886 689	0578 1182 252	0722 6477 815	0867 1773 378	1011 7068 941	1156 2364 504	1300 7660 066
6920	0144 5086 705	0289 0173 410	0433 5260 116	0578 0346 821	0722 5433 526	0867 0520 231	1011 5606 936	1156 0693 642	1300 5780 347
6921	0144 4877 908	0288 9755 816	0433 4633 723	0577 9511 631	0722 4389 539	0866 9267 447	1011 4145 355	1155 9023 263	1300 3901 170
6922	0144 4669 171	0288 9338 342	0433 4007 512	0577 8676 683	0722 3345 854	0866 8015 025	1011 2684 195	1155 7353 366	1300 2022 537
6923	0144 4460 494	0288 8920 988	0433 3381 482	0577 7841 976	0722 2302 470	0866 6762 964	1011 1223 458	1155 5683 952	1300 0144 446
6924	0144 4251 878	0288 8503 755	0433 2755 633	0577 7007 510	0722 1259 388	0866 5511 265	1010 9763 143	1155 4015 020	1299 8266 896
6925	0144 4043 321	0288 8086 643	0433 2129 964	0577 6173 285	0722 0216 607	0866 4259 928	1010 8303 249	1155 2346 570	1299 6389 892
6926	0144 3834 825	0288 7669 651	0433 1504 476	0577 5339 301	0721 9174 126	0866 3008 952	1010 6843 777	1155 0678 602	1299 4513 428
6927	0144 3626 389	0288 7252 779	0433 0879 168	0577 4505 558	0721 8131 947	0866 1758 337	1010 5384 726	1154 9011 116	1299 2637 505
6928	0144 3418 014	0288 6836 028	0433 0254 042	0577 3672 055	0721 7090 069	0866 0508 083	1010 3926 097	1154 7344 111	1299 0762 125
6929	0144 3209 698	0288 6419 397	0432 9629 095	0577 2838 793	0721 6048 492	0865 9258 190	1010 2467 889	1154 5677 587	1298 8887 285
6930	0144 3001 443	0288 6002 886	0432 9004 329	0577 2005 772	0721 5007 215	0865 8008 658	1010 1010 101	1154 4011 544	1298 7012 987
6931	0144 2793 248	0288 5586 495	0432 8379 743	0577 1172 991	0721 3966 239	0865 6759 486	1009 9552 734	1154 2345 982	1298 5139 230
6932	0144 2585 113	0288 5170 225	0432 7755 338	0577 0340 450	0721 2925 563	0865 5510 675	1009 8095 788	1154 0680 900	1298 3266 013
6933	0144 2377 037	0288 4754 075	0432 7131 112	0576 9508 149	0721 1885 187	0865 4262 224	1009 6639 262	1153 9016 299	1298 1393 336
6934	0144 2169 022	0288 4338 044	0432 6507 067	0576 8676 089	0721 0845 111	0865 3014 133	1009 5183 155	1153 7352 178	1297 9521 200
6935	0144 1961 067	0288 3922 134	0432 5883 201	0576 7844 208	0720 9805 335	0865 1766 402	1009 3727 469	1153 5688 536	1297 7649 603
6936	0144 1753 172	0288 3506 344	0432 5259 516	0576 7012 687	0720 8765 859	0865 0519 031	1009 2272 203	1153 4025 375	1297 5778 547
6937	0144 1545 337	0288 3090 673	0432 4636 010	0576 6181 346	0720 7726 683	0864 9272 020	1009 0817 356	1153 2362 693	1297 3908 029
6938	0144 1337 561	0288 2675 123	0432 4012 684	0576 5350 248	0720 6687 806	0864 8025 368	1008 9362 929	1153 0700 490	1297 2038 051
6939	0144 1129 846	0288 2259 692	0432 3389 537	0576 4519 383	0720 5649 229	0864 6779 075	1008 7908 921	1152 9038 766	1297 0168 612
6940	0144 0922 190	0288 1844 380	0432 2766 571	0576 3688 761	0720 4610 951	0864 5533 141	1008 6455 331	1152 7377 522	1296 8299 712
6941	0144 0714 594	0288 1429 189	0432 2143 783	0576 2858 378	0720 3572 972	0864 4287 567	1008 5002 161	1152 5716 756	1296 6431 350
6942	0144 0507 058	0288 1014 117	0432 1521 175	0576 2028 234	0720 2535 292	0864 3042 351	1008 3549 409	1152 4056 468	1296 4563 526
6943	0144 0299 582	0288 0599 165	0432 0898 747	0576 1198 329	0720 1497 912	0864 1797 494	1008 2097 076	1152 2396 658	1296 2696 241
6944	0144 0092 166	0288 0184 332	0432 0276 498	0576 0368 664	0720 0460 829	0864 0552 995	1008 0645 161	1152 0737 327	1296 0829 493
6945	0143 9884 809	0287 9769 618	0431 9654 428	0575 9539 237	0719 9424 046	0863 9308 855	1007 9193 665	1151 9078 474	1295 8963 283
6946	0143 9677 512	0287 9355 024	0431 9032 537	0575 8710 049	0719 8387 561	0863 8065 073	1007 7742 586	1151 7420 098	1295 7097 610
6947	0143 9470 275	0287 8940 550	0431 8410 825	0575 7881 100	0719 7351 375	0863 6821 650	1007 6291 925	1151 5762 200	1295 5232 474
6948	0143 9263 097	0287 8526 195	0431 7789 292	0575 7052 380	0719 6315 486	0863 5578 584	1007 4841 681	1151 4104 778	1295 3367 876
6949	0143 9055 979	0287 8111 959	0431 7167 938	0575 6223 917	0719 5279 896	0863 4335 876	1007 3391 855	1151 2447 834	1295 1503 814
6950	0143 8848 921	0287 7697 842	0431 6546 763	0575 5395 683	0719 4244 604	0863 3093 525	1007 1942 446	1151 0791 367	1294 9640 288
6951	0143 8641 922	0287 7283 844	0431 5925 766	0575 4567 688	0719 3209 610	0863 1851 532	1007 0493 484	1150 9135 376	1294 7777 298
6952	0143 8434 983	0287 6869 965	0431 5304 948	0575 3739 931	0719 2174 914	0863 0609 896	1006 9044 879	1150 7479 862	1294 5914 845
6953	0143 8228 103	0287 6456 206	0431 4684 309	0575 2912 412	0719 1140 515	0862 9368 618	1006 7596 721	1150 5824 824	1294 4052 927
6954	0143 8021 283	0287 6042 565	0431 4063 848	0575 2085 131	0719 0106 414	0862 8127 606	1006 6148 979	1150 4170 262	1294 2191 544
6955	0143 7814 522	0287 5629 044	0431 3443 566	0575 1258 088	0718 9072 610	0862 6887 132	1006 4701 653	1150 2516 175	1294 0330 697
6956	0143 7607 821	0287 5215 641	0431 2823 462	0575 0431 282	0718 8039 103	0862 5646 924	1006 3254 744	1150 0862 565	1293 8470 385
6957	0143 7401 179	0287 4802 357	0431 2203 536	0574 9604 715	0718 7005 893	0862 4407 072	1006 1808 251	1149 9209 429	1293 6610 608
6958	0143 7194 596	0287 4389 192	0431 1583 788	0574 8778 385	0718 5972 981	0862 3167 577	1006 0362 173	1149 7556 760	1293 4751 365
6959	0143 6988 073	0287 3976 146	0431 0964 219	0574 7952 292	0718 4940 365	0862 1928 438	1005 8916 511	1149 5904 584	1293 2892 657
6960	0143 6781 609	0287 3563 218	0431 0344 828	0574 7126 437	0718 3908 046	0862 0689 655	1005 7471 264	1149 4252 874	1293 1034 483
6961	0143 6575 205	0287 3150 409	0430 9725 614	0574 6300 819	0718 2876 024	0861 9451 228	1005 6026 433	1149 2601 638	1292 9176 842
6962	0143 6368 860	0287 2737 719	0430 9106 579	0574 5475 438	0718 1844 298	0861 8213 157	1005 4582 017	1149 0950 876	1292 7319 736
6963	0143 6162 574	0287 2325 147	0430 8487 721	0574 4650 294	0718 0812 868	0861 6975 442	1005 3138 015	1148 9300 589	1292 5463 162
6964	0143 5956 347	0287 1912 694	0430 7869 041	0574 3825 388	0717 9781 735	0861 5738 082	1005 1694 429	1148 7650 775	1292 3607 122
6965	0143 5750 179	0287 1500 359	0430 7250 538	0574 3000 718	0717 8750 897	0861 4501 077	1005 0251 256	1148 6001 436	1292 1751 615
6966	0143 5544 071	0287 1088 142	0430 6632 214	0574 2176 285	0717 7720 356	0861 3264 428	1004 8808 498	1148 4352 570	1291 9896 641
6967	0143 5338 022	0287 0676 044	0430 6014 066	0574 1352 088	0717 6690 111	0861 2028 133	1004 7366 155	1148 2704 177	1291 8042 199
6968	0143 5132 032	0287 0264 064	0430 5396 096	0574 0528 120	0717 5660 161	0861 0792 193	1004 5924 225	1148 1056 257	1291 6188 289
6969	0143 4926 101	0286 9852 203	0430 4778 304	0573 9704 405	0717 4630 507	0860 9556 608	1004 4482 709	1147 9408 810	1291 4334 912
6970	0143 4720 230	0286 9440 459	0430 4160 689	0573 8880 918	0717 3601 148	0860 8321 377	1004 3041 607	1147 7761 836	1291 2482 066
6971	0143 4514 417	0286 9028 834	0430 3543 251	0573 8057 667	0717 2572 084	0860 7086 501	1004 1600 918	1147 6115 335	1291 0629 752
6972	0143 4308 663	0286 8617 326	0430 2925 990	0573 7234 653	0717 1543 316	0860 5851 979	1004 0160 643	1147 4469 306	1290 8777 969
6973	0143 4102 969	0286 8205 937	0430 2308 906	0573 6411 874	0717 0514 843	0860 4617 812	1003 8720 780	1147 2823 749	1290 6926 717
6974	0143 3897 333	0286 7794 666	0430 1691 999	0573 5589 332	0716 9486 665	0860 3383 998	1003 7281 331	1147 1178 664	1290 5075 997
6975	0143 3691 756	0286 7383 513	0430 1075 269	0573 4767 025	0716 8458 781	0860 2150 538	1003 5842 294	1146 9534 050	1290 3225 806
6976	0143 3486 239	0286 6972 477	0430 0458 716	0573 3944 954	0716 7431 193	0860 0917 431	1003 4403 670	1146 7889 908	1290 1376 147
6977	0143 3280 780	0286 6561 559	0429 9842 339	0573 3123 119	0716 6403 899	0859 9684 678	1003 2965 458	1146 6246 238	1289 9527 017
6978	0143 3075 380	0286 6150 760	0429 9226 139	0573 2301 519	0716 5376 899	0859 8452 279	1003 1527 658	1146 4603 038	1289 7678 418
6979	0143 2870 039	0286 5740 077	0429 8610 116	0573 1480 155	0716 4350 193	0859 7220 232	1003 0090 271	1146 2960 310	1289 5830 348
6980	0143 2664 756	0286 5329 513	0429 7994 269	0573 0659 026	0716 3323 782	0859 5988 539	1002 8653 295	1146 1318 052	1289 3982 808
6981	0143 2459 533	0286 4919 066	0429 7378 599	0572 9838 132	0716 2297 665	0859 4757 198	1002 7216 731	1145 9676 264	1289 2135 797
6982	0143 2254 368	0286 4508 737	0429 6763 105	0572 9017 474	0716 1271 842	0859 3526 210	1002 5780 579	1145 8034 947	1289 0289 315
6983	0143 2049 262	0286 4098 525	0429 6147 787	0572 8197 050	0716 0246 312	0859 2295 575	1002 4344 837	1145 6394 100	1288 8443 362
6984	0143 1844 215	0286 3688 431	0429 5532 646	0572 7376 861	0715 9221 077	0859 1065 292	1002 2909 507	1145 4753 723	1288 6597 938
6985	0143 1639 227	0286 3278 454	0429 4917 681	0572 6556 908	0715 8196 135	0858 9835 362	1002 1474 588	1145 3113 815	1288 4753 042
6986	0143 1434 297	0286 2868 594	0429 4302 892	0572 5737 189	0715 7171 486	0858 8605 783	1002 0040 080	1145 1474 377	1288 2908 675
6987	0143 1229 426	0286 2458 852	0429 3688 278	0572 4917 704	0715 6147 130	0858 7376 556	1001 8605 983	1144 9835 409	1288 1064 835
6988	0143 1024 614	0286 2049 227	0429 3073 841	0572 4098 454	0715 5123 068	0858 6147 682	1001 7172 295	1144 8196 909	1287 9221 523
6989	0143 0819 860	0286 1639 720	0429 2459 579	0572 3279 439	0715 4099 299	0858 4919 159	1001 5739 018	1144 6558 878	1287 7378 738
6990	0143 0615 165	0286 1230 329	0429 1845 494	0572 2460 658	0715 3075 823	0858 3690 987	1001 4306 152	1144 4921 316	1287 5536 481
6991	0143 0410 528	0286 0821 056	0429 1231 583	0572 1642 111	0715 2052 639	0858 2463 167	1001 2873 695	1144 3284 223	1287 3694 750
6992	0143 0205 950	0286 0411 899	0429 0617 849	0572 0823 709	0715 1029 748	0858 1235 698	1001 1441 648	1144 1647 597	1287 1853 547
6993	0143 0001 430	0286 0002 860	0429 0004 290	0572 0005 720	0715 0007 150	0858 0008 580	1001 0010 010	1144 0011 440	1287 0012 870
6994	0142 9796 969	0285 9593 938	0428 9390 906	0571 9187 875	0714 8984 844	0857 8781 813	1000 8578 782	1143 8375 751	1286 8172 719
6995	0142 9592 566	0285 9185 132	0428 8777 698	0571 8370 264	0714 7962 831	0857 7555 397	1000 7147 963	1143 6740 520	1286 6333 095
6996	0142 9388 222	0285 8776 444	0428 8164 666	0571 7552 887	0714 6941 109	0857 6329 331	1000 5717 553	1143 5105 775	1286 4493 997
6997	0142 9183 936	0285 8367 872	0428 7551 808	0571 6735 744	0714 5919 680	0857 5103 616	1000 4287 552	1143 3471 488	1286 2655 424
6998	0142 8979 708	0285 7959 417	0428 6939 125	0571 5918 834	0714 4898 542	0857 3878 251	1000 2857 959	1143 1837 668	1286 0817 376
6999	0142 8775 539	0285 7551 079	0428 6326 618	0571 5102 157	0714 3877 697	0857 2653 236	1000 1428 776	1143 0204 315	1285 8979 854

	1	2	3	4	5	6	7	8	9
7000	0142 8571 429	0285 7142 857	0428 5714 286	0571 4285 714	0714 2857 143	0857 1428 571	1000 0000 000	1142 8571 429	1285 7142 857
7001	0142 8367 376	0285 6734 752	0428 5102 128	0571 3469 504	0714 1836 880	0857 0204 257	0999 8571 633	1142 6939 009	1285 5306 385
7002	0142 8163 382	0285 6326 764	0428 4490 146	0571 2653 528	0714 0816 909	0856 8980 291	0999 7143 673	1142 5307 055	1285 3470 437
7003	0142 7959 446	0285 5918 892	0428 3878 338	0571 1837 784	0713 9797 230	0856 7756 676	0999 5716 122	1142 3675 568	1285 1635 014
7004	0142 7755 568	0285 5511 136	0428 3266 705	0571 1022 273	0713 8777 841	0856 6533 410	0999 4288 978	1142 2044 546	1284 9800 114
7005	0142 7551 749	0285 5103 498	0428 2655 246	0571 0206 995	0713 7758 744	0856 5310 493	0999 2862 241	1142 0413 990	1284 7965 739
7006	0142 7347 987	0285 4695 975	0428 2043 962	0570 9391 950	0713 6739 937	0856 4087 925	0999 1435 912	1141 8783 900	1284 6131 887
7007	0142 7144 284	0285 4288 569	0428 1432 853	0570 8577 137	0713 5721 421	0856 2865 706	0999 0009 990	1141 7154 274	1284 4298 559
7008	0142 6940 639	0285 3881 270	0428 0821 918	0570 7762 557	0713 4703 196	0856 1643 836	0998 8584 475	1141 5525 114	1284 2465 753
7009	0142 6737 052	0285 3474 105	0428 0211 157	0570 6948 209	0713 3685 262	0856 0422 314	0998 7159 367	1141 3896 419	1284 0633 471
7010	0142 6533 524	0285 3067 047	0427 9600 571	0570 6134 094	0713 2667 618	0855 9201 141	0998 5734 665	1141 2268 188	1283 8801 712
7011	0142 6330 053	0285 2660 106	0427 8990 158	0570 5320 211	0713 1650 264	0855 7980 317	0998 4310 369	1141 0640 422	1283 6970 475
7012	0142 6126 640	0285 2253 280	0427 8379 920	0570 4506 560	0713 0633 200	0855 6759 840	0998 2886 480	1140 9013 120	1283 5139 760
7013	0142 5923 285	0285 1846 571	0427 7769 856	0570 3693 141	0712 9616 427	0855 5539 712	0998 1462 997	1140 7386 283	1283 3309 568
7014	0142 5719 989	0285 1439 977	0427 7159 966	0570 2879 954	0712 8599 943	0855 4319 932	0998 0039 920	1140 5759 909	1283 1479 897
7015	0142 5516 750	0285 1033 500	0427 6550 249	0570 2066 999	0712 7583 749	0855 3100 499	0997 8617 249	1140 4133 999	1282 9650 748
7016	0142 5313 569	0285 0627 138	0427 5940 707	0570 1254 276	0712 6567 845	0855 1881 414	0997 7194 983	1140 2508 552	1282 7822 121
7017	0142 5110 446	0285 0220 892	0427 5331 338	0570 0441 784	0712 5552 230	0855 0662 676	0997 5773 122	1140 0883 568	1282 5994 015
7018	0142 4907 381	0284 9814 762	0427 4722 143	0569 9629 524	0712 4536 905	0854 9444 286	0997 4351 667	1139 9259 048	1282 4166 429
7019	0142 4704 374	0284 9408 748	0427 4113 122	0569 8817 495	0712 3521 869	0854 8226 243	0997 2930 617	1139 7634 991	1282 2339 365
7020	0142 4501 425	0284 9002 849	0427 3504 274	0569 8005 698	0712 2507 123	0854 7008 547	0997 1509 072	1139 6011 396	1282 0512 820
7021	0142 4298 533	0284 8597 066	0427 2895 599	0569 7194 132	0712 1492 665	0854 5791 198	0997 0089 731	1139 4388 264	1281 8686 797
7022	0142 4095 699	0284 8191 398	0427 2287 098	0569 6382 797	0712 0478 496	0854 4574 195	0996 8669 895	1139 2765 594	1281 6861 293
7023	0142 3892 923	0284 7785 847	0427 1678 770	0569 5571 693	0711 9464 616	0854 3357 540	0996 7250 463	1139 1143 386	1281 5036 309
7024	0142 3690 205	0284 7380 410	0427 1070 615	0569 4760 820	0711 8451 025	0854 2141 230	0996 5831 435	1138 9521 640	1281 3211 845
7025	0142 3487 544	0284 6975 089	0427 0462 633	0569 3950 178	0711 7437 722	0854 0925 267	0996 4412 811	1138 7900 356	1281 1387 900
7026	0142 3284 942	0284 6569 883	0426 9854 825	0569 3139 767	0711 6424 708	0853 9709 650	0996 2994 592	1138 6279 533	1280 9564 475
7027	0142 3082 396	0284 6164 793	0426 9247 189	0569 2329 586	0711 5411 982	0853 8494 379	0996 1576 775	1138 4659 172	1280 7741 568
7028	0142 2879 909	0284 5759 818	0426 8639 727	0569 1519 636	0711 4399 545	0853 7279 454	0996 0159 363	1138 3039 272	1280 5919 180
7029	0142 2677 479	0284 5354 958	0426 8032 437	0569 0709 916	0711 3387 395	0853 6064 874	0995 8742 353	1138 1419 832	1280 4097 311
7030	0142 2475 107	0284 4950 213	0426 7425 320	0568 9900 427	0711 2375 533	0853 4850 640	0995 7325 747	1137 9800 854	1280 2275 960
7031	0142 2272 792	0284 4545 584	0426 6818 376	0568 9091 168	0711 1363 960	0853 3636 752	0995 5909 543	1137 8182 335	1280 0455 197
7032	0142 2070 535	0284 4141 069	0426 6211 604	0568 8282 139	0711 0352 674	0853 2423 208	0995 4493 743	1137 6564 278	1279 8634 812
7033	0142 1868 335	0284 3736 670	0426 5605 005	0568 7473 340	0710 9341 675	0853 1210 010	0995 3078 345	1137 4946 680	1279 6815 015
7034	0142 1666 193	0284 3332 386	0426 4998 578	0568 6664 771	0710 8330 964	0852 9997 157	0995 1663 349	1137 3329 542	1279 4995 735
7035	0142 1464 108	0284 2928 216	0426 4392 324	0568 5856 432	0710 7320 540	0852 8784 648	0995 0248 756	1137 1712 864	1279 3176 972
7036	0142 1262 081	0284 2524 161	0426 3786 242	0568 5048 323	0710 6310 404	0852 7572 484	0994 8834 565	1137 0096 646	1279 1358 727
7037	0142 1060 111	0284 2120 222	0426 3180 333	0568 4240 443	0710 5300 554	0852 6360 665	0994 7420 776	1136 8480 887	1278 9540 998
7038	0142 0858 198	0284 1716 397	0426 2574 595	0568 3432 793	0710 4290 992	0852 5149 190	0994 6007 388	1136 6865 587	1278 7723 785
7039	0142 0656 343	0284 1312 686	0426 1969 030	0568 2625 373	0710 3281 716	0852 3938 059	0994 4594 403	1136 5250 746	1278 5907 089
7040	0142 0454 545	0284 0909 091	0426 1363 636	0568 1818 182	0710 2272 727	0852 2727 273	0994 3181 818	1136 3636 364	1278 4090 909
7041	0142 0252 805	0284 0505 610	0426 0758 415	0568 1011 220	0710 1264 025	0852 1516 830	0994 1769 635	1136 2022 440	1278 2275 243
7042	0142 0051 122	0284 0102 244	0426 0153 366	0568 0204 487	0710 0255 609	0852 0306 731	0994 0357 853	1136 0408 975	1278 0460 097
7043	0141 9849 496	0283 9698 992	0425 9548 488	0567 9397 984	0709 9247 480	0851 9096 976	0993 8946 472	1135 8795 968	1277 8645 464
7044	0141 9647 927	0283 9295 855	0425 8943 782	0567 8591 709	0709 8239 637	0851 7887 564	0993 7535 491	1135 7183 418	1277 6831 346
7045	0141 9446 416	0283 8892 832	0425 8339 248	0567 7785 664	0709 7232 080	0851 6678 495	0993 6124 911	1135 5571 327	1277 5017 743
7046	0141 9244 962	0283 8489 923	0425 7734 885	0567 6979 847	0709 6224 808	0851 5469 770	0993 4714 732	1135 3959 693	1277 3204 655
7047	0141 9043 565	0283 8087 129	0425 7130 694	0567 6174 259	0709 5217 823	0851 4261 388	0993 3304 952	1135 2348 517	1277 1392 082
7048	0141 8842 225	0283 7684 449	0425 6526 674	0567 5368 899	0709 4211 124	0851 3053 348	0993 1895 573	1135 0737 798	1276 9580 023
7049	0141 8640 942	0283 7281 884	0425 5922 826	0567 4563 768	0709 3204 710	0851 1845 652	0993 0486 594	1134 9127 536	1276 7768 478
7050	0141 8439 716	0283 6879 433	0425 5319 149	0567 3758 865	0709 2198 582	0851 0638 298	0992 9078 014	1134 7517 730	1276 5957 447
7051	0141 8238 548	0283 6477 095	0425 4715 643	0567 2954 191	0709 1192 730	0850 9431 286	0992 7669 834	1134 5908 382	1276 4146 929
7052	0141 8037 436	0283 6074 872	0425 4112 309	0567 2149 745	0709 0187 181	0850 8224 617	0992 6262 053	1134 4299 400	1276 2336 926
7053	0141 7836 382	0283 5672 763	0425 3509 145	0567 1345 527	0708 9181 908	0850 7018 290	0992 4854 672	1134 2691 053	1276 0527 435
7054	0141 7635 384	0283 5270 768	0425 2906 153	0567 0541 537	0708 8176 921	0850 5812 305	0992 3447 689	1134 1083 073	1275 8718 458
7055	0141 7434 444	0283 4868 887	0425 2303 331	0566 9737 775	0708 7172 218	0850 4606 662	0992 2041 106	1133 9475 549	1275 6909 993
7056	0141 7233 560	0283 4467 120	0425 1700 680	0566 8934 240	0708 6167 800	0850 3401 361	0992 0634 921	1133 7868 481	1275 5102 041
7057	0141 7032 733	0283 4065 467	0425 1098 200	0566 8130 934	0708 5163 667	0850 2196 401	0991 9229 134	1133 6261 868	1275 3294 601
7058	0141 6831 964	0283 3663 927	0425 0495 891	0566 7327 855	0708 4159 819	0850 0991 782	0991 7823 746	1133 4655 710	1275 1487 674
7059	0141 6631 251	0283 3262 502	0424 9893 753	0566 6525 004	0708 3156 254	0849 9787 505	0991 6418 756	1133 3050 007	1274 9681 258
7060	0141 6430 595	0283 2861 190	0424 9291 785	0566 5722 380	0708 2152 975	0849 8583 569	0991 5014 164	1133 1444 759	1274 7875 354
7061	0141 6229 996	0283 2459 992	0424 8689 987	0566 4919 983	0708 1149 979	0849 7379 975	0991 3609 970	1132 9839 966	1274 6069 962
7062	0141 6029 453	0283 2058 907	0424 8088 360	0566 4117 814	0708 0147 267	0849 6176 720	0991 2206 174	1132 8235 627	1274 4265 081
7063	0141 5828 968	0283 1657 936	0424 7486 904	0566 3315 871	0707 9144 830	0849 4973 807	0991 0802 775	1132 6631 743	1274 2460 711
7064	0141 5628 539	0283 1257 078	0424 6885 617	0566 2514 156	0707 8142 695	0849 3771 234	0990 9399 773	1132 5028 313	1274 0656 852
7065	0141 5428 167	0283 0856 334	0424 6284 501	0566 1712 668	0707 7140 835	0849 2569 002	0990 7997 169	1132 3425 336	1273 8853 503
7066	0141 5227 852	0283 0455 703	0424 5683 555	0566 0911 407	0707 6139 258	0849 1367 110	0990 6594 962	1132 1822 813	1273 7050 665
7067	0141 5027 593	0283 0055 186	0424 5082 779	0566 0110 372	0707 5137 965	0849 0165 558	0990 5193 151	1132 0220 744	1273 5248 337
7068	0141 4827 391	0282 9654 782	0424 4482 173	0565 9309 564	0707 4136 955	0848 8964 346	0990 3791 737	1131 8619 128	1273 3446 520
7069	0141 4627 246	0282 9254 491	0424 3881 737	0565 8508 983	0707 3136 229	0848 7763 474	0990 2390 720	1131 7017 966	1273 1645 211
7070	0141 4427 157	0282 8854 314	0424 3281 471	0565 7708 628	0707 2135 785	0848 6562 942	0990 0990 099	1131 5417 256	1272 9844 413
7071	0141 4227 125	0282 8454 250	0424 2681 375	0565 6908 499	0707 1135 624	0848 5362 749	0989 9589 874	1131 3816 999	1272 8044 124
7072	0141 4027 149	0282 8054 299	0424 2081 448	0565 6108 597	0707 0135 747	0848 4162 896	0989 8190 045	1131 2217 195	1272 6244 344
7073	0141 3827 230	0282 7654 461	0424 1481 691	0565 5308 921	0706 9136 152	0848 2963 382	0989 6790 612	1131 0617 842	1272 4445 073
7074	0141 3627 368	0282 7254 736	0424 0882 103	0565 4509 471	0706 8136 839	0848 1764 207	0989 5391 575	1130 9018 943	1272 2646 310
7075	0141 3427 562	0282 6855 124	0424 0282 686	0565 3710 247	0706 7137 809	0848 0565 371	0989 3992 933	1130 7420 495	1272 0848 057
7076	0141 3227 812	0282 6455 625	0423 9683 437	0565 2911 249	0706 6139 062	0847 9366 874	0989 2594 686	1130 5822 499	1271 9050 311
7077	0141 3028 119	0282 6056 239	0423 9084 358	0565 2112 477	0706 5140 596	0847 8168 716	0989 1196 835	1130 4224 954	1271 7253 073
7078	0141 2828 483	0282 5656 965	0423 8485 448	0565 1313 930	0706 4142 413	0847 6970 896	0988 9790 378	1130 2627 861	1271 5456 344
7079	0141 2628 902	0282 5257 805	0423 7886 707	0565 0515 610	0706 3144 512	0847 5773 414	0988 8402 347	1130 1031 219	1271 3660 122
7080	0141 2429 379	0282 4858 757	0423 7288 136	0564 9717 514	0706 2146 893	0847 4576 271	0988 7005 680	1129 9435 028	1271 1864 407
7081	0141 2229 911	0282 4459 822	0423 6689 733	0564 8919 644	0706 1149 555	0847 3379 466	0988 5609 377	1129 7839 288	1271 0069 199
7082	0141 2030 500	0282 4061 000	0423 6091 500	0564 8121 999	0706 0152 499	0847 2182 999	0988 4213 499	1129 6243 999	1270 8274 499
7083	0141 1831 145	0282 3662 290	0423 5493 435	0564 7324 580	0705 9155 725	0847 0986 870	0988 2818 015	1129 4649 160	1270 6480 305
7084	0141 1631 846	0282 3263 693	0423 4895 539	0564 6527 386	0705 8159 232	0846 9791 078	0988 1422 925	1129 3054 771	1270 4686 618
7085	0141 1432 604	0282 2865 208	0423 4297 812	0564 5730 416	0705 7163 020	0846 8595 625	0988 0028 229	1129 1460 833	1270 2893 437
7086	0141 1233 418	0282 2466 836	0423 3700 254	0564 4933 672	0705 6167 090	0846 7400 508	0987 8633 926	1128 9867 344	1270 1100 762
7087	0141 1034 288	0282 2068 576	0423 3102 864	0564 4137 153	0705 5171 441	0846 6205 729	0987 7240 017	1128 8274 305	1269 9308 593
7088	0141 0835 214	0282 1670 429	0423 2505 643	0564 3340 858	0705 4176 072	0846 5011 287	0987 5846 501	1128 6681 716	1269 7516 930
7089	0141 0636 197	0282 1272 394	0423 1908 591	0564 2544 788	0705 3180 985	0846 3817 182	0987 4453 379	1128 5089 575	1269 5725 772
7090	0141 0437 236	0282 0874 471	0423 1311 707	0564 1748 942	0705 2186 178	0846 2623 413	0987 3060 649	1128 3497 881	1269 3935 120
7091	0141 0238 330	0282 0476 661	0423 0714 991	0564 0953 321	0705 1191 651	0846 1429 982	0987 1668 312	1128 1906 642	1269 2144 973
7092	0141 0039 481	0282 0078 962	0423 0118 443	0564 0157 924	0705 0197 406	0846 0236 887	0987 0276 368	1128 0315 849	1269 0355 330
7093	0140 9840 688	0281 9681 376	0422 9522 064	0563 9362 752	0704 9203 440	0845 9044 128	0986 8884 816	1127 8725 504	1268 8560 192
7094	0140 9641 951	0281 9283 902	0422 8925 853	0563 8567 804	0704 8209 755	0845 7851 706	0986 7493 657	1127 7135 608	1268 6777 558
7095	0140 9443 270	0281 8886 540	0422 8329 810	0563 7773 080	0704 7216 350	0845 6659 619	0986 6102 889	1127 5546 159	1268 4989 429
7096	0140 9244 645	0281 8489 290	0422 7733 935	0563 6978 579	0704 6223 224	0845 5467 860	0986 4712 514	1127 3957 159	1268 3201 804
7097	0140 9046 076	0281 8092 152	0422 7138 227	0563 6184 303	0704 5230 379	0845 4276 455	0986 3322 531	1127 2368 606	1268 1414 682
7098	0140 8847 563	0281 7695 125	0422 6542 688	0563 5390 251	0704 4237 813	0845 3085 376	0986 1932 939	1127 0780 502	1267 9628 064
7099	0140 8649 106	0281 7298 211	0422 5947 317	0563 4596 422	0704 3245 528	0845 1894 633	0986 0543 739	1126 9192 844	1267 7841 950

	1	2	3	4	5	6	7	8	9
7100	0140 8450 704	0281 6901 408	0422 5352 113	0563 3802 817	0704 2253 521	0845 0704 225	0985 9154 930	1126 7605 634	1267 6056 338
7101	0140 8252 359	0281 6504 718	0422 4757 076	0563 3000 435	0704 1261 794	0844 9514 153	0985 7766 512	1126 6018 871	1267 4271 229
7102	0140 8054 069	0281 6108 139	0422 4162 208	0563 2216 277	0704 0270 346	0844 8324 416	0985 6378 485	1126 4432 554	1267 2486 624
7103	0140 7855 836	0281 5711 671	0422 3567 507	0563 1423 342	0703 9279 178	0844 7135 013	0985 4990 849	1126 2846 684	1267 0702 520
7104	0140 7657 658	0281 5315 315	0422 2972 973	0563 0630 631	0703 8288 288	0844 5945 946	0985 3603 604	1126 1261 261	1266 8918 919
7105	0140 7459 536	0281 4919 071	0422 2378 607	0562 9838 142	0703 7297 678	0844 4757 213	0985 2216 749	1125 9676 284	1266 7135 820
7106	0140 7261 469	0281 4522 938	0422 1784 408	0562 9045 877	0703 6307 346	0844 3568 815	0985 0830 284	1125 8091 753	1266 5353 223
7107	0140 7063 459	0281 4126 917	0422 1190 376	0562 8253 834	0703 5317 293	0844 2380 751	0984 9444 210	1125 6507 668	1266 3571 427
7108	0140 6865 504	0281 3731 007	0422 0596 511	0562 7462 015	0703 4327 548	0844 1193 022	0984 8058 526	1125 4924 029	1266 1789 533
7109	0140 6667 604	0281 3335 209	0422 0002 813	0562 6670 418	0703 3338 022	0844 0005 627	0984 6673 231	1125 3340 836	1266 0008 440
7110	0140 6469 761	0281 2939 522	0421 9409 283	0562 5879 044	0703 2348 805	0843 8818 565	0984 5288 326	1125 1758 087	1265 8227 848
7111	0140 6271 973	0281 2543 946	0421 8815 919	0562 5087 892	0703 1359 865	0843 7631 838	0984 3903 811	1125 0175 784	1265 6447 757
7112	0140 6074 241	0281 2148 481	0421 8222 722	0562 4296 963	0703 0371 204	0843 6445 444	0984 2519 686	1124 8593 926	1265 4668 166
7113	0140 5876 564	0281 1753 128	0421 7629 692	0562 3506 256	0702 9382 820	0843 5259 384	0984 1135 948	1124 7012 512	1265 2889 076
7114	0140 5678 943	0281 1357 886	0421 7036 829	0562 2715 772	0702 8394 715	0843 4073 658	0983 9752 601	1124 5431 543	1265 1110 486
7115	0140 5481 377	0281 0962 755	0421 6444 132	0562 1925 509	0702 7406 887	0843 2888 264	0983 8369 642	1124 3851 019	1264 9332 396
7116	0140 5283 867	0281 0567 735	0421 5851 602	0562 1135 460	0702 6419 337	0843 1703 204	0983 6987 071	1124 2270 939	1264 7554 806
7117	0140 5086 413	0281 0172 826	0421 5259 238	0562 0345 651	0702 5432 064	0843 0518 477	0983 5604 890	1124 0691 302	1264 5777 715
7118	0140 4889 014	0280 9778 028	0421 4667 041	0561 9556 055	0702 4445 069	0842 9334 083	0983 4223 096	1123 9112 110	1264 4001 124
7119	0140 4691 670	0280 9383 340	0421 4075 011	0561 8766 681	0702 3458 351	0842 8150 021	0983 2841 691	1123 7533 361	1264 2225 032
7120	0140 4494 382	0280 8988 764	0421 3483 146	0561 7977 528	0702 2471 910	0842 6966 292	0983 1460 674	1123 5955 056	1264 0449 438
7121	0140 4297 149	0280 8594 299	0421 2891 448	0561 7188 597	0702 1485 746	0842 5782 896	0983 0080 045	1123 4377 194	1263 8674 344
7122	0140 4099 972	0280 8199 944	0421 2299 916	0561 6399 888	0702 0499 860	0842 4599 832	0982 8699 802	1123 2799 775	1263 6899 747
7123	0140 3902 850	0280 7805 700	0421 1708 550	0561 5611 400	0701 9514 250	0842 3417 100	0982 7319 949	1123 1222 790	1263 5125 649
7124	0140 3705 783	0280 7411 567	0421 1117 350	0561 4823 133	0701 8528 916	0842 2234 700	0982 5940 483	1122 9646 266	1263 3352 049
7125	0140 3508 772	0280 7017 544	0421 0526 316	0561 4035 088	0701 7543 860	0842 1052 632	0982 4561 404	1122 8070 175	1263 1578 947
7126	0140 3311 816	0280 6623 632	0420 9935 448	0561 3247 264	0701 6559 079	0841 9870 896	0982 3182 711	1122 6494 527	1262 9806 343
7127	0140 3114 915	0280 6229 830	0420 9344 745	0561 2459 660	0701 5574 576	0841 8689 491	0982 1804 406	1122 4919 321	1262 8034 236
7128	0140 2918 070	0280 5836 139	0420 8754 209	0561 1672 278	0701 4590 348	0841 7508 418	0982 0426 487	1122 3344 557	1262 6262 626
7129	0140 2721 279	0280 5442 539	0420 8163 838	0561 0885 117	0701 3606 396	0841 6327 676	0981 9048 955	1122 1770 234	1262 4491 514
7130	0140 2524 544	0280 5049 088	0420 7573 635	0561 0098 177	0701 2622 731	0841 5147 265	0981 7671 800	1122 0196 353	1262 2720 898
7131	0140 2327 864	0280 4655 729	0420 6983 593	0560 9311 457	0701 1639 321	0841 3967 186	0981 6295 050	1121 8622 914	1262 0950 778
7132	0140 2131 230	0280 4262 479	0420 6393 718	0560 8524 958	0701 0656 197	0841 2787 437	0981 4918 676	1121 7049 916	1261 9181 155
7133	0140 1934 670	0280 3869 340	0420 5804 010	0560 7738 679	0700 9673 349	0841 1608 019	0981 3542 689	1121 5477 350	1261 7412 029
7134	0140 1738 155	0280 3476 311	0420 5214 406	0560 6952 621	0700 8690 777	0841 0428 932	0981 2167 087	1121 3905 242	1261 5643 398
7135	0140 1541 696	0280 3083 392	0420 4625 088	0560 6166 783	0700 7708 479	0840 9250 175	0981 0791 871	1121 2333 567	1261 3875 263
7136	0140 1345 291	0280 2690 583	0420 4035 874	0560 5381 166	0700 6726 457	0840 8071 749	0980 9417 040	1121 0762 332	1261 2107 623
7137	0140 1148 942	0280 2297 884	0420 3446 826	0560 4595 769	0700 5744 711	0840 6893 653	0980 8042 595	1120 9191 537	1261 0340 479
7138	0140 0952 648	0280 1905 296	0420 2857 943	0560 3810 591	0700 4763 230	0840 5715 887	0980 6668 535	1120 7621 182	1260 8573 830
7139	0140 0756 408	0280 1512 817	0420 2269 225	0560 3025 634	0700 3782 042	0840 4538 451	0980 5294 859	1120 6051 268	1260 6807 676
7140	0140 0560 224	0280 1120 448	0420 1680 672	0560 2240 896	0700 2801 120	0840 3361 343	0980 3921 569	1120 4481 793	1260 5042 017
7141	0140 0364 095	0280 0728 189	0420 1092 284	0560 1456 379	0700 1820 473	0840 2184 568	0980 2548 663	1120 2912 757	1260 3276 852
7142	0140 0168 020	0280 0336 040	0420 0504 060	0560 0672 081	0700 0840 101	0840 1008 121	0980 1176 141	1120 1344 161	1260 1512 181
7143	0139 9972 001	0279 9944 001	0419 9916 002	0559 9888 002	0699 9860 003	0839 9832 003	0979 9804 004	1119 9776 004	1259 9748 005
7144	0139 9776 036	0279 9552 072	0419 9328 107	0559 9104 143	0699 8880 179	0839 8656 215	0979 8432 251	1119 8208 287	1259 7984 322
7145	0139 9580 126	0279 9160 252	0419 8740 378	0559 8320 504	0699 7900 630	0839 7480 756	0979 7060 882	1119 6641 008	1259 6221 134
7146	0139 9384 271	0279 8768 542	0419 8152 813	0559 7537 084	0699 6921 355	0839 6305 626	0979 5689 896	1119 5074 167	1259 4458 438
7147	0139 9188 471	0279 8376 941	0419 7565 412	0559 6753 883	0699 5942 353	0839 5130 824	0979 4319 295	1119 3507 766	1259 2696 236
7148	0139 8992 725	0279 7985 450	0419 6978 176	0559 5970 901	0699 4963 026	0839 3956 351	0979 2949 077	1119 1941 802	1259 0934 527
7149	0139 8797 035	0279 7594 069	0419 6391 104	0559 5188 138	0699 3985 173	0839 2782 207	0979 1579 242	1119 0376 276	1258 9173 312
7150	0139 8601 399	0279 7202 797	0419 5804 196	0559 4405 594	0699 3006 993	0839 1608 392	0979 0209 790	1118 8811 189	1258 7412 587
7151	0139 8405 817	0279 6811 635	0419 5217 452	0559 3623 269	0699 2020 087	0839 0434 904	0978 8840 722	1118 7246 539	1258 5652 356
7152	0139 8210 291	0279 6420 582	0419 4630 872	0559 2841 163	0699 1051 454	0838 9261 745	0978 7472 036	1118 5682 327	1258 3892 617
7153	0139 8014 819	0279 6029 638	0419 4044 457	0559 2059 276	0699 0074 095	0838 8088 914	0978 6103 733	1118 4118 552	1258 2133 371
7154	0139 7819 402	0279 5638 803	0419 3458 205	0559 1277 607	0698 9097 009	0838 6916 410	0978 4735 812	1118 2555 214	1258 0374 616
7155	0139 7624 039	0279 5248 078	0419 2872 117	0559 0496 157	0698 8120 196	0838 5744 235	0978 3368 274	1118 0992 313	1257 8616 352
7156	0139 7428 731	0279 4857 462	0419 2286 193	0558 9714 925	0698 7143 656	0838 4572 387	0978 2001 118	1117 9429 849	1257 6858 580
7157	0139 7233 478	0279 4466 955	0419 1700 433	0558 8933 911	0698 6167 389	0838 3400 866	0978 0634 344	1117 7867 822	1257 5101 299
7158	0139 7038 279	0279 4076 558	0419 1114 837	0558 8153 115	0698 5191 394	0838 2229 673	0977 9267 952	1117 6306 231	1257 3344 510
7159	0139 6843 135	0279 3686 269	0419 0529 404	0558 7372 538	0698 4215 673	0838 1058 807	0977 7901 042	1117 4745 076	1257 1588 241
7160	0139 6648 045	0279 3296 089	0418 9944 134	0558 6592 179	0698 3240 223	0837 9888 268	0977 6536 313	1117 3184 358	1256 9832 402
7161	0139 6453 009	0279 2906 019	0418 9359 028	0558 5812 037	0698 2265 047	0837 8718 056	0977 5171 066	1117 1624 075	1256 8077 084
7162	0139 6258 028	0279 2516 057	0418 8774 085	0558 5032 114	0698 1290 142	0837 7548 171	0977 3806 199	1117 0064 228	1256 6322 256
7163	0139 6063 102	0279 2126 204	0418 8189 306	0558 4252 408	0698 0315 510	0837 6378 612	0977 2441 714	1116 8504 816	1256 4567 918
7164	0139 5868 230	0279 1736 460	0418 7604 690	0558 3472 920	0697 9341 150	0837 5209 380	0977 1077 610	1116 6945 840	1256 2814 070
7165	0139 5673 412	0279 1346 825	0418 7020 237	0558 2693 650	0697 8367 062	0837 4040 475	0976 9713 887	1116 5387 299	1256 1060 712
7166	0139 5478 649	0279 0957 298	0418 6435 948	0558 1914 597	0697 7393 246	0837 2871 895	0976 8350 544	1116 3829 193	1255 9307 843
7167	0139 5283 940	0279 0567 881	0418 5851 821	0558 1135 761	0697 6419 701	0837 1703 642	0976 6987 582	1116 2271 522	1255 7555 463
7168	0139 5089 286	0279 0178 571	0418 5267 857	0558 0357 143	0697 5446 429	0837 0535 714	0976 5625 000	1116 0714 286	1255 5803 571
7169	0139 4894 685	0278 9789 371	0418 4684 056	0557 9578 742	0697 4473 427	0836 9368 113	0976 4262 798	1115 9157 484	1255 4052 169
7170	0139 4700 139	0278 9400 279	0418 4100 418	0557 8800 558	0697 3500 697	0836 8200 837	0976 2900 976	1115 7601 116	1255 2301 255
7171	0139 4505 648	0278 9011 296	0418 3516 943	0557 8022 591	0697 2528 239	0836 7033 887	0976 1539 534	1115 6045 182	1255 0550 830
7172	0139 4311 210	0278 8622 421	0418 2933 631	0557 7244 841	0697 1556 051	0836 5867 262	0976 0178 472	1115 4489 682	1254 8800 892
7173	0139 4116 827	0278 8233 654	0418 2350 481	0557 6467 308	0697 0584 135	0836 4700 962	0975 8817 789	1115 2934 616	1254 7051 443
7174	0139 3922 498	0278 7844 996	0418 1767 494	0557 5689 992	0696 9612 490	0836 3534 987	0975 7457 485	1115 1379 983	1254 5302 481
7175	0139 3728 223	0278 7456 446	0418 1184 669	0557 4912 892	0696 8641 115	0836 2369 338	0975 6097 561	1114 9825 784	1254 3554 007
7176	0139 3534 002	0278 7068 004	0418 0602 007	0557 4136 009	0696 7670 011	0836 1204 013	0975 4738 016	1114 8272 018	1254 1806 020
7177	0139 3339 836	0278 6679 671	0418 0019 507	0557 3359 342	0696 6699 178	0836 0039 014	0975 3378 849	1114 6718 685	1254 0058 520
7178	0139 3145 723	0278 6291 446	0417 9437 169	0557 2582 892	0696 5728 615	0835 8874 338	0975 2020 061	1114 5165 784	1253 8311 507
7179	0139 2951 665	0278 5903 329	0417 8854 994	0557 1806 658	0696 4758 323	0835 7709 987	0975 0661 652	1114 3613 317	1253 6564 981
7180	0139 2757 660	0278 5515 320	0417 8272 980	0557 1030 641	0696 3788 301	0835 6545 961	0974 9303 021	1114 2061 281	1253 4818 941
7181	0139 2563 710	0278 5127 420	0417 7691 129	0557 0254 839	0696 2818 549	0835 5382 259	0974 7945 969	1114 0509 678	1253 3073 388
7182	0139 2369 813	0278 4739 627	0417 7109 440	0556 9479 254	0696 1849 067	0835 4218 881	0974 6588 694	1113 8958 507	1253 1328 321
7183	0139 2175 971	0278 4351 942	0417 6527 913	0556 8703 884	0696 0879 855	0835 3055 826	0974 5231 797	1113 7407 768	1252 9583 739
7184	0139 1982 183	0278 3964 365	0417 5946 548	0556 7928 731	0695 9910 913	0835 1893 096	0974 3875 278	1113 5857 461	1252 7839 644
7185	0139 1788 448	0278 3576 896	0417 5365 344	0556 7153 793	0695 8942 241	0835 0730 689	0974 2519 137	1113 4307 585	1252 6096 033
7186	0139 1594 768	0278 3189 535	0417 4784 303	0556 6379 070	0695 7973 838	0834 9568 606	0974 1163 373	1113 2758 141	1252 4352 908
7187	0139 1401 141	0278 2802 282	0417 4203 423	0556 5604 564	0695 7005 705	0834 8406 846	0973 9807 987	1113 1209 128	1252 2610 269
7188	0139 1207 568	0278 2415 136	0417 3622 705	0556 4830 273	0695 6037 841	0834 7245 409	0973 8452 977	1112 9660 545	1252 0868 114
7189	0139 1014 049	0278 2028 098	0417 3042 148	0556 4056 197	0695 5070 246	0834 6084 295	0973 7008 345	1112 8112 394	1251 9126 443
7190	0139 0820 584	0278 1641 168	0417 2461 752	0556 3282 337	0695 4102 921	0834 4923 505	0973 5744 089	1112 6564 673	1251 7385 257
7191	0139 0627 173	0278 1254 346	0417 1881 519	0556 2508 691	0695 3135 864	0834 3763 037	0973 4390 210	1112 5017 383	1251 5644 556
7192	0139 0433 815	0278 0867 631	0417 1301 446	0556 1735 261	0695 2169 077	0834 2602 892	0973 3036 707	1112 3470 523	1251 3904 338
7193	0139 0240 512	0278 0481 023	0417 0721 535	0556 0962 046	0695 1202 558	0834 1443 070	0973 1683 581	1112 1924 093	1251 2164 604
7194	0139 0047 262	0278 0094 523	0417 0141 785	0556 0189 046	0695 0236 308	0834 0283 570	0973 0330 831	1112 0378 093	1251 0425 354
7195	0138 9854 065	0277 9708 131	0416 9562 196	0555 9416 261	0694 9270 327	0833 9124 392	0972 8978 457	1111 8832 523	1250 8686 588
7196	0138 9660 923	0277 9321 845	0416 8982 768	0555 8643 691	0694 8304 614	0833 7965 536	0972 7626 459	1111 7287 382	1250 6948 305
7197	0138 9467 834	0277 8935 668	0416 8403 501	0555 7871 335	0694 7339 169	0833 6807 003	0972 6274 837	1111 5742 671	1250 5210 504
7198	0138 9274 799	0277 8549 597	0416 7824 396	0555 7099 194	0694 6373 993	0833 5648 791	0972 4923 590	1111 4198 388	1250 3473 187
7199	0138 9081 817	0277 8163 634	0416 7245 451	0555 6327 268	0694 5409 085	0833 4490 902	0972 3572 718	1111 2654 535	1250 1736 352

	1	2	3	4	5	6	7	8	9
7200	0138 8888 889	0277 7777 778	0416 6666 667	0555 5555 556	0694 4444 444	0833 3333 333	0972 2222 222	1111 1111 111	1250 0000 000
7201	0138 8696 014	0277 7392 029	0416 6088 043	0555 4784 058	0694 3480 072	0833 2176 087	0972 0872 101	1110 9568 116	1249 8264 130
7202	0138 8503 194	0277 7006 387	0416 5509 581	0555 4012 774	0694 2515 968	0833 1019 161	0971 9522 355	1110 8025 548	1249 6528 742
7203	0138 8310 426	0277 6620 852	0416 4931 279	0555 3241 705	0694 1552 131	0832 9862 557	0971 8172 983	1110 6483 410	1249 4793 836
7204	0138 8117 712	0277 6235 425	0416 4353 137	0555 2470 850	0694 0588 562	0832 8706 274	0971 6823 987	1110 4941 699	1249 3059 411
7205	0138 7925 052	0277 5850 104	0416 3775 156	0555 1700 208	0693 9625 260	0832 7550 312	0971 5475 364	1110 3400 416	1249 1325 468
7206	0138 7732 445	0277 5464 890	0416 3197 336	0555 0929 781	0693 8662 226	0832 6394 671	0971 4127 116	1110 1859 561	1248 9592 007
7207	0138 7539 892	0277 5079 784	0416 2619 675	0555 0159 567	0693 7699 430	0832 5239 351	0971 2779 242	1110 0319 134	1248 7859 026
7208	0138 7347 392	0277 4694 784	0416 2042 175	0554 9389 567	0693 6736 969	0832 4084 351	0971 1434 743	1109 8779 134	1248 6126 526
7209	0138 7154 945	0277 4309 890	0416 1464 836	0554 8619 781	0693 5774 726	0832 2929 671	0971 0084 616	1109 7239 562	1248 4394 507
7210	0138 6962 552	0277 3925 104	0416 0887 656	0554 7850 208	0693 4812 760	0832 1775 312	0970 8737 864	1109 5700 416	1248 2662 968
7211	0138 6770 212	0277 3540 424	0416 0310 637	0554 7080 849	0693 3851 061	0832 0621 273	0970 7391 485	1109 4161 697	1248 0931 910
7212	0138 6577 926	0277 3155 851	0415 9733 777	0554 6311 703	0693 2889 628	0831 9467 554	0970 6045 480	1109 2623 405	1247 9201 331
7213	0138 6385 693	0277 2771 385	0415 9157 078	0554 5542 770	0693 1928 463	0831 8314 155	0970 4699 848	1109 1085 540	1247 7471 233
7214	0138 6193 513	0277 2387 025	0415 8580 538	0554 4774 050	0693 0967 563	0831 7161 076	0970 3354 588	1108 9548 101	1247 5741 614
7215	0138 6001 386	0277 2002 772	0415 8004 158	0554 4005 544	0693 0006 930	0831 6008 316	0970 2009 702	1108 8011 088	1247 4012 474
7216	0138 5809 313	0277 1618 625	0415 7427 038	0554 3237 251	0692 9046 563	0831 4855 876	0970 0665 188	1108 6474 501	1247 2283 814
7217	0138 5617 293	0277 1234 585	0415 6851 878	0554 2469 170	0692 8086 463	0831 3703 755	0969 9321 048	1108 4938 340	1247 0555 633
7218	0138 5425 326	0277 0850 651	0415 6275 077	0554 1701 302	0692 7126 628	0831 2551 953	0969 7977 279	1108 3402 605	1246 8827 930
7219	0138 5233 412	0277 0466 824	0415 5700 235	0554 0933 647	0692 6167 059	0831 1400 471	0969 6633 883	1108 1867 295	1246 7100 706
7220	0138 5041 551	0277 0083 102	0415 5124 654	0554 0166 205	0692 5207 756	0831 0249 307	0969 5290 859	1108 0332 410	1246 5373 961
7221	0138 4849 744	0276 9699 488	0415 4549 231	0553 9398 975	0692 4248 719	0830 9098 463	0969 3948 207	1107 8797 950	1246 3647 694
7222	0138 4657 989	0276 9315 979	0415 3973 918	0553 8631 958	0692 3289 947	0830 7947 937	0969 2605 926	1107 7263 916	1246 1921 905
7223	0138 4466 288	0276 8932 576	0415 3398 865	0553 7865 153	0692 2331 441	0830 6797 729	0969 1264 018	1107 5730 306	1246 0196 594
7224	0138 4274 640	0276 8549 280	0415 2823 920	0553 7098 560	0692 1373 200	0830 5647 841	0968 9922 481	1107 4197 121	1245 8471 761
7225	0138 4083 045	0276 8166 090	0415 2249 135	0553 6332 180	0692 0415 225	0830 4498 270	0968 8581 315	1107 2664 360	1245 6747 405
7226	0138 3891 503	0276 7783 006	0415 1674 500	0553 5566 012	0691 9457 515	0830 3349 017	0968 7240 520	1107 1132 023	1245 5023 526
7227	0138 3700 014	0276 7400 028	0415 1100 042	0553 4800 055	0691 8500 069	0830 2200 083	0968 5900 097	1106 9600 111	1245 3300 125
7228	0138 3508 578	0276 7017 156	0415 0525 733	0553 4034 311	0691 7542 889	0830 1051 467	0968 4560 044	1106 8068 622	1245 1577 200
7229	0138 3317 195	0276 6634 389	0414 9951 584	0553 3268 779	0691 6585 973	0829 9903 168	0968 3220 362	1106 6537 557	1244 9854 752
7230	0138 3125 864	0276 6251 729	0414 9377 593	0553 2503 458	0691 5629 322	0829 8755 187	0968 1881 051	1106 5006 916	1244 8132 780
7231	0138 2934 587	0276 5869 174	0414 8803 792	0553 1738 340	0691 4672 936	0829 7607 523	0968 0542 110	1106 3476 698	1244 6411 285
7232	0138 2743 363	0276 5486 726	0414 8230 088	0553 0973 451	0691 3716 814	0829 6460 177	0967 9203 540	1106 1946 903	1244 4690 265
7233	0138 2552 191	0276 5104 383	0414 7656 574	0553 0208 763	0691 2760 957	0829 5313 148	0967 7865 339	1106 0417 531	1244 2969 722
7234	0138 2361 073	0276 4722 145	0414 7083 218	0552 9444 291	0691 1805 364	0829 4166 436	0967 6527 509	1105 8888 582	1244 1249 654
7235	0138 2170 007	0276 4340 014	0414 6510 021	0552 8680 028	0691 0850 035	0829 3020 041	0967 5190 048	1105 7360 055	1243 9530 062
7236	0138 1978 994	0276 3957 988	0414 5936 982	0552 7915 976	0690 9894 970	0829 1873 964	0967 3852 957	1105 5831 951	1243 7810 945
7237	0138 1788 034	0276 3576 067	0414 5364 101	0552 7152 135	0690 8940 169	0829 0728 202	0967 2516 236	1105 4304 270	1243 6092 303
7238	0138 1597 126	0276 3194 253	0414 4791 379	0552 6388 505	0690 7985 631	0828 9582 758	0967 1179 884	1105 2777 010	1243 4374 137
7239	0138 1406 272	0276 2812 543	0414 4218 815	0552 5625 086	0690 7031 358	0828 8437 630	0966 9843 901	1105 1250 173	1243 2656 444
7240	0138 1215 470	0276 2430 939	0414 3646 409	0552 4861 878	0690 6077 348	0828 7292 818	0966 8508 287	1104 9723 757	1243 0939 227
7241	0138 1024 720	0276 2049 441	0414 3074 161	0552 4098 881	0690 5123 602	0828 6148 322	0966 7173 042	1104 8197 763	1242 9222 483
7242	0138 0834 024	0276 1668 048	0414 2502 071	0552 3336 095	0690 4170 119	0828 5004 143	0966 5838 166	1104 6672 190	1242 7506 214
7243	0138 0643 380	0276 1286 760	0414 1930 139	0552 2573 519	0690 3216 899	0828 3860 279	0966 4503 659	1104 5147 039	1242 5790 418
7244	0138 0452 789	0276 0905 577	0414 1358 366	0552 1811 154	0690 2263 943	0828 2716 731	0966 3169 520	1104 3622 308	1242 4075 097
7245	0138 0262 250	0276 0524 500	0414 0786 749	0552 1048 999	0690 1311 249	0828 1573 499	0966 1835 749	1104 2097 999	1242 2360 248
7246	0138 0071 764	0276 0143 527	0414 0215 291	0552 0287 055	0690 0358 819	0828 0430 582	0966 0502 346	1104 0574 110	1242 0645 874
7247	0137 9881 330	0275 9762 660	0413 9643 991	0551 9525 321	0689 9406 651	0827 9287 981	0965 9169 311	1103 9050 642	1241 8931 972
7248	0137 9690 049	0275 9381 898	0413 9072 848	0551 8763 797	0689 8454 746	0827 8145 695	0965 7836 645	1103 7527 594	1241 7218 543
7249	0137 9500 621	0275 9001 242	0413 8501 862	0551 8002 483	0689 7503 104	0827 7003 725	0965 6504 345	1103 6004 966	1241 5505 587
7250	0137 9310 345	0275 8620 690	0413 7931 034	0551 7241 379	0689 6551 724	0827 5862 069	0965 5172 414	1103 4482 759	1241 3793 103
7251	0137 9120 421	0275 8240 243	0413 7360 364	0551 6480 485	0689 5600 607	0827 4720 728	0965 3840 850	1103 2960 971	1241 2081 092
7252	0137 8929 950	0275 7859 901	0413 6789 851	0551 5719 801	0689 4649 752	0827 3579 702	0965 2509 653	1103 1439 603	1241 0369 553
7253	0137 8739 832	0275 7479 664	0413 6219 495	0551 4959 327	0689 3699 159	0827 2438 991	0965 1178 823	1102 9918 654	1240 8658 486
7254	0137 8549 706	0275 7099 531	0413 5649 297	0551 4199 063	0689 2748 828	0827 1298 594	0964 9848 360	1102 8398 125	1240 6947 891
7255	0137 8359 752	0275 6749 504	0413 5079 256	0551 3439 008	0689 1798 760	0827 0158 511	0964 8518 263	1102 6878 015	1240 5237 767
7256	0137 8169 791	0275 6339 581	0413 4509 372	0551 2679 162	0689 0848 953	0826 9018 743	0964 7188 534	1102 5358 324	1240 3528 115
7257	0137 7979 881	0275 5959 763	0413 3939 644	0551 1919 526	0688 9899 407	0826 7879 289	0964 5859 170	1102 3839 052	1240 1818 933
7258	0137 7790 025	0275 5580 050	0413 3370 074	0551 1160 009	0688 8950 124	0826 6740 140	0964 4530 174	1102 2320 198	1240 0110 223
7259	0137 7600 220	0275 5200 441	0413 2800 661	0551 0400 882	0688 8001 102	0826 5601 322	0964 3201 543	1102 0801 763	1239 8401 984
7260	0137 7410 468	0275 4820 937	0413 2231 405	0550 9641 873	0688 7052 342	0826 4462 810	0964 1873 278	1101 9283 747	1239 6694 215
7261	0137 7220 768	0275 4441 537	0413 1662 305	0550 8883 074	0688 6103 842	0826 3324 611	0964 0545 379	1101 7766 148	1239 4986 916
7262	0137 7031 121	0275 4062 242	0413 1093 363	0550 8124 484	0688 5155 605	0826 2186 725	0963 9217 846	1101 6248 967	1239 3280 088
7263	0137 6841 526	0275 3683 051	0413 0524 577	0550 7366 102	0688 4207 628	0826 1049 153	0963 7890 679	1101 4732 204	1239 1573 730
7264	0137 6651 982	0275 3303 965	0412 9955 947	0550 6607 930	0688 3259 912	0825 9911 894	0963 6563 877	1101 3215 859	1238 9867 841
7265	0137 6462 491	0275 2924 983	0412 9387 474	0550 5849 966	0688 2312 457	0825 8774 948	0963 5237 440	1101 1699 931	1238 8162 423
7266	0137 6273 053	0275 2546 105	0412 8819 158	0550 5092 210	0688 1365 263	0825 7638 315	0963 3911 368	1101 0184 421	1238 6457 473
7267	0137 6083 666	0275 2167 332	0412 8250 998	0550 4334 664	0688 0418 329	0825 6501 995	0963 2585 661	1100 8669 327	1238 4752 993
7268	0137 5894 331	0275 1788 663	0412 7682 994	0550 3577 325	0687 9471 657	0825 5365 988	0963 1260 319	1100 7154 651	1238 3048 982
7269	0137 5705 049	0275 1410 098	0412 7115 147	0550 2820 195	0687 8525 244	0825 4230 293	0962 9935 342	1100 5640 391	1238 1345 440
7270	0137 5515 818	0275 1031 637	0412 6547 455	0550 2063 274	0687 7579 092	0825 3094 911	0962 8610 729	1100 4126 547	1237 9642 366
7271	0137 5326 640	0275 0653 280	0412 5979 920	0550 1306 560	0687 6633 200	0825 1959 840	0962 7286 481	1100 2613 121	1237 7939 761
7272	0137 5137 514	0275 0275 028	0412 5412 541	0550 0550 055	0687 5687 569	0825 0825 083	0962 5962 596	1100 1100 110	1237 6237 624
7273	0137 4948 439	0274 9896 879	0412 4845 318	0549 9793 758	0687 4742 197	0824 9690 637	0962 4639 076	1099 9587 515	1237 4535 955
7274	0137 4759 417	0274 9518 834	0412 4278 251	0549 9037 668	0687 3797 086	0824 8556 503	0962 3315 920	1099 8075 337	1237 2834 754
7275	0137 4570 447	0274 9140 893	0412 3711 340	0549 8281 787	0687 2852 234	0824 7422 680	0962 1993 127	1099 6563 574	1237 1134 021
7276	0137 4381 528	0274 8763 057	0412 3144 585	0549 7526 113	0687 1907 642	0824 6289 170	0962 0670 698	1099 5052 227	1236 9433 755
7277	0137 4192 662	0274 8385 324	0412 2577 985	0549 6770 647	0687 0963 309	0824 5155 971	0961 9348 633	1099 3541 294	1236 7733 956
7278	0137 4003 847	0274 8007 694	0412 2011 542	0549 6015 389	0687 0019 236	0824 4023 083	0961 8026 930	1099 2030 778	1236 6034 625
7279	0137 3815 084	0274 7630 169	0412 1445 253	0549 5260 338	0686 9075 422	0824 2890 507	0961 6705 591	1099 0520 676	1236 4335 760
7280	0137 3626 374	0274 7252 747	0412 0879 121	0549 4505 495	0686 8131 868	0824 1758 242	0961 5384 615	1098 9010 989	1236 2637 363
7281	0137 3437 715	0274 6875 429	0412 0313 144	0549 3750 858	0686 7188 573	0824 0626 288	0961 4064 002	1098 7501 717	1236 0939 431
7282	0137 3249 107	0274 6498 215	0411 9747 322	0549 2996 430	0686 6245 537	0823 9494 644	0961 2743 752	1098 5992 859	1235 9241 966
7283	0137 3060 552	0274 6121 104	0411 9181 656	0549 2242 208	0686 5302 760	0823 8363 312	0961 1423 864	1098 4484 416	1235 7544 968
7284	0137 2872 048	0274 5744 097	0411 8616 145	0549 1488 193	0686 4360 242	0823 7232 290	0961 0104 338	1098 2976 387	1235 5848 435
7285	0137 2683 596	0274 5367 193	0411 8050 789	0549 0734 386	0686 3417 982	0823 6101 579	0960 8785 175	1098 1468 771	1235 4152 368
7286	0137 2495 196	0274 4990 393	0411 7485 589	0548 9980 785	0686 2475 981	0823 4971 178	0960 7466 374	1097 9961 570	1235 2456 766
7287	0137 2306 848	0274 4613 606	0411 6920 543	0548 9227 301	0686 1534 230	0823 3841 087	0960 6147 935	1097 8454 782	1235 0761 630
7288	0137 2118 551	0274 4237 102	0411 6355 653	0548 8474 204	0686 0592 755	0823 2711 306	0960 4829 857	1097 6948 408	1234 9066 959
7289	0137 1930 306	0274 3860 612	0411 5790 918	0548 7721 224	0685 9651 530	0823 1581 836	0960 3512 142	1097 5442 448	1234 7372 753
7290	0137 1742 112	0274 3484 225	0411 5226 337	0548 6968 450	0685 8710 562	0823 0452 675	0960 2194 787	1097 3936 900	1234 5679 012
7291	0137 1553 971	0274 3107 941	0411 4661 912	0548 6215 883	0685 7769 853	0822 9323 824	0960 0877 795	1097 2431 765	1234 3985 736
7292	0137 1365 880	0274 2731 761	0411 4097 641	0548 5463 522	0685 6829 402	0822 8195 283	0959 9561 163	1097 0927 043	1234 2292 924
7293	0137 1177 842	0274 2355 684	0411 3533 525	0548 4711 367	0685 5889 209	0822 7067 051	0959 8244 892	1096 9422 734	1234 0600 576
7294	0137 0989 855	0274 1979 709	0411 2969 564	0548 3959 419	0685 4949 273	0822 5939 128	0959 6928 983	1096 7918 837	1233 8908 692
7295	0137 0801 919	0274 1603 838	0411 2405 757	0548 3207 676	0685 4009 596	0822 4811 515	0959 5613 434	1096 6415 353	1233 7217 272
7296	0137 0614 035	0274 1228 070	0411 1842 105	0548 2456 140	0685 3070 175	0822 3684 211	0959 4298 246	1096 4912 281	1233 5526 316
7297	0137 0426 203	0274 0852 405	0411 1278 608	0548 1704 810	0685 2131 013	0822 2557 215	0959 2983 418	1096 3409 620	1233 3835 823
7298	0137 0238 421	0274 0476 843	0411 0715 264	0548 0953 686	0685 1192 107	0822 1430 529	0959 1668 950	1096 1907 372	1233 2145 793
7299	0137 0050 692	0274 0101 384	0411 0152 076	0548 0202 768	0685 0253 459	0822 0304 151	0959 0354 843	1096 0405 535	1233 0456 227

	1	2	3	4	5	6	7	8	9
7300	0136 9863 014	0273 9726 027	0410 9589 041	0547 9452 055	0684 9315 068	0821 9178 082	0958 9041 096	1095 8904 110	1232 8767 123
7301	0136 9675 387	0273 9350 774	0410 9026 161	0547 8701 548	0684 8376 935	0821 8052 322	0958 7727 709	1095 7403 095	1232 7078 482
7302	0136 9487 812	0273 8975 623	0410 8463 435	0547 7951 246	0684 7439 058	0821 6926 870	0958 6414 681	1095 5902 493	1232 5390 304
7303	0136 9300 288	0273 8600 575	0410 7900 863	0547 7201 150	0684 6501 438	0821 5801 725	0958 5102 013	1095 4402 300	1232 3702 588
7304	0136 9112 815	0273 8225 630	0410 7338 445	0547 6451 260	0684 5564 074	0821 4676 889	0958 3789 704	1095 2902 519	1232 2015 334
7305	0136 8925 394	0273 7850 787	0410 6776 181	0547 5701 574	0684 4626 968	0821 3552 361	0958 2477 755	1095 1403 140	1232 0328 542
7306	0136 8738 024	0273 7476 047	0410 6214 071	0547 4952 094	0684 3690 118	0821 2428 141	0958 1166 165	1094 9904 188	1231 8642 212
7307	0136 8550 705	0273 7101 410	0410 5652 114	0547 4202 819	0684 2753 524	0821 1304 229	0957 9854 934	1094 8405 638	1231 6956 343
7308	0136 8363 437	0273 6726 875	0410 5090 312	0547 3453 749	0684 1817 187	0821 0180 624	0957 8544 061	1094 6907 499	1231 5270 936
7309	0136 8176 221	0273 6352 442	0410 4528 663	0547 2704 884	0684 0881 105	0820 9057 327	0957 7233 548	1094 5409 760	1231 3585 986
7310	0136 7989 056	0273 5978 112	0410 3967 168	0547 1956 224	0683 9945 280	0820 7934 337	0957 5923 393	1094 3912 440	1231 1901 508
7311	0136 7801 942	0273 5603 885	0410 3405 827	0547 1207 769	0683 9009 711	0820 6811 654	0957 4613 596	1094 2415 538	1231 0217 481
7312	0136 7614 880	0273 5229 759	0410 2844 639	0547 0459 519	0683 8074 398	0820 5689 278	0957 3304 156	1094 0919 037	1230 8533 917
7313	0136 7427 868	0273 4855 736	0410 2283 605	0546 9711 473	0683 7139 341	0820 4567 209	0957 1995 077	1093 9422 945	1230 6850 814
7314	0136 7240 908	0273 4481 816	0410 1722 724	0546 8963 631	0683 6204 539	0820 3445 447	0957 0686 355	1093 7927 263	1230 5168 171
7315	0136 7053 999	0273 4107 997	0410 1161 996	0546 8215 995	0683 5269 993	0820 2323 992	0956 9377 990	1093 6431 980	1230 3485 988
7316	0136 6867 141	0273 3734 281	0410 0601 422	0546 7468 562	0683 4335 703	0820 1202 843	0956 8069 984	1093 4937 124	1230 1804 265
7317	0136 6680 333	0273 3360 667	0410 0041 000	0546 6721 334	0683 3401 667	0820 0082 001	0956 6762 334	1093 3442 668	1230 0123 001
7318	0136 6493 577	0273 2987 155	0409 9480 732	0546 5974 310	0683 2467 887	0819 8961 465	0956 5455 042	1093 1948 620	1229 8442 193
7319	0136 6306 873	0273 2613 745	0409 8920 616	0546 5227 490	0683 1534 363	0819 7841 237	0956 4148 108	1093 0454 980	1229 6761 853
7320	0136 6120 219	0273 2240 437	0409 8360 656	0546 4480 875	0683 0601 093	0819 6721 311	0956 2841 530	1092 8961 749	1229 5081 967
7321	0136 5933 616	0273 1867 231	0409 7800 847	0546 3734 463	0682 9668 078	0819 5601 694	0956 1535 309	1092 7468 925	1229 3402 541
7322	0136 5747 064	0273 1494 127	0409 7241 191	0546 2988 255	0682 8735 318	0819 4482 382	0956 0229 446	1092 5976 509	1229 1723 573
7323	0136 5560 563	0273 1121 126	0409 6681 688	0546 2242 250	0682 7802 813	0819 3363 376	0955 8923 938	1092 4484 501	1229 0045 063
7324	0136 5374 113	0273 0748 225	0409 6122 338	0546 1496 450	0682 6870 563	0819 2244 675	0955 7618 788	1092 2992 900	1228 8367 013
7325	0136 5187 713	0273 0375 427	0409 5563 140	0546 0750 853	0682 5938 567	0819 1126 280	0955 6313 993	1092 1501 706	1228 6689 420
7326	0136 5001 365	0273 0002 730	0409 5004 095	0546 0005 460	0682 5006 825	0819 0008 190	0955 5009 555	1092 0010 920	1228 5012 285
7327	0136 4815 068	0272 9630 135	0409 4445 203	0545 9260 270	0682 4075 338	0818 8890 405	0955 3705 473	1091 8520 540	1228 3335 608
7328	0136 4628 821	0272 9257 642	0409 3886 463	0545 8515 284	0682 3144 105	0818 7772 926	0955 2401 747	1091 7030 568	1228 1659 389
7329	0136 4442 625	0272 8885 250	0409 3327 876	0545 7770 501	0682 2213 126	0818 6655 751	0955 1098 376	1091 5541 001	1227 9983 627
7330	0136 4256 480	0272 8512 960	0409 2769 441	0545 7025 021	0682 1282 401	0818 5538 881	0954 9795 362	1091 4051 842	1227 8308 322
7331	0136 4070 386	0272 8140 772	0409 2211 158	0545 6281 544	0682 0351 930	0818 4422 316	0954 8492 702	1091 2563 088	1227 6633 474
7332	0136 3884 343	0272 7768 685	0409 1653 028	0545 5537 370	0681 9421 713	0818 3306 056	0954 7190 398	1091 1074 741	1227 4959 083
7333	0136 3698 350	0272 7396 700	0409 1095 050	0545 4793 400	0681 8491 750	0818 2190 100	0954 5888 449	1090 9586 799	1227 3285 149
7334	0136 3512 408	0272 7024 816	0409 0537 224	0545 4049 632	0681 7562 040	0818 1074 448	0954 4586 856	1090 8099 264	1227 1611 672
7335	0136 3326 517	0272 6653 033	0408 9979 550	0545 3306 067	0681 6632 584	0817 9959 100	0954 3285 617	1090 6612 134	1226 9938 650
7336	0136 3140 676	0272 6281 352	0408 9422 028	0545 2562 704	0681 5703 381	0817 8844 057	0954 1984 733	1090 5125 409	1226 8266 085
7337	0136 2954 886	0272 5909 772	0408 8864 659	0545 1819 543	0681 4774 431	0817 7729 317	0954 0684 203	1090 3639 000	1226 6593 976
7338	0136 2769 147	0272 5538 294	0408 8307 441	0545 1076 588	0681 3845 735	0817 6614 881	0953 9384 028	1090 2153 175	1226 4922 322
7339	0136 2583 458	0272 5166 916	0408 7750 375	0545 0333 833	0681 2917 291	0817 5500 749	0953 8084 208	1090 0667 066	1226 3251 124
7340	0136 2397 820	0272 4795 640	0408 7193 460	0544 9591 281	0681 1989 101	0817 4386 921	0953 6784 741	1089 9182 561	1226 1580 381
7341	0136 2212 233	0272 4424 465	0408 6636 698	0544 8848 931	0681 1061 163	0817 3273 396	0953 5485 629	1089 7697 861	1225 9910 094
7342	0136 2026 696	0272 4053 391	0408 6080 087	0544 8106 783	0681 0133 479	0817 2160 174	0953 4186 870	1089 6213 566	1225 8240 261
7343	0136 1841 209	0272 3682 419	0408 5523 628	0544 7364 837	0680 9206 047	0817 1047 256	0953 2888 465	1089 4729 675	1225 6570 884
7344	0136 1655 773	0272 3311 547	0408 4967 320	0544 6623 094	0680 8278 867	0816 9934 641	0953 1590 414	1089 3246 187	1225 4901 961
7345	0136 1470 388	0272 2940 776	0408 4411 164	0544 5881 552	0680 7351 940	0816 8822 328	0953 0292 716	1089 1763 104	1225 3233 492
7346	0136 1285 053	0272 2570 106	0408 3855 159	0544 5140 212	0680 6425 265	0816 7710 319	0952 8995 372	1089 0280 425	1225 1565 478
7347	0136 1099 769	0272 2199 537	0408 3299 306	0544 4399 074	0680 5498 843	0816 6598 612	0952 7698 380	1088 8798 149	1224 9897 918
7348	0136 0914 535	0272 1829 069	0408 2743 604	0544 3658 138	0680 4572 673	0816 5487 207	0952 6401 742	1088 7316 277	1224 8230 811
7349	0136 0729 351	0272 1458 702	0408 2188 053	0544 2917 404	0680 3646 755	0816 4376 106	0952 5105 457	1088 5834 807	1224 6564 158
7350	0136 0544 218	0272 1088 435	0408 1632 653	0544 2176 871	0680 2721 088	0816 3265 306	0952 3809 524	1088 4353 741	1224 4897 959
7351	0136 0359 135	0272 0718 270	0408 1077 404	0544 1436 539	0680 1795 674	0816 2154 809	0952 2513 944	1088 2873 078	1224 3232 213
7352	0136 0174 102	0272 0348 205	0408 0522 307	0544 0696 409	0680 0870 511	0816 1044 614	0952 1218 716	1088 1392 818	1224 1566 921
7353	0135 9989 120	0271 9978 240	0407 9967 360	0543 9956 480	0679 9945 600	0815 9934 721	0951 9923 841	1087 9912 961	1223 9902 081
7354	0135 9804 188	0271 9608 376	0407 9412 565	0543 9216 753	0679 9020 941	0815 8825 129	0951 8629 317	1087 8433 506	1223 8237 694
7355	0135 9619 307	0271 9238 613	0407 8857 920	0543 8477 226	0679 8096 533	0815 7715 840	0951 7335 146	1087 6954 453	1223 6573 759
7356	0135 9434 475	0271 8868 951	0407 8303 426	0543 7737 901	0679 7172 376	0815 6606 852	0951 6041 327	1087 5475 802	1223 4910 277
7357	0135 9249 694	0271 8499 388	0407 7749 083	0543 6998 777	0679 6248 471	0815 5498 165	0951 4747 859	1087 3997 553	1223 3247 248
7358	0135 9064 963	0271 8129 927	0407 7194 890	0543 6259 853	0679 5324 817	0815 4389 780	0951 3454 743	1087 2519 706	1223 1584 670
7359	0135 8880 283	0271 7760 565	0407 6640 848	0543 5521 131	0679 4401 413	0815 3281 696	0951 2161 979	1087 1042 261	1222 9922 544
7360	0135 8695 652	0271 7391 304	0407 6086 957	0543 4782 609	0679 3478 261	0815 2173 913	0951 0869 565	1086 9565 217	1222 8260 870
7361	0135 8511 072	0271 7022 144	0407 5533 216	0543 4044 287	0679 2555 359	0815 1066 431	0950 9577 503	1086 8088 575	1222 6599 647
7362	0135 8326 542	0271 6653 083	0407 4979 625	0543 3306 167	0679 1632 709	0814 9959 250	0950 8285 792	1086 6612 334	1222 4938 875
7363	0135 8142 062	0271 6284 123	0407 4426 185	0543 2568 247	0679 0710 308	0814 8852 370	0950 6994 432	1086 5136 493	1222 3278 555
7364	0135 7957 632	0271 5915 263	0407 3872 895	0543 1830 527	0678 9788 159	0814 7745 790	0950 5703 422	1086 3661 054	1222 1618 686
7365	0135 7773 252	0271 5546 504	0407 3319 756	0543 1093 007	0678 8866 259	0814 6639 511	0950 4412 763	1086 2186 015	1221 9959 267
7366	0135 7588 922	0271 5177 844	0407 2766 766	0543 0355 688	0678 7944 610	0814 5533 532	0950 3122 455	1086 0711 377	1221 8300 299
7367	0135 7404 642	0271 4809 285	0407 2213 927	0542 9618 569	0678 7023 212	0814 4427 854	0950 1832 496	1085 9237 130	1221 6641 781
7368	0135 7220 413	0271 4440 825	0407 1661 238	0542 8881 650	0678 6102 063	0814 3322 476	0950 0542 888	1085 7763 301	1221 4983 713
7369	0135 7036 233	0271 4072 466	0407 1108 700	0542 8144 931	0678 5181 164	0814 2217 397	0949 9253 630	1085 6289 863	1221 3326 096
7370	0135 6852 103	0271 3704 206	0407 0556 309	0542 7408 412	0678 4260 516	0814 1112 619	0949 7964 722	1085 4816 825	1221 1668 928
7371	0135 6668 023	0271 3336 047	0407 0004 070	0542 6672 093	0678 3340 117	0814 0008 140	0949 6676 163	1085 3344 187	1221 0012 210
7372	0135 6483 993	0271 2967 987	0406 9451 980	0542 5935 974	0678 2419 967	0813 8903 961	0949 5387 954	1085 1871 948	1220 8355 941
7373	0135 6300 014	0271 2600 027	0406 8900 041	0542 5200 054	0678 1500 068	0813 7800 081	0949 4100 095	1085 0400 109	1220 6700 122
7374	0135 6116 084	0271 2232 167	0406 8348 251	0542 4464 334	0678 0580 418	0813 6696 501	0949 2812 585	1084 8928 668	1220 5044 752
7375	0135 5932 203	0271 1864 407	0406 7796 610	0542 3728 814	0677 9661 017	0813 5593 220	0949 1525 424	1084 7457 627	1220 3389 831
7376	0135 5748 373	0271 1496 746	0406 7245 119	0542 2993 492	0677 8741 866	0813 4490 239	0949 0238 612	1084 5986 985	1220 1735 358
7377	0135 5564 593	0271 1129 185	0406 6693 778	0542 2258 371	0677 7822 963	0813 3387 556	0948 8952 149	1084 4516 741	1220 0081 334
7378	0135 5380 862	0271 0761 724	0406 6142 586	0542 1523 448	0677 6904 310	0813 2285 172	0948 7666 034	1084 3046 896	1219 8427 758
7379	0135 5197 181	0271 0394 362	0406 5591 544	0542 0788 725	0677 5985 906	0813 1183 087	0948 6380 268	1084 1577 450	1219 6774 631
7380	0135 5013 550	0271 0027 100	0406 5040 650	0542 0054 201	0677 5067 751	0813 0081 301	0948 5094 851	1084 0108 401	1219 5121 951
7381	0135 4829 969	0270 9659 938	0406 4489 907	0541 9319 875	0677 4149 844	0812 8979 813	0948 3809 782	1083 8639 751	1219 3469 720
7382	0135 4646 437	0270 9292 875	0406 3939 312	0541 8585 749	0677 3232 186	0812 7878 624	0948 2525 061	1083 7171 498	1219 1817 936
7383	0135 4462 955	0270 8925 911	0406 3388 866	0541 7851 822	0677 2314 777	0812 6777 733	0948 1240 688	1083 5703 644	1219 0166 599
7384	0135 4279 523	0270 8559 047	0406 2838 570	0541 7118 093	0677 1397 616	0812 5677 140	0947 9956 663	1083 4236 186	1218 8515 710
7385	0135 4096 141	0270 8192 282	0406 2288 423	0541 6384 563	0677 0480 704	0812 4576 845	0947 8672 986	1083 2769 127	1218 6865 267
7386	0135 3912 808	0270 7825 616	0406 1738 424	0541 5651 232	0676 9564 040	0812 3476 848	0947 7389 656	1083 1302 464	1218 5215 272
7387	0135 3729 525	0270 7459 050	0406 1188 575	0541 4918 099	0676 8647 624	0812 2377 149	0947 6106 674	1082 9836 199	1218 3565 724
7388	0135 3546 291	0270 7092 583	0406 0638 874	0541 4185 165	0676 7731 456	0812 1277 748	0947 4824 039	1082 8370 330	1218 1916 622
7389	0135 3363 107	0270 6726 215	0406 0089 322	0541 3452 420	0676 6815 537	0812 0178 644	0947 3541 751	1082 6904 859	1218 0267 966
7390	0135 3179 973	0270 6359 946	0405 9539 919	0541 2719 892	0676 5899 865	0811 9079 838	0947 2259 811	1082 5439 784	1217 8619 756
7391	0135 2996 888	0270 5993 776	0405 8990 664	0541 1987 552	0676 4984 441	0811 7981 329	0947 0978 217	1082 3975 105	1217 6971 993
7392	0135 2813 853	0270 5627 706	0405 8441 558	0541 1255 411	0676 4069 264	0811 6883 117	0946 9696 970	1082 2510 823	1217 5324 675
7393	0135 2630 867	0270 5261 734	0405 7892 601	0541 0523 468	0676 3154 335	0811 5785 202	0946 8416 069	1082 1046 936	1217 3677 803
7394	0135 2447 931	0270 4895 862	0405 7343 792	0540 9791 723	0676 2239 654	0811 4687 585	0946 7135 515	1081 9583 446	1217 2031 377
7395	0135 2265 044	0270 4530 088	0405 6795 132	0540 9060 176	0676 1325 220	0811 3590 264	0946 5855 308	1081 8120 352	1217 0385 396
7396	0135 2082 207	0270 4164 413	0405 6246 620	0540 8328 826	0676 0411 033	0811 2493 240	0946 4575 446	1081 6657 653	1216 8739 859
7397	0135 1899 419	0270 3798 837	0405 5698 256	0540 7597 675	0675 9497 093	0811 1396 512	0946 3295 931	1081 5195 349	1216 7094 768
7398	0135 1716 680	0270 3433 360	0405 5150 041	0540 6866 721	0675 8583 401	0811 0300 081	0946 2016 761	1081 3733 441	1216 5450 122
7399	0135 1533 991	0270 3067 982	0405 4601 973	0540 6135 964	0675 7669 955	0810 9203 946	0946 0737 938	1081 2271 920	1216 3805 920

	1	2	3	4	5	6	7	8	9
7400	0135 1351 351	0270 2702 703	0405 4054 054	0540 5405 405	0675 6756 757	0810 8108 108	0945 9459 459	1081 0810 811	1216 2162 162
7401	0135 1168 761	0270 2337 522	0405 3506 283	0540 4675 044	0675 5843 805	0810 7012 566	0945 8181 327	1080 9350 088	1216 0518 849
7402	0135 0986 220	0270 1972 440	0405 2958 660	0540 3944 880	0675 4931 100	0810 5917 320	0945 6903 540	1080 7889 760	1215 8875 979
7403	0135 0803 728	0270 1607 456	0405 2411 185	0540 3214 913	0675 4018 641	0810 4822 369	0945 5626 098	1080 6429 826	1215 7233 554
7404	0135 0621 286	0270 1242 572	0405 1863 857	0540 2485 143	0675 3106 429	0810 3727 715	0945 4349 001	1080 4970 286	1215 5591 572
7405	0135 0438 893	0270 0877 785	0405 1316 678	0540 1755 571	0675 2194 463	0810 2633 356	0945 3072 248	1080 3511 141	1215 3950 034
7406	0135 0256 549	0270 0513 098	0405 0769 646	0540 1026 195	0675 1282 744	0810 1539 292	0945 1795 841	1080 2052 390	1215 2308 939
7407	0135 0074 254	0270 0148 508	0405 0222 762	0540 0297 016	0675 0371 270	0810 0445 525	0945 0519 779	1080 0594 033	1215 0668 287
7408	0134 9892 009	0269 9784 017	0404 9676 026	0539 9568 035	0674 9460 043	0809 9352 052	0944 9244 060	1079 9136 060	1214 9028 078
7409	0134 9709 812	0269 9419 625	0404 9120 437	0539 8839 250	0674 8549 062	0809 8258 874	0944 7968 687	1079 7678 499	1214 7388 311
7410	0134 9527 665	0269 9055 331	0404 8582 996	0539 8110 661	0674 7638 327	0809 7165 992	0944 6603 657	1079 6221 323	1214 5748 988
7411	0134 9345 567	0269 8691 135	0404 8036 702	0539 7382 270	0674 6727 837	0809 6073 404	0944 5418 972	1079 4764 539	1214 4110 107
7412	0134 9163 519	0269 8327 037	0404 7490 556	0539 6654 074	0674 5817 593	0809 4981 112	0944 4144 630	1079 3308 149	1214 2471 668
7413	0134 8981 519	0269 7963 038	0404 6944 557	0539 5926 076	0674 4907 595	0809 3889 114	0944 2870 633	1079 1852 152	1214 0833 671
7414	0134 8799 568	0269 7599 137	0404 6398 705	0539 5198 274	0674 3997 842	0809 2797 410	0944 1596 979	1079 0396 517	1213 9196 115
7415	0134 8617 667	0269 7235 334	0404 5853 001	0539 4470 068	0674 3088 334	0809 1706 001	0944 0323 068	1078 8941 335	1213 7559 002
7416	0134 8435 814	0269 6871 629	0404 5307 443	0539 3743 258	0674 2179 072	0809 0614 887	0943 9050 701	1078 7486 516	1213 5922 330
7417	0134 8254 011	0269 6508 022	0404 4762 033	0539 3016 044	0674 1270 055	0808 9524 066	0943 7778 077	1078 6032 088	1213 4286 100
7418	0134 8072 257	0269 6144 513	0404 4216 770	0539 2289 027	0674 0361 283	0808 8433 540	0943 6505 797	1078 4578 053	1213 2650 310
7419	0134 7890 551	0269 5781 103	0404 3671 654	0539 1562 205	0673 9452 756	0808 7343 308	0943 5233 859	1078 3124 410	1213 1014 962
7420	0134 7708 895	0269 5417 790	0404 3126 685	0539 0835 580	0673 8544 474	0808 6253 360	0943 3962 264	1078 1671 159	1212 9380 054
7421	0134 7527 287	0269 5054 575	0404 2581 862	0539 0109 150	0673 7636 437	0808 5163 725	0943 2691 012	1078 0218 299	1212 7745 587
7422	0134 7345 729	0269 4691 458	0404 2037 187	0538 9382 916	0673 6728 645	0808 4074 373	0943 1420 102	1077 8765 831	1212 6111 560
7423	0134 7164 219	0269 4328 439	0404 1492 658	0538 8656 877	0673 5821 097	0808 2985 346	0943 0149 535	1077 7313 755	1212 4477 974
7424	0134 6982 759	0269 3965 517	0404 0948 276	0538 7931 034	0673 4913 793	0808 1896 552	0942 8879 310	1077 5862 069	1212 2844 828
7425	0134 6801 347	0269 3602 694	0404 0404 040	0538 7205 387	0673 4006 734	0808 0808 081	0942 7609 428	1077 4410 774	1212 1212 121
7426	0134 6619 984	0269 3239 968	0403 9859 982	0538 6479 935	0673 3099 919	0807 9719 903	0942 6339 887	1077 2959 871	1211 9579 855
7427	0134 6438 670	0269 2877 339	0403 9316 009	0538 5754 679	0673 2193 349	0807 8632 018	0942 5070 688	1077 1509 358	1211 7948 027
7428	0134 6257 404	0269 2514 800	0403 8772 213	0538 5029 618	0673 1287 022	0807 7544 426	0942 3801 831	1077 0059 235	1211 6316 640
7429	0134 6076 188	0269 2152 376	0403 8228 564	0538 4304 752	0673 0380 910	0807 6457 127	0942 2533 315	1076 8609 503	1211 4685 691
7430	0134 5895 020	0269 1790 040	0403 7685 061	0538 3580 081	0672 9475 101	0807 5370 121	0942 1265 144	1076 7160 161	1211 3055 182
7431	0134 5713 901	0269 1427 802	0403 7141 704	0538 2855 605	0672 8569 506	0807 4283 407	0941 9997 309	1076 5711 210	1211 1425 111
7432	0134 5532 831	0269 1065 662	0403 6598 493	0538 2131 324	0672 7664 155	0807 3196 986	0941 8729 817	1076 4262 648	1210 9795 479
7433	0134 5351 809	0269 0703 619	0403 6055 428	0538 1407 238	0672 6759 047	0807 2110 857	0941 7462 666	1076 2814 476	1210 8166 285
7434	0134 5170 837	0269 0341 673	0403 5512 510	0538 0683 347	0672 5854 183	0807 1025 020	0941 6195 857	1076 1366 694	1210 6537 530
7435	0134 4989 913	0268 9979 825	0403 4969 738	0537 9959 650	0672 4949 563	0806 9939 475	0941 4929 388	1075 9919 301	1210 4909 213
7436	0134 4809 037	0268 9618 074	0403 4427 111	0537 9236 148	0672 4045 186	0806 8854 223	0941 3663 260	1075 8472 297	1210 3281 334
7437	0134 4628 210	0268 9256 421	0403 3884 631	0537 8512 841	0672 3141 051	0806 7769 262	0941 2397 472	1075 7025 082	1210 1653 893
7438	0134 4447 432	0268 8894 864	0403 3342 296	0537 7789 728	0672 2237 160	0806 6684 592	0941 1132 024	1075 5579 456	1210 0026 888
7439	0134 4266 703	0268 8533 405	0403 2800 108	0537 7066 810	0672 1333 515	0806 5600 218	0940 9866 921	1075 4133 624	1209 8400 327
7440	0134 4086 022	0268 8172 043	0403 2258 065	0537 6344 080	0672 0430 108	0806 4516 129	0940 8602 151	1075 2688 172	1209 6774 194
7441	0134 3905 389	0268 7810 778	0403 1716 167	0537 5621 556	0671 9526 945	0806 3432 334	0940 7337 723	1075 1243 112	1209 5148 502
7442	0134 3724 805	0268 7449 610	0403 1174 415	0537 4899 221	0671 8624 036	0806 2349 831	0940 6073 636	1074 9798 411	1209 3523 246
7443	0134 3544 270	0268 7088 540	0403 0632 809	0537 4177 079	0671 7721 349	0806 1265 619	0940 4809 889	1074 8354 158	1209 1898 428
7444	0134 3363 783	0268 6727 566	0403 0091 349	0537 3455 132	0671 6818 915	0806 0182 697	0940 3546 480	1074 6910 263	1209 0274 046
7445	0134 3183 345	0268 6366 690	0402 9550 034	0537 2733 378	0671 5916 723	0805 9100 067	0940 2283 412	1074 5466 756	1208 8650 101
7446	0134 3002 955	0268 6005 909	0402 9008 864	0537 2011 818	0671 5014 773	0805 8017 728	0940 1020 082	1074 4023 637	1208 7026 591
7447	0134 2822 613	0268 5645 226	0402 8467 839	0537 1290 453	0671 4113 066	0805 6935 670	0939 9758 202	1074 2580 905	1208 5403 518
7448	0134 2642 320	0268 5284 640	0402 7926 960	0537 0569 280	0671 3211 600	0805 5853 921	0939 8496 241	1074 1138 561	1208 3780 881
7449	0134 2462 075	0268 4924 151	0402 7386 226	0536 9848 302	0671 2310 377	0805 4772 453	0939 7234 528	1073 9696 600	1208 2158 079
7450	0134 2281 879	0268 4563 758	0402 6845 638	0536 9127 517	0671 1409 396	0805 3691 275	0939 5973 154	1073 8255 034	1208 0536 913
7451	0134 2101 731	0268 4203 463	0402 6305 194	0536 8406 925	0671 0508 657	0805 2610 388	0939 4712 119	1073 6813 850	1207 8915 582
7452	0134 1921 632	0268 3843 264	0402 5764 895	0536 7686 527	0670 9608 159	0805 1529 791	0939 3451 422	1073 5373 054	1207 7294 686
7453	0134 1741 581	0268 3483 161	0402 5224 742	0536 6966 322	0670 8707 903	0805 0440 483	0939 2191 064	1073 3932 645	1207 5674 225
7454	0134 1561 578	0268 3123 155	0402 4684 733	0536 6246 311	0670 7807 889	0804 9369 460	0939 0931 044	1073 2492 621	1207 4054 199
7455	0134 1381 623	0268 2763 246	0402 4144 869	0536 5526 492	0670 6908 115	0804 8289 738	0938 9671 362	1073 1052 985	1207 2434 608
7456	0134 1201 717	0268 2403 433	0402 3605 150	0536 4806 867	0670 6008 585	0804 7210 300	0938 8412 017	1072 9613 734	1207 0815 451
7457	0134 1021 859	0268 2043 717	0402 3065 576	0536 4087 435	0670 5109 295	0804 6131 152	0938 7153 011	1072 8174 869	1206 9196 728
7458	0134 0842 049	0268 1684 098	0402 2526 146	0536 3368 195	0670 4210 245	0804 5052 293	0938 5894 342	1072 6736 390	1206 7578 439
7459	0134 0662 287	0268 1324 574	0402 1986 862	0536 2649 149	0670 3311 435	0804 3973 723	0938 4636 010	1072 5298 297	1206 5960 585
7460	0134 0482 574	0268 0965 147	0402 1447 721	0536 1930 295	0670 2412 869	0804 2895 442	0938 3378 016	1072 3800 580	1206 4343 164
7461	0134 0302 908	0268 0605 817	0402 0908 725	0536 1211 634	0670 1514 542	0804 1817 451	0938 2120 359	1072 2423 268	1206 2726 176
7462	0134 0123 291	0268 0246 583	0402 0369 874	0536 0493 165	0670 0616 457	0804 0739 748	0938 0863 039	1072 0986 331	1206 1109 622
7463	0133 9943 722	0267 9887 445	0401 9831 167	0535 9774 889	0669 9718 612	0803 9662 334	0937 9606 057	1071 9549 779	1205 9493 501
7464	0133 9764 202	0267 9528 403	0401 9292 605	0535 9056 806	0669 8821 008	0803 8585 209	0937 8349 411	1071 8113 612	1205 7877 814
7465	0133 9584 729	0267 9169 457	0401 8754 186	0535 8338 915	0669 7923 644	0803 7508 372	0937 7093 101	1071 6677 830	1205 6262 559
7466	0133 9405 304	0267 8810 608	0401 8215 912	0535 7621 216	0669 7026 520	0803 6431 824	0937 5837 128	1071 5242 432	1205 4647 736
7467	0133 9225 927	0267 8451 855	0401 7677 782	0535 6903 710	0669 6129 637	0803 5355 564	0937 4581 492	1071 3807 419	1205 3033 347
7468	0133 9046 599	0267 8093 198	0401 7139 796	0535 6186 395	0669 5232 994	0803 4279 593	0937 3326 192	1071 2372 791	1205 1419 389
7469	0133 8867 318	0267 7734 637	0401 6601 955	0535 5460 273	0669 4336 591	0803 3203 910	0937 2071 228	1071 0938 546	1204 9805 864
7470	0133 8688 086	0267 7376 171	0401 6064 257	0535 4752 343	0669 3440 428	0803 2128 514	0937 0816 600	1070 9504 685	1204 8192 771
7471	0133 8508 901	0267 7017 802	0401 5526 703	0535 4035 604	0669 2544 505	0803 1053 407	0936 9562 308	1070 8071 209	1204 6580 110
7472	0133 8329 764	0267 6659 529	0401 4989 293	0535 3319 058	0669 1648 822	0802 9978 587	0936 8308 351	1070 6638 116	1204 4967 880
7473	0133 8150 676	0267 6301 352	0401 4452 027	0535 2602 703	0669 0753 379	0802 8904 055	0936 7054 730	1070 5205 406	1204 3356 082
7474	0133 7971 635	0267 5943 270	0401 3914 905	0535 1886 540	0668 9858 175	0802 7829 810	0936 5801 445	1070 3773 080	1204 1744 715
7475	0133 7792 642	0267 5585 284	0401 3377 926	0535 1170 569	0668 8963 211	0802 6755 853	0936 4548 495	1070 2341 137	1204 0133 779
7476	0133 7613 607	0267 5227 394	0401 2840 821	0535 0454 789	0668 8068 035	0802 5682 183	0936 3295 880	1070 0909 577	1203 8523 274
7477	0133 7434 800	0267 4869 600	0401 2304 400	0534 9739 200	0668 7174 000	0802 4608 800	0936 2043 600	1069 9478 400	1203 6913 200
7478	0133 7255 951	0267 4511 902	0401 1767 852	0534 9023 803	0668 6279 755	0802 3535 705	0936 0791 656	1069 8047 606	1203 5303 557
7479	0133 7077 149	0267 4154 299	0401 1231 448	0534 8308 597	0668 5385 745	0802 2462 896	0935 9540 045	1069 6617 195	1203 3694 344
7480	0133 6898 396	0267 3796 791	0401 0695 187	0534 7593 583	0668 4491 980	0802 1390 374	0935 8288 770	1069 5187 166	1203 2085 561
7481	0133 6719 690	0267 3439 380	0401 0159 070	0534 6878 760	0668 3598 450	0802 0318 139	0935 7037 829	1069 3757 519	1203 0477 209
7482	0133 6541 032	0267 3082 064	0400 9623 095	0534 6164 127	0668 2705 160	0801 9246 191	0935 5787 223	1069 2328 254	1202 8869 286
7483	0133 6362 421	0267 2724 843	0400 9087 264	0534 5449 686	0668 1812 105	0801 8174 529	0935 4536 950	1069 0899 372	1202 7261 793
7484	0133 6183 859	0267 2367 718	0400 8551 577	0534 4735 436	0668 0919 295	0801 7103 153	0935 3287 012	1068 9470 871	1202 5654 730
7485	0133 6005 344	0267 2010 688	0400 8016 032	0534 4021 376	0668 0026 720	0801 6032 064	0935 2037 408	1068 8042 752	1202 4048 096
7486	0133 5826 877	0267 1653 754	0400 7480 631	0534 3307 507	0667 9134 385	0801 4961 261	0935 0788 138	1068 6615 015	1202 2441 892
7487	0133 5648 457	0267 1296 915	0400 6945 372	0534 2593 829	0667 8242 287	0801 3890 744	0934 9539 201	1068 5187 659	1202 0836 110
7488	0133 5470 085	0267 0940 171	0400 6410 256	0534 1880 342	0667 7350 425	0801 2820 513	0934 8290 598	1068 3760 084	1201 9230 769
7489	0133 5291 761	0267 0583 523	0400 5875 284	0534 1167 043	0667 6458 805	0801 1750 568	0934 7042 320	1068 2334 090	1201 7625 851
7490	0133 5113 486	0267 0226 969	0400 5340 454	0534 0453 939	0667 5567 423	0801 0680 908	0934 5794 393	1068 0907 877	1201 6021 362
7491	0133 4935 256	0266 9870 511	0400 4805 767	0533 9741 023	0667 4676 278	0800 9611 534	0934 4546 789	1067 9482 045	1201 4417 301
7492	0133 4757 074	0266 9514 148	0400 4271 223	0533 9028 297	0667 3785 371	0800 8542 445	0934 3299 519	1067 8056 591	1201 2813 668
7493	0133 4578 940	0266 9157 881	0400 3736 821	0533 8315 761	0667 2894 702	0800 7473 642	0934 2052 582	1067 6631 523	1201 1210 463
7494	0133 4400 854	0266 8801 708	0400 3202 562	0533 7603 416	0667 2004 270	0800 6405 124	0934 0805 978	1067 5206 832	1200 9607 686
7495	0133 4222 815	0266 8445 630	0400 2668 446	0533 6891 261	0667 1114 076	0800 5336 891	0933 9559 706	1067 3782 522	1200 8005 337
7496	0133 4044 824	0266 8089 648	0400 2134 472	0533 6179 296	0667 0224 120	0800 4269 943	0933 8313 767	1067 2358 591	1200 6403 415
7497	0133 3866 880	0266 7733 760	0400 1600 640	0533 5467 520	0666 9334 401	0800 3201 281	0933 7068 161	1067 0935 041	1200 4801 921
7498	0133 3688 984	0266 7377 967	0400 1066 951	0533 4755 935	0666 8444 919	0800 2133 902	0933 5822 886	1066 9511 870	1200 3200 854
7499	0133 3511 135	0266 7022 270	0400 0533 404	0533 4044 539	0666 7555 674	0800 1066 809	0933 4577 944	1066 8089 079	1200 1600 213

	1	2	3	4	5	6	7	8	9
7500	0133 3333 333	0266 6666 667	0400 0000 000	0533 3333 333	0666 6666 667	0800 0000 000	0933 3333 333	1066 6666 667	1200 0000 000
7501	0133 3155 579	0266 6311 159	0399 9466 738	0533 2622 317	0666 5777 896	0799 8933 476	0933 2089 055	1066 5244 634	1199 8400 213
7502	0133 2977 873	0266 5955 745	0399 8933 618	0533 1911 490	0666 4889 363	0799 7867 235	0933 0845 108	1066 3822 981	1199 6800 853
7503	0133 2800 213	0266 5600 426	0399 8400 640	0533 1200 853	0666 4001 066	0799 6801 279	0932 9601 493	1066 2401 706	1199 5201 919
7504	0133 2622 601	0266 5245 203	0399 7867 804	0533 0490 405	0666 3113 006	0799 5735 608	0932 8358 209	1066 0980 810	1199 3603 412
7505	0133 2445 037	0266 4890 073	0399 7335 110	0532 9780 147	0666 2225 183	0799 4670 220	0932 7115 257	1065 9560 293	1199 2005 330
7506	0133 2267 519	0266 4535 039	0399 6802 558	0532 9070 077	0666 1337 597	0799 3605 116	0932 5872 635	1065 8140 155	1199 0407 674
7507	0133 2090 049	0266 4180 099	0399 6270 148	0532 8360 197	0666 0480 246	0799 2540 296	0932 4630 345	1065 6720 394	1198 8810 444
7508	0133 1912 627	0266 3825 253	0399 5737 880	0532 7650 506	0665 9563 133	0799 1475 759	0932 3388 386	1065 5301 012	1198 7213 639
7509	0133 1735 251	0266 3470 502	0399 5205 753	0532 6941 004	0665 8676 255	0799 0411 506	0932 2146 757	1065 3882 008	1198 5617 259
7510	0133 1557 923	0266 3115 846	0399 4673 768	0532 6231 691	0665 7789 614	0798 9347 537	0932 0005 480	1065 2463 382	1198 4021 305
7511	0133 1380 642	0266 2761 283	0399 4141 925	0532 5522 567	0665 6903 200	0798 8283 850	0931 9064 492	1065 1045 134	1198 2425 776
7512	0133 1203 408	0266 2406 816	0399 3610 224	0532 4813 632	0665 6017 039	0798 7220 447	0931 8423 855	1064 9627 263	1198 0830 671
7513	0133 1026 221	0266 2052 442	0399 3078 664	0532 4104 885	0665 5131 106	0798 6157 327	0931 7183 549	1064 8209 770	1197 9235 991
7514	0133 0849 082	0266 1698 163	0399 2547 245	0532 3396 327	0665 4245 409	0798 5094 490	0931 5943 572	1064 6792 654	1197 7641 735
7515	0133 0671 989	0266 1343 979	0399 2015 908	0532 2687 957	0665 3359 947	0798 4031 936	0931 4703 925	1064 5375 915	1197 6047 904
7516	0133 0494 944	0266 0989 888	0399 1484 832	0532 1979 776	0665 2474 721	0798 2969 665	0931 3464 609	1064 3959 553	1197 4454 497
7517	0133 0317 946	0266 0635 892	0399 0953 838	0532 1271 784	0665 1589 730	0798 1907 676	0931 2225 622	1064 2543 568	1197 2861 514
7518	0133 0140 995	0266 0281 990	0399 0422 985	0532 0563 980	0665 0704 975	0798 0845 970	0931 0986 965	1064 1127 960	1197 1268 955
7519	0132 9964 091	0265 9928 182	0398 9892 273	0531 9856 364	0664 9820 455	0797 9784 546	0930 9748 637	1063 9712 728	1196 9676 819
7520	0132 9787 234	0265 9574 468	0398 9361 702	0531 9148 936	0664 8936 170	0797 8723 404	0930 8510 638	1063 8297 872	1196 8085 106
7521	0132 9610 424	0265 9220 848	0398 8831 272	0531 8441 697	0664 8052 121	0797 7662 545	0930 7272 969	1063 6883 393	1196 6493 817
7522	0132 9433 661	0265 8867 323	0398 8300 984	0531 7734 645	0664 7168 306	0797 6601 968	0930 6035 629	1063 5469 290	1196 4902 951
7523	0132 9256 945	0265 8513 891	0398 7770 836	0531 7027 781	0664 6284 727	0797 5541 672	0930 4798 618	1063 4055 563	1196 3312 508
7524	0132 9080 276	0265 8160 553	0398 7240 829	0531 6321 106	0664 5401 382	0797 4481 659	0930 3561 935	1063 2642 212	1196 1722 488
7525	0132 8903 654	0265 7807 309	0398 6710 963	0531 5614 618	0664 4518 272	0797 3421 927	0930 2325 581	1063 1229 236	1196 0132 890
7526	0132 8727 079	0265 7454 159	0398 6181 238	0531 4908 318	0664 3635 397	0797 2362 477	0930 1089 556	1062 9816 636	1195 8543 715
7527	0132 8550 551	0265 7101 103	0398 5651 654	0531 4202 205	0664 2752 757	0797 1303 308	0929 9853 859	1062 8404 411	1195 6954 962
7528	0132 8374 070	0265 6748 140	0398 5122 210	0531 3496 281	0664 1870 351	0797 0244 421	0929 8618 491	1062 6992 561	1195 5366 631
7529	0132 8197 636	0265 6395 272	0398 4592 907	0531 2790 543	0664 0988 179	0796 9185 815	0929 7383 451	1062 5581 086	1195 3778 722
7530	0132 8021 248	0265 6042 497	0398 4063 745	0531 2084 993	0664 0106 242	0796 8127 490	0929 6148 738	1062 4169 987	1195 2191 235
7531	0132 7844 908	0265 5689 815	0398 3534 723	0531 1379 631	0663 9224 539	0796 7069 446	0929 4914 354	1062 2759 262	1195 0604 169
7532	0132 7668 614	0265 5337 228	0398 3005 842	0531 0674 456	0663 8343 070	0796 6011 683	0929 3680 297	1062 1348 911	1194 9017 525
7533	0132 7492 367	0265 4984 734	0398 2477 101	0530 9969 468	0663 7461 835	0796 4954 202	0929 2446 568	1061 9938 935	1194 7431 302
7534	0132 7316 167	0265 4632 333	0398 1948 500	0530 9264 667	0663 6580 834	0796 3897 000	0929 1213 167	1061 8529 334	1194 5845 500
7535	0132 7140 013	0265 4280 027	0398 1420 040	0530 8560 053	0663 5700 066	0796 2840 080	0928 9980 093	1061 7120 106	1194 4260 119
7536	0132 6963 907	0265 3927 813	0398 0891 720	0530 7855 626	0663 4819 533	0796 1783 439	0928 8747 346	1061 5711 253	1194 2675 159
7537	0132 6787 847	0265 3575 693	0398 0363 540	0530 7151 386	0663 3939 283	0796 0727 080	0928 7514 926	1061 4302 773	1194 1090 620
7538	0132 6611 833	0265 3223 667	0397 9835 500	0530 6447 334	0663 3059 167	0795 9671 000	0928 6282 834	1061 2894 667	1193 9506 500
7539	0132 6435 867	0265 2871 734	0397 9307 600	0530 5743 467	0663 2179 334	0795 8615 201	0928 5051 068	1061 1486 935	1193 7922 801
7540	0132 6259 947	0265 2519 894	0397 8779 841	0530 5039 788	0663 1299 735	0795 7559 682	0928 3819 629	1061 0079 576	1193 6339 523
7541	0132 6084 074	0265 2168 147	0397 8252 221	0530 4336 295	0663 0420 369	0795 6504 442	0928 2588 516	1060 8672 590	1193 4756 664
7542	0132 5908 247	0265 1816 494	0397 7724 741	0530 3632 988	0662 9541 235	0795 5449 483	0928 1357 730	1060 7265 977	1193 3174 224
7543	0132 5732 467	0265 1464 934	0397 7197 402	0530 2929 869	0662 8662 336	0795 4394 803	0928 0127 270	1060 5859 738	1193 1592 205
7544	0132 5556 734	0265 1113 468	0397 6670 201	0530 2226 935	0662 7783 669	0795 3340 403	0927 8897 137	1060 4453 871	1193 0010 604
7545	0132 5381 047	0265 0762 094	0397 6143 141	0530 1524 188	0662 6905 235	0795 2286 282	0927 7667 329	1060 3048 376	1192 8429 423
7546	0132 5205 407	0265 0410 814	0397 5616 221	0530 0821 627	0662 6027 034	0795 1232 441	0927 6437 848	1060 1643 255	1192 6848 662
7547	0132 5029 813	0265 0059 626	0397 5089 440	0530 0119 253	0662 5149 066	0795 0178 879	0927 5208 692	1060 0238 505	1192 5268 319
7548	0132 4854 266	0264 9708 532	0397 4562 798	0529 9417 064	0662 4271 330	0794 9125 596	0927 3979 862	1059 8834 128	1192 3688 394
7549	0132 4678 765	0264 9357 531	0397 4036 296	0529 8715 062	0662 3393 827	0794 8072 592	0927 2751 358	1059 7430 123	1192 2108 889
7550	0132 4503 311	0264 9006 623	0397 3509 934	0529 8013 245	0662 2516 556	0794 7019 868	0927 1523 179	1059 6026 490	1192 0529 801
7551	0132 4327 904	0264 8655 807	0397 2983 711	0529 7311 614	0662 1639 518	0794 5967 422	0927 0295 325	1059 4623 229	1191 8951 132
7552	0132 4152 542	0264 8305 085	0397 2457 627	0529 6610 169	0662 0762 712	0794 4915 254	0926 9067 797	1059 3220 339	1191 7372 881
7553	0132 3977 228	0264 7954 455	0397 1931 683	0529 5908 910	0661 9886 138	0794 3863 366	0926 7840 593	1059 1817 821	1191 5795 048
7554	0132 3801 959	0264 7603 918	0397 1405 878	0529 5207 837	0661 9009 796	0794 2811 755	0926 6613 715	1059 0415 674	1191 4217 633
7555	0132 3626 737	0264 7253 475	0397 0880 212	0529 4506 949	0661 8133 686	0794 1760 424	0926 5387 161	1058 9013 898	1191 2640 635
7556	0132 3451 562	0264 6903 123	0397 0354 685	0529 3806 247	0661 7257 808	0794 0709 370	0926 4160 932	1058 7612 493	1191 1064 055
7557	0132 3276 432	0264 6552 865	0396 9829 297	0529 3105 730	0661 6382 162	0793 9658 595	0926 2935 027	1058 6211 460	1190 9487 892
7558	0132 3101 350	0264 6202 699	0396 9304 049	0529 2405 398	0661 5506 748	0793 8608 097	0926 1709 447	1058 4810 797	1190 7912 146
7559	0132 2926 313	0264 5852 626	0396 8778 939	0529 1705 252	0661 4631 565	0793 7557 878	0926 0484 191	1058 3410 504	1190 6336 847
7560	0132 2751 323	0264 5502 646	0396 8253 968	0529 1005 291	0661 3756 614	0793 6507 937	0925 9259 259	1058 2010 582	1190 4761 905
7561	0132 2576 379	0264 5152 758	0396 7729 136	0529 0305 515	0661 2881 894	0793 5458 273	0925 8034 652	1058 0611 030	1190 3187 409
7562	0132 2401 481	0264 4802 962	0396 7204 443	0528 9605 924	0661 2007 405	0793 4408 887	0925 6810 368	1057 9211 849	1190 1613 330
7563	0132 2226 630	0264 4453 259	0396 6679 889	0528 8906 519	0661 1133 148	0793 3359 778	0925 5586 408	1057 7813 037	1190 0039 667
7564	0132 2051 824	0264 4103 640	0396 6155 473	0528 8207 298	0661 0259 122	0793 2310 947	0925 4362 771	1057 6414 595	1189 8466 420
7565	0132 1877 065	0264 3754 131	0396 5631 196	0528 7508 262	0660 9385 327	0793 1262 393	0925 3139 458	1057 5016 523	1189 6893 589
7566	0132 1702 353	0264 3404 705	0396 5107 058	0528 6809 411	0660 8511 763	0793 0214 116	0925 1916 468	1057 3618 821	1189 5321 174
7567	0132 1527 686	0264 3055 372	0396 4583 058	0528 6110 744	0660 7638 430	0792 9166 116	0925 0693 802	1057 2221 488	1189 3749 174
7568	0132 1353 066	0264 2706 131	0396 4059 197	0528 5412 262	0660 6765 328	0792 8118 393	0924 9471 450	1057 0824 524	1189 2177 590
7569	0132 1178 491	0264 2356 982	0396 3535 474	0528 4713 965	0660 5892 456	0792 7070 947	0924 8249 439	1056 9427 930	1189 0606 421
7570	0132 1003 963	0264 2007 926	0396 3011 889	0528 4015 852	0660 5019 815	0792 6023 778	0924 7027 741	1056 8031 704	1188 9035 667
7571	0132 0829 481	0264 1658 962	0396 2488 443	0528 3317 924	0660 4147 405	0792 4976 885	0924 5806 366	1056 6635 847	1188 7465 328
7572	0132 0655 045	0264 1310 090	0396 1965 135	0528 2620 180	0660 3275 225	0792 3930 269	0924 4585 314	1056 5240 359	1188 5895 404
7573	0132 0480 655	0264 0961 310	0396 1441 965	0528 1922 620	0660 2403 275	0792 2883 930	0924 3364 585	1056 3845 240	1188 4325 895
7574	0132 0306 311	0264 0612 622	0396 0918 933	0528 1225 244	0660 1531 555	0792 1837 866	0924 2144 177	1056 2450 489	1188 2756 800
7575	0132 0132 013	0264 0264 026	0396 0396 040	0528 0528 053	0660 0660 066	0792 0792 079	0924 0924 092	1056 1056 106	1188 1188 119
7576	0131 9957 761	0263 9915 523	0395 9873 284	0527 9831 046	0659 9788 807	0791 9746 568	0923 9704 329	1055 9662 091	1187 9619 852
7577	0131 9783 555	0263 9567 111	0395 9350 666	0527 9134 222	0659 8917 777	0791 8701 333	0923 8484 888	1055 8268 444	1187 8051 999
7578	0131 9609 306	0263 9218 791	0395 8828 187	0527 8437 582	0659 8046 978	0791 7656 374	0923 7265 769	1055 6875 165	1187 6484 561
7579	0131 9435 282	0263 8870 563	0395 8305 845	0527 7741 127	0659 7176 408	0791 6611 690	0923 6046 972	1055 5482 254	1187 4917 535
7580	0131 9261 214	0263 8522 427	0395 7783 641	0527 7044 855	0659 6306 069	0791 5567 282	0923 4828 496	1055 4089 710	1187 3350 923
7581	0131 9087 192	0263 8174 383	0395 7261 575	0527 6348 767	0659 5435 958	0791 4523 150	0923 3610 342	1055 2697 533	1187 1784 725
7582	0131 8913 216	0263 7826 431	0395 6739 647	0527 5652 862	0659 4566 078	0791 3479 293	0923 2392 509	1055 1305 724	1187 0218 940
7583	0131 8739 285	0263 7478 570	0395 6217 856	0527 4957 141	0659 3696 426	0791 2435 711	0923 1174 997	1054 9914 282	1186 8653 567
7584	0131 8565 401	0263 7130 802	0395 5696 203	0527 4261 603	0659 2827 004	0791 1392 405	0922 9957 806	1054 8523 207	1186 7088 608
7585	0131 8391 562	0263 6783 125	0395 5174 687	0527 3566 249	0659 1957 811	0791 0349 374	0922 8740 936	1054 7132 498	1186 5524 061
7586	0131 8217 770	0263 6435 539	0395 4653 309	0527 2871 078	0659 1088 848	0790 9306 617	0922 7524 387	1054 5742 157	1186 3959 926
7587	0131 8044 023	0263 6088 045	0395 4132 068	0527 2176 091	0659 0220 113	0790 8264 136	0922 6308 159	1054 4352 181	1186 2396 204
7588	0131 7870 322	0263 5740 643	0395 3610 965	0527 1481 286	0658 9351 608	0790 7221 929	0922 5092 251	1054 2962 572	1186 0832 894
7589	0131 7696 666	0263 5393 332	0395 3089 999	0527 0786 665	0658 8483 331	0790 6179 997	0922 3876 664	1054 1573 330	1185 9269 996
7590	0131 7523 057	0263 5046 113	0395 2569 170	0527 0092 227	0658 7615 283	0790 5138 340	0922 2061 397	1054 0184 453	1185 7707 510
7591	0131 7349 493	0263 4698 986	0395 2048 478	0526 9397 971	0658 6747 464	0790 4096 957	0922 1446 450	1053 8795 943	1185 6145 435
7592	0131 7175 975	0263 4351 949	0395 1527 924	0526 8703 899	0658 5879 874	0790 3055 848	0922 0231 823	1053 7407 798	1185 4583 772
7593	0131 7002 502	0263 4005 005	0395 1007 507	0526 8010 009	0658 5012 512	0790 2015 014	0921 9017 516	1053 6020 018	1185 3022 521
7594	0131 6829 076	0263 3658 151	0395 0487 227	0526 7316 302	0658 4145 378	0790 0974 454	0921 7803 529	1053 4632 605	1185 1461 680
7595	0131 6655 695	0263 3311 389	0394 9967 084	0526 6622 778	0658 3278 473	0789 9934 167	0921 6589 862	1053 3245 556	1184 9901 251
7596	0131 6482 350	0263 2964 718	0394 9447 077	0526 5929 437	0658 2411 796	0789 8894 155	0921 5376 514	1053 1858 873	1184 8344 232
7597	0131 6309 069	0263 2618 139	0394 8927 208	0526 5236 277	0658 1545 347	0789 7854 416	0921 4163 486	1053 0472 555	1184 6781 624
7598	0131 6135 825	0263 2271 650	0394 8407 476	0526 4543 301	0658 0679 126	0789 6814 951	0921 2950 777	1052 9086 602	1184 5222 427
7599	0131 5962 627	0263 1925 253	0394 7887 880	0526 3850 507	0657 9813 133	0789 5775 760	0921 1738 387	1052 7701 013	1184 3663 640

	1	2	3	4	5	6	7	8	9
7600	0131 5789 474	0263 1578 947	0394 7368 421	0526 3157 895	0657 8947 368	0789 4736 842	0921 0526 316	1052 6315 789	1184 2105 263
7601	0131 5616 366	0263 1232 733	0394 6849 099	0526 2465 465	0657 8081 831	0789 3698 198	0920 9314 564	1052 4930 930	1184 0547 296
7602	0131 5443 304	0263 0886 609	0394 6329 913	0526 1773 218	0657 7216 522	0789 2659 826	0920 8103 131	1052 3546 435	1183 8980 740
7603	0131 5270 288	0263 0540 576	0394 5810 864	0526 1081 152	0657 6351 440	0789 1621 728	0920 6892 016	1052 2162 304	1183 7432 502
7604	0131 5097 317	0263 0194 684	0394 5291 952	0526 0389 209	0657 5486 586	0789 0583 903	0920 5681 220	1052 0778 538	1183 5875 855
7605	0131 4924 392	0262 9848 784	0394 4773 176	0525 9697 567	0657 4621 959	0788 9546 351	0920 4470 743	1051 9395 135	1183 4319 527
7606	0131 4751 512	0262 9503 024	0394 4254 536	0525 9006 048	0657 3757 560	0788 8509 072	0920 3260 584	1051 8012 096	1183 2763 608
7607	0131 4578 678	0262 9157 355	0394 3736 033	0525 8314 710	0657 2893 388	0788 7472 065	0920 2050 743	1051 6629 420	1183 1208 098
7608	0131 4405 889	0262 8811 777	0394 3217 606	0525 7623 354	0657 2029 443	0788 6435 331	0920 0841 220	1051 5247 108	1182 9652 997
7609	0131 4233 145	0262 8466 290	0394 2699 435	0525 6932 580	0657 1165 725	0788 5398 870	0919 9632 015	1051 3865 160	1182 8098 305
7610	0131 4060 447	0262 8120 894	0394 2181 340	0525 6241 787	0657 0302 234	0788 4362 681	0919 8423 127	1051 2483 574	1182 6544 021
7611	0131 3887 794	0262 7775 588	0394 1663 382	0525 5551 176	0656 9438 970	0788 3326 764	0919 7214 558	1051 1102 352	1182 4990 146
7612	0131 3715 187	0262 7430 373	0394 1145 560	0525 4860 746	0656 8575 933	0788 2291 119	0919 6006 306	1050 9721 492	1182 3436 679
7613	0131 3542 624	0262 7085 249	0394 0627 873	0525 4170 498	0656 7713 122	0788 1255 747	0919 4798 371	1050 8340 996	1182 1883 620
7614	0131 3370 108	0262 6740 215	0394 0110 323	0525 3480 431	0656 6850 539	0788 0220 646	0919 3590 754	1050 6960 862	1182 0330 969
7615	0131 3197 636	0262 6395 272	0393 9592 909	0525 2790 543	0656 5988 181	0787 9185 817	0919 2383 454	1050 5581 000	1181 8778 726
7616	0131 3025 210	0262 6050 420	0393 9075 630	0525 2100 840	0656 5126 050	0787 8151 261	0919 1176 471	1050 4201 681	1181 7226 891
7617	0131 2852 829	0262 5705 658	0393 8558 488	0525 1411 317	0656 4264 146	0787 7116 975	0918 9969 804	1050 2822 634	1181 5675 463
7618	0131 2680 494	0262 5360 987	0393 8041 481	0525 0721 974	0656 3402 468	0787 6082 961	0918 8763 455	1050 1443 949	1181 4124 443
7619	0131 2508 203	0262 5016 406	0393 7524 610	0525 0032 813	0656 2541 016	0787 5049 219	0918 7557 422	1050 0065 625	1181 2573 820
7620	0131 2335 958	0262 4671 916	0393 7007 874	0524 9343 832	0656 1679 790	0787 4015 748	0918 6351 706	1049 8687 664	1181 1023 622
7621	0131 2163 758	0262 4327 516	0393 6491 274	0524 8655 032	0656 0818 790	0787 2982 548	0918 5146 306	1049 7310 064	1180 9473 822
7622	0131 1991 603	0262 3983 207	0393 5974 810	0524 7966 413	0655 9958 016	0787 1949 620	0918 3941 223	1049 5932 826	1180 7924 429
7623	0131 1819 494	0262 3638 987	0393 5458 481	0524 7277 975	0655 9097 468	0787 0916 962	0918 2736 455	1049 4555 949	1180 6375 443
7624	0131 1647 429	0262 3294 858	0393 4942 288	0524 6589 717	0655 8237 146	0786 9884 575	0918 1532 004	1049 3179 433	1180 4826 863
7625	0131 1475 410	0262 2950 820	0393 4426 230	0524 5901 639	0655 7377 049	0786 8852 450	0918 0327 869	1049 1803 279	1180 3278 689
7626	0131 1303 436	0262 2606 871	0393 3910 307	0524 5213 742	0655 6517 178	0786 7820 614	0917 9124 049	1049 0427 485	1180 1730 921
7627	0131 1131 506	0262 2263 013	0393 3394 519	0524 4526 026	0655 5657 532	0786 6789 039	0917 7920 545	1048 9052 052	1180 0183 558
7628	0131 0959 622	0262 1919 245	0393 2878 867	0524 3838 490	0655 4798 112	0786 5757 735	0917 6717 357	1048 7676 980	1179 8636 002
7629	0131 0787 783	0262 1575 567	0393 2363 350	0524 3151 134	0655 3938 917	0786 4726 701	0917 5514 484	1048 6302 268	1179 7090 051
7630	0131 0615 990	0262 1231 979	0393 1847 969	0524 2463 958	0655 3079 948	0786 3695 937	0917 4311 927	1048 4927 916	1179 5543 606
7631	0131 0444 241	0262 0888 481	0393 1332 722	0524 1776 962	0655 2221 203	0786 2665 444	0917 3109 084	1048 3553 925	1179 3998 165
7632	0131 0272 537	0262 0545 073	0393 0817 610	0524 1090 147	0655 1362 683	0786 1635 220	0917 1907 757	1048 2180 293	1179 2452 830
7633	0131 0100 878	0262 0201 756	0393 0302 633	0524 0403 511	0655 0504 389	0786 0605 267	0917 0706 144	1048 0807 022	1179 0907 900
7634	0130 9929 264	0261 9858 528	0392 9787 791	0523 9717 055	0654 9646 319	0785 9575 583	0916 9504 847	1047 9434 111	1178 9363 374
7635	0130 9757 695	0261 9515 390	0392 9273 085	0523 9030 779	0654 8788 474	0785 8546 169	0916 8303 864	1047 8061 559	1178 7819 253
7636	0130 9586 171	0261 9172 342	0392 8758 512	0523 8344 683	0654 7930 854	0785 7517 025	0916 7103 195	1047 6689 366	1178 6275 537
7637	0130 9414 692	0261 8829 383	0392 8244 075	0523 7658 707	0654 7073 458	0785 6488 150	0916 5902 841	1047 5317 533	1178 4732 225
7638	0130 9243 257	0261 8486 515	0392 7729 772	0523 6973 030	0654 6216 287	0785 5459 544	0916 4702 802	1047 3946 059	1178 3189 317
7639	0130 9071 868	0261 8143 736	0392 7215 604	0523 6287 472	0654 5359 340	0785 4431 208	0916 3503 076	1047 2574 944	1178 1640 812
7640	0130 8900 524	0261 7801 047	0392 6701 571	0523 5602 094	0654 4502 618	0785 3403 141	0916 2303 665	1047 1204 188	1178 0104 712
7641	0130 8729 224	0261 7458 448	0392 6187 672	0523 4916 896	0654 3646 120	0785 2375 344	0916 1104 567	1046 9833 791	1177 8563 015
7642	0130 8557 969	0261 7115 938	0392 5673 907	0523 4231 876	0654 2789 846	0785 1347 815	0915 9905 784	1046 8463 753	1177 7021 722
7643	0130 8386 759	0261 6773 518	0392 5160 277	0523 3547 037	0654 1933 796	0785 0320 555	0915 8707 314	1046 7094 073	1177 5480 832
7644	0130 8215 594	0261 6431 188	0392 4646 782	0523 2862 376	0654 1077 970	0784 9293 564	0915 7509 158	1046 5724 751	1177 3940 345
7645	0130 8044 474	0261 6088 947	0392 4133 421	0523 2177 894	0654 0222 368	0784 8266 841	0915 6311 315	1046 4355 788	1177 2400 262
7646	0130 7873 398	0261 5746 796	0392 3620 194	0523 1493 591	0653 9366 989	0784 7240 387	0915 5113 785	1046 2987 183	1177 0860 581
7647	0130 7702 367	0261 5404 734	0392 3107 101	0523 0809 468	0653 8511 835	0784 6214 202	0915 3916 569	1046 1618 936	1176 9321 302
7648	0130 7531 381	0261 5062 702	0392 2594 142	0523 0125 523	0653 7656 904	0784 5188 285	0915 2719 665	1046 0251 046	1176 7782 427
7649	0130 7360 439	0261 4720 879	0392 2081 318	0522 9441 757	0653 6802 196	0784 4162 636	0915 1523 075	1045 8883 514	1176 6243 953
7650	0130 7189 542	0261 4379 085	0392 1568 627	0522 8758 170	0653 5947 712	0784 3137 255	0915 0326 797	1045 7516 340	1176 4705 882
7651	0130 7018 690	0261 4037 381	0392 1056 071	0522 8074 761	0653 5093 452	0784 2112 142	0914 9130 833	1045 6149 523	1176 3168 213
7652	0130 6847 883	0261 3695 766	0392 0543 649	0522 7391 532	0653 4239 415	0784 1087 297	0914 7935 180	1045 4783 063	1176 1630 946
7653	0130 6677 120	0261 3354 240	0392 0031 360	0522 6708 480	0653 3385 600	0784 0062 720	0914 6739 841	1045 3416 961	1176 0094 081
7654	0130 6506 402	0261 3012 804	0391 9519 206	0522 6025 608	0653 2532 009	0783 9038 411	0914 5544 813	1045 2051 215	1175 8557 617
7655	0130 6335 728	0261 2671 457	0391 9007 185	0522 5342 913	0653 1678 644	0783 8014 370	0914 4350 098	1045 0685 826	1175 7021 555
7656	0130 6165 099	0261 2330 199	0391 8495 298	0522 4660 397	0653 0825 496	0783 6990 506	0914 3155 695	1044 9320 794	1175 5485 893
7657	0130 5994 515	0261 1989 030	0391 7983 544	0522 3978 059	0652 9972 574	0783 5967 089	0914 1961 604	1044 7956 119	1175 3950 633
7658	0130 5823 975	0261 1647 950	0391 7471 925	0522 3295 900	0652 9119 875	0783 4943 850	0914 0767 825	1044 6591 799	1175 2415 774
7659	0130 5653 480	0261 1306 959	0391 6960 439	0522 2613 918	0652 8267 398	0783 3920 877	0913 9574 357	1044 5227 837	1175 0881 316
7660	0130 5483 029	0261 0966 057	0391 6449 086	0522 1932 115	0652 7415 144	0783 2898 172	0913 8381 201	1044 3864 230	1174 9347 258
7661	0130 5312 622	0261 0625 245	0391 5937 867	0522 1250 489	0652 6563 112	0783 1875 734	0913 7188 357	1044 2500 979	1174 7813 601
7662	0130 5142 261	0261 0284 521	0391 5426 782	0522 0569 042	0652 5711 303	0783 0853 563	0913 5995 824	1044 1138 084	1174 6280 345
7663	0130 4971 943	0260 9943 886	0391 4915 829	0521 9887 772	0652 4859 716	0782 9831 659	0913 4803 602	1043 9775 545	1174 4747 488
7664	0130 4801 670	0260 9603 340	0391 4405 010	0521 9206 681	0652 4008 351	0782 8810 021	0913 3611 691	1043 8413 361	1174 3215 031
7665	0130 4631 442	0260 9262 883	0391 3894 325	0521 8525 766	0652 3157 208	0782 7788 650	0913 2420 091	1043 7051 533	1174 1682 975
7666	0130 4461 258	0260 8922 515	0391 3383 773	0521 7845 030	0652 2306 288	0782 6767 545	0913 1228 803	1043 5690 060	1174 0151 318
7667	0130 4291 118	0260 8582 236	0391 2873 353	0521 7164 471	0652 1455 589	0782 5746 707	0913 0037 824	1043 4328 942	1173 8620 060
7668	0130 4121 022	0260 8242 045	0391 2363 067	0521 6484 090	0652 0605 112	0782 4726 135	0912 8847 157	1043 2968 170	1173 7089 202
7669	0130 3950 971	0260 7901 943	0391 1852 914	0521 5803 886	0651 9754 857	0782 3705 820	0912 7656 800	1043 1607 772	1173 5558 743
7670	0130 3780 965	0260 7561 930	0391 1342 894	0521 5123 859	0651 8904 824	0782 2685 780	0912 6466 754	1043 0247 718	1173 4028 683
7671	0130 3611 002	0260 7222 005	0391 0833 007	0521 4444 010	0651 8055 012	0782 1666 015	0912 5277 017	1042 8888 020	1173 2499 022
7672	0130 3441 084	0260 6882 169	0391 0323 253	0521 3764 338	0651 7205 422	0782 0646 507	0912 4087 591	1042 7528 676	1173 0969 760
7673	0130 3271 211	0260 6542 421	0390 9813 632	0521 3084 843	0651 6356 054	0781 9627 264	0912 2898 475	1042 6169 686	1172 9440 897
7674	0130 3101 381	0260 6202 763	0390 9304 144	0521 2405 525	0651 5506 906	0781 8608 288	0912 1709 669	1042 4811 050	1172 7912 432
7675	0130 2931 596	0260 5863 192	0390 8794 788	0521 1726 384	0651 4657 980	0781 7589 577	0912 0521 173	1042 3452 769	1172 6384 365
7676	0130 2761 855	0260 5523 710	0390 8285 565	0521 1047 421	0651 3809 276	0781 6571 131	0911 9332 986	1042 2094 841	1172 4856 696
7677	0130 2592 158	0260 5184 317	0390 7776 475	0521 0368 634	0651 2960 792	0781 5552 950	0911 8145 109	1042 0737 267	1172 3329 426
7678	0130 2422 506	0260 4845 012	0390 7267 518	0520 9690 023	0651 2112 520	0781 4535 035	0911 6957 541	1041 9380 047	1172 1802 553
7679	0130 2252 898	0260 4505 795	0390 6758 693	0520 9011 590	0651 1264 488	0781 3517 385	0911 5770 283	1041 8023 180	1172 0276 078
7680	0130 2083 333	0260 4166 667	0390 6250 000	0520 8333 333	0651 0416 667	0781 2500 000	0911 4583 333	1041 6666 667	1171 8750 000
7681	0130 1913 813	0260 3827 627	0390 5741 440	0520 7655 253	0650 9569 067	0781 1482 880	0911 3396 693	1041 5310 506	1171 7224 320
7682	0130 1744 337	0260 3488 675	0390 5233 012	0520 6977 350	0650 8721 687	0781 0466 024	0911 2210 362	1041 3954 699	1171 5699 037
7683	0130 1574 906	0260 3149 811	0390 4724 717	0520 6299 623	0650 7874 528	0780 9449 434	0911 1024 339	1041 2599 245	1171 4174 151
7684	0130 1405 518	0260 2811 036	0390 4216 554	0520 5622 072	0650 7027 590	0780 8433 108	0910 9838 626	1041 1244 144	1171 2649 662
7685	0130 1236 174	0260 2472 349	0390 3708 523	0520 4944 697	0650 6180 872	0780 7417 046	0910 8653 221	1040 9889 395	1171 1125 569
7686	0130 1066 875	0260 2133 750	0390 3200 625	0520 4267 499	0650 5334 374	0780 6401 249	0910 7468 124	1040 8534 999	1170 9601 874
7687	0130 0897 619	0260 1795 239	0390 2692 858	0520 3590 477	0650 4488 097	0780 5385 716	0910 6283 336	1040 7180 955	1170 8078 574
7688	0130 0728 408	0260 1456 816	0390 2185 224	0520 2913 632	0650 3642 040	0780 4370 447	0910 5098 855	1040 5827 263	1170 6555 671
7689	0130 0559 240	0260 1118 481	0390 1677 721	0520 2236 962	0650 2796 202	0780 3355 443	0910 3914 683	1040 4473 924	1170 5033 164
7690	0130 0390 117	0260 0780 234	0390 1170 351	0520 1560 468	0650 1950 585	0780 2340 702	0910 2730 819	1040 3120 936	1170 3511 053
7691	0130 0221 038	0260 0442 075	0390 0663 113	0520 0884 150	0650 1105 188	0780 1326 225	0910 1547 263	1040 1768 301	1170 1989 338
7692	0130 0052 002	0260 0104 004	0390 0156 006	0520 0208 008	0650 0260 010	0780 0312 012	0910 0364 015	1040 0416 017	1170 0468 019
7693	0129 9883 011	0259 9766 021	0389 9649 032	0519 9532 042	0649 9415 053	0779 9298 063	0909 9181 074	1039 9064 084	1169 8947 095
7694	0129 9714 063	0259 9428 126	0389 9142 189	0519 8856 252	0649 8570 315	0779 8284 377	0909 7998 440	1039 7712 503	1169 7426 566
7695	0129 9545 159	0259 9090 318	0389 8635 478	0519 8180 637	0649 7725 796	0779 7270 955	0909 6816 114	1039 6361 274	1169 5906 433
7696	0129 9376 299	0259 8752 599	0389 8128 898	0519 7505 198	0649 6881 497	0779 6257 796	0909 5634 096	1039 5010 395	1169 4386 694
7697	0129 9207 483	0259 8414 967	0389 7622 450	0519 6829 934	0649 6037 417	0779 5244 901	0909 4452 384	1039 3659 867	1169 2867 351
7698	0129 9038 711	0259 8077 423	0389 7116 134	0519 6154 845	0649 5193 557	0779 4232 968	0909 3270 970	1039 2309 001	1169 1348 402
7699	0129 8869 983	0259 7739 966	0389 6609 949	0519 5479 932	0649 4349 916	0779 3219 899	0909 2089 882	1039 0959 865	1168 9829 848

	1	2	3	4	5	6	7	8	9
7700	0129 8701 299	0259 7402 507	0389 6103 806	0519 4805 195	0649 3506 494	0779 2207 792	0909 0909 091	1038 9610 390	1168 8311 688
7701	0129 8532 658	0259 7065 316	0389 5597 974	0519 4130 632	0649 2663 291	0779 1195 949	0908 9728 607	1038 8261 265	1168 6793 923
7702	0129 8364 064	0259 6728 123	0389 5092 184	0519 3456 245	0649 1820 306	0779 0184 368	0908 8548 429	1038 6912 490	1168 5276 552
7703	0129 8195 508	0259 6391 016	0389 4586 525	0519 2782 033	0649 0977 541	0778 9173 049	0908 7368 558	1038 5564 066	1168 3759 574
7704	0129 8026 999	0259 6053 998	0389 4080 997	0519 2107 996	0649 0134 905	0778 8161 994	0908 6188 993	1038 4215 992	1168 2242 991
7705	0129 7858 533	0259 5717 067	0389 3575 600	0519 1434 134	0648 9292 667	0778 7151 201	0908 5009 734	1038 2868 267	1168 0726 801
7706	0129 7690 112	0259 5380 223	0389 3070 335	0519 0760 446	0648 8450 558	0778 6140 670	0908 3830 781	1038 1520 893	1167 9211 004
7707	0129 7521 733	0259 5043 467	0389 2565 200	0519 0086 934	0648 7608 667	0778 5130 401	0908 2652 134	1038 0173 868	1167 7695 601
7708	0129 7353 399	0259 4706 798	0389 2060 197	0518 9413 596	0648 6766 995	0778 4120 394	0908 1473 793	1037 8827 193	1167 6180 592
7709	0129 7185 108	0259 4370 217	0389 1555 325	0518 8740 433	0648 5925 542	0778 3110 650	0908 0295 758	1037 7480 867	1167 4665 975
7710	0129 7016 861	0259 4033 722	0389 1050 584	0518 8067 443	0648 5084 306	0778 2101 167	0907 9118 029	1037 6134 890	1167 3151 751
7711	0129 6848 658	0259 3697 316	0389 0545 973	0518 7394 631	0648 4243 280	0778 1091 947	0907 7940 604	1037 4789 262	1167 1637 920
7712	0129 6680 498	0259 3360 996	0389 0041 494	0518 6721 992	0648 3402 490	0778 0082 088	0907 6763 486	1037 3443 983	1167 0124 481
7713	0129 6512 382	0259 3024 763	0388 9537 145	0518 6049 527	0648 2561 908	0777 9074 290	0907 5586 672	1037 2099 054	1166 8611 435
7714	0129 6344 300	0259 2688 618	0388 9032 927	0518 5377 236	0648 1721 545	0777 8065 854	0907 4410 163	1037 0754 472	1166 7008 781
7715	0129 6176 280	0259 2352 560	0388 8528 840	0518 4705 120	0648 0881 400	0777 7057 680	0907 3233 960	1036 9410 240	1166 5586 520
7716	0129 6008 294	0259 2016 589	0388 8024 883	0518 4033 178	0648 0041 472	0777 6049 767	0907 2058 061	1036 8066 356	1166 4074 650
7717	0129 5840 352	0259 1680 705	0388 7521 057	0518 3361 410	0647 9201 762	0777 5042 115	0907 0882 467	1036 6722 820	1166 2563 172
7718	0129 5672 454	0259 1344 908	0388 7017 362	0518 2689 816	0647 8362 270	0777 4034 724	0906 9707 178	1036 5379 632	1166 1052 086
7719	0129 5504 599	0259 1009 198	0388 6513 797	0518 2018 396	0647 7522 995	0777 3027 594	0906 8532 193	1036 4036 792	1165 9541 391
7720	0129 5336 788	0259 0673 575	0388 6010 363	0518 1347 150	0647 6683 938	0777 2020 725	0906 7357 513	1036 2694 300	1165 8031 088
7721	0129 5169 020	0259 0338 039	0388 5507 059	0518 0676 078	0647 5845 098	0777 1014 117	0906 6183 137	1036 1352 156	1165 6521 176
7722	0129 5001 295	0259 0002 590	0388 5003 885	0518 0005 180	0647 5006 475	0777 0007 770	0906 5009 065	1036 0010 360	1165 5011 655
7723	0129 4833 614	0258 9667 228	0388 4500 842	0517 9334 456	0647 4168 069	0776 9001 683	0906 3835 297	1035 8668 911	1165 3502 525
7724	0129 4665 976	0258 9331 952	0388 3997 929	0517 8663 905	0647 3329 881	0776 7995 857	0906 2661 833	1035 7327 809	1165 1993 786
7725	0129 4498 382	0258 8996 764	0388 3495 146	0517 7993 528	0647 2491 909	0776 6990 291	0906 1488 673	1035 5987 055	1165 0485 437
7726	0129 4330 831	0258 8661 662	0388 2992 493	0517 7323 324	0647 1654 155	0776 5984 986	0906 0315 817	1035 4646 648	1164 8977 479
7727	0129 4163 323	0258 8326 647	0388 2489 970	0517 6653 294	0647 0816 617	0776 4979 940	0905 9143 264	1035 3306 587	1164 7469 911
7728	0129 3995 850	0258 7991 718	0388 1987 578	0517 5983 437	0646 9979 296	0776 3975 155	0905 7971 014	1035 1966 874	1164 5962 733
7729	0129 3828 438	0258 7656 877	0388 1485 345	0517 5313 753	0646 9142 192	0776 2970 630	0905 6799 068	1035 0627 507	1164 4455 945
7730	0129 3661 064	0258 7322 123	0388 0983 182	0517 4644 243	0646 8305 304	0776 1966 365	0905 5627 426	1034 9288 486	1164 2949 547
7731	0129 3493 727	0258 6987 453	0388 0481 180	0517 3974 906	0646 7468 633	0776 0962 359	0905 4456 086	1034 7949 812	1164 1443 539
7732	0129 3326 436	0258 6652 871	0387 9979 307	0517 3305 742	0646 6632 178	0775 9958 614	0905 3285 049	1034 6611 485	1163 9937 920
7733	0129 3159 188	0258 6318 376	0387 9477 564	0517 2636 752	0646 5795 940	0775 8955 127	0905 2114 315	1034 5273 503	1163 8432 601
7734	0129 2991 981	0258 5983 967	0387 8975 967	0517 1967 934	0646 4959 917	0775 7951 901	0905 0943 884	1034 3935 868	1163 6927 851
7735	0129 2824 822	0258 5649 644	0387 8474 467	0517 1299 289	0646 4124 111	0775 6948 933	0904 9773 736	1034 2598 578	1163 5423 400
7736	0129 2657 704	0258 5315 408	0387 7973 113	0517 0630 817	0646 3288 521	0775 5946 225	0904 8603 930	1034 1261 634	1163 3919 338
7737	0129 2490 629	0258 4981 259	0387 7471 888	0516 9962 518	0646 2453 147	0775 4943 777	0904 7434 406	1033 9925 036	1163 2415 665
7738	0129 2323 598	0258 4647 196	0387 6970 793	0516 9294 391	0646 1617 989	0775 3941 587	0904 6265 185	1033 8588 783	1163 0912 380
7739	0129 2156 609	0258 4313 219	0387 6469 828	0516 8626 438	0646 0783 047	0775 2939 656	0904 5096 266	1033 7252 875	1162 9409 484
7740	0129 1989 664	0258 3979 328	0387 5968 992	0516 7958 656	0645 9948 320	0775 1937 984	0904 3927 649	1033 5917 313	1162 7906 977
7741	0129 1822 762	0258 3645 524	0387 5468 286	0516 7291 048	0645 9113 810	0775 0936 572	0904 2759 333	1033 4582 095	1162 6404 857
7742	0129 1655 903	0258 3311 806	0387 4967 709	0516 6623 611	0645 8279 514	0774 9935 417	0904 1591 320	1033 3247 223	1162 4903 126
7743	0129 1489 087	0258 2978 174	0387 4467 261	0516 5956 348	0645 7445 435	0774 8934 521	0904 0423 608	1033 1912 695	1162 3401 782
7744	0129 1322 314	0258 2644 628	0387 3966 942	0516 5289 256	0645 6611 570	0774 7933 884	0903 9256 198	1033 0578 512	1162 1900 826
7745	0129 1155 584	0258 2311 169	0387 3466 753	0516 4622 337	0645 5777 921	0774 6933 506	0903 8089 090	1032 9244 674	1162 0400 258
7746	0129 0988 897	0258 1977 795	0387 2966 692	0516 3955 590	0645 4944 487	0774 5933 385	0903 6922 282	1032 7911 480	1161 8900 077
7747	0129 0822 254	0258 1644 508	0387 2466 761	0516 3289 015	0645 4111 269	0774 4933 523	0903 5755 776	1032 6578 030	1161 7400 284
7748	0129 0655 653	0258 1311 306	0387 1966 959	0516 2622 612	0645 3278 265	0774 3933 918	0903 4589 571	1032 5245 225	1161 5900 878
7749	0129 0489 095	0258 0978 191	0387 1467 286	0516 1956 381	0645 2445 477	0774 2934 572	0903 3423 668	1032 3912 763	1161 4401 858
7750	0129 0322 581	0258 0645 161	0387 0967 742	0516 1290 323	0645 1612 903	0774 1935 484	0903 2258 065	1032 2580 645	1161 2903 226
7751	0129 0156 109	0258 0312 218	0387 0468 327	0516 0624 436	0645 0780 544	0774 0936 653	0903 1092 762	1032 1248 871	1161 1404 980
7752	0128 9989 680	0257 9979 360	0386 9969 040	0515 9958 720	0644 9948 400	0773 9938 080	0902 9927 761	1031 9917 441	1160 9907 121
7753	0128 9823 294	0257 9646 588	0386 9469 883	0515 9293 177	0644 9116 471	0773 8939 765	0902 8763 059	1031 8586 354	1160 8409 648
7754	0128 9656 951	0257 9313 902	0386 8970 854	0515 8627 805	0644 8284 756	0773 7941 708	0902 7598 659	1031 7255 610	1160 6912 564
7755	0128 9490 651	0257 8981 302	0386 8471 954	0515 7962 605	0644 7453 256	0773 6943 907	0902 6434 558	1031 5925 210	1160 5415 864
7756	0128 9324 394	0257 8648 788	0386 7973 182	0515 7297 576	0644 6621 970	0773 5946 364	0902 5270 758	1031 4595 152	1160 3919 546
7757	0128 9158 180	0257 8316 359	0386 7474 539	0515 6632 719	0644 5790 899	0773 4949 078	0902 4107 258	1031 3265 438	1160 2423 617
7758	0128 8992 008	0257 7984 017	0386 6976 025	0515 5968 033	0644 4960 041	0773 3952 050	0902 2944 058	1031 1936 066	1160 0928 074
7759	0128 8825 880	0257 7651 759	0386 6477 639	0515 5303 519	0644 4129 398	0773 2955 278	0902 1781 157	1031 0607 037	1159 9432 917
7760	0128 8659 794	0257 7319 588	0386 5979 384	0515 4639 175	0644 3298 969	0773 1958 763	0902 0618 557	1030 9278 351	1159 7938 144
7761	0128 8493 751	0257 6987 502	0386 5481 252	0515 3975 003	0644 2468 754	0773 0962 505	0901 9456 256	1030 7950 006	1159 6443 757
7762	0128 8327 751	0257 6655 501	0386 4983 252	0515 3311 002	0644 1638 753	0772 9966 503	0901 8294 254	1030 6622 005	1159 4949 755
7763	0128 8161 793	0257 6323 586	0386 4485 379	0515 2647 172	0644 0808 966	0772 8970 759	0901 7132 552	1030 5294 345	1159 3456 138
7764	0128 7995 878	0257 5991 757	0386 3987 635	0515 1983 514	0643 9979 392	0772 7975 270	0901 5971 149	1030 3967 027	1159 1962 906
7765	0128 7830 006	0257 5660 013	0386 3490 019	0515 1320 026	0643 9150 032	0772 6980 039	0901 4810 045	1030 2640 052	1159 0470 058
7766	0128 7664 177	0257 5328 354	0386 2992 532	0515 0656 709	0643 8320 886	0772 5985 063	0901 3649 240	1030 1313 417	1158 8977 595
7767	0128 7498 391	0257 4996 781	0386 2495 172	0514 9993 563	0643 7491 953	0772 4990 344	0901 2488 734	1029 9987 125	1158 7485 516
7768	0128 7332 647	0257 4665 294	0386 1997 940	0514 9330 587	0643 6663 234	0772 3995 881	0901 1328 527	1029 8661 174	1158 5993 821
7769	0128 7166 946	0257 4333 891	0386 1500 837	0514 8667 782	0643 5834 728	0772 3001 673	0901 0168 619	1029 7335 564	1158 4502 510
7770	0128 7001 287	0257 4002 574	0386 1003 861	0514 8005 148	0643 5006 435	0772 2007 722	0900 9009 009	1029 6010 296	1158 3011 583
7771	0128 6835 671	0257 3671 342	0386 0507 013	0514 7342 684	0643 4178 355	0772 1014 026	0900 7849 698	1029 4685 309	1158 1521 040
7772	0128 6670 098	0257 3340 196	0386 0010 293	0514 6680 391	0643 3350 489	0772 0020 587	0900 6690 685	1029 3360 782	1158 0030 880
7773	0128 6504 567	0257 3009 134	0385 9513 701	0514 6018 268	0643 2522 835	0771 9027 403	0900 5531 970	1029 2036 537	1157 8541 104
7774	0128 6339 079	0257 2678 158	0385 9017 237	0514 5356 316	0643 1695 395	0771 8034 474	0900 4373 553	1029 0712 632	1157 7051 711
7775	0128 6173 633	0257 2347 267	0385 8520 900	0514 4694 534	0643 0868 167	0771 7041 801	0900 3215 434	1028 9389 068	1157 5562 701
7776	0128 6008 230	0257 2016 461	0385 8024 691	0514 4032 922	0643 0041 152	0771 6049 383	0900 2057 613	1028 8065 844	1157 4074 074
7777	0128 5842 870	0257 1685 740	0385 7528 610	0514 3371 480	0642 9214 350	0771 5057 220	0900 0900 090	1028 6742 960	1157 2585 830
7778	0128 5677 552	0257 1355 104	0385 7032 656	0514 2710 208	0642 8387 760	0771 4065 312	0899 9742 864	1028 5420 417	1157 1097 969
7779	0128 5512 277	0257 1024 553	0385 6536 830	0514 2049 107	0642 7561 383	0771 3073 660	0899 8585 936	1028 4008 213	1156 9610 490
7780	0128 5347 044	0257 0694 087	0385 6041 131	0514 1388 175	0642 6735 219	0771 2082 262	0899 7429 306	1028 2776 350	1156 8123 303
7781	0128 5181 853	0257 0363 706	0385 5545 560	0514 0727 413	0642 5909 266	0771 1091 119	0899 6272 973	1028 1454 826	1156 6636 679
7782	0128 5016 705	0257 0033 410	0385 5050 116	0514 0066 821	0642 5083 526	0771 0100 231	0899 5116 936	1028 0133 642	1156 5150 347
7783	0128 4851 600	0256 9703 199	0385 4554 799	0513 9406 390	0642 4257 998	0770 9109 598	0899 3961 197	1027 8812 707	1156 3664 307
7784	0128 4686 536	0256 9373 073	0385 4059 609	0513 8746 146	0642 3432 682	0770 8119 219	0899 2805 755	1027 7492 292	1156 2178 828
7785	0128 4521 516	0256 9043 031	0385 3564 547	0513 8086 063	0642 2607 579	0770 7129 094	0899 1650 610	1027 6172 126	1156 0693 642
7786	0128 4356 537	0256 8713 075	0385 3069 612	0513 7426 140	0642 1782 687	0770 6139 224	0899 0495 762	1027 4852 290	1155 9208 830
7787	0128 4191 601	0256 8383 203	0385 2574 804	0513 6766 406	0642 0958 007	0770 5149 608	0898 9341 210	1027 3532 811	1155 7724 413
7788	0128 4026 708	0256 8053 416	0385 2080 123	0513 6106 831	0642 0133 539	0770 4160 247	0898 8186 954	1027 2213 662	1155 6240 370
7789	0128 3861 856	0256 7723 713	0385 1585 569	0513 5447 426	0641 9309 282	0770 3171 139	0898 7032 995	1027 0894 852	1155 4756 708
7790	0128 3697 047	0256 7394 095	0385 1091 143	0513 4788 190	0641 8485 238	0770 2182 285	0898 5879 333	1026 9576 380	1155 3273 428
7791	0128 3532 281	0256 7064 562	0385 0596 843	0513 4129 123	0641 7661 404	0770 1193 685	0898 4725 966	1026 8258 247	1155 1790 528
7792	0128 3367 556	0256 6735 113	0385 0102 669	0513 3470 226	0641 6837 782	0770 0205 339	0898 3572 805	1026 6940 452	1155 0308 008
7793	0128 3202 874	0256 6405 749	0384 9608 623	0513 2811 497	0641 6014 372	0769 9217 240	0898 2420 121	1026 5622 995	1154 8825 869
7794	0128 3038 235	0256 6076 469	0384 9114 704	0513 2152 938	0641 5191 173	0769 8229 407	0898 1267 642	1026 4305 876	1154 7344 111
7795	0128 2873 637	0256 5747 274	0384 8620 911	0513 1494 548	0641 4368 185	0769 7241 822	0898 0115 459	1026 2980 006	1154 5862 733
7796	0128 2709 082	0256 5418 163	0384 8127 245	0513 0836 326	0641 3545 408	0769 6254 489	0897 8963 571	1026 1672 653	1154 4381 734
7797	0128 2544 568	0256 5089 137	0384 7633 705	0513 0178 274	0641 2722 842	0769 5267 411	0897 7811 979	1026 0356 547	1154 2901 116
7798	0128 2380 097	0256 4760 195	0384 7140 292	0512 9520 390	0641 1900 487	0769 4280 585	0897 6660 082	1025 9040 780	1154 1420 877
7799	0128 2215 669	0256 4431 337	0384 6647 006	0512 8862 675	0641 1078 343	0769 3294 012	0897 5509 684	1025 7725 349	1153 9941 018

	1	2	3	4	5	6	7	8	9
7800	0128 2051 282	0256 4102 564	0384 6153 846	0512 8205 128	0641 0256 410	0769 2307 692	0897 4358 974	1025 6410 256	1153 8461 538
7801	0128 1886 938	0256 3773 875	0384 5660 813	0512 7547 750	0640 9434 688	0769 1321 625	0897 3208 563	1025 5095 501	1153 6982 438
7802	0128 1722 635	0256 3445 270	0384 5167 906	0512 6890 541	0640 8613 176	0769 0335 811	0897 2058 447	1025 3781 082	1153 5503 717
7803	0128 1558 375	0256 3116 750	0384 4675 125	0512 6233 500	0640 7791 875	0768 9350 250	0897 0908 625	1025 2467 000	1153 4025 375
7804	0128 1394 157	0256 2788 314	0384 4182 471	0512 5576 627	0640 6970 784	0768 8364 941	0896 9759 098	1025 1153 255	1153 2547 412
7805	0128 1229 981	0256 2459 962	0384 3689 942	0512 4919 923	0640 6149 904	0768 7379 885	0896 8609 865	1024 9839 846	1153 1069 827
7806	0128 1065 847	0256 2131 694	0384 3197 540	0512 4263 387	0640 5329 234	0768 6395 081	0896 7460 928	1024 8526 774	1152 9592 621
7807	0128 0901 755	0256 1803 510	0384 2705 265	0512 3607 019	0640 4508 774	0768 5410 529	0896 6312 284	1024 7214 039	1152 8115 794
7808	0128 0737 705	0256 1475 410	0384 2213 115	0512 2950 820	0640 3688 525	0768 4426 230	0896 5163 934	1024 5901 639	1152 6639 344
7809	0128 0573 697	0256 1147 394	0384 1721 091	0512 2294 788	0640 2868 485	0768 3442 182	0896 4015 879	1024 4589 576	1152 5163 273
7810	0128 0409 731	0256 0819 462	0384 1229 193	0512 1638 924	0640 2048 656	0768 2458 387	0896 2868 118	1024 3277 849	1152 3687 580
7811	0128 0245 807	0256 0491 614	0384 0737 422	0512 0983 229	0640 1229 036	0768 1474 843	0896 1720 650	1024 1966 458	1152 2212 263
7812	0128 0081 925	0256 0163 850	0384 0245 776	0512 0327 701	0640 0409 626	0768 0491 551	0896 0573 477	1024 0655 402	1152 0737 327
7813	0127 9918 085	0255 9836 170	0383 9754 256	0511 9672 344	0639 9590 426	0767 9508 511	0895 9426 597	1023 9344 682	1151 9262 767
7814	0127 9754 287	0255 9508 574	0383 9262 862	0511 9017 149	0639 8771 436	0767 8525 723	0895 8280 010	1023 8034 297	1151 7788 585
7815	0127 9590 531	0255 9181 062	0383 8771 593	0511 8362 124	0639 7952 656	0767 7543 186	0895 7133 717	1023 6724 248	1151 6314 779
7816	0127 9426 817	0255 8853 634	0383 8280 450	0511 7707 267	0639 7134 085	0767 6560 901	0895 5987 717	1023 5414 534	1151 4841 351
7817	0127 9263 144	0255 8526 289	0383 7789 433	0511 7052 578	0639 6315 722	0767 5578 867	0895 4842 011	1023 4105 155	1151 3368 300
7818	0127 9099 514	0255 8199 028	0383 7298 542	0511 6398 056	0639 5497 570	0767 4597 084	0895 3696 598	1023 2796 112	1151 1895 625
7819	0127 8935 925	0255 7871 851	0383 6807 776	0511 5743 701	0639 4679 627	0767 3615 552	0895 2551 477	1023 1487 402	1151 0423 328
7820	0127 8772 379	0255 7544 757	0383 6317 136	0511 5089 514	0639 3861 893	0767 2634 271	0895 1406 650	1023 0179 028	1150 8951 407
7821	0127 8608 874	0255 7217 747	0383 5826 624	0511 4435 494	0639 3044 368	0767 1653 241	0895 0262 115	1022 8870 988	1150 7479 862
7822	0127 8445 410	0255 6890 821	0383 5336 231	0511 3781 642	0639 2227 052	0767 0672 462	0894 9117 873	1022 7563 283	1150 6008 693
7823	0127 8281 989	0255 6563 978	0383 4845 967	0511 3127 956	0639 1409 945	0766 9691 934	0894 7973 923	1022 6255 912	1150 4537 004
7824	0127 8118 609	0255 6237 219	0383 4355 828	0511 2474 438	0639 0593 047	0766 8711 656	0894 6830 266	1022 4948 875	1150 3067 485
7825	0127 7955 272	0255 5910 543	0383 3865 815	0511 1821 086	0638 9776 359	0766 7731 629	0894 5686 901	1022 3642 172	1150 1597 444
7826	0127 7791 975	0255 5583 951	0383 3375 926	0511 1167 902	0638 8959 877	0766 6751 853	0894 4543 828	1022 2335 804	1150 0127 779
7827	0127 7628 721	0255 5257 442	0383 2886 163	0511 0514 884	0638 8143 605	0766 5772 327	0894 3401 048	1022 1029 769	1149 8658 490
7828	0127 7465 508	0255 4931 017	0383 2396 525	0510 9862 034	0638 7327 542	0766 4793 051	0894 2258 559	1021 9724 067	1149 7189 576
7829	0127 7302 337	0255 4604 675	0383 1907 012	0510 9209 350	0638 6511 687	0766 3814 025	0894 1116 362	1021 8418 700	1149 5721 037
7830	0127 7139 208	0255 4278 416	0383 1417 625	0510 8556 833	0638 5696 041	0766 2835 249	0893 9974 457	1021 7113 665	1149 4252 874
7831	0127 6976 121	0255 3952 241	0383 0928 362	0510 7904 482	0638 4880 603	0766 1856 723	0893 8832 844	1021 5808 964	1149 2785 085
7832	0127 6813 075	0255 3626 149	0383 0439 224	0510 7252 298	0638 4065 373	0766 0878 447	0893 7691 522	1021 4504 597	1149 1317 671
7833	0127 6650 070	0255 3300 140	0382 9950 211	0510 6600 281	0638 3250 351	0765 9900 421	0893 6550 492	1021 3200 562	1148 9850 632
7834	0127 6487 107	0255 2974 215	0382 9461 322	0510 5948 430	0638 2435 537	0765 8922 645	0893 5409 752	1021 1896 860	1148 8383 967
7835	0127 6324 186	0255 2648 373	0382 8972 559	0510 5296 745	0638 1620 932	0765 7945 118	0893 4269 304	1021 0593 491	1148 6917 677
7836	0127 6161 307	0255 2322 614	0382 8483 921	0510 4645 227	0638 0806 534	0765 6967 841	0893 3129 148	1020 9290 454	1148 5451 761
7837	0127 5998 469	0255 1996 938	0382 7995 406	0510 3993 875	0637 9992 344	0765 5990 813	0893 1989 282	1020 7987 750	1148 3986 219
7838	0127 5835 672	0255 1671 345	0382 7507 017	0510 3342 689	0637 9178 362	0765 5014 034	0893 0849 707	1020 6685 379	1148 2521 051
7839	0127 5672 917	0255 1345 835	0382 7018 752	0510 2691 670	0637 8364 587	0765 4037 505	0892 9710 422	1020 5383 340	1148 1056 257
7840	0127 5510 204	0255 1020 408	0382 6530 612	0510 2040 816	0637 7551 020	0765 3061 224	0892 8571 429	1020 4081 633	1147 9591 837
7841	0127 5347 532	0255 0695 064	0382 6042 597	0510 1390 129	0637 6737 661	0765 2085 193	0892 7432 725	1020 2780 258	1147 8127 790
7842	0127 5184 902	0255 0369 804	0382 5554 705	0510 0739 607	0637 5924 509	0765 1109 411	0892 6294 313	1020 1479 214	1147 6664 116
7843	0127 5022 313	0255 0044 626	0382 5066 939	0510 0089 252	0637 5111 564	0765 0133 877	0892 5156 190	1020 0178 503	1147 5200 816
7844	0127 4859 765	0254 9719 531	0382 4579 295	0509 9439 062	0637 4298 827	0764 9158 593	0892 4018 358	1019 8878 123	1147 3737 889
7845	0127 4697 259	0254 9394 519	0382 4091 778	0509 8789 038	0637 3486 297	0764 8183 556	0892 2880 816	1019 7578 075	1147 2275 335
7846	0127 4534 795	0254 9069 590	0382 3604 384	0509 8139 179	0637 2673 974	0764 7208 769	0892 1743 564	1019 6278 358	1147 0813 153
7847	0127 4372 372	0254 8744 743	0382 3117 115	0509 7489 486	0637 1861 858	0764 6234 230	0892 0606 601	1019 4978 973	1146 9351 314
7848	0127 4209 990	0254 8419 980	0382 2629 969	0509 6839 959	0637 1049 949	0764 5259 939	0891 9469 929	1019 3679 918	1146 7889 908
7849	0127 4047 649	0254 8095 299	0382 2142 948	0509 6190 598	0637 0238 247	0764 4285 896	0891 8333 546	1019 2381 105	1146 6428 844
7850	0127 3885 350	0254 7770 701	0382 1656 051	0509 5541 401	0636 9426 752	0764 3312 102	0891 7197 452	1019 1082 803	1146 4968 153
7851	0127 3723 093	0254 7446 185	0382 1169 278	0509 4892 370	0636 8615 463	0764 2338 556	0891 6061 648	1018 9784 741	1146 3507 833
7852	0127 3560 876	0254 7121 752	0382 0682 629	0509 4243 505	0636 7804 381	0764 1365 287	0891 4926 133	1018 8487 010	1146 2047 886
7853	0127 3398 701	0254 6797 402	0382 0196 103	0509 3594 805	0636 6993 506	0764 0392 207	0891 3790 908	1018 7189 609	1146 0588 310
7854	0127 3236 567	0254 6473 135	0381 9709 702	0509 2946 269	0636 6182 837	0763 9419 404	0891 2655 971	1018 5892 539	1145 9129 106
7855	0127 3074 475	0254 6148 950	0381 9223 425	0509 2297 899	0636 5372 374	0763 8446 889	0891 1521 324	1018 4595 799	1145 7670 274
7856	0127 2912 424	0254 5824 847	0381 8737 271	0509 1649 695	0636 4562 118	0763 7474 542	0891 0386 965	1018 3299 389	1145 6211 843
7857	0127 2750 414	0254 5500 827	0381 8251 241	0509 1001 655	0636 3752 068	0763 6502 482	0890 9252 895	1018 2003 309	1145 4753 723
7858	0127 2588 445	0254 5176 890	0381 7765 335	0509 0353 780	0636 2942 225	0763 5530 669	0890 8119 114	1018 0707 559	1145 3296 004
7859	0127 2426 517	0254 4853 035	0381 7279 552	0508 9706 069	0636 2132 587	0763 4559 104	0890 6985 622	1017 9412 130	1145 1838 656
7860	0127 2264 631	0254 4529 262	0381 6793 893	0508 9058 524	0636 1323 155	0763 3587 786	0890 5852 417	1017 8117 048	1145 0381 679
7861	0127 2102 786	0254 4205 572	0381 6308 358	0508 8411 144	0636 0513 930	0763 2616 715	0890 4719 501	1017 6822 287	1144 8925 073
7862	0127 1940 982	0254 3881 964	0381 5822 946	0508 7763 928	0635 9704 910	0763 1645 892	0890 3586 874	1017 5527 856	1144 7468 837
7863	0127 1779 219	0254 3558 438	0381 5337 657	0508 7116 877	0635 8896 096	0763 0675 315	0890 2454 534	1017 4233 753	1144 6012 972
7864	0127 1617 497	0254 3234 995	0381 4852 492	0508 6469 990	0635 8087 487	0762 9704 985	0890 1322 482	1017 2939 980	1144 4557 477
7865	0127 1455 817	0254 2911 634	0381 4367 451	0508 5823 268	0635 7279 085	0762 8734 901	0890 0190 718	1017 1646 535	1144 3102 352
7866	0127 1294 177	0254 2588 355	0381 3882 532	0508 5176 710	0635 6470 887	0762 7765 065	0889 9059 242	1017 0353 420	1144 1647 597
7867	0127 1132 579	0254 2265 158	0381 3397 737	0508 4530 317	0635 5662 896	0762 6795 475	0889 7928 054	1016 9060 633	1144 0193 212
7868	0127 0971 022	0254 1942 044	0381 2913 066	0508 3884 087	0635 4855 109	0762 5826 131	0889 6797 153	1016 7768 175	1143 8739 197
7869	0127 0809 506	0254 1619 011	0381 2428 517	0508 3238 023	0635 4047 528	0762 4857 034	0889 5666 549	1016 6476 045	1143 7285 551
7870	0127 0648 030	0254 1296 061	0381 1944 091	0508 2592 122	0635 3240 152	0762 3888 183	0889 4536 213	1016 5184 244	1143 5832 274
7871	0127 0486 596	0254 0973 193	0381 1459 789	0508 1946 385	0635 2432 982	0762 2919 578	0889 3406 175	1016 3892 771	1143 4379 367
7872	0127 0325 203	0254 0650 407	0381 0975 610	0508 1300 813	0635 1626 016	0762 1951 220	0889 2276 423	1016 2601 626	1143 2926 829
7873	0127 0163 851	0254 0327 702	0381 0491 553	0508 0655 405	0635 0819 256	0762 0983 107	0889 1146 958	1016 1310 809	1143 1474 660
7874	0127 0002 540	0254 0005 080	0381 0007 620	0508 0010 160	0635 0012 700	0762 0015 240	0889 0017 780	1016 0020 320	1143 0022 860
7875	0126 9841 270	0253 9682 540	0380 9523 810	0507 9365 079	0634 9206 349	0761 9047 619	0888 8888 889	1015 8730 159	1142 8571 429
7876	0126 9680 041	0253 9360 081	0380 9040 122	0507 8720 163	0634 8400 203	0761 8080 244	0888 7760 284	1015 7440 325	1142 7120 366
7877	0126 9518 852	0253 9037 705	0380 8556 557	0507 8075 409	0634 7594 262	0761 7113 114	0888 6631 966	1015 6150 819	1142 5669 671
7878	0126 9357 705	0253 8715 410	0380 8073 115	0507 7430 820	0634 6788 525	0761 6146 230	0888 5503 935	1015 4861 640	1142 4219 345
7879	0126 9196 599	0253 8393 197	0380 7589 796	0507 6786 394	0634 5982 993	0761 5179 591	0888 4376 190	1015 3572 788	1142 2769 387
7880	0126 9035 533	0253 8071 066	0380 7106 599	0507 6142 132	0634 5177 665	0761 4213 108	0888 3248 731	1015 2284 264	1142 1319 797
7881	0126 8874 508	0253 7749 017	0380 6623 525	0507 5498 033	0634 4372 542	0761 3247 050	0888 2121 558	1015 0996 066	1141 9870 575
7882	0126 8713 524	0253 7427 049	0380 6140 573	0507 4854 098	0634 3567 622	0761 2281 147	0888 0994 671	1014 9708 196	1141 8421 720
7883	0126 8552 582	0253 7105 163	0380 5657 745	0507 4210 326	0634 2762 908	0761 1315 489	0887 9868 071	1014 8420 652	1141 6973 234
7884	0126 8391 679	0253 6783 359	0380 5175 038	0507 3566 717	0634 1958 397	0761 0350 076	0887 8741 755	1014 7133 435	1141 5525 114
7885	0126 8230 818	0253 6461 636	0380 4692 454	0507 2923 272	0634 1154 090	0760 9384 908	0887 7615 726	1014 5846 544	1141 4077 362
7886	0126 8069 997	0253 6139 995	0380 4209 992	0507 2279 990	0634 0349 987	0760 8419 985	0887 6489 982	1014 4559 980	1141 2629 977
7887	0126 7909 218	0253 5818 435	0380 3727 653	0507 1636 871	0633 9546 088	0760 7455 306	0887 5364 524	1014 3273 742	1141 1182 959
7888	0126 7748 479	0253 5496 957	0380 3245 436	0507 0993 915	0633 8742 394	0760 6490 872	0887 4239 351	1014 1987 830	1140 9736 308
7889	0126 7587 780	0253 5175 561	0380 2763 341	0507 0351 122	0633 7938 902	0760 5526 683	0887 3114 463	1014 0702 244	1140 8290 024
7890	0126 7427 123	0253 4854 246	0380 2281 369	0506 9708 492	0633 7135 615	0760 4562 738	0887 1989 861	1013 9416 984	1140 6844 106
7891	0126 7266 506	0253 4533 012	0380 1799 518	0506 9066 025	0633 6332 531	0760 3599 037	0887 0865 543	1013 8132 049	1140 5398 555
7892	0126 7105 930	0253 4211 860	0380 1317 790	0506 8423 720	0633 5529 650	0760 2635 580	0886 9741 510	1013 6847 440	1140 3953 374
7893	0126 6945 395	0253 3890 789	0380 0836 184	0506 7781 579	0633 4726 973	0760 1672 368	0886 8617 763	1013 5563 157	1140 2508 552
7894	0126 6784 900	0253 3569 800	0380 0354 700	0506 7139 600	0633 3924 500	0760 0709 400	0886 7494 299	1013 4279 199	1140 1064 099
7895	0126 6624 446	0253 3248 892	0379 9873 338	0506 6497 783	0633 3122 229	0759 9746 675	0886 6371 121	1013 2995 567	1139 9620 013
7896	0126 6464 032	0253 2928 065	0379 9392 097	0506 5856 130	0633 2320 162	0759 8784 195	0886 5248 227	1013 1712 259	1139 8176 292
7897	0126 6303 660	0253 2607 319	0379 8910 979	0506 5214 638	0633 1518 298	0759 7821 958	0886 4125 617	1013 0429 277	1139 6732 937
7898	0126 6143 327	0253 2286 655	0379 8429 982	0506 4573 310	0633 0716 637	0759 6859 965	0886 3003 292	1012 9146 619	1139 5289 947
7899	0126 5983 036	0253 1966 072	0379 7949 107	0506 3932 143	0632 9915 179	0759 5898 215	0886 1881 251	1012 7864 287	1139 3847 322

	1	2	3	4	5	6	7	8	9
7900	0126 5822 785	0253 1645 570	0379 7468 354	0506 3291 139	0632 9113 924	0759 4936 709	0886 0759 494	1012 6582 278	1139 2405 063
7901	0126 5662 574	0253 1325 149	0379 6987 723	0506 2650 297	0632 8312 872	0759 3975 446	0885 9638 021	1012 5300 595	1139 0963 169
7902	0126 5502 404	0253 1004 809	0379 6507 213	0506 2009 618	0632 7512 022	0759 3014 427	0885 8516 831	1012 4019 236	1138 9521 640
7903	0126 5342 275	0253 0684 550	0379 6026 825	0506 1369 100	0632 6711 375	0759 2053 651	0885 7395 926	1012 2738 201	1138 8080 476
7904	0126 5182 186	0253 0364 372	0379 5546 559	0506 0728 745	0632 5910 931	0759 1093 117	0885 6275 304	1012 1457 490	1138 6639 676
7905	0126 5022 138	0253 0044 276	0379 5066 414	0506 0088 552	0632 5110 689	0759 0132 827	0885 5154 965	1012 0177 103	1138 5199 241
7906	0126 4862 130	0252 9724 260	0379 4586 390	0505 9448 520	0632 4310 650	0758 9172 780	0885 4034 910	1011 8897 040	1138 3759 170
7907	0126 4702 163	0252 9404 325	0379 4106 488	0505 8808 651	0632 3510 813	0758 8212 976	0885 2915 138	1011 7617 301	−1138 2319 464
7908	0126 4542 236	0252 9084 471	0379 3626 707	0505 8168 943	0632 2711 179	0758 7253 414	0885 1795 650	1011 6337 886	1138 0880 121
7909	0126 4382 349	0252 8764 698	0379 3147 048	0505 7529 397	0632 1911 746	0758 6294 095	0885 0676 445	1011 5058 794	1137 9441 143
7910	0126 4222 503	0252 8445 006	0379 2667 509	0505 6890 013	0632 1112 516	0758 5335 019	0884 9557 522	1011 3780 025	1137 8002 528
7911	0126 4062 698	0252 8125 395	0379 2188 093	0505 6250 790	0632 0313 488	0758 4376 185	0884 8438 883	1011 2501 580	1137 6564 278
7912	0126 3902 932	0252 7805 865	0379 1708 797	0505 5611 729	0631 9514 661	0758 3417 594	0884 7320 526	1011 1223 458	1137 5126 390
7913	0126 3743 207	0252 7486 413	0379 1229 622	0505 4972 830	0631 8716 037	0758 2459 244	0884 6202 452	1010 9945 659	1137 3688 866
7914	0126 3583 523	0252 7167 046	0379 0750 569	0505 4334 091	0631 7917 614	0758 1501 137	0884 5084 660	1010 8668 183	1137 2251 706
7915	0126 3423 879	0252 6847 757	0379 0271 636	0505 3695 515	0631 7119 394	0758 0543 272	0884 3967 151	1010 7391 030	1137 0814 908
7916	0126 3264 275	0252 6528 550	0378 9792 825	0505 3057 100	0631 6321 374	0757 9585 649	0884 2849 924	1010 6114 199	1136 9378 474
7917	0126 3104 711	0252 6209 423	0378 9314 134	0505 2418 846	0631 5523 557	0757 8628 268	0884 1732 980	1010 4837 691	1136 7942 402
7918	0126 2945 188	0252 5890 376	0378 8835 565	0505 1780 753	0631 4725 941	0757 7671 129	0884 0616 317	1010 3561 505	1136 6506 694
7919	0126 2785 705	0252 5571 411	0378 8357 116	0505 1142 821	0631 3928 526	0757 6714 232	0883 9499 937	1010 2285 642	1136 5071 347
7920	0126 2626 263	0252 5252 525	0378 7878 788	0505 0505 051	0631 3131 313	0757 5757 576	0883 8383 838	1010 1010 101	1136 3636 364
7921	0126 2466 860	0252 4933 720	0378 7400 581	0504 9867 441	0631 2334 301	0757 4801 161	0883 7268 022	1009 9734 882	1136 2201 742
7922	0126 2307 498	0252 4614 996	0378 6922 494	0504 9229 902	0631 1537 491	0757 3844 989	0883 6152 487	1009 8459 985	1136 0767 483
7923	0126 2148 176	0252 4296 352	0378 6444 529	0504 8592 705	0631 0740 881	0757 2889 057	0883 5037 233	1009 7185 410	1135 9338 586
7924	0126 1988 894	0252 3977 789	0378 5966 684	0504 7955 578	0630 9944 473	0757 1933 367	0883 3922 262	1009 5911 156	1135 7900 051
7925	0126 1829 653	0252 3659 306	0378 5488 959	0504 7318 612	0630 9148 265	0757 0977 918	0883 2807 571	1009 4637 224	1135 6466 877
7926	0126 1670 452	0252 3340 903	0378 5011 355	0504 6681 807	0630 8352 258	0757 0022 710	0883 1693 162	1009 3363 613	1135 5034 065
7927	0126 1511 291	0252 3022 581	0378 4533 872	0504 6045 162	0630 7556 453	0756 9067 743	0883 0579 034	1009 2090 324	1135 3601 615
7928	0126 1352 170	0252 2704 339	0378 4056 599	0504 5408 678	0630 6760 848	0756 8113 017	0882 9465 187	1009 0817 356	1135 2169 526
7929	0126 1193 089	0252 2386 177	0378 3579 266	0504 4772 355	0630 5965 443	0756 7158 532	0882 8351 621	1008 9544 709	1135 0737 798
7930	0126 1034 048	0252 2068 096	0378 3102 144	0504 4136 192	0630 5170 240	0756 6204 288	0882 7238 335	1008 8272 383	1134 9306 431
7931	0126 0875 047	0252 1750 095	0378 2625 142	0504 3500 189	0630 4375 236	0756 5250 284	0882 6125 331	1008 7000 378	1134 7875 426
7932	0126 0716 087	0252 1432 173	0378 2148 260	0504 2864 347	0630 3580 434	0756 4296 520	0882 5012 607	1008 5728 694	1134 6444 781
7933	0126 0557 166	0252 1114 333	0378 1671 499	0504 2228 665	0630 2785 831	0756 3342 998	0882 3900 164	1008 4457 330	1134 5014 496
7934	0126 0398 386	0252 0796 572	0378 1194 858	0504 1593 143	0630 1991 429	0756 2389 715	0882 2788 001	1008 3186 287	1134 3584 573
7935	0126 0239 445	0252 0478 891	0378 0718 337	0504 0957 782	0630 1197 228	0756 1436 673	0882 1676 119	1008 1915 564	1134 2155 010
7936	0126 0080 645	0252 0161 290	0378 0241 935	0504 0322 581	0630 0403 226	0756 0483 871	0882 0564 516	1008 0645 161	1134 0725 806
7937	0125 9921 885	0251 9843 770	0377 9765 655	0503 9687 539	0629 9609 424	0755 9531 309	0881 9453 194	1007 9375 079	1133 9296 964
7938	0125 9763 165	0251 9526 329	0377 9289 494	0503 9052 658	0629 8815 823	0755 8578 987	0881 8342 152	1007 8105 316	1133 7868 481
7939	0125 9604 484	0251 9208 968	0377 8813 453	0503 8417 937	0629 8022 421	0755 7626 905	0881 7231 389	1007 6835 874	1133 6440 358
7940	0125 9445 844	0251 8891 688	0377 8337 531	0503 7783 375	0629 7229 219	0755 6675 063	0881 6120 907	1007 5566 751	1133 5012 594
7941	0125 9287 243	0251 8574 487	0377 7861 730	0503 7148 974	0629 6436 217	0755 5723 461	0881 5010 704	1007 4297 947	1133 3585 191
7942	0125 9128 683	0251 8257 366	0377 7386 049	0503 6514 732	0629 5643 415	0755 4772 098	0881 3900 781	1007 3029 464	1133 2158 147
7943	0125 8970 162	0251 7940 325	0377 6910 487	0503 5880 650	0629 4850 812	0755 3820 974	0881 2791 137	1007 1761 299	1133 0731 462
7944	0125 8811 682	0251 7623 364	0377 6435 045	0503 5246 727	0629 4058 409	0755 2870 091	0881 1681 772	1007 0493 454	1132 9305 136
7945	0125 8653 241	0251 7306 482	0377 5959 723	0503 4612 964	0629 3266 205	0755 1919 446	0881 0572 687	1006 9225 928	1132 7879 169
7946	0125 8494 840	0251 6989 681	0377 5484 521	0503 3979 361	0629 2474 201	0755 0969 041	0880 9463 881	1006 7958 721	1132 6453 562
7947	0125 8336 479	0251 6672 958	0377 5009 438	0503 3345 917	0629 1682 396	0755 0018 875	0880 8353 354	1006 6691 833	1132 5028 313
7948	0125 8178 158	0251 6356 316	0377 4534 474	0503 2712 632	0629 0890 790	0754 9068 948	0880 7247 106	1006 5425 264	1132 3603 422
7949	0125 8019 877	0251 6039 753	0377 4059 630	0503 2079 507	0629 0099 384	0754 8119 260	0880 6139 137	1006 4159 014	1132 2178 890
7950	0125 7861 635	0251 5723 270	0377 3584 906	0503 1446 541	0628 9308 176	0754 7169 811	0880 5031 447	1006 2893 082	1132 0754 717
7951	0125 7703 434	0251 5406 867	0377 3110 301	0503 0813 734	0628 8517 168	0754 6220 601	0880 3924 035	1006 1627 468	1131 9330 902
7952	0125 7545 272	0251 5090 543	0377 2635 815	0503 0181 087	0628 7726 358	0754 5271 630	0880 2816 901	1006 0362 173	1131 7907 445
7953	0125 7387 150	0251 4774 299	0377 2161 449	0502 9548 598	0628 6935 748	0754 4322 897	0880 1710 047	1005 9097 196	1131 6484 346
7954	0125 7229 067	0251 4458 134	0377 1687 201	0502 8916 269	0628 6145 336	0754 3374 403	0880 0603 470	1005 7832 537	1131 5061 604
7955	0125 7071 025	0251 4142 049	0377 1213 074	0502 8284 098	0628 5355 123	0754 2426 147	0879 9497 172	1005 6568 196	1131 3639 221
7956	0125 6913 022	0251 3826 043	0377 0739 065	0502 7652 086	0628 4565 108	0754 1478 130	0879 8391 151	1005 5304 173	1131 2217 195
7957	0125 6755 058	0251 3510 117	0377 0265 175	0502 7020 234	0628 3775 292	0754 0530 351	0879 7285 409	1005 4040 468	1131 0795 526
7958	0125 6597 135	0251 3194 270	0376 9791 405	0502 6388 540	0628 2985 675	0753 9582 810	0879 6179 945	1005 2777 080	1130 9374 215
7959	0125 6439 251	0251 2878 502	0376 9317 753	0502 5757 005	0628 2196 256	0753 8635 507	0879 5074 758	1005 1514 009	1130 7953 260
7960	0125 6281 407	0251 2562 814	0376 8844 221	0502 5125 628	0628 1407 035	0753 7688 442	0879 3969 849	1005 0251 256	1130 6532 663
7961	0125 6123 603	0251 2247 205	0376 8370 808	0502 4494 410	0628 0618 013	0753 6741 615	0879 2863 218	1004 8988 820	1130 5112 423
7962	0125 5965 838	0251 1931 675	0376 7897 513	0502 3863 351	0627 9829 189	0753 5795 026	0879 1760 864	1004 7726 702	1130 3692 540
7963	0125 5808 113	0251 1616 225	0376 7424 338	0502 3232 450	0627 9040 563	0753 4848 675	0879 0656 788	1004 6464 900	1130 2273 013
7964	0125 5650 427	0251 1300 854	0376 6951 281	0502 2601 708	0627 8252 135	0753 3902 562	0878 9552 988	1004 5203 415	1130 0853 842
7965	0125 5492 781	0251 0985 562	0376 6478 343	0502 1971 124	0627 7463 905	0753 2956 686	0878 8449 466	1004 3942 247	1129 9435 028
7966	0125 5335 174	0251 0670 349	0376 6005 523	0502 1340 698	0627 6675 872	0753 2011 047	0878 7346 221	1004 2681 396	1129 8016 570
7967	0125 5177 608	0251 0355 215	0376 5532 823	0502 0710 431	0627 5888 038	0753 1065 646	0878 6243 253	1004 1420 861	1129 6598 469
7968	0125 5020 080	0251 0040 161	0376 5060 241	0502 0080 321	0627 5100 402	0753 0120 482	0878 5140 562	1004 0160 643	1129 5180 723
7969	0125 4862 593	0250 9725 185	0376 4587 778	0501 9450 370	0627 4312 963	0752 9175 555	0878 4038 148	1003 8900 740	1129 3763 333
7970	0125 4705 144	0250 9410 289	0376 4115 433	0501 8820 577	0627 3525 721	0752 8230 866	0878 2936 010	1003 7641 154	1129 2346 299
7971	0125 4547 736	0250 9095 471	0376 3643 207	0501 8190 942	0627 2738 678	0752 7286 413	0878 1834 149	1003 6381 884	1129 0929 620
7972	0125 4390 366	0250 8780 733	0376 3171 099	0501 7561 465	0627 1951 881	0752 6342 198	0878 0732 564	1003 5122 930	1128 9513 297
7973	0125 4233 036	0250 8466 073	0376 2699 109	0501 6932 146	0627 1165 182	0752 5398 219	0877 9631 255	1003 3864 292	1128 8097 328
7974	0125 4075 746	0250 8151 492	0376 2227 239	0501 6302 985	0627 0378 731	0752 4454 477	0877 8530 223	1003 2605 969	1128 6681 716
7975	0125 3918 495	0250 7836 991	0376 1755 486	0501 5673 981	0626 9592 477	0752 3510 972	0877 7429 467	1003 1347 962	1128 5266 458
7976	0125 3761 284	0250 7522 568	0376 1283 852	0501 5045 135	0626 8806 419	0752 2567 703	0877 6328 987	1003 0090 271	1128 3851 555
7977	0125 3604 112	0250 7208 224	0376 0812 335	0501 4416 447	0626 8020 559	0752 1624 671	0877 5228 783	1002 8832 895	1128 2437 006
7978	0125 3446 979	0250 6893 958	0376 0340 938	0501 3787 917	0626 7234 896	0752 0681 875	0877 4128 854	1002 7575 834	1128 1022 813
7979	0125 3289 886	0250 6579 772	0375 9869 658	0501 3159 544	0626 6449 430	0751 9739 316	0877 3029 202	1002 6319 088	1127 9608 974
7980	0125 3132 832	0250 6265 664	0375 9398 496	0501 2531 328	0626 5664 160	0751 8796 992	0877 1929 825	1002 5062 657	1127 8195 489
7981	0125 2975 818	0250 5951 635	0375 8927 453	0501 1903 270	0626 4879 088	0751 7854 905	0877 0830 723	1002 3806 541	1127 6782 358
7982	0125 2818 842	0250 5637 685	0375 8456 527	0501 1275 370	0626 4094 212	0751 6913 054	0876 9731 897	1002 2550 739	1127 5369 582
7983	0125 2661 907	0250 5323 813	0375 7985 720	0501 0647 626	0626 3309 533	0751 5971 439	0876 8633 346	1002 1295 252	1127 3957 159
7984	0125 2505 010	0250 5010 020	0375 7515 030	0501 0020 040	0626 2525 050	0751 5030 060	0876 7535 070	1002 0040 080	1127 2545 090
7985	0125 2348 153	0250 4696 306	0375 7044 458	0500 9392 611	0626 1740 764	0751 4088 917	0876 6437 070	1001 8785 222	1127 1133 375
7986	0125 2191 335	0250 4382 670	0375 6574 005	0500 8765 339	0626 0956 674	0751 3148 009	0876 5339 344	1001 7530 679	1126 9722 014
7987	0125 2034 556	0250 4069 112	0375 6103 668	0500 8138 225	0626 0172 781	0751 2207 337	0876 4241 893	1001 6276 449	1126 8311 005
7988	0125 1877 817	0250 3755 633	0375 5633 450	0500 7511 267	0625 9389 084	0751 1266 900	0876 3144 717	1001 5022 534	1126 6900 351
7989	0125 1721 117	0250 3442 233	0375 5163 350	0500 6884 466	0625 8605 583	0751 0326 699	0876 2047 816	1001 3768 932	1126 5490 049
7990	0125 1564 456	0250 3128 911	0375 4693 367	0500 6257 822	0625 7822 278	0750 9386 733	0876 0951 189	1001 2515 645	1126 4080 100
7991	0125 1407 834	0250 2815 668	0375 4223 501	0500 5631 335	0625 7039 169	0750 8447 003	0875 9854 837	1001 1262 670	1126 2670 504
7992	0125 1251 251	0250 2502 503	0375 3753 754	0500 5005 005	0625 6256 256	0750 7507 508	0875 8758 759	1001 0010 010	1126 1261 261
7993	0125 1094 708	0250 2189 416	0375 3284 124	0500 4378 831	0625 5473 539	0750 6568 247	0875 7662 955	1000 8757 663	1125 9852 371
7994	0125 0938 204	0250 1876 407	0375 2814 611	0500 3752 815	0625 4691 018	0750 5629 222	0875 6567 426	1000 7505 629	1125 8443 833
7995	0125 0781 739	0250 1563 477	0375 2345 216	0500 3126 954	0625 3908 693	0750 4690 432	0875 5472 170	1000 6253 909	1125 7035 647
7996	0125 0625 313	0250 1250 625	0375 1875 938	0500 2501 251	0625 3126 563	0750 3751 876	0875 4377 189	1000 5002 501	1125 5627 814
7997	0125 0468 926	0250 0937 852	0375 1406 778	0500 1875 703	0625 2344 629	0750 2813 555	0875 3282 481	1000 3751 407	1125 4220 333
7998	0125 0312 578	0250 0625 156	0375 0937 734	0500 1250 313	0625 1562 891	0750 1875 469	0875 2188 047	1000 2500 625	1125 2813 203
7999	0125 0156 270	0250 0312 539	0375 0468 809	0500 0625 078	0625 0781 348	0750 0937 617	0875 1093 887	1000 1250 156	1125 1406 426

	1	2	3	4	5	6	7	8	9
8000	0125 0000 000	0250 0000 000	0375 0000 000	0500 0000 000	0625 0000 000	0750 0000 000	0875 0000 000	1000 0000 000	1125 0000 000
8001	0124 9843 770	0249 9687 539	0374 9531 309	0499 9375 078	0624 9218 848	0749 9062 617	0874 8906 387	0999 8750 156	1124 8593 926
8002	0124 9687 578	0249 9375 156	0374 9062 734	0499 8750 312	0624 8437 891	0749 8125 469	0874 7813 047	0999 7500 625	1124 7188 203
8003	0124 9531 426	0249 9062 851	0374 8594 277	0499 8125 703	0624 7657 129	0749 7188 554	0874 6719 980	0999 6251 406	1124 5782 831
8004	0124 9375 312	0249 8750 625	0374 8125 937	0499 7501 249	0624 6876 562	0749 6251 874	0874 5627 186	0999 5002 499	1124 4377 811
8005	0124 9219 238	0249 8438 476	0374 7657 714	0499 6876 952	0624 6096 190	0749 5315 428	0874 4534 666	0999 3753 904	1124 2973 142
8006	0124 9063 203	0249 8126 405	0374 7189 608	0499 6252 810	0624 5316 013	0749 4379 216	0874 3442 418	0999 2505 621	1124 1568 823
8007	0124 8907 206	0249 7814 412	0374 6721 619	0499 5628 825	0624 4536 031	0749 3443 237	0874 2350 443	0999 1257 650	1124 0164 856
8008	0124 8751 249	0249 7502 498	0374 6253 746	0499 5004 995	0624 3756 244	0749 2507 493	0874 1258 741	0999 0009 990	1123 8761 239
8009	0124 8595 330	0249 7190 661	0374 5785 991	0499 4381 321	0624 2976 651	0749 1571 982	0874 0167 312	0998 8762 642	1123 7357 972
8010	0124 8439 451	0249 6878 901	0374 5318 352	0499 3757 803	0624 2197 253	0749 0636 704	0873 9076 155	0998 7515 606	1123 5955 056
8011	0124 8283 610	0249 6567 220	0374 4850 830	0499 3134 440	0624 1418 050	0748 9701 660	0873 7985 270	0998 6268 880	1123 4552 400
8012	0124 8127 808	0249 6255 617	0374 4383 425	0499 2511 233	0624 0639 041	0748 8766 850	0873 6894 658	0998 5022 466	1123 3150 275
8013	0124 7972 045	0249 5944 091	0374 3916 136	0499 1888 182	0623 9860 227	0748 7832 273	0873 5804 318	0998 3776 363	1123 1748 409
8014	0124 7816 321	0249 5632 643	0374 3448 964	0499 1265 286	0623 9081 607	0748 6897 929	0873 4714 250	0998 2530 572	1123 0346 803
8015	0124 7660 636	0249 5321 273	0374 2981 909	0499 0642 545	0623 8303 182	0748 5963 818	0873 3624 454	0998 1285 090	1122 8945 727
8016	0124 7504 990	0249 5009 980	0374 2514 970	0499 0019 960	0623 7524 950	0748 5029 940	0873 2534 930	0998 0039 920	1122 7544 910
8017	0124 7349 383	0249 4698 765	0374 2048 148	0498 9397 530	0623 6746 913	0748 4095 295	0873 1445 678	0997 8795 000	1122 6144 443
8018	0124 7193 814	0249 4387 628	0374 1581 442	0498 8775 256	0623 5969 070	0748 3162 884	0873 0356 697	0997 7550 511	1122 4744 325
8019	0124 7038 284	0249 4076 568	0374 1114 852	0498 8153 136	0623 5191 420	0748 2229 704	0872 9267 989	0997 6306 273	1122 3344 557
8020	0124 6882 798	0249 3765 586	0374 0648 370	0498 7531 172	0623 4413 965	0748 1296 758	0872 8179 551	0997 5062 344	1122 1945 137
8021	0124 6727 341	0249 3454 681	0374 0182 022	0498 6909 363	0623 3636 704	0748 0364 044	0872 7091 385	0997 3818 726	1122 0546 067
8022	0124 6571 927	0249 3143 854	0373 9715 782	0498 6287 709	0623 2859 636	0747 9431 563	0872 6003 490	0997 2575 418	1121 9147 345
8023	0124 6416 552	0249 2833 105	0373 9249 657	0498 5666 210	0623 2082 762	0747 8499 314	0872 4915 867	0997 1332 419	1121 7748 972
8024	0124 6261 216	0249 2522 433	0373 8783 649	0498 5044 865	0623 1306 082	0747 7567 298	0872 3828 514	0997 0089 731	1121 6350 947
8025	0124 6105 919	0249 2211 838	0373 8317 757	0498 4423 676	0623 0529 595	0747 6635 514	0872 2741 433	0996 8847 352	1121 4953 271
8026	0124 5950 660	0249 1901 321	0373 7851 981	0498 3802 641	0622 9753 302	0747 5703 982	0872 1654 622	0996 7605 283	1121 3555 943
8027	0124 5795 440	0249 1590 881	0373 7386 322	0498 3181 762	0622 8977 202	0747 4772 642	0872 0568 083	0996 6363 523	1121 2158 964
8028	0124 5640 259	0249 1280 518	0373 6920 777	0498 2561 036	0622 8201 295	0747 3841 555	0871 9481 814	0996 5122 073	1121 0762 332
8029	0124 5485 116	0249 0970 233	0373 6455 349	0498 1940 466	0622 7425 582	0747 2910 699	0871 8395 815	0996 3880 932	1120 9366 048
8030	0124 5330 012	0249 0660 025	0373 5990 037	0498 1320 050	0622 6650 062	0747 1980 075	0871 7310 087	0996 2640 100	1120 7970 112
8031	0124 5174 947	0249 0349 894	0373 5524 841	0498 0699 788	0622 5874 735	0747 1049 682	0871 6224 630	0996 1399 577	1120 6574 524
8032	0124 5019 920	0249 0039 841	0373 5059 761	0498 0079 681	0622 5099 602	0747 0119 522	0871 5139 442	0996 0159 363	1120 5179 283
8033	0124 4864 932	0248 9729 864	0373 4594 796	0497 9459 729	0622 4324 661	0746 9189 593	0871 4054 525	0995 9019 457	1120 3784 389
8034	0124 4709 983	0248 9419 965	0373 4129 948	0497 8839 930	0622 3549 913	0746 8259 895	0871 2969 878	0995 7679 861	1120 2389 843
8035	0124 4555 072	0248 9110 143	0373 3665 215	0497 8220 286	0622 2775 358	0746 7330 429	0871 1885 501	0995 6440 572	1120 0995 644
8036	0124 4400 199	0248 8800 398	0373 3200 597	0497 7600 796	0622 2000 996	0746 6401 195	0871 0801 394	0995 5201 593	1119 9601 792
8037	0124 4245 365	0248 8490 730	0373 2736 096	0497 6981 461	0622 1226 826	0746 5472 191	0870 9717 556	0995 3962 922	1119 8208 287
8038	0124 4090 570	0248 8181 140	0373 2271 709	0497 6362 279	0622 0452 849	0746 4543 419	0870 8633 989	0995 2724 558	1119 6815 128
8039	0124 3935 813	0248 7871 626	0373 1807 439	0497 5743 252	0621 9679 065	0746 3614 877	0870 7550 690	0995 1486 503	1119 5422 316
8040	0124 3781 095	0248 7562 189	0373 1343 284	0497 5124 378	0621 8905 473	0746 2686 567	0870 6467 662	0995 0248 756	1119 4029 851
8041	0124 3626 415	0248 7252 829	0373 0879 244	0497 4505 659	0621 8132 073	0746 1758 488	0870 5384 902	0994 9011 317	1119 2637 732
8042	0124 3471 773	0248 6943 546	0373 0415 320	0497 3887 093	0621 7358 866	0746 0830 639	0870 4302 412	0994 7774 186	1119 1245 959
8043	0124 3317 170	0248 6634 340	0372 9951 511	0497 3268 681	0621 6585 851	0745 9903 021	0870 3220 191	0994 6537 362	1118 9854 532
8044	0124 3162 606	0248 6395 211	0372 9487 817	0497 2650 423	0621 5813 028	0745 8975 634	0870 2138 240	0994 5300 845	1118 8463 451
8045	0124 3008 080	0248 6016 159	0372 9024 239	0497 2032 318	0621 5040 398	0745 8048 477	0870 1056 557	0994 4064 636	1118 7072 716
8046	0124 2853 592	0248 5707 184	0372 8560 776	0497 1414 367	0621 4267 959	0745 7121 551	0869 9975 143	0994 2828 735	1118 5682 327
8047	0124 2699 143	0248 5398 285	0372 8097 428	0497 0796 570	0621 3495 713	0745 6194 855	0869 8893 998	0994 1593 140	1118 4292 283
8048	0124 2544 732	0248 5089 463	0372 7634 195	0497 0178 926	0621 2723 658	0745 5268 390	0869 7813 121	0994 0357 853	1118 2902 584
8049	0124 2390 359	0248 4780 718	0372 7171 077	0496 9561 436	0621 1951 795	0745 4342 154	0869 6732 513	0993 9122 872	1118 1513 231
8050	0124 2236 025	0248 4472 049	0372 6708 075	0496 8944 099	0621 1180 124	0745 3416 149	0869 5652 174	0993 7888 199	1118 0124 224
8051	0124 2081 729	0248 4163 458	0372 6245 187	0496 8326 916	0621 0408 645	0745 2490 374	0869 4572 103	0993 6653 832	1117 8735 561
8052	0124 1927 471	0248 3854 943	0372 5782 414	0496 7709 886	0620 9637 357	0745 1564 829	0869 3492 300	0993 5419 772	1117 7347 243
8053	0124 1773 252	0248 3546 504	0372 5319 757	0496 7093 009	0620 8866 261	0745 0639 513	0869 2412 765	0993 4186 018	1117 5959 270
8054	0124 1619 071	0248 3238 143	0372 4857 214	0496 6476 285	0620 8095 356	0744 9714 428	0869 1333 499	0993 2952 570	1117 4571 641
8055	0124 1464 929	0248 2929 857	0372 4394 786	0496 5859 714	0620 7324 643	0744 8789 572	0869 0254 500	0993 1719 429	1117 3184 358
8056	0124 1310 824	0248 2621 648	0372 3932 473	0496 5243 297	0620 6554 121	0744 7864 945	0868 9175 770	0993 0486 594	1117 1797 418
8057	0124 1156 758	0248 2313 516	0372 3470 274	0496 4627 032	0620 5783 791	0744 6940 549	0868 8097 307	0992 9254 065	1117 0410 823
8058	0124 1002 730	0248 2005 460	0372 3008 191	0496 4010 921	0620 5013 651	0744 6016 381	0868 7019 111	0992 8021 842	1116 9024 572
8059	0124 0848 741	0248 1697 481	0372 2546 222	0496 3394 962	0620 4243 703	0744 5092 443	0868 5941 184	0992 6789 924	1116 7638 665
8060	0124 0694 789	0248 1389 578	0372 2084 367	0496 2779 156	0620 3473 945	0744 4168 734	0868 4863 524	0992 5558 313	1116 6253 102
8061	0124 0540 876	0248 1081 752	0372 1622 627	0496 2163 503	0620 2704 379	0744 3245 255	0868 3786 131	0992 4327 007	1116 4867 882
8062	0124 0387 001	0248 0774 001	0372 1161 002	0496 1548 003	0620 1935 004	0744 2322 004	0868 2709 005	0992 3096 006	1116 3483 007
8063	0124 0233 164	0248 0466 328	0372 0699 491	0496 0932 655	0620 1165 819	0744 1308 983	0868 1632 147	0992 1865 311	1116 2098 474
8064	0124 0079 365	0248 0158 730	0372 0238 095	0496 0317 460	0620 0396 825	0744 0476 190	0868 0555 556	0992 0634 921	1116 0714 286
8065	0123 9925 604	0247 9851 209	0371 9776 813	0495 9702 418	0619 9628 022	0743 9553 627	0867 9479 231	0991 9404 836	1115 9330 440
8066	0123 9771 882	0247 9543 764	0371 9315 646	0495 9087 528	0619 8859 410	0743 8631 292	0867 8403 174	0991 8175 056	1115 7946 938
8067	0123 9618 198	0247 9236 395	0371 8854 593	0495 8472 790	0619 8090 988	0743 7709 186	0867 7327 383	0991 6945 581	1115 6563 778
8068	0123 9464 551	0247 8929 103	0371 8393 654	0495 7858 205	0619 7322 757	0743 6787 308	0867 6251 859	0991 5716 411	1115 5180 962
8069	0123 9310 943	0247 8621 886	0371 7932 829	0495 7243 772	0619 6554 716	0743 5865 659	0867 5176 602	0991 4487 545	1115 3798 488
8070	0123 9157 373	0247 8314 746	0371 7472 119	0495 6629 402	0619 5786 865	0743 4944 238	0867 4101 611	0991 3258 984	1115 2416 357
8071	0123 9003 841	0247 8007 682	0371 7011 523	0495 6015 364	0619 5019 205	0743 4023 045	0867 3026 886	0991 2030 727	1115 1034 568
8072	0123 8850 347	0247 7700 694	0371 6551 041	0495 5401 388	0619 4251 734	0743 3102 081	0867 1952 428	0991 0802 775	1114 9653 122
8073	0123 8696 891	0247 7393 782	0371 6090 673	0495 4787 563	0619 3484 454	0743 2181 345	0867 0878 236	0990 9575 127	1114 8272 018
8074	0123 8543 473	0247 7086 946	0371 5630 419	0495 4173 892	0619 2717 364	0743 1260 837	0866 9804 310	0990 8347 783	1114 6891 256
8075	0123 8390 093	0247 6780 186	0371 5170 279	0495 3560 372	0619 1950 464	0743 0340 557	0866 8730 650	0990 7120 743	1114 5510 836
8076	0123 8236 751	0247 6473 502	0371 4710 253	0495 2947 003	0619 1183 754	0742 9420 505	0866 7657 256	0990 5894 007	1114 4130 758
8077	0123 8083 447	0247 6166 894	0371 4250 340	0495 2333 787	0619 0417 234	0742 8500 681	0866 6584 128	0990 4667 575	1114 2751 021
8078	0123 7930 181	0247 5860 361	0371 3790 542	0495 1720 723	0618 9650 904	0742 7581 084	0866 5511 265	0990 3441 446	1114 1371 627
8079	0123 7776 953	0247 5553 905	0371 3330 858	0495 1107 810	0618 8884 763	0742 6661 716	0866 4438 668	0990 2215 621	1113 9992 573
8080	0123 7623 762	0247 5247 525	0371 2871 287	0495 0495 050	0618 8118 812	0742 5742 574	0866 3366 337	0990 0990 099	1113 8613 861
8081	0123 7470 610	0247 4941 220	0371 2411 830	0494 9882 440	0618 7353 050	0742 4823 660	0866 2294 270	0989 9764 881	1113 7235 491
8082	0123 7317 496	0247 4634 991	0371 1952 487	0494 9269 983	0618 6587 478	0742 3904 974	0866 1222 470	0989 8539 965	1113 5857 461
8083	0123 7164 419	0247 4328 838	0371 1493 257	0494 8657 677	0618 5822 096	0742 2986 515	0866 0150 934	0989 7315 353	1113 4479 772
8084	0123 7011 381	0247 4022 761	0371 1034 142	0494 8045 522	0618 5056 903	0742 2068 283	0865 9079 664	0989 6091 044	1113 3102 425
8085	0123 6858 380	0247 3716 759	0371 0575 139	0494 7433 519	0618 4291 899	0742 1150 278	0865 8008 658	0989 4867 038	1113 1725 418
8086	0123 6705 417	0247 3410 834	0371 0116 250	0494 6821 667	0618 3527 084	0742 0232 501	0865 6937 917	0989 3643 334	1113 0348 751
8087	0123 6552 492	0247 3104 983	0370 9657 475	0494 6209 967	0618 2762 458	0741 9314 950	0865 5867 442	0989 2419 933	1112 8972 425
8088	0123 6399 604	0247 2799 209	0370 9198 813	0494 5598 417	0618 1998 022	0741 8397 626	0865 4797 230	0989 1196 835	1112 7596 439
8089	0123 6246 753	0247 2493 510	0370 8740 265	0494 4987 019	0618 1233 774	0741 7480 528	0865 3727 281	0988 9974 035	1112 6220 791
8090	0123 6093 943	0247 2187 886	0370 8281 829	0494 4375 773	0618 0469 716	0741 6563 659	0865 2657 602	0988 8751 545	1112 4845 488
8091	0123 5941 169	0247 1882 338	0370 7823 508	0494 3764 677	0617 9705 846	0741 5647 015	0865 1588 184	0988 7529 354	1112 3470 523
8092	0123 5788 433	0247 1576 866	0370 7365 299	0494 3153 732	0617 8942 165	0741 4730 598	0865 0519 031	0988 6307 464	1112 2095 897
8093	0123 5635 735	0247 1271 469	0370 6907 204	0494 2542 938	0617 8178 673	0741 3814 408	0864 9450 142	0988 5085 877	1112 0721 611
8094	0123 5483 074	0247 0966 148	0370 6449 222	0494 1932 296	0617 7415 369	0741 2898 443	0864 8381 517	0988 3864 591	1111 9347 665
8095	0123 5330 451	0247 0660 902	0370 5991 353	0494 1321 804	0617 6652 255	0741 1982 705	0864 7313 156	0988 2643 607	1111 7974 058
8096	0123 5177 866	0247 0355 731	0370 5533 597	0494 0711 463	0617 5889 328	0741 1067 191	0864 6245 059	0988 1422 923	1111 6600 791
8097	0123 5025 318	0247 0050 636	0370 5075 954	0494 0101 272	0617 5126 590	0741 0151 908	0864 5177 226	0988 0202 544	1111 5227 862
8098	0123 4872 808	0246 9745 616	0370 4618 424	0493 9491 232	0617 4364 041	0740 9236 849	0864 4109 657	0987 8982 465	1111 3855 273
8099	0123 4720 336	0246 9440 672	0370 4161 008	0493 8881 343	0617 3601 679	0740 8322 015	0864 3042 351	0987 7762 687	1111 2483 023

	1	2	3	4	5	6	7	8	9
8100	0123 4567 901	0246 9135 802	0370 3703 704	0493 8271 605	0617 2839 506	0740 7407 407	0864 1975 309	0987 6543 210	1111 1111 111
8101	0123 4415 504	0246 8831 009	0370 3246 513	0493 7662 017	0617 2077 521	0740 6493 026	0864 0908 530	0987 5324 034	1110 9739 538
8102	0123 4263 145	0246 8526 290	0370 2789 435	0493 7052 580	0617 1315 725	0740 5578 869	0863 9842 014	0987 4105 159	1110 8368 304
8103	0123 4110 823	0246 8221 646	0370 2332 469	0493 6443 293	0617 0554 116	0740 4664 939	0863 8775 762	0987 2886 585	1110 6997 408
8104	0123 3958 539	0246 7917 078	0370 1875 617	0493 5834 156	0616 9792 695	0740 3751 234	0863 7709 773	0987 1668 312	1110 5626 851
8105	0123 3806 292	0246 7612 585	0370 1418 877	0493 5225 170	0616 9031 462	0740 2837 754	0863 6644 047	0987 0450 339	1110 4256 632
8106	0123 3654 083	0246 7308 167	0370 0962 250	0493 4616 334	0616 8270 417	0740 1924 500	0863 5578 584	0986 9232 667	1110 2886 751
8107	0123 3501 912	0246 7003 824	0370 0505 736	0493 4007 648	0616 7509 560	0740 1011 472	0863 4513 384	0986 8015 295	1110 1517 207
8108	0123 3349 778	0246 6699 556	0370 0049 234	0493 3399 112	0616 6748 890	0740 0098 668	0863 3448 446	0986 6798 224	1110 0148 002
8109	0123 3197 682	0246 6395 363	0369 9593 045	0493 2790 726	0616 5988 408	0739 9186 090	0863 2383 771	0986 5581 453	1109 8779 134
8110	0123 3045 623	0246 6091 245	0369 9136 868	0493 2182 491	0616 5228 113	0739 8273 736	0863 1319 359	0986 4364 982	1109 7410 604
8111	0123 2893 601	0246 5787 203	0369 8680 804	0493 1574 405	0616 4468 006	0739 7361 608	0863 0255 209	0986 3148 810	1109 6042 412
8112	0123 2741 617	0246 5483 235	0369 8224 852	0493 0966 469	0616 3708 087	0739 6449 704	0862 9191 322	0986 1932 939	1109 4674 586
8113	0123 2589 671	0246 5179 342	0369 7769 013	0493 0358 684	0616 2948 356	0739 5538 025	0862 8127 696	0986 0717 367	1109 3307 038
8114	0123 2437 762	0246 4875 524	0369 7313 286	0492 9751 048	0616 2188 809	0739 4626 571	0862 7064 333	0985 9502 095	1109 1939 857
8115	0123 2285 890	0246 4571 781	0369 6857 671	0492 9143 561	0616 1429 452	0739 3715 342	0862 6001 232	0985 8287 123	1109 0573 013
8116	0123 2134 056	0246 4268 112	0369 6402 169	0492 8536 225	0616 0670 281	0739 2804 387	0862 4938 393	0985 7072 450	1108 9206 506
8117	0123 1982 259	0246 3964 519	0369 5946 778	0492 7929 038	0615 9911 297	0739 1893 557	0862 3875 816	0985 5858 076	1108 7840 335
8118	0123 1830 500	0246 3661 000	0369 5491 500	0492 7322 000	0615 9152 501	0739 0983 001	0862 2813 501	0985 4644 001	1108 6474 501
8119	0123 1678 778	0246 3357 556	0369 5036 335	0492 6715 113	0615 8393 891	0739 0072 669	0862 1751 447	0985 3430 225	1108 5109 004
8120	0123 1527 094	0246 3054 187	0369 4581 281	0492 6108 374	0615 7635 468	0738 9162 562	0862 0689 655	0985 2216 749	1108 3743 842
8121	0123 1375 446	0246 2750 893	0369 4126 339	0492 5501 785	0615 6877 232	0738 8252 678	0861 9628 125	0985 1003 571	1108 2379 017
8122	0123 1223 836	0246 2447 673	0369 3671 509	0492 4895 346	0615 6119 182	0738 7343 019	0861 8566 855	0984 9790 602	1108 1014 528
8123	0123 1072 264	0246 2144 528	0369 3216 792	0492 4289 056	0615 5361 320	0738 6433 584	0861 7505 848	0984 8578 112	1107 9650 375
8124	0123 0920 729	0246 1841 457	0369 2762 186	0492 3682 915	0615 4603 644	0738 5524 372	0861 6445 101	0984 7365 830	1107 8286 558
8125	0123 0769 231	0246 1538 462	0369 2307 692	0492 3076 923	0615 3846 154	0738 4615 385	0861 5384 615	0984 6153 846	1107 6923 077
8126	0123 0617 770	0246 1235 540	0369 1853 310	0492 2471 080	0615 3088 851	0738 3706 621	0861 4324 391	0984 4942 161	1107 5559 931
8127	0123 0466 347	0246 0932 693	0369 1399 040	0492 1865 387	0615 2331 734	0738 2798 080	0861 3264 427	0984 3730 774	1107 4197 121
8128	0123 0314 961	0246 0629 921	0369 0944 882	0492 1259 843	0615 1574 803	0738 1889 764	0861 2204 724	0984 2519 685	1107 2834 646
8129	0123 0163 612	0246 0327 224	0369 0490 835	0492 0654 447	0615 0818 059	0738 0981 671	0861 1145 282	0984 1308 894	1107 1472 506
8130	0123 0012 300	0246 0024 600	0369 0036 900	0492 0049 200	0615 0061 501	0738 0073 801	0861 0086 101	0984 0098 401	1107 0110 701
8131	0122 9861 026	0245 9722 051	0368 9583 077	0491 9444 103	0614 9305 129	0737 9166 154	0860 9027 180	0983 8888 206	1106 8749 231
8132	0122 9709 788	0245 9419 577	0368 9129 365	0491 8839 154	0614 8548 942	0737 8258 731	0860 7968 519	0983 7678 308	1106 7388 096
8133	0122 9558 588	0245 9117 177	0368 8675 765	0491 8234 354	0614 7792 942	0737 7351 531	0860 6910 119	0983 6468 708	1106 6027 296
8134	0122 9407 426	0245 8814 851	0368 8222 277	0491 7629 702	0614 7037 128	0737 6444 554	0860 5851 979	0983 5259 405	1106 4666 831
8135	0122 9256 300	0245 8512 600	0368 7768 900	0491 7025 200	0614 6281 500	0737 5537 800	0860 4794 100	0983 4050 400	1106 3306 699
8136	0122 9105 211	0245 8210 423	0368 7315 634	0491 6420 846	0614 5526 057	0737 4631 268	0860 3736 480	0983 2841 691	1106 1946 903
8137	0122 8954 160	0245 7908 320	0368 6862 480	0491 5816 640	0614 4770 800	0737 3724 900	0860 2679 120	0983 1633 280	1106 0587 440
8138	0122 8803 146	0245 7606 291	0368 6409 437	0491 5212 583	0614 4015 729	0737 2818 874	0860 1622 020	0983 0425 166	1105 9228 312
8139	0122 8652 169	0245 7304 337	0368 5956 506	0491 4608 674	0614 3260 843	0737 1913 011	0860 0565 180	0982 9217 349	1105 7869 517
8140	0122 8501 229	0245 7002 457	0368 5503 686	0491 4004 914	0614 2506 143	0737 1007 371	0859 9508 600	0982 8009 828	1105 6511 057
8141	0122 8350 326	0245 6700 651	0368 5050 977	0491 3401 302	0614 1751 628	0737 0101 953	0859 8452 279	0982 6802 604	1105 5152 980
8142	0122 8199 460	0245 6398 919	0368 4598 379	0491 2797 838	0614 0997 298	0736 9196 758	0859 7396 216	0982 5595 677	1105 3795 135
8143	0122 8048 631	0245 6097 261	0368 4145 892	0491 2194 523	0614 0243 154	0736 8291 784	0859 6340 415	0982 4389 046	1105 2437 677
8144	0122 7897 839	0245 5795 678	0368 3693 517	0491 1591 386	0613 9489 194	0736 7387 033	0859 5284 872	0982 3182 711	1105 1080 550
8145	0122 7747 084	0245 5494 168	0368 3241 252	0491 0988 336	0613 8735 421	0736 6482 505	0859 4229 589	0982 1976 673	1104 9723 757
8146	0122 7596 366	0245 5192 733	0368 2789 009	0491 0385 465	0613 7981 832	0736 5578 198	0859 3174 564	0982 0770 931	1104 8367 297
8147	0122 7445 686	0245 4891 371	0368 2337 057	0490 9782 742	0613 7228 428	0736 4674 113	0859 2119 790	0981 9565 484	1104 7011 170
8148	0122 7295 042	0245 4590 083	0368 1885 125	0490 9180 167	0613 6475 209	0736 3770 250	0859 1065 292	0981 8360 334	1104 5655 376
8149	0122 7144 435	0245 4288 870	0368 1433 305	0490 8577 740	0613 5722 175	0736 2866 609	0859 0011 044	0981 7155 479	1104 4299 914
8150	0122 6993 865	0245 3987 730	0368 0981 595	0490 7975 460	0613 4969 325	0736 1963 190	0858 8957 055	0981 5950 920	1104 2944 785
8151	0122 6843 332	0245 3686 664	0368 0529 996	0490 7373 328	0613 4216 661	0736 1059 993	0858 7903 325	0981 4746 657	1104 1589 989
8152	0122 6692 836	0245 3385 672	0368 0078 508	0490 6771 344	0613 3464 181	0736 0157 017	0858 6849 853	0981 3542 689	1104 0235 525
8153	0122 6542 377	0245 3084 754	0367 9627 131	0490 6169 508	0613 2711 885	0735 9254 262	0858 5796 639	0981 2339 016	1103 8881 393
8154	0122 6391 955	0245 2783 910	0367 9175 865	0490 5567 819	0613 1959 774	0735 8351 720	0858 4743 684	0981 1135 639	1103 7527 584
8155	0122 6241 570	0245 2483 139	0367 8724 709	0490 4966 278	0613 1207 848	0735 7449 418	0858 3690 987	0980 9932 557	1103 6174 126
8156	0122 6091 221	0245 2182 442	0367 8273 664	0490 4364 885	0613 0456 106	0735 6547 327	0858 2638 548	0980 8729 770	1103 4820 991
8157	0122 5940 910	0245 1881 819	0367 7822 729	0490 3763 639	0612 9704 548	0735 5645 458	0858 1586 368	0980 7527 277	1103 3468 187
8158	0122 5790 635	0245 1581 270	0367 7371 905	0490 3162 540	0612 8953 175	0735 4743 810	0858 0534 445	0980 6325 080	1103 2115 715
8159	0122 5640 397	0245 1280 794	0367 6921 191	0490 2561 588	0612 8201 986	0735 3842 383	0857 9482 780	0980 5123 177	1103 0763 574
8160	0122 5490 196	0245 0980 392	0367 6470 588	0490 1960 784	0612 7450 980	0735 2941 176	0857 8431 373	0980 3921 569	1102 9411 765
8161	0122 5340 032	0245 0680 064	0367 6020 096	0490 1360 127	0612 6700 159	0735 2040 191	0857 7380 223	0980 2720 255	1102 8060 287
8162	0122 5189 904	0245 0379 809	0367 5569 713	0490 0759 618	0612 5949 522	0735 1139 427	0857 6329 331	0980 1519 236	1102 6709 140
8163	0122 5039 814	0245 0079 628	0367 5119 441	0490 0159 255	0612 5199 069	0735 0238 883	0857 5278 697	0980 0318 510	1102 5358 324
8164	0122 4889 760	0244 9779 520	0367 4669 280	0489 9559 040	0612 4448 800	0734 9338 560	0857 4228 319	0979 9118 079	1102 4007 839
8165	0122 4739 743	0244 9479 486	0367 4219 228	0489 8958 971	0612 3698 714	0734 8438 457	0857 3178 200	0979 7917 942	1102 2657 685
8166	0122 4589 762	0244 9179 525	0367 3769 287	0489 8359 050	0612 2948 812	0734 7538 575	0857 2128 337	0979 6718 099	1102 1307 862
8167	0122 4439 819	0244 8879 638	0367 3319 456	0489 7759 275	0612 2199 094	0734 6638 913	0857 1078 731	0979 5518 550	1101 9958 369
8168	0122 4289 912	0244 8579 824	0367 2869 736	0489 7159 647	0612 1449 559	0734 5739 471	0857 0029 383	0979 4319 295	1101 8609 207
8169	0122 4140 042	0244 8280 083	0367 2420 125	0489 6560 166	0612 0700 208	0734 4840 250	0856 8980 291	0979 3120 333	1101 7260 375
8170	0122 3990 208	0244 7980 416	0367 1970 624	0489 5960 832	0611 9951 040	0734 3941 248	0856 7931 457	0979 1921 665	1101 5911 873
8171	0122 3840 411	0244 7680 822	0367 1521 234	0489 5361 645	0611 9202 056	0734 3042 467	0856 6882 878	0979 0723 290	1101 4563 701
8172	0122 3690 651	0244 7381 302	0367 1071 953	0489 4762 604	0611 8453 255	0734 2143 906	0856 5834 557	0978 9525 208	1101 3215 859
8173	0122 3540 927	0244 7081 855	0367 0622 782	0489 4163 710	0611 7704 037	0734 1245 565	0856 4786 492	0978 8327 420	1101 1868 347
8174	0122 3391 241	0244 6782 481	0367 0173 722	0489 3564 962	0611 6956 203	0734 0347 443	0856 3738 684	0978 7129 924	1101 0521 165
8175	0122 3241 590	0244 6483 180	0366 9724 771	0489 2966 361	0611 6207 951	0733 9449 541	0856 2691 131	0978 5932 722	1100 9174 312
8176	0122 3091 977	0244 6183 953	0366 9275 930	0489 2367 906	0611 5459 883	0733 8551 809	0856 1643 836	0978 4735 812	1100 7827 780
8177	0122 2942 399	0244 5884 799	0366 8827 198	0489 1769 598	0611 4711 997	0733 7654 396	0856 0596 796	0978 3539 195	1100 6481 595
8178	0122 2792 859	0244 5585 718	0366 8378 577	0489 1171 436	0611 3964 294	0733 6757 153	0855 9550 012	0978 2342 871	1100 5135 730
8179	0122 2643 385	0244 5286 710	0366 7930 065	0489 0573 420	0611 3216 775	0733 5860 130	0855 8503 485	0978 1146 839	1100 3790 194
8180	0122 2493 888	0244 4987 775	0366 7481 663	0488 9975 550	0611 2469 438	0733 4963 325	0855 7457 213	0977 9951 100	1100 2444 988
8181	0122 2344 457	0244 4688 913	0366 7033 370	0488 9377 827	0611 1722 283	0733 4066 740	0855 6411 197	0977 8755 653	1100 1100 110
8182	0122 2195 062	0244 4390 125	0366 6585 187	0488 8780 249	0611 0975 312	0733 3170 374	0855 5365 436	0977 7560 490	1099 9755 561
8183	0122 2045 705	0244 4091 409	0366 6137 114	0488 8182 818	0611 0228 523	0733 2274 227	0855 4319 932	0977 6365 636	1099 8411 342
8184	0122 1896 383	0244 3792 766	0366 5689 150	0488 7585 533	0610 9481 916	0733 1378 299	0855 3274 682	0977 5171 066	1099 7067 449
8185	0122 1747 098	0244 3494 197	0366 5241 295	0488 6988 393	0610 8735 492	0733 0482 590	0855 2230 688	0977 3976 787	1099 5723 885
8186	0122 1597 850	0244 3195 700	0366 4793 550	0488 6391 400	0610 7989 250	0732 9587 100	0855 1184 950	0977 2782 800	1099 4380 650
8187	0122 1448 638	0244 2897 276	0366 4345 914	0488 5794 552	0610 7243 190	0732 8691 829	0855 0140 467	0977 1589 105	1099 3037 743
8188	0122 1299 463	0244 2598 925	0366 3898 388	0488 5197 851	0610 6497 313	0732 7796 776	0854 9096 238	0977 0395 701	1099 1695 164
8189	0122 1150 324	0244 2300 647	0366 3450 971	0488 4601 294	0610 5751 618	0732 6901 942	0854 8052 265	0976 9202 589	1099 0352 912
8190	0122 1001 221	0244 2002 442	0366 3003 663	0488 4004 884	0610 5006 105	0732 6007 326	0854 7008 547	0976 8009 768	1098 9010 989
8191	0122 0852 155	0244 1704 310	0366 2556 464	0488 3408 619	0610 4260 774	0732 5112 929	0854 5965 084	0976 6817 238	1098 7669 303
8192	0122 0703 125	0244 1406 250	0366 2109 375	0488 2812 500	0610 3515 625	0732 4218 750	0854 4921 875	0976 5625 000	1098 6328 125
8193	0122 0554 132	0244 1108 263	0366 1662 395	0488 2216 526	0610 2770 658	0732 3324 789	0854 3878 921	0976 4433 053	1098 4987 184
8194	0122 0405 175	0244 0810 349	0366 1215 524	0488 1620 698	0610 2025 873	0732 2431 047	0854 2836 222	0976 3241 396	1098 3646 571
8195	0122 0256 254	0244 0512 508	0366 0768 761	0488 1025 015	0610 1281 269	0732 1537 523	0854 1793 777	0976 2050 030	1098 2306 284
8196	0122 0107 369	0244 0214 739	0366 0322 108	0488 0429 478	0610 0536 847	0732 0644 217	0854 0751 586	0976 0858 956	1098 0966 325
8197	0121 9958 521	0243 9917 043	0365 9875 564	0487 9834 086	0609 9792 607	0731 9751 128	0853 9709 650	0975 9668 171	1097 9626 603
8198	0121 9809 710	0243 9619 419	0365 9429 129	0487 9238 839	0609 9048 548	0731 8858 258	0853 8667 968	0975 8477 678	1097 8287 387
8199	0121 9660 984	0243 9321 800	0365 8982 803	0487 8643 737	0609 8304 671	0731 7965 606	0853 7626 540	0975 7287 474	1097 6948 408

	1	2	3	4	5	6	7	8	9
8200	0121 9512 195	0243 9024 390	0365 8536 585	0487 8048 780	0609 7560 976	0731 7073 171	0853 6585 366	0975 6097 561	1097 5609 755
8201	0121 9363 402	0243 8726 985	0365 8090 477	0487 7453 969	0609 6817 461	0731 6180 954	0853 5544 446	0975 4907 938	1097 4271 430
8202	0121 9214 826	0243 8429 651	0365 7644 477	0487 6859 303	0609 6074 128	0731 5288 954	0853 4503 780	0975 3718 605	1097 2933 431
8203	0121 9066 195	0243 8132 391	0365 7198 586	0487 6264 781	0609 5330 976	0731 4397 172	0853 3463 367	0975 2529 562	1097 1595 758
8204	0121 8917 601	0243 7835 202	0365 6752 804	0487 5670 405	0609 4588 006	0731 3505 607	0853 2423 208	0975 1340 809	1097 0258 411
8205	0121 8769 043	0243 7538 087	0365 6307 130	0487 5076 173	0609 3845 216	0731 2614 260	0853 1383 303	0975 0152 346	1096 8921 389
8206	0121 8620 522	0243 7241 043	0365 5861 565	0487 4482 086	0609 3102 608	0731 1723 120	0853 0343 651	0974 8964 173	1096 7581 694
8207	0121 8472 036	0243 6944 072	0365 5416 108	0487 3888 144	0609 2360 180	0731 0832 216	0852 9304 252	0974 7776 289	1096 6248 325
8208	0121 8323 587	0243 6647 173	0365 4970 760	0487 3294 347	0609 1617 934	0730 9941 520	0852 8265 107	0974 6588 694	1096 4912 281
8209	0121 8175 174	0243 6350 347	0365 4525 521	0487 2700 694	0609 0875 868	0730 9051 042	0852 7226 215	0974 5401 389	1096 3576 562
8210	0121 8026 797	0243 6053 593	0365 4080 390	0487 2107 186	0609 0133 983	0730 8160 780	0852 6187 576	0974 4214 373	1096 2241 169
8211	0121 7878 456	0243 5756 911	0365 3635 367	0487 1513 823	0608 9392 279	0730 7270 734	0852 5149 190	0974 3027 646	1096 0806 102
8212	0121 7730 151	0243 5460 302	0365 3190 453	0487 0920 604	0608 8650 755	0730 6380 906	0852 4111 057	0974 1841 208	1095 9371 359
8213	0121 7581 882	0243 5163 765	0365 2745 647	0487 0327 530	0608 7909 412	0730 5491 294	0852 3073 177	0974 0655 059	1095 8236 941
8214	0121 7433 650	0243 4867 300	0365 2300 950	0486 9734 599	0608 7168 249	0730 4601 899	0852 2035 549	0973 9469 199	1095 6902 849
8215	0121 7285 453	0243 4570 907	0365 1856 360	0486 9141 814	0608 6427 267	0730 3712 721	0852 0998 474	0973 8283 628	1095 5569 081
8216	0121 7137 293	0243 4274 586	0365 1411 879	0486 8549 172	0608 5686 465	0730 2823 759	0851 9961 052	0973 7098 345	1095 4235 638
8217	0121 6989 169	0243 3978 338	0365 0967 506	0486 7956 675	0608 4945 844	0730 1935 013	0851 8924 182	0973 5913 350	1095 2902 519
8218	0121 6841 081	0243 3682 161	0365 0523 242	0486 7364 322	0608 4205 403	0730 1046 483	0851 7887 564	0973 4728 644	1095 1569 725
8219	0121 6693 028	0243 3386 057	0365 0079 085	0486 6772 113	0608 3465 142	0730 0158 170	0851 6851 198	0973 3544 227	1095 0237 255
8220	0121 6545 012	0243 3090 024	0364 9635 037	0486 6180 049	0608 2725 061	0729 9270 073	0851 5815 085	0973 2360 097	1094 8905 110
8221	0121 6397 032	0243 2794 064	0364 9191 096	0486 5588 128	0608 1985 160	0729 8382 192	0851 4770 224	0973 1176 256	1094 7573 288
8222	0121 6249 088	0243 2498 176	0364 8747 263	0486 4996 351	0608 1245 439	0729 7494 527	0851 3748 615	0972 9992 703	1094 6241 790
8223	0121 6101 180	0243 2202 359	0364 8303 539	0486 4404 718	0608 0505 898	0729 6607 078	0851 2708 257	0972 8809 437	1094 4910 017
8224	0121 5953 307	0243 1906 615	0364 7859 922	0486 3813 230	0607 9766 537	0729 5719 844	0851 1673 152	0972 7626 459	1094 3579 707
8225	0121 5805 471	0243 1610 942	0364 7416 413	0486 3221 885	0607 9027 356	0729 4832 827	0851 0638 298	0972 6443 769	1094 2249 240
8226	0121 5657 671	0243 1315 342	0364 6973 012	0486 2630 683	0607 8288 354	0729 3946 025	0850 9603 696	0972 5261 366	1094 0919 037
8227	0121 5509 906	0243 1019 813	0364 6529 719	0486 2039 626	0607 7549 532	0729 3059 438	0850 8569 345	0972 4079 251	1093 9589 158
8228	0121 5362 178	0243 0724 356	0364 6086 534	0486 1448 712	0607 6810 890	0729 2173 068	0850 7535 246	0972 2897 423	1093 8259 601
8229	0121 5214 485	0243 0428 971	0364 5643 456	0486 0857 941	0607 6072 427	0729 1286 912	0850 6501 398	0972 1715 883	1093 6930 368
8230	0121 5066 829	0243 0133 657	0364 5200 486	0486 0267 315	0607 5334 143	0729 0400 972	0850 5467 801	0972 0534 629	1093 5601 458
8231	0121 4919 208	0242 9838 416	0364 4757 624	0485 9676 831	0607 4596 039	0728 9515 247	0850 4434 455	0971 9353 663	1093 4272 871
8232	0121 4771 623	0242 9543 246	0364 4314 869	0485 9086 492	0607 3858 115	0728 8629 738	0850 3401 361	0971 8172 983	1093 2944 606
8233	0121 4624 074	0242 9248 148	0364 3872 222	0485 8496 295	0607 3120 369	0728 7744 443	0850 2368 517	0971 6992 591	1093 1616 665
8234	0121 4476 561	0242 8953 121	0364 3429 682	0485 7906 242	0607 2382 803	0728 6859 364	0850 1335 924	0971 5812 485	1093 0289 045
8235	0121 4329 083	0242 8658 166	0364 2987 250	0485 7316 333	0607 1645 416	0728 5974 499	0850 0303 582	0971 4632 665	1092 8961 749
8236	0121 4181 642	0242 8363 283	0364 2544 925	0485 6726 566	0607 0908 208	0728 5089 849	0849 9271 491	0971 3453 133	1092 7634 774
8237	0121 4034 236	0242 8068 472	0364 2102 707	0485 6136 943	0607 0171 179	0728 4205 415	0849 8239 650	0971 2273 886	1092 6308 122
8238	0121 3886 866	0242 7773 731	0364 1660 597	0485 5547 463	0606 9434 329	0728 3321 194	0849 7208 060	0971 1094 926	1092 4981 792
8239	0121 3739 531	0242 7479 063	0364 1218 594	0485 4958 126	0606 8697 657	0728 2437 189	0849 6176 720	0970 9910 252	1092 3635 783
8240	0121 3592 233	0242 7184 466	0364 0776 699	0485 4368 932	0606 7961 165	0728 1553 398	0849 5145 631	0970 8737 864	1092 2330 097
8241	0121 3444 970	0242 6889 941	0364 0334 911	0485 3779 881	0606 7224 851	0728 0669 822	0849 4114 792	0970 7559 762	1092 1001 732
8242	0121 3297 743	0242 6595 487	0363 9893 230	0485 3190 973	0606 6488 716	0727 9786 460	0849 3084 203	0970 6381 946	1091 9679 689
8243	0121 3150 552	0242 6301 101	0363 9451 656	0485 2602 208	0606 5752 760	0727 8903 312	0849 2053 864	0970 5204 416	1091 8355 931
8244	0121 3003 396	0242 6006 793	0363 9010 189	0485 2013 586	0606 5016 982	0727 8020 378	0849 1023 775	0970 4027 171	1091 7030 568
8245	0121 2856 277	0242 5712 563	0363 8568 830	0485 1425 106	0606 4281 383	0727 7137 659	0848 9993 936	0970 2850 213	1091 5706 480
8246	0121 2709 192	0242 5418 385	0363 8127 577	0485 0836 769	0606 3545 962	0727 6255 154	0848 8964 346	0970 1673 539	1091 4382 731
8247	0121 2562 144	0242 5124 288	0363 7686 431	0485 0248 575	0606 2810 719	0727 5372 863	0848 7935 007	0970 0497 150	1091 3059 291
8248	0121 2415 131	0242 4830 262	0363 7245 393	0484 9660 524	0606 2075 655	0727 4490 786	0848 6905 917	0969 9321 048	1091 1736 178
8249	0121 2268 154	0242 4536 307	0363 6804 461	0484 9072 615	0606 1340 769	0727 3608 922	0848 5877 076	0969 8145 230	1091 0413 383
8250	0121 2121 212	0242 4242 424	0363 6363 636	0484 8484 848	0606 0606 061	0727 2727 273	0848 4848 485	0969 6969 697	1090 9090 909
8251	0121 1974 306	0242 3948 612	0363 5922 918	0484 7897 225	0605 9871 531	0727 1845 837	0848 3820 143	0969 5794 449	1090 7768 755
8252	0121 1827 436	0242 3654 872	0363 5482 307	0484 7309 743	0605 9137 179	0727 0964 615	0848 2792 050	0969 4619 486	1090 6446 922
8253	0121 1680 601	0242 3361 202	0363 5041 803	0484 6722 404	0605 8403 005	0727 0083 606	0848 1764 207	0969 3444 808	1090 5125 409
8254	0121 1533 802	0242 3067 604	0363 4601 405	0484 6135 207	0605 7669 009	0726 9202 811	0848 0736 613	0969 2270 414	1090 3804 216
8255	0121 1387 038	0242 2774 076	0363 4161 114	0484 5548 153	0605 6935 191	0726 8322 229	0847 9709 267	0969 1096 305	1090 2483 343
8256	0121 1240 310	0242 2480 620	0363 3720 930	0484 4961 240	0605 6201 550	0726 7441 860	0847 8682 171	0968 9922 481	1090 1163 791
8257	0121 1093 618	0242 2187 235	0363 3280 853	0484 4374 470	0605 5468 088	0726 6561 705	0847 7655 323	0968 8748 940	1089 9843 558
8258	0121 0946 961	0242 1893 921	0363 2840 882	0484 3787 842	0605 4734 803	0726 5681 763	0847 6628 724	0968 7575 684	1089 8523 645
8259	0121 0800 339	0242 1600 678	0363 2401 017	0484 3201 356	0605 4001 695	0726 4802 034	0847 5602 373	0968 6402 712	1089 7203 051
8260	0121 0653 753	0242 1307 506	0363 1961 259	0484 2615 012	0605 3268 765	0726 3922 518	0847 4576 271	0968 5230 024	1089 5883 777
8261	0121 0507 208	0242 1014 405	0363 1521 608	0484 2028 810	0605 2536 013	0726 3043 215	0847 3550 418	0968 4057 620	1089 4564 823
8262	0121 0360 687	0242 0721 375	0363 1082 062	0484 1442 750	0605 1803 437	0726 2164 125	0847 2524 812	0968 2885 500	1089 3246 187
8263	0121 0214 208	0242 0428 416	0363 0642 624	0484 0856 833	0605 1071 040	0726 1285 248	0847 1499 455	0968 1713 663	1089 1927 874
8264	0121 0067 764	0242 0135 528	0363 0203 291	0484 0271 055	0605 0338 819	0726 0406 583	0847 0474 347	0968 0542 110	1089 0609 874
8265	0120 9921 355	0241 9842 710	0362 9764 065	0483 9685 420	0604 9606 776	0725 9528 131	0846 9449 486	0967 9370 841	1088 9292 196
8266	0120 9774 982	0241 9549 964	0362 9324 946	0483 9099 927	0604 8874 909	0725 8649 891	0846 8424 873	0967 8199 855	1088 7974 837
8267	0120 9628 644	0241 9257 288	0362 8885 932	0483 8514 576	0604 8143 220	0725 7771 864	0846 7400 508	0967 7029 152	1088 6657 796
8268	0120 9482 342	0241 8964 683	0362 8447 025	0483 7929 366	0604 7411 708	0725 6894 049	0846 6376 391	0967 5858 732	1088 5341 071
8269	0120 9336 074	0241 8672 149	0362 8008 223	0483 7344 298	0604 6680 372	0725 6016 447	0846 5352 521	0967 4688 596	1088 4024 670
8270	0120 9189 846	0241 8379 686	0362 7569 528	0483 6759 371	0604 5949 214	0725 5139 057	0846 4328 900	0967 3518 742	1088 2708 585
8271	0120 9043 646	0241 8087 292	0362 7130 939	0483 6174 586	0604 5218 232	0725 4261 879	0846 3305 525	0967 2340 172	1088 1392 818
8272	0120 8897 485	0241 7794 971	0362 6692 486	0483 5589 942	0604 4487 427	0725 3384 913	0846 2282 398	0967 1179 884	1088 0077 369
8273	0120 8751 360	0241 7502 720	0362 6254 080	0483 5005 439	0604 3756 799	0725 2508 159	0846 1259 519	0967 0010 879	1087 8762 239
8274	0120 8605 270	0241 7210 539	0362 5815 809	0483 4421 078	0604 3026 348	0725 1631 617	0846 0236 887	0966 8842 156	1087 7447 426
8275	0120 8459 215	0241 6918 429	0362 5377 644	0483 3836 858	0604 2296 073	0725 0755 287	0845 9214 502	0966 6505 858	1087 4418 753
8276	0120 8313 195	0241 6626 390	0362 4939 584	0483 3252 779	0604 1565 974	0724 9879 160	0845 8192 363	0966 5337 683	1087 3504 893
8277	0120 8167 210	0241 6334 421	0362 4501 631	0483 2668 841	0604 0836 052	0724 9003 262	0845 7170 472	0966 4170 089	1087 2104 351
8278	0120 8021 261	0241 6042 522	0362 4063 784	0483 2085 045	0604 0106 306	0724 8127 567	0845 6148 828	0966 3002 778	1087 0873 125
8279	0120 7875 347	0241 5750 695	0362 3626 042	0483 1501 389	0603 9376 736	0724 7252 084	0845 5127 431	0966 1835 749	1086 9565 217
8280	0120 7729 469	0241 5458 937	0362 3188 406	0483 0917 874	0603 8647 343	0724 6376 812	0845 4106 280	0966 0669 001	1086 8232 027
8281	0120 7583 625	0241 5167 250	0362 2750 876	0483 0334 501	0603 7918 126	0724 5501 751	0845 3085 376	0965 9592 536	1086 6040 353
8282	0120 7437 817	0241 4875 634	0362 2313 451	0482 9751 268	0603 7189 085	0724 4626 902	0845 2064 719	0965 8336 352	1086 5628 396
8283	0120 7292 044	0241 4584 088	0362 1876 132	0482 9168 176	0603 6460 220	0724 3752 264	0845 1044 308	0965 7170 449	1086 4316 755
8284	0120 7146 306	0241 4292 612	0362 1438 918	0482 8585 225	0603 5731 531	0724 2877 837	0845 0024 143	0965 6004 828	1086 3005 432
8285	0120 7000 604	0241 4001 207	0362 1001 811	0482 8002 414	0603 5003 018	0724 2003 621	0844 9004 225	0965 4839 488	1086 1604 421
8286	0120 6854 936	0241 3709 872	0362 0564 808	0482 7419 744	0603 4274 680	0724 1129 616	0844 7984 552	0965 3674 430	1086 0383 734
8287	0120 6709 304	0241 3418 607	0362 0127 911	0482 6837 215	0603 3546 519	0724 0255 822	0844 6965 126	0965 2509 652	1085 9073 339
8288	0120 6563 707	0241 3127 413	0361 9691 120	0482 6254 826	0603 2818 533	0723 9382 239	0844 5945 946	0965 1345 156	1085 7763 301
8289	0120 6418 145	0241 2836 289	0361 9254 434	0482 5672 578	0603 2090 723	0723 8508 867	0844 4927 012	0965 0180 941	1085 6453 558
8290	0120 6272 618	0241 2545 235	0361 8817 853	0482 5090 470	0603 1363 088	0723 7635 706	0844 3908 323	0964 9017 006	1085 5144 182
8291	0120 6127 126	0241 2254 252	0361 8381 377	0482 4508 503	0603 0635 629	0723 6762 755	0844 2889 881	0964 7853 353	1085 3835 022
8292	0120 5981 669	0241 1963 338	0361 7945 007	0482 3926 676	0602 9908 345	0723 5890 014	0844 1871 684	0964 6689 979	1085 2526 227
8293	0120 5836 247	0241 1672 495	0361 7508 742	0482 3344 990	0602 9181 237	0723 5017 485	0844 0853 732	0964 5526 887	1085 1217 748
8294	0120 5690 861	0241 1381 722	0361 7072 583	0482 2763 443	0602 8454 304	0723 4145 165	0843 9836 026	0964 4361 075	1084 9909 584
8295	0120 5545 509	0241 1091 019	0361 6636 528	0482 2182 037	0602 7727 547	0723 3273 056	0843 8818 565	0964 3204 543	1084 8601 736
8296	0120 5400 193	0241 0800 386	0361 6200 579	0482 1600 771	0602 7000 964	0723 2401 157	0843 7801 350	0964 2039 291	1084 7294 203
8297	0120 5254 911	0241 0509 823	0361 5764 734	0482 1019 646	0602 6274 557	0723 1529 468	0843 6784 380	0964 0877 320	1084 5986 985
8298	0120 5109 665	0241 0219 330	0361 5328 995	0482 0438 660	0602 5548 325	0723 0657 900	0843 5767 655	0963 9715 628	1084 4680 082
8299	0120 4964 454	0240 9928 907	0361 4893 361	0481 9857 814	0602 4822 268	0722 9786 721	0843 4751 175	0963 9715 628	1084 4680 082

	1	2	3	4	5	6	7	8	9
8300	0120 4819 277	0240 9638 554	0361 4457 831	0481 9277 108	0602 4096 386	0722 8915 663	0843 3734 940	0963 8554 217	1084 3373 494
8301	0120 4674 136	0240 9348 271	0361 4022 407	0481 8696 543	0602 3370 678	0722 8044 814	0843 2718 950	0963 7393 085	1084 2007 221
8302	0120 4529 029	0240 9058 058	0361 3587 087	0481 8116 117	0602 2645 146	0722 7174 175	0843 1703 204	0963 6232 233	1084 0761 262
8303	0120 4383 958	0240 8767 915	0361 3151 873	0481 7535 830	0602 1919 788	0722 6303 746	0843 0687 703	0963 5071 661	1083 9455 618
8304	0120 4238 921	0240 8477 842	0361 2716 763	0481 6955 684	0602 1194 605	0722 5433 526	0842 9672 447	0963 3911 368	1083 8150 289
8305	0120 4093 919	0240 8187 839	0361 2281 758	0481 6375 677	0602 0469 597	0722 4563 516	0842 8657 435	0963 2751 355	1083 6845 274
8306	0120 3948 953	0240 7897 905	0361 1846 858	0481 5795 810	0601 9744 763	0722 3693 715	0842 7642 668	0963 1591 620	1083 5540 573
8307	0120 3804 021	0240 7608 041	0361 1412 062	0481 5216 083	0601 9020 104	0722 2824 124	0842 6628 145	0963 0432 166	1083 4236 186
8308	0120 3659 124	0240 7318 247	0361 0977 371	0481 4636 495	0601 8295 619	0722 1954 742	0842 5613 866	0962 9272 990	1083 2932 114
8309	0120 3514 262	0240 7028 523	0361 0542 785	0481 4057 047	0601 7571 308	0722 1085 570	0842 4599 831	0962 8114 093	1083 1628 355
8310	0120 3369 434	0240 6738 869	0361 0108 303	0481 3477 738	0601 6847 172	0722 0216 607	0842 3586 041	0962 6955 475	1083 0324 910
8311	0120 3224 642	0240 6449 284	0360 9673 926	0481 2898 568	0601 6123 210	0721 9847 852	0842 2572 494	0962 5797 136	1082 9021 778
8312	0120 3079 884	0240 6159 769	0360 9239 653	0481 2319 538	0601 5399 422	0721 8479 307	0842 1559 191	0962 4639 076	1082 7718 960
8313	0120 2935 162	0240 5870 348	0360 8805 485	0481 1740 647	0601 4676 809	0721 7610 971	0842 0546 133	0962 3481 294	1082 6416 456
8314	0120 2790 474	0240 5580 924	0360 8371 422	0481 1161 896	0601 3952 369	0721 6742 843	0841 9533 317	0962 2323 791	1082 5114 265
8315	0120 2645 821	0240 5291 642	0360 7937 462	0481 0583 283	0601 3229 104	0721 5874 925	0841 8520 746	0962 1166 566	1082 3812 387
8316	0120 2501 203	0240 5002 405	0360 7503 608	0481 0004 810	0601 2506 013	0721 5007 215	0841 7508 418	0962 0009 620	1082 2510 823
8317	0120 2356 619	0240 4713 238	0360 7069 857	0480 9426 476	0601 1783 095	0721 4139 714	0841 6496 333	0961 8852 952	1082 1209 571
8318	0120 2212 070	0240 4424 140	0360 6636 211	0480 8848 281	0601 1060 351	0721 3272 421	0841 5484 491	0961 7696 562	1081 9908 632
8319	0120 2067 556	0240 4135 112	0360 6202 669	0480 8270 225	0601 0337 781	0721 2405 337	0841 4472 898	0961 6540 450	1081 8608 006
8320	0120 1923 077	0240 3846 154	0360 5769 231	0480 7692 308	0600 9615 385	0721 1538 462	0841 3461 538	0961 5384 615	1081 7307 692
8321	0120 1778 632	0240 3557 265	0360 5335 897	0480 7114 530	0600 8893 162	0721 0671 794	0841 2450 427	0961 4229 059	1081 6007 691
8322	0120 1634 223	0240 3268 445	0360 4902 668	0480 6536 890	0600 8171 113	0720 9805 335	0841 1439 558	0961 3073 780	1081 4708 003
8323	0120 1489 847	0240 2979 695	0360 4469 542	0480 5959 390	0600 7449 237	0720 8939 084	0841 0428 932	0961 1918 779	1081 3408 627
8324	0120 1345 507	0240 2691 014	0360 4036 521	0480 5382 028	0600 6727 535	0720 8073 042	0840 9418 549	0961 0764 056	1081 2109 563
8325	0120 1201 201	0240 2402 402	0360 3603 604	0480 4804 805	0600 6006 006	0720 7207 207	0840 8408 408	0960 9609 610	1081 0810 811
8326	0120 1056 930	0240 2113 860	0360 3170 790	0480 4227 720	0600 5284 651	0720 6341 581	0840 7398 511	0960 8455 441	1080 9512 371
8327	0120 0912 694	0240 1825 387	0360 2738 081	0480 3650 775	0600 4563 468	0720 5476 162	0840 6388 856	0960 7301 549	1080 8214 243
8328	0120 0768 492	0240 1536 984	0360 2305 475	0480 3073 967	0600 3842 459	0720 4610 951	0840 5379 443	0960 6147 935	1080 6916 426
8329	0120 0624 325	0240 1248 649	0360 1872 974	0480 2497 299	0600 3121 623	0720 3745 948	0840 4370 273	0960 4994 597	1080 5618 922
8330	0120 0480 192	0240 0960 384	0360 1440 576	0480 1920 768	0600 2400 960	0720 2881 152	0840 3361 345	0960 3841 537	1080 4321 729
8331	0120 0336 094	0240 0672 188	0360 1008 282	0480 1344 376	0600 1680 471	0720 2016 565	0840 2352 659	0960 2688 753	1080 3024 847
8332	0120 0192 031	0240 0384 061	0360 0576 092	0480 0768 123	0600 0960 154	0720 1152 184	0840 1344 215	0960 1536 246	1080 1728 276
8333	0120 0048 002	0240 0096 004	0360 0144 006	0480 0192 008	0600 0240 010	0720 0288 012	0840 0336 013	0960 0384 015	1080 0432 017
8334	0119 9904 008	0239 9808 015	0359 9712 023	0479 9616 031	0599 9520 038	0719 9424 046	0839 9328 054	0959 9232 061	1079 9136 069
8335	0119 9760 048	0239 9520 096	0359 9280 144	0479 9040 192	0599 8800 240	0719 8560 288	0839 8320 336	0959 8080 384	1079 7840 432
8336	0119 9616 123	0239 9232 246	0359 8848 369	0479 8464 491	0599 8080 614	0719 7696 737	0839 7312 860	0959 6928 983	1079 6545 106
8337	0119 9472 232	0239 8944 464	0359 8416 697	0479 7888 929	0599 7361 161	0719 6833 393	0839 6305 626	0959 5777 858	1079 5250 090
8338	0119 9328 376	0239 8656 752	0359 7985 128	0479 7313 504	0599 6641 881	0719 5970 257	0839 5298 633	0959 4627 009	1079 3955 385
8339	0119 9184 555	0239 8369 109	0359 7553 664	0479 6738 218	0599 5922 773	0719 5107 327	0839 4291 882	0959 3476 436	1079 2660 991
8340	0119 9040 767	0239 8081 535	0359 7122 302	0479 6163 070	0599 5203 837	0719 4244 604	0839 3285 372	0959 2326 139	1079 1366 907
8341	0119 8897 015	0239 7794 030	0359 6691 044	0479 5588 059	0599 4485 074	0719 3382 089	0839 2279 103	0959 1176 118	1079 0073 133
8342	0119 8753 297	0239 7506 593	0359 6259 890	0479 5013 186	0599 3766 483	0719 2519 779	0839 1273 076	0959 0026 373	1078 8779 669
8343	0119 8609 613	0239 7219 226	0359 5828 839	0479 4438 451	0599 3048 064	0719 1657 677	0839 0267 290	0958 8876 903	1078 7486 516
8344	0119 8465 964	0239 6931 927	0359 5397 891	0479 3863 854	0599 2329 818	0719 0795 781	0838 9261 745	0958 7727 709	1078 6193 672
8345	0119 8322 349	0239 6644 697	0359 4967 046	0479 3289 395	0599 1611 744	0718 9934 092	0838 8256 441	0958 6578 790	1078 4901 138
8346	0119 8178 768	0239 6357 537	0359 4536 305	0479 2715 073	0599 0893 841	0718 9072 610	0838 7251 378	0958 5430 146	1078 3608 914
8347	0119 8035 222	0239 6070 444	0359 4105 667	0479 2140 889	0599 0176 111	0718 8211 333	0838 6246 556	0958 4281 778	1078 2317 000
8348	0119 7891 711	0239 5783 421	0359 3675 132	0479 1566 842	0598 9458 553	0718 7350 264	0838 5241 974	0958 3133 685	1078 1025 395
8349	0119 7748 233	0239 5496 467	0359 3244 700	0479 0992 933	0598 8741 167	0718 6489 400	0838 4237 633	0958 1985 867	1077 9734 100
8350	0119 7604 790	0239 5209 581	0359 2814 371	0479 0419 162	0598 8023 952	0718 5628 743	0838 3233 533	0958 0838 323	1077 8443 114
8351	0119 7461 382	0239 4922 764	0359 2384 146	0478 9845 527	0598 7306 909	0718 4768 291	0838 2229 673	0957 9691 055	1077 7152 437
8352	0119 7318 008	0239 4636 015	0359 1954 023	0478 9272 031	0598 6590 038	0718 3908 046	0838 1226 054	0957 8544 061	1077 5862 069
8353	0119 7174 668	0239 4349 336	0359 1524 003	0478 8698 671	0598 5873 339	0718 3048 007	0838 0222 675	0957 7397 342	1077 4572 010
8354	0119 7031 362	0239 4062 724	0359 1094 087	0478 8125 449	0598 5156 811	0718 2188 173	0837 9219 536	0957 6250 898	1077 3282 260
8355	0119 6888 091	0239 3776 182	0359 0664 273	0478 7552 364	0598 4440 455	0718 1328 546	0837 8216 637	0957 5104 728	1077 1992 819
8356	0119 6744 854	0239 3489 708	0359 0234 562	0478 6979 416	0598 3724 270	0718 0469 124	0837 7213 978	0957 3958 832	1077 0703 686
8357	0119 6601 651	0239 3203 303	0358 9804 954	0478 6406 605	0598 3008 257	0717 9609 908	0837 6211 559	0957 2813 210	1076 9414 862
8358	0119 6458 483	0239 2916 966	0358 9375 449	0478 5833 932	0598 2292 414	0717 8750 897	0837 5209 380	0957 1667 863	1076 8126 346
8359	0119 6315 349	0239 2630 697	0358 8946 046	0478 5261 395	0598 1576 744	0717 7892 092	0837 4207 441	0957 0522 790	1076 6838 139
8360	0119 6172 249	0239 2344 498	0358 8516 746	0478 4688 995	0598 0861 244	0717 7033 493	0837 3205 742	0956 9377 990	1076 5550 239
8361	0119 6029 183	0239 2058 366	0358 8087 549	0478 4116 732	0598 0145 916	0717 6175 099	0837 2204 282	0956 8233 465	1076 4262 648
8362	0119 5886 152	0239 1772 303	0358 7658 455	0478 3544 607	0597 9430 758	0717 5316 910	0837 1203 061	0956 7089 213	1076 2975 375
8363	0119 5743 154	0239 1486 309	0358 7229 463	0478 2972 617	0597 8715 772	0717 4458 926	0837 0202 081	0956 5945 235	1076 1688 389
8364	0119 5600 191	0239 1200 383	0358 6800 574	0478 2400 765	0597 8000 957	0717 3601 148	0836 9201 339	0956 4801 530	1076 0401 722
8365	0119 5457 262	0239 0914 525	0358 6371 787	0478 1829 050	0597 7286 312	0717 2743 574	0836 8200 837	0956 3658 099	1075 9115 362
8366	0119 5314 368	0239 0628 735	0358 5943 103	0478 1257 471	0597 6571 838	0717 1886 206	0836 7200 574	0956 2514 941	1075 7829 309
8367	0119 5171 507	0239 0343 014	0358 5514 521	0478 0686 028	0597 5857 536	0717 1029 043	0836 6200 550	0956 1372 057	1075 6543 564
8368	0119 5028 681	0239 0057 361	0358 5086 042	0478 0114 723	0597 5143 403	0717 0172 084	0836 5200 765	0956 0229 446	1075 5258 126
8369	0119 4885 888	0238 9771 777	0358 4657 665	0477 9543 554	0597 4429 442	0716 9315 330	0836 4201 219	0955 9087 407	1075 3972 996
8370	0119 4743 130	0238 9486 260	0358 4229 391	0477 8972 521	0597 3715 651	0716 8458 781	0836 3201 912	0955 7945 042	1075 2688 172
8371	0119 4600 406	0238 9200 812	0358 3801 218	0477 8401 625	0597 3002 031	0716 7602 437	0836 2202 843	0955 6803 249	1075 1403 655
8372	0119 4457 716	0238 8915 432	0358 3373 149	0477 7830 865	0597 2288 581	0716 6746 297	0836 1204 013	0955 5661 730	1075 0119 446
8373	0119 4315 060	0238 8630 121	0358 2945 181	0477 7260 241	0597 1575 302	0716 5890 362	0836 0205 422	0955 4520 482	1074 8835 543
8374	0119 4172 439	0238 8344 877	0358 2517 316	0477 6689 754	0597 0862 193	0716 5034 631	0835 9207 070	0955 3379 508	1074 7551 947
8375	0119 4029 851	0238 8059 702	0358 2089 552	0477 6119 403	0597 0149 254	0716 4179 105	0835 8208 955	0955 2238 806	1074 6268 657
8376	0119 3887 297	0238 7774 594	0358 1661 891	0477 5549 188	0596 9436 485	0716 3323 782	0835 7211 079	0955 1098 376	1074 4985 673
8377	0119 3744 777	0238 7489 555	0358 1234 332	0477 4979 109	0596 8723 887	0716 2468 664	0835 6213 442	0954 9958 219	1074 3702 996
8378	0119 3602 292	0238 7204 583	0358 0806 875	0477 4409 167	0596 8011 459	0716 1613 750	0835 5216 042	0954 8818 334	1074 2420 625
8379	0119 3459 840	0238 6919 680	0358 0379 520	0477 3839 360	0596 7299 200	0716 0759 040	0835 4218 881	0954 7678 721	1074 1138 561
8380	0119 3317 422	0238 6634 845	0357 9952 267	0477 3269 690	0596 6587 112	0715 9904 535	0835 3221 957	0954 6539 379	1073 9856 802
8381	0119 3175 039	0238 6350 078	0357 9525 116	0477 2700 155	0596 5875 194	0715 9050 233	0835 2225 271	0954 5400 310	1073 8575 349
8382	0119 3032 689	0238 6065 378	0357 9098 067	0477 2130 756	0596 5163 445	0715 8196 135	0835 1228 824	0954 4261 513	1073 7294 202
8383	0119 2890 373	0238 5780 747	0357 8671 120	0477 1561 493	0596 4451 867	0715 7342 240	0835 0232 614	0954 3122 987	1073 6013 360
8384	0119 2748 092	0238 5496 183	0357 8244 275	0477 0992 366	0596 3740 458	0715 6488 550	0834 9236 641	0954 1984 733	1073 4732 824
8385	0119 2605 844	0238 5211 688	0357 7817 531	0477 0423 375	0596 3029 219	0715 5635 063	0834 8240 906	0954 0846 750	1073 3452 594
8386	0119 2463 630	0238 4927 260	0357 7390 890	0476 9854 519	0596 2318 149	0715 4781 779	0834 7245 409	0953 9709 039	1073 2172 669
8387	0119 2321 450	0238 4642 900	0357 6964 350	0476 9285 799	0596 1607 249	0715 3928 699	0834 6250 149	0953 8571 599	1073 0893 049
8388	0119 2179 304	0238 4358 608	0357 6537 911	0476 8717 215	0596 0896 519	0715 3075 823	0834 5255 126	0953 7434 430	1072 9613 734
8389	0119 2037 192	0238 4074 383	0357 6111 575	0476 8148 766	0596 0185 958	0715 2223 149	0834 4260 341	0953 6297 532	1072 8334 724
8390	0119 1895 113	0238 3790 226	0357 5685 340	0476 7580 453	0595 9475 566	0715 1370 679	0834 3265 793	0953 5160 906	1072 7056 019
8391	0119 1753 069	0238 3506 138	0357 5259 206	0476 7012 275	0595 8765 344	0715 0518 413	0834 2271 481	0953 4024 550	1072 5777 619
8392	0119 1611 058	0238 3222 116	0357 4833 174	0476 6444 233	0595 8055 291	0714 9666 349	0834 1277 407	0953 2888 465	1072 4499 523
8393	0119 1469 081	0238 2938 163	0357 4407 244	0476 5876 326	0595 7345 407	0714 8814 488	0834 0283 570	0953 1752 651	1072 3221 732
8394	0119 1327 138	0238 2654 277	0357 3981 415	0476 5308 554	0595 6635 692	0714 7962 831	0833 9289 969	0953 0617 107	1072 1944 246
8395	0119 1185 229	0238 2370 459	0357 3555 688	0476 4740 917	0595 5926 147	0714 7111 376	0833 8296 605	0952 9481 834	1072 0667 064
8396	0119 1043 354	0238 2086 708	0357 3130 062	0476 4173 416	0595 5216 770	0714 6260 124	0833 7303 478	0952 8346 832	1071 9390 186
8397	0119 0901 512	0238 1803 025	0357 2704 537	0476 3606 050	0595 4507 562	0714 5409 075	0833 6310 587	0952 7212 100	1071 8113 612
8398	0119 0759 705	0238 1519 409	0357 2279 114	0476 3038 819	0595 3798 523	0714 4558 228	0833 5317 933	0952 6077 638	1071 6837 342
8399	0119 0617 931	0238 1235 861	0357 1853 792	0476 2471 723	0595 3089 654	0714 3707 584	0833 4325 515	0952 4943 446	1071 5561 376

	1	2	3	4	5	6	7	8	9
8400	0119 0476 190	0238 0952 381	0357 1428 571	0476 1904 762	0595 2380 952	0714 2857 143	0833 3333 333	0952 3809 524	1071 4285 714
8401	0119 0334 484	0238 0668 968	0357 1003 452	0476 1337 936	0595 1672 420	0714 2006 904	0833 2341 388	0952 2675 872	1071 3010 356
8402	0119 0192 811	0238 0385 622	0357 0578 434	0476 0771 245	0595 0964 056	0714 1156 867	0833 1349 679	0952 1542 490	1071 1735 301
8403	0119 0051 172	0238 0102 344	0357 0153 517	0476 0204 689	0595 0255 861	0714 0307 033	0833 0358 205	0952 0409 378	1071 0460 550
8404	0118 9909 567	0237 9819 134	0356 9728 701	0475 9638 207	0594 9547 834	0713 9457 401	0832 9366 968	0951 9276 535	1070 9186 102
8405	0118 9767 995	0237 9535 990	0356 9303 986	0475 9071 980	0594 8839 976	0713 8607 971	0832 8375 967	0951 8143 962	1070 7911 957
8406	0118 9626 457	0237 9252 915	0356 8879 372	0475 8505 829	0594 8132 286	0713 7758 744	0832 7385 201	0951 7011 658	1070 6638 116
8407	0118 9484 953	0237 8969 906	0356 8454 859	0475 7939 812	0594 7424 765	0713 6909 718	0832 6394 671	0951 5879 624	1070 5364 577
8408	0118 9343 482	0237 8686 965	0356 8030 447	0475 7373 930	0594 6717 412	0713 6060 894	0832 5404 377	0951 4747 859	1070 4091 342
8409	0118 9202 045	0237 8404 091	0356 7606 136	0475 6808 182	0594 6010 227	0713 5212 273	0832 4414 318	0951 3616 363	1070 2818 409
8410	0118 9060 642	0237 8121 284	0356 7181 926	0475 6242 568	0594 5303 210	0713 4363 853	0832 3424 495	0951 2485 137	1070 1545 779
8411	0118 8919 272	0237 7838 545	0356 6757 817	0475 5677 090	0594 4596 302	0713 3515 634	0832 2434 907	0951 1354 179	1070 0273 451
8412	0118 8777 936	0237 7555 873	0356 6333 809	0475 5111 745	0594 3889 681	0713 2667 618	0832 1445 554	0951 0223 490	1069 9001 427
8413	0118 8636 634	0237 7273 268	0356 5909 901	0475 4546 535	0594 3183 169	0713 1819 803	0832 0456 436	0950 9093 070	1069 7729 704
8414	0118 8495 365	0237 6990 730	0356 5486 095	0475 3981 459	0594 2476 824	0713 0972 189	0831 9467 554	0950 7962 919	1069 6458 284
8415	0118 8354 130	0237 6708 259	0356 5062 389	0475 3416 518	0594 1770 648	0713 0124 777	0831 8478 907	0950 6833 036	1069 5187 166
8416	0118 8212 928	0237 6425 856	0356 4638 783	0475 2851 711	0594 1064 639	0712 9277 567	0831 7490 494	0950 5703 422	1069 3916 350
8417	0118 8071 760	0237 6143 519	0356 4215 279	0475 2287 038	0594 0358 798	0712 8430 557	0831 6502 317	0950 4574 076	1069 2645 836
8418	0118 7930 625	0237 5861 250	0356 3791 875	0475 1722 499	0593 9653 124	0712 7583 749	0831 5514 374	0950 3444 999	1069 1375 624
8419	0118 7789 524	0237 5579 047	0356 3368 571	0475 1158 095	0593 8947 619	0712 6737 142	0831 4526 666	0950 2316 190	1069 0105 713
8420	0118 7648 456	0237 5296 912	0356 2945 368	0475 0593 824	0593 8242 280	0712 5890 736	0831 3539 192	0950 1187 648	1068 8836 105
8421	0118 7507 422	0237 5014 844	0356 2522 266	0475 0029 688	0593 7537 110	0712 5044 532	0831 2551 953	0950 0059 375	1068 7566 797
8422	0118 7366 421	0237 4732 843	0356 2099 264	0474 9465 685	0593 6832 106	0712 4198 528	0831 1564 949	0949 8931 370	1068 6297 792
8423	0118 7225 454	0237 4450 908	0356 1676 362	0474 8901 816	0593 6127 271	0712 3352 725	0831 0578 179	0949 7803 633	1068 5029 087
8424	0118 7084 520	0237 4169 041	0356 1253 561	0474 8338 082	0593 5422 602	0712 2507 123	0830 9591 643	0949 6676 163	1068 3760 684
8425	0118 6943 620	0237 3887 240	0356 0830 861	0474 7774 481	0593 4718 101	0712 1661 721	0830 8605 341	0949 5548 961	1068 2492 582
8426	0118 6802 753	0237 3605 507	0356 0408 260	0474 7211 014	0593 4013 767	0712 0816 520	0830 7619 274	0949 4422 027	1068 1224 780
8427	0118 6661 920	0237 3323 840	0355 9985 760	0474 6647 680	0593 3309 600	0711 9971 520	0830 6633 440	0949 3295 360	1067 9957 280
8428	0118 6521 120	0237 3042 240	0355 9563 360	0474 6084 480	0593 2605 600	0711 9126 720	0830 5647 841	0949 2168 961	1067 8690 081
8429	0118 6380 354	0237 2760 707	0355 9141 061	0474 5521 414	0593 1901 768	0711 8282 121	0830 4662 475	0949 1042 828	1067 7423 182
8430	0118 6239 620	0237 2479 241	0355 8718 861	0474 4958 482	0593 1198 102	0711 7437 722	0830 3677 343	0948 9916 963	1067 6156 584
8431	0118 6098 921	0237 2197 844	0355 8296 762	0474 4395 683	0593 0494 603	0711 6593 524	0830 2692 445	0948 8791 365	1067 4890 286
8432	0118 5958 254	0237 1916 509	0355 7874 763	0474 3833 017	0592 9791 271	0711 5749 526	0830 1707 780	0948 7666 034	1067 3624 288
8433	0118 5817 621	0237 1635 243	0355 7452 864	0474 3270 485	0592 9088 106	0711 4905 728	0830 0723 349	0948 6540 970	1067 2358 591
8434	0118 5677 022	0237 1354 043	0355 7031 065	0474 2708 086	0592 8385 108	0711 4062 129	0829 9739 151	0948 5416 173	1067 1093 194
8435	0118 5536 455	0237 1072 911	0355 6609 366	0474 2145 821	0592 7682 276	0711 3218 732	0829 8755 187	0948 4291 642	1066 9828 097
8436	0118 5395 922	0237 0791 844	0355 6187 767	0474 1583 689	0592 6979 611	0711 2375 533	0829 7771 456	0948 3167 378	1066 8563 300
8437	0118 5255 423	0237 0510 845	0355 5766 268	0474 1021 690	0592 6277 113	0711 1532 535	0829 6787 958	0948 2043 380	1066 7298 803
8438	0118 5114 956	0237 0229 912	0355 5344 868	0474 0459 825	0592 5574 781	0711 0689 737	0829 5804 693	0948 0919 649	1066 6034 605
8439	0118 4974 523	0236 9949 046	0355 4923 569	0473 9898 092	0592 4872 615	0710 9847 138	0829 4821 661	0947 9796 184	1066 4770 707
8440	0118 4834 123	0236 9668 246	0355 4502 370	0473 9336 493	0592 4170 616	0710 9004 739	0829 3838 863	0947 8672 986	1066 3507 109
8441	0118 4693 757	0236 9387 513	0355 4081 270	0473 8775 027	0592 3468 783	0710 8162 540	0829 2856 297	0947 7550 053	1066 2243 811
8442	0118 4553 423	0236 9106 847	0355 3660 270	0473 8213 693	0592 2767 117	0710 7320 540	0829 1873 964	0947 6427 387	1066 0980 810
8443	0118 4413 123	0236 8826 247	0355 3239 370	0473 7652 493	0592 2065 617	0710 6478 740	0829 0891 863	0947 5304 986	1065 9718 410
8444	0118 4272 856	0236 8545 713	0355 2818 569	0473 7091 426	0592 1364 282	0710 5637 139	0828 9909 993	0947 4182 852	1065 8455 708
8445	0118 4132 623	0236 8265 246	0355 2397 869	0473 6530 491	0592 0663 114	0710 4795 737	0828 8928 360	0947 3060 983	1065 7193 606
8446	0118 3992 422	0236 7984 845	0355 1977 267	0473 5969 690	0591 9962 112	0710 3954 535	0828 7946 957	0947 1939 380	1065 5931 802
8447	0118 3852 255	0236 7704 510	0355 1556 766	0473 5409 021	0591 9261 276	0710 3113 531	0828 6965 787	0947 0818 042	1065 4670 297
8448	0118 3712 121	0236 7424 242	0355 1136 364	0473 4848 485	0591 8560 606	0710 2272 727	0828 5984 848	0946 9696 970	1065 3409 091
8449	0118 3572 020	0236 7144 041	0355 0716 061	0473 4288 081	0591 7860 102	0710 1432 122	0828 5004 143	0946 8576 163	1065 2148 183
8450	0118 3431 953	0236 6863 905	0355 0295 858	0473 3727 811	0591 7159 763	0710 0591 716	0828 4023 669	0946 7455 621	1065 0887 574
8451	0118 3291 918	0236 6583 836	0354 9875 754	0473 3167 672	0591 6459 591	0709 9751 509	0828 3043 427	0946 6335 345	1064 9627 263
8452	0118 3151 917	0236 6303 833	0354 9455 750	0473 2607 667	0591 5759 584	0709 8911 500	0828 2063 417	0946 5215 334	1064 8367 250
8453	0118 3011 948	0236 6023 897	0354 9035 845	0473 2047 794	0591 5059 742	0709 8071 691	0828 1083 639	0946 4095 587	1064 7107 536
8454	0118 2872 013	0236 5744 027	0354 8616 040	0473 1488 053	0591 4360 066	0709 7232 080	0828 0104 093	0946 2976 106	1064 5848 119
8455	0118 2732 111	0236 5464 222	0354 8196 334	0473 0928 445	0591 3660 556	0709 6392 667	0827 9124 778	0946 1856 889	1064 4580 001
8456	0118 2592 242	0236 5184 484	0354 7776 727	0473 0368 969	0591 2961 211	0709 5553 453	0827 8145 695	0946 0737 938	1064 3330 180
8457	0118 2452 406	0236 4904 813	0354 7357 219	0472 9809 625	0591 2262 031	0709 4714 438	0827 7166 844	0945 9619 250	1064 2071 657
8458	0118 2312 603	0236 4625 207	0354 6937 810	0472 9250 414	0591 1563 017	0709 3875 621	0827 6188 224	0945 8500 828	1064 0813 431
8459	0118 2172 834	0236 4345 667	0354 6518 501	0472 8691 335	0591 0864 168	0709 3037 002	0827 5209 836	0945 7382 669	1063 9555 503
8460	0118 2033 097	0236 4066 194	0354 6099 291	0472 8132 388	0591 0165 485	0709 2198 582	0827 4231 678	0945 6264 775	1063 8297 872
8461	0118 1893 393	0236 3786 786	0354 5680 180	0472 7573 573	0590 9466 966	0709 1360 359	0827 3253 753	0945 5147 146	1063 7040 539
8462	0118 1753 723	0236 3507 445	0354 5261 168	0472 7014 890	0590 8768 613	0709 0522 335	0827 2276 058	0945 4029 780	1063 5783 503
8463	0118 1614 085	0236 3228 170	0354 4842 255	0472 6456 339	0590 8070 424	0708 9684 509	0827 1298 594	0945 2912 679	1063 4526 704
8464	0118 1474 480	0236 2948 960	0354 4423 440	0472 5897 921	0590 7372 401	0708 8846 881	0827 0321 361	0945 1795 841	1063 3270 321
8465	0118 1334 908	0236 2669 817	0354 4004 725	0472 5339 634	0590 6674 542	0708 8009 451	0826 9344 359	0945 0679 268	1063 2014 176
8466	0118 1195 370	0236 2390 739	0354 3586 109	0472 4781 479	0590 5976 849	0708 7172 218	0826 8367 588	0944 9562 958	1063 0758 327
8467	0118 1055 864	0236 2111 728	0354 3167 592	0472 4223 456	0590 5279 320	0708 6335 184	0826 7391 048	0944 8446 912	1062 9502 775
8468	0118 0916 391	0236 1832 782	0354 2749 173	0472 3665 564	0590 4581 956	0708 5498 347	0826 6414 738	0944 7331 129	1062 8247 520
8469	0118 0776 951	0236 1553 902	0354 2330 854	0472 3107 805	0590 3884 756	0708 4661 707	0826 5438 659	0944 6215 610	1062 6992 561
8470	0118 0637 544	0236 1275 089	0354 1912 633	0472 2550 177	0590 3187 721	0708 3825 266	0826 4462 810	0944 5100 354	1062 5737 899
8471	0118 0498 170	0236 0996 340	0354 1494 511	0472 1992 681	0590 2490 851	0708 2989 021	0826 3487 192	0944 3985 362	1062 4483 532
8472	0118 0358 829	0236 0717 658	0354 1076 487	0472 1435 316	0590 1794 145	0708 2152 975	0826 2511 804	0944 2870 633	1062 3229 462
8473	0118 0219 521	0236 0439 042	0354 0658 562	0472 0878 083	0590 1097 604	0708 1317 125	0826 1536 646	0944 1756 167	1062 1975 687
8474	0118 0080 245	0236 0160 491	0354 0240 736	0472 0320 982	0590 0401 227	0708 0481 473	0826 0561 718	0944 0641 964	1062 0722 209
8475	0117 9941 003	0235 9882 006	0353 9823 009	0471 9764 012	0589 9705 015	0707 9646 018	0825 9587 021	0943 9528 024	1061 9469 027
8476	0117 9801 793	0235 9603 587	0353 9405 380	0471 9207 173	0589 9008 967	0707 8810 760	0825 8612 553	0943 8414 346	1061 8216 140
8477	0117 9662 616	0235 9325 233	0353 8987 849	0471 8650 466	0589 8313 082	0707 7975 699	0825 7638 315	0943 7300 932	1061 6963 548
8478	0117 9523 473	0235 9046 945	0353 8570 418	0471 8093 890	0589 7617 363	0707 7140 835	0825 6664 308	0943 6187 780	1061 5711 253
8479	0117 9384 361	0235 8768 723	0353 8153 084	0471 7537 445	0589 6921 807	0707 6306 168	0825 5690 530	0943 5074 891	1061 4459 252
8480	0117 9245 283	0235 8490 566	0353 7735 849	0471 6981 132	0589 6226 415	0707 5471 698	0825 4716 981	0943 3962 264	1061 3207 547
8481	0117 9106 237	0235 8212 475	0353 7318 712	0471 6424 950	0589 5531 187	0707 4637 425	0825 3743 662	0943 2849 900	1061 1956 137
8482	0117 8967 225	0235 7934 449	0353 6901 674	0471 5868 899	0589 4836 124	0707 3803 348	0825 2770 573	0943 1737 798	1061 0705 022
8483	0117 8828 245	0235 7656 489	0353 6484 734	0471 5312 979	0589 4141 224	0707 2969 468	0825 1797 713	0943 0625 958	1060 9454 202
8484	0117 8689 298	0235 7378 595	0353 6067 893	0471 4757 190	0589 3446 488	0707 2135 785	0825 0825 083	0942 9514 380	1060 8203 678
8485	0117 8550 383	0235 7100 766	0353 5651 149	0471 4201 532	0589 2751 915	0707 1302 298	0824 9852 681	0942 8403 064	1060 6953 447
8486	0117 8411 501	0235 6823 003	0353 5234 504	0471 3646 005	0589 2057 507	0707 0469 008	0824 8880 509	0942 7292 010	1060 5703 512
8487	0117 8272 652	0235 6545 305	0353 4817 957	0471 3090 609	0589 1363 261	0706 9635 914	0824 7908 566	0942 6181 218	1060 4453 871
8488	0117 8133 836	0235 6267 672	0353 4401 508	0471 2535 344	0589 0669 180	0706 8803 016	0824 6936 852	0942 5070 688	1060 3204 524
8489	0117 7995 052	0235 5990 105	0353 3985 157	0471 1980 210	0588 9975 262	0706 7970 315	0824 5965 367	0942 3960 419	1060 1955 472
8490	0117 7856 302	0235 5712 603	0353 3568 905	0471 1425 206	0588 9281 508	0706 7137 809	0824 4994 111	0942 2850 412	1060 0706 714
8491	0117 7717 583	0235 5435 167	0353 3152 750	0471 0870 333	0588 8587 917	0706 6305 500	0824 4023 083	0942 1740 667	1059 9458 250
8492	0117 7578 898	0235 5157 796	0353 2736 693	0471 0315 591	0588 7894 489	0706 5473 387	0824 3052 285	0942 0631 182	1059 8210 080
8493	0117 7440 245	0235 4880 490	0353 2320 735	0470 9760 980	0588 7201 225	0706 4641 469	0824 2081 714	0941 9521 959	1059 6962 204
8494	0117 7301 625	0235 4603 249	0353 1904 874	0470 9206 499	0588 6508 123	0706 3809 748	0824 1111 373	0941 8412 997	1059 5714 622
8495	0117 7163 037	0235 4326 074	0353 1489 111	0470 8652 148	0588 5815 185	0706 2978 222	0824 0141 260	0941 7304 297	1059 4467 334
8496	0117 7024 482	0235 4048 964	0353 1073 446	0470 8097 928	0588 5122 441	0706 2146 893	0823 9171 375	0941 6195 857	1059 3220 339
8497	0117 6885 960	0235 3771 920	0353 0657 879	0470 7543 830	0588 4429 799	0706 1315 759	0823 8201 718	0941 5087 678	1059 1973 638
8498	0117 6747 470	0235 3494 940	0353 0242 410	0470 6989 880	0588 3737 350	0706 0484 820	0823 7232 290	0941 3979 760	1059 0727 230
8499	0117 6609 013	0235 3218 026	0352 9827 038	0470 6436 051	0588 3045 064	0705 9654 077	0823 6263 090	0941 2872 103	1058 9481 115

	1	2	3	4	5	6	7	8	9
8500	0117 6470 588	0235 2941 176	0352 9411 765	0470 5882 353	0588 2352 941	0705 8823 529	0823 5294 118	0941 1764 706	1058 8235 294
8501	0117 6332 196	0235 2664 392	0352 8096 589	0470 5328 785	0588 1660 981	0705 7993 177	0823 4325 373	0941 0687 570	1058 6989 766
8502	0117 6193 837	0235 2387 673	0352 8581 510	0470 4775 347	0588 0909 184	0705 7163 020	0823 3356 857	0940 9550 694	1058 5744 531
8503	0117 6055 510	0235 2111 020	0352 8166 529	0470 4222 039	0588 0277 549	0705 6333 059	0823 2388 569	0940 8444 079	1058 4499 588
8504	0117 5917 215	0235 1834 431	0352 7751 646	0470 3668 862	0587 9586 077	0705 5503 293	0823 1420 508	0940 7337 723	1058 3254 939
8505	0117 5778 054	0235 1557 007	0352 7336 861	0470 3115 814	0587 8894 768	0705 4673 721	0823 0452 675	0940 6231 628	1058 2010 582
8506	0117 5640 724	0235 1281 448	0352 6922 173	0470 2562 807	0587 8203 621	0705 3844 345	0822 9485 069	0940 5125 794	1058 0766 518
8507	0117 5502 527	0235 1005 055	0352 6507 582	0470 2010 109	0587 7512 637	0705 3015 164	0822 8517 691	0940 4020 219	1057 9522 746
8508	0117 5364 363	0235 0728 726	0352 6093 089	0470 1457 452	0587 6821 815	0705 2186 178	0822 7550 541	0940 2914 904	1057 8279 267
8509	0117 5226 231	0235 0452 462	0352 5678 693	0470 0904 924	0587 6131 155	0705 1357 386	0822 6583 617	0940 1809 848	1057 7036 079
8510	0117 5088 132	0235 0176 263	0352 5264 305	0470 0352 526	0587 5440 658	0705 0528 790	0822 5616 921	0940 0705 053	1057 5793 184
8511	0117 4950 065	0234 9900 129	0352 4850 194	0469 9800 258	0587 4750 323	0704 9700 388	0822 4650 452	0939 9600 517	1057 4550 582
8512	0117 4812 030	0234 9624 060	0352 4436 090	0469 9248 120	0587 4060 150	0704 8872 180	0822 3684 211	0939 8406 241	1057 3308 271
8513	0117 4674 028	0234 9348 056	0352 4022 084	0469 8696 112	0587 3370 140	0704 8044 168	0822 2718 196	0939 7392 224	1057 2066 252
8514	0117 4536 058	0234 9072 117	0352 3608 175	0469 8144 233	0587 2680 291	0704 7216 350	0822 1752 408	0939 6288 466	1057 0824 524
8515	0117 4398 121	0234 8796 242	0352 3194 363	0469 7592 484	0587 1990 605	0704 6388 726	0822 0786 847	0939 5184 968	1056 9583 089
8516	0117 4260 216	0234 8520 432	0352 2780 648	0469 7040 864	0587 1301 080	0704 5561 296	0821 9821 512	0939 4081 729	1056 8341 945
8517	0117 4122 344	0234 8244 687	0352 2367 031	0469 6489 374	0587 0611 718	0704 4734 064	0821 8856 405	0939 2978 748	1056 7101 092
8518	0117 3984 503	0234 7969 007	0352 1953 510	0469 5938 014	0586 9922 517	0704 3907 020	0821 7891 524	0939 1876 027	1056 5860 531
8519	0117 3846 696	0234 7693 391	0352 1540 087	0469 5386 782	0586 9233 478	0704 3080 174	0821 6926 869	0939 0773 565	1056 4620 261
8520	0117 3708 920	0234 7417 840	0352 1126 761	0469 4835 681	0586 8544 601	0704 2253 521	0821 5962 441	0938 9671 362	1056 3380 282
8521	0117 3571 177	0234 7142 354	0352 0713 531	0469 4284 708	0586 7855 885	0704 1427 063	0821 4998 240	0938 8569 417	1056 2140 594
8522	0117 3433 466	0234 6866 933	0352 0300 399	0469 3733 865	0586 7167 332	0704 0600 798	0821 4034 264	0938 7467 731	1056 0901 197
8523	0117 3295 788	0234 6591 576	0351 9887 364	0469 3183 151	0586 6478 989	0703 9774 727	0821 3070 515	0938 6366 303	1055 9662 091
8524	0117 3158 142	0234 6316 283	0351 9474 425	0469 2632 567	0586 5790 709	0703 8948 850	0821 2106 992	0938 5265 134	1055 8423 275
8525	0117 3020 528	0234 6041 056	0351 9061 584	0469 2082 111	0586 5102 639	0703 8123 167	0821 1143 695	0938 4164 223	1055 7184 751
8526	0117 2882 946	0234 5765 893	0351 8648 839	0469 1531 785	0586 4414 731	0703 7297 678	0821 0180 624	0938 3063 570	1055 5946 517
8527	0117 2745 397	0234 5490 794	0351 8236 191	0469 0981 588	0586 3726 985	0703 6472 382	0820 9217 779	0938 1963 176	1055 4708 573
8528	0117 2607 880	0234 5215 760	0351 7823 640	0469 0431 520	0586 3039 400	0703 5647 280	0820 8255 160	0938 0863 039	1055 3470 919
8529	0117 2470 395	0234 4940 790	0351 7411 185	0468 9881 580	0586 2351 976	0703 4822 371	0820 7292 766	0937 9763 164	1055 2233 556
8530	0117 2332 943	0234 4665 885	0351 6998 828	0468 9331 770	0586 1664 713	0703 3997 655	0820 6330 598	0937 8663 540	1055 0996 483
8531	0117 2195 522	0234 4391 044	0351 6586 567	0468 8782 089	0586 0977 611	0703 3173 133	0820 5368 655	0937 7564 178	1054 9760 700
8532	0117 2058 134	0234 4116 268	0351 6174 402	0468 8232 536	0586 0290 670	0703 2348 804	0820 4406 939	0937 6465 073	1054 8523 207
8533	0117 1920 778	0234 3841 556	0351 5762 334	0468 7683 113	0585 9603 891	0703 1524 669	0820 3445 447	0937 5366 225	1054 7287 003
8534	0117 1783 454	0234 3566 909	0351 5350 363	0468 7133 818	0585 8917 272	0703 0700 727	0820 2484 181	0937 4267 635	1054 6051 090
8535	0117 1646 163	0234 3292 326	0351 4938 489	0468 6584 651	0585 8230 814	0702 9876 977	0820 1523 140	0937 3160 303	1054 4815 466
8536	0117 1508 903	0234 3017 807	0351 4526 710	0468 6035 614	0585 7544 517	0702 9053 421	0820 0562 324	0937 2071 228	1054 3580 131
8537	0117 1371 676	0234 2743 352	0351 4115 029	0468 5486 705	0585 6858 381	0702 8230 057	0819 9601 734	0937 0973 440	1054 2345 086
8538	0117 1234 481	0234 2468 962	0351 3703 443	0468 4937 925	0585 6172 406	0702 7406 887	0819 8641 368	0936 9875 849	1054 1110 330
8539	0117 1097 318	0234 2194 636	0351 3291 955	0468 4389 273	0585 5486 591	0702 6583 909	0819 7681 227	0936 8778 546	1053 9875 864
8540	0117 0960 187	0234 1920 375	0351 2880 562	0468 3840 749	0585 4800 937	0702 5761 124	0819 6721 311	0936 7681 499	1053 8641 086
8541	0117 0823 089	0234 1646 177	0351 2469 266	0468 3292 355	0585 4115 443	0702 4938 532	0819 5761 620	0936 6584 709	1053 7407 798
8542	0117 0686 022	0234 1372 044	0351 2058 066	0468 2744 088	0585 3430 110	0702 4116 132	0819 4802 154	0936 5488 176	1053 6174 198
8543	0117 0548 987	0234 1097 975	0351 1646 962	0468 2195 950	0585 2744 937	0702 3293 925	0819 3842 912	0936 4391 900	1053 4940 887
8544	0117 0411 985	0234 0823 970	0351 1235 955	0468 1647 940	0585 2059 925	0702 2471 910	0819 2883 895	0936 3295 880	1053 3707 865
8545	0117 0275 015	0234 0550 029	0351 0825 044	0468 1100 050	0585 1375 073	0702 1650 088	0819 1925 102	0936 2200 117	1053 2475 132
8546	0117 0138 076	0234 0276 153	0351 0414 229	0468 0552 305	0585 0690 384	0702 0828 458	0819 0966 534	0936 1104 610	1053 1242 687
8547	0117 0001 170	0234 0002 340	0351 0003 510	0468 0004 680	0585 0005 850	0702 0007 020	0819 0008 190	0936 0009 360	1053 0010 530
8548	0116 9864 296	0233 9728 591	0350 9592 887	0467 9457 183	0584 9321 479	0701 9185 774	0818 9050 070	0935 8914 366	1052 8778 662
8549	0116 9727 454	0233 9454 907	0350 9182 361	0467 8909 814	0584 8637 268	0701 8364 724	0818 8092 175	0935 7819 628	1052 7547 082
8550	0116 9590 643	0233 9181 287	0350 8771 930	0467 8362 573	0584 7953 216	0701 7543 860	0818 7134 503	0935 6725 146	1052 6315 789
8551	0116 9453 865	0233 8907 730	0350 8361 595	0467 7815 460	0584 7269 325	0701 6723 190	0818 6177 055	0935 5630 920	1052 5084 785
8552	0116 9317 119	0233 8634 238	0350 7951 356	0467 7268 475	0584 6585 594	0701 5902 713	0818 5219 832	0935 4536 950	1052 3854 069
8553	0116 9180 405	0233 8360 809	0350 7541 214	0467 6721 618	0584 5902 023	0701 5082 427	0818 4262 832	0935 3443 236	1052 2623 641
8554	0116 9043 722	0233 8087 444	0350 7131 167	0467 6174 889	0584 5218 611	0701 4262 333	0818 3306 056	0935 2349 778	1052 1393 500
8555	0116 8907 072	0233 7814 144	0350 6721 216	0467 5628 288	0584 4535 359	0701 3442 431	0818 2349 503	0935 1256 575	1052 0163 047
8556	0116 8770 453	0233 7540 907	0350 6311 360	0467 5084 814	0584 3852 267	0701 2622 721	0818 1393 174	0935 0163 628	1051 8934 081
8557	0116 8633 867	0233 7267 734	0350 5901 601	0467 4535 468	0584 3169 335	0701 1803 202	0818 0437 069	0934 9070 936	1051 7704 803
8558	0116 8497 312	0233 6994 625	0350 5491 937	0467 3989 250	0584 2486 562	0701 0983 875	0817 9481 187	0934 7978 500	1051 6475 812
8559	0116 8360 790	0233 6721 580	0350 5082 369	0467 3443 159	0584 1803 949	0701 0164 739	0817 8525 529	0934 6886 318	1051 5247 108
8560	0116 8224 299	0233 6448 598	0350 4672 897	0467 2897 196	0584 1121 495	0700 9345 794	0817 7570 094	0934 5794 393	1051 4018 692
8561	0116 8087 840	0233 6175 680	0350 4263 521	0467 2351 361	0584 0439 201	0700 8527 041	0817 6614 881	0934 4702 722	1051 2790 562
8562	0116 7951 413	0233 5902 826	0350 3854 240	0467 1805 653	0583 9757 066	0700 7708 479	0817 5659 893	0934 3611 306	1051 1562 719
8563	0116 7815 018	0233 5630 036	0350 3445 054	0467 1260 072	0583 9075 091	0700 6890 109	0817 4705 127	0934 2520 145	1051 0335 163
8564	0116 7678 655	0233 5357 310	0350 3035 964	0467 0714 619	0583 8393 274	0700 6071 929	0817 3750 584	0934 1429 239	1050 9107 803
8565	0116 7542 323	0233 5084 647	0350 2626 970	0467 0169 294	0583 7711 617	0700 5253 940	0817 2796 264	0934 0338 587	1050 7880 911
8566	0116 7406 024	0233 4812 048	0350 2218 071	0466 9624 095	0583 7030 119	0700 4436 143	0817 1842 167	0933 9248 191	1050 6654 214
8567	0116 7269 756	0233 4539 512	0350 1809 268	0466 9079 024	0583 6348 780	0700 3618 536	0817 0888 292	0933 8158 048	1050 5427 804
8568	0116 7133 520	0233 4267 040	0350 1400 560	0466 8534 080	0583 5667 600	0700 2801 120	0816 9934 641	0933 7068 161	1050 4201 681
8569	0116 6997 316	0233 3994 632	0350 0991 948	0466 7989 264	0583 4986 580	0700 1983 895	0816 8981 211	0933 5978 527	1050 2975 843
8570	0116 6861 144	0233 3722 287	0350 0583 431	0466 7444 574	0583 4305 718	0700 1166 861	0816 8028 005	0933 4889 148	1050 1750 292
8571	0116 6725 003	0233 3450 006	0350 0175 009	0466 6900 012	0583 3625 015	0700 0350 018	0816 7075 020	0933 3800 023	1050 0525 026
8572	0116 6588 894	0233 3177 788	0349 9766 682	0466 6355 576	0583 2944 470	0699 9533 364	0816 6122 258	0933 2711 153	1049 9300 047
8573	0116 6452 817	0233 2905 634	0349 9358 451	0466 5811 268	0583 2264 085	0699 8716 902	0816 5169 719	0933 1622 536	1049 8075 353
8574	0116 6316 772	0233 2633 543	0349 8950 315	0466 5267 087	0583 1583 858	0699 7900 630	0816 4217 401	0933 0534 173	1049 6850 948
8575	0116 6180 758	0233 2361 516	0349 8542 274	0466 4723 032	0583 0903 790	0699 7084 548	0816 3265 306	0932 9446 064	1049 5626 829
8576	0116 6044 770	0233 2089 552	0349 8134 328	0466 4179 104	0583 0223 881	0699 6268 657	0816 2313 433	0932 8358 200	1049 4402 985
8577	0116 5908 826	0233 1817 652	0349 7726 478	0466 3635 304	0582 9544 130	0699 5452 956	0816 1361 782	0932 7270 607	1049 3179 433
8578	0116 5772 907	0233 1545 815	0349 7318 722	0466 3091 630	0582 8864 537	0699 4637 445	0816 0410 352	0932 6183 260	1049 1956 167
8579	0116 5637 021	0233 1274 041	0349 6911 062	0466 2548 083	0582 8185 103	0699 3822 124	0815 9459 144	0932 5096 165	1049 0733 186
8580	0116 5501 165	0233 1002 331	0349 6503 497	0466 2004 662	0582 7505 828	0699 3006 993	0815 8508 159	0932 4009 324	1048 9510 490
8581	0116 5365 342	0233 0730 684	0349 6096 026	0466 1461 368	0582 6826 710	0699 2192 052	0815 7557 394	0932 2922 736	1048 8288 078
8582	0116 5229 550	0233 0459 100	0349 5688 651	0466 0918 201	0582 6147 751	0699 1377 301	0815 6606 852	0932 1836 402	1048 7065 952
8583	0116 5093 790	0233 0187 580	0349 5281 370	0466 0375 160	0582 5468 950	0699 0562 740	0815 5656 530	0932 0750 320	1048 5844 110
8584	0116 4958 062	0232 9916 123	0349 4874 185	0465 9832 246	0582 4790 308	0698 9748 369	0815 4706 431	0931 9664 492	1048 4622 554
8585	0116 4822 365	0232 9644 729	0349 4467 094	0465 9289 458	0582 4111 823	0698 8934 188	0815 3756 552	0931 8578 917	1048 3401 281
8586	0116 4686 699	0232 9373 399	0349 4060 098	0465 8746 797	0582 3433 496	0698 8120 196	0815 2806 895	0931 7493 504	1048 2180 294
8587	0116 4551 066	0232 9102 131	0349 3653 197	0465 8204 262	0582 2755 328	0698 7306 393	0815 1857 459	0931 6408 524	1048 0959 590
8588	0116 4415 463	0232 8830 927	0349 3246 390	0465 7661 854	0582 2077 317	0698 6492 781	0815 0908 244	0931 5323 708	1047 9739 171
8589	0116 4279 893	0232 8559 786	0349 2839 679	0465 7119 572	0582 1399 464	0698 5679 357	0814 9959 250	0931 4239 143	1047 8519 036
8590	0116 4144 354	0232 8288 708	0349 2433 062	0465 6577 416	0582 0721 770	0698 4866 123	0814 9010 477	0931 3154 831	1047 7299 185
8591	0116 4008 846	0232 8017 693	0349 2026 539	0465 6035 386	0582 0044 232	0698 4053 079	0814 8061 925	0931 2070 772	1047 6079 618
8592	0116 3873 371	0232 7746 741	0349 1620 112	0465 5493 482	0581 9366 853	0698 3240 223	0814 7113 594	0931 0986 965	1047 4860 335
8593	0116 3737 926	0232 7475 852	0349 1213 779	0465 4951 705	0581 8689 634	0698 2427 557	0814 6165 484	0930 9903 410	1047 3641 336
8594	0116 3602 513	0232 7205 027	0349 0807 540	0465 4410 054	0581 8012 567	0698 1615 080	0814 5217 594	0930 8820 107	1047 2422 620
8595	0116 3467 132	0232 6934 264	0349 0401 396	0465 3868 528	0581 7335 660	0698 0802 792	0814 4269 923	0930 7737 056	1047 1204 188
8596	0116 3331 782	0232 6663 564	0348 9995 347	0465 3327 129	0581 6658 911	0697 9990 693	0814 3322 476	0930 6654 258	1046 9986 040
8597	0116 3196 464	0232 6392 928	0348 9589 392	0465 2785 856	0581 5982 319	0697 9178 783	0814 2375 247	0930 5571 711	1046 8768 175
8598	0116 3061 177	0232 6122 354	0348 9183 531	0465 2244 708	0581 5305 885	0697 8367 062	0814 1428 239	0930 4489 416	1046 7550 509
8599	0116 2925 922	0232 5851 843	0348 8777 765	0465 1703 686	0581 4629 608	0697 7555 530	0814 0481 451	0930 3407 373	1046 6333 205

	1	2	3	4	5	6	7	8	9
8600	0116 2790 698	0232 5581 395	0348 8372 093	0465 1162 791	0581 3953 488	0697 6744 186	0813 9534 884	0930 2325 581	1046 5116 279
8601	0116 2655 505	0232 5311 010	0348 7966 516	0465 0622 021	0581 3277 526	0697 5933 031	0813 8588 536	0930 1244 041	1046 3899 547
8602	0116 2520 344	0232 5040 688	0348 7561 032	0465 0081 376	0581 2601 721	0697 5122 065	0813 7642 409	0930 0162 753	1046 2683 097
8603	0116 2385 214	0232 4770 429	0348 7155 643	0464 9540 858	0581 1926 072	0697 4311 287	0813 6696 501	0929 9081 716	1046 1466 930
8604	0116 2250 116	0232 4500 232	0348 6750 349	0464 9000 465	0581 1250 581	0697 3500 697	0813 5750 814	0929 8000 930	1046 0251 046
8605	0116 2115 049	0232 4230 099	0348 6345 148	0464 8460 198	0581 0575 247	0697 2690 296	0813 4805 346	0929 6920 395	1045 9035 445
8606	0116 1980 014	0232 3960 028	0348 5940 042	0464 7920 056	0580 9900 070	0697 1880 084	0813 3860 098	0929 5840 112	1045 7820 125
8607	0116 1845 010	0232 3690 020	0348 5535 030	0464 7380 040	0580 9225 049	0697 1070 059	0813 2915 069	0929 4760 079	1045 6605 089
8608	0116 1710 037	0232 3420 074	0348 5130 112	0464 6840 149	0580 8550 186	0697 0260 223	0813 1970 260	0929 3680 297	1045 5390 335
8609	0116 1575 096	0232 3150 192	0348 4725 287	0464 6300 383	0580 7875 479	0696 9450 575	0813 1025 671	0929 2600 767	1045 4175 862
8610	0116 1440 186	0232 2880 372	0348 4320 557	0464 5760 743	0580 7200 929	0696 8641 115	0813 0081 301	0929 1521 487	1045 2961 672
8611	0116 1305 307	0232 2610 614	0348 3915 922	0464 5221 229	0580 6526 536	0696 7831 843	0812 9137 150	0929 0442 457	1045 1747 765
8612	0116 1170 460	0232 2340 920	0348 3511 379	0464 4681 839	0580 5852 299	0696 7022 759	0812 8193 219	0928 9363 679	1045 0534 138
8613	0116 1035 644	0232 2071 288	0348 3106 931	0464 4142 575	0580 5178 219	0696 6213 863	0812 7249 507	0928 8285 150	1044 9320 794
8614	0116 0900 859	0232 1801 718	0348 2702 577	0464 3603 436	0580 4504 295	0696 5405 154	0812 6306 013	0928 7206 873	1044 8107 732
8615	0116 0766 106	0232 1532 211	0348 2298 317	0464 3064 423	0580 3830 528	0696 4596 634	0812 5362 739	0928 6128 845	1044 6894 951
8616	0116 0631 383	0232 1262 767	0348 1894 150	0464 2525 534	0580 3156 917	0696 3788 301	0812 4419 684	0928 5051 068	1044 5682 451
8617	0116 0496 693	0232 0993 385	0348 1490 078	0464 1986 770	0580 2483 463	0696 2980 155	0812 3476 848	0928 3973 541	1044 4470 233
8618	0116 0362 033	0232 0724 066	0348 1086 009	0464 1448 132	0580 1810 165	0696 2172 198	0812 2534 231	0928 2896 264	1044 3258 297
8619	0116 0227 405	0232 0454 809	0348 0682 214	0464 0909 618	0580 1137 023	0696 1364 427	0812 1591 832	0928 1819 237	1044 2046 641
8620	0116 0092 807	0232 0185 615	0348 0278 422	0464 0371 230	0580 0464 037	0696 0556 845	0812 0649 652	0928 0742 459	1044 0835 267
8621	0115 9958 242	0231 9916 483	0347 9874 725	0463 9832 966	0579 9791 208	0695 9749 449	0811 9707 691	0927 9665 932	1043 9624 174
8622	0115 9823 707	0231 9647 414	0347 9471 120	0463 9294 827	0579 9118 534	0695 8942 241	0811 8765 948	0927 8589 654	1043 8413 361
8623	0115 9689 203	0231 9378 407	0347 9067 610	0463 8756 813	0579 8446 016	0695 8135 220	0811 7824 423	0927 7513 626	1043 7202 830
8624	0115 9554 731	0231 9109 462	0347 8664 193	0463 8218 924	0579 7773 655	0695 7328 386	0811 6883 117	0927 6437 848	1043 5992 579
8625	0115 9420 290	0231 8840 580	0347 8260 870	0463 7681 159	0579 7101 449	0695 6521 739	0811 5942 029	0927 5362 319	1043 4782 609
8626	0115 9285 880	0231 8571 760	0347 7857 640	0463 7143 520	0579 6429 400	0695 5715 279	0811 5001 159	0927 4287 039	1043 3572 919
8627	0115 9151 501	0231 8303 002	0347 7454 503	0463 6606 004	0579 5757 506	0695 4909 007	0811 4060 508	0927 3212 009	1043 2363 510
8628	0115 9017 153	0231 8034 307	0347 7051 460	0463 6068 615	0579 5085 767	0695 4102 921	0811 3120 074	0927 2137 228	1043 1154 381
8629	0115 8882 837	0231 7765 674	0347 6648 511	0463 5531 348	0579 4414 185	0695 3297 022	0811 2179 859	0927 1062 696	1042 9945 532
8630	0115 8748 552	0231 7497 103	0347 6245 655	0463 4994 206	0579 3742 758	0695 2491 309	0811 1239 861	0926 9988 412	1042 8736 964
8631	0115 8614 297	0231 7228 595	0347 5842 892	0463 4457 189	0579 3071 487	0695 1685 784	0811 0300 081	0926 8914 378	1042 7528 676
8632	0115 8480 074	0231 6960 148	0347 5440 222	0463 3920 297	0579 2400 371	0695 0880 443	0810 9360 519	0926 7840 593	1042 6320 667
8633	0115 8345 882	0231 6691 764	0347 5037 646	0463 3383 528	0579 1729 410	0695 0075 292	0810 8421 175	0926 6767 057	1042 5112 939
8634	0115 8211 721	0231 6423 442	0347 4635 163	0463 2846 884	0579 1058 606	0694 9270 327	0810 7482 048	0926 5693 769	1042 3905 490
8635	0115 8077 591	0231 6155 182	0347 4232 774	0463 2310 368	0579 0387 956	0694 8465 547	0810 6543 138	0926 4620 730	1042 2698 321
8636	0115 7943 492	0231 5886 985	0347 3830 477	0463 1773 969	0578 9717 462	0694 7660 954	0810 5604 447	0926 3547 939	1042 1491 431
8637	0115 7809 425	0231 5618 840	0347 3428 274	0463 1237 698	0578 9047 123	0694 6856 547	0810 4665 972	0926 2475 397	1042 0284 821
8638	0115 7675 388	0231 5350 776	0347 3026 163	0463 0701 551	0578 8376 939	0694 6052 327	0810 3727 715	0926 1403 102	1041 9078 490
8639	0115 7541 382	0231 5082 764	0347 2624 146	0463 0165 528	0578 7706 911	0694 5248 293	0810 2789 675	0926 0331 057	1041 7872 439
8640	0115 7407 407	0231 4814 815	0347 2222 222	0462 9629 630	0578 7037 037	0694 4444 444	0810 1851 852	0925 9259 259	1041 6666 666
8641	0115 7273 404	0231 4546 927	0347 1820 391	0462 9093 855	0578 6367 319	0694 3640 782	0810 0914 246	0925 8187 710	1041 5461 173
8642	0115 7139 551	0231 4279 102	0347 1418 653	0462 8558 204	0578 5697 755	0694 2837 306	0809 9976 857	0925 7116 408	1041 4255 959
8643	0115 7005 609	0231 4011 339	0347 1017 008	0462 8022 677	0578 5028 347	0694 2034 016	0809 9039 685	0925 6045 355	1041 3051 024
8644	0115 6871 819	0231 3743 637	0347 0615 456	0462 7487 274	0578 4359 093	0694 1230 912	0809 8102 730	0925 4974 549	1041 1846 367
8645	0115 6737 999	0231 3475 998	0347 0213 997	0462 6951 995	0578 3689 994	0694 0427 993	0809 7165 992	0925 3903 991	1041 0641 990
8646	0115 6604 210	0231 3208 420	0346 9812 630	0462 6416 840	0578 3021 050	0693 9625 260	0809 6229 470	0925 2833 680	1040 9437 890
8647	0115 6470 452	0231 2940 904	0346 9411 357	0462 5881 809	0578 2352 261	0693 8822 713	0809 5293 165	0925 1763 617	1040 8234 070
8648	0115 6336 725	0231 2673 451	0346 9010 176	0462 5346 901	0578 1683 626	0693 8020 352	0809 4357 077	0925 0693 802	1040 7030 527
8649	0115 6203 029	0231 2406 059	0346 8609 088	0462 4812 117	0578 1015 146	0693 7218 176	0809 3421 205	0924 9624 234	1040 5827 263
8650	0115 6069 364	0231 2138 728	0346 8208 092	0462 4277 457	0578 0346 821	0693 6446 185	0809 2485 549	0924 8554 913	1040 4624 277
8651	0115 5935 730	0231 1871 460	0346 7807 190	0462 3742 920	0577 9678 650	0693 5614 380	0809 1550 110	0924 7485 840	1040 3421 570
8652	0115 5802 127	0231 1604 253	0346 7406 380	0462 3208 507	0577 9010 033	0693 4812 760	0809 0614 887	0924 6417 013	1040 2219 140
8653	0115 5668 554	0231 1337 109	0346 7005 663	0462 2674 217	0577 8342 771	0693 4011 326	0808 9679 880	0924 5348 434	1040 1016 988
8654	0115 5535 013	0231 1070 025	0346 6605 038	0462 2140 051	0577 7675 064	0693 3210 076	0808 8745 089	0924 4280 102	1039 9815 114
8655	0115 5401 502	0231 0803 004	0346 6204 506	0462 1606 008	0577 7007 510	0693 2409 012	0808 7810 514	0924 3212 016	1039 8613 518
8656	0115 5268 022	0231 0536 044	0346 5804 067	0462 1072 089	0577 6340 111	0693 1608 133	0808 6876 155	0924 2144 177	1039 7412 200
8657	0115 5134 573	0231 0269 146	0346 5403 720	0462 0538 293	0577 5672 866	0693 0807 439	0808 5942 012	0924 1076 585	1039 6211 159
8658	0115 5001 155	0231 0002 310	0346 5003 465	0462 0004 620	0577 5005 775	0693 0006 930	0808 5008 085	0924 0009 240	1039 5010 395
8659	0115 4867 768	0230 9735 535	0346 4603 303	0461 9471 071	0577 4338 838	0692 9206 606	0808 4074 373	0923 8942 141	1039 3809 909
8660	0115 4734 411	0230 9468 822	0346 4203 233	0461 8937 644	0577 3672 055	0692 8406 467	0808 3140 878	0923 7875 289	1039 2609 700
8661	0115 4601 085	0230 9202 171	0346 3803 256	0461 8404 341	0577 3005 427	0692 7606 512	0808 2207 597	0923 6808 083	1039 1409 768
8662	0115 4467 790	0230 8935 581	0346 3403 371	0461 7871 161	0577 2338 952	0692 6806 742	0808 1274 532	0923 5742 323	1039 0210 113
8663	0115 4334 526	0230 8669 052	0346 3003 578	0461 7338 103	0577 1672 631	0692 6007 157	0808 0341 683	0923 4676 209	1038 9010 735
8664	0115 4201 293	0230 8402 585	0346 2603 878	0461 6805 171	0577 1006 464	0692 5207 756	0807 9409 049	0923 3610 342	1038 7811 634
8665	0115 4068 090	0230 8136 180	0346 2204 270	0461 6272 360	0577 0340 450	0692 4408 540	0807 8476 630	0923 2544 720	1038 6612 810
8666	0115 3934 918	0230 7869 836	0346 1804 754	0461 5739 672	0576 9674 590	0692 3609 508	0807 7544 426	0923 1479 348	1038 5414 263
8667	0115 3801 777	0230 7603 554	0346 1405 331	0461 5207 107	0576 9008 884	0692 2810 661	0807 6612 438	0923 0414 215	1038 4215 992
8668	0115 3668 666	0230 7337 333	0346 1005 999	0461 4674 665	0576 8343 332	0692 2011 998	0807 5680 665	0922 9349 331	1038 3017 997
8669	0115 3535 587	0230 7071 173	0346 0606 760	0461 4142 346	0576 7677 933	0692 1213 519	0807 4749 106	0922 8284 693	1038 1820 279
8670	0115 3402 537	0230 6805 075	0346 0207 612	0461 3610 150	0576 7012 687	0692 0415 225	0807 3817 762	0922 7220 300	1038 0622 837
8671	0115 3269 519	0230 6539 038	0345 9808 557	0461 3078 076	0576 6347 595	0691 9617 115	0807 2886 634	0922 6156 153	1037 9425 672
8672	0115 3136 531	0230 6273 063	0345 9409 594	0461 2546 125	0576 5682 657	0691 8819 188	0807 1955 720	0922 5092 251	1037 8228 782
8673	0115 3003 574	0230 6007 149	0345 9010 723	0461 2014 297	0576 5017 872	0691 8021 446	0807 1025 020	0922 4028 594	1037 7032 169
8674	0115 2870 648	0230 5741 296	0345 8611 944	0461 1482 592	0576 4353 240	0691 7223 887	0807 0094 535	0922 2965 183	1037 5835 831
8675	0115 2737 752	0230 5475 504	0345 8213 256	0461 0951 009	0576 3688 761	0691 6426 513	0806 9164 265	0922 1902 017	1037 4639 769
8676	0115 2604 887	0230 5209 774	0345 7814 661	0461 0419 548	0576 3024 435	0691 5629 322	0806 8234 209	0922 0839 096	1037 3443 983
8677	0115 2472 053	0230 4944 105	0345 7416 158	0460 9888 210	0576 2360 263	0691 4832 315	0806 7304 368	0921 9776 420	1037 2248 473
8678	0115 2339 249	0230 4678 497	0345 7017 746	0460 9356 995	0576 1696 243	0691 4035 492	0806 6374 741	0921 8713 989	1037 1053 238
8679	0115 2206 475	0230 4412 951	0345 6619 426	0460 8825 902	0576 1032 377	0691 3238 852	0806 5445 328	0921 7651 803	1036 9858 279
8680	0115 2073 733	0230 4147 465	0345 6221 198	0460 8294 931	0576 0368 664	0691 2442 396	0806 4516 129	0921 6589 862	1036 8663 594
8681	0115 1941 021	0230 3882 041	0345 5823 062	0460 7764 082	0575 9705 103	0691 1646 124	0806 3587 144	0921 5528 165	1036 7469 186
8682	0115 1808 339	0230 3616 678	0345 5425 017	0460 7233 356	0575 9041 695	0691 0850 035	0806 2658 374	0921 4466 713	1036 6275 053
8683	0115 1675 688	0230 3351 376	0345 5027 064	0460 6702 753	0575 8378 441	0691 0054 129	0806 1729 817	0921 3405 505	1036 5081 193
8684	0115 1543 068	0230 3086 135	0345 4629 203	0460 6172 271	0575 7715 339	0690 9258 406	0806 0801 474	0921 2344 542	1036 3887 609
8685	0115 1410 478	0230 2820 956	0345 4231 434	0460 5641 911	0575 7052 389	0690 8462 867	0805 9873 345	0921 1283 822	1036 2694 301
8686	0115 1277 918	0230 2555 837	0345 3833 755	0460 5111 674	0575 6389 592	0690 7667 511	0805 8945 429	0921 0223 348	1036 1501 266
8687	0115 1145 390	0230 2290 779	0345 3436 169	0460 4581 559	0575 5726 948	0690 6872 338	0805 8017 728	0920 9163 117	1036 0308 507
8688	0115 1012 891	0230 2025 783	0345 3038 674	0460 4051 565	0575 5064 457	0690 6077 348	0805 7090 239	0920 8103 131	1035 9116 022
8689	0115 0880 424	0230 1760 847	0345 2641 271	0460 3521 694	0575 4402 118	0690 5282 541	0805 6162 963	0920 7043 388	1035 7923 812
8690	0115 0747 986	0230 1495 972	0345 2243 959	0460 2991 945	0575 3739 931	0690 4487 917	0805 5235 903	0920 5983 890	1035 6731 876
8691	0115 0615 579	0230 1231 159	0345 1846 738	0460 2462 317	0575 3077 897	0690 3693 476	0805 4309 055	0920 4924 635	1035 5540 214
8692	0115 0483 203	0230 0966 406	0345 1449 609	0460 1932 812	0575 2416 015	0690 2899 218	0805 3382 421	0920 3865 624	1035 4348 826
8693	0115 0350 857	0230 0701 714	0345 1052 571	0460 1403 428	0575 1754 285	0690 2105 142	0805 2455 999	0920 2806 856	1035 3157 713
8694	0115 0218 542	0230 0437 083	0345 0655 625	0460 0874 166	0575 1092 708	0690 1311 249	0805 1529 791	0920 1748 332	1035 1966 874
8695	0115 0086 256	0230 0172 513	0345 0258 769	0460 0345 026	0575 0431 282	0690 0517 539	0805 0603 795	0920 0690 052	1035 0776 308
8696	0114 9954 002	0229 9908 004	0344 9862 006	0459 9816 007	0574 9770 009	0689 9724 011	0804 9678 013	0919 9632 015	1034 9586 017
8697	0114 9821 778	0229 9643 555	0344 9465 333	0459 9287 110	0574 9108 888	0689 8930 666	0804 8752 443	0919 8574 221	1034 8395 998
8698	0114 9689 584	0229 9379 168	0344 9068 751	0459 8758 335	0574 8447 919	0689 8137 503	0804 7827 087	0919 7516 670	1034 7206 254
8699	0114 9557 420	0229 9114 841	0344 8672 261	0459 8229 682	0574 7787 102	0689 7344 522	0804 6901 943	0919 6459 363	1034 6016 784

	1	2	3	4	5	6	7	8	9
8700	0114 9425 287	0229 8850 575	0344 8275 862	0459 7701 149	0574 7126 437	0689 6551 724	0804 5977 012	0919 5402 299	1034 4827 586
8701	0114 9293 185	0229 8586 369	0344 7879 554	0459 7172 739	0574 6465 923	0689 5759 108	0804 5052 293	0919 4345 478	1034 3638 662
8702	0114 9161 112	0229 8322 225	0344 7483 337	0459 6644 450	0574 5805 561	0689 4966 674	0804 4127 787	0919 3288 809	1034 2450 012
8703	0114 9029 070	0229 8058 141	0344 7087 211	0459 6116 282	0574 5145 352	0689 4174 423	0804 3203 493	0919 2232 564	1034 1261 634
8704	0114 8897 059	0229 7794 118	0344 6691 176	0459 5588 235	0574 4485 294	0689 3382 353	0804 2279 412	0919 1176 471	1034 0073 529
8705	0114 8765 078	0229 7530 155	0344 6295 233	0459 5060 310	0574 3825 388	0689 2590 465	0804 1355 543	0919 0120 020	1033 8885 698
8706	0114 8633 127	0229 7266 253	0344 5899 380	0459 4532 506	0574 3165 633	0689 1798 759	0804 0431 886	0918 9065 013	1033 7698 139
8707	0114 8501 206	0229 7002 412	0344 5503 618	0459 4004 824	0574 2506 030	0689 1007 236	0803 9508 442	0918 8009 647	1033 6510 853
8708	0114 8369 316	0229 6738 631	0344 5107 947	0459 3477 262	0574 1846 578	0689 0215 893	0803 8585 209	0918 6954 525	1033 5323 840
8709	0114 8237 456	0229 6474 911	0344 4712 367	0459 2949 822	0574 1187 278	0688 9424 733	0803 7662 189	0918 5899 644	1033 4137 100
8710	0114 8105 626	0229 6211 251	0344 4316 877	0459 2422 503	0574 0528 129	0688 8633 754	0803 6739 380	0918 4845 006	1033 2950 631
8711	0114 7973 826	0229 5947 652	0344 3921 479	0459 1895 305	0573 9869 131	0688 7842 957	0803 5816 783	0918 3790 610	1033 1764 436
8712	0114 7842 057	0229 5684 114	0344 3526 171	0459 1368 228	0573 9210 285	0688 7052 342	0803 4894 399	0918 2736 455	1033 0578 512
8713	0114 7710 318	0229 5420 636	0344 3130 954	0459 0841 272	0573 8551 590	0688 6261 908	0803 3972 225	0918 1682 543	1032 9392 861
8714	0114 7578 609	0229 5157 218	0344 2735 827	0459 0314 437	0573 7893 046	0688 5471 635	0803 3050 264	0918 0628 873	1032 8207 482
8715	0114 7446 931	0229 4893 861	0344 2340 792	0458 9787 722	0573 7234 653	0688 4681 583	0803 2128 514	0917 9575 445	1032 7022 375
8716	0114 7315 282	0229 4630 564	0344 1945 847	0458 9261 129	0573 6576 411	0688 3891 693	0803 1206 976	0917 8522 258	1032 5837 540
8717	0114 7183 664	0229 4367 328	0344 1550 992	0458 8734 656	0573 5918 321	0688 3101 985	0803 0285 649	0917 7469 313	1032 4652 977
8718	0114 7052 076	0229 4104 152	0344 1156 228	0458 8208 305	0573 5260 381	0688 2312 437	0802 9364 533	0917 6416 609	1032 3468 085
8719	0114 6920 518	0229 3841 037	0344 0761 555	0458 7682 074	0573 4602 592	0688 1523 110	0802 8443 029	0917 5364 147	1032 2284 666
8720	0114 6788 991	0229 3577 982	0344 0366 972	0458 7155 963	0573 3944 954	0688 0733 945	0802 7522 936	0917 4311 927	1032 1100 917
8721	0114 6657 493	0229 3314 987	0343 9972 489	0458 6629 974	0573 3287 467	0687 9944 960	0802 6602 454	0917 3259 947	1031 9917 441
8722	0114 6526 026	0229 3052 052	0343 9578 078	0458 6104 105	0573 2630 131	0687 9156 157	0802 5682 183	0917 2208 209	1031 8734 235
8723	0114 6394 589	0229 2789 178	0343 9183 767	0458 5578 356	0573 1972 945	0687 8367 534	0802 4762 123	0917 1156 712	1031 7551 301
8724	0114 6263 182	0229 2526 364	0343 8789 546	0458 5052 728	0573 1315 910	0687 7579 092	0802 3842 274	0917 0105 456	1031 6368 638
8725	0114 6131 805	0229 2263 610	0343 8395 415	0458 4527 221	0573 0659 026	0687 6790 830	0802 2922 636	0916 9054 441	1031 5186 246
8726	0114 6000 458	0229 2000 917	0343 8001 375	0458 4001 834	0573 0002 292	0687 6002 750	0802 2003 209	0916 8003 667	1031 4004 126
8727	0114 5869 142	0229 1738 283	0343 7607 425	0458 3476 567	0572 9345 709	0687 5214 850	0802 1083 992	0916 6953 134	1031 2822 276
8728	0114 5737 855	0229 1475 710	0343 7213 566	0458 2951 421	0572 8689 276	0687 4427 131	0802 0164 986	0916 5902 841	1031 1640 697
8729	0114 5606 599	0229 1213 197	0343 6819 796	0458 2426 395	0572 8032 993	0687 3639 592	0801 9246 191	0916 4852 790	1031 0459 388
8730	0114 5475 372	0229 0950 745	0343 6426 117	0458 1901 489	0572 7376 861	0687 2852 234	0801 8327 606	0916 3803 978	1030 9278 351
8731	0114 5344 176	0229 0688 352	0343 6032 528	0458 1376 704	0572 6720 880	0687 2065 056	0801 7409 231	0916 2753 407	1030 8097 583
8732	0114 5213 010	0229 0426 019	0343 5639 029	0458 0852 038	0572 6065 048	0687 1278 058	0801 6491 067	0916 1704 077	1030 6917 087
8733	0114 5081 873	0229 0163 747	0343 5245 620	0458 0327 493	0572 5409 367	0687 0491 240	0801 5573 113	0916 0654 987	1030 5736 860
8734	0114 4950 767	0228 9901 534	0343 4852 301	0457 9803 068	0572 4753 836	0686 9704 603	0801 4655 370	0915 9606 137	1030 4556 904
8735	0114 4819 691	0228 9639 382	0343 4459 073	0457 9278 764	0572 4098 455	0686 8918 145	0801 3737 836	0915 8557 527	1030 3377 218
8736	0114 4688 645	0228 9377 289	0343 4065 934	0457 8754 579	0572 3443 223	0686 8131 868	0801 2820 513	0915 7509 158	1030 2197 802
8737	0114 4557 628	0228 9115 257	0343 3672 885	0457 8230 514	0572 2788 142	0686 7345 771	0801 1903 399	0915 6461 028	1030 1018 656
8738	0114 4426 642	0228 8853 285	0343 3279 927	0457 7706 569	0572 2133 211	0686 6559 854	0801 0986 496	0915 5413 138	1029 9839 780
8739	0114 4295 686	0228 8591 372	0343 2887 058	0457 7182 744	0572 1478 430	0686 5774 116	0801 0069 802	0915 4365 488	1029 8661 174
8740	0114 4164 760	0228 8329 519	0343 2494 279	0457 6659 039	0572 0823 799	0686 4988 558	0800 9153 318	0915 3318 078	1029 7482 838
8741	0114 4033 863	0228 8067 727	0343 2101 590	0457 6135 454	0572 0169 317	0686 4203 180	0800 8237 044	0915 2270 907	1029 6304 771
8742	0114 3902 997	0228 7805 994	0343 1708 991	0457 5611 988	0571 9514 985	0686 3417 982	0800 7320 979	0915 1223 976	1029 5126 973
8743	0114 3772 161	0228 7544 321	0343 1316 482	0457 5088 642	0571 8860 803	0686 2632 963	0800 6405 124	0915 0177 285	1029 3949 445
8744	0114 3641 354	0228 7282 708	0343 0924 062	0457 4565 416	0571 8206 770	0686 1848 124	0800 5489 478	0914 9130 833	1029 2772 187
8745	0114 3510 577	0228 7021 155	0343 0531 732	0457 4042 310	0571 7552 887	0686 1063 465	0800 4574 042	0914 8084 620	1029 1595 197
8746	0114 3379 831	0228 6759 662	0343 0139 492	0457 3519 323	0571 6899 154	0686 0278 985	0800 3658 815	0914 7038 646	1029 0418 477
8747	0114 3249 114	0228 6498 228	0342 9747 342	0457 2996 456	0571 6245 570	0685 9494 684	0800 2743 798	0914 5992 912	1028 9242 026
8748	0114 3118 427	0228 6236 854	0342 9355 281	0457 2473 708	0571 5592 135	0685 8710 562	0800 1828 980	0914 4947 417	1028 8065 844
8749	0114 2987 770	0228 5975 540	0342 8963 310	0457 1951 080	0571 4938 850	0685 7926 620	0800 0914 390	0914 3902 160	1028 6889 930
8750	0114 2857 143	0228 5714 286	0342 8571 429	0457 1428 571	0571 4285 714	0685 7142 857	0800 0000 000	0914 2857 143	1028 5714 286
8751	0114 2726 546	0228 5453 091	0342 8179 637	0457 0906 182	0571 3632 728	0685 6359 273	0799 9085 819	0914 1812 364	1028 4538 910
8752	0114 2595 978	0228 5191 956	0342 7787 934	0456 9383 912	0571 2979 890	0685 5575 868	0799 8171 846	0914 0767 824	1028 3363 803
8753	0114 2465 440	0228 4930 881	0342 7396 321	0456 9861 762	0571 2327 202	0685 4792 643	0799 7258 083	0913 9793 523	1028 2188 964
8754	0114 2334 933	0228 4669 865	0342 7004 798	0456 9339 730	0571 1674 663	0685 4009 596	0799 6344 528	0913 8679 461	1028 1014 393
8755	0114 2204 455	0228 4408 909	0342 6613 364	0456 8817 818	0571 1022 273	0685 3226 728	0799 5431 182	0913 7635 637	1027 9840 091
8756	0114 2074 006	0228 4148 013	0342 6222 019	0456 8296 026	0571 0370 032	0685 2444 038	0799 4518 045	0913 6592 051	1027 8666 058
8757	0114 1943 588	0228 3887 176	0342 5830 764	0456 7774 352	0570 9717 940	0685 1661 528	0799 3605 116	0913 5548 704	1027 7492 292
8758	0114 1813 199	0228 3626 399	0342 5439 598	0456 7252 797	0570 9066 997	0685 0879 196	0799 2692 396	0913 4505 595	1027 6318 794
8759	0114 1682 841	0228 3365 681	0342 5048 522	0456 6731 362	0570 8414 203	0685 0097 043	0799 1779 884	0913 3462 724	1027 5145 565
8760	0114 1552 511	0228 3105 023	0342 4657 534	0456 6210 046	0570 7762 557	0684 9315 068	0799 0867 580	0913 2420 091	1027 3972 603
8761	0114 1422 212	0228 2844 424	0342 4266 636	0456 5688 848	0570 7111 060	0684 8533 272	0798 9955 485	0913 1377 697	1027 2799 909
8762	0114 1291 942	0228 2583 885	0342 3875 827	0456 5167 770	0570 6489 712	0684 7751 655	0798 9043 597	0913 0335 540	1027 1627 482
8763	0114 1161 703	0228 2323 405	0342 3485 108	0456 4646 810	0570 5808 513	0684 6970 216	0798 8131 918	0912 9293 021	1027 0455 323
8764	0114 1031 492	0228 2062 985	0342 3094 477	0456 4125 970	0570 5157 462	0684 6188 955	0798 7220 447	0912 8251 940	1026 9283 432
8765	0114 0901 312	0228 1802 624	0342 2703 936	0456 3605 248	0570 4506 560	0684 5407 872	0798 6309 184	0912 7210 496	1026 8111 808
8766	0114 0771 161	0228 1542 323	0342 2313 484	0456 3084 645	0570 3855 807	0684 4626 968	0798 5398 129	0912 6169 200	1026 6940 452
8767	0114 0641 040	0228 1282 081	0342 1923 121	0456 2564 161	0570 3205 201	0684 3846 242	0798 4487 282	0912 5128 322	1026 5769 362
8768	0114 0510 949	0228 1021 898	0342 1532 847	0456 2043 796	0570 2554 745	0684 3065 693	0798 3576 642	0912 4087 591	1026 4598 540
8769	0114 0380 887	0228 0761 774	0342 1142 662	0456 1523 549	0570 1904 436	0684 2285 323	0798 2666 211	0912 3047 098	1026 3427 985
8770	0114 0250 855	0228 0501 710	0342 0752 566	0456 1003 421	0570 1254 276	0684 1505 131	0798 1755 986	0912 2006 842	1026 2257 607
8771	0114 0120 853	0228 0241 706	0342 0362 558	0456 0483 411	0570 0604 264	0684 0725 117	0798 0845 970	0912 0966 822	1026 1087 675
8772	0113 9990 880	0227 9981 760	0341 9972 640	0455 9963 520	0569 9954 400	0683 9945 280	0797 9936 160	0911 9927 041	1025 9917 921
8773	0113 9860 937	0227 9721 874	0341 9582 811	0455 9443 748	0569 9304 685	0683 9165 622	0797 9026 559	0911 8887 496	1025 8748 433
8774	0113 9731 023	0227 9462 047	0341 9193 070	0455 8924 094	0569 8655 117	0683 8386 141	0797 8117 164	0911 7848 188	1025 7579 211
8775	0113 9601 140	0227 9202 279	0341 8803 419	0455 8404 558	0569 8005 698	0683 7606 838	0797 7207 977	0911 6809 117	1025 6410 256
8776	0113 9471 285	0227 8942 571	0341 8413 856	0455 7885 141	0569 7356 427	0683 6827 712	0797 6298 997	0911 5770 283	1025 5244 868
8777	0113 9341 461	0227 8682 921	0341 8024 382	0455 7365 843	0569 6707 303	0683 6048 764	0797 5390 224	0911 4731 685	1025 4073 146
8778	0113 9211 666	0227 8423 331	0341 7634 997	0455 6846 662	0569 6058 328	0683 5269 993	0797 4481 659	0911 3693 324	1025 2904 990
8779	0113 9081 900	0227 8163 800	0341 7245 700	0455 6327 600	0569 5409 500	0683 4491 400	0797 3573 300	0911 2655 200	1025 1737 100
8780	0113 8952 164	0227 7904 328	0341 6856 492	0455 5808 656	0569 4760 820	0683 3712 984	0797 2665 148	0911 1617 312	1025 0569 476
8781	0113 8822 458	0227 7644 915	0341 6467 373	0455 5289 830	0569 4112 288	0683 2934 745	0797 1757 203	0911 0579 661	1024 9402 118
8782	0113 8692 781	0227 7385 561	0341 6078 342	0455 4771 123	0569 3463 903	0683 2156 684	0797 0849 465	0910 9542 245	1024 8235 026
8783	0113 8563 133	0227 7126 267	0341 5689 400	0455 4252 533	0569 2815 667	0683 1378 800	0796 9941 933	0910 8505 067	1024 7068 200
8784	0113 8433 515	0227 6867 031	0341 5300 546	0455 3734 062	0569 2167 577	0683 0601 093	0796 9034 608	0910 7468 124	1024 5901 639
8785	0113 8303 927	0227 6607 854	0341 4911 781	0455 3215 709	0569 1519 636	0682 9823 563	0796 8127 490	0910 6431 417	1024 4735 344
8786	0113 8174 368	0227 6348 737	0341 4523 105	0455 2697 473	0569 0871 842	0682 9046 210	0796 7220 578	0910 5394 946	1024 3569 315
8787	0113 8044 839	0227 6089 678	0341 4134 517	0455 2179 356	0569 0224 195	0682 8269 034	0796 6313 873	0910 4358 712	1024 2403 551
8788	0113 7915 339	0227 5830 678	0341 3746 017	0455 1661 356	0568 9576 696	0682 7492 035	0796 5407 374	0910 3322 713	1024 1238 052
8789	0113 7785 869	0227 5571 737	0341 3357 606	0455 1143 475	0568 8929 344	0682 6715 212	0796 4501 081	0910 2286 950	1024 0072 818
8790	0113 7656 428	0227 5312 856	0341 2969 283	0455 0625 711	0568 8282 139	0682 5938 567	0796 3594 994	0910 1251 422	1023 8907 850
8791	0113 7527 016	0227 5054 033	0341 2581 049	0455 0108 065	0568 7635 081	0682 5162 098	0796 2689 114	0910 0216 130	1023 7743 146
8792	0113 7397 634	0227 4795 268	0341 2192 903	0454 9590 537	0568 6988 171	0682 4385 805	0796 1783 439	0909 9181 074	1023 6578 708
8793	0113 7268 282	0227 4536 563	0341 1804 845	0454 9073 126	0568 6341 408	0682 3609 690	0796 0877 971	0909 8146 253	1023 5414 534
8794	0113 7138 958	0227 4277 917	0341 1416 875	0454 8555 834	0568 5694 792	0682 2833 750	0795 9972 709	0909 7111 667	1023 4250 625
8795	0113 7009 665	0227 4019 329	0341 1028 994	0454 8038 658	0568 5048 323	0682 2057 987	0795 9067 652	0909 6077 317	1023 3086 981
8796	0113 6880 400	0227 3760 800	0341 0641 201	0454 7521 601	0568 4402 001	0682 1282 401	0795 8162 801	0909 5043 201	1023 1923 602
8797	0113 6751 165	0227 3502 330	0341 0253 496	0454 7004 661	0568 3755 826	0682 0506 991	0795 7258 156	0909 4009 321	1023 0760 487
8798	0113 6621 960	0227 3243 919	0340 9865 879	0454 6487 838	0568 3109 798	0681 9731 757	0795 6353 717	0909 2975 676	1022 9597 636
8799	0113 6492 783	0227 2985 567	0340 9478 350	0454 5971 133	0568 2463 916	0681 8956 700	0795 5449 483	0909 1942 266	1022 8435 049

	1	2	3	4	5	6	7	8	9
8800	0113 6363 636	0227 2727 273	0340 9090 909	0454 5454 545	0568 1818 182	0681 8181 818	0795 4545 455	0909 0909 091	1022 7272 727
8801	0113 6234 519	0227 2469 038	0340 8703 556	0454 4938 075	0568 1172 594	0681 7407 113	0795 3641 632	0908 9876 150	1022 6110 669
8802	0113 6105 431	0227 2210 861	0340 8316 292	0454 4421 722	0568 0527 153	0681 6632 583	0795 2738 014	0908 8843 445	1022 4948 875
8803	0113 5976 372	0227 1952 743	0340 7929 115	0454 3905 487	0567 9881 858	0681 5858 230	0795 1834 602	0908 7810 974	1022 3787 345
8804	0113 5847 342	0227 1694 684	0340 7542 026	0454 3389 368	0567 9236 711	0681 5084 053	0795 0931 395	0908 6778 737	1022 2626 078
8805	0113 5718 342	0227 1436 684	0340 7155 026	0454 2873 367	0567 8591 709	0681 4310 051	0795 0028 303	0908 5746 735	1022 1465 077
8806	0113 5589 371	0227 1178 742	0340 6768 113	0454 2357 484	0567 7946 854	0681 3536 225	0794 9125 596	0908 4714 967	1022 0304 338
8807	0113 5460 429	0227 0920 858	0340 6381 288	0454 1841 717	0567 7302 146	0681 2762 575	0794 8223 004	0908 3683 434	1021 9143 863
8808	0113 5331 517	0227 0663 034	0340 5994 550	0454 1326 067	0567 6657 584	0681 1989 101	0794 7320 618	0908 2652 134	1021 7983 651
8809	0113 5202 634	0227 0405 267	0340 5607 901	0454 0810 535	0567 6013 158	0681 1215 802	0794 6418 436	0908 1621 069	1021 6823 703
8810	0113 5073 780	0227 0147 560	0340 5221 339	0454 0295 119	0567 5368 899	0681 0442 679	0794 5516 459	0908 0590 238	1021 5664 018
8811	0113 4944 955	0226 9889 910	0340 4834 866	0453 9779 821	0567 4724 776	0680 9669 731	0794 4614 686	0907 9559 641	1021 4504 597
8812	0113 4816 160	0226 9632 320	0340 4448 479	0453 9264 639	0567 4080 799	0680 8896 959	0794 3713 118	0907 8529 278	1021 3345 438
8813	0113 4687 394	0226 9374 787	0340 4062 181	0453 8749 574	0567 3436 968	0680 8124 362	0794 2811 755	0907 7499 149	1021 2186 543
8814	0113 4558 657	0226 9117 313	0340 3675 970	0453 8234 627	0567 2793 283	0680 7351 940	0794 1910 597	0907 6469 253	1021 1027 910
8815	0113 4429 949	0226 8859 898	0340 3289 847	0453 7719 796	0567 2149 745	0680 6579 694	0794 1009 643	0907 5439 592	1020 9869 541
8816	0113 4301 270	0226 8602 541	0340 2903 811	0453 7205 082	0567 1506 352	0680 5807 623	0794 0108 893	0907 4410 163	1020 8711 434
8817	0113 4172 621	0226 8345 242	0340 2517 863	0453 6690 484	0567 0863 105	0680 5035 726	0793 9208 347	0907 3380 969	1020 7553 500
8818	0113 4044 001	0226 8088 002	0340 2132 003	0453 6176 004	0567 0220 005	0680 4264 005	0793 8308 006	0907 2352 007	1020 6396 008
8819	0113 3915 410	0226 7830 820	0340 1746 230	0453 5661 640	0566 9577 050	0680 3402 459	0793 7407 869	0907 1323 279	1020 5238 689
8820	0113 3786 848	0226 7573 696	0340 1360 544	0453 5147 392	0566 8934 240	0680 2721 088	0793 6507 936	0907 0294 785	1020 4081 633
8821	0113 3658 315	0226 7316 631	0340 0974 946	0453 4633 262	0566 8291 577	0680 1949 892	0793 5608 208	0906 9266 523	1020 2924 838
8822	0113 3529 812	0226 7059 624	0340 0589 435	0453 4119 247	0566 7649 059	0680 1178 871	0793 4708 683	0906 8238 495	1020 1768 306
8823	0113 3401 337	0226 6802 675	0340 0204 012	0453 3605 350	0566 7006 687	0680 0408 024	0793 3809 362	0906 7210 699	1020 0612 037
8824	0113 3272 892	0226 6545 784	0339 9818 676	0453 3091 568	0566 6364 461	0679 9637 353	0793 2910 245	0906 6183 137	1019 9456 020
8825	0113 3144 476	0226 6288 952	0339 9433 428	0453 2577 904	0566 5722 380	0679 8866 856	0793 2011 331	0906 5155 807	1019 8300 283
8826	0113 3016 089	0226 6032 178	0339 9048 266	0453 2064 355	0566 5080 444	0679 8096 533	0793 1112 622	0906 4128 711	1019 7144 799
8827	0113 2887 731	0226 5775 462	0339 8663 192	0453 1550 923	0566 4438 654	0679 7326 385	0793 0214 116	0906 3101 847	1019 5989 577
8828	0113 2759 402	0226 5518 804	0339 8278 206	0453 1037 608	0566 3797 010	0679 6556 411	0792 9315 813	0906 2075 215	1019 4834 617
8829	0113 2631 102	0226 5262 204	0339 7893 306	0453 0524 408	0566 3155 510	0679 5786 612	0792 8417 714	0906 1048 816	1019 3679 918
8830	0113 2502 834	0226 5005 663	0339 7508 494	0453 0011 325	0566 2514 156	0679 5016 988	0792 7519 819	0906 0022 650	1019 2525 481
8831	0113 2374 590	0226 4749 179	0339 7123 760	0452 9498 358	0566 1872 948	0679 4247 537	0792 6622 127	0905 8996 716	1019 1371 306
8832	0113 2246 377	0226 4492 754	0339 6739 130	0452 8985 507	0566 1231 884	0679 3478 261	0792 5724 638	0905 7971 014	1019 0217 391
8833	0113 2118 193	0226 4236 386	0339 6354 579	0452 8472 773	0566 0590 966	0679 2709 159	0792 4827 352	0905 6945 545	1018 9063 738
8834	0113 1990 038	0226 3980 077	0339 5970 115	0452 7960 154	0565 9950 192	0679 1940 231	0792 3930 269	0905 5920 308	1018 7910 346
8835	0113 1861 913	0226 3723 826	0339 5585 730	0452 7447 651	0565 9309 564	0679 1171 477	0792 3033 390	0905 4895 303	1018 6757 216
8836	0113 1733 816	0226 3467 632	0339 5201 449	0452 6935 265	0565 8669 081	0679 0402 897	0792 2136 713	0905 3870 530	1018 5604 346
8837	0113 1605 749	0226 3211 497	0339 4817 246	0452 6422 994	0565 8028 743	0678 9634 491	0792 1240 240	0905 2845 988	1018 4451 737
8838	0113 1477 710	0226 2955 420	0339 4433 130	0452 5910 840	0565 7388 549	0678 8866 259	0792 0343 969	0905 1821 679	1018 3299 389
8839	0113 1349 700	0226 2699 400	0339 4049 101	0452 5398 801	0565 6748 501	0678 8098 201	0791 9447 901	0905 0797 002	1018 2147 302
8840	0113 1221 719	0226 2443 439	0339 3665 158	0452 4886 878	0565 6108 597	0678 7330 317	0791 8552 036	0904 9773 756	1018 0995 475
8841	0113 1093 768	0226 2187 535	0339 3281 303	0452 4375 071	0565 5468 838	0678 6562 606	0791 7656 374	0904 8750 141	1017 9843 909
8842	0113 0965 845	0226 1931 690	0339 2897 534	0452 3863 379	0565 4830 224	0678 5795 069	0791 6760 914	0904 7726 759	1017 8692 603
8843	0113 0837 951	0226 1675 902	0339 2513 853	0452 3351 804	0565 4189 755	0678 5027 706	0791 5865 656	0904 6703 607	1017 7541 558
8844	0113 0710 086	0226 1420 172	0339 2130 258	0452 2840 344	0565 3550 430	0678 4260 516	0791 4970 602	0904 5680 687	1017 6390 773
8845	0113 0582 250	0226 1164 500	0339 1746 750	0452 2328 999	0565 2911 249	0678 3493 499	0791 4075 749	0904 4657 999	1017 5240 249
8846	0113 0454 443	0226 0908 885	0339 1363 328	0452 1817 771	0565 2272 213	0678 2726 656	0791 3181 099	0904 3635 542	1017 4089 984
8847	0113 0326 664	0226 0653 329	0339 0979 993	0452 1306 658	0565 1633 322	0678 1959 986	0791 2286 651	0904 2613 315	1017 2939 980
8848	0113 0198 915	0226 0397 830	0339 0596 745	0452 0795 660	0565 0994 575	0678 1193 490	0791 1392 405	0904 1591 320	1017 1790 235
8849	0113 0071 194	0226 0142 389	0339 0213 583	0452 0284 778	0565 0355 972	0678 0427 167	0791 0498 361	0904 0569 556	1017 0640 750
8850	0112 9943 503	0225 9887 006	0338 9830 508	0451 9774 011	0564 9717 514	0677 9661 017	0790 9604 520	0903 9548 023	1016 9491 525
8851	0112 9815 840	0225 9631 680	0338 9447 520	0451 9263 360	0564 9079 200	0677 8895 040	0790 8710 880	0903 8526 720	1016 8342 560
8852	0112 9688 206	0225 9376 412	0338 9064 618	0451 8752 824	0564 8441 030	0677 8129 236	0790 7817 442	0903 7505 648	1016 7193 854
8853	0112 9560 601	0225 9121 202	0338 8681 803	0451 8242 404	0564 7803 005	0677 7363 606	0790 6924 207	0903 6484 807	1016 6045 408
8854	0112 9433 025	0225 8866 049	0338 8299 074	0451 7732 098	0564 7165 123	0677 6598 148	0790 6031 172	0903 5464 197	1016 4897 222
8855	0112 9305 477	0225 8610 954	0338 7916 431	0451 7221 909	0564 6527 386	0677 5832 863	0790 5138 340	0903 4443 817	1016 3749 294
8856	0112 9177 958	0225 8355 917	0338 7533 875	0451 6711 834	0564 5889 792	0677 5067 751	0790 4245 709	0903 3423 668	1016 2601 626
8857	0112 9050 469	0225 8100 937	0338 7151 406	0451 6201 874	0564 5252 343	0677 4302 814	0790 3353 280	0903 2403 752	1016 1454 217
8858	0112 8923 007	0225 7846 015	0338 6769 022	0451 5692 030	0564 4615 037	0677 3538 045	0790 2461 052	0903 1384 060	1016 0307 067
8859	0112 8795 575	0225 7591 150	0338 6386 725	0451 5182 300	0564 3977 876	0677 2773 451	0790 1569 026	0903 0364 601	1015 9160 176
8860	0112 8668 172	0225 7336 343	0338 6004 515	0451 4672 686	0564 3340 858	0677 2009 029	0790 0677 201	0902 9345 372	1015 8013 544
8861	0112 8540 797	0225 7081 594	0338 5622 390	0451 4163 187	0564 2703 984	0677 1244 781	0789 9785 577	0902 8326 374	1015 6867 171
8862	0112 8413 451	0225 6826 901	0338 5240 302	0451 3653 803	0564 2067 253	0677 0480 706	0789 8894 155	0902 7307 606	1015 5721 056
8863	0112 8286 133	0225 6572 267	0338 4858 400	0451 3144 533	0564 1430 667	0676 9716 800	0789 8002 934	0902 6289 067	1015 4575 200
8864	0112 8158 843	0225 6317 690	0338 4476 534	0451 2635 379	0564 0794 224	0676 8953 069	0789 7111 913	0902 5270 744	1015 3429 603
8865	0112 8031 585	0225 6063 170	0338 4094 755	0451 2126 340	0564 0157 924	0676 8189 509	0789 6221 095	0902 4252 680	1015 2284 265
8866	0112 7904 354	0225 5808 707	0338 3713 061	0451 1617 415	0563 9521 769	0676 7426 122	0789 5330 476	0902 3234 830	1015 1139 183
8867	0112 7777 151	0225 5554 302	0338 3331 454	0451 1108 605	0563 8885 756	0676 6662 907	0789 4440 057	0902 2217 210	1014 9994 359
8868	0112 7649 977	0225 5299 955	0338 2949 932	0451 0599 910	0563 8249 887	0676 5899 865	0789 3549 842	0902 1199 820	1014 8849 797
8869	0112 7522 832	0225 5045 665	0338 2568 497	0451 0091 329	0563 7614 162	0676 5136 994	0789 2659 826	0902 0182 659	1014 7705 491
8870	0112 7395 716	0225 4791 432	0338 2187 148	0450 9582 864	0563 6978 580	0676 4374 296	0789 1770 011	0901 9165 727	1014 6561 443
8871	0112 7268 628	0225 4537 256	0338 1805 884	0450 9074 512	0563 6343 141	0676 3611 769	0789 0880 397	0901 8149 025	1014 5417 653
8872	0112 7141 569	0225 4283 138	0338 1424 707	0450 8566 276	0563 5707 845	0676 2849 414	0788 9990 983	0901 7132 552	1014 4274 121
8873	0112 7014 538	0225 4029 077	0338 1043 615	0450 8058 154	0563 5072 692	0676 2087 231	0788 9101 769	0901 6116 308	1014 3130 846
8874	0112 6887 537	0225 3775 073	0338 0662 610	0450 7550 146	0563 4437 683	0676 1325 220	0788 8212 756	0901 5100 293	1014 1987 830
8875	0112 6760 563	0225 3521 127	0338 0281 600	0450 7042 254	0563 3802 817	0676 0563 380	0788 7323 044	0901 4084 507	1014 0845 070
8876	0112 6633 619	0225 3267 238	0337 9900 856	0450 6534 475	0563 3168 094	0675 9801 713	0788 6435 334	0901 3068 950	1013 9702 569
8877	0112 6506 703	0225 3013 405	0337 9520 108	0450 6026 811	0563 2533 514	0675 9040 216	0788 5546 919	0901 2053 622	1013 8560 324
8878	0112 6379 815	0225 2759 630	0337 9139 446	0450 5519 261	0563 1899 075	0675 8278 802	0788 4658 707	0901 1038 522	1013 7418 337
8879	0112 6252 956	0225 2505 913	0337 8758 860	0450 5011 826	0563 1264 782	0675 7517 738	0788 3770 695	0901 0023 651	1013 6276 608
8880	0112 6126 126	0225 2252 252	0337 8378 378	0450 4504 505	0563 0630 631	0675 6756 757	0788 2882 883	0900 9009 009	1013 5135 135
8881	0112 5999 324	0225 1998 649	0337 7997 973	0450 3997 298	0562 9996 622	0675 5995 946	0788 1995 271	0900 7994 595	1013 3993 920
8882	0112 5872 551	0225 1745 102	0337 7617 654	0450 3490 205	0562 9362 756	0675 5235 307	0788 1107 859	0900 6980 410	1013 2852 961
8883	0112 5745 807	0225 1491 613	0337 7237 420	0450 2983 226	0562 8729 033	0675 4474 840	0788 0220 646	0900 5966 453	1013 1712 259
8884	0112 5619 091	0225 1238 181	0337 6857 272	0450 2476 362	0562 8095 453	0675 3714 543	0787 9333 634	0900 4952 724	1013 0571 815
8885	0112 5492 403	0225 0984 806	0337 6477 209	0450 1969 612	0562 7462 015	0675 2954 418	0787 8446 821	0900 3939 223	1012 9431 626
8886	0112 5365 744	0225 0731 488	0337 6097 232	0450 1462 975	0562 6828 719	0675 2194 680	0787 7560 207	0900 2925 951	1012 8291 695
8887	0112 5239 113	0225 0478 227	0337 5717 340	0450 0956 453	0562 6195 567	0675 1434 680	0787 6673 793	0900 1912 906	1012 7152 020
8888	0112 5112 511	0225 0225 023	0337 5337 534	0450 0450 045	0562 5562 556	0675 0675 068	0787 5787 579	0900 0900 090	1012 6012 601
8889	0112 4985 938	0224 9971 875	0337 4957 813	0449 9943 751	0562 4929 688	0674 9915 626	0787 4901 564	0899 9887 501	1012 4873 439
8890	0112 4859 393	0224 9718 785	0337 4578 178	0449 9437 570	0562 4296 963	0674 9156 355	0787 4015 748	0899 8875 141	1012 3734 533
8891	0112 4732 876	0224 9465 752	0337 4198 628	0449 8931 504	0562 3664 380	0674 8397 256	0787 3130 132	0899 7863 008	1012 2595 883
8892	0112 4606 388	0224 9212 776	0337 3819 163	0449 8425 551	0562 3031 939	0674 7638 327	0787 2244 714	0899 6851 102	1012 1457 490
8893	0112 4479 928	0224 8959 856	0337 3439 784	0449 7919 712	0562 2399 640	0674 6879 568	0787 1359 496	0899 5839 424	1012 0319 352
8894	0112 4353 497	0224 8706 993	0337 3060 490	0449 7413 987	0562 1767 484	0674 6120 980	0787 0474 477	0899 4827 974	1011 9181 471
8895	0112 4227 094	0224 8454 188	0337 2681 282	0449 6908 375	0562 1135 469	0674 5362 563	0786 9589 657	0899 3816 751	1011 8043 845
8896	0112 4100 719	0224 8201 439	0337 2302 158	0449 6402 878	0562 0503 597	0674 4604 317	0786 8705 036	0899 2805 755	1011 6906 475
8897	0112 3974 373	0224 7948 747	0337 1923 120	0449 5897 493	0561 9871 867	0674 3846 240	0786 7820 614	0899 1794 987	1011 5769 360
8898	0112 3848 056	0224 7696 111	0337 1544 167	0449 5392 223	0561 9240 279	0674 3088 334	0786 6936 390	0899 0784 446	1011 4632 502
8899	0112 3721 766	0224 7443 533	0337 1165 299	0449 4887 066	0561 8608 832	0674 2330 599	0786 6052 365	0898 9774 132	1011 3495 898

	1	2	3	4	5	6	7	8	9
8900	0112 3595 506	0224 7191 011	0337 0786 517	0449 4382 022	0561 7977 528	0674 1573 034	0786 5168 539	0898 8764 045	1011 2359 551
8901	0112 3469 273	0224 6938 546	0337 0407 819	0449 3877 092	0561 7346 366	0674 0815 639	0786 4284 912	0898 7754 185	1011 1223 458
8902	0112 3343 069	0224 6686 138	0337 0029 207	0449 3372 276	0561 6715 345	0674 0058 414	0786 3401 483	0898 6744 552	1011 0087 621
8903	0112 3216 893	0224 6433 786	0336 9650 680	0449 2867 573	0561 6084 466	0673 9301 359	0786 2518 252	0898 5735 145	1010 8952 039
8904	0112 3090 746	0224 6181 491	0336 9272 237	0449 2362 983	0561 5453 729	0673 8544 474	0786 1635 220	0898 4725 966	1010 7816 712
8905	0112 2964 627	0224 5929 253	0336 8893 880	0449 1858 506	0561 4823 133	0673 7787 760	0786 0752 386	0898 3717 013	1010 6681 640
8906	0112 2838 536	0224 5677 072	0336 8515 607	0449 1354 143	0561 4192 679	0673 7031 215	0785 9869 751	0898 2708 287	1010 5546 822
8907	0112 2712 473	0224 5424 947	0336 8137 420	0449 0849 893	0561 3562 367	0673 6274 840	0785 8987 313	0898 1699 787	1010 4412 260
8908	0112 2586 439	0224 5172 878	0336 7759 317	0449 0345 757	0561 2932 196	0673 5518 635	0785 8105 074	0898 0691 513	1010 3277 952
8909	0112 2460 433	0224 4920 867	0336 7381 300	0448 9841 733	0561 2302 166	0673 4762 600	0785 7223 033	0897 9683 466	1010 2143 899
8910	0112 2334 456	0224 4668 911	0336 7003 367	0448 9337 823	0561 1672 278	0673 4006 734	0785 6341 190	0897 8675 645	1010 1010 101
8911	0112 2208 508	0224 4417 013	0336 6625 519	0448 8834 025	0561 1042 532	0673 3251 038	0785 5459 544	0897 7668 051	1009 9876 557
8912	0112 2082 588	0224 4165 171	0336 6247 756	0448 8330 341	0561 0412 926	0673 2495 512	0785 4578 007	0897 6660 682	1009 8743 268
8913	0112 1956 692	0224 3913 385	0336 5870 077	0448 7826 770	0560 9783 462	0673 1740 155	0785 3696 847	0897 5653 540	1009 7610 232
8914	0112 1830 828	0224 3661 656	0336 5492 484	0448 7323 312	0560 9154 140	0673 0984 967	0785 2815 795	0897 4646 623	1009 6477 451
8915	0112 1704 992	0224 3409 983	0336 5114 975	0448 6819 966	0560 8524 958	0673 0229 950	0785 1934 941	0897 3639 933	1009 5344 924
8916	0112 1579 183	0224 3158 367	0336 4737 550	0448 6316 734	0560 7895 917	0672 9475 101	0785 1054 284	0897 2633 468	1009 4212 651
8917	0112 1453 404	0224 2906 807	0336 4360 211	0448 5813 614	0560 7267 018	0672 8720 422	0785 0173 825	0897 1627 229	1009 3080 632
8918	0112 1327 652	0224 2655 304	0336 3982 956	0448 5310 608	0560 6638 260	0672 7965 912	0784 9293 564	0897 0621 216	1009 1948 867
8919	0112 1201 928	0224 2403 857	0336 3605 785	0448 4807 714	0560 6009 642	0672 7211 571	0784 8413 499	0896 9615 428	1009 0817 356
8920	0112 1076 233	0224 2152 466	0336 3228 700	0448 4304 933	0560 5381 166	0672 6457 399	0784 7533 632	0896 8609 865	1008 9686 099
8921	0112 0950 506	0224 1901 132	0336 2851 698	0448 3802 264	0560 4752 830	0672 5703 396	0784 6653 963	0896 7604 529	1008 8555 095
8922	0112 0824 997	0224 1649 854	0336 2474 781	0448 3299 709	0560 4124 636	0672 4949 563	0784 5774 490	0896 6599 417	1008 7424 344
8923	0112 0699 316	0224 1398 633	0336 2097 949	0448 2797 265	0560 3496 582	0672 4195 898	0784 4895 215	0896 5594 531	1008 6293 847
8924	0112 0573 734	0224 1147 468	0336 1721 201	0448 2294 935	0560 2868 669	0672 3442 403	0784 4016 136	0896 4589 870	1008 5163 604
8925	0112 0448 179	0224 0896 359	0336 1344 538	0448 1792 717	0560 2240 896	0672 2689 076	0784 3137 255	0896 3585 434	1008 4033 613
8926	0112 0322 653	0224 0645 306	0336 0967 960	0448 1290 612	0560 1613 265	0672 1935 918	0784 2258 570	0896 2581 223	1008 2903 876
8927	0112 0197 155	0224 0394 309	0336 0591 464	0448 0788 619	0560 0985 774	0672 1182 928	0784 1380 083	0896 1577 238	1008 1774 392
8928	0112 0071 685	0224 0143 369	0336 0215 054	0448 0286 738	0560 0358 423	0672 0430 108	0784 0501 792	0896 0573 477	1008 0645 161
8929	0111 9946 243	0223 9892 485	0335 9838 728	0447 9784 970	0559 9731 213	0671 9677 455	0783 9623 698	0895 9569 941	1007 9516 183
8930	0111 9820 829	0223 9641 657	0335 9462 486	0447 9283 315	0559 9104 143	0671 8924 972	0783 8745 801	0895 8566 629	1007 8387 458
8931	0111 9695 443	0223 9390 886	0335 9086 329	0447 8781 771	0559 8477 214	0671 8172 657	0783 7868 100	0895 7563 543	1007 7258 986
8932	0111 9570 085	0223 9140 170	0335 8710 255	0447 8280 340	0559 7850 425	0671 7420 511	0783 6990 596	0895 6560 681	1007 6130 766
8933	0111 9444 755	0223 8889 511	0335 8334 266	0447 7779 022	0559 7223 777	0671 6668 532	0783 6113 288	0895 5558 043	1007 5002 799
8934	0111 9319 454	0223 8638 908	0335 7958 361	0447 7277 815	0559 6597 269	0671 5916 723	0783 5236 176	0895 4555 630	1007 3875 084
8935	0111 9194 180	0223 8388 360	0335 7582 541	0447 6776 721	0559 5970 901	0671 5165 081	0783 4359 261	0895 3553 442	1007 2747 632
8936	0111 9068 935	0223 8137 869	0335 7206 804	0447 6275 739	0559 5344 673	0671 4413 608	0783 3482 543	0895 2551 477	1007 1620 412
8937	0111 8943 717	0223 7887 434	0335 6831 151	0447 5774 886	0559 4718 586	0671 3662 303	0783 2606 020	0895 1549 737	1007 0493 434
8938	0111 8818 528	0223 7637 055	0335 6455 583	0447 5274 111	0559 4092 638	0671 2911 166	0783 1729 693	0895 0548 221	1006 9366 749
8939	0111 8693 366	0223 7386 732	0335 6080 098	0447 4773 465	0559 3466 831	0671 2160 197	0783 0853 563	0894 9546 929	1006 8240 295
8940	0111 8568 233	0223 7136 465	0335 5704 698	0447 4272 931	0559 2841 163	0671 1409 396	0782 9977 629	0894 8545 861	1006 7114 094
8941	0111 8443 127	0223 6886 254	0335 5329 382	0447 3772 509	0559 2215 636	0671 0658 763	0782 9101 890	0894 7545 017	1006 5988 145
8942	0111 8318 050	0223 6636 099	0335 4954 149	0447 3272 199	0559 1590 248	0670 9908 298	0782 8226 348	0894 6544 397	1006 4862 447
8943	0111 8193 000	0223 6386 000	0335 4579 000	0447 2772 000	0559 0965 001	0670 9158 001	0782 7351 001	0894 5544 001	1006 3737 001
8944	0111 8067 979	0223 6135 957	0335 4203 936	0447 2271 914	0559 0339 893	0670 8407 871	0782 6475 850	0894 4543 828	1006 2611 807
8945	0111 7942 985	0223 5885 970	0335 3828 955	0447 1771 940	0558 9714 925	0670 7657 909	0782 5600 894	0894 3543 879	1006 1486 864
8946	0111 7818 019	0223 5636 038	0335 3454 058	0447 1272 077	0558 9090 096	0670 6908 115	0782 4726 135	0894 2544 154	1006 0362 173
8947	0111 7693 081	0223 5386 163	0335 3079 244	0447 0772 326	0558 8465 407	0670 6158 489	0782 3851 570	0894 1544 652	1005 9237 733
8948	0111 7568 172	0223 5136 343	0335 2704 515	0447 0272 687	0558 7840 858	0670 5409 030	0782 2977 202	0894 0545 373	1005 8113 545
8949	0111 7443 290	0223 4886 580	0335 2329 869	0446 9773 159	0558 7216 449	0670 4659 739	0782 2103 028	0893 9546 318	1005 6989 608
8950	0111 7318 436	0223 4636 872	0335 1955 307	0446 9273 743	0558 6592 179	0670 3910 615	0782 1229 050	0893 8547 487	1005 5865 922
8951	0111 7193 610	0223 4387 219	0335 1580 829	0446 8774 439	0558 5968 048	0670 3161 658	0782 0355 268	0893 7548 877	1005 4742 487
8952	0111 7068 811	0223 4137 623	0335 1206 434	0446 8275 246	0558 5344 057	0670 2412 869	0781 9481 680	0893 6550 492	1005 3619 303
8953	0111 6944 041	0223 3888 082	0335 0832 123	0446 7776 164	0558 4720 206	0670 1664 247	0781 8608 288	0893 5552 329	1005 2496 370
8954	0111 6819 299	0223 3638 597	0335 0457 896	0446 7277 195	0558 4096 403	0670 0915 792	0781 7735 090	0893 4554 389	1005 1373 688
8955	0111 6694 584	0223 3389 168	0335 0083 752	0446 6778 336	0558 3472 920	0670 0167 504	0781 6862 088	0893 3556 672	1005 0251 256
8956	0111 6569 897	0223 3139 795	0334 9709 692	0446 6279 589	0558 2849 486	0669 9419 384	0781 5989 281	0893 2559 178	1004 9129 076
8957	0111 6445 238	0223 2890 477	0334 9335 715	0446 5780 953	0558 2226 192	0669 8671 430	0781 5116 660	0893 1561 907	1004 8007 145
8958	0111 6320 607	0223 2641 215	0334 8961 822	0446 5282 429	0558 1603 036	0669 7923 644	0781 4244 251	0893 0564 858	1004 6885 466
8959	0111 6196 004	0223 2392 008	0334 8588 012	0446 4784 016	0558 0980 020	0669 7176 024	0781 3372 028	0892 9568 032	1004 5764 036
8960	0111 6071 429	0223 2142 857	0334 8214 286	0446 4285 714	0558 0357 143	0669 6428 571	0781 2500 000	0892 8571 429	1004 4642 857
8961	0111 5946 881	0223 1893 762	0334 7840 643	0446 3787 524	0557 9734 405	0669 5681 286	0781 1628 167	0892 7575 047	1004 3521 928
8962	0111 5822 361	0223 1644 722	0334 7467 083	0446 3289 444	0557 9111 805	0669 4934 166	0781 0756 528	0892 6578 889	1004 2401 250
8963	0111 5697 869	0223 1395 738	0334 7093 607	0446 2791 476	0557 8489 345	0669 4187 214	0780 9885 083	0892 5582 952	1004 1280 821
8964	0111 5573 405	0223 1146 809	0334 6720 214	0446 2293 619	0557 7867 024	0669 3440 428	0780 9013 833	0892 4587 238	1004 0160 643
8965	0111 5448 968	0223 0897 936	0334 6346 905	0446 1795 873	0557 7244 841	0669 2693 809	0780 8142 777	0892 3591 746	1003 9040 714
8966	0111 5324 559	0223 0649 119	0334 5973 678	0446 1298 238	0557 6622 797	0669 1947 357	0780 7271 916	0892 2596 476	1003 7921 035
8967	0111 5200 178	0223 0400 357	0334 5600 535	0446 0800 714	0557 6000 892	0669 1201 071	0780 6401 249	0892 1601 427	1003 6801 606
8968	0111 5075 825	0223 0151 650	0334 5227 475	0446 0303 301	0557 5379 126	0669 0454 951	0780 5530 776	0892 0606 601	1003 5682 426
8969	0111 4951 500	0222 9902 999	0334 4854 499	0445 9805 998	0557 4757 498	0668 9708 998	0780 4660 497	0891 9611 997	1003 4563 496
8970	0111 4827 202	0222 9654 404	0334 4481 605	0445 9308 807	0557 4136 009	0668 8963 211	0780 3790 412	0891 8617 614	1003 3444 816
8971	0111 4702 932	0222 9405 863	0334 4108 795	0445 8811 727	0557 3514 658	0668 8217 590	0780 2920 522	0891 7623 453	1003 2326 385
8972	0111 4578 689	0222 9157 379	0334 3736 068	0445 8314 757	0557 2893 446	0668 7472 136	0780 2050 825	0891 6629 514	1003 1208 203
8973	0111 4454 475	0222 8908 949	0334 3363 424	0445 7817 898	0557 2272 373	0668 6726 847	0780 1181 322	0891 5635 796	1003 0090 271
8974	0111 4330 288	0222 8660 575	0334 2990 863	0445 7321 150	0557 1651 438	0668 5981 725	0780 0312 013	0891 4642 300	1002 8972 588
8975	0111 4206 128	0222 8412 256	0334 2618 384	0445 6824 513	0557 1030 644	0668 5236 769	0779 9442 897	0891 3649 025	1002 7855 153
8976	0111 4081 996	0222 8163 993	0334 2245 989	0445 6327 986	0557 0409 982	0668 4491 979	0779 8573 975	0891 2655 971	1002 6737 968
8977	0111 3957 892	0222 7915 785	0334 1873 677	0445 5831 570	0556 9789 462	0668 3747 354	0779 7705 247	0891 1663 139	1002 5621 032
8978	0111 3833 816	0222 7667 632	0334 1501 448	0445 5335 264	0556 9169 080	0668 3002 896	0779 6836 712	0891 0670 528	1002 4504 344
8979	0111 3709 767	0222 7419 534	0334 1129 302	0445 4839 069	0556 8548 836	0668 2258 603	0779 5968 371	0890 9678 138	1002 3387 905
8980	0111 3585 746	0222 7171 492	0334 0757 238	0445 4342 984	0556 7928 731	0668 1514 477	0779 5100 223	0890 8685 969	1002 2271 715
8981	0111 3461 753	0222 6923 505	0334 0385 258	0445 3847 010	0556 7308 763	0668 0770 516	0779 4232 268	0890 7694 021	1002 1155 773
8982	0111 3337 787	0222 6675 573	0334 0013 360	0445 3351 147	0556 6688 933	0668 0026 720	0779 3364 507	0890 6702 293	1002 0040 080
8983	0111 3213 848	0222 6427 697	0333 9641 545	0445 2855 394	0556 6069 242	0667 9283 090	0779 2496 939	0890 5710 787	1001 8924 635
8984	0111 3089 938	0222 6179 875	0333 9269 813	0445 2359 751	0556 5449 688	0667 8539 626	0779 1629 564	0890 4719 501	1001 7809 439
8985	0111 2966 055	0222 5932 109	0333 8898 164	0445 1864 218	0556 4830 273	0667 7796 327	0779 0762 382	0890 3728 436	1001 6694 491
8986	0111 2842 199	0222 5684 398	0333 8526 597	0445 1368 796	0556 4210 995	0667 7053 194	0778 9895 393	0890 2737 592	1001 5579 791
8987	0111 2718 371	0222 5436 742	0333 8155 113	0445 0873 484	0556 3591 855	0667 6310 226	0778 9028 597	0890 1746 968	1001 4465 339
8988	0111 2594 571	0222 5189 141	0333 7783 712	0445 0378 282	0556 2972 853	0667 5567 423	0778 8161 994	0890 0756 564	1001 3351 135
8989	0111 2470 798	0222 4941 595	0333 7412 393	0444 9883 191	0556 2353 088	0667 4824 786	0778 7295 583	0889 9766 381	1001 2237 179
8990	0111 2347 052	0222 4694 105	0333 7041 157	0444 9388 209	0556 1735 261	0667 4082 314	0778 6429 366	0889 8776 418	1001 1123 471
8991	0111 2223 334	0222 4446 669	0333 6670 003	0444 8893 338	0556 1116 672	0667 3340 007	0778 5563 341	0889 7786 676	1001 0010 010
8992	0111 2099 644	0222 4199 288	0333 6298 932	0444 8398 577	0556 0498 221	0667 2597 865	0778 4697 509	0889 6797 153	1000 8896 797
8993	0111 1975 981	0222 3951 963	0333 5927 944	0444 7903 925	0555 9879 907	0667 1855 888	0778 3831 869	0889 5807 851	1000 7783 832
8994	0111 1852 346	0222 3704 692	0333 5557 038	0444 7409 384	0555 9261 730	0667 1114 076	0778 2966 422	0889 4818 768	1000 6671 114
8995	0111 1728 738	0222 3457 476	0333 5186 215	0444 6914 953	0555 8643 691	0667 0372 429	0778 2101 167	0889 3829 906	1000 5558 644
8996	0111 1605 158	0222 3210 316	0333 4815 474	0444 6420 631	0555 8025 789	0666 9630 947	0778 1236 105	0889 2841 263	1000 4446 421
8997	0111 1481 605	0222 2963 210	0333 4444 815	0444 5926 420	0555 7408 025	0666 8889 630	0778 0371 235	0889 1852 840	1000 3334 445
8998	0111 1358 080	0222 2716 159	0333 4074 239	0444 5432 318	0555 6790 398	0666 8148 477	0777 9506 557	0889 0864 637	1000 2222 716
8999	0111 1234 582	0222 2469 163	0333 3703 745	0444 4938 326	0555 6172 908	0666 7407 490	0777 8642 071	0888 9876 653	1000 1111 235

	1	2	3	4	5	6	7	8	9
9000	0111 1111 111	0222 2222 222	0333 3333 333	0444 4444 444	0555 5555 556	0666 6666 667	0777 7777 778	0888 8888 889	1000 0000 000
9001	111 0987 668	222 1975 336	333 2963 004	444 3950 672	555 4938 340	666 5926 008	777 6913 676	888 7901 344	999 8889 012
9002	111 0864 252	222 1728 505	333 2592 757	444 3457 010	555 4321 262	666 5185 514	777 6049 767	888 6914 019	999 7778 271
9003	111 0740 864	222 1481 728	333 2222 592	444 2963 457	555 3704 321	666 4445 185	777 5186 049	888 5926 913	999 6667 777
9004	111 0617 503	222 1235 007	333 1852 510	444 2470 013	555 3087 517	666 3705 020	777 4322 523	888 4940 027	999 5557 530
9005	111 0494 170	222 0988 340	333 1482 510	444 1976 680	555 2470 850	666 2965 019	777 3459 189	888 3953 359	999 4447 529
9006	111 0370 864	222 0741 728	333 1112 592	444 1483 455	555 1854 319	666 2225 183	777 2596 047	888 2966 911	999 3337 775
9007	111 0247 585	222 0495 170	333 0742 756	444 0990 341	555 1237 926	666 1485 511	777 1733 096	888 1980 682	999 2228 267
9008	111 0124 334	222 0248 668	333 0373 002	444 0497 336	555 0621 670	666 0746 004	777 0870 337	888 0994 671	999 1119 005
9009	111 0001 110	222 0002 220	333 0003 330	444 0004 440	555 0005 550	666 0006 660	777 0007 770	888 0008 880	999 0009 990
9010	110 9877 913	221 9755 827	332 9633 740	443 9511 654	554 9389 567	665 9267 481	776 9145 394	887 9023 307	998 8901 221
9011	110 9754 744	221 9509 488	332 9264 233	443 9018 977	554 8773 721	665 8528 465	776 8283 209	887 8037 954	998 7792 698
9012	110 9631 602	221 9263 205	332 8894 807	443 8526 409	554 8158 012	665 7789 614	776 7421 216	887 7052 818	998 6684 421
9013	110 9508 488	221 9016 975	332 8525 463	443 8033 951	554 7542 439	665 7050 926	776 6559 414	887 6067 902	998 5576 390
9014	110 9385 400	221 8770 801	332 8156 201	443 7541 602	554 6927 002	665 6312 403	776 5697 803	887 5083 204	998 4468 604
9015	110 9262 341	221 8524 681	332 7787 022	443 7049 362	554 6311 703	665 5574 043	776 4836 384	887 4098 724	998 3361 065
9016	110 9139 308	221 8278 616	332 7417 924	443 6557 232	554 5696 539	665 4835 847	776 3975 155	887 3114 463	998 2253 771
9017	110 9016 303	221 8032 605	332 7048 908	443 6065 210	554 5081 513	665 4097 815	776 3114 118	887 2130 420	998 1146 723
9018	110 8893 324	221 7786 649	332 6679 973	443 5573 298	554 4466 622	665 3359 947	776 2253 271	887 1146 596	998 0039 920
9019	110 8770 374	221 7540 747	332 6311 121	443 5081 495	554 3851 868	665 2622 242	776 1392 616	887 0162 989	997 8933 363
9020	110 8647 450	221 7294 900	332 5942 350	443 4589 800	554 3237 251	665 1884 701	776 0532 151	886 9179 601	997 7827 051
9021	110 8524 554	221 7049 108	332 5573 661	443 4098 215	554 2622 769	665 1147 323	775 9671 877	886 8196 431	997 6720 984
9022	110 8401 685	221 6803 370	332 5205 054	443 3606 739	554 2008 424	665 0410 109	775 8811 793	886 7213 478	997 5615 163
9023	110 8278 843	221 6557 686	332 4836 529	443 3115 372	554 1394 215	664 9673 058	775 7951 901	886 6230 744	997 4509 587
9024	110 8156 028	221 6312 057	332 4468 085	443 2624 113	554 0780 142	664 8936 170	775 7092 199	886 5248 227	997 3404 255
9025	110 8033 241	221 6066 482	332 4099 723	443 2132 964	554 0166 205	664 8199 446	775 6232 687	886 4265 928	997 2299 169
9026	110 7910 481	221 5820 962	332 3731 442	443 1641 923	553 9552 404	664 7462 885	775 5373 366	886 3283 847	997 1194 327
9027	110 7787 748	221 5575 496	332 3363 244	443 1150 991	553 8938 739	664 6726 487	775 4514 235	886 2301 983	997 0089 731
9028	110 7665 042	221 5330 084	332 2995 126	443 0660 168	553 8325 210	664 5990 253	775 3655 295	886 1320 337	996 8985 379
9029	110 7542 363	221 5084 727	332 2627 090	443 0169 454	553 7711 817	664 5254 181	775 2796 544	886 0338 908	996 7881 271
9030	110 7419 712	221 4839 424	332 2259 136	442 9678 848	553 7098 560	664 4518 272	775 1937 984	885 9357 697	996 6777 409
9031	110 7297 088	221 4594 176	332 1891 263	442 9188 351	553 6485 439	664 3782 527	775 1079 615	885 8376 702	996 5673 790
9032	110 7174 491	221 4348 981	332 1523 472	442 8697 963	553 5872 453	664 3046 944	775 0221 435	885 7395 926	996 4570 416
9033	110 7051 921	221 4103 841	332 1155 762	442 8207 683	553 5259 604	664 2311 524	774 9363 445	885 6415 366	996 3467 287
9034	110 6929 378	221 3858 756	332 0788 134	442 7717 512	553 4646 890	664 1576 267	774 8505 645	885 5435 023	996 2364 401
9035	110 6806 862	221 3613 724	332 0420 587	442 7227 449	553 4034 311	664 0841 173	774 7648 035	885 4454 898	996 1261 760
9036	110 6684 374	221 3368 747	332 0053 121	442 6737 494	553 3421 868	664 0106 242	774 6790 615	885 3474 989	996 0159 363
9037	110 6561 912	221 3123 824	331 9685 736	442 6247 649	553 2809 561	663 9371 473	774 5933 385	885 2495 297	995 9057 209
9038	110 6439 478	221 2878 956	331 9318 433	442 5757 911	553 2197 389	663 8636 867	774 5076 344	885 1515 822	995 7955 300
9039	110 6317 070	221 2634 141	331 8951 211	442 5268 282	553 1585 352	663 7902 423	774 4219 493	885 0536 564	995 6853 634
9040	110 6194 690	221 2389 381	331 8584 071	442 4778 761	553 0973 451	663 7168 142	774 3362 832	884 9557 522	995 5752 212
9041	110 6072 337	221 2144 674	331 8217 011	442 4289 349	553 0361 686	663 6434 023	774 2506 360	884 8578 697	995 4651 034
9042	110 5950 011	221 1900 022	331 7850 033	442 3800 044	552 9750 055	663 5700 066	774 1650 077	884 7600 088	995 3550 100
9043	110 5827 712	221 1655 424	331 7483 136	442 3310 848	552 9138 560	663 4966 272	774 0793 984	884 6621 696	995 2449 408
9044	110 5705 440	221 1410 880	331 7116 320	442 2821 760	552 8527 200	663 4232 640	773 9938 080	884 5643 521	995 1348 961
9045	110 5583 195	221 1166 390	331 6749 585	442 2332 781	552 7915 976	663 3499 171	773 9082 366	884 4665 561	995 0248 756
9046	110 5460 977	221 0921 954	331 6382 932	442 1843 909	552 7304 886	663 2765 863	773 8226 841	884 3687 818	994 9148 795
9047	110 5338 786	221 0677 573	331 6016 359	442 1355 145	552 6693 932	663 2032 718	773 7371 504	884 2710 291	994 8049 077
9048	110 5216 622	221 0433 245	331 5649 867	442 0866 490	552 6083 112	663 1299 735	773 6516 357	884 1732 980	994 6949 602
9049	110 5094 486	221 0188 971	331 5283 457	442 0377 942	552 5472 428	663 0566 913	773 5661 399	884 0755 885	994 5850 370
9050	110 4972 376	220 9944 751	331 4917 127	441 9889 503	552 4861 878	662 9834 254	773 4806 630	883 9779 006	994 4751 381
9051	110 4850 293	220 9700 586	331 4550 878	441 9401 171	552 4251 464	662 9101 757	773 3952 049	883 8802 342	994 3652 635
9052	110 4728 237	220 9456 474	331 4184 711	441 8912 947	552 3641 184	662 8369 421	773 3097 658	883 7825 895	994 2554 132
9053	110 4606 208	220 9212 416	331 3818 624	441 8424 832	552 3031 039	662 7637 247	773 2243 455	883 6849 663	994 1455 871
9054	110 4484 206	220 8968 412	331 3452 618	441 7936 824	552 2421 029	662 6905 235	773 1389 441	883 5873 647	994 0357 853
9055	110 4362 231	220 8724 462	331 3086 692	441 7448 923	552 1811 154	662 6173 385	773 0535 616	883 4897 846	993 9260 077
9056	110 4240 283	220 8480 565	331 2720 848	441 6961 131	552 1201 413	662 5441 696	772 9681 979	883 3922 261	993 8162 544
9057	110 4118 361	220 8236 723	331 2355 084	441 6473 446	552 0591 807	662 4710 169	772 8828 530	883 2946 892	993 7065 253
9058	110 3996 467	220 7992 934	331 1989 402	441 5985 869	551 9982 336	662 3978 803	772 7975 270	883 1971 738	993 5968 205
9059	110 3874 600	220 7749 200	331 1623 800	441 5498 399	551 9372 999	662 3247 599	772 7122 199	883 0996 799	993 4871 399
9060	110 3752 759	220 7505 519	331 1258 278	441 5011 038	551 8763 797	662 2516 556	772 6269 316	883 0022 075	993 3774 834
9061	110 3630 946	220 7261 892	331 0892 837	441 4523 783	551 8154 729	662 1785 675	772 5416 621	882 9047 566	993 2678 512
9062	110 3509 159	220 7018 318	331 0527 477	441 4036 637	551 7545 796	662 1054 955	772 4564 114	882 8073 273	993 1582 432
9063	110 3387 399	220 6774 799	331 0162 198	441 3549 597	551 6936 997	662 0324 396	772 3711 795	882 7099 195	993 0486 594
9064	110 3265 666	220 6531 333	330 9796 999	441 3062 665	551 6328 332	661 9593 998	772 2859 665	882 6125 331	992 9390 997
9065	110 3143 960	220 6287 921	330 9431 881	441 2575 841	551 5719 801	661 8863 762	772 2007 722	882 5151 682	992 8295 643
9066	110 3022 281	220 6044 562	330 9066 843	441 2089 124	551 5111 405	661 8133 686	772 1155 967	882 4178 248	992 7200 529
9067	110 2900 629	220 5801 257	330 8701 886	441 1602 515	551 4503 143	661 7403 772	772 0304 401	882 3205 029	992 6105 658
9068	110 2779 003	220 5558 006	330 8337 009	441 1116 012	551 3895 015	661 6674 019	771 9453 022	882 2232 025	992 5011 028
9069	110 2657 404	220 5314 809	330 7972 213	441 0629 617	551 3287 022	661 5944 426	771 8601 830	882 1259 235	992 3916 639
9070	110 2535 832	220 5071 665	330 7607 497	441 0143 330	551 2679 162	661 5214 994	771 7750 827	882 0286 659	992 2822 492
9071	110 2414 287	220 4828 575	330 7242 862	440 9657 149	551 2071 436	661 4485 724	771 6900 011	881 9314 298	992 1728 586
9072	110 2292 769	220 4585 538	330 6878 307	440 9171 076	551 1463 845	661 3756 614	771 6049 383	881 8342 152	992 0634 921
9073	110 2171 277	220 4342 555	330 6513 832	440 8685 110	551 0856 387	661 3027 664	771 5198 942	881 7370 219	991 9541 497
9074	110 2049 813	220 4099 625	330 6149 438	440 8199 251	551 0249 063	661 2298 876	771 4348 689	881 6398 501	991 8448 314
9075	110 1928 375	220 3856 749	330 5785 124	440 7713 499	550 9641 873	661 1570 248	771 3498 623	881 5426 997	991 7355 372
9076	110 1806 963	220 3613 927	330 5420 890	440 7227 854	550 9034 817	661 0841 781	771 2648 744	881 4455 707	991 6262 671
9077	110 1685 579	220 3371 158	330 5056 737	440 6742 316	550 8427 895	661 0113 474	771 1799 053	881 3484 631	991 5170 210
9078	110 1564 221	220 3128 442	330 4692 664	440 6256 885	550 7821 106	660 9385 327	771 0949 548	881 2513 770	991 4077 991
9079	110 1442 890	220 2885 780	330 4328 671	440 5771 561	550 7214 451	660 8657 341	771 0100 231	881 1543 121	991 2986 012
9080	110 1321 586	220 2643 172	330 3964 758	440 5286 344	550 6607 930	660 7929 515	770 9251 101	881 0572 687	991 1894 273
9081	110 1200 308	220 2400 617	330 3600 925	440 4801 233	550 6001 542	660 7201 850	770 8402 158	880 9602 467	991 0802 775
9082	110 1079 057	220 2158 115	330 3237 172	440 4316 230	550 5395 287	660 6474 345	770 7553 402	880 8632 460	990 9711 517
9083	110 0957 833	220 1915 667	330 2873 500	440 3831 333	550 4789 167	660 5747 000	770 6704 833	880 7662 667	990 8620 500
9084	110 0836 636	220 1673 272	330 2509 908	440 3346 543	550 4183 179	660 5019 815	770 5856 451	880 6693 087	990 7529 723
9085	110 0715 465	220 1430 930	330 2146 395	440 2861 860	550 3577 325	660 4292 790	770 5008 255	880 5723 720	990 6439 185
9086	110 0594 321	220 1188 642	330 1782 963	440 2377 284	550 2971 605	660 3565 926	770 4160 247	880 4754 567	990 5348 888
9087	110 0473 203	220 0946 407	330 1419 610	440 1892 814	550 2366 017	660 2839 221	770 3312 424	880 3785 628	990 4258 831
9088	110 0352 113	220 0704 225	330 1056 338	440 1408 451	550 1760 563	660 2112 676	770 2464 789	880 2816 901	990 3169 014
9089	110 0231 049	220 0462 097	330 0693 146	440 0924 194	550 1155 243	660 1386 291	770 1617 340	880 1848 388	990 2079 437
9090	110 0110 011	220 0220 022	330 0330 033	440 0440 044	550 0550 055	660 0660 066	770 0770 077	880 0880 088	990 0990 099
9091	109 9989 000	219 9978 000	329 9967 000	439 9956 000	549 9945 001	659 9934 001	769 9923 001	879 9912 001	989 9901 001
9092	109 9868 016	219 9736 032	329 9604 048	439 9472 063	549 9340 079	659 9208 095	769 9076 111	879 8944 127	989 8812 143
9093	109 9747 058	219 9494 116	329 9241 175	439 8988 233	549 8735 291	659 8482 349	769 8229 407	879 7976 465	989 7723 524
9094	109 9626 127	219 9252 254	329 8878 381	439 8504 508	549 8130 636	659 7756 763	769 7382 890	879 7009 017	989 6635 144
9095	109 9505 223	219 9010 445	329 8515 668	439 8020 891	549 7526 113	659 7031 336	769 6536 559	879 6041 781	989 5547 004
9096	109 9384 345	219 8768 690	329 8153 034	439 7537 379	549 6921 724	659 6306 069	769 5690 413	879 5074 758	989 4459 103
9097	109 9263 493	219 8526 987	329 7790 480	439 7053 974	549 6317 467	659 5580 961	769 4844 454	879 4107 948	989 3371 441
9098	109 9142 669	219 8285 337	329 7428 006	439 6570 675	549 5713 344	659 4856 012	769 3998 681	879 3141 350	989 2284 018
9099	109 9021 871	219 8043 741	329 7065 612	439 6087 482	549 5109 353	659 4131 223	769 3153 094	879 2174 964	989 1196 835

	1	2	3	4	5	6	7	8	9
9100	109 8001 000	219 7802 198	329 6703 297	439 5604 396	549 4505 405	659 3406 593	769 2307 692	879 1208 791	989 0109 890
9101	109 8780 354	219 7560 708	329 6341 061	439 5121 415	549 3901 769	659 2682 123	769 1462 477	879 0242 830	988 9023 184
9102	109 8659 635	219 7319 270	329 5978 906	439 4638 541	549 3298 176	659 1957 811	769 0617 447	878 9277 082	988 7936 717
9103	109 8538 943	219 7077 886	329 5616 830	439 4155 773	549 2694 716	659 1233 659	768 9772 602	878 8311 546	988 6850 489
9104	109 8418 278	219 6836 555	329 5254 833	439 3673 111	549 2091 388	659 0509 666	768 8927 944	878 7346 221	988 5764 400
9105	109 8297 639	219 6595 277	329 4892 916	439 3190 555	549 1488 193	658 9785 832	768 8083 471	878 6381 109	988 4678 748
9106	109 8177 026	219 6354 052	329 4531 078	439 2708 105	549 0885 131	658 9062 157	768 7239 183	878 5416 209	988 3593 235
9107	109 8056 440	219 6112 880	329 4169 320	439 2225 760	549 0282 201	658 8338 641	768 6395 081	878 4451 521	988 2507 961
9108	109 7936 881	219 5871 761	329 3807 642	439 1743 522	548 9679 403	658 7615 283	768 5551 164	878 3487 044	988 1422 925
9109	109 7815 347	219 5630 695	329 3446 042	439 1261 390	548 9076 737	658 6892 085	768 4707 432	878 2522 780	988 0338 127
9110	109 7694 841	219 5389 682	329 3084 522	439 0779 363	548 8474 204	658 6169 045	768 3863 886	878 1558 727	987 9253 567
9111	109 7574 361	219 5148 721	329 2723 082	439 0297 443	548 7871 803	658 5446 164	768 3020 525	878 0594 885	987 8169 246
9112	109 7453 907	219 4907 814	329 2361 721	438 9815 628	548 7269 535	658 4723 442	768 2177 349	877 9631 255	987 7085 102
9113	109 7333 480	219 4666 959	329 2000 439	438 9333 919	548 6667 398	658 4000 878	768 1334 357	877 8667 837	987 6001 317
9114	109 7213 079	219 4426 158	329 1639 236	438 8852 315	548 6065 394	658 3278 473	768 0491 551	877 7704 630	987 4917 700
9115	109 7092 704	219 4185 409	329 1278 113	438 8370 817	548 5463 522	658 2556 226	767 9648 930	877 6741 635	987 3834 339
9116	109 6972 356	219 3944 713	329 0917 069	438 7889 425	548 4861 782	658 1834 138	767 8806 404	877 5778 850	987 2751 207
9117	109 6852 035	219 3704 069	329 0556 104	438 7408 139	548 4260 173	658 1112 208	767 7964 243	877 4816 277	987 1668 312
9118	109 6731 739	219 3463 479	329 0195 218	438 6926 958	548 3658 697	658 0390 437	767 7122 176	877 3853 915	987 0585 655
9119	109 6611 471	219 3222 941	328 9834 412	438 6445 882	548 3057 353	657 9668 823	767 6280 294	877 2891 764	986 9503 235
9120	109 6491 228	219 2982 456	328 9473 684	438 5964 912	548 2456 140	657 8947 368	767 5438 596	877 1929 825	986 8421 053
9121	109 6371 012	219 2742 024	328 9113 036	438 5484 048	548 1855 060	657 8226 072	767 4597 084	877 0968 096	986 7339 108
9122	109 6250 822	219 2501 644	328 8752 467	438 5003 289	548 1254 111	657 7504 933	767 3755 755	877 0006 578	986 6257 400
9123	109 6130 659	219 2261 318	328 8391 976	438 4522 635	548 0653 294	657 6783 953	767 2914 611	876 9045 270	986 5175 929
9124	109 6010 522	219 2021 043	328 8031 565	438 4042 087	548 0052 609	657 6063 130	767 2073 652	876 8084 174	986 4094 695
9125	109 5890 411	219 1780 822	328 7671 233	438 3561 644	547 9452 055	657 5342 466	767 1232 877	876 7123 288	986 3013 699
9126	109 5770 327	219 1540 653	328 7310 980	438 3081 306	547 8851 633	657 4621 959	767 0392 286	876 6162 612	986 1932 939
9127	109 5650 268	219 1300 537	328 6950 805	438 2601 074	547 8251 342	657 3901 611	766 9551 879	876 5202 148	986 0852 416
9128	109 5530 237	219 1060 473	328 6590 710	438 2120 947	547 7651 183	657 3181 420	766 8711 656	876 4241 893	985 9772 130
9129	109 5410 231	219 0820 462	328 6230 693	438 1640 925	547 7051 156	657 2461 387	766 7871 618	876 3281 849	985 8692 080
9130	109 5290 252	219 0580 504	328 5870 756	438 1161 008	547 6451 260	657 1741 512	766 7031 763	876 2322 015	985 7612 267
9131	109 5170 299	219 0340 598	328 5510 897	438 0681 196	547 5851 495	657 1021 794	766 6192 093	876 1362 392	985 6532 691
9132	109 5050 372	219 0100 745	328 5151 117	438 0201 489	547 5251 862	657 0302 234	766 5352 606	876 0402 979	985 5453 351
9133	109 4930 472	218 9860 944	328 4791 416	437 9721 888	547 4652 360	656 9582 831	766 4513 303	875 9443 775	985 4374 247
9134	109 4810 598	218 9621 196	328 4431 793	437 9242 391	547 4052 989	656 8863 587	766 3674 184	875 8484 782	985 3295 380
9135	109 4690 750	218 9381 500	328 4072 250	437 8762 999	547 3453 749	656 8144 409	766 2835 249	875 7525 990	985 2216 749
9136	109 4570 928	218 9141 856	328 3712 785	437 8283 713	547 2854 644	656 7425 569	766 1996 497	875 6567 426	985 1138 354
9137	109 4451 133	218 8902 266	328 3353 398	437 7804 531	547 2255 664	656 6706 797	766 1157 929	875 5609 062	985 0060 195
9138	109 4331 364	218 8662 727	328 2994 091	437 7325 454	547 1656 818	656 5988 184	766 0319 548	875 4650 908	984 8982 272
9139	109 4211 621	218 8423 241	328 2634 862	437 6846 482	547 1058 103	656 5269 723	765 9481 344	875 3692 964	984 7904 585
9140	109 4091 904	218 8183 807	328 2275 711	437 6367 615	547 0459 519	656 4551 422	765 8643 326	875 2735 230	984 6827 133
9141	109 3972 213	218 7944 426	328 1916 639	437 5888 852	546 9861 066	656 3833 279	765 7805 492	875 1777 705	984 5749 918
9142	109 3852 549	218 7705 097	328 1557 646	437 5410 195	546 9262 743	656 3115 292	765 6967 841	875 0820 389	984 4672 938
9143	109 3732 910	218 7465 821	328 1198 731	437 4931 642	546 8664 552	656 2397 463	765 6130 373	874 9863 283	984 3596 194
9144	109 3613 298	218 7226 597	328 0839 895	437 4453 193	546 8066 492	656 1679 790	765 5293 088	874 8906 387	984 2519 685
9145	109 3493 712	218 6987 425	328 0481 137	437 3974 850	546 7468 562	656 0962 274	765 4455 987	874 7949 690	984 1443 412
9146	109 3374 153	218 6748 305	328 0122 458	437 3496 611	546 6870 703	656 0244 916	765 3619 068	874 6993 221	984 0367 374
9147	109 3254 619	218 6509 238	327 9763 857	437 3018 476	546 6273 095	655 9527 714	765 2782 333	874 6036 952	983 9291 571
9148	109 3135 112	218 6270 223	327 9405 335	437 2540 446	546 5675 558	655 8810 669	765 1945 781	874 5080 892	983 8216 004
9149	109 3015 630	218 6031 260	327 9046 890	437 2062 520	546 5078 151	655 8093 781	765 1109 411	874 4125 041	983 7140 671
9150	109 2896 175	218 5792 350	327 8688 525	437 1584 699	546 4480 874	655 7377 049	765 0273 224	874 3169 399	983 6065 574
9151	109 2776 746	218 5553 491	327 8330 237	437 1106 983	546 3883 729	655 6660 474	764 9437 250	874 2213 966	983 4990 711
9152	109 2657 343	218 5314 685	327 7972 028	437 0629 371	546 3286 713	655 5944 056	764 8601 399	874 1258 741	983 3916 084
9153	109 2537 966	218 5075 931	327 7613 897	437 0151 863	546 2689 829	655 5227 794	764 7765 760	874 0303 726	983 2841 691
9154	109 2418 615	218 4837 230	327 7255 844	436 9674 459	546 2093 074	655 4511 689	764 6930 304	873 9348 919	983 1767 533
9155	109 2299 290	218 4598 580	327 6897 870	436 9197 160	546 1496 450	655 3795 740	764 6095 030	873 8394 320	983 0693 610
9156	109 2179 991	218 4359 983	327 6539 974	436 8719 965	546 0899 956	655 3079 948	764 5259 939	873 7430 930	982 9619 921
9157	109 2060 719	218 4121 437	327 6182 156	436 8242 874	546 0303 593	655 2364 311	764 4425 030	873 6485 749	982 8546 467
9158	109 1941 472	218 3882 944	327 5824 416	436 7765 888	545 9707 360	655 1648 832	764 3590 304	873 5531 776	982 7473 247
9159	109 1822 251	218 3644 503	327 5466 754	436 7289 005	545 9111 257	655 0933 508	764 2755 759	873 4578 011	982 6400 262
9160	109 1703 057	218 3406 114	327 5109 170	436 6812 227	545 8515 284	655 0218 341	764 1921 397	873 3624 454	982 5327 511
9161	109 1583 888	218 3167 776	327 4751 665	436 6335 553	545 7919 441	654 9503 329	764 1087 218	873 2671 106	982 4254 994
9162	109 1464 746	218 2929 491	327 4394 237	436 5858 983	545 7323 728	654 8788 474	764 0253 220	873 1717 966	982 3182 711
9163	109 1345 629	218 2691 258	327 4036 887	436 5382 517	545 6728 146	654 8073 775	763 9419 404	873 0765 033	982 2110 662
9164	109 1226 539	218 2453 077	327 3679 616	436 4906 155	545 6132 693	654 7359 232	763 8585 770	872 9812 309	982 1038 848
9165	109 1107 474	218 2214 948	327 3322 422	436 4429 896	545 5537 370	654 6644 844	763 7752 319	872 8859 793	981 9967 267
9166	109 0988 436	218 1976 871	327 2965 307	436 3953 742	545 4942 178	654 5930 613	763 6919 049	872 7907 484	981 8895 920
9167	109 0869 423	218 1738 846	327 2608 269	436 3477 692	545 4347 115	654 5216 538	763 6085 961	872 6955 383	981 7824 806
9168	109 0750 436	218 1500 873	327 2251 309	436 3001 745	545 3752 182	654 4502 618	763 5253 054	872 6003 490	981 6753 927
9169	109 0631 476	218 1262 951	327 1894 427	436 2525 902	545 3157 378	654 3788 854	763 4420 329	872 5051 805	981 5683 281
9170	109 0512 544	218 1025 082	327 1537 623	436 2050 164	545 2562 704	654 3075 245	763 3587 786	872 4100 327	981 4612 868
9171	109 0393 632	218 0787 264	327 1180 896	436 1574 528	545 1968 161	654 2361 793	763 2755 425	872 3149 057	981 3542 689
9172	109 0274 749	218 0549 498	327 0824 248	436 1098 907	545 1373 746	654 1648 495	763 1923 245	872 2197 994	981 2472 743
9173	109 0155 892	218 0311 785	327 0467 677	436 0623 569	545 0779 461	654 0935 354	763 1091 246	872 1247 138	981 1403 031
9174	109 0037 061	218 0074 123	327 0111 184	436 0148 245	545 0185 306	654 0222 368	763 0259 429	872 0296 490	981 0333 551
9175	108 9918 256	217 9836 512	326 9754 768	435 9673 025	544 9591 281	653 9509 537	762 9427 793	871 9346 019	980 9264 305
9176	108 9799 477	217 9598 954	326 9398 431	435 9197 908	544 8997 384	653 8796 861	762 8596 338	871 8395 815	980 8195 292
9177	108 9680 724	217 9361 447	326 9042 171	435 8722 894	544 8403 618	653 8084 341	762 7765 065	871 7445 788	980 7126 512
9178	108 9561 996	217 9123 992	326 8685 988	435 8247 984	544 7800 980	653 7371 976	762 6933 973	871 6495 969	980 6057 905
9179	108 9443 294	217 8886 589	326 8329 883	435 7773 178	544 7210 472	653 6659 767	762 6103 061	871 5546 356	980 4989 650
9180	108 9324 619	217 8649 237	326 7973 856	435 7298 475	544 6623 004	653 5947 712	762 5272 334	871 4596 950	980 3921 569
9181	108 9205 969	217 8411 938	326 7617 907	435 6823 875	544 6029 844	653 5235 813	762 4441 782	871 3647 751	980 2853 720
9182	108 9087 345	217 8174 690	326 7262 034	435 6349 379	544 5436 724	653 4524 069	762 3611 414	871 2698 758	980 1786 103
9183	108 8968 747	217 7937 493	326 6906 240	435 5874 986	544 4843 733	653 3812 480	762 2781 226	871 1749 973	980 0718 719
9184	108 8850 174	217 7700 348	326 6550 523	435 5400 697	544 4250 871	653 3101 045	762 1951 220	871 0801 394	979 9651 568
9185	108 8731 628	217 7463 255	326 6194 883	435 4926 511	544 3658 138	653 2389 766	762 1121 394	870 9853 021	979 8584 649
9186	108 8613 107	217 7226 214	326 5839 321	435 4452 428	544 3065 535	653 1678 641	762 0291 748	870 8904 855	979 7517 962
9187	108 8494 612	217 6989 224	326 5483 836	435 3978 448	544 2473 060	653 0967 672	761 9462 284	870 7956 896	979 6451 508
9188	108 8376 143	217 6752 286	326 5128 428	435 3504 571	544 1880 714	653 0256 857	761 8633 000	870 7009 142	979 5385 285
9189	108 8257 699	217 6515 399	326 4773 098	435 3030 798	544 1288 497	652 9546 197	761 7803 896	870 6061 595	979 4319 295
9190	108 8139 282	217 6278 564	326 4417 845	435 2557 127	544 0696 409	652 8835 691	761 6974 973	870 5114 285	979 3253 536
9191	108 8020 890	217 6041 780	326 4062 670	435 2083 560	544 0104 450	652 8125 340	761 6146 230	870 4167 120	979 2188 010
9192	108 7902 524	217 5805 048	326 3707 572	435 1610 096	543 9512 620	652 7415 144	761 5317 668	870 3220 191	979 1122 715
9193	108 7784 184	217 5568 367	326 3352 551	435 1136 734	543 8920 918	652 6705 102	761 4489 285	870 2273 469	979 0057 683
9194	108 7665 869	217 5331 738	326 2997 607	435 0663 476	543 8329 345	652 5995 214	761 3661 083	870 1326 952	978 8992 821
9195	108 7547 580	217 5095 160	326 2642 741	435 0190 321	543 7737 901	652 5285 481	761 2833 061	870 0380 642	978 7928 222
9196	108 7429 317	217 4858 634	326 2287 951	434 9717 268	543 7146 585	652 4575 903	761 2005 220	869 9434 537	978 6863 854
9197	108 7311 080	217 4622 159	326 1933 239	434 9244 319	543 6555 399	652 3866 478	761 1177 558	869 8488 638	978 5799 717
9198	108 7192 868	217 4385 736	326 1578 604	434 8771 472	543 5964 340	652 3157 208	761 0350 076	869 7542 914	978 4735 812
9199	108 7074 682	217 4149 364	326 1224 046	434 8298 728	543 5373 410	652 2448 092	760 9522 774	869 6597 456	978 3672 138

	1	2	3	4	5	6	7	8	9
9200	108 6956 522	217 3913 043	326 0869 565	434 7826 087	543 4782 609	652 1739 130	760 8695 652	869 5652 174	978 2608 696
9201	108 6838 387	217 3676 774	326 0515 161	434 7353 549	543 4191 936	652 1030 323	760 7868 710	869 4707 097	978 1545 484
9202	108 6720 278	217 3440 556	326 0160 835	434 6881 113	543 3601 391	652 0321 669	760 7041 947	869 3762 226	978 0482 504
9203	108 6602 195	217 3204 390	325 9806 585	434 6408 780	543 3010 975	651 9613 170	760 6215 365	869 2817 560	977 9419 755
9204	108 6484 137	217 2968 275	325 9452 412	434 5936 549	543 2420 687	651 8904 824	760 5388 061	869 1873 099	977 8357 236
9205	108 6366 105	217 2732 211	325 9098 316	434 5464 422	543 1830 527	651 8196 632	760 4562 738	869 0928 843	977 7294 948
9206	108 6248 099	217 2496 198	325 8744 297	434 4992 396	543 1240 495	651 7488 594	760 3736 693	868 9984 793	977 6232 892
9207	108 6130 118	217 2260 237	325 8390 355	434 4520 474	543 0650 592	651 6780 710	760 2910 829	868 9040 947	977 5171 066
9208	108 6012 163	217 2024 327	325 8036 490	434 4048 653	543 0060 817	651 6072 980	760 2085 143	868 8097 307	977 4109 470
9209	108 5894 234	217 1788 468	325 7682 702	434 3576 936	542 9471 170	651 5365 403	760 1259 637	868 7153 871	977 3048 105
9210	108 5776 330	217 1552 660	325 7328 990	434 3105 320	542 8881 650	651 4657 980	760 0434 311	868 6210 641	977 1986 971
9211	108 5658 462	217 1316 904	325 6975 356	434 2633 807	542 8292 259	651 3950 711	759 9609 163	868 5267 615	977 0926 067
9212	108 5540 599	217 1081 198	325 6621 798	434 2162 397	542 7702 996	651 3243 595	759 8784 195	868 4324 794	976 9865 393
9213	108 5422 772	217 0845 544	325 6268 317	434 1691 089	542 7113 861	651 2536 633	759 7959 405	868 3382 177	976 8804 950
9214	108 5304 971	217 0609 941	325 5914 912	434 1219 883	542 6524 854	651 1829 824	759 7134 795	868 2439 766	976 7744 736
9215	108 5187 195	217 0374 390	325 5561 584	434 0748 779	542 5935 974	651 1123 169	759 6310 364	868 1497 558	976 6684 753
9216	108 5069 444	217 0138 889	325 5208 333	434 0277 778	542 5347 222	651 0416 667	759 5486 111	868 0555 556	976 5625 000
9217	108 4951 720	216 9903 439	325 4855 159	433 9806 879	542 4758 598	650 9710 318	759 4662 038	867 9613 757	976 4565 477
9218	108 4834 020	216 9668 041	325 4502 061	433 9336 082	542 4170 102	650 9004 122	759 3838 143	867 8672 163	976 3506 184
9219	108 4716 347	216 9432 693	325 4149 040	433 8865 387	542 3581 733	650 8298 080	759 3014 427	867 7730 773	976 2447 120
9220	108 4598 698	216 9197 397	325 3796 095	433 8394 704	542 2993 402	650 7592 191	759 2190 889	867 6789 588	976 1388 286
9221	108 4481 076	216 8962 152	325 3443 227	433 7924 303	542 2405 379	650 6886 455	759 1367 531	867 5848 606	976 0329 682
9222	108 4363 479	216 8726 957	325 3090 436	433 7453 915	542 1817 393	650 6180 872	759 0544 350	867 4907 829	975 9271 308
9223	108 4245 907	216 8491 814	325 2737 721	433 6983 628	542 1229 535	650 5475 442	758 9721 349	867 3967 256	975 8213 163
9224	108 4128 361	216 8256 722	325 2385 082	433 6513 443	542 0641 804	650 4770 165	758 8898 526	867 3026 880	975 7155 247
9225	108 4010 840	216 8021 680	325 2032 520	433 6043 360	542 0054 201	650 4065 041	758 8075 881	867 2086 721	975 6097 561
9226	108 3893 345	216 7786 690	325 1680 035	433 5573 380	541 9466 724	650 3360 069	758 7253 414	867 1146 759	975 5040 104
9227	108 3775 875	216 7551 750	325 1327 625	433 5103 501	541 8879 376	650 2655 251	758 6431 126	867 0207 001	975 3982 876
9228	108 3658 431	216 7316 862	325 0975 293	433 4633 723	541 8292 154	650 1950 585	758 5609 016	866 9267 447	975 2925 878
9229	108 3541 012	216 7082 024	325 0623 036	433 4164 048	541 7705 060	650 1246 072	758 4787 084	866 8328 096	975 1869 108
9230	108 3423 619	216 6847 237	325 0270 856	433 3694 475	541 7118 093	650 0541 712	758 3965 330	866 7388 949	975 0812 568
9231	108 3306 251	216 6612 501	324 9918 752	433 3225 003	541 6531 253	649 9837 504	758 3143 755	866 6450 005	974 9756 256
9232	108 3188 908	216 6377 816	324 9566 724	433 2755 633	541 5944 541	649 9133 449	758 2322 357	866 5511 265	974 8700 173
9233	108 3071 591	216 6143 182	324 9214 773	433 2286 364	541 5357 955	649 8429 546	758 1501 137	866 4572 728	974 7644 319
9234	108 2954 299	216 5908 599	324 8862 898	433 1817 197	541 4771 497	649 7725 796	758 0680 095	866 3634 395	974 6588 694
9235	108 2837 033	216 5674 066	324 8511 099	433 1348 132	541 4185 165	649 7022 198	757 9859 231	866 2696 264	974 5533 297
9236	108 2719 792	216 5439 584	324 8159 376	433 0879 168	541 3598 961	649 6318 753	757 9038 545	866 1758 337	974 4478 129
9237	108 2602 577	216 5205 153	324 7807 730	433 0410 306	541 3012 883	649 5615 460	757 8218 036	866 0820 613	974 3423 189
9238	108 2485 386	216 4970 773	324 7456 159	432 9941 546	541 2426 932	649 4912 319	757 7397 703	865 9883 092	974 2368 478
9239	108 2368 222	216 4736 443	324 7104 665	432 9472 887	541 1841 108	649 4209 330	757 6577 552	865 8945 773	974 1313 995
9240	108 2251 082	216 4502 165	324 6753 247	432 9004 329	541 1255 411	649 3506 494	757 5757 576	865 8008 658	974 0259 740
9241	108 2133 968	216 4267 936	324 6401 905	432 8535 873	541 0669 841	649 2803 809	757 4937 777	865 7071 746	973 9205 714
9242	108 2016 879	216 4033 759	324 6050 638	432 8067 518	541 0084 397	649 2101 277	757 4118 156	865 6135 036	973 8151 915
9243	108 1899 816	216 3799 632	324 5699 448	432 7599 264	540 9499 080	649 1398 896	757 3298 713	865 5198 529	973 7098 345
9244	108 1782 778	216 3565 556	324 5348 334	432 7131 112	540 8913 890	649 0696 668	757 2479 446	865 4262 224	973 6045 002
9245	108 1665 765	216 3331 531	324 4997 296	432 6663 061	540 8328 826	648 9994 592	757 1660 357	865 3326 122	973 4991 888
9246	108 1548 778	216 3097 556	324 4646 334	432 6195 111	540 7743 889	648 9292 667	757 0841 445	865 2390 223	973 3939 001
9247	108 1431 816	216 2863 631	324 4295 447	432 5737 263	540 7159 079	648 8590 894	757 0022 710	865 1454 526	973 2886 341
9248	108 1314 879	216 2629 758	324 3944 637	432 5259 516	540 6574 394	648 7889 273	756 9204 152	865 0519 031	973 1833 910
9249	108 1197 967	216 2395 935	324 3593 902	432 4791 869	540 5989 837	648 7187 804	756 8385 771	864 9583 739	973 0781 706
9250	108 1081 081	216 2162 162	324 3243 243	432 4324 324	540 5405 405	648 6486 486	756 7567 568	864 8648 649	972 9729 730
9251	108 0964 220	216 1928 440	324 2892 660	432 3856 880	540 4821 100	648 5785 321	756 6749 541	864 7713 761	972 8677 981
9252	108 0847 384	216 1694 769	324 2542 153	432 3389 537	540 4236 922	648 5084 306	756 5931 690	864 6779 075	972 7626 459
9253	108 0730 574	216 1461 148	324 2191 722	432 2922 295	540 3652 869	648 4383 443	756 5114 017	864 5844 591	972 6575 165
9254	108 0613 789	216 1227 577	324 1841 366	432 2455 155	540 3068 943	648 3682 732	756 4296 520	864 4910 309	972 5524 098
9255	108 0497 029	216 0994 057	324 1491 086	432 1988 115	540 2485 143	648 2982 172	756 3479 200	864 3976 229	972 4473 258
9256	108 0380 294	216 0760 588	324 1140 882	432 1521 175	540 1901 460	648 2281 763	756 2662 057	864 3042 351	972 3422 645
9257	108 0263 584	216 0527 169	324 0790 753	432 1054 337	540 1317 922	648 1581 506	756 1845 090	864 2108 675	972 2372 259
9258	108 0146 900	216 0293 800	324 0440 700	432 0587 600	540 0734 500	648 0881 400	756 1028 300	864 1175 200	972 1322 100
9259	108 0030 241	216 0060 482	324 0090 723	432 0120 963	540 0151 204	648 0181 445	756 0211 686	864 0241 927	972 0272 168
9260	107 9913 607	215 9827 214	323 9740 821	431 9654 428	539 9568 035	647 9481 641	755 9395 248	863 9308 855	971 9222 462
9261	107 9796 998	215 9593 996	323 9390 994	431 9187 993	539 8984 991	647 8781 989	755 8578 987	863 8375 985	971 8172 983
9262	107 9680 415	215 9360 829	323 9041 244	431 8721 658	539 8402 073	647 8082 488	755 7762 902	863 7443 317	971 7123 731
9263	107 9563 856	215 9127 712	323 8691 569	431 8255 425	539 7819 281	647 7383 137	755 6946 993	863 6510 850	971 6074 706
9264	107 9447 323	215 8894 646	323 8341 969	431 7789 292	539 7236 615	647 6683 938	755 6131 261	863 5578 584	971 5025 907
9265	107 9330 815	215 8661 630	323 7992 445	431 7323 260	539 6654 074	647 5984 889	755 5315 704	863 4646 519	971 3977 334
9266	107 9214 332	215 8428 664	323 7642 996	431 6857 328	539 6071 660	647 5285 992	755 4500 324	863 3714 656	971 2928 988
9267	107 9097 874	215 8195 748	323 7293 623	431 6391 497	539 5489 371	647 4587 245	755 3685 119	863 2782 993	971 1880 868
9268	107 8981 442	215 7962 883	323 6944 325	431 5925 766	539 4907 208	647 3888 649	755 2870 091	863 1851 532	971 0832 974
9269	107 8865 034	215 7730 068	323 6595 102	431 5460 136	539 4325 170	647 3190 204	755 2055 238	863 0920 272	970 9785 306
9270	107 8748 652	215 7497 303	323 6245 955	431 4994 606	539 3743 258	647 2491 909	755 1240 561	862 9989 212	970 8737 864
9271	107 8632 294	215 7264 580	323 5896 883	431 4529 177	539 3161 471	647 1793 766	755 0426 060	862 9058 354	970 7690 648
9272	107 8515 962	215 7031 924	323 5547 886	431 4063 848	539 2579 810	647 1095 772	754 9611 734	862 8127 696	970 6643 658
9273	107 8399 655	215 6799 310	323 5198 965	431 3598 620	539 1998 275	647 0397 929	754 8797 584	862 7197 239	970 5596 894
9274	107 8283 373	215 6566 746	323 4850 119	431 3133 401	539 1416 864	646 9700 237	754 7983 610	862 6266 983	970 4550 356
9275	107 8167 116	215 6334 232	323 4501 348	431 2668 461	539 0835 580	646 9002 605	754 7169 811	862 5336 927	970 3504 043
9276	107 8050 884	215 6101 768	323 4152 652	431 2203 536	539 0254 420	646 8305 304	754 6356 188	862 4407 072	970 2457 956
9277	107 7934 677	215 5869 354	323 3804 031	431 1738 709	538 9673 386	646 7608 063	754 5542 740	862 3477 417	970 1412 094
9278	107 7818 495	215 5636 991	323 3455 486	431 1273 981	538 9092 477	646 6910 972	754 4729 468	862 2547 963	970 0366 458
9279	107 7702 339	215 5404 677	323 3107 016	431 0809 354	538 8511 693	646 6214 032	754 3916 370	862 1618 709	969 9321 047
9280	107 7586 207	215 5172 414	323 2758 621	431 0344 828	538 7931 035	646 5517 241	754 3103 448	862 0689 655	969 8275 862
9281	107 7470 100	215 4940 200	323 2410 301	430 9880 401	538 7350 501	646 4820 601	754 2290 701	861 9760 802	969 7230 902
9282	107 7354 019	215 4708 037	323 2062 056	430 9416 074	538 6770 093	646 4124 111	754 1478 130	861 8832 148	969 6186 167
9283	107 7237 962	215 4475 924	323 1713 886	430 8951 847	538 6189 809	646 3427 771	754 0665 733	861 7903 695	969 5141 657
9284	107 7121 930	215 4243 860	323 1365 791	430 8487 721	538 5609 651	646 2731 581	753 9853 511	861 6975 442	969 4097 372
9285	107 7005 924	215 4011 847	323 1017 771	430 8023 694	538 5029 618	646 2035 544	753 9041 465	861 6047 388	969 3053 312
9286	107 6889 942	215 3779 884	323 0669 826	430 7559 767	538 4449 709	646 1339 651	753 8229 593	861 5119 535	969 2009 477
9287	107 6773 985	215 3547 970	323 0321 955	430 7095 941	538 3869 926	646 0643 911	753 7417 896	861 4191 881	969 0965 866
9288	107 6658 053	215 3316 107	322 9974 160	430 6632 214	538 3290 267	645 9948 320	753 6606 374	861 3264 427	968 9922 481
9289	107 6542 147	215 3084 293	322 9626 440	430 6168 587	538 2710 733	645 9252 880	753 5795 026	861 2337 173	968 8879 320
9290	107 6426 265	215 2852 530	322 9278 794	430 5705 059	538 2131 324	645 8557 589	753 4983 854	861 1410 118	968 7836 383
9291	107 6310 408	215 2620 816	322 8931 224	430 5241 632	538 1552 040	645 7862 448	753 4172 856	861 0483 263	968 6793 671
9292	107 6194 576	215 2389 152	322 8583 728	430 4778 304	538 0972 880	645 7167 456	753 3362 032	860 9556 608	968 5751 184
9293	107 6078 769	215 2157 538	322 8236 307	430 4315 076	538 0393 845	645 6472 614	753 2551 383	860 8630 152	968 4708 921
9294	107 5962 987	215 1925 974	322 7888 961	430 3851 947	537 9814 934	645 5777 921	753 1740 908	860 7703 895	968 3666 882
9295	107 5847 230	215 1694 459	322 7541 689	430 3388 919	537 9236 148	645 5083 378	753 0930 608	860 6777 838	968 2625 067
9296	107 5731 497	215 1462 995	322 7194 492	430 2925 990	537 8657 487	645 4388 985	753 0120 482	860 5851 979	968 1583 477
9297	107 5615 790	215 1231 580	322 6847 370	430 2463 160	537 8078 950	645 3694 740	752 9310 530	860 4926 320	968 0542 110
9298	107 5500 108	215 1000 215	322 6500 323	430 2000 430	537 7500 538	645 3000 645	752 8500 753	860 4000 860	967 9500 968
9299	107 5384 450	215 0768 900	322 6153 350	430 1537 800	537 6922 250	645 2306 700	752 7691 150	860 3075 600	967 8460 050

25

	1	2	3	4	5	6	7	8	9
9300	107 5208 817	215 0537 634	322 5806 452	430 1075 269	537 6344 086	645 1612 903	752 6881 720	860 2150 538	967 7419 355
9301	107 5153 209	215 0306 419	322 5459 628	430 0612 837	537 5766 047	645 0919 256	752 6072 465	860 1225 675	967 6378 884
9302	107 5037 636	215 0075 253	322 5112 879	430 0150 505	537 5188 132	645 0225 758	752 5263 384	860 0301 011	967 5338 637
9303	107 4922 068	214 9844 136	322 4766 204	429 9688 273	537 4610 341	644 9532 409	752 4454 477	859 9376 545	967 4298 613
9304	107 4806 535	214 9613 070	322 4419 604	429 9226 139	537 4032 674	644 8839 209	752 3645 744	859 8452 279	967 3258 813
9305	107 4691 026	214 9382 053	322 4073 079	429 8764 105	537 3455 132	644 8146 158	752 2837 184	859 7528 211	967 2219 237
9306	107 4575 543	214 9151 085	322 3726 628	429 8302 171	537 2877 713	644 7453 256	752 2028 790	859 6604 341	967 1179 384
9307	107 4460 084	214 8920 168	322 3380 251	429 7840 335	537 2300 419	644 6760 503	752 1220 587	859 5680 670	967 0140 754
9308	107 4344 650	214 8689 300	322 3033 949	429 7378 599	537 1723 249	644 6067 899	752 0412 548	859 4757 198	966 9101 848
9309	107 4229 241	214 8458 481	322 2687 722	429 6916 962	537 1146 203	644 5375 443	751 9604 684	859 3833 924	966 8063 165
9310	107 4113 856	214 8227 712	322 2341 568	429 6455 424	537 0569 280	644 4683 136	751 8796 992	859 2910 849	966 7024 705
9311	107 3998 496	214 7996 993	322 1995 489	429 5993 586	536 9992 482	644 3990 978	751 7989 475	859 1987 971	966 5986 468
9312	107 3883 162	214 7766 323	322 1649 485	429 5532 646	536 9415 808	644 3298 969	751 7182 131	859 1065 292	966 4948 454
9313	107 3767 851	214 7535 703	322 1303 554	429 5071 406	536 8839 257	644 2607 108	751 6374 960	859 0142 811	966 3910 663
9314	107 3652 586	214 7305 132	322 0957 698	429 4610 264	536 8262 830	644 1915 396	751 5567 962	858 9220 528	966 2873 094
9315	107 3537 305	214 7074 611	322 0611 916	429 4149 222	536 7686 527	644 1223 833	751 4761 138	858 8298 443	966 1835 749
9316	107 3422 070	214 6844 139	322 0266 209	429 3688 278	536 7110 348	644 0532 417	751 3954 487	858 7376 556	966 0798 626
9317	107 3306 858	214 6613 717	321 9920 575	429 3227 434	536 6534 292	643 9841 151	751 3148 009	858 6454 867	965 9761 726
9318	107 3191 672	214 6383 344	321 9575 016	429 2766 688	536 5958 360	643 9150 032	751 2341 704	858 5533 376	965 8725 048
9319	107 3076 510	214 6153 021	321 9229 531	429 2306 041	536 5382 552	643 8459 062	751 1535 572	858 4612 083	965 7688 593
9320	107 2961 373	214 5922 747	321 8884 120	429 1845 494	536 4806 867	643 7768 240	751 0729 614	858 3690 987	965 6652 361
9321	107 2846 261	214 5692 522	321 8538 783	429 1385 045	536 4231 306	643 7077 567	750 9923 828	858 2770 089	965 5616 350
9322	107 2731 174	214 5462 347	321 8193 521	429 0924 694	536 3655 868	643 6386 664	750 9118 215	858 1849 389	965 4580 562
9323	107 2616 111	214 5232 221	321 7848 332	429 0464 443	536 3080 553	643 5696 664	750 8312 775	858 0928 886	965 3544 996
9324	107 2501 073	214 5002 145	321 7503 218	429 0004 290	536 2505 363	643 5006 664	750 7507 508	858 0008 580	965 2509 653
9325	107 2386 059	214 4772 118	321 7158 177	428 9544 236	536 1930 295	643 4316 354	750 6702 413	857 9088 472	965 1474 531
9326	107 2271 070	214 4542 140	321 6813 210	428 9084 281	536 1355 331	643 3626 491	750 5897 491	857 8168 561	965 0439 631
9327	107 2156 106	214 4312 212	321 6468 318	428 8624 424	536 0780 530	643 2936 636	750 5092 742	857 7248 847	964 9404 953
9328	107 2041 166	214 4082 333	321 6123 499	428 8164 666	536 0205 832	643 2246 998	750 4288 165	857 6329 331	964 8370 497
9329	107 1926 251	214 3852 503	321 5778 754	428 7705 006	535 9631 257	643 1557 509	750 3483 760	857 5410 012	964 7336 263
9330	107 1811 361	214 3622 722	321 5434 084	428 7245 445	535 9056 806	643 0868 167	750 2679 528	857 4490 890	964 6302 251
9331	107 1696 496	214 3392 991	321 5089 487	428 6785 982	535 8482 478	643 0178 973	750 1875 469	857 3571 964	964 5268 460
9332	107 1581 655	214 3163 309	321 4744 964	428 6326 618	535 7908 273	642 9489 927	750 1071 582	857 2653 236	964 4234 891
9333	107 1466 838	214 2933 676	321 4400 514	428 5867 352	535 7334 191	642 8801 029	750 0267 867	857 1734 705	964 3201 543
9334	107 1352 046	214 2704 093	321 4056 139	428 5408 185	535 6760 231	642 8112 278	749 9464 324	857 0816 370	964 2168 417
9335	107 1237 279	214 2474 558	321 3711 837	428 4949 116	535 6186 395	642 7423 674	749 8660 953	856 9898 232	964 1135 512
9336	107 1122 536	214 2245 073	321 3367 609	428 4490 146	535 5612 682	642 6735 219	749 7857 755	856 8980 291	964 0102 828
9337	107 1007 818	214 2015 637	321 3023 455	428 4031 273	535 5039 092	642 6046 910	749 7054 729	856 8062 547	963 9070 365
9338	107 0893 125	214 1786 250	321 2679 375	428 3572 499	535 4465 024	642 5358 749	749 6251 874	856 7144 999	963 8038 124
9339	107 0778 456	214 1556 912	321 2335 368	428 3113 824	535 3892 280	642 4670 736	749 5449 192	856 6227 648	963 7006 103
9340	107 0663 812	214 1327 623	321 1991 435	428 2655 246	535 3319 058	642 3982 869	749 4646 681	856 5310 492	963 5974 304
9341	107 0549 192	214 1098 383	321 1647 575	428 2196 767	535 2745 959	642 3295 150	749 3844 342	856 4393 534	963 4942 726
9342	107 0434 596	214 0869 193	321 1303 789	428 1738 386	535 2172 982	642 2607 579	749 3042 175	856 3476 772	963 3911 368
9343	107 0320 026	214 0640 051	321 0960 077	428 1280 103	535 1600 128	642 1920 154	749 2240 180	856 2560 206	963 2880 231
9344	107 0205 479	214 0410 959	321 0616 438	428 0821 918	535 1027 397	642 1232 877	749 1438 356	856 1643 836	963 1849 315
9345	107 0090 958	214 0181 915	321 0272 873	428 0363 831	535 0454 789	642 0545 746	749 0636 704	856 0727 662	963 0818 620
9346	106 9976 461	213 9952 921	320 9929 382	427 9905 842	534 9882 303	641 9858 763	748 9835 224	855 9811 684	962 9788 145
9347	106 9861 988	213 9723 976	320 9585 963	427 9447 951	534 9309 939	641 9171 927	748 9033 915	855 8895 902	962 8757 890
9348	106 9747 510	213 9495 079	320 9242 619	427 8990 158	534 8737 698	641 8485 237	748 8232 777	855 7980 317	962 7727 856
9349	106 9633 116	213 9266 232	320 8899 348	427 8532 463	534 8165 579	641 7798 695	748 7431 811	855 7064 927	962 6698 043
9350	106 9518 717	213 9037 433	320 8556 150	427 8074 866	534 7593 583	641 7112 299	748 6631 016	855 6149 733	962 5668 449
9351	106 9404 342	213 8808 684	320 8213 025	427 7617 367	534 7021 709	641 6426 051	748 5830 392	855 5234 734	962 4639 076
9352	106 9289 991	213 8579 983	320 7869 974	427 7150 966	534 6449 957	641 5739 949	748 5029 940	855 4319 932	962 3609 923
9353	106 9175 666	213 8351 331	320 7526 997	427 6702 662	534 5878 328	641 5053 993	748 4229 659	855 3405 324	962 2580 990
9354	106 9061 364	213 8122 728	320 7184 092	427 6245 456	534 5306 821	641 4368 185	748 3429 549	855 2490 913	962 1552 277
9355	106 8947 087	213 7894 174	320 6841 261	427 5788 348	534 4735 436	641 3682 523	748 2629 610	855 1576 697	962 0523 784
9356	106 8832 835	213 7665 669	320 6498 504	427 5331 338	534 4164 173	641 2997 007	748 1829 842	855 0662 676	961 9495 511
9357	106 8718 606	213 7437 213	320 6155 819	427 4874 426	534 3593 032	641 2311 638	748 1030 245	854 9748 851	961 8467 458
9358	106 8604 403	213 7208 805	320 5813 208	427 4417 611	534 3022 013	641 1626 416	748 0230 819	854 8835 221	961 7439 625
9359	106 8490 223	213 6980 447	320 5470 670	427 3960 893	534 2451 117	641 0941 340	747 9431 563	854 7921 786	961 6412 010
9360	106 8376 068	213 6752 137	320 5128 205	427 3504 274	534 1880 342	641 0256 410	747 8632 479	854 7008 547	961 5384 615
9361	106 8261 938	213 6523 876	320 4785 813	427 3047 751	534 1309 089	640 9571 627	747 7833 565	854 6095 503	961 4357 440
9362	106 8147 832	213 6295 663	320 4443 495	427 2591 327	534 0739 158	640 8886 990	747 7034 822	854 5182 653	961 3330 485
9363	106 8033 750	213 6067 500	320 4101 250	427 2134 999	534 0168 749	640 8202 499	747 6236 249	854 4269 999	961 2303 740
9364	106 7919 692	213 5839 385	320 3759 077	427 1678 770	533 9598 462	640 7518 155	747 5437 847	854 3357 540	961 1277 232
9365	106 7805 659	213 5611 319	320 3416 978	427 1222 637	533 9028 297	640 6833 956	747 4639 616	854 2445 275	961 0250 934
9366	106 7691 651	213 5383 301	320 3074 952	427 0766 603	533 8458 253	640 6149 904	747 3841 555	854 1533 205	960 9224 856
9367	106 7577 666	213 5155 333	320 2732 099	427 0310 665	533 7888 331	640 5465 998	747 3043 664	854 0621 330	960 8198 997
9368	106 7463 706	213 4927 412	320 2391 119	426 9854 825	533 7318 531	640 4782 237	747 2245 944	853 9709 680	960 7173 356
9369	106 7349 771	213 4699 541	320 2049 312	426 9399 082	533 6748 853	640 4098 623	747 1448 394	853 8798 164	960 6147 935
9370	106 7235 859	213 4471 718	320 1707 577	426 8943 437	533 6179 296	640 3415 155	747 0651 014	853 7886 873	960 5122 732
9371	106 7121 972	213 4243 944	320 1365 916	426 8487 888	533 5609 800	640 2731 832	746 9853 804	853 6975 776	960 4097 748
9372	106 7008 109	213 4016 219	320 1024 328	426 8032 437	533 5040 546	640 2048 656	746 9056 765	853 6064 874	960 3072 983
9373	106 6894 271	213 3788 542	320 0682 812	426 7577 083	533 4471 354	640 1365 625	746 8259 895	853 5154 106	960 2048 437
9374	106 6780 457	213 3560 913	320 0341 370	426 7121 826	533 3902 283	640 0682 739	746 7463 196	853 4243 653	960 1024 109
9375	106 6666 667	213 3333 333	320 0000 000	426 6666 667	533 3333 333	640 0000 000	746 6666 667	853 3333 333	960 0000 000
9376	106 6552 901	213 3105 802	319 9658 703	426 6211 604	533 2764 505	639 9317 406	746 5870 307	853 2423 208	959 8976 109
9377	106 6439 160	213 2878 319	319 9317 479	426 5756 639	533 2195 798	639 8634 958	746 5074 117	853 1513 277	959 7952 437
9378	106 6325 443	213 2650 885	319 8976 328	426 5301 770	533 1627 213	639 7952 655	746 4278 098	853 0603 540	959 6928 983
9379	106 6211 750	213 2423 499	319 8635 249	426 4846 009	533 1058 748	639 7270 498	746 3482 248	852 9693 997	959 5905 747
9380	106 6098 081	213 2196 162	319 8294 243	426 4392 324	533 0490 405	639 6588 486	746 2686 567	852 8784 648	959 4882 729
9381	106 5984 437	213 1968 873	319 7953 310	426 3937 747	532 9922 183	639 5906 620	746 1891 056	852 7875 493	959 3859 930
9382	106 5870 816	213 1741 633	319 7612 449	426 3483 266	532 9354 082	639 5224 899	746 1095 715	852 6966 532	959 2837 348
9383	106 5757 221	213 1514 441	319 7271 662	426 3028 882	532 8786 103	639 4543 323	746 0300 544	852 6057 764	959 1814 985
9384	106 5643 649	213 1287 298	319 6930 946	426 2574 595	532 8218 214	639 3861 893	745 9505 541	852 5149 190	959 0792 839
9385	106 5530 101	213 1060 202	319 6590 304	426 2120 405	532 7650 506	639 3180 607	745 8710 709	852 4240 810	958 9770 911
9386	106 5416 578	213 0833 156	319 6249 734	426 1666 312	532 7082 889	639 2499 467	745 7916 045	852 3332 623	958 8749 201
9387	106 5303 079	213 0606 157	319 5909 236	426 1212 315	532 6515 394	639 1818 472	745 7121 551	852 2424 630	958 7727 709
9388	106 5189 604	213 0379 208	319 5568 811	426 0758 415	532 5948 019	639 1137 623	745 6327 226	852 1516 830	958 6706 434
9389	106 5076 153	213 0152 306	319 5228 459	426 0304 612	532 5380 765	639 0456 918	745 5533 071	852 0609 224	958 5685 377
9390	106 4962 726	212 9925 453	319 4888 179	425 9850 905	532 4813 632	638 9776 358	745 4739 084	851 9701 810	958 4664 537
9391	106 4849 324	212 9698 648	319 4547 971	425 9397 295	532 4246 610	638 9095 943	745 3945 267	851 8794 591	958 3643 914
9392	106 4735 945	212 9471 891	319 4207 836	425 8943 782	532 3679 727	638 8415 073	745 3151 618	851 7887 564	958 2623 509
9393	106 4622 591	212 9245 183	319 3867 774	425 8490 366	532 3112 956	638 7735 548	745 2358 139	851 6980 730	958 1603 322
9394	106 4509 261	212 9018 522	319 3527 784	425 8037 045	532 2546 306	638 7055 567	745 1564 829	851 6074 090	958 0583 351
9395	106 4395 955	212 8791 911	319 3187 866	425 7583 821	532 1979 777	638 6375 732	745 0771 687	851 5167 642	957 9563 598
9396	106 4282 673	212 8565 347	319 2848 020	425 7130 694	532 1413 367	638 5696 041	744 9978 714	851 4261 388	957 8544 061
9397	106 4169 416	212 8338 832	319 2508 247	425 6677 663	532 0847 079	638 5016 495	744 9185 910	851 3355 326	957 7524 742
9398	106 4056 182	212 8112 364	319 2168 547	425 6224 729	532 0280 911	638 4337 093	744 8393 275	851 2449 457	957 6505 640
9399	106 3942 973	212 7885 945	319 1828 918	425 5771 891	531 9714 863	638 3657 836	744 7600 809	851 1543 781	957 5486 754

	1	2	3	4	5	6	7	8	9
9400	106 3829 787	212 7659 574	319 1489 362	425 5319 149	531 9148 936	638 2978 723	744 6808 511	851 0638 298	957 4468 085
9401	106 3716 626	212 7433 252	319 1149 878	425 4866 504	531 8583 129	638 2299 755	744 6016 381	850 9733 007	957 3449 633
9402	106 3603 489	212 7206 977	319 0810 466	425 4413 954	531 8017 443	638 1620 932	744 5224 420	850 8827 909	957 2431 398
9403	106 3490 375	212 6980 751	319 0471 126	425 3961 502	531 7451 877	638 0942 252	744 4432 628	850 7923 003	957 1413 379
9404	106 3377 286	212 6754 573	319 0131 859	425 3509 145	531 6886 431	638 0263 718	744 3641 004	850 7018 290	957 0395 576
9405	106 3264 221	212 6528 442	318 9792 663	425 3056 888	531 6321 106	637 9585 327	744 2849 548	850 6113 769	956 9377 990
9406	106 3151 180	212 6302 360	318 9453 540	425 2604 720	531 5755 901	637 8907 081	744 2058 261	850 5209 441	956 8360 621
9407	106 3038 163	212 6076 326	318 9114 489	425 2152 652	531 5190 815	637 8228 978	744 1267 141	850 4305 305	956 7343 468
9408	106 2925 170	212 5850 340	318 8775 510	425 1700 680	531 4625 850	637 7551 020	744 0476 190	850 3401 361	956 6326 531
9409	106 2812 201	212 5624 402	318 8436 603	425 1248 804	531 4061 005	637 6873 206	743 9685 408	850 2497 609	956 5309 810
9410	106 2699 256	212 5398 512	318 8097 768	425 0797 024	531 3496 281	637 6195 537	743 8894 793	850 1594 049	956 4293 305
9411	106 2586 335	212 5172 670	318 7759 005	425 0345 341	531 2931 676	637 5518 011	743 8104 346	850 0690 681	956 3277 016
9412	106 2473 438	212 4946 876	318 7420 345	424 9893 753	531 2367 191	637 4840 629	743 7314 067	849 9787 505	956 2260 944
9413	106 2360 565	212 4721 130	318 7081 696	424 9442 261	531 1802 826	637 4163 391	743 6523 956	849 8884 521	956 1245 087
9414	106 2247 716	212 4495 432	318 6743 149	424 8990 805	531 1238 581	637 3486 297	743 5734 013	849 7981 729	956 0229 446
9415	106 2134 891	212 4269 782	318 6404 673	424 8539 565	531 0674 456	637 2809 347	743 4944 238	849 7079 129	955 9214 020
9416	106 2022 090	212 4044 180	318 6066 270	424 8088 360	531 0110 450	637 2132 540	743 4154 630	849 6176 720	955 8198 811
9417	106 1909 313	212 3818 626	318 5727 939	424 7637 252	530 9546 565	637 1455 878	743 3365 191	849 5274 501	955 7183 817
9418	106 1796 560	212 3593 120	318 5389 679	424 7186 239	530 8982 799	637 0779 359	743 2575 918	849 4372 478	955 6169 038
9419	106 1683 831	212 3367 661	318 5051 492	424 6735 322	530 8419 153	637 0102 983	743 1786 814	849 3470 644	955 5154 475
9420	106 1571 125	212 3142 251	318 4713 376	424 6284 501	530 7855 626	636 9426 752	743 0997 877	849 2569 002	955 4140 127
9421	106 1458 444	212 2916 888	318 4375 332	424 5833 776	530 7292 220	636 8750 663	743 0209 107	849 1667 551	955 3125 995
9422	106 1345 786	212 2691 573	318 4037 359	424 5383 146	530 6728 932	636 8074 719	742 9420 505	849 0766 292	955 2112 078
9423	106 1233 153	212 2466 306	318 3699 459	424 4932 612	530 6165 765	636 7398 918	742 8632 070	848 9865 223	955 1098 376
9424	106 1120 543	212 2241 087	318 3361 630	424 4482 173	530 5602 716	636 6723 260	742 7843 803	848 8964 346	955 0084 890
9425	106 1007 958	212 2015 915	318 3023 873	424 4031 830	530 5039 788	636 6047 745	742 7055 703	848 8063 660	954 9071 618
9426	106 0895 396	212 1790 791	318 2686 187	424 3581 583	530 4476 979	636 5372 374	742 6267 770	848 7163 166	954 8058 561
9427	106 0782 858	212 1565 716	318 2348 573	424 3131 431	530 3914 289	636 4697 147	742 5480 004	848 6262 868	954 7045 720
9428	106 0670 344	212 1340 687	318 2011 031	424 2681 375	530 3351 718	636 4022 062	742 4692 406	848 5362 749	954 6033 093
9429	106 0557 853	212 1115 707	318 1673 560	424 2231 414	530 2789 267	636 3347 121	742 3904 974	848 4462 827	954 5020 681
9430	106 0445 387	212 0890 774	318 1336 161	424 1781 548	530 2226 935	636 2672 322	742 3117 709	848 3563 096	954 4008 484
9431	106 0332 945	212 0665 889	318 0998 834	424 1331 778	530 1664 723	636 1997 607	742 2330 612	848 2663 556	954 2996 501
9432	106 0220 526	212 0441 052	318 0661 578	424 0882 103	530 1102 629	636 1323 155	742 1543 681	848 1764 207	954 1984 733
9433	106 0108 131	212 0216 262	318 0324 393	424 0432 524	530 0540 655	636 0648 786	742 0756 917	848 0865 048	954 0973 179
9434	105 9995 760	211 9991 520	317 9987 280	423 9983 040	529 9978 800	635 9974 560	741 9970 320	847 9966 080	953 9961 840
9435	105 9883 413	211 9766 826	317 9650 238	423 9533 651	529 9417 064	635 9300 477	741 9183 890	847 9067 303	953 8950 715
9436	105 9771 089	211 9542 179	317 9313 268	423 9084 358	529 8855 447	635 8626 537	741 8397 626	847 8168 716	953 7939 805
9437	105 9658 790	211 9317 580	317 8976 370	423 8635 159	529 8293 949	635 7952 739	741 7611 529	847 7270 319	953 6929 109
9438	105 9546 514	211 9093 028	317 8639 542	423 8186 056	529 7732 585	635 7279 085	741 6825 599	847 6372 113	953 5918 627
9439	105 9434 262	211 8868 524	317 8302 786	423 7737 048	529 7171 311	635 6605 573	741 6039 835	847 5474 097	953 4908 359
9440	105 9322 034	211 8644 068	317 7966 102	423 7288 136	529 6610 170	635 5932 203	741 5254 237	847 4576 271	953 3898 305
9441	105 9209 829	211 8419 659	317 7629 488	423 6839 318	529 6049 148	635 5258 977	741 4468 807	847 3678 636	953 2888 466
9442	105 9097 649	211 8195 298	317 7292 946	423 6390 595	529 5488 249	635 4585 899	741 3683 549	847 2781 198	953 1878 848
9443	105 8985 492	211 7970 984	317 6956 476	423 5941 968	529 4927 465	635 3912 957	741 2898 450	847 1883 943	953 0869 436
9444	105 8873 359	211 7746 717	317 6620 076	423 5493 435	529 4366 799	635 3240 159	741 2113 519	847 0986 878	952 9860 238
9445	105 8761 249	211 7522 499	317 6283 748	423 5044 997	529 3806 249	635 2567 498	741 1328 748	847 0089 998	952 8851 247
9446	105 8649 164	211 7298 332	317 5947 491	423 4596 655	529 3245 822	635 1894 986	741 0544 151	846 9193 315	952 7842 480
9447	105 8537 102	211 7074 203	317 5611 305	423 4148 407	529 2685 512	635 1222 614	740 9759 716	846 8296 818	952 6833 921
9448	105 8425 064	211 6850 127	317 5275 191	423 3700 254	529 2125 322	635 0550 386	740 8975 450	846 7400 514	952 5825 579
9449	105 8313 049	211 6626 098	317 4939 147	423 3252 196	529 1565 245	634 9878 293	740 8191 342	846 6504 391	952 4817 440
9450	105 8201 058	211 6402 116	317 4603 175	423 2804 233	529 1005 291	634 9206 349	740 7407 407	846 5608 466	952 3809 524
9451	105 8089 091	211 6178 182	317 4267 273	423 2356 364	529 0445 456	634 8534 547	740 6628 638	846 4712 729	952 2801 890
9452	105 7977 148	211 5954 295	317 3931 443	423 1908 591	528 9885 738	634 7862 886	740 5840 034	846 3817 182	952 1794 329
9453	105 7865 228	211 5730 456	317 3595 684	423 1460 912	528 9326 140	634 7191 368	740 5056 596	846 2921 834	952 0787 032
9454	105 7753 332	211 5506 664	317 3259 996	423 1013 328	528 8766 660	634 6519 992	740 4273 323	846 2026 655	951 9779 987
9455	105 7641 460	211 5282 919	317 2924 379	423 0565 838	528 8207 298	634 5848 757	740 3490 217	846 1131 676	951 8773 136
9456	105 7529 611	211 5059 222	317 2588 832	423 0118 443	528 7648 054	634 5177 665	740 2707 276	846 0236 887	951 7766 497
9457	105 7417 786	211 4835 572	317 2253 357	422 9671 143	528 7088 929	634 4506 715	740 1924 500	845 9342 286	951 6760 072
9458	105 7305 984	211 4611 969	317 1917 953	422 9223 937	528 6529 922	634 3835 906	740 1141 890	845 8447 875	951 5753 859
9459	105 7194 207	211 4388 413	317 1582 620	422 8776 826	528 5971 033	634 3165 239	740 0359 446	845 7553 653	951 4747 859
9460	105 7082 452	211 4164 905	317 1247 357	422 8329 810	528 5412 262	634 2494 713	739 9577 167	845 6659 619	951 3742 072
9461	105 6970 722	211 3941 444	317 0912 166	422 7882 888	528 4853 610	634 1824 331	739 8795 053	845 5765 775	951 2736 497
9462	105 6859 015	211 3718 030	317 0577 045	422 7436 060	528 4295 075	634 1154 090	739 8013 105	845 4872 120	951 1731 135
9463	105 6747 332	211 3494 663	317 0241 995	422 6989 327	528 3736 689	634 0483 990	739 7231 322	845 3978 654	951 0725 985
9464	105 6635 672	211 3271 344	316 9907 016	422 6542 688	528 3178 360	633 9814 032	739 6449 704	845 3085 376	950 9721 048
9465	105 6524 036	211 3048 072	316 9572 108	422 6096 144	528 2620 180	633 9144 216	739 5668 251	845 2192 287	950 8716 323
9466	105 6412 423	211 2824 847	316 9237 270	422 5649 694	528 2062 117	633 8474 540	739 4886 964	845 1299 387	950 7711 811
9467	105 6300 834	211 2601 669	316 8902 503	422 5203 338	528 1504 172	633 7805 007	739 4105 841	845 0406 676	950 6707 510
9468	105 6189 269	211 2378 538	316 8567 807	422 4757 076	528 0946 346	633 7135 615	739 3324 884	844 9514 153	950 5703 422
9469	105 6077 727	211 2155 455	316 8233 182	422 4310 909	528 0388 637	633 6466 364	739 2544 091	844 8621 819	950 4699 546
9470	105 5966 209	211 1932 418	316 7898 627	422 3864 836	527 9831 045	633 5797 254	739 1763 464	844 7729 673	950 3695 882
9471	105 5854 714	211 1709 429	316 7564 143	422 3418 858	527 9273 572	633 5128 286	739 0983 001	844 6837 715	950 2692 430
9472	105 5743 243	211 1486 487	316 7229 730	422 2972 973	527 8716 216	633 4459 460	739 0202 703	844 5945 946	950 1689 189
9473	105 5631 796	211 1263 591	316 6895 387	422 2527 183	527 8158 978	633 3790 774	738 9422 569	844 5054 365	950 0686 161
9474	105 5520 372	211 1040 743	316 6561 115	422 2081 486	527 7601 858	633 3122 229	738 8642 601	844 4162 974	949 9683 344
9475	105 5408 971	211 0817 942	316 6226 913	422 1635 884	527 7044 855	633 2453 826	738 7862 797	844 3271 768	949 8680 739
9476	105 5297 594	211 0595 188	316 5892 782	422 1190 376	527 6487 970	633 1785 564	738 7083 157	844 2380 751	949 7678 345
9477	105 5186 240	211 0372 481	316 5558 721	422 0744 961	527 5931 202	633 1117 412	738 6303 683	844 1489 923	949 6676 163
9478	105 5074 910	211 0149 821	316 5224 731	422 0299 641	527 5374 552	633 0449 462	738 5524 372	844 0599 283	949 5674 193
9479	105 4963 604	210 9927 208	316 4890 811	421 9854 415	527 4818 019	632 9781 624	738 4745 226	843 9708 830	949 4672 431
9480	105 4852 321	210 9704 641	316 4556 962	421 9409 283	527 4261 603	632 9113 921	738 3966 245	843 8818 565	949 3670 886
9481	105 4741 061	210 9482 122	316 4223 183	421 8964 244	527 3705 305	632 8446 306	738 3187 427	843 7928 489	949 2669 550
9482	105 4629 825	210 9259 650	316 3889 475	421 8519 300	527 3149 125	632 7778 950	738 2408 775	843 7036 599	949 1668 424
9483	105 4518 612	210 9037 225	316 3555 837	421 8074 449	527 2593 061	632 7111 674	738 1630 286	843 6148 898	949 0667 510
9484	105 4407 423	210 8814 846	316 3222 269	421 7629 692	527 2037 115	632 6444 538	738 0851 861	843 5259 384	948 9666 807
9485	105 4296 257	210 8592 515	316 2888 772	421 7185 029	527 1481 286	632 5777 544	738 0073 801	843 4370 058	948 8666 315
9486	105 4185 115	210 8370 230	316 2555 345	421 6740 460	527 0925 575	632 5110 689	737 9295 804	843 3480 919	948 7666 034
9487	105 4073 996	210 8147 992	316 2221 088	421 6295 984	527 0369 980	632 4443 976	737 8517 972	843 2591 968	948 6665 961
9488	105 3962 901	210 7925 804	316 1888 702	421 5851 602	526 9814 503	632 3777 403	737 7740 304	843 1703 204	948 5666 105
9489	105 3851 828	210 7703 657	316 1555 485	421 5407 314	526 9259 142	632 3110 971	737 6962 799	843 0814 627	948 4666 456
9490	105 3740 780	210 7481 560	316 1222 339	421 4963 119	526 8703 899	632 2444 679	737 6185 458	842 9926 238	948 3667 018
9491	105 3629 755	210 7259 509	316 0889 265	421 4519 018	526 8148 773	632 1778 527	737 5408 282	842 9038 036	948 2667 791
9492	105 3518 753	210 7037 505	316 0556 258	421 4075 011	526 7593 763	632 1112 516	737 4631 268	842 8150 021	948 1668 774
9493	105 3407 774	210 6815 548	316 0223 322	421 3631 097	526 7038 871	632 0446 645	737 3854 419	842 7262 193	948 0669 967
9494	105 3296 819	210 6593 638	315 9890 457	421 3187 276	526 6484 095	631 9780 914	737 3077 733	842 6374 552	947 9671 371
9495	105 3185 887	210 6371 775	315 9557 062	421 2743 549	526 5929 437	631 9115 324	737 2301 211	842 5487 098	947 8672 986
9496	105 3074 979	210 6149 958	315 9224 937	421 2299 916	526 5374 895	631 8449 874	737 1524 853	842 4599 833	947 7674 810
9497	105 2964 094	210 5928 188	315 8892 282	421 1856 376	526 4820 470	631 7784 564	737 0748 657	842 3712 751	947 6676 845
9498	105 2853 232	210 5706 465	315 8559 697	421 1412 929	526 4266 161	631 7119 394	736 9972 626	842 2825 858	947 5679 088
9499	105 2742 394	210 5484 788	315 8227 182	421 0969 576	526 3711 970	631 6454 364	736 9196 758	842 1939 152	947 4681 545

	1	2	3	4	5	6	7	8	9
9500	105 2631 579	210 5263 158	315 7894 737	421 0526 316	526 3157 895	631 5789 474	736 8421 053	842 1052 632	947 3684 211
9501	105 2520 787	210 5041 575	315 7562 362	421 0083 149	526 2603 936	631 5124 724	736 7645 511	842 0166 298	947 2687 086
9502	105 2410 019	210 4820 038	315 7230 057	420 9640 076	526 2050 095	631 4460 114	736 6870 133	841 9280 152	947 1690 171
9503	105 2299 274	210 4598 548	315 6897 822	420 9197 096	526 1496 370	631 3795 044	736 6094 917	841 8394 191	947 0693 465
9504	105 2188 552	210 4377 104	315 6565 657	420 8754 209	526 0942 761	631 3131 313	736 5319 865	841 7508 418	946 9696 970
9505	105 2077 854	210 4155 708	315 6233 561	420 8311 415	526 0389 269	631 2467 123	736 4544 976	841 6622 830	946 8700 684
9506	105 1967 179	210 3934 357	315 5901 536	420 7868 715	525 9835 803	631 1803 072	736 3770 250	841 5737 429	946 7704 608
9507	105 1856 527	210 3713 054	315 5569 580	420 7426 107	525 9282 634	631 1139 161	736 2995 687	841 4852 214	946 6708 741
9508	105 1745 898	210 3491 796	315 5237 695	420 6983 593	525 8729 491	631 0475 389	736 2221 287	841 3967 186	946 5713 084
9509	105 1635 293	210 3270 586	315 4905 879	420 6541 172	525 8176 464	630 9811 757	736 1447 050	841 3082 343	946 4717 636
9510	105 1524 711	210 3049 422	315 4574 132	420 6098 843	525 7623 554	630 9148 265	736 0672 976	841 2197 687	946 3722 397
9511	105 1414 152	210 2828 304	315 4242 456	420 5656 608	525 7070 760	630 8484 912	735 9899 064	841 1313 216	946 2727 368
9512	105 1303 616	210 2607 233	315 3910 849	420 5214 466	525 6518 082	630 7821 699	735 9125 315	841 0428 932	946 1732 548
9513	105 1193 104	210 2386 208	315 3579 313	420 4772 417	525 5965 521	630 7158 625	735 8351 729	840 9544 833	946 0737 938
9514	105 1082 615	210 2165 230	315 3247 845	420 4330 460	525 5413 076	630 6495 691	735 7578 306	840 8660 921	945 9743 536
9515	105 0972 149	210 1944 298	315 2916 448	420 3888 597	525 4860 746	630 5832 895	735 6805 045	840 7777 194	945 8749 343
9516	105 0861 707	210 1723 413	315 2585 120	420 3446 826	525 4308 533	630 5170 240	735 6031 946	840 6893 653	945 7755 359
9517	105 0751 287	210 1502 574	315 2253 862	420 3005 149	525 3756 436	630 4507 723	735 5259 010	840 6010 297	945 6761 585
9518	105 0640 891	210 1281 782	315 1922 673	420 2563 564	525 3204 455	630 3845 346	735 4486 237	840 5127 128	945 5768 018
9519	105 0530 518	210 1061 036	315 1591 554	420 2122 072	525 2652 590	630 3183 107	735 3713 625	840 4244 143	945 4774 661
9520	105 0420 168	210 0840 336	315 1260 504	420 1680 672	525 2100 840	630 2521 008	735 2941 176	840 3361 345	945 3781 513
9521	105 0309 841	210 0619 683	315 0929 524	420 1239 366	525 1549 207	630 1859 048	735 2168 890	840 2478 731	945 2788 573
9522	105 0199 538	210 0399 076	315 0598 614	420 0798 152	525 0997 690	630 1197 227	735 1396 765	840 1596 303	945 1795 844
9523	105 0089 258	210 0178 515	315 0267 773	420 0357 030	525 0446 288	630 0535 546	735 0624 803	840 0714 061	945 0803 318
9524	104 9979 000	209 9958 001	314 9937 001	419 9916 002	524 9895 002	629 9874 003	734 9853 003	839 9832 003	944 9811 004
9525	104 9868 766	209 9737 533	314 9606 299	419 9475 066	524 9343 832	629 9212 598	734 9081 365	839 8950 131	944 8818 898
9526	104 9758 556	209 9517 111	314 9275 667	419 9034 222	524 8792 778	629 8551 333	734 8309 889	839 8068 444	944 7827 000
9527	104 9648 368	209 9296 736	314 8945 103	419 8593 471	524 8241 839	629 7890 207	734 7538 575	839 7186 942	944 6835 310
9528	104 9538 203	209 9076 406	314 8614 610	419 8152 813	524 7691 016	629 7229 219	734 6767 422	839 6305 626	944 5843 829
9529	104 9428 062	209 8856 123	314 8284 185	419 7712 247	524 7140 309	629 6568 370	734 5996 432	839 5424 494	944 4852 555
9530	104 9317 943	209 8635 887	314 7953 830	419 7271 773	524 6589 717	629 5907 660	734 5225 603	839 4543 547	944 3861 400
9531	104 9207 848	209 8415 696	314 7623 544	419 6831 392	524 6039 240	629 5247 088	734 4454 037	839 3662 785	944 2870 633
9532	104 9097 776	209 8195 552	314 7293 328	419 6391 104	524 5488 880	629 4586 655	734 3684 431	839 2782 207	944 1879 983
9533	104 8987 727	209 7975 454	314 6963 181	419 5950 907	524 4938 634	629 3926 361	734 2914 088	839 1901 815	944 0889 542
9534	104 8877 701	209 7755 402	314 6633 103	419 5510 803	524 4388 504	629 3266 205	734 2143 906	839 1021 607	943 9899 308
9535	104 8767 698	209 7535 396	314 6303 094	419 5070 792	524 3838 490	629 2606 188	734 1373 886	839 0141 584	943 8909 282
9536	104 8657 718	209 7315 436	314 5973 154	419 4630 872	524 3288 591	629 1946 309	734 0604 027	838 9261 745	943 7919 463
9537	104 8547 761	209 7095 523	314 5643 284	419 4191 045	524 2738 807	629 1286 568	733 9834 329	838 8382 091	943 6929 852
9538	104 8437 828	209 6875 655	314 5313 483	419 3751 311	524 2189 138	629 0626 966	733 9064 793	838 7502 621	943 5940 449
9539	104 8327 917	209 6655 834	314 4983 751	419 3311 668	524 1630 585	628 9967 502	733 8295 419	838 6623 336	943 4951 253
9540	104 8218 029	209 6436 059	314 4654 088	419 2872 117	524 1090 147	628 9308 176	733 7526 203	838 5744 235	943 3962 264
9541	104 8108 165	209 6216 330	314 4324 494	419 2432 659	524 0540 824	628 8648 989	733 6757 153	838 4865 346	943 2973 483
9542	104 7998 323	209 5996 646	314 3994 970	419 1993 293	523 9991 616	628 7989 939	733 5988 262	838 3986 586	943 1984 909
9543	104 7888 505	209 5777 009	314 3665 514	419 1554 019	523 9442 523	628 7331 028	733 5219 533	838 3108 037	943 0996 542
9544	104 7778 709	209 5557 418	314 3336 127	419 1114 837	523 8893 546	628 6672 255	733 4450 964	838 2229 673	943 0008 382
9545	104 7668 937	209 5337 873	314 3006 810	419 0675 746	523 8344 683	628 6013 620	733 3682 556	838 1351 493	942 9020 430
9546	104 7559 187	209 5118 374	314 2677 561	419 0236 748	523 7795 936	628 5355 123	733 2914 310	838 0473 497	942 8032 681
9547	104 7449 461	209 4898 924	314 2348 382	418 9797 842	523 7247 303	628 4696 763	733 2146 224	837 9595 685	942 7045 145
9548	104 7339 757	209 4679 514	314 2019 271	418 9359 028	523 6698 785	628 4038 542	733 1378 299	837 8718 056	942 6057 813
9549	104 7230 076	209 4460 153	314 1690 229	418 8920 306	523 6150 382	628 3380 459	733 0610 535	837 7840 612	942 5070 688
9550	104 7120 419	209 4240 838	314 1361 257	418 8481 675	523 5602 094	628 2722 513	732 9842 932	837 6963 351	942 4083 770
9551	104 7010 784	209 4021 568	314 1032 353	418 8043 136	523 5053 921	628 2064 705	732 9075 489	837 6086 274	942 3097 058
9552	104 6901 173	209 3802 345	314 0703 518	418 7604 690	523 4505 863	628 1407 035	732 8308 208	837 5209 380	942 2110 553
9553	104 6791 584	209 3583 168	314 0374 751	418 7166 335	523 3957 919	628 0749 503	732 7541 087	837 4332 670	942 1124 254
9554	104 6682 018	209 3364 036	314 0046 054	418 6728 072	523 3410 090	628 0092 108	732 6774 126	837 3456 144	942 0138 162
9555	104 6572 475	209 3144 950	313 9717 425	418 6289 901	523 2862 376	627 9434 851	732 6007 326	837 2579 801	941 9152 276
9556	104 6462 955	209 2925 910	313 9388 866	418 5851 821	523 2314 776	627 8777 731	732 5240 686	837 1703 642	941 8166 597
9557	104 6353 458	209 2706 916	313 9060 375	418 5413 833	523 1767 291	627 8120 749	732 4474 207	837 0827 666	941 7181 124
9558	104 6243 984	209 2487 968	313 8731 952	418 4975 936	523 1219 921	627 7463 905	732 3707 889	836 9951 873	941 6195 857
9559	104 6134 533	209 2269 066	313 8403 599	418 4538 132	523 0672 665	627 6807 197	732 2941 730	836 9076 263	941 5210 796
9560	104 6025 105	209 2050 209	313 8075 314	418 4100 418	523 0125 523	627 6150 628	732 2175 732	836 8200 837	941 4225 941
9561	104 5915 699	209 1831 398	313 7747 096	418 3662 797	522 9578 496	627 5494 195	732 1409 894	836 7325 594	941 3241 293
9562	104 5806 317	209 1612 633	313 7418 950	418 3225 267	522 9031 583	627 4837 900	732 0644 217	836 6450 533	941 2256 850
9563	104 5696 957	209 1393 914	313 7090 871	418 2787 828	522 8484 785	627 4181 742	731 9878 699	836 5575 656	941 1272 613
9564	104 5587 620	209 1175 240	313 6762 861	418 2350 481	522 7938 101	627 3525 721	731 9113 342	836 4700 962	941 0288 582
9565	104 5478 306	209 0956 613	313 6434 919	418 1913 225	522 7391 532	627 2869 838	731 8348 144	836 3826 451	940 9304 757
9566	104 5369 015	209 0738 031	313 6107 046	418 1476 061	522 6845 076	627 2214 092	731 7583 107	836 2952 122	940 8321 137
9567	104 5259 747	209 0519 494	313 5779 241	418 1038 988	522 6298 735	627 1558 482	731 6818 229	836 2077 976	940 7337 723
9568	104 5150 502	209 0301 003	313 5451 505	418 0602 007	522 5752 508	627 0903 010	731 6053 512	836 1204 013	940 6354 515
9569	104 5041 279	209 0082 558	313 5123 837	418 0165 117	522 5206 396	627 0247 673	731 5288 054	836 0330 233	940 5371 512
9570	104 4932 079	208 9864 159	313 4796 238	417 9728 318	522 4660 397	626 9592 476	731 4524 556	835 9456 635	940 4388 715
9571	104 4822 903	208 9645 805	313 4468 708	417 9291 610	522 4114 513	626 8937 415	731 3760 318	835 8583 292	940 3406 123
9572	104 4713 748	208 9427 497	313 4141 245	417 8854 994	522 3568 742	626 8282 401	731 2996 239	835 7709 987	940 2423 736
9573	104 4604 617	208 9209 234	313 3813 851	417 8418 469	522 3023 086	626 7627 703	731 2232 320	835 6836 937	940 1441 554
9574	104 4495 509	208 8991 017	313 3486 526	417 7982 035	522 2477 543	626 6973 052	731 1468 561	835 5964 069	940 0459 578
9575	104 4386 423	208 8772 846	313 3159 269	417 7545 692	522 1932 115	626 6318 448	731 0704 961	835 5091 384	939 9477 807
9576	104 4277 360	208 8554 720	313 2832 080	417 7109 440	522 1386 800	626 5664 460	730 9941 520	835 4218 881	939 8496 241
9577	104 4168 320	208 8336 640	313 2504 960	417 6673 280	522 0841 600	626 5009 920	730 9178 240	835 3346 559	939 7514 879
9578	104 4059 303	208 8118 605	313 2177 908	417 6237 210	522 0296 513	626 4355 815	730 8415 118	835 2474 421	939 6533 723
9579	104 3950 308	208 7900 616	313 1850 924	417 5801 232	521 9751 540	626 3701 848	730 7652 156	835 1602 464	939 5552 772
9580	104 3841 336	208 7682 672	313 1524 008	417 5365 344	521 9206 681	626 3048 017	730 6889 353	835 0730 689	939 4572 025
9581	104 3732 387	208 7464 774	313 1197 161	417 4929 548	521 8661 935	626 2394 322	730 6126 709	834 9859 096	939 3591 483
9582	104 3623 446	208 7246 921	313 0870 382	417 4493 843	521 8117 303	626 1740 764	730 5364 225	834 8987 685	939 2611 146
9583	104 3514 557	208 7029 114	313 0543 671	417 4058 228	521 7572 785	626 1087 342	730 4601 890	834 8116 456	939 1631 013
9584	104 3405 676	208 6811 352	313 0217 028	417 3622 705	521 7028 381	626 0434 057	730 3839 733	834 7245 409	939 0651 085
9585	104 3296 818	208 6593 636	312 9890 454	417 3187 272	521 6484 090	625 9780 908	730 3077 726	834 6374 544	938 9671 361
9586	104 3187 982	208 6375 965	312 9563 947	417 2751 930	521 5939 912	625 9127 895	730 2315 877	834 5503 890	938 8691 842
9587	104 3079 170	208 6158 339	312 9237 509	417 2316 679	521 5395 849	625 8475 018	730 1554 188	834 4633 358	938 7712 827
9588	104 2970 380	208 5940 759	312 8911 139	417 1881 519	521 4851 898	625 7822 278	730 0792 657	834 3763 037	938 6733 417
9589	104 2861 612	208 5723 225	312 8584 837	417 1446 449	521 4308 061	625 7169 674	730 0031 286	834 2892 898	938 5754 510
9590	104 2752 868	208 5505 735	312 8258 603	417 1011 470	521 3764 338	625 6517 205	729 9270 073	834 2022 941	938 4775 808
9591	104 2644 146	208 5288 291	312 7932 437	417 0576 583	521 3220 728	625 5864 873	729 8509 019	834 1153 164	938 3797 310
9592	104 2535 446	208 5070 892	312 7606 339	417 0141 785	521 2677 231	625 5212 677	729 7748 123	834 0283 570	938 2819 016
9593	104 2426 770	208 4853 539	312 7280 309	416 9707 078	521 2133 848	625 4560 617	729 6987 387	833 9414 156	938 1840 926
9594	104 2318 115	208 4636 231	312 6954 346	416 9272 462	521 1590 577	625 3908 693	729 6226 808	833 8545 024	938 0863 039
9595	104 2209 484	208 4418 968	312 6628 452	416 8837 936	521 1047 421	625 3256 905	729 5466 389	833 7675 873	937 9885 357
9596	104 2100 875	208 4201 751	312 6302 626	416 8403 501	521 0505 377	625 2605 252	729 4706 128	833 6807 003	937 8907 878
9597	104 1992 289	208 3984 579	312 5976 868	416 7969 157	520 9961 446	625 1953 736	729 3946 025	833 5938 314	937 7930 603
9598	104 1883 726	208 3767 452	312 5651 177	416 7534 903	520 9418 629	625 1302 355	729 3186 080	833 5069 800	937 6953 532
9599	104 1775 185	208 3550 370	312 5325 555	416 7100 740	520 8875 925	625 0651 110	729 2426 294	833 4201 479	937 5976 664

	1	2	3	4	5	6	7	8	9
9600	104 1666 667	208 3333 333	312 5000 000	416 6666 667	520 8333 333	625 0000 000	729 1666 667	833 3333 333	937 5000 000
9601	104 1558 171	208 3116 342	312 4674 513	416 6232 684	520 7790 855	624 9349 026	729 0907 197	833 2466 368	937 4023 539
9602	104 1449 698	208 2899 396	312 4349 094	416 5798 792	520 7248 490	624 8698 188	729 0147 886	833 1597 584	937 3047 282
9603	104 1341 248	208 2682 495	312 4023 743	416 5364 990	520 6706 238	624 8047 485	728 9388 733	833 0729 980	937 2071 228
9604	104 1232 820	208 2466 639	312 3698 489	416 4931 279	520 6164 098	624 7396 918	728 8629 738	832 9862 557	937 1095 377
9605	104 1124 414	208 2248 829	312 3373 243	416 4497 657	520 5622 072	624 6746 486	728 7870 901	832 8995 315	937 0119 729
9606	104 1016 032	208 2032 063	312 3048 095	416 4064 127	520 5080 158	624 6096 190	728 7112 222	832 8128 253	936 9144 285
9607	104 0907 671	208 1815 343	312 2723 014	416 3630 686	520 4538 357	624 5446 029	728 6353 700	832 7261 372	936 8169 043
9608	104 0799 334	208 1598 668	312 2398 002	416 3197 336	520 3996 669	624 4796 003	728 5595 337	832 6394 671	936 7194 005
9609	104 0691 019	208 1382 038	312 2073 057	416 2764 075	520 3455 094	624 4146 113	728 4837 132	832 5528 151	936 6219 170
9610	104 0582 726	208 1165 453	312 1748 179	416 2330 905	520 2913 632	624 3496 358	728 4079 084	832 4661 811	936 5244 537
9611	104 0474 456	208 0948 913	312 1423 369	416 1897 825	520 2372 282	624 2846 738	728 3321 194	832 3795 651	936 4270 107
9612	104 0366 209	208 0732 418	312 1098 627	416 1464 836	520 1831 045	624 2197 253	728 2563 462	832 2929 671	936 3295 880
9613	104 0257 984	208 0515 968	312 0773 952	416 1031 936	520 1289 920	624 1547 904	728 1805 888	832 2063 872	936 2321 856
9614	104 0149 782	208 0299 563	312 0449 345	416 0599 126	520 0748 908	624 0898 689	728 1048 471	832 1198 253	936 1348 034
9615	104 0041 602	208 0083 203	312 0124 805	416 0166 407	520 0208 008	624 0249 610	728 0291 212	832 0332 813	936 0374 415
9616	103 9933 444	207 9866 889	311 9800 333	415 9733 777	519 9667 221	623 9600 666	727 9534 110	831 9467 554	935 9400 998
9617	103 9825 309	207 9650 619	311 9475 928	415 9301 237	519 9126 547	623 8951 856	727 8777 165	831 8602 475	935 8427 784
9618	103 9717 197	207 9434 394	311 9151 591	415 8868 788	519 8585 985	623 8303 182	727 8020 378	831 7737 575	935 7454 772
9619	103 9609 107	207 9218 214	311 8827 321	415 8436 428	519 8045 535	623 7654 642	727 7263 749	831 6872 856	935 6481 963
9620	103 9501 040	207 9002 079	311 8503 119	415 8004 158	519 7505 198	623 7006 237	727 6507 277	831 6008 316	935 5509 356
9621	103 9392 994	207 8785 989	311 8178 983	415 7571 978	519 6964 972	623 6357 967	727 5750 961	831 5143 956	935 4536 950
9622	103 9284 972	207 8569 944	311 7854 916	415 7139 888	519 6424 860	623 5709 832	727 4994 804	831 4279 776	935 3564 747
9623	103 9176 972	207 8353 944	311 7530 916	415 6707 887	519 5884 859	623 5061 831	727 4238 803	831 3415 775	935 2592 747
9624	103 9068 994	207 8137 988	311 7206 983	415 6275 977	519 5344 971	623 4413 965	727 3482 959	831 2551 953	935 1620 948
9625	103 8961 039	207 7922 078	311 6883 117	415 5844 156	519 4805 195	623 3766 234	727 2727 273	831 1688 312	935 0649 351
9626	103 8853 106	207 7706 212	311 6559 319	415 5412 425	519 4265 531	623 3118 637	727 1974 743	831 0824 849	934 9677 956
9627	103 8745 196	207 7490 392	311 6235 587	415 4980 783	519 3725 979	623 2471 175	727 1216 371	830 9961 566	934 8706 762
9628	103 8637 308	207 7274 616	311 5911 924	415 4549 231	519 3186 539	623 1823 847	727 0461 155	830 9098 463	934 7735 771
9629	103 8529 442	207 7058 885	311 5588 327	415 4117 709	519 2647 212	623 1176 654	726 9706 096	830 8235 538	934 6764 981
9630	103 8421 599	207 6843 198	311 5264 798	415 3686 397	519 2107 996	623 0829 595	726 8951 194	830 7372 793	934 5794 393
9631	103 8313 778	207 6627 557	311 4941 335	415 3255 114	519 1568 892	622 9882 671	726 8196 449	830 6510 227	934 4824 006
9632	103 8205 980	207 6411 960	311 4617 940	415 2823 920	519 1029 900	622 9235 880	726 7441 860	830 5647 841	934 3853 821
9633	103 8098 204	207 6196 408	311 4294 612	415 2392 816	519 0491 020	622 8589 225	726 6687 429	830 4785 633	934 2883 837
9634	103 7990 450	207 5980 901	311 3971 351	415 1961 802	518 9952 252	622 7942 703	726 5933 153	830 3923 604	934 1914 054
9635	103 7882 719	207 5765 438	311 3648 158	415 1530 877	518 9413 596	622 7296 316	726 5179 035	830 3061 754	934 0944 473
9636	103 7775 010	207 5550 021	311 3325 031	415 1100 042	518 8875 052	622 6650 062	726 4425 073	830 2200 083	933 9975 003
9637	103 7667 324	207 5334 648	311 3001 972	415 0669 295	518 8336 619	622 6003 943	726 3671 267	830 1338 591	933 9005 915
9638	103 7559 660	207 5119 319	311 2678 979	415 0238 639	518 7798 298	622 5357 958	726 2917 618	830 0477 277	933 8036 937
9639	103 7452 018	207 4904 036	311 2356 054	414 9808 071	518 7260 089	622 4712 107	726 2164 125	829 9616 143	933 7068 161
9640	103 7344 398	207 4688 797	311 2033 195	414 9377 593	518 6721 992	622 4066 390	726 1410 788	829 8755 187	933 6099 585
9641	103 7236 801	207 4473 602	311 1710 403	414 8947 205	518 6184 006	622 3420 807	726 0657 708	829 7894 409	933 5131 210
9642	103 7129 226	207 4258 453	311 1387 679	414 8516 905	518 5646 132	622 2775 358	725 9904 584	829 7033 810	933 4163 037
9643	103 7021 674	207 4043 348	311 1065 021	414 8086 695	518 5108 369	622 2130 043	725 9151 716	829 6173 390	933 3195 064
9644	103 6914 144	207 3828 287	311 0742 431	414 7656 574	518 4570 718	622 1484 861	725 8399 005	829 5313 148	933 2227 292
9645	103 6806 636	207 3613 271	311 0419 907	414 7226 542	518 4033 178	622 0839 813	725 7646 440	829 4453 085	933 1259 720
9646	103 6699 150	207 3398 300	311 0097 450	414 6796 600	518 3495 750	622 0194 899	725 6894 049	829 3593 199	933 0292 349
9647	103 6591 687	207 3183 373	310 9775 060	414 6366 746	518 2958 433	621 9550 119	725 6141 806	829 2733 492	932 9325 179
9648	103 6484 245	207 2968 491	310 9452 736	414 5936 982	518 2421 227	621 8905 473	725 5389 718	829 1873 964	932 8358 209
9649	103 6376 827	207 2753 653	310 9130 480	414 5507 306	518 1884 133	621 8260 960	725 4637 786	829 1014 613	932 7391 439
9650	103 6269 430	207 2538 860	310 8808 290	414 5077 720	518 1347 150	621 7616 580	725 3886 010	829 0155 440	932 6424 870
9651	103 6162 056	207 2324 111	310 8486 167	414 4648 223	518 0810 279	621 6972 334	725 3134 390	828 9296 446	932 5458 502
9652	103 6054 704	207 2109 407	310 8164 111	414 4218 815	518 0273 518	621 6328 222	725 2382 926	828 8437 630	932 4492 333
9653	103 5947 374	207 1894 748	310 7842 122	414 3789 495	517 9736 869	621 5684 243	725 1631 617	828 7578 991	932 3526 597
9654	103 5840 066	207 1680 133	310 7520 199	414 3360 265	517 9200 331	621 5040 398	725 0880 464	828 6720 530	932 2560 597
9655	103 5732 781	207 1465 562	310 7198 343	414 2931 124	517 8663 905	621 4396 686	725 0129 467	828 5862 248	932 1595 028
9656	103 5625 518	207 1251 036	310 6876 553	414 2502 071	517 8127 589	621 3753 107	724 9378 625	828 5004 142	932 0629 660
9657	103 5518 277	207 1036 554	310 6554 831	414 2073 108	517 7591 385	621 3109 661	724 8627 938	828 4146 215	931 9664 492
9658	103 5411 058	207 0822 116	310 6233 175	414 1644 233	517 7055 291	621 2466 349	724 7877 407	828 3288 466	931 8699 524
9659	103 5303 862	207 0607 723	310 5911 585	414 1215 447	517 6519 308	621 1823 170	724 7127 032	828 2430 893	931 7734 755
9660	103 5196 687	207 0393 375	310 5590 062	414 0786 749	517 5983 437	621 1180 124	724 6376 812	828 1573 499	931 6770 186
9661	103 5089 535	207 0179 069	310 5268 606	414 0358 141	517 5447 676	621 0537 211	724 5526 747	828 0716 282	931 5805 817
9662	103 4982 405	206 9964 811	310 4947 216	413 9929 621	517 4912 027	620 9894 432	724 4876 837	827 9859 242	931 4841 648
9663	103 4875 298	206 9750 595	310 4625 893	413 9501 190	517 4376 488	620 9251 785	724 4127 083	827 9002 380	931 3877 678
9664	103 4768 212	206 9536 424	310 4304 636	413 9072 848	517 3841 060	620 8609 272	724 3377 483	827 8145 695	931 2913 907
9665	103 4661 148	206 9322 297	310 3983 445	413 8644 594	517 3305 742	620 7966 891	724 2628 039	827 7289 188	931 1950 336
9666	103 4554 107	206 9108 214	310 3662 322	413 8216 429	517 2770 536	620 7324 643	724 1878 750	827 6432 857	931 0986 965
9667	103 4447 088	206 8894 176	310 3341 264	413 7788 352	517 2235 440	620 6682 528	724 1129 616	827 5576 704	931 0023 792
9668	103 4340 091	206 8680 182	310 3020 273	413 7360 364	517 1700 455	620 6040 546	724 0380 637	827 4720 728	930 9060 819
9669	103 4233 116	206 8466 232	310 2699 348	413 6932 465	517 1165 581	620 5398 697	723 9631 813	827 3864 929	930 8098 045
9670	103 4126 163	206 8252 327	310 2378 490	413 6504 654	517 0630 817	620 4756 980	723 8883 144	827 3009 307	930 7135 471
9671	103 4019 232	206 8038 466	310 2057 699	413 6076 931	517 0096 164	620 4115 397	723 8134 629	827 2153 862	930 6173 095
9672	103 3912 324	206 7824 648	310 1736 973	413 5649 297	516 9561 621	620 3473 945	723 7386 270	827 1298 594	930 5210 918
9673	103 3805 438	206 7610 876	310 1416 313	413 5221 751	516 9027 189	620 2832 627	723 6638 065	827 0443 502	930 4248 940
9674	103 3698 573	206 7397 147	310 1095 720	413 4794 294	516 8492 867	620 2191 441	723 5890 014	826 9588 588	930 3287 161
9675	103 3591 731	206 7183 463	310 0775 194	413 4366 925	516 7958 656	620 1550 388	723 5142 119	826 8733 850	930 2325 581
9676	103 3484 911	206 6969 822	310 0454 733	413 3939 644	516 7424 556	620 0909 467	723 4394 378	826 7879 289	930 1364 200
9677	103 3378 113	206 6756 226	310 0134 339	413 3512 452	516 6890 565	620 0268 678	723 3646 791	826 7024 904	930 0403 017
9678	103 3271 337	206 6542 674	309 9814 011	413 3085 348	516 6356 685	619 9628 022	723 2899 359	826 6170 696	929 9442 033
9679	103 3164 583	206 6329 166	309 9493 749	413 2658 332	516 5822 916	619 8987 499	723 2152 082	826 5316 665	929 8481 248
9680	103 3057 851	206 6115 702	309 9173 554	413 2231 405	516 5289 256	619 8347 107	723 1404 959	826 4462 810	929 7520 661
9681	103 2951 144	206 5902 283	309 8853 424	413 1804 566	516 4755 707	619 7706 848	723 0657 990	826 3609 131	929 6560 273
9682	103 2844 464	206 5688 907	309 8533 361	413 1377 815	516 4222 268	619 7066 722	722 9911 176	826 2755 629	929 5600 083
9683	103 2737 788	206 5475 576	309 8213 364	413 0951 152	516 3688 939	619 6426 727	722 9164 515	826 1902 303	929 4640 091
9684	103 2631 144	206 5262 288	309 7893 432	413 0524 577	516 3155 721	619 5786 865	722 8418 009	826 1049 153	929 3680 297
9685	103 2524 522	206 5049 045	309 7573 567	413 0098 090	516 2622 612	619 5147 135	722 7671 657	826 0196 180	929 2720 702
9686	103 2417 923	206 4835 846	309 7253 768	412 9671 691	516 2089 614	619 4507 537	722 6925 459	825 9343 382	929 1761 305
9687	103 2311 345	206 4622 690	309 6934 035	412 9245 380	516 1556 726	619 3868 071	722 6179 416	825 8490 761	929 0802 106
9688	103 2204 789	206 4409 579	309 6614 368	412 8819 158	516 1023 947	619 3228 737	722 5433 526	825 7638 315	928 9843 105
9689	103 2098 255	206 4196 512	309 6294 767	412 8393 023	516 0491 279	619 2589 535	722 4687 790	825 6786 060	928 8884 302
9690	103 1991 744	206 3983 488	309 5975 232	412 7966 976	515 9958 720	619 1950 464	722 3942 208	825 5933 953	928 7925 697
9691	103 1885 254	206 3770 509	309 5655 763	412 7541 017	515 9426 272	619 1311 526	722 3196 781	825 5082 035	928 6967 289
9692	103 1778 787	206 3557 573	309 5336 360	412 7115 147	515 8893 933	619 0672 720	722 2451 506	825 4230 293	928 6009 080
9693	103 1672 341	206 3344 682	309 5017 023	412 6689 363	515 8361 704	619 0034 045	722 1706 386	825 3378 727	928 5051 068
9694	103 1565 917	206 3131 834	309 4697 751	412 6263 668	515 7829 585	618 9395 502	722 0961 419	825 2527 336	928 4093 254
9695	103 1459 515	206 2919 030	309 4378 546	412 5838 061	515 7297 576	618 8757 091	722 0216 606	825 1676 122	928 3135 637
9696	103 1353 135	206 2706 271	309 4059 406	412 5412 541	515 6765 677	618 8118 812	721 9471 947	825 0825 082	928 2178 218
9697	103 1246 777	206 2493 555	309 3740 332	412 4987 109	515 6233 887	618 7480 664	721 8727 441	824 9974 219	928 1220 996
9698	103 1140 441	206 2280 883	309 3421 324	412 4561 765	515 5702 207	618 6842 648	721 7983 089	824 9123 531	928 0263 972
9699	103 1034 127	206 2068 254	309 3102 382	412 4136 509	515 5170 636	618 6204 763	721 7238 891	824 8273 018	927 9307 145

	1	2	3	4	5	6	7	8	9
9700	103 0927 835	206 1855 670	309 2783 505	412 3711 340	515 4639 175	618 5567 010	721 6494 845	824 7422 680	927 8350 515
9701	103 0821 565	206 1643 130	309 2464 694	412 3286 259	515 4107 824	618 4929 389	721 5750 954	824 6572 518	927 7394 083
9702	103 0715 316	206 1430 633	309 2145 940	412 2861 266	515 3576 582	618 4291 899	721 5007 215	824 5722 531	927 6437 848
9703	103 0609 090	206 1218 180	309 1827 270	412 2436 360	515 3045 450	618 3654 540	721 4263 630	824 4872 720	927 5481 810
9704	103 0502 885	206 1005 771	309 1508 656	412 2011 542	515 2514 427	618 3017 312	721 3520 198	824 4023 083	927 4525 969
9705	103 0396 703	206 0793 405	309 1190 108	412 1586 811	515 1983 514	618 2380 216	721 2776 919	824 3173 622	927 3570 385
9706	103 0290 542	206 0581 084	309 0871 626	412 1162 168	515 1452 710	618 1743 252	721 2033 794	824 2324 335	927 2614 877
9707	103 0184 403	206 0368 806	309 0553 209	412 0737 612	515 0922 015	618 1106 418	721 1290 881	824 1475 224	927 1659 627
9708	103 0078 286	206 0156 572	309 0234 858	412 0313 144	515 0391 430	618 0469 716	721 0548 002	824 0626 288	927 0704 574
9709	102 9972 191	205 9944 382	308 9916 572	411 9888 763	514 9860 954	617 9833 145	720 9805 335	823 9777 526	926 9749 717
9710	102 9866 117	205 9732 235	308 9598 352	411 9464 469	514 9330 587	617 9196 704	720 9062 822	823 8928 939	926 8795 057
9711	102 9760 066	205 9520 132	308 9280 198	411 9040 264	514 8800 330	617 8560 395	720 8320 461	823 8080 527	926 7840 593
9712	102 9654 036	205 9308 072	308 8962 109	411 8616 145	514 8270 181	617 7924 217	720 7578 254	823 7232 290	926 6886 326
9713	102 9548 028	205 9096 057	308 8644 085	411 8192 114	514 7740 142	617 7288 170	720 6836 199	823 6384 227	926 5932 256
9714	102 9442 042	205 8884 085	308 8326 127	411 7768 170	514 7210 212	617 6652 254	720 6094 297	823 5536 339	926 4978 382
9715	102 9336 078	205 8672 156	308 8008 235	411 7344 313	514 6680 391	617 6016 469	720 5352 548	823 4688 626	926 4024 704
9716	102 9230 136	205 8460 272	308 7690 408	411 6920 543	514 6150 679	617 5380 815	720 4610 951	823 3841 087	926 3071 223
9717	102 9124 215	205 8248 431	308 7372 646	411 6496 861	514 5621 076	617 4745 292	720 3869 507	823 2993 722	926 2117 938
9718	102 9018 317	205 8036 633	308 7054 950	411 6073 266	514 5091 583	617 4109 899	720 3128 216	823 2146 532	926 1164 849
9719	102 8912 440	205 7824 879	308 6737 319	411 5649 758	514 4562 198	617 3474 637	720 2387 077	823 1299 516	926 0211 956
9720	102 8806 584	205 7613 169	308 6419 753	411 5226 337	514 4032 922	617 2839 506	720 1646 091	823 0452 675	925 9259 259
9721	102 8700 751	205 7401 502	308 6102 253	411 4803 004	514 3503 755	617 2204 506	720 0905 257	822 9606 008	925 8306 759
9722	102 8594 930	205 7189 879	308 5784 818	411 4379 757	514 2974 697	617 1569 636	720 0164 575	822 8759 514	925 7354 454
9723	102 8489 149	205 6978 299	308 5467 448	411 3956 598	514 2445 747	617 0934 807	719 9424 046	822 7913 196	925 6402 346
9724	102 8383 381	205 6766 763	308 5150 144	411 3533 525	514 1916 907	617 0300 288	719 8683 669	822 7067 051	925 5450 432
9725	102 8277 635	205 6555 270	308 4832 905	411 3110 540	514 1388 175	616 9665 810	719 7943 445	822 6221 080	925 4498 715
9726	102 8171 910	205 6343 821	308 4515 731	411 2687 641	514 0859 562	616 9031 462	719 7203 372	822 5375 283	925 3547 193
9727	102 8066 207	205 6132 415	308 4198 622	411 2264 830	514 0331 037	616 8397 245	719 6463 452	822 4529 600	925 2595 867
9728	102 7960 526	205 5921 053	308 3881 579	411 1842 105	513 9802 632	616 7763 158	719 5723 684	822 3684 211	925 1644 737
9729	102 7854 867	205 5709 734	308 3564 601	411 1419 468	513 9274 334	616 7129 201	719 4984 068	822 2838 935	925 0693 802
9730	102 7749 229	205 5498 458	308 3247 688	411 0996 917	513 8746 146	616 6495 375	719 4244 604	822 1993 834	924 9743 063
9731	102 7643 613	205 5287 226	308 2930 840	411 0574 453	513 8218 066	616 5861 679	719 3505 292	822 1148 906	924 8792 519
9732	102 7538 010	205 5076 038	308 2614 057	411 0152 076	513 7690 093	616 5228 113	719 2766 132	822 0304 151	924 7842 170
9733	102 7432 446	205 4864 893	308 2297 330	410 9729 785	513 7162 232	616 4594 678	719 2027 124	821 9459 571	924 6892 017
9734	102 7326 895	205 4653 791	308 1980 686	410 9307 582	513 6634 477	616 3961 373	719 1288 268	821 8615 163	924 5942 059
9735	102 7221 366	205 4442 732	308 1664 099	410 8885 465	513 6106 831	616 3328 197	719 0549 563	821 7770 930	924 4992 296
9736	102 7115 859	205 4231 717	308 1347 576	410 8463 435	513 5579 293	616 2695 152	718 9811 011	821 6926 869	924 4042 728
9737	102 7010 373	205 4020 746	308 1031 118	410 8041 491	513 5051 864	616 2062 237	718 9072 610	821 6082 982	924 3093 355
9738	102 6904 909	205 3809 817	308 0714 726	410 7619 634	513 4524 543	616 1429 452	718 8334 300	821 5239 269	924 2144 177
9739	102 6799 466	205 3598 932	308 0398 398	410 7197 864	513 3997 330	616 0796 796	718 7596 262	821 4395 728	924 1195 195
9740	102 6694 045	205 3388 090	308 0082 136	410 6776 181	513 3470 226	616 0164 271	718 6858 316	821 3552 361	924 0246 407
9741	102 6588 646	205 3177 292	307 9765 938	410 6354 584	513 2943 230	615 9531 876	718 6120 522	821 2709 167	923 9297 813
9742	102 6483 268	205 2966 537	307 9449 805	410 5933 073	513 2416 342	615 8899 610	718 5382 878	821 1866 147	923 8349 415
9743	102 6377 912	205 2755 825	307 9133 737	410 5511 649	513 1889 562	615 8267 474	718 4645 386	821 1023 299	923 7401 211
9744	102 6272 578	205 2545 156	307 8817 734	410 5090 312	513 1362 890	615 7635 468	718 3908 046	821 0180 624	923 6453 202
9745	102 6167 265	205 2334 531	307 8501 796	410 4669 061	513 0836 326	615 7003 592	718 3170 857	820 9338 122	923 5505 387
9746	102 6061 974	205 2123 948	307 8185 922	410 4247 897	513 0309 871	615 6371 845	718 2433 819	820 8495 793	923 4557 767
9747	102 5956 705	205 1913 409	307 7870 114	410 3826 819	512 9783 523	615 5740 228	718 1696 932	820 7653 637	923 3610 342
9748	102 5851 457	205 1702 913	307 7554 370	410 3405 827	512 9257 284	615 5108 740	718 0960 197	820 6811 654	923 2663 110
9749	102 5746 230	205 1492 461	307 7238 691	410 2984 922	512 8731 152	615 4477 382	718 0223 613	820 5969 843	923 1716 073
9750	102 5641 026	205 1282 051	307 6923 077	410 2564 103	512 8205 128	615 3846 154	717 9487 179	820 5128 205	923 0760 231
9751	102 5535 842	205 1071 685	307 6607 527	410 2143 370	512 7679 212	615 3215 055	717 8750 897	820 4286 740	922 9822 582
9752	102 5430 681	205 0861 362	307 6292 043	410 1722 724	512 7153 404	615 2584 085	717 8014 766	820 3445 447	922 8876 128
9753	102 5325 541	205 0651 082	307 5976 623	410 1302 163	512 6627 704	615 1953 245	717 7278 786	820 2604 327	922 7929 868
9754	102 5220 422	205 0440 845	307 5661 267	410 0881 690	512 6102 112	615 1322 534	717 6542 957	820 1763 379	922 6983 802
9755	102 5115 325	205 0230 651	307 5345 976	410 0461 302	512 5576 627	615 0691 953	717 5807 278	820 0922 604	922 6087 920
9756	102 5010 250	205 0020 500	307 5030 750	410 0041 000	512 5051 251	615 0061 501	717 5071 751	820 0082 001	922 5092 251
9757	102 4905 196	204 9810 393	307 4715 589	409 9620 785	512 4525 981	614 9431 178	717 4336 374	819 9241 570	922 4146 766
9758	102 4800 164	204 9600 328	307 4400 492	409 9200 686	512 4000 820	614 8800 984	717 3601 148	819 8401 312	922 3201 476
9759	102 4695 153	204 9390 306	307 4085 460	409 8780 613	512 3475 766	614 8170 919	717 2866 072	819 7561 226	922 2256 379
9760	102 4590 164	204 9180 328	307 3770 492	409 8360 656	512 2950 820	614 7540 984	717 2131 148	819 6721 311	922 1311 475
9761	102 4485 196	204 8970 392	307 3455 589	409 7940 785	512 2425 081	614 6911 177	717 1396 373	819 5881 570	922 0366 706
9762	102 4380 250	204 8760 500	307 3140 750	409 7521 000	512 1901 250	614 6281 500	717 0661 750	819 5042 000	921 9422 250
9763	102 4275 325	204 8550 650	307 2825 976	409 7101 301	512 1376 696	614 5651 951	716 9927 276	819 4202 602	921 8477 927
9764	102 4170 422	204 8340 844	307 2511 266	409 6681 688	512 0852 110	614 5022 532	716 9192 954	819 3363 376	921 7533 798
9765	102 4065 540	204 8131 080	307 2196 624	409 6262 161	512 0327 701	614 4393 241	716 8458 781	819 2524 322	921 6589 862
9766	102 3960 680	204 7921 360	307 1882 040	409 5842 720	511 9803 400	614 3764 079	716 7724 759	819 1685 439	921 5646 119
9767	102 3855 841	204 7711 682	307 1567 523	409 5423 364	511 9279 206	614 3135 047	716 6990 888	819 0846 729	921 4702 570
9768	102 3751 024	204 7502 048	307 1253 071	409 5004 095	511 8755 119	614 2506 143	716 6257 166	819 0008 190	921 3759 214
9769	102 3646 228	204 7292 456	307 0938 684	409 4584 911	511 8231 139	614 1877 367	716 5523 595	818 9169 823	921 2816 051
9770	102 3541 453	204 7082 907	307 0624 360	409 4165 814	511 7707 267	614 1248 721	716 4790 174	818 8331 627	921 1873 081
9771	102 3436 700	204 6873 401	307 0310 101	409 3746 802	511 7183 502	614 0620 203	716 4056 903	818 7493 604	921 0930 304
9772	102 3331 969	204 6663 938	306 9995 907	409 3327 876	511 6659 844	613 9991 813	716 3323 782	818 6655 751	920 9987 720
9773	102 3227 259	204 6454 518	306 9681 776	409 2909 035	511 6136 294	613 9363 533	716 2590 811	818 5818 070	920 9045 329
9774	102 3122 570	204 6245 140	306 9367 710	409 2490 280	511 5612 850	613 8735 421	716 1857 991	818 4980 561	920 8103 131
9775	102 3017 903	204 6035 806	306 9053 708	409 2071 611	511 5089 514	613 8107 417	716 1125 320	818 4143 222	920 7161 125
9776	102 2913 257	204 5826 514	306 8739 771	409 1653 028	511 4566 285	613 7479 542	716 0392 799	818 3306 056	920 6219 313
9777	102 2808 633	204 5617 265	306 8425 898	409 1234 530	511 4043 163	613 6851 795	715 9660 428	818 2469 060	920 5277 603
9778	102 2704 029	204 5408 059	306 8112 088	409 0816 118	511 3520 147	613 6224 177	715 8928 206	818 1632 236	920 4336 265
9779	102 2599 448	204 5198 896	306 7798 343	409 0397 791	511 2997 239	613 5596 687	715 8196 135	818 0795 582	920 3395 030
9780	102 2494 888	204 4989 775	306 7484 663	408 9979 550	511 2474 438	613 4969 325	715 7464 213	817 9959 100	920 2453 988
9781	102 2390 349	204 4780 697	306 7171 046	408 9561 395	511 1951 743	613 4342 092	715 6732 440	817 9122 780	920 1513 138
9782	102 2285 831	204 4571 662	306 6857 493	408 9143 324	511 1429 156	613 3714 987	715 6000 818	817 8286 649	920 0572 480
9783	102 2181 335	204 4362 670	306 6544 005	408 8725 340	511 0906 675	613 3088 010	715 5269 345	817 7450 680	919 9632 015
9784	102 2076 860	204 4153 720	306 6230 581	408 8307 441	511 0384 301	613 2461 161	715 4538 021	817 6614 881	919 8691 742
9785	102 1972 407	204 3944 813	306 5917 220	408 7889 627	510 9862 034	613 1834 440	715 3806 847	817 5779 254	919 7751 061
9786	102 1867 975	204 3735 949	306 5603 924	408 7471 899	510 9339 873	613 1207 848	715 3075 823	817 4943 797	919 6811 772
9787	102 1763 564	204 3527 128	306 5290 602	408 7054 256	510 8817 820	613 0581 383	715 2344 947	817 4108 511	919 5872 075
9788	102 1659 175	204 3318 349	306 4977 524	408 6636 698	510 8295 873	612 9955 047	715 1614 222	817 3273 396	919 4932 571
9789	102 1554 806	204 3109 613	306 4664 419	408 6219 226	510 7774 032	612 9328 838	715 0883 645	817 2438 451	919 3993 258
9790	102 1450 460	204 2900 919	306 4351 379	408 5801 839	510 7252 298	612 8702 758	715 0153 218	817 1603 677	919 3054 137
9791	102 1346 134	204 2692 268	306 4038 403	408 5384 537	510 6730 671	612 8076 805	714 9422 939	817 0769 074	919 2115 208
9792	102 1241 830	204 2483 660	306 3725 490	408 4967 320	510 6209 150	612 7450 980	714 8692 810	816 9934 641	919 1176 471
9793	102 1137 547	204 2275 094	306 3412 642	408 4550 189	510 5687 736	612 6825 283	714 7962 831	816 9100 378	919 0237 925
9794	102 1033 286	204 2066 571	306 3099 857	408 4133 143	510 5166 428	612 6199 714	714 7233 000	816 8266 286	918 9299 571
9795	102 0929 045	204 1858 091	306 2787 136	408 3716 182	510 4645 227	612 5574 273	714 6503 318	816 7432 363	918 8361 400
9796	102 0824 826	204 1649 653	306 2474 479	408 3299 306	510 4124 132	612 4948 959	714 5773 785	816 6598 612	918 7423 438
9797	102 0720 629	204 1441 258	306 2161 886	408 2882 515	510 3603 144	612 4323 773	714 5044 401	816 5765 030	918 6485 659
9798	102 0616 452	204 1232 905	306 1849 357	408 2465 809	510 3082 262	612 3698 714	714 4315 166	816 4931 019	918 5548 071
9799	102 0512 297	204 1024 594	306 1536 892	408 2049 189	510 2561 486	612 3073 783	714 3586 080	816 4098 377	918 4610 675

	1	2	3	4	5	6	7	8	9
9800	102 0408 163	204 0816 327	306 1224 490	408 1632 653	510 2040 816	612 2448 980	714 2857 143	816 3265 306	918 3673 469
9801	102 0304 051	204 0608 101	306 0912 152	408 1216 202	510 1520 253	612 1824 304	714 2128 354	816 2432 405	918 2736 455
9802	102 0199 989	204 0399 918	306 0599 878	408 0799 837	510 0999 796	612 1199 755	714 1399 714	816 1599 674	918 1799 633
9803	102 0095 889	204 0191 778	306 0287 667	408 0383 556	510 0479 445	612 0575 334	714 0671 223	816 0767 112	918 0863 001
9804	101 9991 840	203 9983 680	305 9975 520	407 9967 360	509 9959 200	611 9951 040	713 9942 880	815 9934 721	917 9926 561
9805	101 9887 812	203 9775 625	305 9663 437	407 9551 249	509 9439 062	611 9326 874	713 9214 686	815 9102 499	917 8990 311
9806	101 9783 806	203 9567 612	305 9351 417	407 9135 223	509 8919 029	611 8702 835	713 8486 641	815 8270 447	917 8054 252
9807	101 9679 821	203 9359 641	305 9039 462	407 8719 282	509 8399 103	611 8078 923	713 7758 744	815 7438 564	917 7118 385
9808	101 9575 856	203 9151 713	305 8727 569	407 8303 426	509 7879 282	611 7455 139	713 7030 995	815 6606 852	917 6182 708
9809	101 9471 914	203 8943 827	305 8415 741	407 7887 654	509 7359 568	611 6831 481	713 6303 395	815 5775 308	917 5247 222
9810	101 9367 992	203 8735 984	305 8103 976	407 7471 967	509 6839 959	611 6207 951	713 5575 943	815 4943 935	917 4311 927
9811	101 9264 091	203 8528 183	305 7792 274	407 7056 365	509 6320 457	611 5584 548	713 4848 639	815 4112 731	917 3376 822
9812	101 9160 212	203 8320 424	305 7480 636	407 6640 848	509 5801 060	611 4961 272	713 4121 484	815 3281 696	917 2441 908
9813	101 9056 354	203 8112 708	305 7169 061	407 6225 415	509 5281 769	611 4338 123	713 3394 477	815 2450 831	917 1507 184
9814	101 8952 517	203 7905 034	305 6857 550	407 5810 067	509 4762 584	611 3715 101	713 2667 618	815 1620 134	917 0572 651
9815	101 8848 701	203 7697 402	305 6546 103	407 5394 804	509 4243 505	611 3092 206	713 1940 907	815 0789 608	916 9638 309
9816	101 8744 906	203 7489 843	305 6234 719	407 4979 625	509 3724 531	611 2469 438	713 1214 344	814 9959 250	916 8704 157
9817	101 8641 133	203 7282 265	305 5923 398	407 4564 531	509 3205 665	611 1846 796	713 0487 929	814 9129 062	916 7770 195
9818	101 8537 380	203 7074 761	305 5612 141	407 4149 521	509 2686 902	611 1224 282	712 9761 602	814 8299 043	916 6836 423
9819	101 8433 649	203 6867 208	305 5300 947	407 3734 596	509 2168 245	611 0601 894	712 9035 543	814 7469 192	916 5902 841
9820	101 8329 939	203 6659 878	305 4989 817	407 3319 756	509 1649 695	610 9979 633	712 8309 572	814 6639 511	916 4969 450
9821	101 8226 250	203 6452 500	305 4678 750	407 2904 999	509 1131 249	610 9357 499	712 7583 749	814 5809 909	916 4036 249
9822	101 8122 582	203 6245 164	305 4367 746	407 2490 328	509 0612 910	610 8735 492	712 6858 074	814 4980 656	916 3103 238
9823	101 8018 935	203 6037 870	305 4056 805	407 2075 741	509 0094 676	610 8113 611	712 6132 546	814 4151 481	916 2170 416
9824	101 7915 309	203 5830 619	305 3745 928	407 1661 238	508 9576 547	610 7491 857	712 5407 166	814 3322 476	916 1237 785
9825	101 7811 705	203 5623 410	305 3435 114	407 1246 819	508 9058 524	610 6870 229	712 4681 934	814 2493 639	916 0305 343
9826	101 7708 121	203 5416 243	305 3124 364	407 0832 485	508 8540 607	610 6248 728	712 3956 849	814 1664 970	915 9373 002
9827	101 7604 559	203 5209 118	305 2813 677	407 0418 235	508 8022 704	610 5627 353	712 3231 912	814 0836 471	915 8441 030
9828	101 7501 018	203 5002 035	305 2503 053	407 0004 070	508 7503 088	610 5005 105	712 2507 123	814 0008 140	915 7509 158
9829	101 7397 497	203 4794 994	305 2192 492	406 9589 989	508 6987 486	610 4384 983	712 1782 480	813 9179 978	915 6577 475
9830	101 7293 998	203 4587 996	305 1881 994	406 9175 992	508 6469 990	610 3763 988	712 1057 986	813 8351 984	915 5645 982
9831	101 7190 520	203 4381 040	305 1571 559	406 8762 079	508 5952 599	610 3143 119	712 0333 638	813 7524 158	915 4714 678
9832	101 7087 063	203 4174 125	305 1261 188	406 8348 251	508 5435 313	610 2522 376	711 9609 439	813 6696 501	915 3783 564
9833	101 6983 627	203 3967 253	305 0950 880	406 7934 506	508 4918 133	610 1901 759	711 8885 386	813 5869 013	915 2852 639
9834	101 6880 212	203 3760 423	305 0640 635	406 7520 846	508 4401 058	610 1281 269	711 8161 481	813 5041 692	915 1921 904
9835	101 6776 817	203 3553 635	305 0330 452	406 7107 270	508 3884 087	610 0660 905	711 7437 722	813 4214 540	915 0991 357
9836	101 6673 444	203 3346 889	305 0020 333	406 6693 778	508 3367 222	610 0040 667	711 6714 111	813 3387 556	915 0061 000
9837	101 6570 093	203 3140 185	304 9710 278	406 6280 370	508 2850 463	609 9420 555	711 5990 648	813 2560 740	914 9130 833
9838	101 6466 762	203 2933 523	304 9400 285	406 5867 046	508 2333 808	609 8800 569	711 5267 331	813 1734 092	914 8200 854
9839	101 6363 452	203 2726 903	304 9090 355	406 5453 806	508 1817 258	609 8180 709	711 4544 161	813 0907 613	914 7271 064
9840	101 6260 163	203 2520 325	304 8780 488	406 5040 650	508 1300 813	609 7560 976	711 3821 138	813 0081 301	914 6341 463
9841	101 6156 895	203 2313 789	304 8470 684	406 4627 578	508 0784 473	609 6941 368	711 3098 262	812 9255 157	914 5412 052
9842	101 6053 648	203 2107 295	304 8160 943	406 4214 591	508 0268 238	609 6321 886	711 2375 533	812 8429 181	914 4482 829
9843	101 5950 422	203 1900 843	304 7851 265	406 3801 688	507 9752 108	609 5702 530	711 1652 951	812 7603 373	914 3553 795
9844	101 5847 217	203 1694 433	304 7541 650	406 3388 866	507 9236 083	609 5083 299	711 0930 516	812 6777 733	914 2624 949
9845	101 5744 033	203 1488 065	304 7232 098	406 2976 130	507 8720 163	609 4464 195	711 0208 228	812 5952 260	914 1696 293
9846	101 5640 809	203 1281 739	304 6922 608	406 2563 478	507 8204 347	609 3845 216	710 9486 086	812 5126 955	914 0767 825
9847	101 5537 797	203 1075 454	304 6613 182	406 2150 909	507 7688 636	609 3226 363	710 8764 091	812 4301 818	913 9839 545
9848	101 5434 606	203 0869 212	304 6303 818	406 1738 424	507 7173 030	609 2607 636	710 8042 242	812 3476 848	913 8911 454
9849	101 5331 506	203 0663 011	304 5994 517	406 1326 023	507 6657 529	609 1989 034	710 7320 540	812 2652 046	913 7983 552
9850	101 5228 426	203 0456 853	304 5685 279	406 0913 706	507 6142 132	609 1370 558	710 6598 985	812 1827 411	913 7055 838
9851	101 5125 368	203 0250 736	304 5376 104	406 0752 472	507 5626 840	609 0752 208	710 5877 576	812 1002 944	913 6128 312
9852	101 5022 330	203 0044 661	304 5066 991	406 0089 322	507 5111 658	609 0133 983	710 5156 313	812 0178 644	913 5200 974
9853	101 4919 314	202 9838 628	304 4757 942	405 9677 256	507 4596 570	608 9515 883	710 4435 197	811 9354 511	913 4273 825
9854	101 4816 318	202 9632 637	304 4448 955	405 9265 273	507 4081 591	608 8897 910	710 3714 228	811 8530 546	913 3346 864
9855	101 4713 343	202 9426 687	304 4140 030	405 8853 374	507 3566 717	608 8280 061	710 2993 404	811 7706 748	913 2420 091
9856	101 4610 390	202 9220 779	304 3831 169	405 8441 558	507 3051 948	608 7662 338	710 2272 727	811 6883 117	913 1493 506
9857	101 4507 457	202 9014 913	304 3522 370	405 8029 827	507 2537 283	608 7044 740	710 1552 196	811 6059 653	913 0567 110
9858	101 4404 545	202 8809 089	304 3213 634	405 7618 178	507 2022 723	608 6427 267	710 0831 812	811 5236 356	912 9640 901
9859	101 4301 653	202 8603 307	304 2904 960	405 7206 613	507 1508 267	608 5809 920	710 0111 573	811 4413 226	912 8714 880
9860	101 4198 783	202 8397 566	304 2596 349	405 6795 132	507 0993 915	608 5192 698	709 9391 481	811 3590 264	912 7789 047
9861	101 4095 933	202 8191 867	304 2287 800	405 6383 734	507 0479 667	608 4575 601	709 8671 534	811 2767 468	912 6863 401
9862	101 3993 105	202 7986 210	304 1979 315	405 5972 419	506 9965 524	608 3958 629	709 7951 734	811 1944 839	912 5937 944
9863	101 3890 297	202 7780 594	304 1670 891	405 5561 188	506 9451 485	608 3344 782	709 7232 080	811 1122 377	912 5012 674
9864	101 3787 510	202 7575 020	304 1362 530	405 5150 041	506 8937 551	608 2725 061	709 6512 571	811 0300 081	912 4087 591
9865	101 3684 744	202 7369 488	304 1054 232	405 4738 976	506 8423 720	608 2108 464	709 5793 208	810 9477 952	912 3162 696
9866	101 3581 999	202 7163 998	304 0745 996	405 4327 995	506 7909 994	608 1491 993	709 5073 992	810 8655 990	912 2237 989
9867	101 3479 274	202 6958 549	304 0437 823	405 3917 007	506 7396 372	608 0875 646	709 4354 920	810 7834 195	912 1313 469
9868	101 3376 571	202 6753 141	304 0129 712	405 3506 283	506 6882 854	608 0259 424	709 3635 995	810 7012 586	912 0389 137
9869	101 3273 888	202 6547 776	303 9821 664	405 3095 552	506 6369 440	607 9643 328	709 2917 216	810 6191 103	911 9464 991
9870	101 3171 226	202 6342 452	303 9513 678	405 2684 904	506 5856 130	607 9027 356	709 2198 582	810 5369 808	911 8541 033
9871	101 3068 585	202 6137 160	303 9205 754	405 2274 339	506 5342 924	607 8411 508	709 1480 093	810 4548 678	911 7617 263
9872	101 2965 964	202 5931 929	303 8897 893	405 1863 857	506 4829 822	607 7795 786	709 0761 750	810 3727 715	911 6693 679
9873	101 2863 365	202 5726 729	303 8590 094	405 1453 450	506 4316 824	607 7180 188	709 0043 553	810 2906 918	911 5770 283
9874	101 2760 786	202 5521 572	303 8282 358	405 1043 144	506 3803 930	607 6564 715	708 9325 501	810 2086 287	911 4847 073
9875	101 2658 228	202 5316 456	303 7974 684	405 0632 911	506 3291 139	607 5949 367	708 8607 595	810 1265 823	911 3924 051
9876	101 2555 691	202 5111 381	303 7667 072	405 0222 762	506 2778 453	607 5334 143	708 7889 834	810 0445 524	911 3001 215
9877	101 2453 174	202 4906 348	303 7359 522	404 9812 696	506 2265 870	607 4719 044	708 7172 218	809 9625 392	911 2078 566
9878	101 2350 678	202 4701 357	303 7052 035	404 9402 713	506 1753 391	607 4104 070	708 6454 748	809 8805 426	911 1156 104
9879	101 2248 203	202 4496 407	303 6744 610	404 8992 813	506 1241 016	607 3489 220	708 5737 423	809 7985 626	911 0233 829
9880	101 2145 749	202 4291 498	303 6437 247	404 8582 996	506 0728 745	607 2874 494	708 5020 243	809 7165 992	910 9311 741
9881	101 2043 315	202 4086 631	303 6129 946	404 8173 262	506 0216 577	607 2259 893	708 4303 208	809 6346 524	910 8389 839
9882	101 1940 903	202 3881 805	303 5822 708	404 7763 611	505 9704 513	607 1645 416	708 3586 319	809 5527 221	910 7468 124
9883	101 1838 511	202 3677 021	303 5515 532	404 7354 042	505 9192 553	607 1031 063	708 2869 574	809 4708 085	910 6546 595
9884	101 1736 139	202 3472 278	303 5208 418	404 6944 557	505 8680 696	607 0416 835	708 2152 974	809 3889 114	910 5625 253
9885	101 1633 789	202 3267 577	303 4901 366	404 6535 154	505 8168 943	606 9802 731	708 1436 520	809 3070 309	910 4704 097
9886	101 1531 459	202 3062 917	303 4594 376	404 6125 835	505 7657 293	606 9188 752	708 0720 210	809 2251 669	910 3783 129
9887	101 1429 149	202 2858 299	303 4287 448	404 5716 598	505 7145 747	606 8574 896	708 0004 046	809 1433 195	910 2862 345
9888	101 1326 861	202 2653 722	303 3980 583	404 5307 443	505 6634 304	606 7961 165	707 9288 026	809 0614 887	910 1941 748
9889	101 1224 593	202 2449 186	303 3673 779	404 4898 372	505 6122 965	606 7347 558	707 8572 151	808 9796 744	910 1021 337
9890	101 1122 346	202 2244 692	303 3367 037	404 4489 383	505 5611 729	606 6734 075	707 7856 421	808 8978 766	910 0101 112
9891	101 1020 119	202 2040 239	303 3060 358	404 4080 477	505 5100 597	606 6120 716	707 7140 835	808 8160 954	909 9181 074
9892	101 0917 913	202 1835 827	303 2753 740	404 3671 654	505 4589 567	606 5507 481	707 6425 394	808 7343 308	909 8261 221
9893	101 0815 728	202 1631 457	303 2447 185	404 3262 913	505 4078 641	606 4894 370	707 5710 098	808 6525 826	909 7341 555
9894	101 0713 564	202 1427 128	303 2140 691	404 2854 255	505 3567 819	606 4281 383	707 4994 946	808 5708 510	909 6422 074
9895	101 0611 420	202 1222 840	303 1834 260	404 2445 680	505 3057 100	606 3668 519	707 4279 939	808 4891 359	909 5502 779
9896	101 0509 297	202 1018 593	303 1527 890	404 2037 187	505 2546 483	606 3055 780	707 3565 077	808 4074 374	909 4583 670
9897	101 0407 194	202 0814 388	303 1221 582	404 1628 776	505 2035 971	606 2443 165	707 2850 359	808 3257 553	909 3664 747
9898	101 0305 112	202 0610 224	303 0915 336	404 1220 449	505 1525 561	606 1830 673	707 2135 785	808 2440 897	909 2746 009
9899	101 0203 051	202 0406 102	303 0609 152	404 0812 203	505 1015 254	606 1218 305	707 1421 356	808 1624 406	909 1827 457

	1	2	3	4	5	6	7	8	9
9900	101 0101 010	202 0202 020	303 0303 030	404 0404 040	505 0505 051	606 0606 061	707 0707 071	808 0808 081	909 0909 091
9901	100 9998 990	201 9997 980	302 9996 970	403 9995 960	504 9994 950	605 9993 940	706 9992 930	807 9991 920	908 9990 910
9902	100 9896 991	201 9793 981	302 9690 972	403 9587 962	504 9484 953	605 9381 943	706 9278 934	807 9175 924	908 9072 915
9903	100 9795 012	201 9590 023	302 9385 035	403 9180 046	504 8975 058	605 8770 070	706 8565 081	807 8360 093	908 8155 104
9904	100 9693 053	201 9386 107	302 9079 160	403 8772 213	504 8465 267	605 8158 320	706 7851 373	807 7544 426	908 7237 480
9905	100 9591 116	201 9182 231	302 8773 347	403 8364 462	504 7955 578	605 7546 694	706 7137 809	807 6728 925	908 6320 040
9906	100 9489 198	201 8978 397	302 8467 595	403 7956 794	504 7445 992	605 6935 191	706 6424 389	807 5913 588	908 5402 786
9907	100 9387 302	201 8774 604	302 8161 906	403 7549 208	504 6936 510	605 6323 811	706 5711 113	807 5098 415	908 4485 717
9908	100 9285 426	201 8570 852	302 7856 278	403 7141 704	504 6427 130	605 5712 556	706 4997 981	807 4283 407	908 3568 833
9909	100 9183 570	201 8367 141	302 7550 711	403 6734 282	504 5917 852	605 5101 423	706 4284 993	807 3468 504	908 2652 134
9910	100 9081 736	201 8163 471	302 7245 207	403 6326 942	504 5408 678	605 4490 414	706 3572 149	807 2653 885	908 1735 621
9911	100 8979 921	201 7959 843	302 6939 764	403 5919 685	504 4899 607	605 3879 528	706 2859 449	807 1839 370	908 0819 202
9912	100 8878 128	201 7756 255	302 6634 383	403 5512 510	504 4390 638	605 3268 765	706 2146 893	807 1025 020	907 9903 148
9913	100 8776 354	201 7552 708	302 6329 063	403 5105 417	504 3881 771	605 2658 126	706 1434 480	807 0210 834	907 8987 189
9914	100 8674 602	201 7349 203	302 6023 805	403 4698 406	504 3373 008	605 2047 609	706 0722 211	806 9396 813	907 8071 414
9915	100 8572 869	201 7145 739	302 5718 608	403 4291 478	504 2864 347	605 1437 216	706 0010 086	806 8582 955	907 7155 825
9916	100 8471 158	201 6942 315	302 5413 473	403 3884 631	504 2355 789	605 0826 946	705 9298 104	806 7769 262	907 6240 420
9917	100 8369 467	201 6738 933	302 5108 400	403 3477 866	504 1847 333	605 0216 799	705 8586 266	806 6955 733	907 5325 199
9918	100 8267 796	201 6535 592	302 4803 388	403 3071 184	504 1338 980	604 9606 776	705 7874 572	806 6142 367	907 4410 163
9919	100 8166 146	201 6332 292	302 4498 437	403 2664 583	504 0830 729	604 8996 875	705 7163 020	806 5329 166	907 3495 312
9920	100 8064 516	201 6129 032	302 4193 548	403 2258 065	504 0322 581	604 8387 097	705 6451 613	806 4516 129	907 2580 645
9921	100 7962 907	201 5925 814	302 3888 721	403 1851 628	503 9814 535	604 7777 442	705 5740 349	806 3703 256	907 1666 163
9922	100 7861 318	201 5722 637	302 3583 955	403 1445 273	503 9306 591	604 7167 910	705 5029 228	806 2890 546	907 0751 865
9923	100 7759 750	201 5519 500	302 3279 250	403 1039 000	503 8798 750	604 6558 500	705 4318 251	806 2078 001	906 9837 751
9924	100 7658 202	201 5316 405	302 2974 607	403 0632 809	503 8291 012	604 5949 214	705 3607 416	806 1265 619	906 8923 821
9925	100 7556 675	201 5113 350	302 2670 025	403 0226 700	503 7783 375	604 5340 050	705 2896 725	806 0453 400	906 8010 076
9926	100 7455 168	201 4910 337	302 2365 505	402 9820 673	503 7275 841	604 4731 010	705 2186 178	805 9641 346	906 7096 514
9927	100 7353 682	201 4707 364	302 2061 046	402 9414 728	503 6768 409	604 4122 091	705 1475 773	805 8829 455	906 6183 137
9928	100 7252 216	201 4504 432	302 1756 648	402 9008 864	503 6261 080	604 3513 296	705 0765 512	805 8017 728	906 5269 944
9929	100 7150 770	201 4301 541	302 1452 311	402 8603 082	503 5753 852	604 2904 623	705 0055 393	805 7206 164	906 4356 934
9930	100 7049 345	201 4098 691	302 1148 036	402 8197 382	503 5246 727	604 2296 073	704 9345 418	805 6394 763	906 3444 109
9931	100 6947 941	201 3895 882	302 0843 822	402 7791 763	503 4739 704	604 1687 645	704 8635 586	805 5583 526	906 2531 467
9932	100 6846 557	201 3693 113	302 0539 670	402 7386 226	503 4232 783	604 1079 339	704 7925 896	805 4772 453	906 1619 009
9933	100 6745 193	201 3490 386	302 0235 578	402 6980 771	503 3725 964	604 0471 157	704 7216 350	805 3961 542	906 0706 735
9934	100 6643 849	201 3287 699	301 9931 548	402 6575 308	503 3219 247	603 9863 096	704 6506 946	805 3150 795	905 9794 645
9935	100 6542 526	201 3085 053	301 9627 579	402 6170 100	503 2712 632	603 9255 159	704 5797 685	805 2340 211	905 8882 738
9936	100 6441 224	201 2882 448	301 9323 671	402 5764 895	503 2206 119	603 8647 343	704 5088 567	805 1529 791	905 7971 014
9937	100 6339 942	201 2679 883	301 9019 825	402 5359 767	503 1699 708	603 8039 650	704 4379 591	805 0719 533	905 7059 475
9938	100 6238 680	201 2477 360	301 8716 039	402 4954 719	503 1193 399	603 7432 079	704 3670 759	804 9909 438	905 6148 118
9939	100 6137 438	201 2274 877	301 8412 313	402 4549 753	503 0687 192	603 6824 630	704 2962 069	804 9099 507	905 5236 945
9940	100 6036 217	201 2072 435	301 8108 652	402 4144 869	503 0181 087	603 6217 304	704 2253 521	804 8289 738	905 4325 956
9941	100 5935 017	201 1870 033	301 7805 050	402 3740 066	502 9675 083	603 5610 100	704 1545 416	804 7480 133	905 3415 140
9942	100 5833 836	201 1667 673	301 7501 509	402 3335 345	502 9169 181	603 5003 018	704 0836 854	804 6670 690	905 2504 526
9943	100 5732 676	201 1465 353	301 7198 029	402 2930 705	502 8663 381	603 4396 058	704 0128 734	804 5861 410	905 1594 086
9944	100 5631 537	201 1263 073	301 6894 610	402 2526 146	502 8157 683	603 3789 230	703 9420 756	804 5052 293	905 0683 829
9945	100 5530 417	201 1060 835	301 6591 252	402 2121 669	502 7652 086	603 3182 504	703 8712 921	804 4243 338	904 9773 756
9946	100 5429 318	201 0858 637	301 6287 955	402 1717 273	502 7146 592	603 2575 910	703 8005 228	804 3434 547	904 8863 865
9947	100 5328 240	201 0656 479	301 5984 719	402 1312 959	502 6641 198	603 1969 438	703 7297 678	804 2625 917	904 7954 157
9948	100 5227 181	201 0454 363	301 5681 544	402 0908 725	502 6135 907	603 1363 088	703 6590 209	804 1817 451	904 7044 632
9949	100 5126 143	201 0252 287	301 5378 430	402 0504 573	502 5630 717	603 0756 860	703 5883 003	804 1009 147	904 6135 290
9950	100 5025 126	201 0050 251	301 5075 377	402 0100 503	502 5125 628	603 0150 754	703 5175 879	804 0201 005	904 5226 131
9951	100 4924 128	200 9848 256	301 4772 385	401 9696 513	502 4620 641	602 9544 769	703 4468 898	803 9393 026	904 4317 154
9952	100 4823 151	200 9646 302	301 4469 453	401 9292 604	502 4115 756	602 8938 007	703 3762 058	803 8585 209	904 3408 360
9953	100 4722 194	200 9444 389	301 4166 583	401 8888 777	502 3610 972	602 8333 166	703 3055 360	803 7777 554	904 2499 749
9954	100 4621 258	200 9242 516	301 3863 773	401 8485 031	502 3106 289	602 7727 547	703 2348 801	803 6970 062	904 1591 320
9955	100 4520 342	200 9040 683	301 3561 025	401 8081 366	502 2601 708	602 7122 049	703 1642 391	803 6162 732	904 0683 074
9956	100 4419 446	200 8838 891	301 3258 337	401 7677 782	502 2097 228	602 6516 673	703 0936 119	803 5355 564	903 9775 010
9957	100 4318 570	200 8637 140	301 2955 710	401 7274 279	502 1592 849	602 5911 419	703 0229 989	803 4548 550	903 8867 129
9958	100 4217 714	200 8435 429	301 2653 143	401 6870 858	502 1088 572	602 5306 286	702 9524 001	803 3741 715	903 7959 430
9959	100 4116 879	200 8233 758	301 2350 638	401 6467 517	502 0584 396	602 4701 275	702 8818 154	803 2935 034	903 7051 913
9960	100 4016 064	200 8032 129	301 2048 193	401 6064 257	502 0080 321	602 4096 386	702 8112 450	803 2128 514	903 6144 578
9961	100 3915 270	200 7830 539	301 1745 809	401 5661 078	501 9576 348	602 3491 617	702 7406 887	803 1322 156	903 5237 426
9962	100 3814 495	200 7628 990	301 1443 485	401 5257 980	501 9072 475	602 2886 970	702 6701 465	803 0515 961	903 4330 456
9963	100 3713 741	200 7427 482	301 1141 223	401 4854 963	501 8568 704	602 2282 445	702 5996 186	802 9709 927	903 3423 668
9964	100 3613 007	200 7226 014	301 0839 020	401 4452 027	501 8065 034	602 1678 041	702 5291 048	802 8904 085	903 2517 064
9965	100 3512 293	200 7024 586	301 0536 879	401 4049 172	501 7561 465	602 1073 758	702 4586 051	802 8098 344	903 1610 637
9966	100 3411 599	200 6823 199	301 0234 798	401 3646 398	501 7057 997	602 0469 597	702 3881 196	802 7292 795	903 0704 395
9967	100 3310 926	200 6621 852	300 9932 778	401 3243 704	501 6554 630	601 9865 556	702 3176 482	802 6487 408	902 9798 334
9968	100 3210 273	200 6420 546	300 9630 819	401 2841 091	501 6051 364	601 9261 637	702 2471 910	802 5682 183	902 8892 456
9969	100 3109 640	200 6219 280	300 9328 920	401 2438 560	501 5548 199	601 8657 839	702 1767 479	802 4877 119	902 7986 759
9970	100 3009 027	200 6018 054	300 9027 081	401 2036 108	501 5045 135	601 8054 162	702 1063 190	802 4072 247	902 7081 244
9971	100 2908 434	200 5816 869	300 8725 303	401 1633 738	501 4542 172	601 7450 607	702 0359 041	802 3267 476	902 6175 910
9972	100 2807 862	200 5615 724	300 8423 586	401 1231 448	501 4039 310	601 6847 172	701 9655 034	802 2462 896	902 5270 758
9973	100 2707 310	200 5414 619	300 8121 929	401 0829 239	501 3536 549	601 6243 858	701 8951 168	802 1658 478	902 4365 788
9974	100 2606 778	200 5213 555	300 7820 333	401 0427 110	501 3033 888	601 5640 666	701 8247 443	802 0854 221	902 3460 909
9975	100 2506 266	200 5012 531	300 7518 797	401 0025 063	501 2531 328	601 5037 594	701 7543 860	802 0050 125	902 2556 391
9976	100 2405 774	200 4811 548	300 7217 322	400 9623 095	501 2028 869	601 4434 643	701 6840 417	801 9246 191	902 1651 965
9977	100 2305 302	200 4610 604	300 6915 907	400 9221 209	501 1526 511	601 3831 813	701 6137 115	801 8442 418	902 0747 720
9978	100 2204 851	200 4409 701	300 6614 552	400 8819 403	501 1024 253	601 3229 104	701 5433 955	801 7638 805	901 9843 658
9979	100 2104 419	200 4208 839	300 6313 258	400 8417 677	501 0522 096	601 2626 516	701 4730 935	801 6835 354	901 8939 774
9980	100 2004 008	200 4008 016	300 6012 024	400 8016 032	501 0020 040	601 2024 048	701 4028 056	801 6032 064	901 8036 072
9981	100 1903 617	200 3807 234	300 5710 851	400 7614 467	500 9518 084	601 1421 701	701 3325 318	801 5228 935	901 7132 552
9982	100 1803 246	200 3606 492	300 5409 738	400 7212 983	500 9016 229	601 0819 475	701 2622 721	801 4425 967	901 6229 243
9983	100 1702 895	200 3405 790	300 5108 685	400 6811 580	500 8514 475	601 0217 370	701 1920 264	801 3623 159	901 5326 054
9984	100 1602 564	200 3205 128	300 4807 692	400 6410 256	500 8012 821	600 9615 385	701 1217 949	801 2820 513	901 4423 077
9985	100 1502 253	200 3004 507	300 4506 760	400 6009 014	500 7511 267	600 9013 520	701 0515 774	801 2018 027	901 3520 280
9986	100 1401 963	200 2803 926	300 4205 888	400 5607 851	500 7009 814	600 8411 777	700 9813 739	801 1215 702	901 2617 665
9987	100 1301 692	200 2603 384	300 3905 077	400 5206 769	500 6508 461	600 7810 153	700 9111 845	801 0413 538	901 1715 230
9988	100 1201 442	200 2402 883	300 3604 325	400 4805 767	500 6007 209	600 7208 650	700 8410 092	800 9611 534	901 0812 976
9989	100 1101 211	200 2202 423	300 3303 634	400 4404 843	500 5506 057	600 6607 268	700 7708 479	800 8809 691	900 9910 902
9990	100 1001 001	200 2002 002	300 3003 003	400 4004 004	500 5005 005	600 6006 006	700 7007 007	800 8008 008	900 9009 009
9991	100 0900 811	200 1801 621	300 2702 432	400 3603 243	500 4504 054	600 5404 864	700 6305 675	800 7206 486	900 8107 297
9992	100 0800 641	200 1601 281	300 2401 922	400 3202 562	500 4003 203	600 4803 843	700 5604 484	800 6405 124	900 7205 765
9993	100 0700 490	200 1400 981	300 2101 471	400 2801 961	500 3502 452	600 4202 942	700 4903 432	800 5603 923	900 6304 410
9994	100 0600 360	200 1200 720	300 1801 081	400 2401 441	500 3001 801	600 3602 161	700 4202 522	800 4802 882	900 5403 242
9995	100 0500 250	200 1000 500	300 1500 750	400 2001 001	500 2501 251	600 3001 501	700 3501 751	800 4002 001	900 4502 251
9996	100 0400 160	200 0800 320	300 1200 480	400 1600 640	500 2000 800	600 2400 960	700 2801 120	800 3201 280	900 3601 440
9997	100 0300 090	200 0600 180	300 0900 270	400 1200 360	500 1500 450	600 1800 540	700 2100 630	800 2400 720	900 2700 810
9998	100 0200 040	200 0400 080	300 0600 120	400 0800 160	500 1000 200	600 1200 240	700 1400 280	800 1600 320	900 1800 360
9999	100 0100 010	200 0200 020	300 0300 030	400 0400 040	500 0500 050	600 0600 060	700 0700 070	800 0800 080	900 0900 090